Das CorelDRAW! 3.0 Buch

Das CorelDRAW! 3.0 Buch

Michael Horsch

DÜSSELDORF · SAN FRANCISCO · PARIS · SOEST (NL)

Fast alle Software- und Hardware-Bezeichnungen, die in diesem Buch erwähnt werden, sind gleichzeitig auch eingetragene Warenzeichen und sollten als solche betrachtet werden. Der Verlag folgt bei den Produktbezeichnungen im wesentlichen den Schreibweisen der Hersteller.

Der Verlag hat alle Sorgfalt walten lassen, um vollständige und akkurate Informationen in diesem Buch bzw. Programm und anderen evtl. beiliegenden Informationsträgern zu publizieren. SYBEX-Verlag GmbH, Düsseldorf, übernimmt weder Garantie noch die juristische Verantwortung oder irgendeine Haftung für die Nutzung dieser Informationen, für deren Wirtschaftlichkeit oder fehlerfreie Funktion für einen bestimmten Zweck. Ferner kann der Verlag für Schäden, die auf eine Fehlfunktion von Programmen, Schaltplänen o.ä. zurückzuführen sind, nicht haftbar gemacht werden, auch nicht für die Verletzung von Patent- und anderen Rechten Dritter, die daraus resultiert.

Projektmanagement/Lektorat: Matthias Bülow
Produktion: Mathias Kaiser, Uta Gardemann
Satz: Frank Dille
Belichtung: Softype GmbH, Düsseldorf
Farbreproduktionen: Mouse House Design GmbH, Düsseldorf
Umschlaggestaltung: Mouse House Design GmbH, Düsseldorf
Druck und buchbinderische Verarbeitung: Boss-Druck und Verlag, Kleve

ISBN 3-8155-0032-X
1. Auflage 1992
2. Auflage 1993

Inhaltsverzeichnis

21 - Diagramme illustrieren 605

22 - Bildgestaltung mit CorelPHOTO-PAINT! 621

Einleitung

Computerunterstütztes Zeichnen oder Konstruieren hat verschiedene Ausprägungen. Man unterscheidet prinzipiell CAD-Anwendungen (Computer Aided Design: rechnerunterstütztes Konstruieren), die fast ausschließlich im technischen Bereich angesiedelt sind, von den Zeichen- und Designprogrammen. Zeichenprogramme ermöglichen dem Künstler die Gestaltung von Bildern. Diese Programme lassen sich noch am ehesten als Computerpinsel oder Computerzeichenstift bezeichnen. Designprogramme versetzen einen Designer oder Künstler in die Lage, einfache bis äußerst anspruchsvolle Grafiken am Bildschirm zu entwerfen. Solche Programme arbeiten mit objektorientierten, grafischen Elementen und gestatten so die wahlfreie Anordnung und Veränderung bereits gezeichneter grafischer Elemente.

Moderne Grafikprogramme unterstützen den Anwender bei den verschiedensten Aufgabenstellungen durch leistungsfähige Funktionen.

Vordefinierte Rumpfgrafiken, unterschiedliche Schriftarten, grafische Objekte, farbige Hintergründe und vieles mehr erleichtern die Gestaltung einer Grafik. Handwerkliche Prozesse eines Grafikdesigns beschränken sich häufig auf das Einstellen der richtigen Optionen. Aber auch noch so leistungsfähige Funktionen entbinden den Anwender nicht von dem, was eine gute Grafik ausmacht - einem ausgefeilten Design.

Das vorliegende Buch beschäftigt sich daher nicht nur mit der Beschreibung und praktischen Anwendung von CorelDRAW! - also mit den handwerklichen Möglichkeiten -, sondern vermittelt Grundlagen und gibt Ratschläge zum Entwurf von Grafiken.

Für wen ist dieses Buch geschrieben?

Dieses Buch wendet sich in erster Linie an den Anfänger und fortgeschrittenen Anwender. Das Buch beschreibt die Bedienung von Corel-DRAW! und zeigt, wie Grafiken gestaltet werden sollen. In zahlreichen Beispielen lernt er den Umgang mit dem Programm kennen.

Für den professionellen Anwender eignet sich das Buch ebenfalls, weil es eine komplette Beschreibung aller Funktionen und eine Auflistung der Schriftarten und PostScript-Füllmuster enthält. Der Profi erhält Ratschläge und Grundlagenwissen über die Auswahl der richtigen, professionellen Hardware und wird den einen oder anderen Tip gerade im Bereich der Ausgabe von Grafiken sicherlich zu schätzen wissen.

Was wird in diesem Buch behandelt?

CorelDRAW! besteht aus verschiedenen Programmen: Dem eigentlichen Hauptprogramm zur Gestaltung von Vektorgrafiken (Corel-DRAW!), einem dazugehörigen Lernprogramm, einem Programm zur Anfertigung von Geschäftsgrafiken (CorelCHART!), einem Bildbearbeitungs- und Bildgestaltungsprogramm für Pixelgrafiken (Corel-PHOTO-PAINT!), einem Verwaltungsprogramm für Grafiken und Cliparts (CorelMOSAIC!), einem Präsentationsmodul (CorelSHOW!) für die Bildschirmpräsentation von Grafiken einschließlich eines Runtime-Moduls, einem Programm zur Herstellung von "Bildschirmfotos" (CCapture) und einem Programm, mit dem Sie Pixelgrafiken in Vektorgrafiken (CorelTRACE!) verwandeln können.

Das Buch ist in 25 Kapitel und verschiedene Anhänge gegliedert:

Die Kapitel 1 - 4 vermitteln Ihnen die Grundlagen von CorelDRAW!. Sie erfahren, worin der Unterschied zwischen Pixel- und Vektorgrafiken besteht und lernen die Bedieneroberfläche von CorelDRAW! kennen. Die gestalterischen Möglichkeiten mit den verschiedenen Objekttypen und die Anwendung von Layern und Hilfsmitteln sind Thema der folgenden Kapitel. In zahlreichen Beispielen und anhand vieler Abbildungen üben Sie den Umgang mit den "Grundhilfsmitteln" von CorelDRAW! und verbessern so Ihre handwerklichen Fähigkeiten.

Zur Verwaltung von Grafiken gehört die Definition einer sachgerechten Verzeichnisstruktur sowie das Laden und Speichern von Grafiken. Kapitel 5 versetzt Sie in die Lage, Grafiken aus großen Grafik-Bibliotheken zielgerichtet laden und entsprechend speichern zu können. Dazu werden Sie nicht nur mit allen Optionen vertraut gemacht, sondern erhalten auch Tips zum Aufbau sachlogischer Verzeichnisstrukturen.

Objekt- und vektororientiert arbeitende Programme wie CorelDRAW!
erlauben die einfache Veränderung bereits gezeichneter Objekte. So
erfahren Sie in Kapitel 6 des Buches, wie Sie Objekte anordnen und
ausrichten und wie Objekte gruppiert werden. Fortgeschrittenere
Arbeitstechniken wie das Schrägstellen, Drehen, Kippen sowie die
Ausrichtung von Objekten werden ebenfalls in Kapitel 6 behandelt.

Kapitel 7 beschäftigt sich mit der Bearbeitung von Objekten in der
flexibelsten Form - mit der Veränderung der Objektkonturen. Nach
Durcharbeiten dieses Kapitels können Sie bereits sehr komplizierte
Objekte effektiv zeichnen.

Farben und Füllmuster sind bei Grafiken ein wichtiger Bestandteil
und entscheiden oft über die Wirkung einer Grafik. Bei Füllmustern
lassen sich gerade durch die Verwendung von PostScript interessante und auffallende Effekte erzielen. Deswegen werden diesem wichtigen Thema zwei Kapitel (Kapitel 8 und 9) gewidmet.

Die Variationsmöglichkeiten von CorelDRAW! bei der Gestaltung und
Anordnung von Texten stellen eine besondere Stärke dar. In Kapitel
10 erfahren Sie daher, welche Vielzahl von Schriften Ihnen
CorelDRAW! bietet. Sie lernen, wie Sie Texte mittels leistungsfähiger
Funktionen beispielsweise an beliebigen Pfaden ausrichten oder auch
verfremden können.

Detailarbeiten an Grafiken sind nur möglich, wenn bestimmte Bild-
bereiche vergrößert dargestellt werden können. In Kapitel 11 erfahren Sie, wie Sie das Lupen-Hilfsmittel verwenden, um Grafiken
detailgetreu gestalten zu können.

Nachdem Sie sich nun grundlegend mit CorelDRAW! vertraut gemacht haben, lernen Sie in Kapitel 12 fortgeschrittenere Arbeitstechniken kennen. Haben Sie schon einmal versucht, Objekte
perspektivisch darzustellen oder an eine Hüllkurve anzupassen? Eine
große Anzahl von Arbeitsschritten, verschiedene Hilfslinien und viel,
viel Zeit sind unvermeidlich. Dies gilt auch dann, wenn Sie Objekte
dreidimensional darstellen wollen. CorelDRAW! 3.0 gibt Ihnen für diese Aufgaben komplexe und trotzdem leicht zu handhabende Hilfsmittel an die Hand, die in diesem Kapitel ausführlich beschrieben
werden.

Die Ausgabe von Grafiken verlangt einige Erfahrung, vor allem, wenn es um die Ausgabe auf Laserbelichtern und Farbdruckern geht. Kapitel 13 beschreibt die verschiedenen Möglichkeiten, Grafiken auszudrucken. Der Schwerpunkt liegt dabei auf der Beschreibung der PostScript-Optionen.

Was nutzt Ihnen das beste Programm mit den umfangreichsten und leistungsfähigsten Funktionen, wenn die gestaltete Grafik nicht ausgegeben werden kann? Liegt Ihnen andererseits eine bereits fertige Grafik in einem anderen Dateiformat vor, stellt sich die Frage, wie Sie diese in CorelDRAW! weiter bearbeiten können? Import- und Exportfunktionen sind ein wichtiger Bestandteil jedes professionellen Grafikprogramms. Die Möglichkeiten, die CorelDRAW! hier bietet, werden in Kapitel 14 angesprochen.

Jeder Anwender eines Programms besitzt persönliche Vorlieben oder Forderungen an ein Programm. Oft ist es auch so, daß die Aufgabenstellung gewisse Forderungen beinhaltet. Aus diesem Grund beschäftigt sich Kapitel 15 speziell mit der Einstellung und Konfiguration von CorelDRAW!. Sie erfahren, wie Sie die Konfigurationsdateien ändern oder sich durch Einblenden von Linealen, Gitterrastern und einer Statuszeile die Erstellung einer Grafik erleichtern können.

Nützliche Zusatzprogramme erleichtern die Arbeit mit CorelDRAW! und verbessern dessen Funktionalität. Die Verwaltung von Grafiken ist ein heikles Thema. Professionelle Studios erstellen im Laufe der Zeit eine große Anzahl von Grafiken, die meist alle auf einem Massenspeichermedium abgespeichert sind. Wenn man nun eine bestimmte Grafik benötigt, die vor längerer Zeit erstellt wurde, sucht man häufig sehr lange. In Kapitel 16 wird daher das Programm CorelMOSAIC! vorgestellt, das die Verwaltung von Grafiken erheblich erleichtert, indem es die Möglichkeit zur Archivbildung bietet und mehrere Grafiken eines Verzeichnisses oder eines Archivs gleichzeitig am Bildschirm darstellt. Die Suche nach einer Grafik beschränkt sich demnach auf die richtige Auswahl des Archivs. Zusätzlich können Sie über CorelMOSAIC! mehrere Grafiken hintereinander in einem Stapelprozeß ausdrucken, importieren oder exportieren.

Geschäftsgrafiken werden eingesetzt, um komplexe Sachverhalte im numerischen Bereich in grafischer Form leichtverständlich darzustellen. Obwohl Diagramme auch mit jedem Zeichen- und

Malprogramm erstellt werden können, gelingen erst mit Programmen zur automatischen Erstellung von Geschäftsgrafiken anspruchsvolle und maßstabsgerechte Diagramme. CorelCHART! ist ein Vertreter dieser Programme und versetzt Sie in die Lage, aus einer Vielzahl von Grafiktypen Diagramme zu gestalten. In den Kapiteln 17 - 21 wird die Funktionsweise von CorelCHART! vorgestellt. Besonders bei Geschäftsgrafiken kommt es auf die anwendungsbezogene Auswahl des Grafiktyps und die exakte Darstellung von Zahlenmaterial an. Daher werden in diesem Kapitel viele Tips zur Gestaltung von Diagrammen gegeben.

In grafischen Anwendungen werden oft eingescannte Bilder und Vorlagen verwendet. In einigen Fällen müssen solche Bilder nachbearbeitet werden, um Kontraste, Helligkeit und andere Bildparameter zu optimieren oder das Bild durch Verwendung von Spezialeffekten optisch reizvoller zu machen.

Der Aufgabenumfang erstreckt sich jedoch in den wenigsten Fällen nur auf die Bildbearbeitung. Auch die Bildgestaltung, also das Hinzufügen neuer Elemente oder das Löschen bestehender, gehört zu den täglichen Aufgaben des professionellen Anwenders. Obwohl Vektorgrafiken viele Vorteile haben, entspricht ein pixelorientiertes Zeichenprogramm eher dem natürlichen Bewegungsablauf und der gewohnten Eingabetechnik. Deswegen wählen einige Designer auch diese Variante des Zeichnens, um möglichst realistische Bilder zu malen. Kapitel 22 und 23 behandeln den Bereich der Bildgestaltung und Bildbearbeitung, der durch das Programm CorelPHOTO-PAINT! professionell möglich wird. Die Darstellung von Grafiken, Diagrammen, Bildern, Arbeitsblättern oder Texten auf dem Bildschirm oder über einen Projektor nimmt im Präsentationsbereich einen immer breiteren Raum ein. Gelungene Präsentationen lassen sich steuern, verfügen über Überblendeffekte und überraschen das Publikum durch gelungene Animationen. Aber auch hier ist Vorsicht geboten, weil primär eine bestimmte Aussage "an den Mann gebracht" werden soll und das Publikum nicht durch Effekthascherei vom eigentlichen Thema abgelenkt werden darf. Kapitel 24 beschreibt deshalb nicht nur die Funktionen des Präsentationsprogramms CorelSHOW!, sondern vermittelt wichtige Grundsätze aus dem Themenkreis der Präsentation.

Wenn Konturen einer Grafik verändert werden sollen, ist man bei Pixelgrafiken mit herkömmlichen Zeichen-Techniken meist am

Ende. Das Programm CorelTRACE! ist in der Lage, Pixelgrafiken vollautomatisch in Vektorgrafiken zu verwandeln. Die verschiedenen Einstellungsmöglichkeiten sowie eine kurze Beschreibung unterschiedlicher Grafikformate sind Thema des Kapitels 25.

Das CorelDRAW! 3.0 Buch enthält einige nützliche Anhänge. Neben der Beschreibung der Installation des Programmpakets erfährt der Anfänger, wie er mit dem Adobe Type Manager um- zugehen hat. Alle Anwender vom Anfänger bis zum Profi erhalten in einem Anhang Tips und Grundlagen über Hardware und Software für die richtige Rechnerkonfiguration. Ein Verzeichnis der Schriften, Symbolzeichensätze sowie eine Auflistung der Post-ScriptFüllmuster vervollständigen den Anhang.

Ich wünsche Ihnen nun viel Spaß beim Lesen und Durcharbeiten des Buches und hoffe, Ihnen manchen Ärger über verlorene Zeit oder mühsames Ausprobieren erspart zu haben. Verbesserungs-vorschläge und aufgetretene Fehler richten Sie bitte an den Sybex-Verlag. Ihre Post wird von dort aus an mich weitergeleitet.

Langenfeld, im November 1992   Michael Horsch

Anmerkungen:

Die in diesem Buch vorkommenden Sinnbilder sind in drei Sparten aufgeteilt und entsprechend bezeichnet.

Ein als "Hinweis" bezeichnetes Sinnbild gibt Ihnen weitere Informationen zu einem gerade behandelten Thema. Ein "Hinweis" erinnert Sie an gerade gelerntes oder verweist auf Informationen in anderen Büchern.

Mit einem Icon dieser Art gebe ich Ihnen Tips und stelle eine abgekürzte Vorgehensweise vor, mit denen Sie den Arbeitsablauf optimieren und Ihre Kenntnisse über die Programmfunktion erweitern.

Mit "Achtung" bezeichnete Sinnbilder machen Sie auf eventuelle Probleme mit CorelDRAW! aufmerksam. Sie beschreiben das jeweilige Problem und bieten Vorschläge zur Lösung oder Vermeidung der Probleme.

1

Einführung in das objektorientierte Zeichnen

Unter objektorientiert arbeitenden Grafikprogrammen versteht man Programme, die mit grafischen Objekten arbeiten. Solche Objekte können zum Beispiel Kreise, Rechtecke oder auch komplette Kurvenzüge sein. Verwechseln Sie solche Programme daher nicht mit objektorientiert programmierter Software oder mit Windows-Objekten, die seit Windows 3.1 eingesetzt werden können.

Sie werden sich nun fragen, was objektorientiertes Zeichnen überhaupt bedeutet? Die nachfolgenden Ausführungen werden diese Frage beantworten. Zunächst jedoch wollen wir uns mit den sogenannten Pixelgrafiken, quasi dem Gegenstück zu Objektgrafiken, befassen.

Pixelgrafiken

Pixelgrafikprogramme arbeiten punktorientiert, das heißt, daß die Grafik aus einzelnen Punkten zusammengesetzt wird. Zur Veranschaulichung stellen Sie sich ein kariertes Blatt Papier vor, auf dem Sie grafische Elemente erzeugen, indem Sie bestimmte Kästchen nach einem vorgegebenen Schema ausmalen. Betrachten Sie anschließend Ihre Grafik aus einer größeren Entfernung, erscheint Ihre Zeichnung zusammenhängend und nicht mehr aus Punkten aufgebaut. Pixelorientierte Grafikprogramme arbeiten genauso. Die Arbeitsfläche ist mit einer unsichtbaren Punktmatrix überzogen. Je nach gewählter Funktion werden Punkte gesetzt oder gelöscht. Die Anzahl der Punkte hängt proportional von der Größe der Arbeitsfläche und der gewählten Auflösung ab und kann viele tausend Punkte betragen.

Eine pixelorientierte Zeichenweise unterscheidet sich völlig von einer objektorientierten Arbeitsweise und läßt sich am ehesten mit dem Zeichnen mit einem Stift vergleichen.

Wie bei einer Zeichnung malen Sie Linien, Rechtecke und Kreise und "radieren" bestimmte Bereiche. Zusätzlich können Sie Flächen anders einfärben oder bestimmte Bereiche Ihrer Arbeitsfläche verschieben oder kopieren. Mit speziellen Funktionen erreichen Sie Sprüheffekte, die dem Sprühen mit einer Sprühdose ähneln.

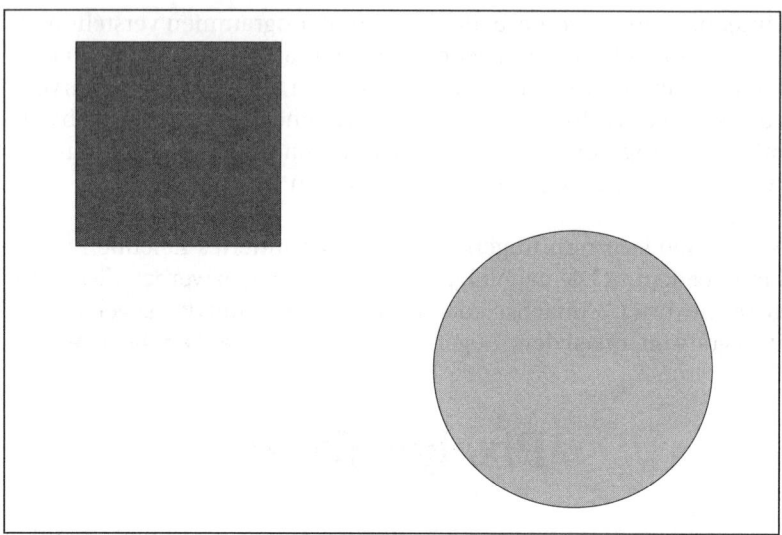

Abb. 1.1: Testgrafik zur Veranschaulichung der Unterschiede zwischen Pixel- und
Vektorgrafiken

Das Programm Paintbrush, das zum Lieferumfang von Windows 3.0/
3.1 gehört, stellt ein pixelorientiert arbeitendes Programm dar. Versuchen Sie nun einmal, die in Abbildung 1.1 gezeigte Grafik nachzuzeichnen. Auch CorelPHOTO-PAINT! arbeitet pixelorientiert, ist aber
kein reines Zeichenprogramm, sondern ermöglicht professionelle
Bildgestaltung. Das Erstellen dieser Grafik war nicht schwer, wie Sie
sicher selber festgestellt haben. Abbildung 1.2 zeigt nun einige Möglichkeiten, die Sie bei der Verwendung von Pixelgrafiken haben. Dabei werden auch prinzipbedingte Nachteile der pixelorientierten
Zeichenweise deutlich.

Anordnung

Verschieben Sie einen bestimmten Bereich Ihrer Grafik in einen anderen und überlagern Sie mit den Punkten des verschobenen Bereichs die Punkte des anderen Bereichs. Die Punkte, die überlagert
wurden, sind nicht wieder herstellbar. Dies bedeutet in Abbildung 1.2,
daß Sie das vollständige Rechteck nicht mehr in den Vordergrund stellen können. Eine nachträgliche Anordnung von grafischen Elementen ist also nur sehr beschränkt möglich.

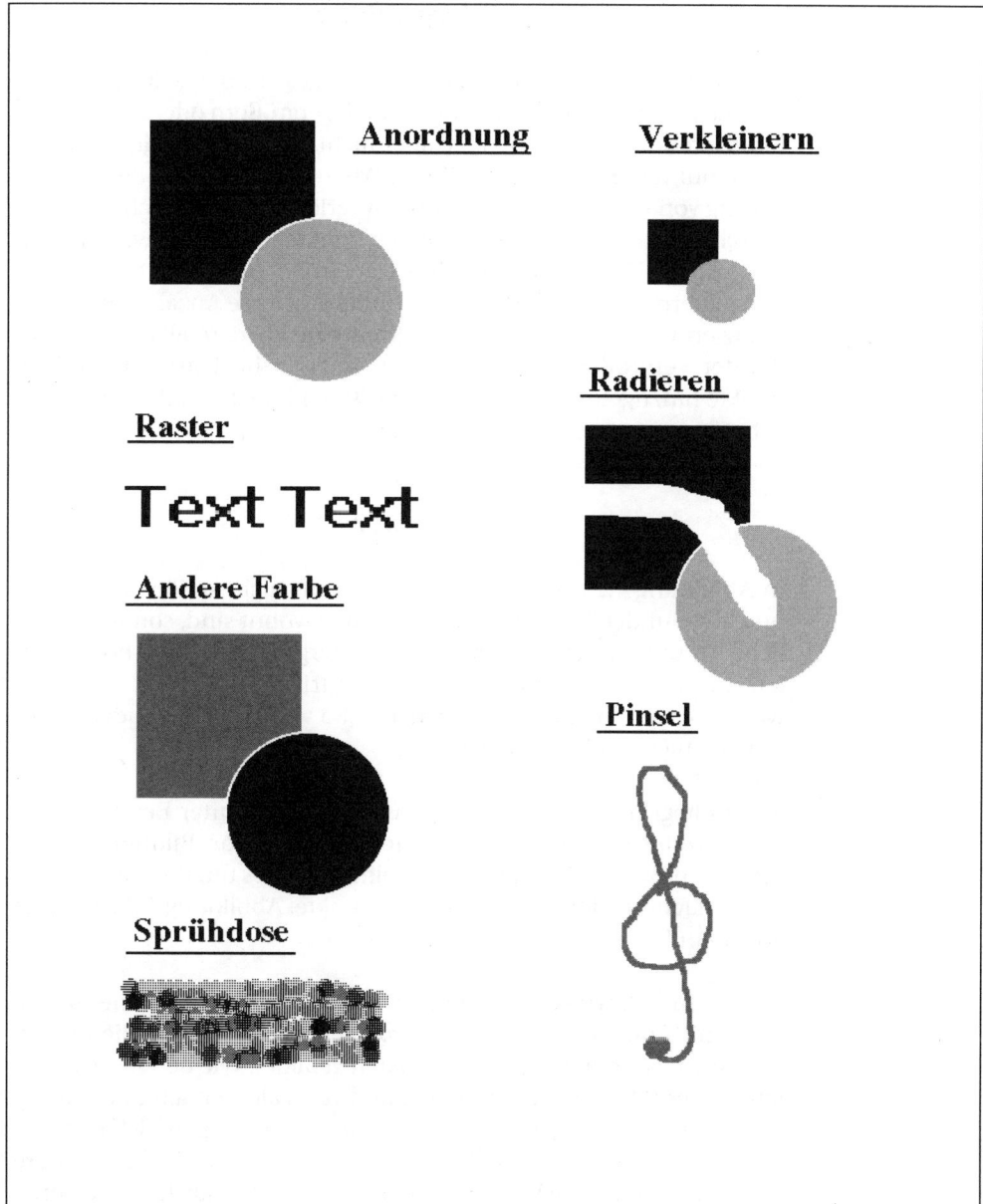

Abb. 1.2: Vor- und Nachteile von Pixelgrafiken

Vergrößern

Auch hier sind die Möglichkeiten sehr eingeschränkt. Prinzipiell können Sie bestimmte Bereiche Ihrer Grafik vergrößern oder verkleinern. In unserem Beispiel haben Sie aber nicht die Möglichkeit, beispielsweise nur den Kreis zu vergrößern. Weiterhin gehen bei der Verkleinerung von Bereichen Informationen verloren. Wie Sie sich erinnern, bestehen Pixelgrafiken aus einzelnen Punkten. Nehmen wir nun einmal an, zur Darstellung des Kreises würden 1000 Punkte benötigt. Verkleinern Sie den Kreis, muß natürlich auch die Anzahl der Punkte reduziert werden, da der kleinere Kreis eine kleinere Fläche bedeckt. Bei der Vergrößerung eines Kreises müssen im Unterschied dazu Punkte hinzugefügt werden. Dabei tritt ein Effekt auf, der eine deutliche Treppenstufenbildung bewirkt.

Raster

In Abbildung 1.2 sehen Sie, daß die Schrift nicht schön ausgeformt und abgerundet ist, wie Sie es vielleicht gewöhnt sind, sondern deutliche Treppenstufen aufweist. Bei der Vergrößerung von horizontalen und vertikalen Linien oder Kanten tritt dieser Effekt nicht auf, wohl aber bei allen Zwischenwinkeln. So wirken insbesondere Rundungen nicht mehr homogen.

Woran liegt das? Bei einer Vergrößerung bestimmter Bereiche werden einzelne Bildpunkte durch ein Vielfaches von Bildpunkten ersetzt. So bewirkt die Vergrößerung eines Punktes um den Faktor 2 die Vervierfachung der darzustellenden Punkte. Abbildung 1.3 zeigt dies an einem Beispiel.

In diesem Fall wurde ein Punkt zweifach vergrößert. Da die Anzahl und Größe der einzelnen Punkte vorgegeben ist, werden die Kanten des Rechtecks nun aus je zwei Punkten gebildet. Wie bereits erwähnt, fällt dieser Effekt bei horizontalen und vertikalen Linien und Kanten nicht auf, sondern nur bei Schrägen und Rundungen. Schauen Sie sich dazu die Linie in Abbildung 1.3 an. Punkt 1 stellt die originäre Linie dar, Punkt 2 die Vergrößerung, wenn Sie eine solche Linie durch eine Lupe betrachten würden. Nach der Vergrößerung der Linie auf dem Bildschirm (Punkt 3) sieht man deutliche Treppenstufen. Auch hier wurde der Vergrößerungsfaktor 2 gewählt.

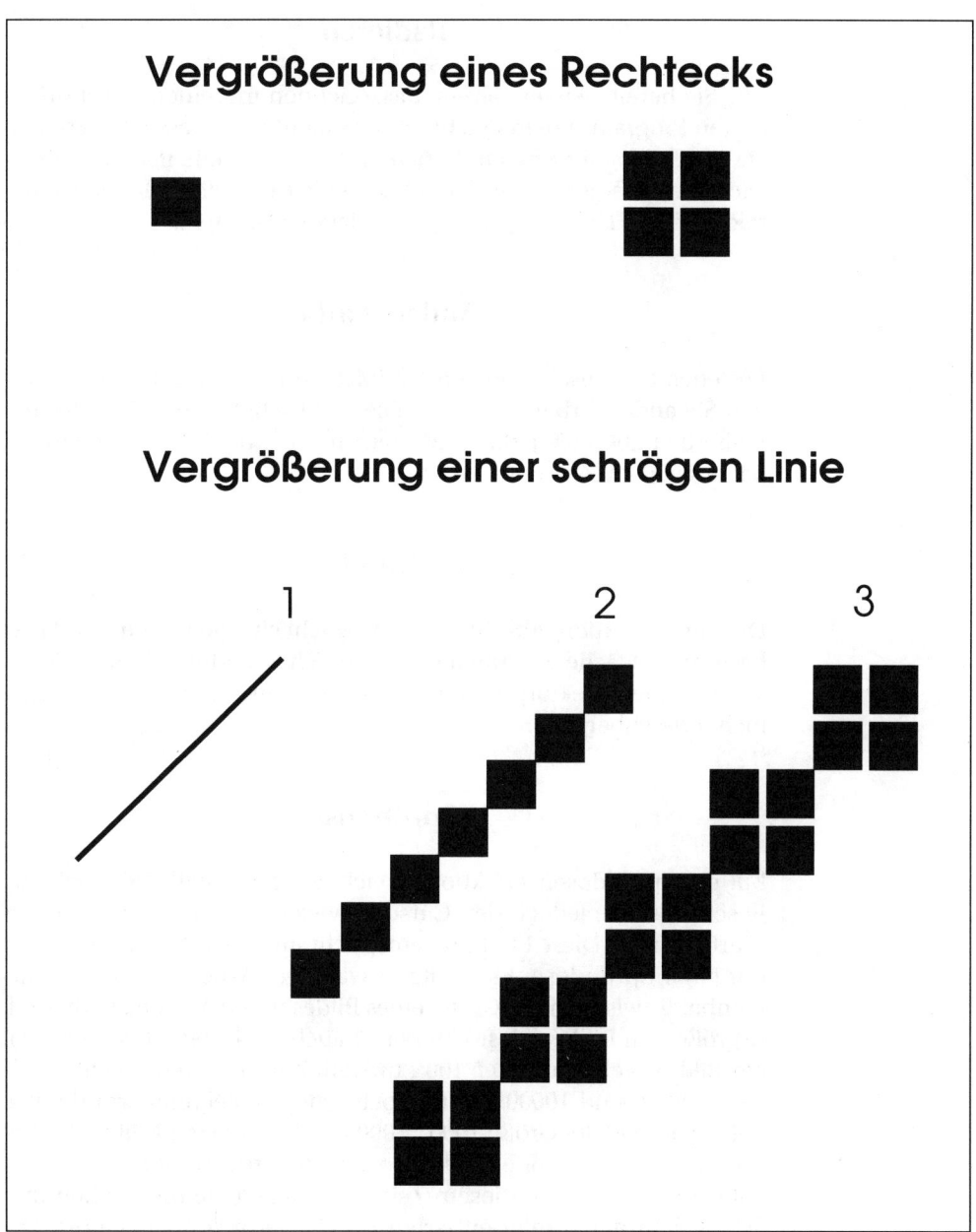

Abb. 1.3: Der Treppeneffekt

Radieren

Wie Sie bereits wissen, ähnelt das Zeichnen mit einem pixel-orientierten Programm dem Zeichnen mit einem Stift. Deswegen können Sie mit der Radierfunktion Punkte quasi radieren. Je nach gewählter Dicke des "Radiergummis" löschen Sie feine Striche oder ganze Bereiche einer Fläche. Abbildung 1.2 zeigt diesen Effekt.

Andere Farbe

Bestehende grafische Elemente mit fest umrandeten Umrissen können Sie andersfarbig darstellen. Die Unterscheidung in Umriß- und Füllfarbe haben Sie jedoch meistens nur bei der Eingabe, nicht bei nachträglichen Änderungen.

Pinsel

Die Pinselfunktion gibt Ihnen die Möglichkeit, wie mit einem Pinsel bestimmte Fläche auszumalen. Sie erreichen dadurch Wischeffekte, die mit einem Vektorprogramm nur sehr schwer, meistens aber gar nicht erreichbar sind.

Sprühdose

Mit der Sprühdosen-Funktion erreichen Sie ebenfalls Wischeffekte. Je schneller Sie jedoch den Cursor bewegen, desto blasser wird der "Farbauftrag". Diese Funktion entspricht im wesentlichen der Arbeit mit einer Sprühdose. Ein weiterer wichtiger Aspekt ist der Zusammenhang zwischen der Größe eines Bildes und dem Speicherbedarf. Je größer ein Bild ist, desto größer ist auch die Datei. Angenommen, ein Bild besteht aus 100 * 100 Punkten. Zur Speicherung eines solchen Bildes sind 10000 Bit (monochrome Darstellung) erforderlich. Bei einem Bild der Größe 1000 * 1000 werden bereits 1 Million Bit benötigt. Die Dateigröße stellt also ein direktes Abbild der Grafikauflösung dar. Bis zu diesem Zeitpunkt haben Sie die Stärken und Schwächen der pixelorientierten Arbeitsweise kennengelernt. Die nachfolgenden Abschnitte befassen sich mit der objektorientierten Arbeitsweise, die unter anderem im Hauptprogramm CorelDRAW! verwendet wird.

Objektgrafiken

Die objektorientierte Arbeitsweise läßt sich nicht mit dem Zeichnen mit einem Stift vergleichen, sondern ähnelt mehr der Collagen-Technik. Bei der Collagen-Technik wird die Grafik aus einzelnen grafischen Elementen gestaltet. Genauso funktioniert auch die objektorientierte Arbeitsweise. Nun werden Sie sich fragen, wo denn der Vorteil einer solchen Arbeitsweise liegt?

Entwerfen Sie eine Grafik mit Hilfe einzelner Objekte, so können Sie diese beliebig übereinander legen, wieder verschieben oder untenliegende Objekte in den Vordergrund holen, ohne daß Ihnen zu einem Objekt Informationen verloren gehen. Zusätzlich haben Sie die Möglichkeit, Objekte nachträglich im Erscheinungsbild zu verändern. Stellen Sie sich dazu das Objekt wie einen Gummiring vor, bei dem Sie an bestimmten Stellen ziehen. Je mehr Sie an einer Stelle ziehen, desto mehr verändern Sie das Aussehen der Grafik.

Die technische Betrachtungsweise ist, daß ein Objekt aus einer Anzahl zusammenhängender Vektoren besteht. Vektoren können vielerlei Gestalt haben: Sie bestehen aus einem Anfangspunkt und einem Endpunkt oder sie sind definiert als Anfangspunkt mit einer Längenangabe und einem bestimmten Winkel. Kreisbögen und Kreise sowie andere Kurventypen bilden eine weitere Art von Vektoren.

Welchen Vorteil haben Vektoren und damit auch Objekte? Vektoren sind nicht punktgebunden, d.h., es existiert kein festes Raster, in das sie hineingezwungen werden. Eine Grafik, die aus Objekten oder Vektoren aufgebaut ist, hat unabhängig von der Größe der Grafik auch eine konstante Dateigröße. Das liegt daran, daß die Datei Koordinaten oder bestimmte Zeichenbefehle mit Längen- und Radienangaben enthält. Das eigentliche Bild wird erst aufgebaut, wenn diese Datei entsprechend interpretiert wird.

Abbildung 1.1 enthält zwei Objekte; einen Kreis und ein Quadrat. In Abbildung 1.4 sehen Sie, welche Möglichkeiten Sie mit objektorientiert arbeitenden Grafikprogrammen haben.

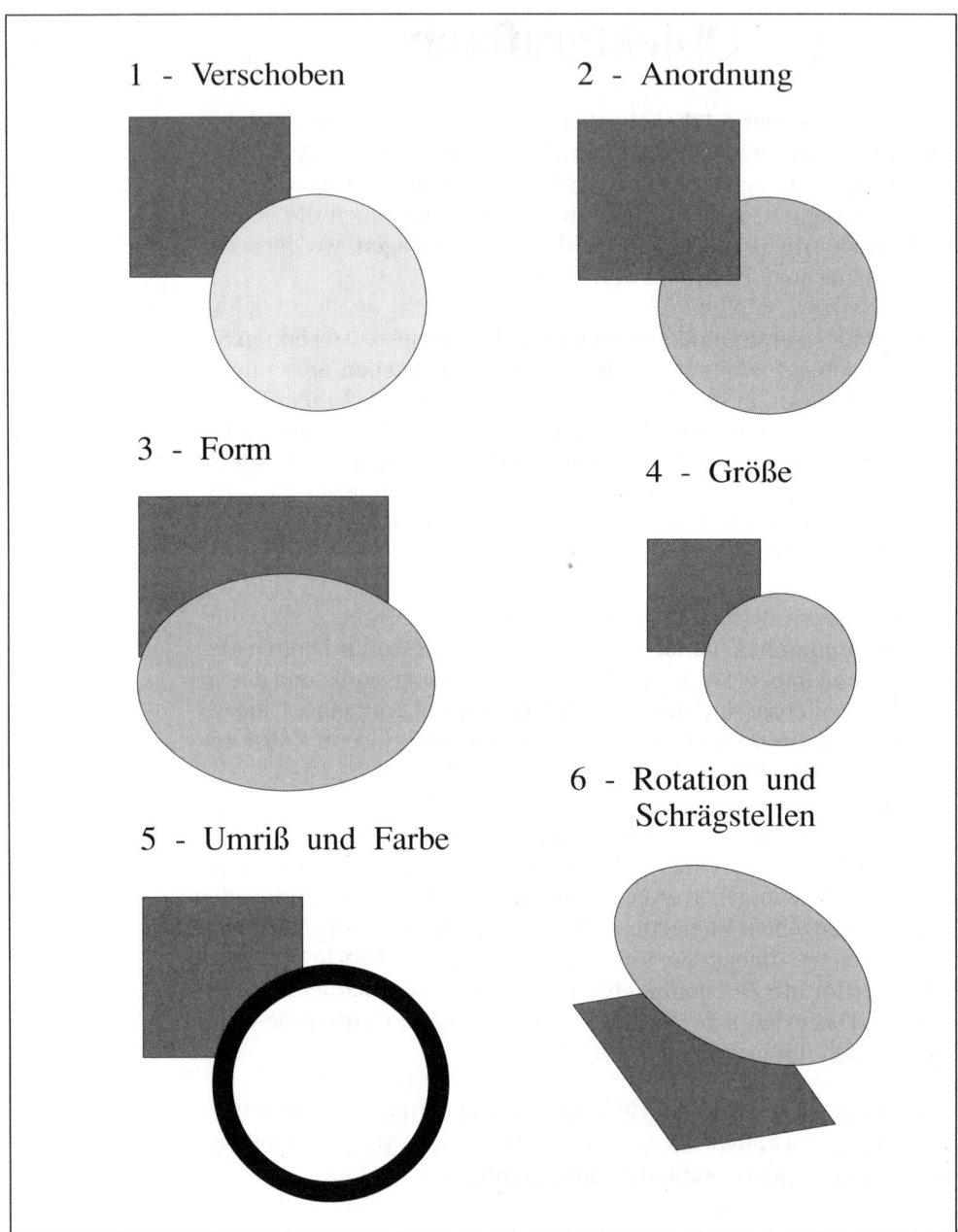

Abb. 1.4: Objektorientierte Arbeitsweise

Verschieben

Grafikobjekte erleichtern die Bearbeitung einer Grafik, wie beispielsweise das Verschieben von Objekten. Sie markieren einfach das betreffende Objekt und verschieben es. Dabei wird im Gegensatz zu
Pixelgrafiken nicht ein gesamter Bereich verschoben, sondern eben
nur das gewählte Objekt. Auch ist der überlagerte Bereich des anderen Objektes nicht verloren oder gelöscht, sondern befindet sich nur
im Hintergrund. In Abbildung 1.4 sehen Sie eine weitere Besonderheit: Die Objekte haben eine feine schwarze Linie als Begrenzung.
Eine solche Linie nennt man Umrißlinie. Wir werden später in einem
anderen Zusammenhang noch einmal darauf zurückkommen.

Anordnung

Hier wurde nun das Quadrat in den Vordergrund gestellt. Wie Sie sehen, gehen keinerlei Objektinformationen verloren. Sie können Objekte also überlagern und nachträglich in einer beliebigen anderen
Reihenfolge anordnen, und dies jederzeit wieder ändern. Diese Funktion wäre bei einer Pixelgrafik nicht möglich, so daß eine genaue Planung vor der Überlagerung von Objekten unerläßlich ist. Denken Sie
noch einmal an die Collagen-Technik. Auch hier können Sie einzelne Elemente wieder im Vordergrund plazieren, ohne daß Informationen verloren sind.

Form

Die Form von Grafikobjekten ist fast beliebig änderbar. In diesem Fall
wurden beide Objekte in horizontaler Richtung gestreckt. Wie Sie sehen, ändern sich dadurch keine Liniendicken und Rasterteilungen,
und es treten auch keine Treppeneffekte auf. Was passiert also?

Die einzelnen Vektoren werden bei der Veränderung einer Form angepaßt, d.h., die Information bezüglich Anfangs- und Endpunkt sowie Kurvenverlauf wird geändert. Erst danach wird die Linie neu
gezeichnet. Es werden zur Darstellung also nicht einfach Punkte verdoppelt oder vervielfacht, sondern eine vollständig neue Berechnung
durchgeführt, die der maximalen Auflösung angepaßt wird. Deswegen sehen Objektgrafiken in Rundungen oder Schrägen immer
homogen aus - und zwar unabhängig von der Grafikgröße.

Größe

Das Vergrößern oder Verkleinern einer Grafik stellt eine spezielle Art der Formänderung dar. Hier werden die Ausmaße des Objektes anhand des gewählten Faktors angepaßt. Beachten Sie in der Beispielgrafik bitte folgendes: Die Dicke der Umrißlinie hat sich nicht geändert. Das liegt wieder einmal an der Vektor- oder Objektdefinition. In dieser Definition ist beispielsweise vorgeschrieben, daß das Quadrat mit einem bestimmten Füllmuster in einer bestimmten Farbe dargestellt werden soll. Die Umrißlinie habe eine andere Farbe und eine Dicke von 0,5 mm. Diese Informationen werden immer beachtet; egal, ob die Grafik ein DIN-A3- oder ein DIN-A5-Blatt ausfüllt. Die Größenänderung einer Objektgrafik geschieht stufenlos und ist nicht punktabhängig.

Umriß und Farbe

In Punkt 5 wurde der Umriß des Kreises und dessen Füllfarbe geändert. Dazu wurde lediglich eine andere Liniendicke und eine andere Farbe gewählt. Bei Pixelgrafiken wäre eine solche nachträgliche Bearbeitung nur bedingt möglich. Füllfarben können dort jederzeit verändert werden, bei Umrissen müßten Sie die Grafiken entweder vollständig neu zeichnen oder selektiv radieren.

Rotation und Schrägstellen

In diesem Beispiel sehen Sie bereits erste Spezieleffekte objekorientierter Arbeitsweise. Es ist leicht erkennbar, daß Sie Objekte drehen und schrägstellen können, ohne irgendeinen Treppeneffekt zu provozieren.

Pixel- oder Objektgrafik?

Die Frage nach der Verwendung pixel- oder objektorientiert arbeitender Programme läßt sich nicht pauschal beantworten. Pixelorientiert arbeitende Programme eignen sich mehr für Künstler, die Grafiken in der traditionellen "Maltechnik" entwerfen, und für die

Bearbeitung von gescannten Bildern. Objektorientiert arbeitende Programme sind eher etwas für den Designer, der Grafiken ausfeilt und weniger auf Wisch- oder Sprüheffekte, sondern auf die exakte Gestaltung und Plazierung von grafischen Elementen angewiesen ist.

Die Zukunft liegt aufgrund der Anwendungsbreite sicherlich bei den objektorientiert arbeitenden Programmen. Durch leichte Änderungsmöglichkeiten und eine Vielzahl leistungsfähiger grafischer Funktionen ersetzen sie immer mehr das klassische Grafikdesign. Trotzdem sind pixelorientiert arbeitende Programme vor allem für die Bildbearbeitung nicht mehr aus dem Bereich der professionellen Gestaltung wegzudenken. Diese Ansicht vertritt auch Corel Systems, hat es die neue Version 3.0 von CorelDRAW! doch mit einem solchen Programm (CorelPHOTO-PAINT!) ausgestattet.

Mit dem Programm CorelDRAW! haben Sie für alle Anwendungen, sowohl pixel- als auch vektororientiert, mit Sicherheit eine ausgezeichnete Wahl getroffen.

Zusammenfassung

In diesem Kapitel haben Sie die Unterschiede zwischen pixel- und vektororientierten Grafiken kennengelernt.

Im nächsten Kapitel behandeln wir die Bedieneroberfläche von CorelDRAW!.

2

Die Bedieneroberfläche von CorelDRAW!

Wenn Sie zum ersten Mal CorelDRAW! aufrufen und sich die Menüs und eine Schalterleiste am linken Bildschirmrand anschauen, werden Sie sich sagen: Wieder einmal ein typisches Windows-Programm! Dies ist auch verständlich, da CorelDRAW! eine Windows-Applikation ist, die übrigens nur unter Windows ab Version 3.0 läuft. Das bedeutet, daß sich CorelDRAW! weitgehend der durch Windows vorgegebenen Philosophie hinsichtlich der Bedieneroberfläche anpaßt. Die realisierte Effizienzsteigerung in der Bedienbarkeit durch sogenannte Rollup-Menüs und der große Funktionsumfang sind auf den ersten Blick nicht ersichtlich.

Der große Vorteil einer Windows-Applikation ist, daß alle von Windows unterstützten Grafikkarten- und Druckertreiber automatisch auch für CorelDRAW! Verwendung finden.

Installieren Sie also eine neue Grafikkarte mit einer höheren Auflösung, wird auch CorelDRAW! inclusive der Grafiken in dieser neuen und höheren Auflösung dargestellt. Lediglich bei der Ausgabe auf Druckern können Probleme auftreten, die Sie jedoch fast immer beheben, wenn Sie Kapitel 10 und die Beschreibung der Farbmodelle und Rasterarten in Kapitel 6 durcharbeiten.

Die Vorteile hinsichtlich der komfortablen Bedienbarkeit und Geräteunabhängigkeit erkauft man sich mit spürbar verminderter Geschwindigkeit. Leistungsfähige Rechner sind daher unbedingte Voraussetzung für ein professionelles und zügiges Arbeiten.

CorelDRAW! starten

Bevor Sie mit CorelDRAW! arbeiten können, müssen Sie das Programm zunächst installieren. In Anhang A - Installation von CorelDRAW! - finden Sie dazu ausführliche Hinweise. Gehen wir jetzt davon aus, Sie hätten CorelDRAW! korrekt installiert und möchten nun mit diesem Programm arbeiten:

1. Starten Sie zunächst Windows. Geben Sie dazu auf der Betriebs-
   systemebene

   `WIN`

   ein und drücken ⏎.

2. Nach einer gewissen Zeit erscheint die Bedieneroberfläche von
   Windows. Haben Sie CorelDRAW! korrekt installiert, befindet sich
   im Programm-Manager eine Programmgruppe mit Namen
   "CorelDRAW! 3.0" (falls Sie mit der Bedienung von Windows nicht
   vertraut sind, können Sie die Grundbegriffe in Anhang B nachlesen). Abbildung 2.1 zeigt, wie Ihre Windows-Oberfläche beispielsweise aussehen könnte.

3. Bewegen Sie den Mauszeiger nun auf das Sinnbild CorelDRAW!
   und drücken die linke Maustaste zweimal kurz hintereinander.
   CorelDRAW! wird daraufhin geladen. Abbildung 2.2 zeigt den An-
   fangsbildschirm von CorelDRAW!.

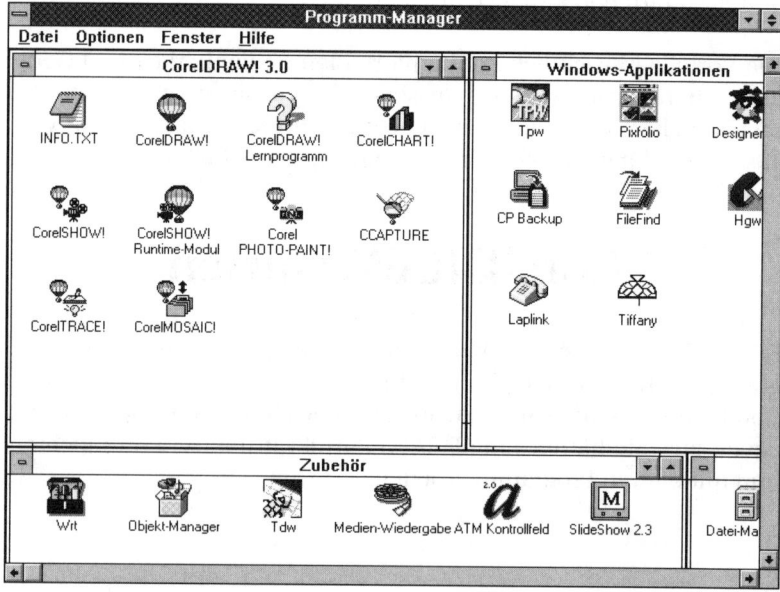

Abb. 2.1: Windows-Oberfläche mit installiertem CorelDRAW!

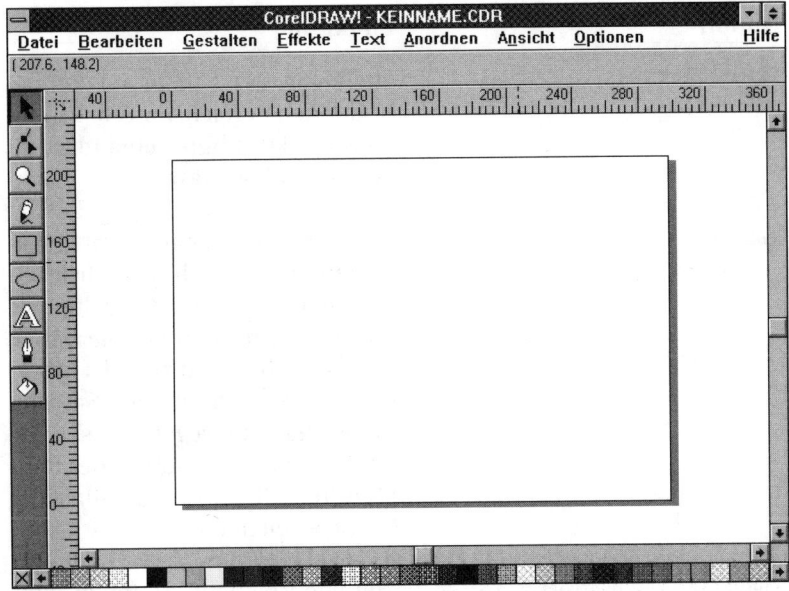

Abb. 2.2: Die CorelDRAW!-Bedieneroberfläche

Mit der Maus arbeiten

Das Arbeiten mit einem Grafikprogramm bedingt den intensiven Gebrauch der Maus, um beispielsweise grafische Elemente einzufügen oder Menüpunkte auszuwählen. Man unterscheidet vier verschiedene Maus-Arbeitstechniken: (In den folgenden Kapiteln und Abschnitten werden nur noch diese eingeführten Fachbegriffe verwendet).

Option	Funktion
KLICKEN	Stellen Sie den Mauscursor auf das Bedienelement oder den Bildschirmbereich und drücken Sie einmal die linke Maustaste. CorelDRAW! ermöglicht es Ihnen, der rechten Maustaste eine Funktion zuzuweisen. Sollte das Klicken mit der rechten Maustaste erforderlich sein, wird darauf gesondert hingewiesen.

Option	Funktion
DOPPEL-KLICKEN	Stellen Sie den Cursor auf den betreffenden Bereich, und klicken Sie zweimal kurz hintereinander mit der linken Maustaste.
ZIEHEN	Stellen Sie den Cursor auf einen betreffenden Bereich und drücken Sie die linke Maustaste. Halten Sie die Maustaste gedrückt. Sie ziehen nun einen Rahmen auf oder zeichnen ein Objekt, indem Sie den Mauscursor bewegen. Lassen Sie die Maustaste los, sobald der Rahmen (das Objekt) die gewünschte Größe erreicht hat.
ZIEHEN MIT TASTENKOMBINATION	Manche Zeichenfunktionen können nur ausgeführt werden, wenn Sie während des Zeichenvorganges gleichzeitig eine Taste gedrückt halten.

Menüs, Schalter, Eingabezeilen und Auswahllisten

Wie bereits erwähnt, entspricht die CorelDRAW!-Oberfläche in vielen Bereichen dem Windows-Standard. Nachfolgend werden nun die einzelnen Teilbereiche der Oberfläche näher erklärt. Dabei werden Sie insbesondere auf Darstellungen, Menü-Einstelloptionen und Bedienelemente hingewiesen, die nicht dem Windows-Standard entsprechen. Viele Funktionen sind über Hot-Keys, also Tastenkombinationen, ausführbar, die bei der Beschreibung der entsprechenden Optionen erwähnt werden. Man könnte nun wegen der Windows-Oberfläche meinen, CorelDRAW! ließe sich ausschließlich mit der Maus bedienen. Lassen Sie sich nicht täuschen: Manche Funktionen sind nur durch das Zusammenwirken von Maus und Tastenbetätigung aktivierbar, andere Funktionen lassen sich durch die Verwendung der Tastatur wesentlich effektiver einsetzen. In den nächsten Kapiteln werden Sie einige Fälle kennenlernen, auf die eine solche Aussage zutrifft.

Windows-Fensterrahmen

Das Applikationsfenster von CorelDRAW! ist wie jede Windows-Anwendung mit einem Rahmen umgeben, mit dem Sie die Größe des Fensters einstellen können. Ein sinnvolles Arbeiten ist aber nur bei voller Ausnutzung der verfügbaren Bildschirmgröße möglich. Sie sollten deshalb den rechten Schalter in der oberen rechten Ecke des Bildschirms anklicken, bis die Bedieneroberfläche von CorelDRAW! den gesamten Bildschirm ausfüllt. Generell gilt für alle Optionen, daß hellgrau dargestellte Optionen nicht aktivierbar sind!

Die Titelzeile

Die oberste Zeile des CorelDRAW!-Bildschirms nennt man die Titelzeile. In dieser Leiste zeigt CorelDRAW! den Namen der geladenen Datei an. Standardmäßig wird hier der Name KEINNAME.CDR angezeigt. Beachten Sie, daß CorelDRAW! die Dateinamenerweiterung .CDR verwendet. Am linken Rand der Titelzeile ist das Systemmenü angeordnet, am rechten Rand finden Sie die Schalter zur Größeneinstellung des Fensters.

Die Menüleiste

Die unter der Titelzeile angeordnete Menüleiste enthält die Namen der Hauptmenüs. Möchten Sie ein Menü aktivieren, klicken Sie entweder mit dem Mauszeiger auf den Menübegriff oder verwenden die [Alt]-Taste in Verbindung mit dem jeweils unterstrichenen Buchstaben. Wahlweise können Sie auch nur die [Alt]-Taste betätigen und damit den ersten Menübegriff der Menüleiste invertieren. Mit den Cursortasten markieren Sie dann die gewünschte Option und drükken anschließend [↵]. Sobald Sie [↵] gedrückt haben, erscheint ein Menü. In Abbildung 2.3 ist das Menü DATEI aktiviert.

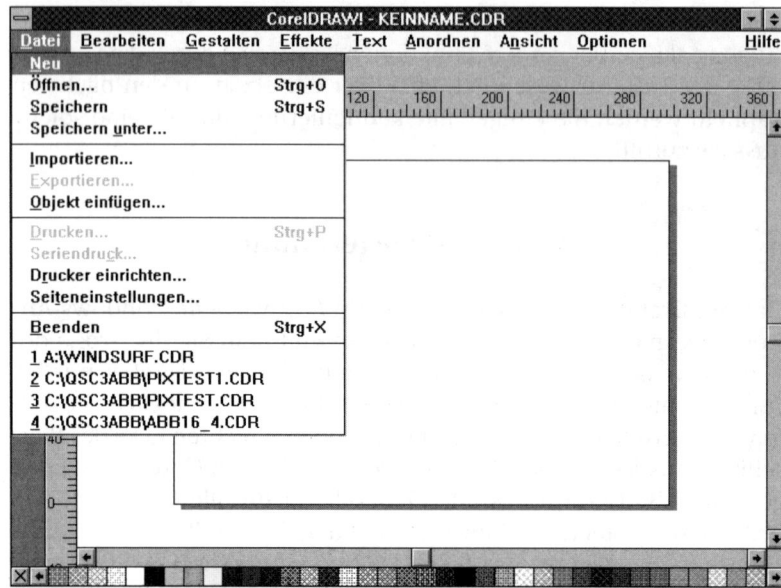

Abb. 2.3: Aktiviertes Menü

Die Auswahl einer Menüoption erfolgt ähnlich. Entweder Sie klicken die Option mit der Maus an oder Sie bewegen die Markierung mit den Cursortasten auf die Option und drücken ↵.

Die Statuszeile

Die Statuszeile informiert Sie während der Erstellung einer Grafik über gewählte Einstellungen, über die Größe eines Objektes und über vieles mehr. Sie stellt den zentralen Informationsbereich innerhalb von CorelDRAW! dar und sollte in jedem Fall aktiviert bleiben. In dieser Zeile können Sie keine Veränderungen vornehmen. Die Manipulationen an Objekten werden durch das Programm jedoch sofort registriert und in der Statuszeile entsprechend aktualisiert.

Die Farbpalette

Die Farbpalette befindet sich im Standardmodus von CorelDRAW! am unteren Bildschirmrand. Sie repräsentiert einen Teil der zur Verfügung stehenden Farben. Mit Hilfe der Farbpalette können Sie schnell und zielsicher die gewünschte Farbe für den Umriß und die Füllfarbe eines Objektes auswählen. Die Farben sind als Kästchen nebeneinander angeordnet. Im sichtbaren Bereich können nicht alle Farben der Palette gleichzeitig dargestellt werden. Mit den Pfeilen links und rechts von der Farbpalette verschieben Sie daher die Palette am Bildschirm. Klicken Sie dazu mit der Maus auf den entsprechenden Pfeil. Abbildung 2.4 zeigt die Bedieneroberfläche ohne Darstellung der Statuszeile und Farbpalette.

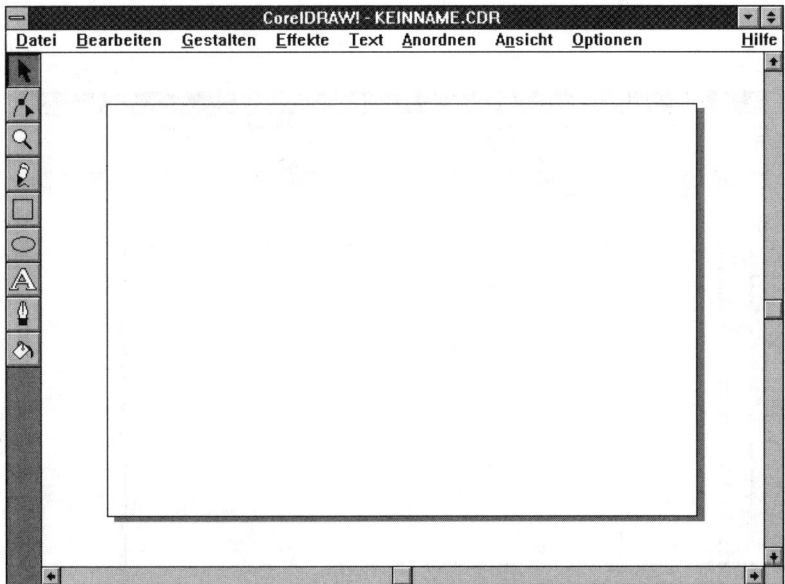

Abb. 2.4: Bedieneroberfläche ohne Statuszeile und Farbpalette

Lineale

Lineale sind für einige grafische Arbeiten, bei denen es auf die exakte Plazierung von Objekten ankommt, von unverzichtbarer Bedeutung. Mittels des Menüs ANSICHT lassen sich horizontale und vertikale Lineale einblenden. Der Koordinatenursprung liegt in der unteren linken Ecke des druckbaren Arbeitsblattes und hat die Koordinaten 0,0. Von dort aus werden Maßteilungen aufgebaut und dargestellt, die je nach Wahl der Maßeinheit in Zoll, Millimetern, Pica oder Punkten geeicht sind.

Bewegen Sie den Zeichencursor nun in die Arbeitsfläche, läuft ein Markierungsstrich innerhalb der Lineale mit und zeigt die aktuelle Cursorposition an. Die Koordinaten werden in der Statuszeile zusätzlich in numerischer Form angezeigt. Abbildung 2.5 zeigt die Bedieneroberfläche mit eingeblendeten Linealen.

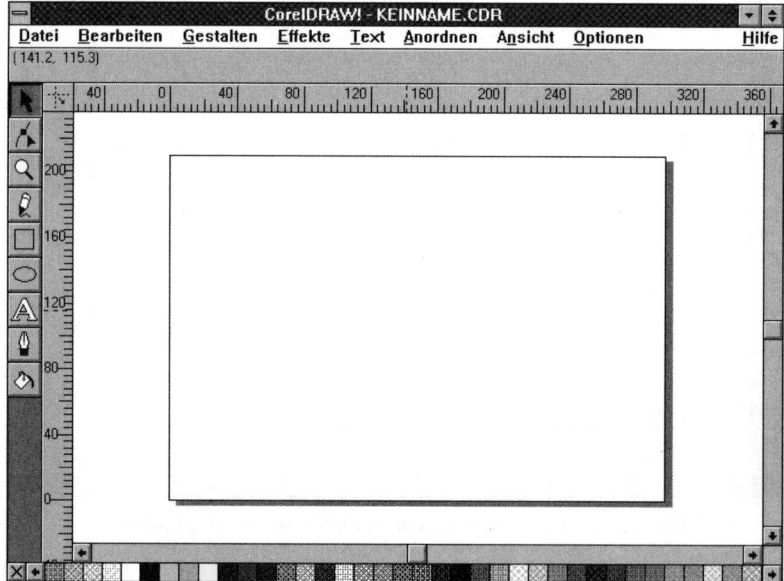

Abb. 2.5: Lineale

Die Hilfsmittelpalette

Am linken Bildschirmrand sehen Sie einen Bereich mit neun grafischen Funktionsschaltern, die untereinander angeordnet sind. Der Bereich wird als Hilfsmittelpalette bezeichnet und umfaßt die wichtigsten Funktionen von CorelDRAW! zur Eingabe von Objekten. Das Programm ist also nicht nur über die Menüleiste zu bedienen; vielmehr ergänzen sich Menüleiste und Hilfsmittelpalette. Je nach gewähltem Hilfsmittel erscheinen neue Menüs auf dem Bildschirm. Da sich diese Menüs plötzlich mitten auf dem Bildschirm öffnen, nennt man sie Flyout-Menüs. Abbildung 2.6 zeigt das Flyout-Menü für das Umriß-Hilfsmittel. Die Optionen werden erneut durch Schalter dargestellt. Innerhalb dieses Menüs haben Sie die Möglichkeit, bestimmte Optionen mit der Maus auszuführen, indem Sie auf den betreffenden Schalter klicken. Je nach gewählter Option erscheint wiederum ein neues Menü.

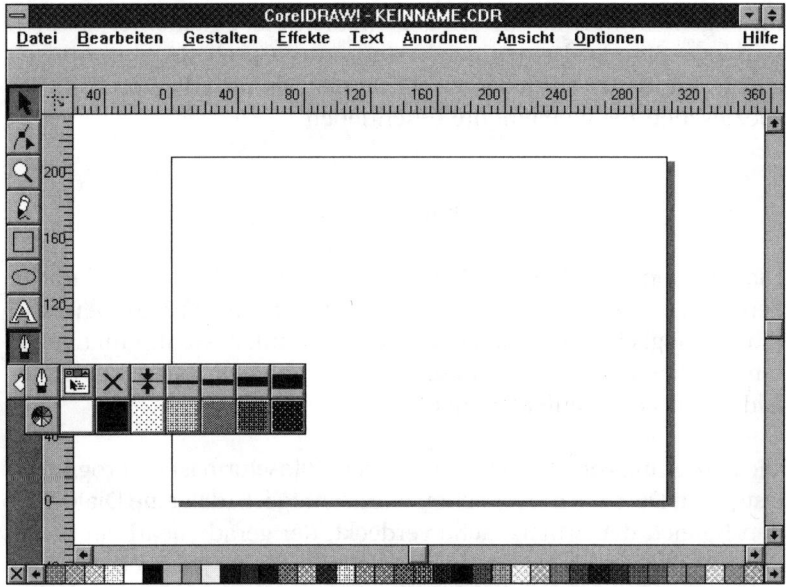

Abb. 2.6: Das Flyout-Menü UMRIß

Möchten Sie das Flyout-Menü wieder schließen, klicken Sie einfach auf einen freien Bereich der Arbeitsfläche.

Die Arbeits- oder Zeichenfläche

Den weitaus größten Teil des Bildschirms nimmt die Arbeits- oder Zeichenfläche ein. Man unterscheidet in der Arbeitsfläche zwei Bereiche. Der gesamte Bereiche heißt Arbeitsfläche. Innerhalb dieser Fläche wird aber ein schattiertes Rechteck dargestellt (Abbildung 2.1), das den Bereich repräsentiert, der ausgedruckt werden kann. Nur die in diesem Bereich (Arbeitsblatt) dargestellten Objekte erscheinen auch später auf dem Ausdruck. Am rechten und unteren Rand der Zeichenfläche sehen Sie Rollbalken, die in der Windows-typischen Art und Weise bedient werden. Haben Sie einen Teil Ihrer Grafik vergrößert am Bildschirm dargestellt, können Sie sich durch Anklicken dieser Rollbalken oder Verschieben des Rollknopfes andere Bereiche anschauen.

Allgemeine Bedienelemente

Im folgenden werden sowohl allgemeine Bedienelemente, die dem Windows-Standard entsprechen und unter CorelDRAW! in optisch leicht veränderter Form dargestellt werden, als auch die CorelDRAW!-spezifischen Bedienelemente beschrieben.

Dialogboxen

Dialogboxen erscheinen als kleine und in der Größe unveränderliche Fenster auf dem Bildschirm und enthalten alle Funktionen und Einstellmöglichkeiten, die zu einem bestimmten Menüpunkt gehören. In Dialogboxen sind unter anderem Schalter, Listen, Eingabefelder und Vorschaufelder angeordnet.

Die Plazierung von Dialogboxen auf dem Bildschirm ist im Programm festgelegt. Deswegen ist es schon einmal möglich, daß eine Dialogbox den Bereich der Arbeitsfläche verdeckt, der gerade bearbeitet werden soll. Die Verschiebung einer Dialogbox ist aber jederzeit möglich, indem Sie den Cursor auf die Titelleiste der Dialogbox stellen und diese an eine andere Position ziehen. Abbildung 2.7 zeigt eine typische Dialogbox.

Rauten-Schalter

In CorelDRAW! existieren mehrere Schalterarten. Abbildung 2.7 zeigt die verschiedenen Arten auf einen Blick.

Abb. 2.7: Schalterarten

Rauten-Schalter sind Exclusiv-Schalter. Sie können daher immer nur eine der angezeigten Funktionen pro Funktionsblock durch Klicken auswählen. Wählen Sie eine andere Funktion, wird die aktivierte Funktion automatisch zurückgesetzt.

Rechteck- Schalter

Rechteck-Schalter sind optional aktivierbar. Sie können eine oder auch mehrere Funktionen damit anwählen. Eckige Schalter sind nicht gegeneinander verriegelt.

Texteingabefelder

Hinter dem Text-Hilfsmittel verbirgt sich eine umfangreiche Dialogbox, die einige wesentliche Bedienelemente enthält. Auch hier finden Sie übrigens wieder Rauten-Schalter. Abbildung 2.8 zeigt die
Dialogbox GRAFISCHER TEXT.

Abb. 2.8: Die Dialogbox GRAFISCHER TEXT

Im oberen Bereich enthält diese Dialogbox ein Feld zur Eingabe und
Bearbeitung von Texten. Haben Sie mehr Text eingegeben, als im
sichtbaren Bereich des Feldes dargestellt werden kann, können Sie
den Text mit dem Rollbalken verschieben.

Numerische Eingaben

Die Größe der Schrift stellen Sie über ein numerisches Feld ein. Generell haben Sie bei solchen Feldern zwei Eingabemöglichkeiten. Entweder ändern Sie den Wert durch mehrfaches Anklicken der
entsprechenden Pfeile (Pfeil nach oben erhöht den Wert, Pfeil nach
unten verringert den Wert) oder Sie klicken mit der Maus in das Feld
und geben den neuen Wert direkt über die Tastatur ein.

Listen

Listenfelder gestatten Ihnen die Auswahl aus einer mehrere Einträge umfassenden Liste von Möglichkeiten. Listen werden beispielsweise zur Darstellung verschiedener, existierender Dateien oder hier zur Auswahl von Schriften eingesetzt. Möchten Sie nun eine Schrift auswählen, gehen Sie die Liste durch Klicken auf die Rollpfeile oder durch Bewegen des Rollkastens durch. Haben Sie den entsprechenden Listenfeldeintrag gefunden, markieren Sie diesen, indem Sie mit der Maus darauf klicken.

Eine weitere Listenvariante stellen die Pop-Up-Listen dar. Hinter dem Maßstabsfeld verbirgt sich eine solche Liste, die durch Klicken auf den nach unten weisenden Pfeil dargestellt wird. Wählen Sie anschließend eine Option aus, indem Sie darauf klicken.

Funktionsschalter

Funktionsschalter innerhalb einer Dialogbox führen entweder bestimmte Funktionen wie Rücksetzen, Bestätigen oder Abbrechen aus, oder rufen Untermenüs auf. Durch Anklicken des Schalters ABSTAND rufen Sie beispielsweise ein weiteres Dialogfenster auf, während Sie mit dem Schalter OK die Einstellungen bestätigen und die Dialogbox verlassen.

Vorschaufelder

Die Dialogbox GRAFISCHER TEXT enthält eine weitere Besonderheit: ein Vorschaufeld oder eine Anzeigefläche. In solchen Feldern können Sie vorweg die Darstellung einer Schrift oder aber auch einer Grafik kontrollieren. Diese Einrichtung ist sehr praktisch, falls Sie einmal keine genaue Vorstellung von der einen oder anderen Schrift oder Datei haben. Wissen Sie beispielsweise nicht mehr, welche Grafik sich hinter einem Dateinamen verbirgt, können Sie auf diese Art und Weise einen ersten Eindruck vom Erscheinungsbild der Grafik erhalten. In Abbildung 2.9 ist die Dialogbox zum Laden einer Grafik dargestellt, das ebenfalls ein Vorschaufeld enthält. Trotz der komprimierten Darstellung läßt sich eine Aussage über das Aussehen der gewählten Grafik treffen.

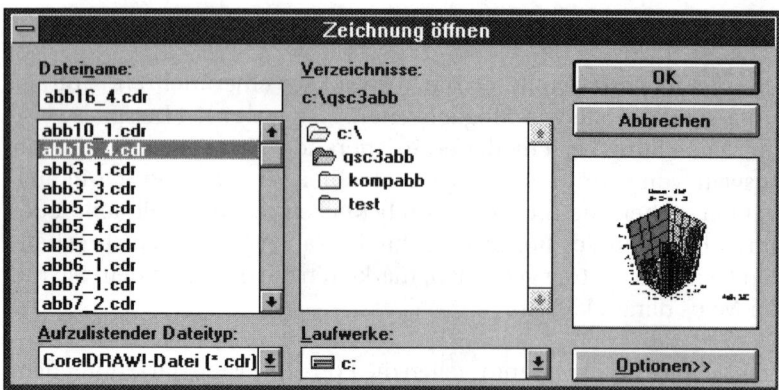

Abb. 2.9: Ein Vorschaufeld

Rollup-Fenster

Die Besonderheit von Rollup-Fenstern ist, daß sie nach der Aktivierung innerhalb der Arbeitsfläche angeordnet werden und dort so lange eingeblendet bleiben, bis Sie die Menüs schließen oder CorelDRAW! verlassen. Durch diese ständige Präsenz auf dem Bildschirm und die funktionsbezogene Anordnung von Optionen wird eine sehr effiziente Bedienung erreicht. Rollup-Fenster werden durch Klicken auf die entsprechende Menüoption aktiviert.

Die Anordnung von Rollup-Fenstern kann auf verschiedene Arten erfolgen: Eine Methode ist, die Maus auf die Titelzeile des Menüs zu stellen und das Menü an eine andere Position zu verschieben. Bei der anderen Methode verwenden Sie die Systemmenü-Optionen des Rollup-Fensters. Sie aktivieren dieses Menü, indem Sie links in der Titelzeile des Rollup-Fensters klicken. Die Anordnung kann nur für das aktive Menü (Option ANORDNEN) oder für alle Rollups (ALLE ANORD-NEN) erfolgen. Sobald Sie auf eine der beiden Optionen klicken, werden die Rollups am oberen Rand der Arbeitsfläche angeordnet. Dabei wird die Darstellung auf die Titelzeile der Rollups reduziert. Durch Klicken auf den nach unten weisenden Pfeil wird ein Rollup-Fenster wieder geöffnet. Abermaliges Klicken reduziert wieder die Darstellung. Möchten Sie ein Rollup-Fenster deaktivieren, wählen Sie die Option SCHLIEßEN im betreffenden Systemmenü. Abbildung 2.10 zeigt verschiedene geschlossene, angeordnete und geöffnete Rollup-Fenster.

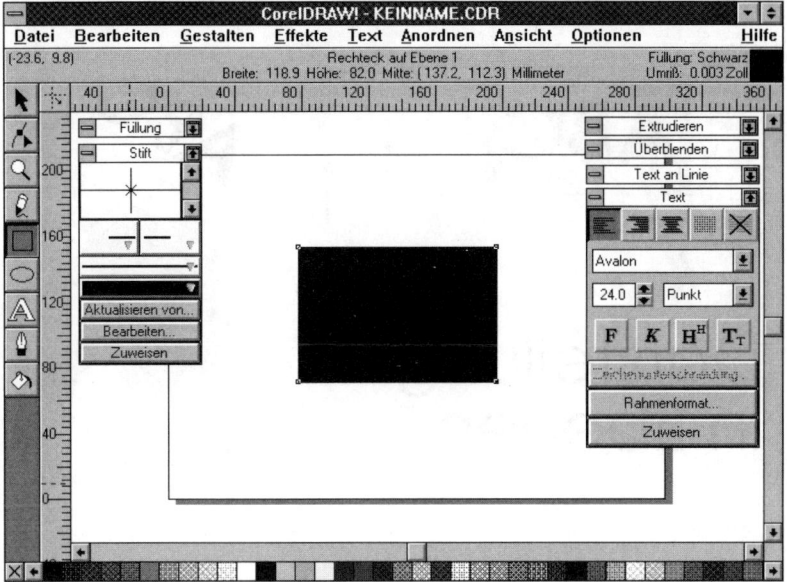

Abb. 2.10: Arbeitsfläche mit geschlossenen und geöffneten Rollup-Fenstern

Layer

Als Layer bezeichnet man verschiedene Arbeitsebenen, die sowohl
Objekte als auch Raster, Hilfslinien und Hintergründe enthalten können. Layer sind vergleichbar mit Klarsichtfolien, die verschiedene
Objekte enthalten. Durch Aufeinanderlegen der Folien erzeugen Sie
schrittweise das vollständige Bild. Der Vorteil der Layertechnik ist, daß
Sie die Objekte komplexer Grafiken auf mehrere Ebenen verteilen
können und sich so die Gestaltung erheblich erleichtern. Mit
CorelDRAW! sind Sie in der Lage, solche Arbeitstechniken anzuwenden. Dabei entscheiden Sie über ein Rollup-Fenster, welche Ebenen
angezeigt werden und welche Ebene unsichtbar sein sollen. Abbildung 2.11 veranschaulicht das Prinzip der Ebenen-Darstellung.

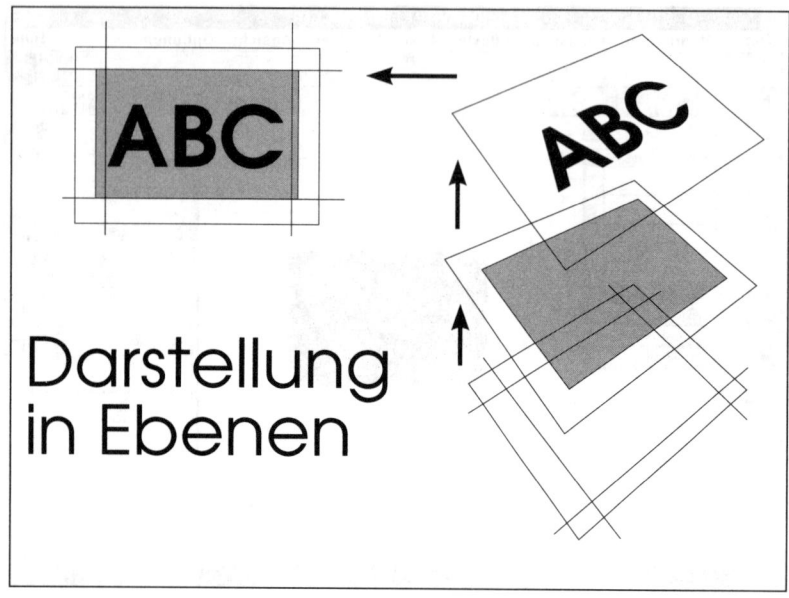

Abb. 2.11: Die Layerdarstellung in CorelDRAW!

Die Seitenvorschau

Wenn Sie bereits einmal eine der mitgelieferten Beispieldateien von CorelDRAW! geladen haben, haben Sie je nach Komplexität des Bildes eine geraume Zeit gewartet, bis die Grafik vollständig aufgebaut war. Zur Vermeidung dieser Wartezeiten können Sie jedoch auch einen Konzeptmodus einschalten (UMRISSMODUS), der die gezeichneten Objekte nur als Kontur ohne Füllmuster und Farben darstellt. In CorelDRAW! können Sie Ihren Objekten recht komplexe Füllmuster und Farbverläufe zuordnen. Die Darstellung solcher Objekteigenschaften erfordert auch auf schnellen Rechnern eine erhebliche Zeit. Aus diesem Grunde wurde die Umrißdarstellung geschaffen, um die Arbeit zu beschleunigen. Allerdings wird die Umrißdarstellung bei komplizierten Grafiken mit vielen übereinanderliegenden Objekten sehr schnell unübersichtlich. Abbildung 2.12 zeigt die Arbeitsfläche in der Umrißdarstellung.

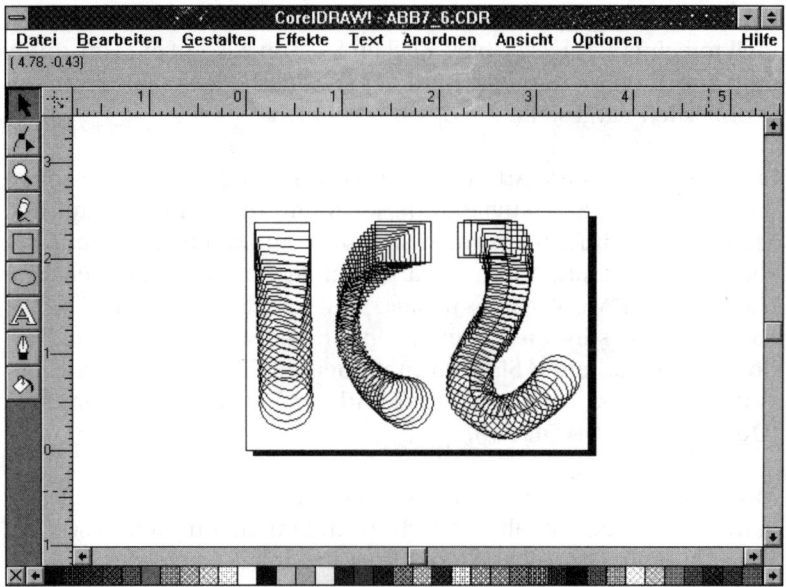

Abb. 2.12: Der Umrißmodus

Eine weitere Darstellungsmöglichkeit haben Sie, wenn Sie die Grafik ohne die ablenkende Bedieneroberfläche betrachten wollen. In diesem Modus wird nur die Grafik oder der in der Arbeitsfläche dargestellte Bildschirmbereich angezeigt. Dazu wählen Sie im ANSICHT-Menü die Option GANZSEITENVORSCHAU oder betätigen die Funktionstaste F9.

Das Hilfesystem von CorelDRAW!

Die Funktionen des Hilfesystems von CorelDRAW! lehnen sich an die der Windows-typischen Hilfesysteme an, wurden aber um verschiedene Funktionen erweitert. So wurden grafische Elemente als Schaltflächen definiert, die als Piktogramm-Menü eine einfache Auswahl des Themas ermöglichen.

Die kontextsensitive Hilfe ermöglicht die funktionsbezogene Darstellung eines Hilfethemas. Diese Art der Hilfestellung werden Sie wohl am häufigsten verwenden. Drücken Sie in CorelDRAW! die Tastenkombination ⌈⇧⌉⌈F1⌉, ändert der Cursor zunächst seine Form in einen Pfeil mit einem Fragezeichen. Klicken Sie nun z.B. auf ein Hilfsmittel oder auf einen Menüpunkt, wird der spezifische Hilfebildschirm augenblicklich dargestellt.

Eine systematischere Art der Informationsabfrage ermöglicht Ihnen das Hilfemenü. Sie aktivieren dieses Menü durch Klicken auf den Menünamen HILFE. Sie können sich nun ein Inhaltsverzeichnis der Hilfethemen (Option INHALT) darstellen lassen, die kontextsensitive Hilfe (Option MENÜ-/BILDSCHIRMHILFE) aktivieren oder eine Abfrage nach einem bestimmten Thema (Option THEMA SUCHEN) starten. Darüber hinaus erhalten Sie Informationen zur Bedienung des Hilfesystems (Option HILFE ANWENDEN) und zur Version des Programms (Option ÜBER CorelDRAW!).

Möchten Sie Informationen zu einem bestimmten Thema nachlesen, aktivieren Sie das Inhaltsverzeichnis, indem Sie im Menü HILFE auf INHALT klicken. Das Hilfesystem öffnet das Inhaltsverzeichnis, das in Abbildung 2.13 dargestellt ist. Die Bedieneroberfläche des Hilfebildschirms entspricht den Windows-Konventionen. Über das Menü DATEI können Sie eine andere Hilfedatei öffnen, einen Drucker einrichten, ein Thema drucken oder das Hilfesystem verlassen. Das Menü BEARBEITEN ermöglicht es Ihnen, Teile des Hilfebildschirms in die Zwischenablage zu kopieren oder Anmerkungen zu einem bestimmten Thema einzugeben. Lesezeichen fügen Sie über das gleichnamige Menü ein. Hinter dem Fragezeichen in der Menüzeile verbirgt sich ein Menü, über das Sie unter anderem Informationen über die CorelDRAW!-Version und die Verwendung des Hilfesystems erhalten.

Die Schaltfläche INHALT ruft sofort das Inhaltsverzeichnis auf. Möchten Sie einen bestimmten Begriff nachschlagen, klicken Sie auf SUCHEN. Mit VORHER rufen Sie den Hilfebildschirm auf, der vor dem aktuellen angezeigt wurde. Klicken Sie auf BISHER, öffnet sich die Dialogbox HILFE- BISHERIGE THEMEN, die eine Liste aller aufgerufener Hilfethemen enthält. Diese Liste bezieht sich nur auf die aktuelle Arbeitssitzung. Rechts neben der Schaltfläche BISHER sind zwei weitere Schaltflächen angeordnet. Mit diesen Schaltflächen blättern Sie die Hilfedatei seitenweise durch. Mit dem nach links weisenden Pfeil blättern Sie zurück, mit dem nach rechts weisenden Pfeil blättern Sie vor.

Abb. 2.13: Das Inhaltsverzeichnis des Hilfesystems

Dieses Inhaltsverzeichnis ist als Piktogramm-Menü ausgeführt, in dem Sie durch Klicken auf bebilderte Schaltflächen zu verschiedenen Themenbereichen verzweigen. Diese Themenbereiche werden im gleichen Bildschirm als Listen-Menü eingeblendet. Wählen Sie nun ein Thema aus und klicken Sie auf den Menüpunkt. Das Hilfesystem stellt daraufhin den entsprechenden Hilfebildschirm dar.

Die meisten Hilfebildschirme enthalten weitere Begriffe, die als Schaltfläche ausgeführt sind und zusätzliche Informationen darstellen. Gestrichelte Linien unter einem Begriff bedeuten, daß er in einem Fenster näher erläutert wird, sobald Sie auf diesen Begriff klicken. Erneutes Klicken auf den Begriff schließt das Fenster wieder. Durchgehende Linien unter einem Begriff verzweigen zu dem entsprechenden Hilfethema, sobald Sie auf den Begriff klicken. Einige Hilfebildschirme enthalten in der oberen rechten Ecke eine Schaltfläche mit der Bezeichnung 1. 2. 3., über die Sie sinnverwandte Themen und Anleitungen aufrufen. Möchten Sie einen bestimmten Begriff nachschlagen, klicken Sie entweder im Menü HILFE auf die Option THEMA SUCHEN oder im Hilfesystem auf die Schaltfläche SUCHEN. Das Hilfesystem öffnet die Dialogbox SUCHEN, die in Abbildung 2.14 dargestellt ist.

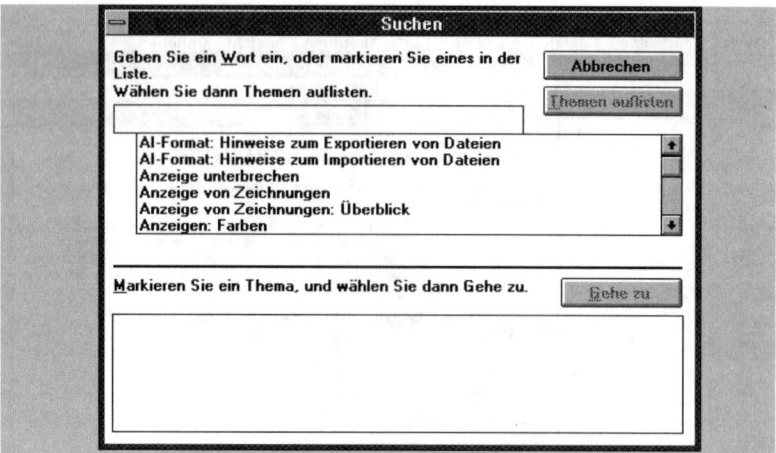

Abb. 2.14: Die Dialogbox SUCHEN

Sie können nun einen Suchbegriff eingeben oder aus der Liste auswählen. Sobald Sie einen Begriff definiert haben, klicken Sie auf THE-
MEN AUFLISTEN. Das Programm sucht die sinnverwandten Hilfethemen
und stellt sie im unteren Listenbereich dar. Markieren Sie dort das
gewünschte Thema. Klicken Sie auf GEHE ZU, um das Thema aufzurufen.

Das CorelDRAW! 3.0 Lernprogramm

Das Lernprogramm vermittelt in zehn Lektionen die Bedienungs-
grundlagen des Programms CorelDRAW!. Sie rufen das Lernprogramm auf, indem Sie im Programm-Manager auf das entsprechende
Sinnbild klicken. Alternativ dazu können Sie das Lernprogramm auch
über das Menü HILFE in CorelDRAW! aufrufen. Klicken Sie dazu in diesem Menü auf den Menüpunkt LERNPROGRAMM.

Sobald Sie das Lernprogramm aufrufen, erscheint der in Abbildung
2.15 dargestellte Eingangsbildschirm mit den zehn Lektionen. Die
Lektionsbezeichnungen sind mit Schaltflächen unterlegt. Sie rufen
eine Lektion also durch Klicken auf die betreffende Schaltfläche auf.
Das Lernprogramm öffnet ein Menü mit lektionsbezogenen Themen.
Wählen Sie nun ein Thema aus, indem Sie darauf klicken. Als uner-
fahrener Anwender sollten Sie mit dem ersten Thema beginnen.

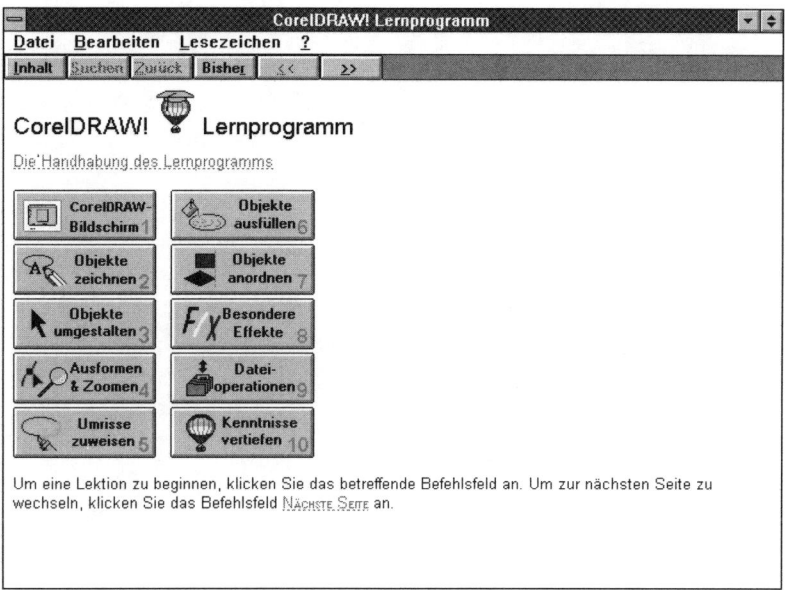

Abb. 2.15: Der Eingangsbildschirm des Lernprogramms

Das ausgewählte Thema wird jetzt auf dem Bildschirm dargestellt. Durch Klicken auf die Schaltflächen << (Vorherige Seite) oder >> (Nächste Seite) blättern Sie die einzelnen Lernprogramm-Bildschirme durch.

Zusammenfassung

Die Bedieneroberfläche von CorelDRAW! ist systematisch aufgebaut und läßt sich durch fest vorgegebene Schalter- und Einstellarten leicht bedienen. Trotzdem sollten Sie den Funktionsumfang nicht unterschätzen. Hinter einer noch so unscheinbaren Menüoption kann sich ein umfangreiches Menü mit zahlreichen Einstellmöglichkeiten verbergen. Die effektive Bedienung von CorelDRAW! ist deswegen erst nach einiger Übung zu erreichen.

Im nächsten Kapitel befassen wir uns mit den Grafikelementen, die in CorelDRAW! zur Verfügung stehen.

3

Die Objekttypen in CorelDRAW!

In CorelDRAW! werden die verschiedenen grafischen Elemente als Objekte bezeichnet. Stellen Sie sich ein kompliziertes Objekt vor; z.B. ein dreidimensionales Vieleck. Dieses Objekt ist aus vielen einzelnen Objekten zusammengesetzt. Die grundlegenden Objekttypen sind in CorelDRAW! bereits definiert. Prinzipiell läßt sich aber jedes Objekt auf eine Kombination von Kurvenstücken zurückführen. In den nachfolgenden Ausführungen lernen Sie alle definierten Objekttypen kennen. In Kapitel 2 wurde die Statuszeile als der hauptsächliche Informationsträger bezeichnet. Da in diesem Kapitel alle Objekttypen von CorelDRAW! beschrieben werden, ist es sinnvoll, gleichzeitig die zugehörigen Statusmeldungen zu erklären. So werden Sie zu jeder Beschreibung eines Objekttyps auch eine Erläuterung der entsprechenden Statusinformationen vorfinden.

Linien und Kurven

Der Unterschied zwischen Linien und Kurven ist schnell erklärt: Linien sind ein Spezialfall von Kurven, d.h., jede Linie ist durch eine Kurve darstellbar. Eine Linie ist eine Kurve ohne Krümmung.

Die landläufige Vorstellung einer Kurve als mehr oder weniger gebogenes Segment läßt sich in Grafiker- und Konstrukteurskreisen nicht aufrechterhalten. Eine Kurve ist vielmehr ein Gebilde, das einen Anfangspunkt und einen Endpunkt besitzt. Dazwischen darf diese Kurve beliebig viele und beliebig ausgeprägte Krümmungen haben.

Die grafische und mathematische Repräsentation einer Kurve ist vielfältig. CorelDRAW! kann Kurven auf unterschiedliche Art verwalten. Je nach Art der Verwaltung ergibt sich so ein eigener Objekttyp.

Linien

Linien stellen, wie bereits erwähnt, einen Spezialfall von Kurven dar. Eine Linie wird durch einen Anfangs- und einen Endpunkt bestimmt und besitzt keinerlei Krümmung. Abbildung 3.1 zeigt verschiedene Linien in CorelDRAW!.

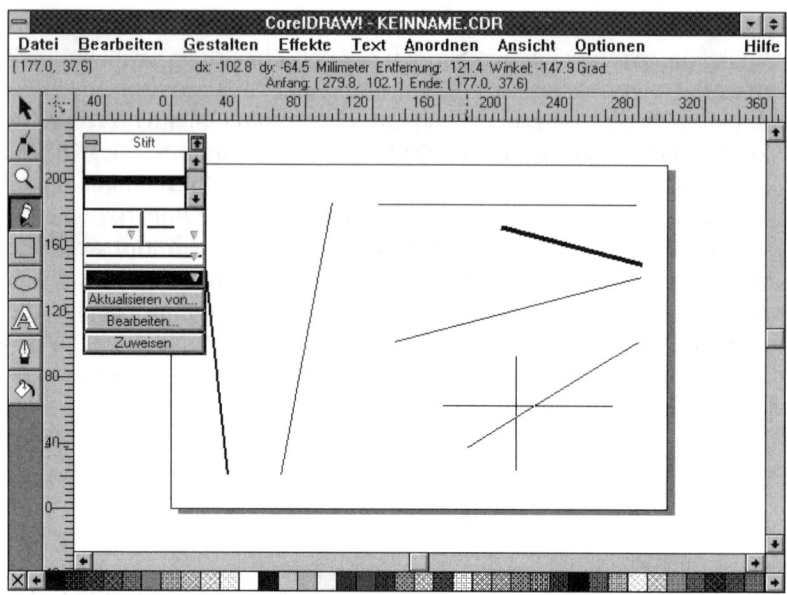

Abb. 3.1: Der Objekttyp Linie

Die Abbildung enthält verschiedene Linien: In der oberen Bild-
schirmhälfte befinden sich Linien, die frei gezeichnet wurden. In der
unteren Hälfte wurde eine zusätzliche Funktion von CorelDRAW! verwendet, um genau lotrechte Linien zeichnen zu können. Darüber hinaus ist eine Linie dicker gezeichnet.

Die aktuelle Linie wird gerade gezeichnet. Sie können dies an der
Informations-Darstellung in der Statuszeile erkennen. Beschäftigen
wir uns nun einmal mit dieser Linie und den dargestellten Informationen.

CorelDRAW! blendet während des Zeichenvorganges signifikante Informationen zu dem jeweiligen Objekt ein. Über unsere Beispiel-Li-
nie können Sie folgende Informationen ablesen:

Der Startpunkt auf der Druckseite (also der Linienbeginn) befindet
sich bei 268,7 mm in X-Richtung und bei 102,7 mm in Y-Richtung.
Die Koordinaten 0,0 liegen in der unteren linken Ecke des Blattes. Der
Endpunkt liegt bei 203,8 mm (X) und 37,7 mm (Y). Alle weiteren Informationen sind redundant, lassen sich also aus den beiden

Koordinatenangaben berechnen. Trotzdem können diese Angaben sehr nützlich sein, wenn Sie nach bestimmten Angaben zeichnen müssen. Der Winkel gibt die Richtung vom Startpunkt aus gesehen an. CorelDRAW! definiert Winkel nur bis 180 Grad und verwendet dann negative Winkel. Eine waagerechte Linie, von links nach rechts gezeichnet, hat den Winkel 0. Von dort aus wird der Winkel gegen den Uhrzeigersinn gezählt. Der Abstand definiert die Länge der Linie vom Start- bis zum Endpunkt. Die Angaben dx und dy geben an, wie weit der Endpunkt in X- und Y-Richtung vom Startpunkt entfernt ist. Die Parameter Abstand, dx und dy ergeben immer ein Dreieck mit einem rechten Winkel. Sie können den Abstand daher auch über die Parameter dx und dy mittels des Satzes von Pythagoras errechnen.

Polygone

Polygone könnte man auch Mehrfachlinien nennen. Tatsächlich bestehen Polygone aus einer Anzahl miteinander verbundener Linien. Dieser Umstand ist sehr wichtig: Ein Polygon besteht nur aus einem Objekt und kann deswegen auch so behandelt werden.

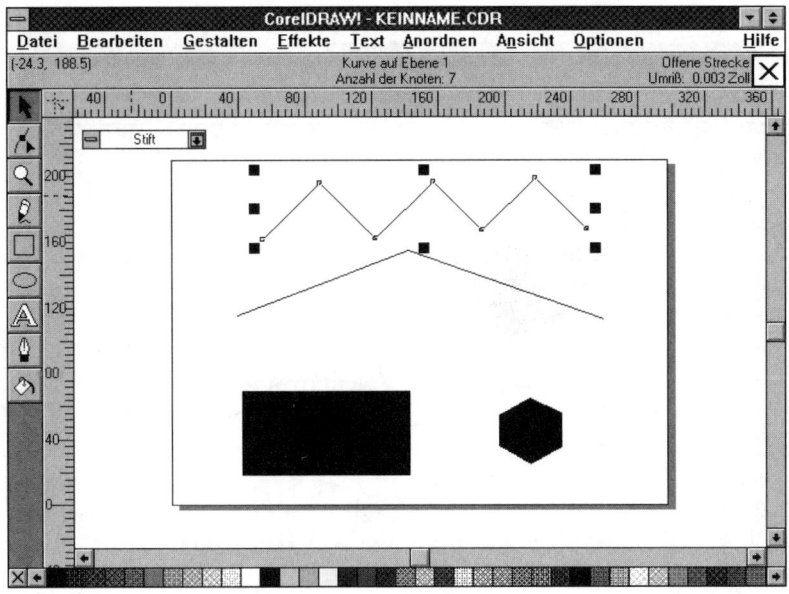

Abb. 3.2: Offene und geschlossene Polygone

Man unterscheidet zwei verschiedene Arten: Geschlossene und offene Polygone. Bei offenen Polygonen sind die Anfangspunkte und Endpunkte verschieden, da es sich um eine Strecke handelt. Geschlossene Polygone besitzen dagegen einen gemeinsamen Start- und Endpunkt. Solche Polygone können darüber hinaus auch mit Farben und Rastern ausgefüllt werden. Abbildung 3.2 zeigt in der oberen Hälfte zwei offene Polygone. Bei dem Rechteck und dem Sechseck handelt es sich um geschlossene Polygone, die aus Polygonlinien erzeugt wurden Beachten Sie bitte das zweite offene Polygon. Nachdem Sie ein Polygon gezeichnet haben, werden die Stützstellen (Knoten) durch kleine Quadrate dargestellt.

Kurven im Freihand-Modus

CorelDRAW! unterstützt zwei Verfahren für das Zeichnen von Kurven - die mathematisch exakt darstellbaren Bézier-Kurven und den Freihand-Modus. Der Freihand-Modus läßt sich mit dem Zeichnen mit einem Stift vergleichen. Sie setzen den Stift an einer Stelle auf und zeichnen eine Linie. Kurven werden ebenfalls in geschlossene und offene Kurven eingeteilt.

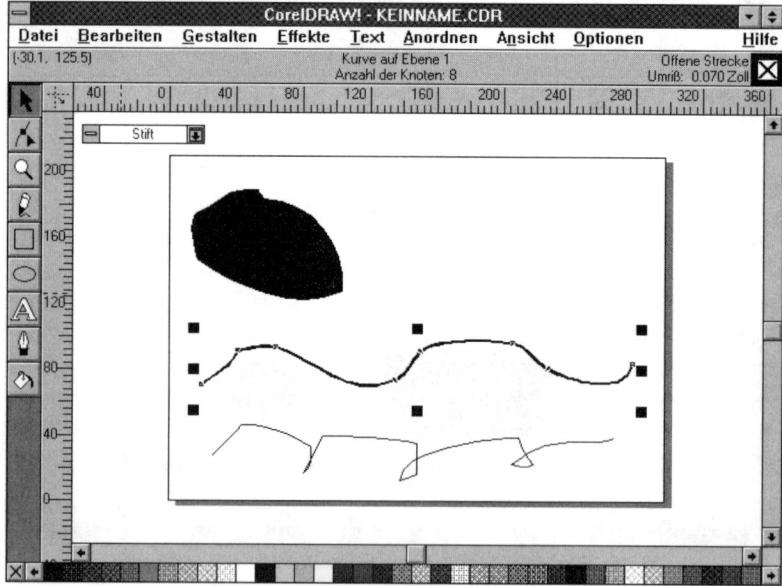

Abb. 3.3: Kurven im Freihand-Modus

Sie erkennen eine geschlossene Kurve, deren Start- und Endpunkt zusammenfällt, und zwei offene Kurven, bei denen Start- und Endpunkt voneinander verschieden sind. Auch in diesem Modus zeigt die Statuszeile bestimmte Informationen an.

Die Informationen beziehen sich in diesem Fall auf die dick gezeichnete Kurve. Sobald Sie eine Kurve eingegeben haben, berechnet CorelDRAW! die Anzahl der Stützstellen, die zur Darstellung dieser Kurve erforderlich sind, und zeigt das Ergebnis in der Statuszeile an. Darüber hinaus können Sie im rechten Bereich der Statuszeile ablesen, daß es sich bei der Kurve um eine offene Strecke handelt und die Kurve 4,2 mm breit und grau eingefärbt ist.

Kurven im Bézier-Modus

Bézier-Kurven stellen mathematisch exakt berechenbare Gebilde dar. So werden diese Kurven auch als mathematische Formeln abgespeichert. Der Vorteil solcher Kurven ist, daß sie jederzeit verändert und wieder auf ihre Ursprungsgestalt zurückgeführt werden können. Bézier-Kurven arbeiten ebenfalls mit Stützstellen. Je nach Anordnung der Stützstellen und deren Kontrollpunkten beeinflussen sie die Gestalt der Kurve. Das klingt sehr kompliziert, ist aber nach einiger Übung recht einfach zu realisieren. Schauen Sie sich zunächst einmal Abbildung 3.4 an.

Die beiden Kurven waren einmal exakt gleich! Die zweite Kurve wurde einfach kopiert und nachträglich bearbeitet. Wenn Sie einmal diese Kurve betrachten, sehen Sie ein kleines schwarzes Rechteck, aus dem zwei gestrichelte Linien herausragen. Am Endpunkt dieser Linien erkennen Sie ebenfalls je ein Rechteck. Diese Rechtecke nennt man Kontrollpunkte, das Rechteck in der Mitte Knoten. Eine Kurve muß durch einen Knoten verlaufen, während die Kontrollpunkte die Krümmung und damit die Ausprägung der Kurve bestimmen. Zum besseren Verständnis stellen Sie sich einfach einen Schmied vor, der ein Schmiedeeisen biegen will. Er befestigt dazu einen Doppelhebel an der Stelle, an der er das Eisen biegen möchte, und spannt das Eisen an den Endpunkten ein. Dreht er nun den Hebel, verbiegt sich das Eisen um den Drehpunkt in entgegengesetzte Richtungen. In ähnlicher Weise funktioniert auch die Eingabe von Bézier-Kurven.

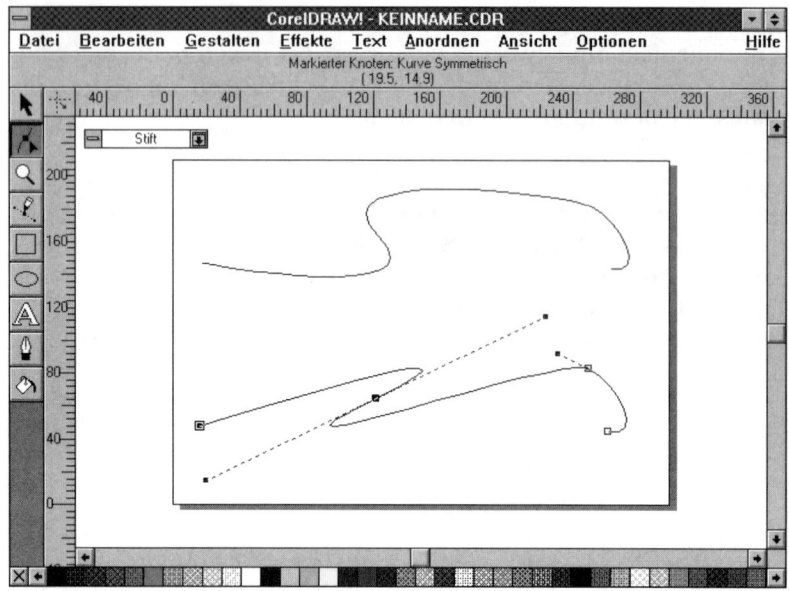

Abb. 3.4: Bézier-Kurven

Sie setzen einen Knoten und drehen dann die Kontrollpunkte. Danach setzen Sie einen weiteren Knoten und bestimmen wieder über die Kontrollpunkte die Steigung und Ausprägung. CorelDRAW! zeichnet daraufhin die gewünschte Kurve.

Die Statuszeile zeigt die gleichen Informationen wie beim Zeichnen im Freihand-Modus. Zur Veranschaulichung der Knoten und Kontrollpunkte mußte bei Abbildung 3.4 ein anderer Modus gewählt werden. Die Statuszeile zeigt deswegen andere Informationen.

Autotrace-Objekte

Pixelgrafiken bestehen aus einzelnen Punkten. Möchte man sich nun die Vorteile vektororientierter Zeichenweise zunutze machen, muß man Pixelgrafiken in Vektorgrafiken verwandeln. Die entstehenden Kurvenzüge sind meist sehr komplex und werden deshalb als eigener Objekttyp aufgeführt. Abbildung 3.5 zeigt eine Pixelgrafik in der Konzeptdarstellung, die schon im Autotrace-Modus bearbeitet wurde.

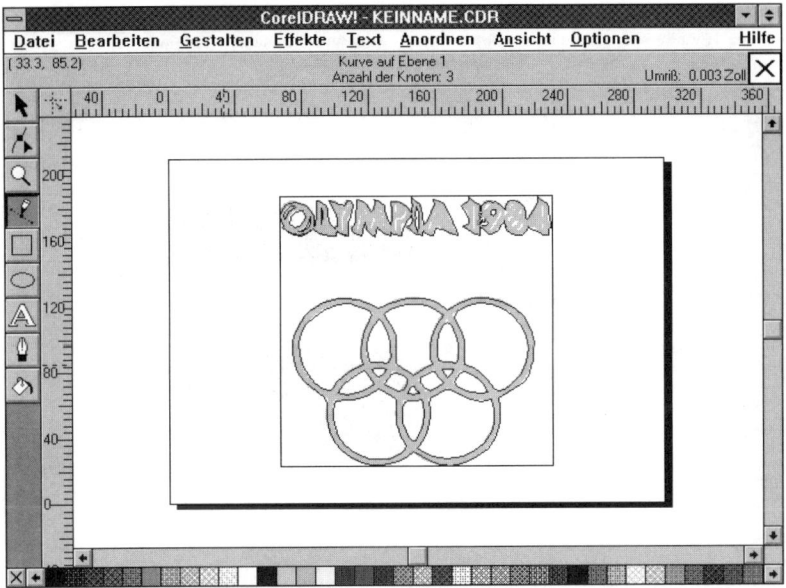

Abb. 3.5: Autotrace-Objekte

Aus der Statuszeile können Sie entnehmen, daß es sich bei der Ursprungsgrafik (grau) um eine Pixelgrafik handelt, die zum Zwecke des "Autotracens" geladen wurde. Die Farbe der Grafik ist schwarz.

Sie können eine solche Grafik nun vektororientiert bearbeiten. Wie Sie dabei vorgehen, ist Thema der nächsten Kapitel.

Rechtecke und Quadrate

Auch Rechtecke stellen eine Spezialform von Kurven dar und können deshalb auch durch Kurven erzeugt werden. Zur Vereinfachung enthalten die meisten Grafikprogramme aber bereits den Objekttyp Rechteck und gestatten so ein schnelleres Arbeiten. Rechtecke sind grundsätzlich geschlossene Kurvenzüge und können deshalb mit Farben und Füllmustern versehen werden. Abbildung 3.6 zeigt verschiedene Rechtecke.

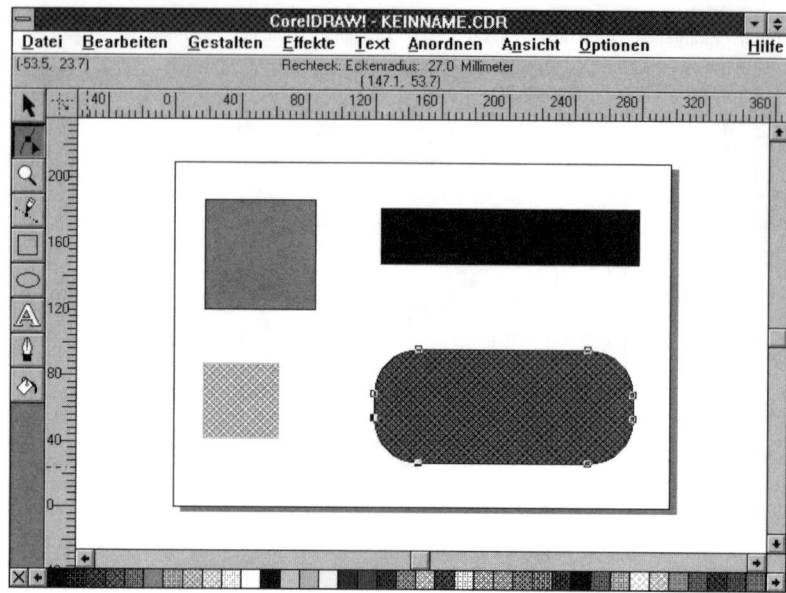

Abb. 3.6: Der Objekttyp Rechteck

Sie können Quadrate oder Rechtecke mit und ohne Umriß darstellen und sogar die Ecken abrunden. In der Statuszeile werden die entsprechenden Informationen eingeblendet:

Die Parameter BREITE und HÖHE sind selbsterklärend. Die unter dem Parameter MITTE dargestellten Informationen bezeichnen den Mittelpunkt des Rechteckes auf dem Blatt. Rechts davon erhalten Sie Informationen über die Dicke des Umrisses, dessen Farbe sowie über die Farbe der Füllung.

Ellipsen und Kreise

Auch Ellipsen und Kreise sind Spezialfälle von Kurven. Diese Objekttypen gehören ebenfalls zum Standard der meisten Grafikprogramme und sollen wie Rechtecke die Zeichenarbeit vereinfachen. Abbildung 3.7 zeigt einige Beispiele für Ellipsen und Kreise. Die Statuszeile zeigt die gleichen Informationen wie beim Objekttyp Rechteck.

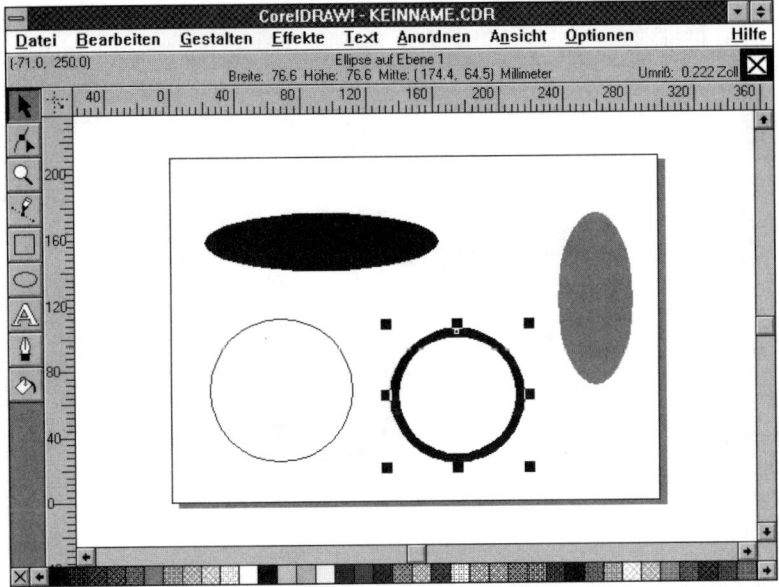

Abb. 3.7: Ellipsen und Kreise

Ein Spezialfall von Ellipsen und Kreisen sind die Kreisbögen oder Kreissegmente. Es handelt sich dabei lediglich um Teilstücke eines Kreises oder einer Ellipse. In Abbildung 3.8 sind einige Beispiele dargestellt.

Zur Eingabe solcher Objekte wird das Formen-Hilfsmittel von CorelDRAW! benötigt, das an anderer Stelle in diesem Buch behandelt wird. Betrachten Sie noch einmal die Abbildung: Durch Herausschneiden eines Stückes aus einer Ellipse wird ein besonderer Effekt erzielt: Man hat nun den Eindruck, es handele sich um einen perspektivisch gezeichneten Kreis mit einem herausgeschnittenen Teil.

In der Statuszeile finden Sie auch diesmal wieder einige nützliche Informationen. Die linke untere Ellipse wird gerade bearbeitet. CorelDRAW! zeigt den verbleibenden Winkel unter GESAMTWINKEL an. Die Parameter VON BIS kennzeichnen die Stelle, an der ein Stück herausgeschnitten wird. Das Wort VERZERRT bedeutet, daß es sich bei diesem Objekt um eine Ellipse handelt. Eine Winkelbezeichung von 270 Grad bedeutet deswegen nicht reale 270 Grad Darstellbereich, sondern, daß 75% der Ellipse noch sichtbar sind.

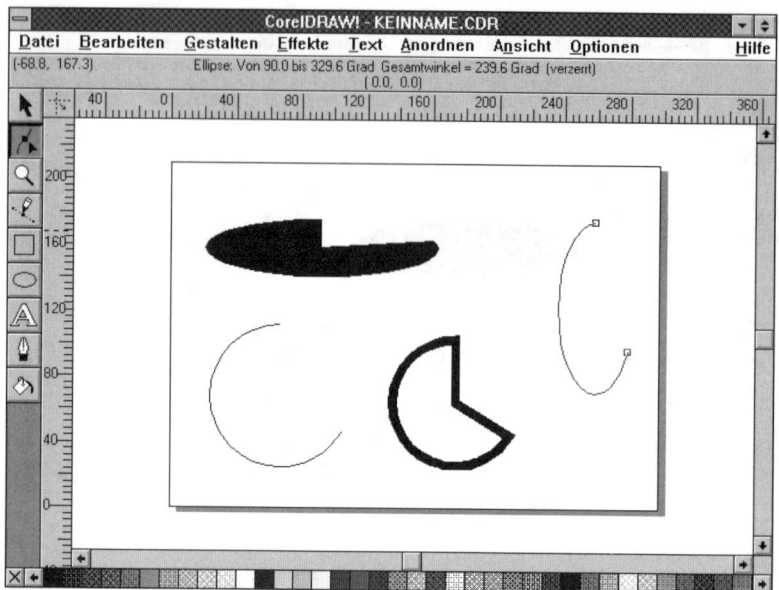

Abb. 3.8: Kreisbögen und Segmente

Text-Objekte und Symbole

Texte erläutern Grafiken und haben meistens einen großen Einfluß
auf die Wirkung von Grafiken. Das Programm CorelDRAW! hat bei
der Erzeugung, Bearbeitung und Darstellung von Texten einige besondere Stärken und bietet zahlreiche Möglichkeiten zur Textgestaltung.

Daher ist der Objekttyp Text in seiner Erscheinungsform sehr variabel.
Unter die Rubrik Text-Objekte fallen deswegen auch Symbole. Diese
Symbole werden entweder über das Text-Hilfsmittel unter Verwendung bestimmter Schriftarten oder die Symbol-Dialogbox eingegeben. Abbildung 3.9 zeigt einige Text-Objekte. In den weiteren Kapiteln
werden Sie erfahren, welche eindrucksvollen Möglichkeiten Sie bei
der Textgestaltung haben.

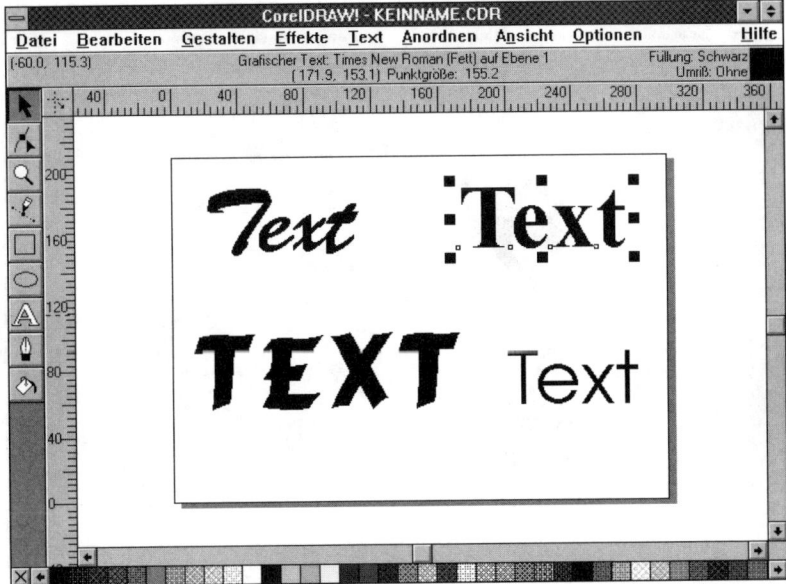

Abb. 3.9: Text-Objekte

Symbole sind einfache Grafiken, die nur die wesentlichen Umrisse eines Objektes umfassen. Sie werden meistens zur Illustration von komplexen Grafiken, wie z.B. Getränkekarten oder anderen Werbe- und Informationsgrafiken, verwendet. Im Lieferumfang von CorelDRAW! sind mehrere tausend Symbole enthalten; genug für die meisten Aufgaben.

In der folgenden Abbildung 3.10 können Sie eine kleine (sehr klei- ne) Auswahl der verfügbaren Symbole sehen. Diese Symbole liegen alle im Objektformat vor und können deswegen beliebig verändert werden.

Abb. 3.10: Symbole

Die Verwendung von Cliparts

Vielleicht hat Ihnen ein Freund schon einmal eine Grafik präsentiert, die perfekt gestaltet war, und Sie haben sich gefragt: Wie macht der das? Nun, entweder hat er ein besonderes grafisches Talent oder eine gute Clipart-Bibliothek.

Clipart-Bilder sind fertige Grafiken, die von professionellen Grafikern in stundenlanger Arbeit angefertigt wurden. Solche Bilder werden zu Bibliotheken zusammengefaßt und auf dem grafischen Markt angeboten. Meistens sind Clipart-Bibliotheken nach Sparten geordnet.

Wer verwendet Cliparts?

CorelDRAW! liefert bereits ca. 14000 Clipart-Bilder im Vektorformat *.CDR auf der CD-ROM mit. In der Originaldokumentation zu CorelDRAW! ist eine dicke Broschüre enthalten, die alle Clipart-Bilder mit Angabe des Namens und der Sparte abbildet. Die meisten Cliparts entstammen den Clipart-Bibliotheken darauf spezialisierter Firmen. Bei diesen Firmen erhalten Sie bei Bedarf weitere Cliparts.

Der Umfang der angebotenen Bilder ist mittlerweile so groß, daß komplette Bibliotheken auf mehreren CD-ROMs geliefert werden. Für den professionellen Anwender ist dies sicher eine Bereichung, da diese Bilder keinen Platz auf dem ohnehin knappen Festplattenspeicher belegen.

Die Anwenderschicht von Cliparts ist breit gestreut. Der Hobby-Grafiker entwirft z.B. mit Cliparts professionelle Einladungen; Schülerzeitungen oder Zeitungen mit kleineren Auflagen verwenden Cliparts zur Illustration ihrer Druckerzeugnisse. Der Profi holt sich bei Clipart-Bildern verschiedene Anregungen und verwendet in einigen Fällen sogar komplette Bilder. Die Abbildung 3.11 gibt ein Beispiel für ein Clipart-Bild aus der mitgelieferten Kollektion von CorelDRAW!.

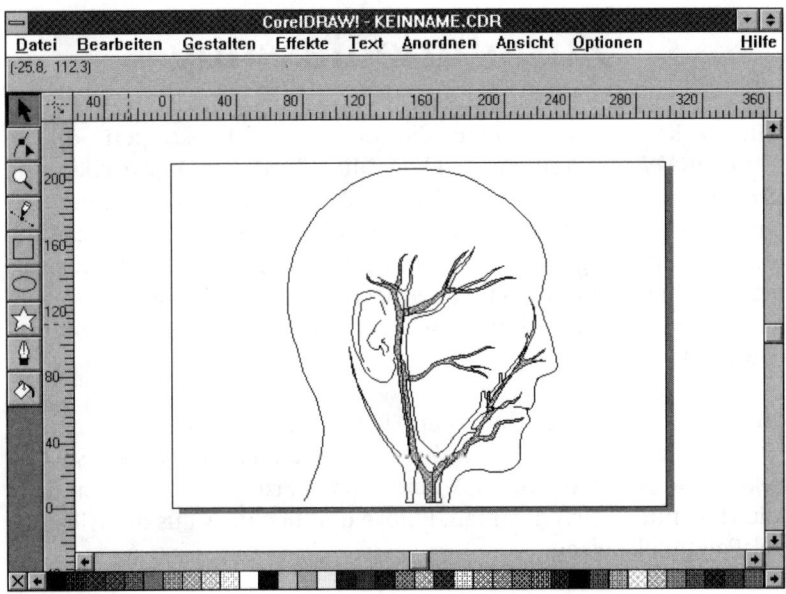

Abb. 3.11: Clipart

Wie dürfen Cliparts verwendet werden?

Sie haben CorelDRAW! rechtmäßig erworben und sind damit auch im Besitz einer Clipart-Bibliothek. Sie dürfen die Clipart-Bilder nun in Ihren Grafiken weiterverwenden, die Clipart-Bilder aber nicht weiter als Clipart verkaufen. Eine Grafik unterliegt dem Urheberrecht, d.h. nur der Grafiker, der eine Grafik erstellt hat, verfügt über das Recht, diese zu veräußern oder die Rechte an der Grafik zu verkaufen. In Public-Domain-Sammlungen und Mailboxen werden meistens große Bibliotheken mit fertigen Grafiken angeboten. Diese Grafiken werden meist ohne Angabe der Quelle in Umlauf gebracht. Beachten Sie bitte, daß auch diese Grafiken dem Urheberrecht unterliegen.

Sofern Sie Clipart-Bilder deutlich variieren oder ergänzen und zur Illustration Ihrer Grafiken verwenden, verletzen Sie jedoch kein bestehendes Recht.

Zusammenfassung

Dieses Kapitel behandelte die einzelnen Objekttypen, die in CorelDRAW! zur Verfügung stehen. Mit Hilfe dieser Objekttypen sind Sie bereits in der Lage, einfache Grafiken zu erstellen. Darüber hinaus haben Sie in diesem Kapitel die Bedeutung der Statuszeile und der dort angezeigten Informationen kennengelernt. Die Statuszeile wird Sie beim Durcharbeiten der nächsten Kapitel begleiten. So wird immer, wenn es erforderlich ist, auf die angezeigte Information hingewiesen.

In den nächsten Kapiteln lernen Sie nun den Umgang mit der Hilfsmittel-Palette kennen. Sie erfahren im folgenden Kapitel, wie Sie Objekte erzeugen und auf der Arbeitsfläche plazieren. Sie werden dazu die Hilfsmittel Kurven/Linien, Ellipse und Rechteck aus der Hilfsmittel-Palette einsetzen.

4

Einfache Objekte zeichnen

In diesem und den nachfolgenden Kapiteln beschäftigen wir uns eingehend mit der Hilfsmittel-Palette von CorelDRAW! und verlassen zunächst die theoretischen Ausführungen. Die Hilfsmittel-Palette befindet sich am linken Bildschirmrand und besteht aus neun Schaltern, auf die Sie mit der Maus klicken. Die Schalter und die damit verknüpften Funktionen sind thematisch angeordnet und werden dementsprechend in eigenen Kapiteln behandelt. In diesem Kapitel erfahren Sie zuerst, wie Sie eine neue Grafik anlegen und welche Dinge Sie dabei beachten müssen. Anschließend wird beschrieben, wie Sie grafische Elemente über die Schalter Zeichenstift, Rechteck und Ellipse eingeben. Nach der detaillierten Beschreibung der Funktionen üben Sie in praktischen Teilen das soeben Gelernte und festigen so Ihr Wissen. Wesentliche Übungsgrafiken finden Sie auch auf der beiliegenden Diskette. Sie werden jeweils darauf hingewiesen, wenn Sie eine Übungsgrafik laden sollen.

Eine neue Grafik anlegen

Wenn Sie CorelDRAW! starten, erscheint die bereits vorgestellte Bedieneroberfläche auf dem Bildschirm. In der Arbeitsfläche ist das Arbeitsblatt dargestellt, das die aktuelle Größe der Grafik darstellt.

Standardmäßig startet CorelDRAW! mit einer neuen, unbenannten Grafik. Der Grafikname ist in der Titelzeile eingeblendet. Zur Gestaltung einer Grafik müssen Sie sich nun folgende Dinge überlegen:

– Soll eine neue Grafik angelegt oder eine bestehende bearbeitet werden?

– Wie groß soll die Grafik sein? Welches Seitenformat muß eingestellt werden?

– Wird die Grafik komplex? Ist es daher sinnvoll, mehrere Ebenen zu verwenden?

– Welchen Dateinamen soll die Grafik erhalten?

Nehmen wir nun einmal an, Sie hätten bereits eine Datei geladen und möchten eine neue Grafik zeichnen. Legen Sie also eine neue Grafik an, indem Sie im Menü DATEI auf die Option NEU klicken.

Die Seitengröße bestimmen

Die Seitengröße einer Grafik ist in weiten Bereichen variierbar. Nachdem Sie eine neue Grafik angelegt haben, sollten Sie die Seitengröße
einstellen, sofern diese nicht mit der aktuellen Seitengröße übereinstimmt. Klicken Sie also im Menü DATEI auf die Option SEITENEIN-
STELLUNGEN. CorelDRAW! blendet daraufhin die Dialogbox SEITENEIN-
STELLUNGEN ein, die in Abbildung 4.1 dargestellt ist.

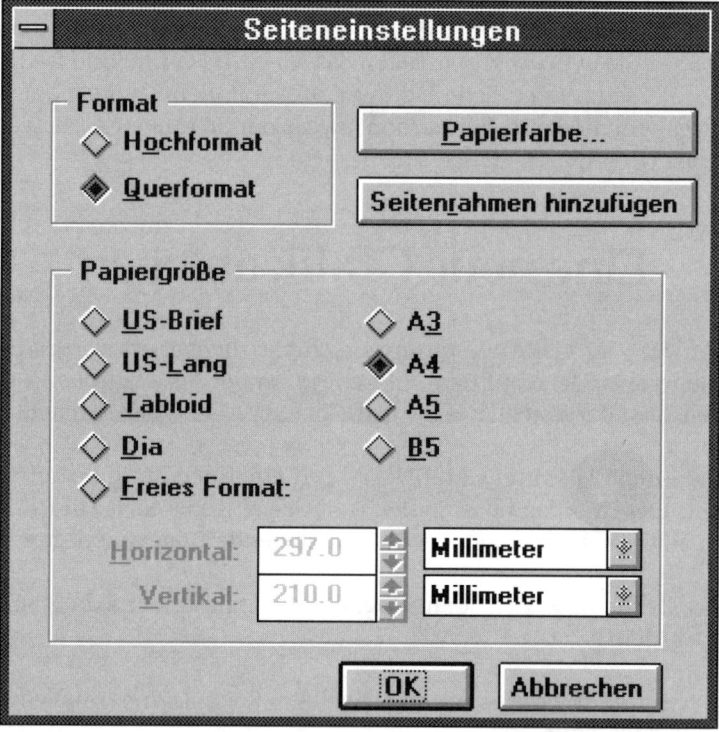

Abb. 4.1: Die Dialogbox SEITENEINSTELLUNGEN

In dieser Dialogbox legen Sie die Seitengröße, das Seitenformat, die
Seitenfarbe und den Seitenrahmen fest. Die gängigsten Papierformate
für die Seitengröße sind bereits definiert. Möchten Sie z.B. die Seitengröße DIN A4 einstellen, klicken Sie im Feld PAPIERGRÖSSE auf die
Option A4. Anschließend legen Sie das Seitenformat fest. Wählen Sie,
ob die Seite im QUERFORMAT oder im HOCHFORMAT dargestellt werden soll.

Reichen die definierten Seiten- und Papierformate nicht aus, können Sie im Feld FREIES FORMAT eine anwenderspezifische Papiergröße einstellen. Klicken Sie dazu auf die Option FREIES FORMAT und wählen zuerst die Maßeinheit aus. Klicken Sie in den Maßeinheiten-Feldern auf die Schaltflächen und wählen in der Liste eine Maßeinheit aus. Anschließend definieren Sie die Seitengröße über die horizontale und vertikale Länge. Klicken Sie dazu auf die Pfeil-Schaltflächen der numerischen Felder. Mit dem nach oben weisenden Pfeil erhöhen Sie den Wert, mit dem nach unten weisenden Pfeil wird der Wert vermindert. Bei großen Wertabweichungen geben Sie die Werte besser über die Tastatur ein. Klicken Sie dazu direkt auf die numerischen Felder und geben die Werte ein.

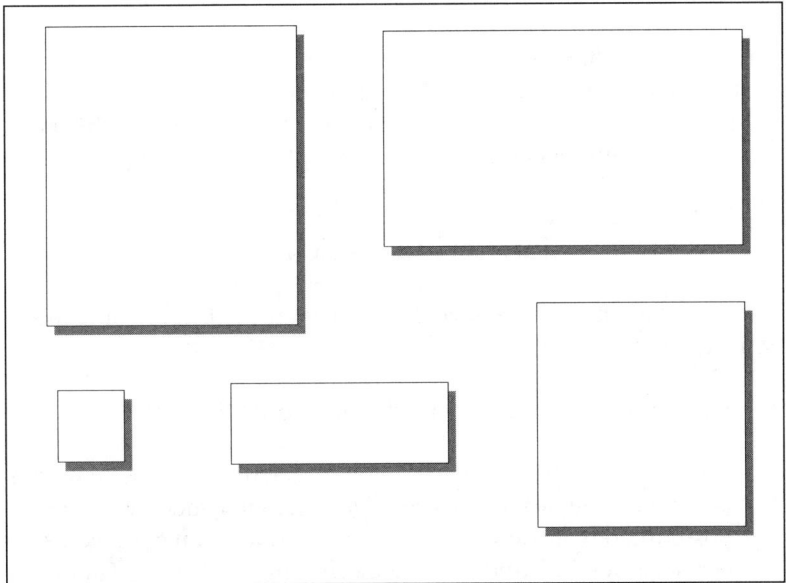

Abb. 4.2: Unterschiedliche Seitengrößen

Optional können Sie nun noch die Seitenfarbe bestimmen oder die Grafik mit einem Rahmen umgeben, indem Sie auf die entsprechenden Schaltflächen klicken. Die Auswahl der Seitenfarbe wird im Kapitel Farben und Füllmuster näher erläutert.

Sobald Sie alle Optionen eingestellt haben, klicken Sie auf OK.
CorelDRAW! berechnet die Proportionen zur Darstellung des Arbeitsblattes auf der Basis der eingestellten Seitengröße und des Seitenformats und baut die Bedieneroberfläche wieder vollständig auf.

Sie können nun grafische Elemente eingeben und bearbeiten. In den
folgenden Abschnitten lernen Sie, wie Sie grafische Elemente zeichnen.

Rechtecke und Quadrate - Das Rechteck-Hilfsmittel

Das Rechteck-Hilfsmittel befindet sich an fünfter Stelle der Hilfsmittel-Palette und wird durch ein Quadrat repräsentiert. Mit Hilfe dieses Hilfsmittels können Sie Rechtecke in vertikaler und horizontaler
Orientierung und beliebiger Größe sowie Quadrate erzeugen.

Ein Rechteck zeichnen

Möchten Sie ein Rechteck zeichnen, gehen Sie bitte in folgenden
Schritten vor:

*Mit F6 aktivie-
ren Sie das
Rechteck-
Hilfsmittel.*

1. Klicken Sie mit der Maus auf das Rechteck-Hilfsmittel.

2. Sobald Sie den Mauszeiger wieder in die Arbeitsfläche bewegen,
    ändert er seine Gestalt. Aus dem Pfeil wird ein Fadenkreuz-Cursor.
    Positionieren Sie den Cursor nun an die Stelle, an der das Recht-
    eck beginnen soll, und drücken Sie die linke Maustaste. Halten Sie
    die Taste gedrückt.

3. Wenn Sie den Cursor nun bewegen, stellt CorelDRAW! zwischen
    dem Anfangspunkt und der momentanen Cursorposition ein
    Rechteck dar. Bewegen Sie den Cursor mit der Maus und über-
    zeugen sich davon. Abbildung 4.3 zeigt ein Rechteck während der
    Eingabe.

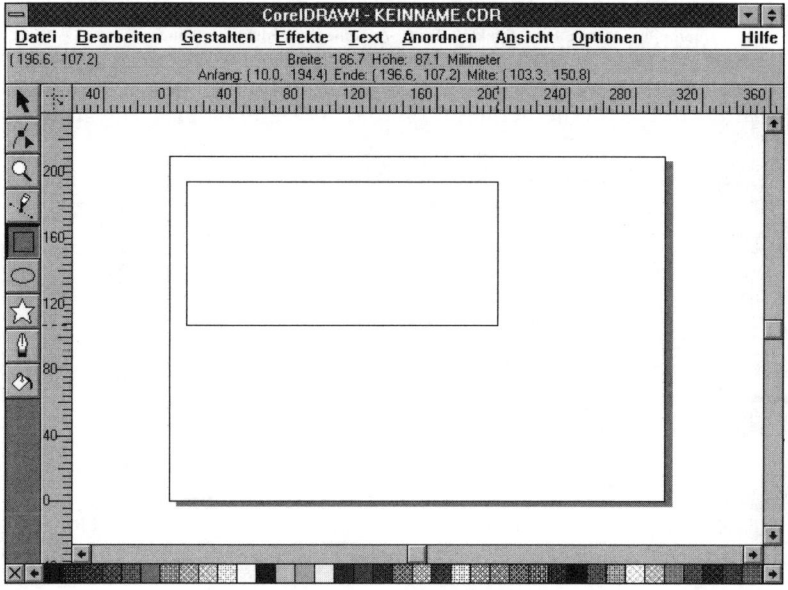

Abb. 4.3: Ein Rechteck eingeben

Beachten Sie bitte die Informationen in der Statuszeile. Sie kennen diese bereits aus Kapitel 3.

4. Hat das Rechteck die gewünschte Größe und Richtung, lassen Sie die Maustaste los. CorelDRAW! zeichnet daraufhin das Rechteck auf dem Arbeitsblatt. Abbildung 4.4 zeigt das Rechteck nach Loslassen der linken Maustaste.

Haben Sie sich bei der Eingabe vertan, drücken Sie die Taste [Entf], solange das Rechteck noch markiert ist.

Folgende Dinge sollten Ihnen nun auffallen: Das Rechteck ist an seinen Stützstellen (Knoten) durch kleine Quadrate markiert. Die Darstellung in der Statuszeile hat sich geändert. Die Start- und Endpunkte werden nicht mehr angezeigt, dafür aber Informationen über die Liniendicke des Umrisses und die Füllfarbe.

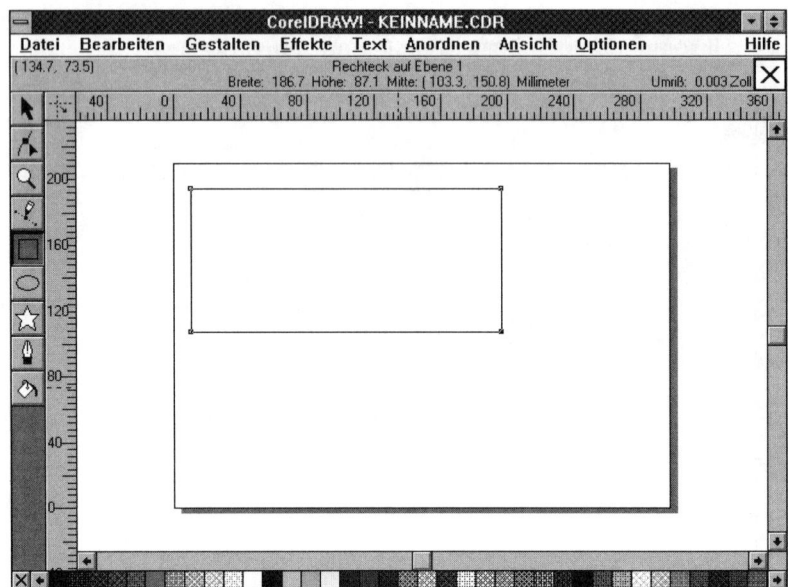

Abb. 4.4: Eingegebenes Rechteck

Ein Quadrat zeichnen

Rechtecke mit gleichlangen Kanten bezeichnet man als Quadrat. Prinzipiell können Sie mit dem Rechteck-Hilfsmittel auch ohne Aktivierung einer Spezialfunktion Quadrate zeichnen. Sie müssen dazu den Cursor nur so genau positionieren, daß die Parameter BREITE und HÖHE den gleichen Wert haben. Die Eingabe ist aber viel einfacher, wenn Sie eine Spezialfunktion verwenden.

1. Aktivieren Sie das Rechteck-Hilfsmittel durch Klicken.

2. Bewegen Sie den Cursor an die Position auf dem Arbeitsblatt, an der Sie das Quadrat zeichnen möchten.

3. Drücken Sie nun die [Strg]-Taste und halten diese gedrückt. Sie aktivieren so die Quadrat-Zeichenfunktion.

 Halten Sie die [Strg]-Taste unbedingt gedrückt, bis Sie die Maustaste losgelassen haben. Anderenfalls verlassen Sie vorzeitig den Quadrat-Zeichenmodus und erzeugen ein Rechteck.

4. Ziehen Sie den Rahmen mit der Maus auf, bis das Quadrat die gewünschte Größe hat. Lassen Sie nun zuerst die linke Maustaste und dann erst die ⌈Strg⌉-Taste los.

CorelDRAW! verfügt im Rechteck-Modus über eine weitere Möglichkeit, Rechtecke zu zeichnen. Wenn Sie die ⌈⇧⌉-Taste drücken, stellt die erste Cursorposition nicht den Anfangspunkt sondern den Mittelpunkt des Rechtecks dar. Für bestimmte Zeichenaufgaben ist diese Funktion sehr nützlich, besonders dann, wenn Sie Kreise zeichnen, da diese Art der Eingabe dem Zeichnen mit einem Zirkel ähnelt. In Abbildung 4.5 sind einige Rechtecke und Quadrate in unterschiedlichen Größen und Proportionen dargestellt.

Abb. 4.5: Rechtecke und Quadrate

Wie Sie sicher bereits gemerkt haben, können Sie Rechtecke nur in horizontaler und vertikaler Ausrichtung erzeugen. Andere Richtungen werden erst möglich, wenn Sie das Objekt drehen. Sie setzen dazu das Pfeil-Hilfsmittel ein. Wie Sie dabei vorgehen, wird bei der Beschreibung des Pfeil-Hilfsmitteles näher erläutert.

Das Zeichnen von Rechtecken und Quadraten ist sehr einfach. Genauso leicht und schnell können Sie Kreise und Ellipsen definieren.

Ellipsen und Kreise -
Das Ellipsen-Hilfsmittel

Falls Sie einmal versucht haben, einen Kreis oder eine Ellipse von
Hand zu zeichnen, wissen Sie, wie schwer man sich dabei tun kann.
Mit einem Eingabegerät wie einer Maus oder einem Trackball haben
Sie gewöhnlich wesentlich weniger "Zeichengefühl". Die Eingabe eines Kreises mittels einer freien Kurve ist deshalb so gut wie unmöglich. Die Entwickler von Grafikprogrammen kennen diese Problema-
tik auch und stellen deshalb standardmäßig eine Funktion zur
Verfügung, mit der Sie Kreise und meistens auch Ellipsen zeichnen
können. Diese Funktion heißt in CorelDRAW! Ellipsen-Hilfsmittel.

Ellipsen eingeben

Wir wollen nun schrittweise eine Ellipse am Bildschirm zeichnen. Der
prinzipielle Arbeitsablauf gleicht der Eingabe eines Rechtecks:

Sie aktivieren
das Ellipsen-
Hilfsmittel mit
F7.

1. Klicken Sie mit der Maus auf das Ellipsen-Hilfsmittel.

2. Bewegen Sie den Cursor in die Zeichenfläche und drücken die linke Maustaste an der Stelle, an der die Ellipse beginnen soll. Halten Sie die Taste gedrückt.

3. Bewegen Sie den Mauszeiger so lange, bis die Ellipse die gewünschte Form, Größe und Ausrichtung hat. Lassen Sie die
   Maustaste los. Sie haben nun eine Ellipse gezeichnet. Abbildung
   4.6 zeigt eine Ellipse unmittelbar nach der Eingabe.

Beachten Sie die Informationen in der Statuszeile. Sie umfassen Angaben über die Breite, Höhe und den Mittelpunkt der Ellipse sowie
die Liniendicke der Umrißlinie und die Füllfarbe. Solange die Ellipse
noch markiert ist, können Sie diese mit Entf wieder löschen. Der
Ellipsenumriß ist durch ein kleines Rechteck markiert. Dies bedeutet, daß der Start- und Endpunkt zusammenfallen und die Kurve keine weiteren Stützstellen enthält. Die Eingabe von Kreisen ist ohne
Spezialfunktion ähnlich schwierig wie die Erzeugung eines Quadrates.

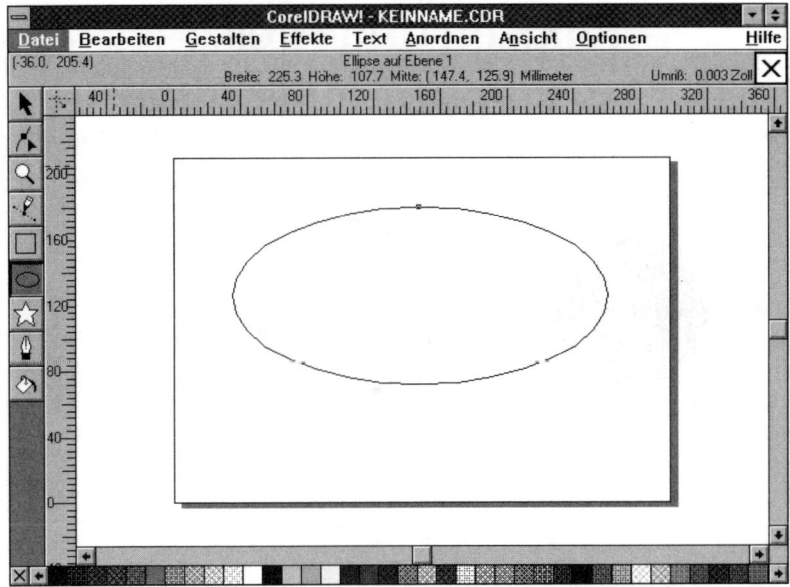

Abb. 4.6: Eine eingegebene Ellipse

Kreise eingeben

Kreise sind so definiert, daß jeder Punkt auf dem Kreisbogen den gleichen Abstand vom Mittelpunkt hat. Mit Hilfe der [Strg]-Taste ist die Eingabe von Kreisen problemlos möglich:

1. Aktivieren Sie das Ellipsen-Hilfsmittel.

2. Positionieren Sie den Cursor in der Arbeitsfläche und drücken die linke Maustaste. Halten Sie die Taste gedrückt.

3. Drücken Sie nun zusätzlich die [Strg]-Taste und halten diese ebenfalls gedrückt.

4. Mit der Maus ziehen Sie den Kreis auf. Hat dieser die gewünschte Größe erreicht, lassen Sie zuerst die Maustaste und dann erst die [Strg]-Taste los. Sie haben so einen perfekten Kreis gezeichnet.

Abbildung 4.7 zeigt einige Beispiele für Ellipsen und Kreise.

Abb. 4.7: Ellipsen und Kreise

 Beim Mittelpunkt-Zeichnen eines Kreises müssen Sie sowohl die ⌨Strg⌨-
als auch die ⌨⇧⌨-Taste drücken.

Das Zeichnen von Kreisen ist im Standard-Modus von CorelDRAW!
gewöhnungsbedürftig. Mit der Definition des ersten Punktes bestimmen Sie den Anfangspunkt eines gedachten Quadrats, das genau um
den einzugebenden Kreis paßt. Deshalb bewegt sich der Mittelpunkt
des Kreises auch, wenn Sie den Kreis vergrößern oder verkleinern.
Möchten Sie einen Kreis vom Mittelpunkt aus zeichnen, müssen Sie
zusätzlich die ⌨⇧⌨-Taste drücken.

Mittels des Knoten-Hilfsmittels können Sie auch Kreisbögen und
Kreissegmente herstellen. Sie zeichnen dazu einen Kreis oder eine Ellipse und bearbeiten diese anschließend. Die Herstellung dieser Objekte wird bei der Beschreibung des Knoten-Hilfsmittels ausführlich
beschrieben. Die nächsten Abschnitte befassen sich mit dem Zeichnen von Linien, Polygonen und Kurven. Je nach verwendetem Modus
sind hier ganz unterschiedliche Arbeitsabläufe anzuwenden.

Linien und Kurven - Das Stift-Hilfsmittel

Mit dem flexibelsten Eingabe-Hilfsmittel erstellen Sie zugleich sehr einfache Gebilde wie einzelne Linien oder äußerst komplexe Objekte im Bézierkurven-Modus oder im Autotrace-Modus. Welche Objektart Sie nun erstellen, hängt vom jeweiligen Modus und der Eingabeart ab. Die einfachste Methode stellt das Zeichnen von Linien im Freihand-Modus dar. Sowohl Freihand- als auch Bézier-Modus ermöglichen die Eingabe von Kurven. Im Freihand-Modus zeichnen Sie zunächst die gesamte Kurve, bevor CorelDRAW! die Stützstellen berechnet. Im Bézier-Modus wird die Kurve von Knoten zu Knoten festgelegt und berechnet.

Die Schaltfläche für das Stift-Hilfsmittel ist bifunktional ausgeführt. Wenn Sie auf die Schaltfläche klicken und die Maustaste gedrückt halten, erscheinen nach kurzer Zeit zwei Schaltflächen für den Freihand- und den Bézier-Modus. Durch Klicken auf die Schaltfläche Bézier-Modus aktivieren Sie diesen Kurvenmodus. Der Freihand-Modus ist voreingestellt, so daß Sie nur die Schaltfläche anklicken müssen.

Die Schaltfläche Bézier-Modus

Die Schaltfläche Freihand-Modus

Der Freihand-Modus

Der Freihand-Modus gestattet die Eingabe von Linien und Kurvenzügen. Das Zeichnen von Linien ähnelt der Arbeit mit Stift und Lineal, die Gestaltung von Kurvenzügen mehr dem künstlerischen Bewegen eines Stiftes. Betrachten wir im folgenden die Eingabe von Linien im Freihand-Modus.

Linien zeichnen

Die Linie ist ein wichtiges grafisches Element. Sie kann auf bestimmte Dinge hinweisen, Abschnitte unterteilen oder Objekte miteinander verbinden. Je nach Gestaltung der Linie löst man verschiedene Wirkungen beim Betrachter aus. In CorelDRAW! (und in fast jedem anderen Grafikprogramm auch) sind Linien sehr leicht zu zeichnen. Wenn Sie die nachfolgende Übung durcharbeiten, werden Sie dies selbst erkennen:

Mit F5 aktivieren Sie das Stift-Hilfsmittel.

1. Aktivieren Sie das Stift-Hilfsmittel, indem Sie darauf klicken.

2. Positionieren Sie den Cursor auf dem Punkt innerhalb der Arbeitsfläche, an dem die Linie beginnen soll.

3. Klicken Sie einmal mit der linken Maustaste. Halten Sie die Taste <u>nicht</u> gedrückt, weil Sie anderenfalls den Kurven-Eingabemodus aktivieren. Sie haben soeben den Startpunkt der Linie definiert.

4. Bewegen Sie den Cursor nun bis zu der Stelle, an der die Linie enden soll. Während Sie den Cursor bewegen, blendet CorelDRAW! eine Linie ein, die den Bewegungen des Cursors folgt. In der Statuszeile werden die geänderten Werte laufend aktualisiert (Abbildung 4.8).Die Statuszeile zeigt neben dem Start- und Endpunkt der Linie auch die Linienlänge und den absoluten Winkel an. Die Parameter dx und dy stellen Differenzparameter dar. Sie informieren über die relative Länge der Linie in X- und in Y-Richtung.

5. Beenden Sie nun die Eingabe der Linie und definieren Sie den Endpunkt, indem Sie an der Endposition klicken. CorelDRAW! zeichnet augenblicklich die Linie.

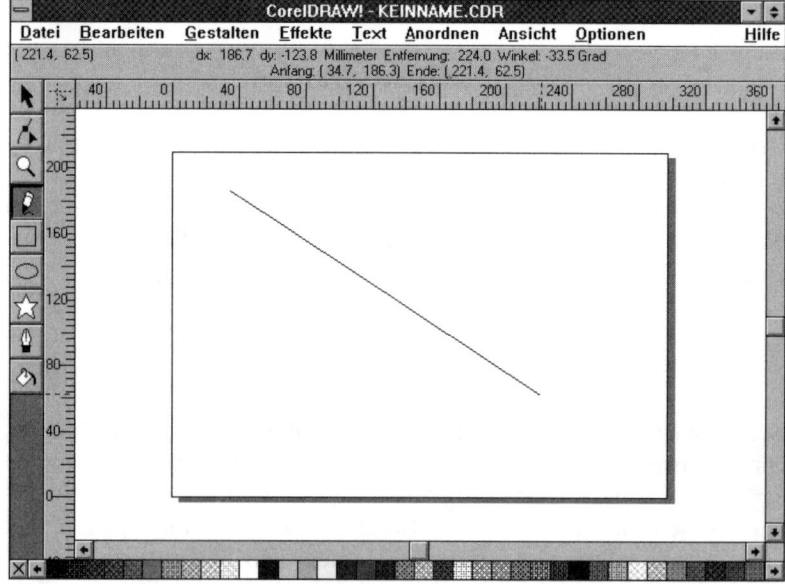

Abb. 4.8: Zeichnen einer Linie

Gerade bei der Konstruktion technischer Grafiken kommt es sehr häufig vor, daß Sie Linien eingeben müssen, die einen bestimmten Winkel besitzen und nur eine bestimmte Länge haben dürfen. Sollten Sie jetzt versuchen, eine Linie zu zeichnen und die Parameter LÄNGE (Abstand) und WINKEL zu koordinieren, merken Sie, wie schwer dies ist.

CorelDRAW! bietet aber eine Möglichkeit, mit der Sie Linien in fest vorgegebenen Winkeln zeichnen können. Sie aktivieren diese Funktion, indem Sie bei der Eingabe der Linie gleichzeitig die Strg-Taste drücken. Halten Sie die Taste solange gedrückt, bis Sie die Linie vollständig gezeichnet haben.

Die Voreinstellung für diese Funktion ist 15 Grad. Das bedeutet, daß Sie Linien mit einem Winkel von 15 Grad oder Vielfachen davon eingeben können, jedoch keine Zwischenwinkel. Bei der Eingabe müssen Sie sich daher nur noch auf die Länge der Linie konzentrieren. Der vorgegebene Wert ist im Menü OPTIONEN unter dem Menüpunkt GRUNDEINSTELLUNGEN einstellbar. Abbildung 4.9 zeigt verschiedene Linien sowie drei Polygone.

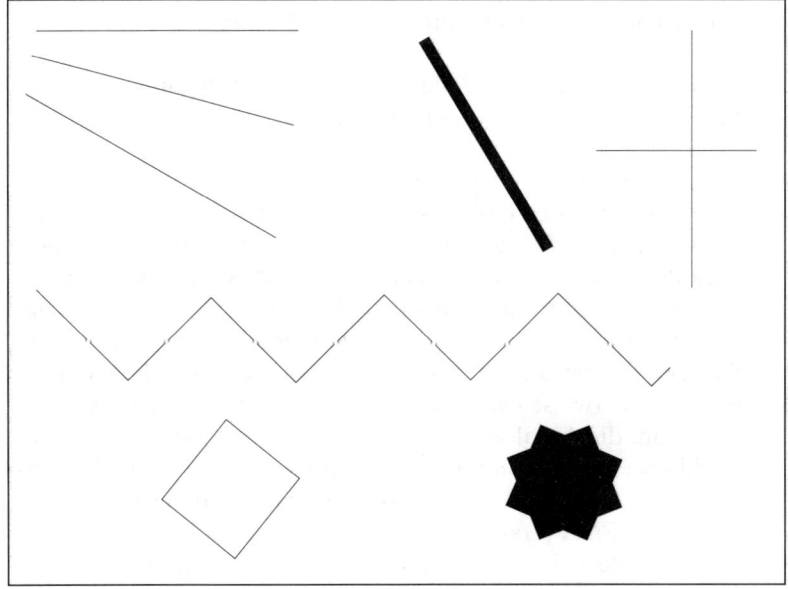

Abb. 4.9: Linien und Polygone

In der oberen linken Ecke sehen Sie drei Linien, die im Freihand-Modus gezeichnet wurden. Daneben befindet sich eine Linie mit einer größeren Liniendicke. Rechts davon erkennen Sie den Effekt der Winkelrastung. Die beiden Linien stehen lotrecht aufeinander. Solche Konstruktionen erfordern sehr viel Arbeit, wenn die Rasten-Funktion nicht zur Verfügung steht.

Polygone zeichnen

Polygone bestehen aus mehreren miteinander verbundenen Linien und können offen oder geschlossen sein. In Abbildung 4.9 sehen Sie drei Polygone. Das obere Polygon ist zweifellos offen, während Sie dies beim linken unteren Polygon nicht ohne weiteres sagen können. Das rechte Polygon muß dagegen geschlossen sein; ansonsten könnte es keine Füllfarbe enthalten.

Wenn Sie Polygone zeichnen möchten, gehen Sie wie folgt vor:

1. Aktivieren Sie das Stift-Hilfsmittel mit der Maus oder mit F5.

2. Definieren Sie den Anfangspunkt des Polygons, indem Sie in der Arbeitsfläche auf die entsprechende Stelle klicken.

3. Ziehen Sie anschließend die erste Linie des Polygons auf, bis sie die gewünschte Länge und Richtung hat.

4. Sie möchten nun an der Stelle, an der die erste Linie aufhört, sofort mit einer neuen Linie, also dem zweiten Linienstück des Polygons, beginnen. Klicken Sie deshalb doppelt. CorelDRAW! fixiert daraufhin die erste Linie. Gleichzeitig haben Sie aber den Anfangspunkt des zweiten Linienstücks definiert. CorelDRAW! hat zudem die erste und zweite Linie miteinander verbunden. Sollten Sie beim Doppelklicken den Mauszeiger leicht verschieben, spielt das normalerweise keine Rolle. Das Programm verfügt über eine Funktion, die AutoJoin heißt. Diese Funktion bewirkt, daß benachbarte Punkte miteinander verbunden werden. Die Voreinstellung beträgt 5 Bildschirmpixel. Solange Sie den Cursor nicht mehr als 5 Pixel verschieben, verbindet CorelDRAW! die Linien. Der voreingestellte Wert von 5 Pixeln kann über die Menüoption GRUNDEINSTELLUNGEN im Menü OPTIONEN variiert werden.

Die AutoJoin-Funktion ist nicht aktiv, wenn Sie Objekte oder Knoten einer Kurve verschieben.

Die Winkelrastung funktioniert auch bei der Polygoneingabe. Sie können so relativ leicht Vielecke herstellen.

5. Ziehen Sie nun die zweite Linie auf und klicken am Ende wieder doppelt. Wiederholen Sie diesen Schritt so lange, bis Sie alle Linienstücke des Polygons gezeichnet haben. Klicken Sie beim letzten Linienstück nur einmal.

Sie erzeugen ein geschlossenes Polygon, indem Sie den Cursor mit der letzten Linie auf den Startpunkt des Polygons plazieren und darauf klicken. Befinden Sie sich innerhalb der AutoJoin-Grenze, erzeugt CorelDRAW! ein geschlossenes Polygon.

Innerhalb des Freihand-Modus können Sie nicht nur Linien eingeben, sondern auch Kurven zeichnen. Der Arbeitsablauf unterscheidet sich in einem wesentlichen Punkt.

Kurven zeichnen

Das Kurvenzeichnen im Freihand-Modus erfordert sehr viel Übung. Der eigentliche Arbeitsablauf ist zwar nicht schwer nachvollziehbar, die Eingabe der Kurve aber umso mehr. Versuchen Sie einmal, eine Kurve zu zeichnen, die Ihren Vorstellungen entspricht:

1. Aktivieren Sie das Stift-Hilfsmittel.

2. Definieren Sie den Beginn der Kurve in der Arbeitsfläche, indem Sie den Cursor positionieren und mit der linken Maustaste klicken. Halten Sie die Maustaste gedrückt!

3. Bewegen Sie den Cursor in der Arbeitsfläche. Die Bewegungen, die Sie mit der Maus ausführen, werden am Bildschirm in eine Kurve umgesetzt und dargestellt. Abbildung 4.10 zeigt eine Kurve während des Zeichnens. Beachten Sie, daß die Statuszeile den Start- und den momentanen Endpunkt der Kurve anzeigt.

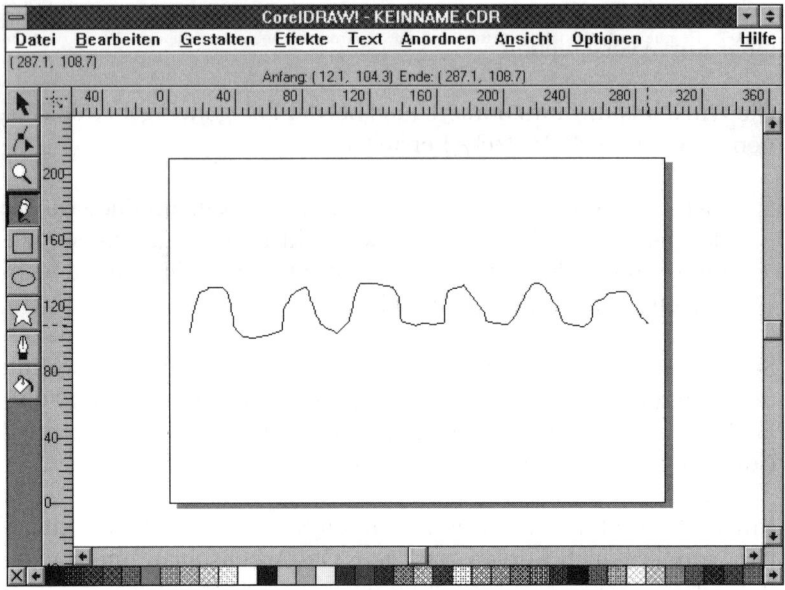

Abb. 4.10: Zeichnen einer Kurve im Freihand-Modus

 Haben Sie den Cursor in die falsche Richtung bewegt, drücken Sie die ⇧-Taste. Wenn Sie den Cursor nun mit gedrückter ⇧-Taste und Maustaste in Richtung Kurve bewegen, löschen Sie einen Teil der Kurve. Nach Loslassen der ⇧-Taste zeichnen Sie einfach weiter.

4. Sobald Sie die Maustaste loslassen, beenden Sie die Eingabe der Kurve. CorelDRAW! verwandelt Ihre Kurve nun in eine Bézierkurve, d.h., es berechnet die Knoten und die Kontrollpunkte. Je nach Komplexität der Kurve kann dieser Vorgang einige Sekunden dauern. Abbildung 4.11 zeigt die Kurve aus Abbildung 4.10 nach der Berechnung.

Wie Sie sehen, hat CorelDRAW! einige Knoten eingefügt, extreme Kurvenverläufe geglättet und so die Kurve bestimmt. Die Statuszeile zeigt die Anzahl der berechneten Knoten.

Verlassen wir nun das klassische Zeichnen, das noch entfernt an die Arbeit mit einem Stift erinnerte, und wenden uns der Eingabe von Bézier-Kurven zu.

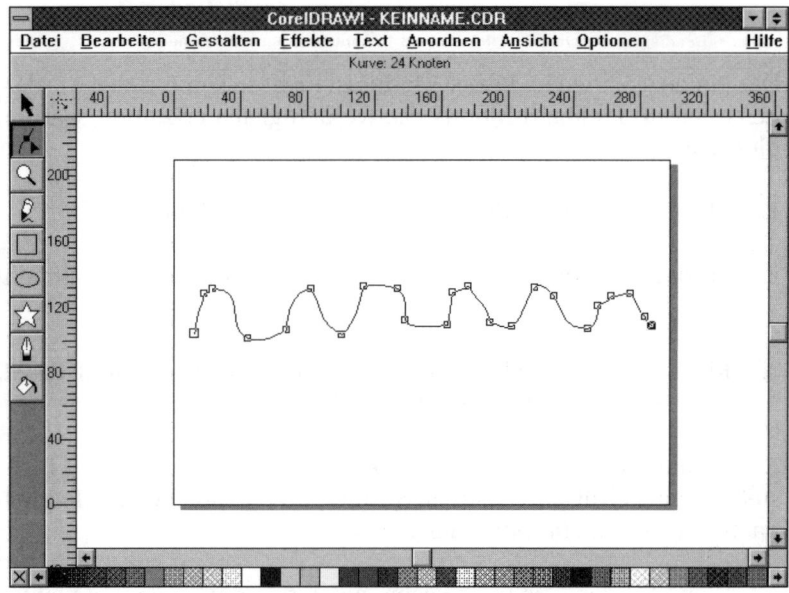

Abb. 4.11: Berechnete Freihand-Kurve

Der Bézier-Modus

Auch im Bézier-Modus haben Sie die Möglichkeit, Linien und Kurven zu erzeugen. Während die Eingabe von Linien in etwa ähnlich abläuft, gestaltet sich der Arbeitsablauf beim Zeichnen von Kurven gänzlich anders. Man könnte schon eher von einer Kurvendefinition sprechen, da Sie nur Knoten setzen und Kontrollpunkte verschieben und so über den Verlauf der Kurve entscheiden. Das Zeichnen der Kurve übernimmt CorelDRAW! für Sie. In der Grundeinstellung ist der Freihand-Modus eingestellt. Aus diesem Grund müssen Sie nun zunächst den Bézier-Modus aktivieren. Klicken Sie dazu mit der Maus auf das Hilfsmittel Stift, halten Sie die linke Maustaste gedrückt und ziehen Sie die Markierung auf die Schaltfläche Bézier. Der Bézier-Modus ist jetzt aktiv. Sie erkennen dies daran, daß die Statuszeile die Meldung

Das Menü GRUNDEINSTELLUNGEN rufen Sie mit Strg J *auf.*

```
Zeichnen im Bézier-Modus auf Ebene 1
```

einblendet, sobald Sie das Stift-Hilfsmittel aktivieren.

73

Linien zeichnen

Das Linienzeichnen im Bézier-Modus ist nicht so komfortabel wie das Zeichnen im Freihand-Modus. Sie werden gleich erkennen, warum dies so ist:

1. Aktivieren Sie das Stift-Hilfsmittel im Bézier-Modus.

2. Plazieren Sie den Cursor an die Stelle, an der die Linie beginnen soll.

3. Klicken Sie einmal kurz mit der linken Maustaste. CorelDRAW! markiert diesen Punkt als Startpunkt der Linie.

 Eine genauere Eingabe erhalten Sie durch die Definition und Darstellung eines Hilfsgitters. Lesen Sie bitte im entsprechenden Kapitel nach, wie Sie ein Hilfsgitter darstellen.

4. Wenn Sie den Cursor bewegen, passiert zunächst einmal nichts. Nur die Koordinaten der Cursorposition in der Statuszeile werden laufend aktualisiert. Sie müssen sich nun bei der Eingabe des zweiten Knotens auf die Koordinatenanzeige der Cursorposition verlassen. Zur Eingabe einer genau definierten Linie ist dieser Modus also nicht sehr geeignet. Einfacher dagegen gestaltet sich die Eingabe von Polygonen, da Sie nur weitere Knoten zu definieren haben und nicht doppelklicken müssen. Bedenken Sie, daß CorelDRAW! in erster Linie ein Designprogramm ist und nicht für CAD-Anwendungen konzipiert wurde. Definieren Sie nun den zweiten Knoten, indem Sie an einer Stelle der Arbeitsfläche klicken. CorelDRAW! verbindet daraufhin die beiden Knoten mit einer Linie.

Abbildung 4.12 zeigt einige Beispiele von Linien im Bézier-Modus. Betrachten Sie die untere Linie genauer, so fällt Ihnen auf, daß der Anfangs- und Endpunkt des Linienzuges durch größere Rechtecke und die Stützstellen durch kleine Punkte markiert sind. Zählen Sie die Punkte, kommen Sie auf die angezeigte Knotenzahl.

 Die Winkelrastung ist auch im Bézier-Modus aktiv.

5. Haben Sie alle Linienstücke gezeichnet, unterbrechen Sie den Eingabemodus. Drücken Sie dazu zweimal die ⬜-Taste.

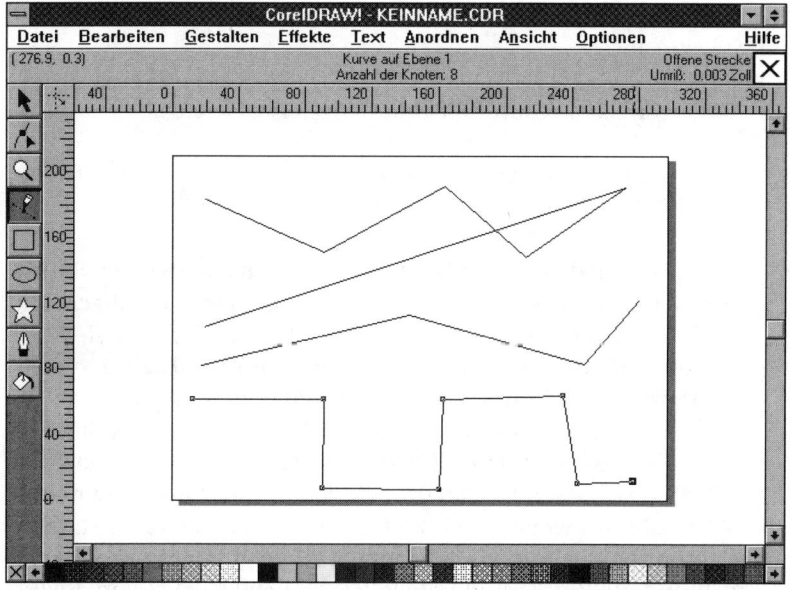

Abb. 4.12: Linien im Bézier-Modus

Haben Sie einen Fehler gemacht, können Sie das letzte Kurven- bzw. Linienstück löschen, indem Sie den Befehl RÜCKGÄNGIG im Menü BEARBEITEN aufrufen. Die eigentliche Domäne des Bézier-Modus ist die Eingabe von Kurven. Mit Hilfe der Knoten und insbesondere der Kontrollpunkte bestimmen Sie das Aussehen der Kurve.

Mit Alt ⇐ *rufen Sie den Befehl RÜCKGÄNGIG auf.*

Kurven zeichnen

Bei der Eingabe von Kurven im Bézier-Modus planen Sie den Verlauf der Kurve für jede Umgebung eines Knotens neu. Beachten Sie aber, daß Sie damit auch die gesamte Kurve zwischen zwei Knoten ändern. Die Eingabe von Kurven verlangt viel Erfahrung, wenn das Ergebnis den gestellten Anforderungen direkt entsprechen soll. Sie sollten den Umgang mit Bézier-Kurven daher intensiv üben (sofern Sie solche Kurven verwenden wollen). Glücklicherweise lassen sich alle Kurven mit Hilfe des Formen-Hilfsmittels nachträglich bearbeiten, so daß eventuelle Abweichungen leicht bereinigt werden können. Die Verwendung des Formen-Hilfsmittels wird in einem eigenen Kapitel beschrieben.

Zeichnen Sie nun eine Bézier-Kurve. Führen Sie dazu die nachfolgenden Schritte aus:

1. Aktivieren Sie das Stift-Hilfsmittel im Bézier-Modus.

2. Positionieren Sie den Cursor an einer Stelle auf der Zeichenfläche und drücken die linke Maustaste.

3. Wenn Sie nun den Cursor bewegen, erscheint eine gestrichelte Linie mit einem Rechteck am Endpunkt dieser Linie. Das Rechteck stellt die Position des Kontrollpunktes dar, mit dem Sie die Ausprägung und die Steigung der Kurve bestimmen. Die Kurve tritt aus dem Knoten immer mit der gleichen Steigung wie die gestrichelte Linie aus. Je länger die gestrichelte Linie ist (je weiter der Kontrollpunkt von dem Knoten entfernt ist), desto stärker schmiegt sich die Kurve an die gestrichelte Linie an. Dieser Umstand führt im weiteren Verlauf normalerweise zu einer starken Krümmung der Kurve. Abbildung 4.13 zeigt eine Bézier-Kurve während des Zeichenvorganges. Versuchen Sie, den Kurvenverlauf nachzuzeichnen. Sie bekommen so ein Gefühl für die Ausrichtung und den erforderlichen Abstand der Kontrollpunkte.

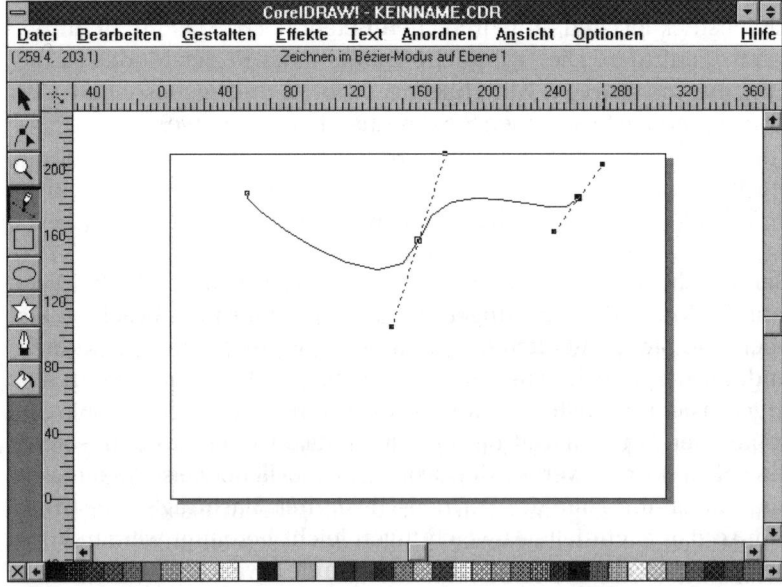

Abb. 4.13: Zeichnen einer Bézier-Kurve

Die dargestellten Kontrollpunkte werden Ihnen beim Zeichnen der Kurve sicherlich helfen.

4. Sobald Sie die Definition des Kontrollpunktes abgeschlossen haben, können Sie die Maustaste loslassen. Geben Sie nun den zweiten Knoten ein. Klicken Sie in der Arbeitsfläche und halten die Maustaste wieder gedrückt. CorelDRAW! stellt eine Kurve dar, die je nach Lage der Kontrollpunkte eine andere Ausprägung und Richtung annimmt.

5. Haben Sie alle Knoten eingegeben, beenden Sie den Zeichen-Modus, indem Sie zweimaldie ⬜-Taste drücken oder auf das Auswahl-Hilfsmittel klicken.

Die Verbindung von Kurven und Linienstücken ist sehr leicht ausführbar. Möchten Sie zunächst ein Kurvenstück zeichnen und dann eine Linie anschließen, gehen Sie folgendermaßen vor:

1. Definieren Sie den ersten Knoten und halten die Maustaste gedrückt.

2. Bestimmen Sie die Ausprägung und Steigung der Kurve.

3. Definieren Sie den zweiten Punkt, klicken aber nur kurz und halten die Maustaste nicht gedrückt.

4. Klicken Sie noch einmal kurz an einer anderen Stelle.

Am zweiten Knoten geht die Kurve in eine Linie über, die sich bis zum dritten Knoten erstreckt. Auf diese Weise können Sie leicht Kurven und Linien verbinden. Abbildung 4.14 soll Ihnen noch einmal die Bedeutung der Kontrollpunkte veranschaulichen.

Jede Kurve enthält die gleiche Anzahl an Knoten. Das unterschiedliche Aussehen wurde lediglich durch die andere Orientierung der Kontrollpunkte erreicht.

Die unterste Kurve enthält noch eine Besonderheit, einen sogenannten "spitzen Knoten". CorelDRAW! kennt verschiedene Knotenarten, die das Aussehen einer Kurve nachhaltig beeinflussen. Die unterschiedlichen Knotenarten werden bei der Beschreibung des Formen-Hilfsmittels eingehend behandelt.

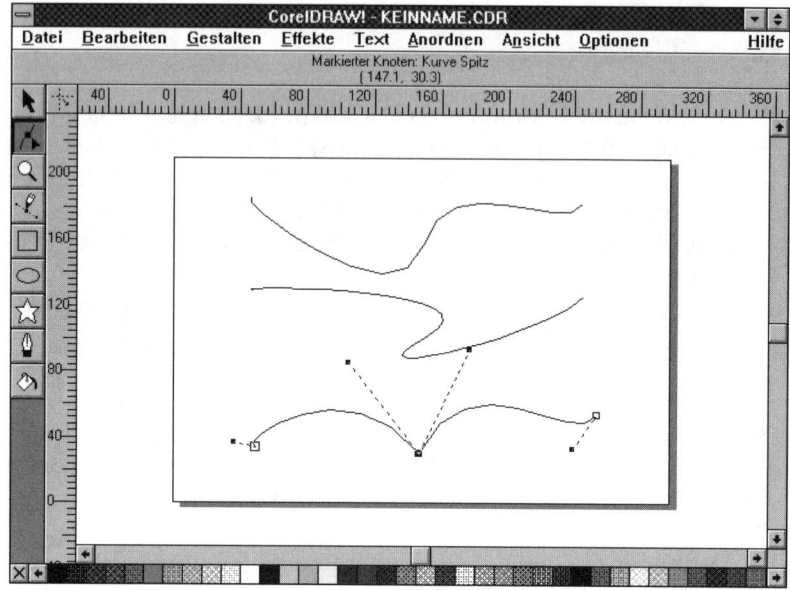

Abb. 4.14: Kurven mit gleicher Knotenzahl

Pixelgrafiken nachzeichnen - Der Autotrace-Modus

Der letzte Modus des Stift-Hilfsmittels ist der Autotrace-Modus, mit dem Sie Pixelgrafiken in Objektgrafiken verwandeln. CorelDRAW! verfügt zwar über ein sehr leistungsfähiges Konvertierungsprogramm namens CorelTRACE!, aber der Autotrace-Modus hat trotzdem seine Berechtigung. In diesem Modus haben Sie beispielsweise die Möglichkeit, nur bestimmte Teile einer Pixelgrafik interaktiv zu konvertieren. Dies ist bei der Verwendung von CorelTRACE! nicht ganz so einfach. Schauen Sie sich zunächst einmal Abbildung 4.15 an.

Für die Konvertierung empfiehlt sich die Darstellung im Umriß-Modus, weil die Pixelgrafik so hellgrau dargestellt wird und Sie die Konversionslinien besser erkennen können. Sie aktivieren diesen Modus, indem Sie im Menü ANSICHT auf die Option UMRIßMODUS klicken.

Die Grafik ist bereits größtenteils konvertiert. Die Pixelgrafik ist grau eingefärbt. Die leicht unregelmäßigen Linien, die die Kontur der Pixelgrafik umfassen, stellen bereits die Autotrace-Kurven dar. Die Statuszeile zeigt die Knotenzahl der zuletzt eingefügten Kurve an.

Abb. 4.15: Pixelgrafik während des Autotracing

Versuchen Sie nun, die Pixelgrafik zu konvertieren. Laden Sie dazu die Grafik OLYMPIA.PCX von der Beispieldiskette, die dem Buch beiliegt.

Eine Pixelgrafik laden

1. Rufen Sie im Menü Datei die Option Importieren auf.

2. Wählen Sie im Feld Aufzulistender Dateityp den Eintrag "CorelPHOTO-PAINT!, *.PCX, *.PCC" aus, indem Sie auf den nach unten weisenden Pfeil und dann in der Liste auf den Eintrag klicken.

3. Im Feld Laufwerke öffnen Sie die Liste durch Klicken auf die Schaltfläche und klicken dann doppelt auf den Buchstaben des Laufwerks, in dem sich die Diskette befindet. Falls Sie den Disketteninhalt in einem Verzeichnis auf der Festplatte installiert haben, müssen Sie im Feld Verzeichnisse noch das entsprechende Verzeichnis wählen.

4. Das Programm zeigt nun die .PCX-Dateien an, die auf der Diskette abgespeichert sind. Klicken Sie auf den Dateinamen OLYMPIA.PCX, auf die Option FÜR TRACING, und laden die Grafik, indem Sie auf OK klicken. CorelDRAW! importiert daraufhin die Grafik.

Die Pixelgrafik konvertieren

Sie haben die Grafik nun importiert und können mit der Konvertierung beginnen:

1. CorelDRAW! hat die Pixelgrafik in der Arbeitsfläche bereits markiert. Schalten Sie den Umriß-Modus ein, und aktivieren Sie das Stift-Hilfsmittel.

Der Autotrace-Modus funktioniert nur dann, wenn die Pixelgrafik markiert ist.

2. In der Arbeitsfläche ändert sich die Gestalt des Cursors in einen Fadenkreuzcursor, dessen rechter Kreuzbalken durch eine gestrichelte Linie verlängert ist. Diese Cursorform zeigt an, daß Sie sich im Autotrace-Modus befinden. Klicken Sie auf einen grau eingefärbten Bereich innerhalb der Pixelgrafik. CorelDRAW! berechnet daraufhin eine Kurve, die den Umriß des gewählten Bereichs möglichst detailgetreu wiedergibt. Die Statuszeile zeigt die Knotenanzahl der gerade berechneten Kurve.

In Abbildung 4.16 sehen Sie einen vergrößerten Ausschnitt, der das O und das L von Olympia darstellt. Auch dieser Bereich wurde bereits konvertiert. Wie Sie feststellen können, entsprechen die Autotrace-Kurven nicht exakt dem Umriß der Pixelgrafik. Im allgemeinen stellen diese Kurven aber einen guten Kompromiß dar.

In der Dialogbox GRUNDEINSTELLUNGEN können Sie die Kurvengenauigkeit für den Autotrace-Modus einstellen.

3. Konvertieren Sie nacheinander alle Bereiche der Pixelgrafik. Bei kleinen Objekten kann es vorkommen, daß Sie bei der Selektion auf Schwierigkeiten stoßen. Vergrößern Sie in solchen Fällen den Bildausschnitt und selektieren danach das Objekt. Wie Sie einen Bildschirmausschnitt vergrößern, lesen Sie bitte im Kapitel "Bildschirmausschnitte und Details" nach.

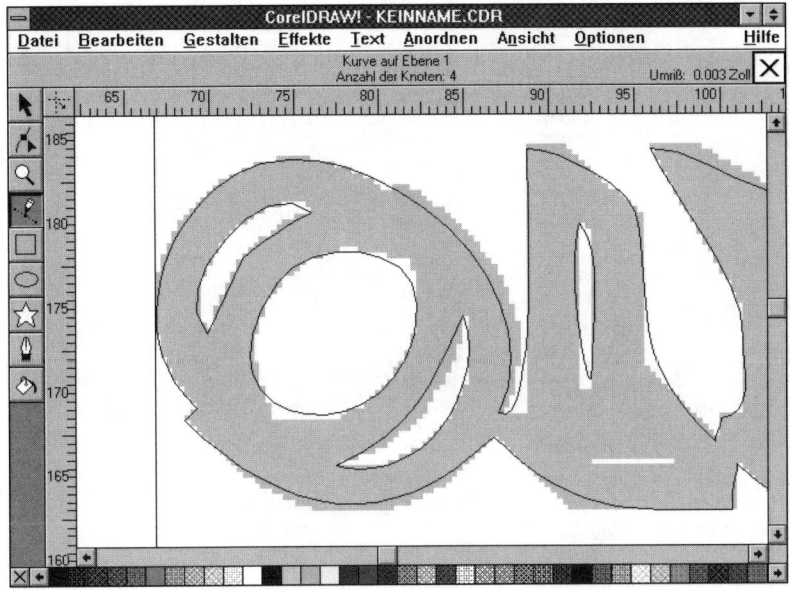

Abb. 4.16: Vergrößerter Bildschirmausschnitt im Autotrace-Modus

4. Sobald Sie alle Bereiche der Grafik konvertiert haben, entfernen
    Sie noch die Pixelgrafik. Drücken Sie dazu ⌷ und klicken mit
    der Maus auf die Umrandung der Pixelgrafik, bis diese durch klei-
    ne schwarze Rechtecke umrahmt ist. Sie löschen die Grafik, in-
    dem Sie ⌊Entf⌋ drücken. Abbildung 4.17 zeigt die vollständig
    konvertierte Grafik, nachdem die Pixelgrafik gelöscht wurde.

Sie können die Grafik anschließend weiterbearbeiten und die durch
das Konvertierungsprinzip bedingten Ecken und Sprünge beseitigen.
Bei der Konvertierung lassen sich sehr kleine Pixel-Bereiche nicht
mehr konvertieren. Dies hängt unter anderem mit der Voreinstellung
für Autotrace-Kurven zusammen. In der Dialogbox GRUNDEINSTEL-
LUNGEN - KURVEN können Sie daher diesen Wert im Feld AUTOTRACE-
TRACKING ändern. Standardmäßig ist hier ein Wert von 5 Pixeln eingestellt, d.h., daß die Kurve mindestens einen Bereich von 5 Pixeln
umfassen muß, bevor ein weiterer Knoten eingefügt werden darf.

Bis jetzt haben Sie bereits wesentliche Teile der existierenden Eingabemöglichkeiten hinsichtlich der Objekttypen kennengelernt. Nachfolgend beschäftigen wir uns mit der Eingabe von Symbolen.

Abb. 4.17: Die Konvertierung ist beendet

Symbole verwenden

Mit Symbolen vermitteln Sie Informationen und unterstützen - je
nach Anwendung - den Effekt einer Grafik. Denken Sie beispielsweise an die Symboltafeln in Bahnhöfen und Flughäfen, die Ihnen die
Richtung zu Dienstleistungsbereichen wie Taxen, Telefonen oder
Informationsständen anzeigen. Im Lieferumfang von CorelDRAW!
sind Tausende verschiedener Symbole aus allen Bereichen enthalten.

Die Symbol-Dialogbox aufrufen

Möchten Sie ein Symbol in eine Grafik einfügen, rufen Sie die Symbol-Dialogbox auf:

1.   Aktivieren Sie das Text-Hilfsmittel, indem Sie darauf klicken.

2.   Drücken Sie die ⇧-Taste und halten sie gedrückt.

3. Klicken Sie in der Arbeitsfläche. CorelDRAW! stellt daraufhin die in Abbildung 4.18 dargestellte Dialogbox SYMBOLE dar.

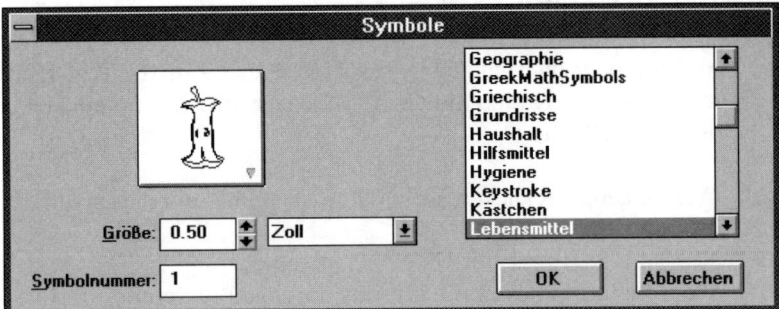

Abb. 4.18: Die Dialogbox SYMBOLE

Sie können die Symbol-Dialogbox auch aufrufen, indem Sie auf das Text-Hilfsmittel klicken und die Maustaste gedrückt halten. Nach kurzer Zeit erscheint ein Flyout-Menü mit zwei Schaltflächen. Ziehen Sie den Cursor auf die Schaltfläche mit dem Stern. Wenn Sie nun in der Arbeitsfläche klicken, erscheint die Dialogbox SYMBOLE.

Im oberen rechten Bereich befindet sich eine Auswahlliste, die die einzelnen Symbolsparten auflistet. Im linken Bereich des Fensters stellt CorelDRAW! das ausgewählte Symbol dar. Durch Klicken auf dieses Symbol öffnet sich eine Liste mit Symbolen, die in der markierten Symbolsparte gespeichert sind. Jede Symbolsparte ist recht umfangreich und umfaßt mehr Symbole, als in der Symbolanzeige darstellbar ist. Unter Verwendung des senkrechten Rollbalkens können Sie sich alle Symbole einer Sparte anschauen, indem Sie diese wie auf einem Fließband vorbeilaufen lassen.

Das markierte Symbol erkennen Sie daran, daß es durch ein Rechteck eingerahmt ist. Die eingeblendete SYMBOLNUMMER korrespondiert mit dem markierten Symbol. Im Feld GRÖßE bestimmen Sie die Größe des einzufügenden Symbols, wahlweise in den Maßeinheiten Zoll, Millimeter, Pica/Punkte und Punkte. Je nach Wahl der Maßeinheit wird der Wert für die Symbolgröße angepaßt.

Ein Symbol auswählen und einfügen

Sie wählen ein Symbol aus und fügen es in die Grafik ein, indem Sie in folgenden Schritten vorgehen:

1. Aktivieren Sie die Dialogbox SYMBOLE, indem Sie auf das Text-Hilfsmittel klicken. Halten Sie die ⇧-Taste gedrückt und klicken in der Arbeitsfläche.

2. In der Dialogbox klicken Sie in der Auswahlliste auf die gewünschte Symbolsparte.

Sie können das Symbol auch durch die Eingabe einer Symbolnummer auswählen.

3. Anschließend klicken Sie auf das dargestellte Symbol und verschieben das Symbolfenster, bis es das Symbol anzeigt, das Sie einfügen möchten. Markieren Sie dieses Symbol durch Klicken. Die Symbolnummer wird sofort aktualisiert.

Abbildung 4.19 stellt eine Auswahl der verschiedenen Symbole zusammen.

Abb. 4.19: Symbole einfügen

4. Ändern Sie nun noch die Symbolgröße im Feld GRÖßE. Geben Sie den Wert entweder über die Tastatur oder mittels der Maus ein. Stellen Sie, wenn nötig, eine andere Maßeinheit ein.

5. Durch Klicken auf OK fügen Sie das Symbol ein.

Haben Sie das Buch bis zu dieser Stelle durchgearbeitet, wissen Sie bereits, wie Sie die einzelnen Objekttypen eingeben. Im Verlaufe dieses Buches werden Sie noch oft die Gelegenheit haben, die Objekteingabe zu üben.

Zusammenfassung

"Geschafft", denken Sie vielleicht, wenn Sie an diesem Punkt angekommen sind. Sie haben soeben die Eingabe von Objekttypen erfolgreich durchgearbeitet und dabei Kreise, Ellipsen, Rechtecke, Quadrate, Linien, Kurven und Symbole gezeichnet und sogar eine Pixelgrafik konvertiert. Sie haben damit den Unterbau Ihres grafischen Handwerkzeuges gebildet.

In den nächsten Kapiteln lernen Sie aber erst, was CorelDRAW! bedeutet - effizienter Einsatz leistungsfähiger Funktionen zur Gestaltung von Grafiken. Dabei werden Sie einen weiteren Objekttyp kennenlernen: die Texte. Die Textgestaltungsmöglichkeiten von CorelDRAW! sind so umfangreich, daß ihnen ein eigenes Kapitel gewidmet wird.

Im nächsten Kapitel lernen Sie, wie Sie Grafiken speichern und laden. In einer kurzen Vorschau lernen Sie das Programm Corel-MOSAIC! kennen, das die visuelle Verwaltung von Grafiken erlaubt.

5

Grafiken laden, speichern und verwalten

Die Verwaltung von Dateien wurde früher von den meisten Programmen vernachlässigt, und so entwickelte sich mit einem größeren Dateibestand meist auch eine zeitraubende Suche nach einer Datei, wenn man nicht eine minutiöse manuelle Verwaltung anhand eine ausgefeilten Verzeichnisstruktur eingesetzt hatte. Diesem Umstand trug und trägt die doch recht kryptische Dateinamenbezeichnung unter MS-DOS von maximal 8 Zeichen pro Dateiname Rechnung.

Moderne Programme umgehen diese Beschränkungen und speichern zu den Dateien Zusatzinformationen ab, die durch eigene Dateimanager verwaltet und aufgerufen werden können. Ein Beispiel für ein recht leistungsfähiges Verwaltungsmodul stellt das Programm "Word für Windows" dar.

Grafikprogramme tun sich bei der Verwaltung von Dateien mittels eines Informationskopfes etwas schwerer, da prinzipiell in Grafikdaten und Information unterschieden werden muß. CorelDRAW! geht deswegen einen anderen Weg. Das Speichern und Laden von Dateien erfolgt zunächst in klassischer Weise, allerdings unterstützt durch die Darstellungsmöglichkeiten von Windows, wie Wahl des Verzeichnisses und Auswahllisten, in denen Sie bequem blättern können.

Wichtiger als ein Informationskopf ist die Schnellanzeige einer Grafik, während Sie die Datei auswählen. Hier bietet CorelDRAW! ein Auswahlfenster, das wesentliche Merkmale einer Grafik zeigt und so eine Auswahl vereinfacht.

Die effizienteste Methode ist aber, ähnlich dem Sortieren von Dias für eine Diaschau, eine Anzeige aller Grafiken des aktuellen Verzeichnisses. CorelDRAW! enthält zu diesem Zweck das Zusatzprogramm CorelMOSAIC!, das neben der verzeichnisbezogenen Anzeige aller Grafiken auch die Verwaltung von Cliparts in komprimierter Form und Photo-CDs erlaubt. Dieses Programm wird in diesem Kapitel nur kurz erwähnt, wenn es um das Laden von Dateien geht. Eine ausführliche Beschreibung finden Sie im Kapitel CorelMOSAIC! - Der Clipart-Manager.

Grafiken speichern

Wenn Sie eine Grafik gezeichnet haben, möchten Sie diese vielleicht auch speichern, um sie eventuell weiterzubearbeiten, zu einem späteren Zeitpunkt nochmals auszudrucken oder um sie ganz einfach zu archivieren. In CorelDRAW! lautet die Standardvorgabe für den Dateinamen KEINNAME.CDR. Unter diesem Dateinamen läßt CorelDRAW! allerdings kein Abspeichern zu. Sie müssen also einen Namen definieren.

Stellen Sie sich vor, Sie hätten eine Grafik gezeichnet und möchten diese nun abspeichern:

1. Klicken Sie in der Menüzeile auf DATEI, und wählen Sie die Option SPEICHERN UNTER.

2. CorelDRAW! öffnet daraufhin die Dialogbox ZEICHNUNG SPEICHERN, die in Abbildung 5.1 dargestellt ist. In dieser Dialogbox spezifizieren Sie alle Angaben, die für das Speichern einer Datei unter dem gewünschten Namen und im entsprechenden Verzeichnis erforderlich sind. CorelDRAW! schlägt im Feld VERZEICHNISSE standardmäßig ein bestimmtes Verzeichnis vor, das Sie jedoch sehr leicht ändern können. Im Feld LAUFWERKE wird das voreingestellte Laufwerk angezeigt.

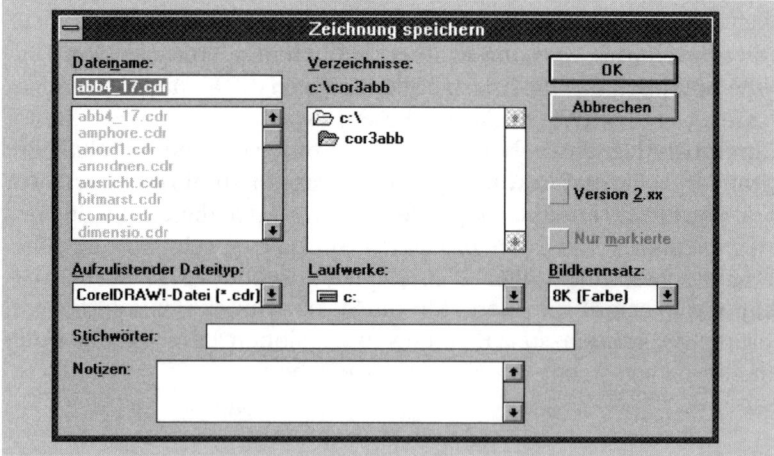

Abb. 5.1: Die Dialogbox ZEICHNUNG SPEICHERN

3. Wählen Sie jetzt zunächst ein Laufwerk aus, in dem Sie Ihre Grafik abspeichern wollen. Klicken Sie auf den nach unten weisenden Pfeil der Auswahlliste LAUFWERKE. In der geöffneten Liste markieren Sie einen Laufwerksbuchstaben.

4. Stellen Sie nun den Pfad ein. Durch mehrfaches Doppelklicken im Feld VERZEICHNISSE aktivieren Sie das betreffende Verzeichnis. Ein Doppelklicken auf ein Verzeichnis mit Unterverzeichnissen öffnet diese. Durch doppeltes Klicken auf das Wurzelverzeichnis stellen Sie wieder einen Ausgangszustand her, von dem aus Sie das Verzeichnis sehr leicht aktivieren können.

    CorelDRAW! aktualisiert die Datei-Auswahlliste immer dann, wenn Sie in ein anderes Verzeichnis wechseln.

5. Haben Sie den Pfad gewählt, geben Sie einen Dateinamen ein. Sie können nun entweder einen neuen Dateinamen eingeben oder eine existierende Datei durch Klicken in der Dateiliste auswählen.

6. Sobald Sie den Namen eingegeben haben, speichert CorelDRAW! die Datei ab. Haben Sie einen bestehenden Dateinamen markiert oder eingegeben, müssen Sie nun bestätigen, ob die alte Datei ersetzt werden soll.

CorelDRAW! verwendet für Grafiken standardmäßig die Dateinamenserweiterung .CDR. Sie sollten deshalb keine Dateinamenserweiterung angeben. Neben diesen .CDR-Dateien können Sie Grafiken über das Feld AUFZULISTENDER DATEITYP auch Musterdateien des Typs .PAT abspeichern.

Möchten Sie eine Grafikdatei erstellen, die kompatibel zur CorelDRAW!-Version 2.xx ist, aktivieren Sie diese Option durch Klicken auf VERSION 2.XX.

Darüber hinaus können Sie in einer Grafikdatei auch nur die markierten Objekte abspeichern. Klicken Sie dazu auf die Option NUR MARKIERTE. Sie können so z.B. mehrere Versionen einer Grafik unter mehreren verschiedenen Namen abspeichern.

Zusätzliche Informationen eintragen

Die Dialogbox ZEICHNUNG SPEICHERN enthält weitere Optionen zur Kennzeichnung einer Grafikdatei. Der Bildkennsatz stellt ein grobes Abbild der Grafik dar. Er wird zur Darstellung der Grafiken in Vorschau- feldern und im Dateimanager CorelMOSAIC! verwendet. Die Voreinstellung 8K (Farbe) besagt, daß ein 8 KByte großes Farbbild einer Grafik erzeugt wird. Diese Darstellung stellt gleichzeitig den genauesten Bildkennsatz dar. Nachteilig ist, daß jede Datei um 8 KByte vergrößert wird. Solange Sie aber über eine ausreichende Speicherkapazität auf der Festplatte verfügen, sollten Sie diese Option eingestellt lassen. Möchten Sie diese Einstellung ändern, wählen Sie in der Liste BILDKENNSATZ eine andere Option aus. Sie können Optionen für farbige oder monochrome Kennsätze mit geringerem Speicherbedarf einstellen oder sogar vollständig auf Bildkennsätze verzichten.

Im Feld STICHWÖRTER tragen Sie Schlüsselwörter ein, nach denen Sie suchen können, um eine Grafik aus einem großen Archiv schneller herauszufinden. Tragen Sie die betreffenden Stichwörter, durch Kommata getrennt, ein. Im Feld NOTIZEN können Sie zusätzliche Bemerkungen eingeben.

Grafiken zwischenspeichern

Mit Strg S *speichern Sie Dateien.*

Während der Erstellung einer Datei sollten Sie von Zeit zu Zeit Ihre Arbeit zwischenspeichern, um einem möglichen Datenverlust durch Stromausfall oder Programmfehler (auch so etwas ist möglich!) vorzubeugen. Wählen Sie dazu die Option SPEICHERN im Menü DATEI.

Zusätzlich verfügt CorelDRAW! über eine automatische Speicherfunktion, die zeitabhängig gesteuert wird. Sie können diese Zeit einstellen, indem Sie die Datei CORELDRW.INI ändern. Wie Sie dabei vorgehen, lesen Sie bitte im Kapitel CorelDRAW! individuell anpassen nach.

Speichern Sie eine Datei unter einem bereits vorhandenen Namen, blendet CorelDRAW! eine Meldung ein (siehe Abbildung 5.2). Wenn Sie CorelDRAW! verlassen, ohne die vorgenommenen Änderungen vorher gespeichert zu haben, werden Sie aufgefordert, die Datei zu speichern, die Änderungen zu verwerfen oder die Arbeit in CorelDRAW! wieder aufzunehmen.

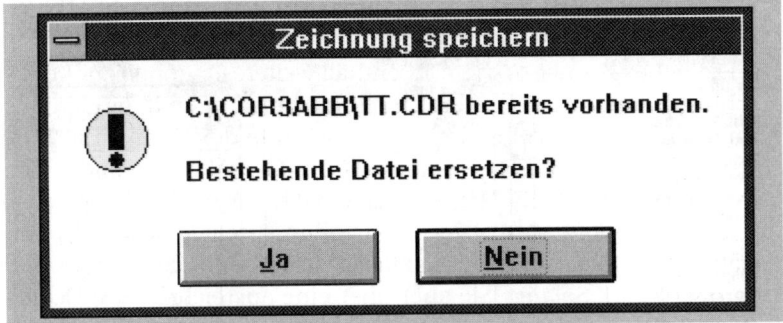

Abb. 5.2: Geänderte Zeichnungen speichern

Grafiken laden

Haben Sie bis zu diesem Zeitpunkt schon einige Kapitel des Buches durchgearbeitet, mußten Sie für bestimmte Übungen Grafiken von der Beispieldiskette laden. Das Laden von Grafiken ist recht einfach und funktioniert prinzipiell genauso wie das Speichern. Sie definieren ein Laufwerk und ein Verzeichnis und wählen eine Datei aus:

1. In der Menüleiste klicken Sie auf die Option DATEI und wählen im Menü die Option ÖFFNEN.

   Mit (Strg)(O) laden Sie Grafiken.

2. CorelDRAW! öffnet die Dialogbox ZEICHNUNG ÖFFNEN (siehe Abbildung 5.3), das die gleichen Auswahlmöglichkeiten bietet wie die Dialogbox ZEICHNUNG SPEICHERN. Bestimmen Sie in der Liste AUFZULISTENDER DATEITYP, ob Sie CorelDRAW!-Dateien oder Musterdateien laden möchten. Im Menü Datei werden die letzten vier geladenen Dateien angezeigt. Durch Klicken auf den entsprechenden Namen öffnen Sie die Datei.

   Klicken Sie in der Dateiliste und verwenden die Pfeiltasten, um sich nacheinander jede Grafik anschauen zu können.

   Neben den Einstell- und Auswahlelementen erkennen Sie ein Vorschaufeld. In diesem Vorschaufeld werden die groben Umrisse einer Grafik angezeigt, sobald Sie diese in der Dateiliste markiert haben.

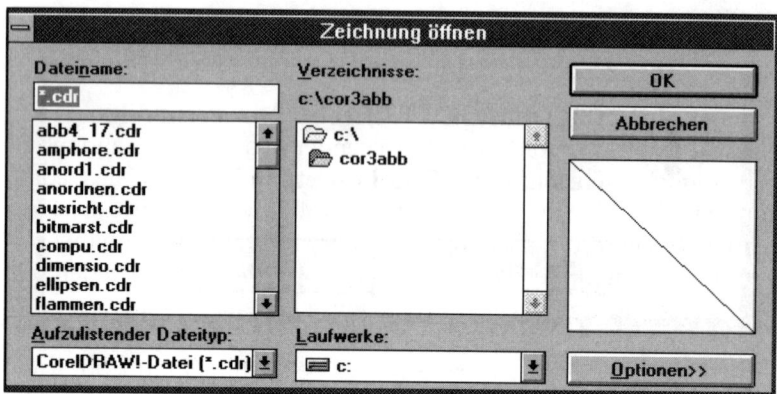

Abb. 5.3: Die Dialogbox ZEICHNUNG ÖFFNEN

3. Markieren Sie jetzt einen Dateinamen. Sie sehen, daß das Vorschaufeld die Umrisse der Grafik zeigt. Eingegebene Stichwörter und Notizen werden nun in den entsprechenden Feldern angezeigt. Unter dem Feld NOTIZEN wird die Dateigröße und das Erstellungsdatum eingeblendet. Möchten Sie diese Grafik jetzt laden, klicken Sie auf OK. CorelDRAW! lädt die Grafik daraufhin in die Arbeitsfläche.

Die Schaltfläche OPTIONEN erweitert die Dialogbox um weitere Bedienelemente. Enthält ein Verzeichnis viele Grafikdateien, können Sie diese namentlich oder nach Datum sortieren und so die Auswahl vereinfachen. Wählen Sie dazu die entsprechende Option im Feld SORTIERT NACH aus. Möchten Sie die Darstellung der Grafik im Vorschaufeld unterbinden, deaktivieren Sie die Option VORANSICHT.

Grafiken suchen   Sie können natürlich auch nach Stichwörtern suchen, indem Sie auf die Schaltfläche SUCHEN klicken und die entsprechenden Stichwörter eingeben. Klicken Sie auf den Schalter ALLE VERZEICHNISSE, falls Sie das gesamte Laufwerk durchsuchen möchten. Mit SUCHEN starten Sie den Suchvorgang.

 Versagen alle Suchvorgänge und können Sie sich an den Dateinamen nicht mehr erinnern, hilft vielleicht die grafische Darstellung aller Grafikdateien eines Verzeichnisses. Rufen Sie also durch Klicken auf MOSAIK den visuellen Dateimanager auf.

Grafiken verwalten

Arbeiten Sie häufiger mit CorelDRAW!, erstellen Sie mit der Zeit recht viele Grafiken. Für professionelle Anwender ist dieser Umstand selbstverständlich. Sie sollten sich deshalb schon an dieser Stelle Gedanken machen, wie Sie Ihre Grafiken verwalten wollen. In erster Linie empfiehlt sich die Aufteilung in kleinere und zusammenhängende Gruppen. Die Gruppen können kunden- oder themenbezogenen sein oder auch jede andere Organisationsform haben.

Trotzdem ist die Auswahl nach einiger Zeit sehr zeitraubend, wenn Ihre Grafikbibliothek ein bestimmtes Ausmaß angenommen hat. Ideal wäre eine Ablage der ausgedruckten Grafiken in einem Ordner mit Angabe des Dateinamens und des Pfades.

CorelDRAW! unterstützt diese Funktion im Rechner. Das Programm CorelMOSAIC! ist in der Lage, alle Grafiken eines Verzeichnisses auf dem Bildschirm darzustellen und so die Funktion eines Aktenordners zu übernehmen. Sie müssen jetzt nur noch wissen, in welchem Verzeichnis sich Ihre Grafik befindet.

CorelMOSAIC! stellt jede Grafik ähnlich dem Vorschaufeld in groben Umrissen anhand des Bildkennsatzes dar. Die Auswahl der Datei geschieht also nicht mehr nach Dateinamen, sondern durch Betrachten der Grafikumrisse. In Abbildung 5.4 sehen Sie CorelMOSAIC! im Einsatz. Auf dem Bildschirm sind alle Grafikdateien eines Verzeichisses gleichzeitig dargestellt.

Das Programm CorelMOSAIC! läßt sich unabhängig von CorelDRAW! aufrufen. Interessant wird es aber erst, wenn Sie es in CorelDRAW! einbinden. Sollten Sie häufiger verschiedene Grafiken aus einem großen Archiv benötigen, ist die Verwendung von CorelMOSAIC! als Ladeprogramm zu empfehlen. Sie aktivieren CorelMOSAIC!, indem Sie in der Dialogox ZEICHNUNG ÖFFNEN auf die Schaltfläche OPTIONEN und anschließend auf MOSAIK klicken. Die weitergehende Bedienung ist im Kapitel CorelMOSAIC! - Der Clipartmanager beschrieben.

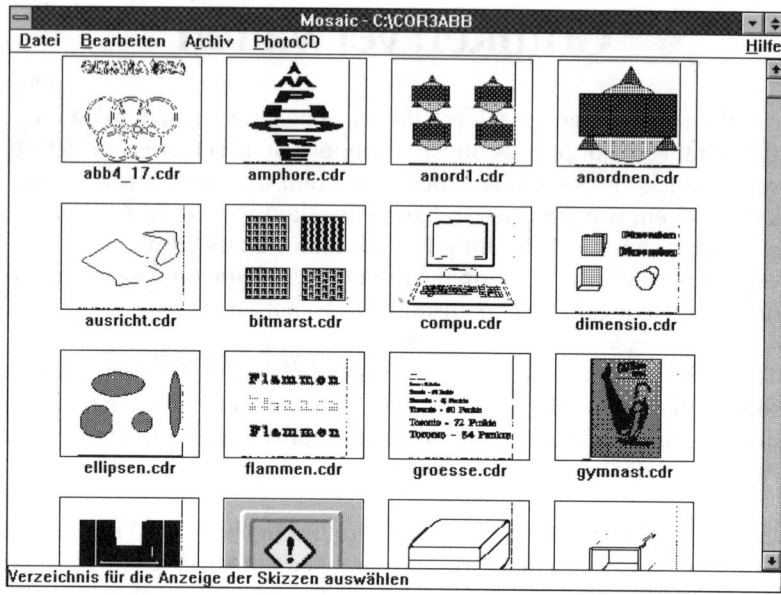

Abb. 5.4: Grafiken verwalten mit CorelMOSAIC!

Zusammenfassung

Sie haben in diesem Kapitel gelernt, Grafiken zu speichern und zu laden. In einem kurzen Exkurs konnten Sie sich von der Leistungsfähigkeit und dem praktischen Nutzen des Programms CorelMOSAIC! überzeugen.

Das folgende Kapitel befaßt sich mit den Bearbeitungs- und einfachen Gestaltungsfunktionen. Dabei lernen Sie den Umgang mit weiteren Werkzeugen kennen. Sie verschieben Objekte, verändern deren Größe, drehen sie oder stellen sie schräg. Sie erfahren, wie Objekte ausgerichtet und zusammengefaßt werden und lernen die Vorzüge der Ebenentechnik kennen. Mit dem Knoten-Werkzeug manipulieren Sie den Umriß von Objekten und einzelnen Kurvenzügen.

6

Objekte bearbeiten
und anordnen

Im Gegensatz zu den pixelorientierten Programmen gestatten vektororientierte Grafikprogramme in der Regel eine nachträgliche Bearbeitung der Grafik. Selten gelingt eine Grafik beim ersten Versuch, so daß mitunter sehr viele Arbeitsschritte nötig sind, bis die Grafik das gewünschte Erscheinungsbild hat.

Bearbeiten Sie eine Grafik mit bereits gezeichneten Objekten, gehört das Verschieben, Rotieren, Ausrichten oder Anordnen von Objekten zu den häufigsten Arbeiten. Komplexere Nachbearbeitungen erfordern dagegen meist Änderungen an der Objektkontur, den Farbschattierungen oder sogar das Neuzeichnen bestimmter Objekte.

In vielen Fällen nimmt man zusätzliche Arbeitsschritte sogar bewußt hin. Man zeichnet beispielsweise zuerst grobe Konturen einer Grafik, um sie dann in mehreren Iterationsschritten auszufeilen. Farben, Füllmuster und Farb- oder Graustufenverläufe werden in der Regel nie sofort definiert, sondern erst nach der Festlegung der Objektpositionen hinzugefügt.

Ohne leistungsfähige Werkzeuge ist eine Nachbearbeitung von Grafiken nicht sinnvoll. Glücklicherweise verfügt CorelDRAW! gleich über zwei solcher Hilfsmittel - das Pfeil-Hilfsmittel und das Formen-Hilfsmittel.

In den beiden nachfolgenden Kapiteln erfahren Sie einiges über die Funktionen dieser Hilfsmittel. In praktischen Übungen mit vorgegebenen Grafiken lernen Sie schrittweise die verschiedenen Arbeitsabläufe kennen. Die Anwendungsbeispiele kombinieren wieder verschiedene Techniken; Sie lernen z.B. das Zusammenspiel der Hilfsmittel kennen. So zeichnen Sie ein Segelboot und eine Rosette. Nach Durcharbeiten beider Kapitel haben Sie bereits das Wissen, um sehr komplexe Strichzeichnungen zu erstellen.

Die Hilfsmittel der Hilfsmittels-Palette stellen Ihnen bereits viele und leistungsfähige Funktionen zur Eingabe und Bearbeitung von Objekten zur Verfügung. Einige der Bearbeitungsfunktionen finden Sie darüber hinaus auch in den Menüs, die über die Menüzeile aktiviert werden. Im Unterschied zu den Hilfsmittelfunktionen gestatten diese Bearbeitungsfunktionen aber ein exaktes Arbeiten durch die Eingabe numerischer Werte. So können Sie ein Objekt beispielsweise mit einem definierten Abstand verschieben oder variable Rotationswinkel vorgeben.

Die Verwendung von Menüfunktionen ist immer dann ratsam, wenn Sie z.B. exakte Abstände einhalten müssen oder ein Objekt kopieren und die Kopien jeweils um genau festgelegte Winkelschritte drehen müssen.

Neben diesen Funktionen verfügt CorelDRAW! über Spezialfunktionen, die das Duplizieren und Ausrichten von Objekten oder beispielsweise deren Kombination oder Gruppierung ermöglichen.

In diesem Kapitel werden daher auch die meisten Menüfunktionen zur Bearbeitung von Objekten behandelt. Lediglich die speziellen grafischen Funktionen des Menüs EFFEKTE sowie einige besondere Bearbeitungstechniken werden hier ausgeklammert und in einem eigenen Kapitel vorgestellt.

Objekte markieren und verändern - Das Pfeil-Hilfsmittel

Mit einem Pfeil weist man auf etwas hin oder zeigt auf bestimmte Dinge. Diese Aussage trifft auch auf das Pfeil-Hilfsmittel zu und spricht bereits die Hauptfunktion dieses Hilfsmittels an - das Markieren von Objekten.

Unter Verwendung des Pfeil-Hilfsmittels markieren Sie Objekte, um diese anschließend zu verschieben, zu rotieren, schrägzustellen, zu kopieren oder zu löschen. Darüber hinaus strecken oder stauchen Sie die markierten Objekte mittels dieses Hilfsmittels oder verkleinern und vergrößern sie proportionsgerecht. Vor jeder Aktion steht aber das Markieren von Objekten.

Auf der Beispieldiskette befindet sich eine Datei mit dem Namen PFEIKNOT.CDR. Laden Sie diese Datei, bevor Sie die Übungen nachvollziehen. Fast alle praktischen Übungen zur Erklärung der Funktionsweise des Pfeil-Hilfsmittels beziehen sich auf diese Grafik. Abbildung 6.1 zeigt diese Grafik.

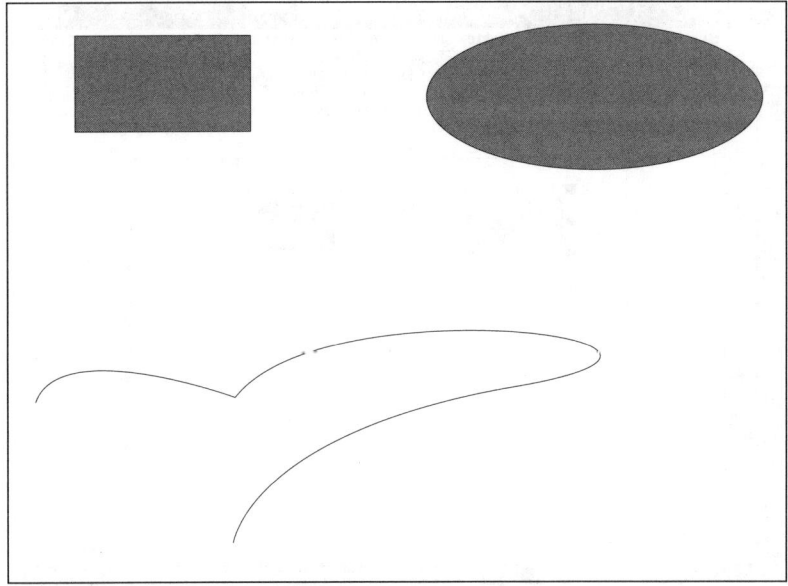

Abb. 6.1: Übungsgrafik für das Pfeil-Hilfsmittel

Objekte markieren

In vielen Fällen möchten Sie einzelne Objekte nachträglich bearbeiten oder verändern. Zu diesem Zweck müssen Sie das betreffende Objekt zunächst markieren, indem Sie auf das Objekt klicken:

1. Aktivieren Sie das Pfeil-Hilfsmittel, indem Sie mit der Maus darauf klicken.

2. Bewegen Sie den Cursor auf den Umriß des Rechtecks und klicken mit der linken Maustaste. CorelDRAW! umrahmt daraufhin das Rechteck mit acht schwarzen, kleinen Rechtecken. Die Funktion dieser Rechtecke werden Sie bald kennenlernen. Im Augenblick genügt es zu wissen, daß diese Rechtecke die Markierung eines Objektes anzeigen. Das Klicken auf den Objektumriß ist nur dann erforderlich, wenn Sie dem Objekt kein Füllattribut zugewiesen haben oder wenn der Umrißmodus aktiv ist. In allen anderen Fällen markieren Sie ein Objekt, indem Sie darauf klicken. Abbildung 6.2 zeigt, wie ein markiertes Objekt dargestellt wird.

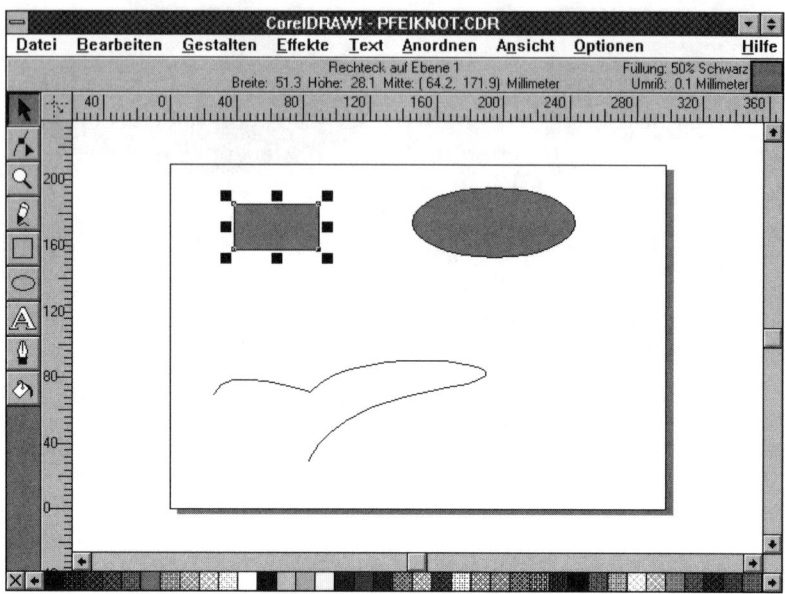

Abb. 6.2: Markierung eines Objekts

Wie Sie erkennen, stellt CorelDRAW! zusätzlich die Knoten des Objekts dar und zeigt in der Statuszeile die zugehörigen Informationen an.

Mit [⇆] und [⇧][⇆] markieren Sie einzelne Objekte nacheinander.

Treffen Sie den Umriß eines hohlen Objekts nicht bzw. klicken nicht in unmittelbarer Nähe des Umrisses, markiert CorelDRAW! das Objekt nicht. Dies kann bei sehr kleinen oder dicht beieinanderliegenden Objekten recht diffizil werden. In solchen Fällen haben Sie zwei Markierungsalternativen zur Auswahl: Entweder arbeiten Sie mit der Rahmenselektion (später in diesem Kapitel) oder Sie verwenden die [⇆]-Taste.

Mit der [⇆]-Taste markieren Sie die einzelnen Objekte nacheinander in der Reihenfolge der Eingabe. Mit der Kombination [⇧][⇆] markieren Sie die Objekte in umgekehrter Reihenfolge. Stellen Sie sich vor, die Objekte der Übungsgrafik wären in der Reihenfolge Rechteck, Ellipse und Kurve eingegeben worden. Durch mehrmaliges Betätigen der [⇆]-Taste werden die Objekte dann immer in der Reihenfolge Rechteck, Ellipse und Kurve nacheinander markiert.

Mehrere Objekte markieren

Möchten Sie beispielweise die Objekte Rechteck und Ellipse in der selben Farbe darstellen oder um die selbe Position verschieben, können Sie beide Objekte getrennt bearbeiten oder zunächst gemeinsam markieren. Sie sparen sich so einen kompletten Arbeitsgang:

1. Aktivieren Sie das Pfeil-Hilfsmittel.

2. Markieren Sie zuerst das Rechteck durch Klicken.

3. Markieren Sie nun die Ellipse. Halten Sie dazu die ⇧-Taste gedrückt und klicken auf den Umriß der Ellipse.

CorelDRAW! markiert beide Objekte und zeigt dies an, indem es beide Objekte mit den acht Markierungs-Rechtecken umrahmt. In der Statuszeile erscheint zusätzlich die Meldung, daß zwei Objekte markiert sind. Alle Funktionen und Arbeitsgänge, die Sie jetzt ausführen, beziehen sich auf beide Objekte.

Die Rahmenselektion

Eine sehr schnelle und effektive Methode zur Markierung von Objekten stellt die sogenannte Rahmenselektion dar. Das Prinzip ist einfach: Sie ziehen einfach einen Rahmen um die Objekte, die Sie markieren möchten. Probieren Sie dies einmal aus:

1. Aktivieren Sie das Pfeil-Hilfsmittel.

2. Schauen Sie sich die Konturen der zu markierenden Objekte genau an. Positionieren Sie den Cursor und klicken Sie mit der Maus. Halten Sie die Maustaste gedrückt.

3. Ziehen Sie ein gestricheltes Rechteck auf. Es ist wichtig, daß sich die zu markierenden Objekte vollständig innerhalb des Rahmens befinden, da sie sonst nicht markiert werden! Wählen Sie den Rahmen daher so groß, daß die gesamte Objektkontur erfaßt wird. Umrahmen Sie nun das Rechteck und die Ellipse.

4. Sobald Sie beide Objekte umrahmt und die Maustaste losgelassen haben, markiert CorelDRAW! beide Objekte (Abbildung 6.3).

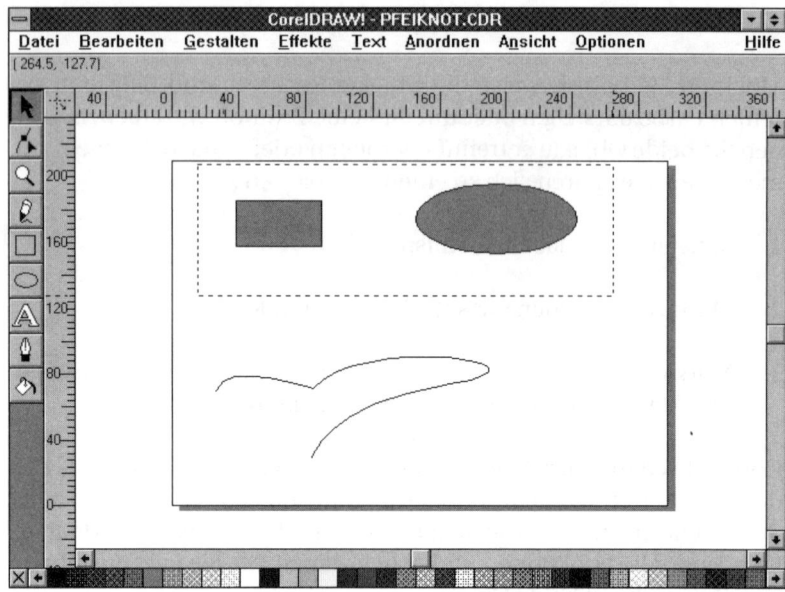

Abb. 6.3: Zwei Objekte mit der Rahmenselektion markieren

Die Rahmenselektion läßt zwar eine schnelle und effektive Markierung zu, versagt aber bei einigen Objektkonstellationen. Stellen Sie sich vor, das Rechteck läge innerhalb der Ellipse, und Sie wollten nur die Ellipse und den Kurvenzug markieren. Wenn Sie jetzt die Rahmenselektion verwenden, markieren Sie das Rechteck automatisch mit, da es immer innerhalb des Rahmens liegt. In solchen Fällen kommen Sie mit der Rahmenselektion also nicht weiter, sondern sollten mehrere Objekte mittels der ⇧-Taste durch Klicken markieren.

 Globale Änderungen an allen Objekten der Grafik setzen voraus, daß alle Objekte markiert sind. Diese Aufgabe läßt sich mit der Rahmenselektion meist sehr einfach bewerkstelligen. Ragen Objekte jedoch weit über den sichtbaren Bereich der Arbeitsfläche hinaus, sollten Sie im Menü BEARBEITEN auf die Option ALLES MARKIEREN klicken. CorelDRAW! markiert daraufhin alle Objekte der Grafik.

Die Markierung aufheben

Haben Sie ein Objekt versehentlich markiert oder die Bearbeitung des Objektes bereits abgeschlossen, möchten Sie die Markierung wahrscheinlich wieder zurücknehmen. Klicken Sie dazu einfach auf einen freien Bereich innerhalb des Blattes.

Falls Sie mehrere Objekte markiert haben und nur ein Objekt aus der Markierung nehmen möchten, halten Sie die ⬆-Taste gedrückt und klicken erneut auf das Objekt. Die Markierung wird daraufhin entfernt.

Objekte löschen

Haben Sie ein Objekt markiert, können Sie es auch löschen. Betätigen Sie dazu die Taste Entf. Das markierte Objekt verschwindet augenblicklich vom Bildschirm.

Mit Entf löschen Sie markierte Objekte.

Die Lösch-Funktion ist auch über die Menüleiste ausführbar. Markieren Sie das Objekt und klicken im Menü BEARBEITEN auf die Option LÖSCHEN. Möchten Sie alle Objekte löschen, wählen Sie zunächst die Option ALLES MARKIEREN. CorelDRAW! markiert daraufhin alle Objekte, die Sie nun durch Drücken von Entf löschen.

Sollten Sie das Objekt irrtümlich gelöscht haben, etwa weil Sie aus Versehen Entf gedrückt oder das falsche Objekt selektiert haben, können Sie dies wieder rückgängig machen. Rufen Sie dazu das Menü BEARBEITEN auf, und wählen Sie die Option RÜCKGÄNGIG.

Mit Alt ⬅ heben Sie die zuletzt ausgeführte Funktion auf.

Objekte verschieben

Das Verschieben von Objekten stellt eine wichtige Bearbeitungsfunktion dar. Meist merkt man erst nach dem Zeichnen mehrerer Objekte, daß das eine oder andere Objekt noch etwas verschoben werden muß. Objekte lassen sich mittels des Pfeil-Hilfsmittels nur verschieben, wenn sie vorher markiert worden sind. Schauen Sie sich einmal Abbildung 6.4 an und vergleichen diese mit der ursprünglichen Übungsgrafik.

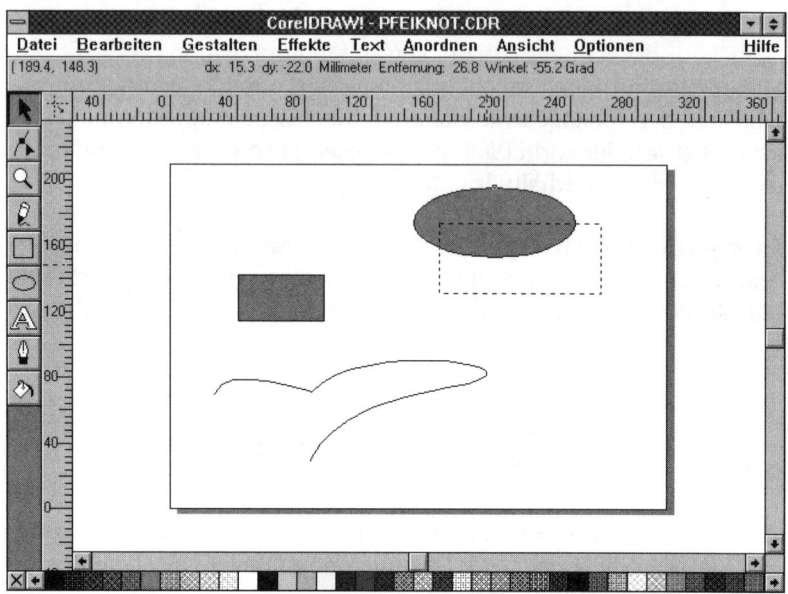

Abb. 6.4: Objekte verschieben

Das Rechteck wurde bereits verschoben, während der Verschiebevorgang der Ellipse noch im Gange ist. Sie werden in der folgenden
Übung zuerst das Rechteck verschieben. Danach kopieren Sie die Ellipse und verschieben anschließend die Kopie:

1. Aktivieren Sie das Pfeil-Hilfsmittel.

Markierungs-
rechtecke werden
nicht eingeblen-
det

2. Klicken Sie auf das Objekt und halten die Maustaste gedrückt.

Sollten Sie sich nicht sicher sein, daß Sie das richtige Objekt gewählt
haben, können Sie die Maustaste loslassen, um die Markierungsrechtecke darzustellen. Anschließend klicken Sie erneut auf das Objekt, dürfen die Maustaste aber unter keinen Umständen loslassen,
weil Sie anderenfalls in einen anderen Bearbeitungsmodus gelangen.

Der Verschiebe-
cursor

3. Wenn Sie nun die Maus bewegen, erscheint ein gestricheltes
    Rechteck auf dem Bildschirm. Der Cursor hat die Form eines
    Kreuzes angenommen, dessen Pfeile in die vier Himmelsrichtun-
    gen zeigen. Das gestrichelte Rechteck repräsentiert die maxima-
    len Abmessungen des zu verschiebenden Objekts. Bewegen Sie
    das Rechteck an die Stelle, zu der Sie es verschieben möchten.

4. Lassen Sie die Maustaste los. CorelDRAW! löscht das originäre Objekt und zeichnet es an der verschobenen Position neu.

Während des Verschiebevorgangs werden in der Statuszeile einige Informationen angezeigt, die Sie für ein geplantes Verschieben unbedingt benötigen: Der Abstand zeigt an, wie weit das Objekt von seiner ursprünglichen Position entfernt ist. Die Parameter dx und dy geben die Abstände an, um die Sie das Objekt in X- und Y-Richtung verschoben haben. Der Winkel gibt die Verschieberichtung in Bezug auf die Originalposition an.

Möchten Sie Objekte exakt in vertikaler oder horizontaler Richtung verschieben, drücken Sie während des Verschiebevorgangs die (Strg)-Taste. Halten Sie die Taste unbedingt gedrückt, bis Sie die Maustaste wieder losgelassen haben.

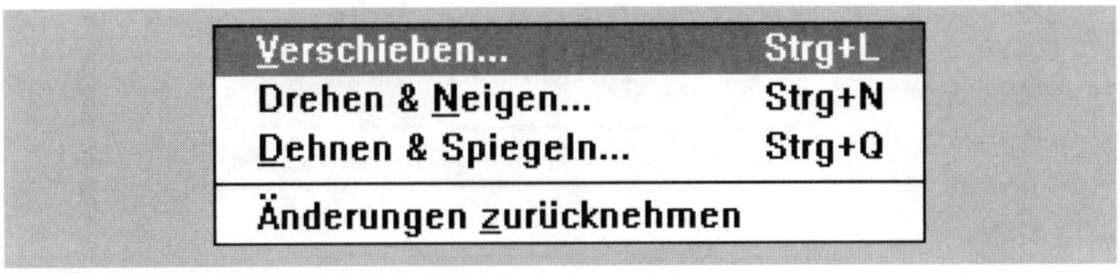

Abb. 6.5: Das Menü GESTALTEN

Die Verschiebung von Objekten über die zugehörige Menüfunktion ist wesentlich genauer. Sie aktivieren diese Funktion, indem Sie im Menü GESTALTEN auf die Option VERSCHIEBEN klicken. Abbildung 6.5 zeigt das Menü GESTALTEN.

In Abbildung 6.6 ist die Dialogbox VERSCHIEBEN dargestellt. In dieser Dialogbox spezifizieren Sie die Verschiebung des markierten Objekts in horizontaler und vertikaler Richtung. Das Koordinaten-kreuz zeigt, in welche Richtung Sie das Objekt bei Eingabe von positiven oder negativen Werten verschieben. Die Verschiebung erfolgt dabei relativ zum markierten Objekt. Soll das Objekt an der aktuellen Position erhalten bleiben, klicken Sie auf die Option ORIGINAL BEIBEHALTEN. Sie verschieben dann nur eine Kopie. Möchten Sie das Objekt absolut verschieben, also auf den Ursprung des Arbeitsblattes (in der unteren linken Ecke) bezogen, stellen Sie die Option ABSOLUTE KOORDINATEN ein. Die Verschiebewerte werden so absolut interpretiert. Klicken Sie auf diese Option, erscheint in der Dialogbox ein Kasten mit neun Orientierungsquadraten. Durch Klicken auf eines dieser Quadrate wählen Sie den Punkt des Objekts, der an den absoluten Koordinaten ausgerichtet wird. Haben Sie z. B. die Koordinaten 230 mm und 135 mm eingegeben und das mittlere Quadrat angeklickt, liegt der Mittelpunkt des Objekts nach der Verschiebung genau bei diesen Koordinaten.

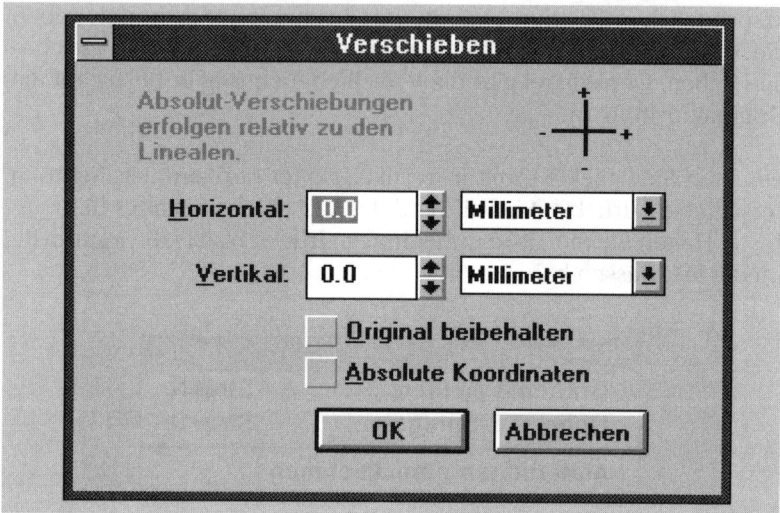

Abb. 6.6: Die Dialogbox VERSCHIEBEN

Objekte kopieren und duplizieren

Sie haben die Möglichkeit, das originäre Objekt an seinem Platz zu belassen und nur eine Kopie zu verschieben. Gehen Sie wie folgt vor:

1. Markieren Sie die Ellipse, indem Sie darauf klicken.

2. Kopieren Sie jetzt das Objekt, indem Sie die ⊕-Taste auf dem numerischen Tastenblock drücken. Das Objekt wird genau auf dem Originalobjekt plaziert.

Mit den Cursor-tasten ⬅, ⬆, ➡ und ⬇ verschieben Sie das Objekt um vorher definierte Einheiten.

3. Die Objekt-Kopie ist bereits markiert, so daß Sie das Objekt sofort verschieben können. Diesmal entfernt CorelDRAW! das Originalobjekt nicht, sondern zeichnet eine zweite Ellipse an der verschobenen Position.

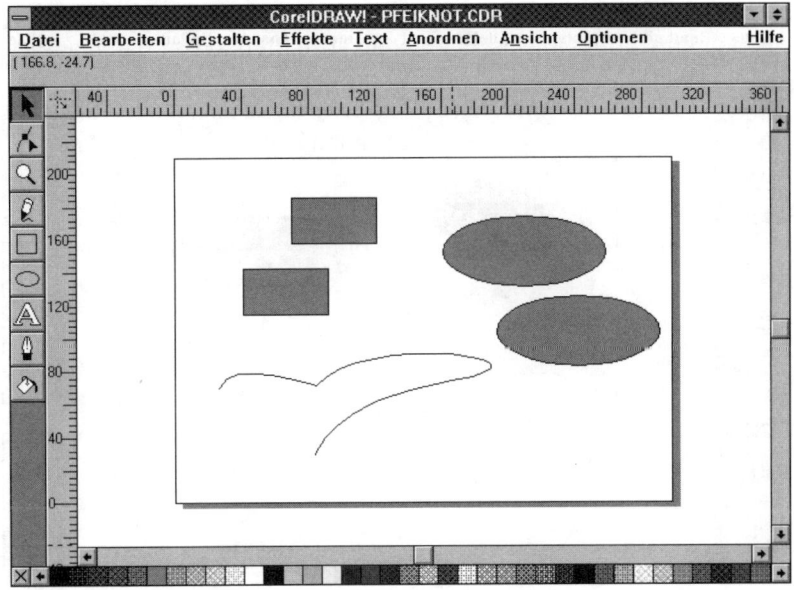

Abb. 6.7: Verschieben und Kopieren

Diese Funktion bietet große Vorteile, wenn Sie ein Objekt mehrmals in Ihrer Grafik verwenden wollen. Sie müssen das Objekt nicht jedesmal neu definieren, sondern kopieren es einfach. In Abbildung 6.7 wurde sowohl das Rechteck als auch die Ellipse verschoben und kopiert.

Eine weitere Kopiermethode steht Ihnen über die Funktion Dup-LIZIEREN zur Verfügung:

Mit Strg D *duplizieren Sie Objekte.*

1. Markieren Sie das zu kopierende Objekt, und aktivieren Sie das Menü BEARBEITEN.

2. Klicken Sie auf DUPLIZIEREN. CorelDRAW! kopiert daraufhin das Objekt und fügt es in einem vorher definierbaren Abstand in die Arbeitsfläche ein. In Abbildung 6.8 wurden die Kopien des Rechtecks horizontal und vertikal in Abständen von jeweils 5 mm verschoben. Die Ellipsen-Kopien wurden nur horizontal um 5 mm verschoben. Die Parameter zum Verschieben einer Kopie stellen Sie in der Dialogbox GRUNDEINSTELLUNGEN ein. Abbildung 6.9 zeigt die Dialogbox GRUNDEINSTELLUNGEN.

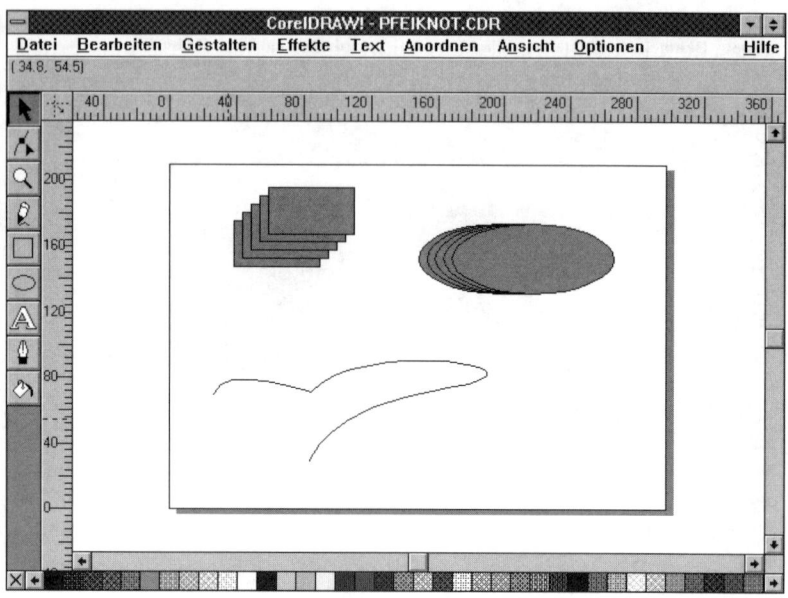

Abb. 6.8: Objekte duplizieren

Im Feld ABSTAND FÜR KOPIE stellen Sie die geforderten Abstände ein. Sie können den horizontalen und den vertikalen Anstand getrennt einstellen.

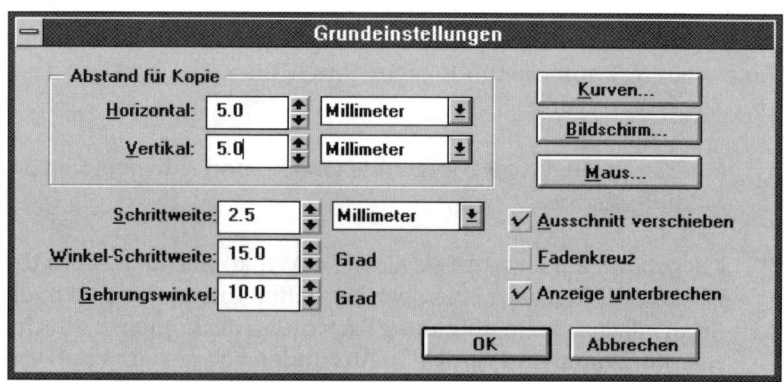

Abb. 6.9: Die Dialogbox GRUNDEINSTELLUNGEN

Wie Sie schon andeutungsweise in Abbildung 6.8 erkennen konnten, lassen sich mit Hilfe dieser Funktion einige Effekte erzielen. So wirken die Rechtecke wie übereinandergelegte Blätter, die Ellipsen bilden eine Art Tunnel.

Objekte über die Zwischenablage kopieren

Wenn Sie schon einmal mit der Zwischenablage von Windows gearbeitet haben, wissen Sie, daß Sie darüber Daten zwischen Programmen austauschen können. Sie übertragen so beispielsweise Grafiken in Desktop-Publishing-Programme wie PageMaker oder auch in eine andere CorelDRAW!-Grafik. Mit der Funktion KOPIEREN übertragen Sie eine Kopie des markierten Objekts in die Zwischenablage, mit AUS-SCHNEIDEN übertragen Sie das markierte Objekt in die Zwischenablage und entfernen es von der Arbeitsfläche. Mit der Funktion EINFÜGEN fügen Sie das Objekt wieder ein. Probieren Sie dies nun einmal aus:

Mit ⇧ Entf schneiden Sie Objekte aus, mit Strg Einfg kopieren Sie Objekte und mit ⇧ Einfg fügen Sie Objekte aus der Zwischenablage ein.

1. Laden Sie die Übungsgrafik KOPIE.CDR von der Beispieldiskette.

2. Markieren Sie das Rechteck, und aktivieren Sie das Menü BEARBEI-TEN.

3. Klicken Sie auf die Funktion KOPIEREN. CorelDRAW! überträgt eine Kopie des Rechtecks in die Zwischenablage.

4. Legen Sie eine neue Grafik an, indem Sie im Menü DATEI auf NEU klicken.

5. Fügen Sie das kopierte Objekt aus der Zwischenablage in die neue Grafik ein.

Der Datenaustausch von Daten zwischen Windowsprogrammen ist über die Zwischenablage meist problemlos möglich. Die Zwischenablage bietet weitere Möglichkeiten wie z.B. eine dynamische Datenverbindung zwischen den eingefügten Daten und dem Ursprungsprogramm. Diese speziellen Möglichkeiten werden im Kapitel 14 besprochen.

Objekte in ihrer Größe verändern

Es paßt vorne und hinten nicht, denken Sie, wenn Sie sich Ihre Grafik betrachten und sehen, daß ein Objekt etwas größer ist als der umgebende Rahmen. Hätte ich bloß genauer gearbeitet, überlegen Sie sich und denken daran, wieviel Arbeit ein Neuzeichnen der Grafik kostet. Gott sei Dank arbeiten Sie aber innerhalb eines vektororientierten Grafikprogramms.

Kleine Ungenauigkeiten bei der Eingabe von Objekten sind nicht ungewöhnlich und beinahe an der Tagesordnung eines jeden Grafikers. So wird manchmal erst nach dem Ausdrucken einer Grafik klar, daß noch Feinarbeiten geleistet werden müssen. Dies liegt unter anderem an der unterschiedlichen Auflösung von Bildschirm und Ausgabe-Medium. Da beispielsweise ein Laserdrucker sehr viel feiner auflöst als ein normaler Bildschirm (auch bei 1024*768 Bildpunkten), fallen Größenunterschiede auch sehr viel schneller auf.

Sie können solche Effekte nur durch Positionierung anhand genauer Koordinaten vermeiden. Sie verlassen sich daher nicht auf die visuelle Plazierung am Bildschirm, sondern verwenden die sehr genauen Angaben der Statuszeile. Eine andere Methode besteht darin, den betreffenden Bereich stark zu vergrößern, um die Darstellgenauigkeit zu erhöhen. Dabei spielt die bereits beschriebene AutoJoin-Funktion wieder eine große Rolle.

Eine Funktion zur nachträglichen Vergrößerung oder Verkleinerung bzw. zum Dehnen und Stauchen eines Objekts ist trotzdem sehr nützlich und wird auch recht häufig verwendet. Durch das Dehnen und Stauchen von Objekten lassen sich nicht zuletzt auch interessante Effekte erzielen.

Objekte vergrößern und verkleinern

Die Fälle, bei denen ein Vergrößern erforderlich sein kann, sind zahlreich. Sie reichen von der Feinarbeit bis zur nachträglichen Größenanpassung eines kopierten Objekts. Vergrößern und Verkleinern geschieht immer proportionsgerecht, d.h., die Längenverhältnisse der Kanten ändern sich nicht. Wir üben jetzt das Vergrößern und Verkleinern an der Übungsgrafik. Schauen Sie sich zuerst Abbildung 6.10 an.

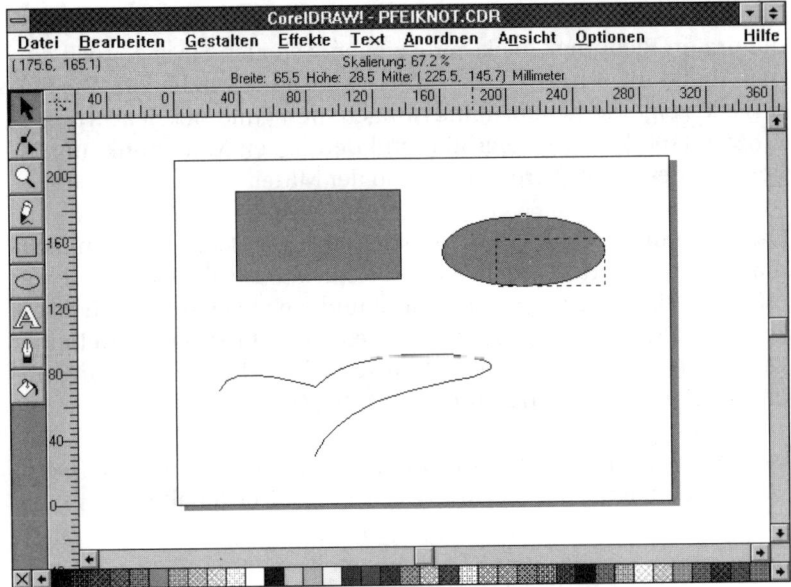

Abb. 6.10: Vergrößern und Verkleinern von Objekten

Das Rechteck ist bereits vergrößert worden, während die Ellipse gerade verkleinert wird. In den folgenden Schritten vergrößern Sie das Rechteck:

1. Markieren Sie zunächst das Rechteck.

2. Sobald Sie das Rechteck markiert haben, wird es mit acht Markierungs-Quadraten umrahmt. Die Eckquadrate sind für das Vergrößern oder Verkleinern von Objekten zuständig. Bewegen Sie den Cursor auf das untere rechte Quadrat und klicken Sie darauf. Halten Sie die Maustaste gedrückt.

3. Der Cursor nimmt die Gestalt eines diagonalen Pfeilkreuzes an. Sobald Sie die Maus vom Objekt weg bewegen, erscheint ein gestricheltes Rechteck, das Sie durch Bewegen des Cursors vergrößern oder verkleinern. Die gegenüberliegende Ecke des angeklickten Quadrates verharrt dabei in der Ursprungsposition. Die Größe des Rahmens entspricht der neuen Größe des Objekts. *Der Skalierungscursor*

4. Sobald der Rahmen die gewünschte Größe hat, lassen Sie die Maustaste los. Das Rechteck erscheint nun in der neuen Größe.

Analog dazu verkleinern Sie ein Objekt, indem Sie das Markierungsquadrat in Richtung Objektmitte ziehen. Schauen Sie sich noch einmal Abbildung 6.10 an. Die Ellipse wird gerade verkleinert. Die Statuszeile zeigt die neuen Abmessungen, den Grad der Skalierung in
Prozent (100% = Originalgröße) und den neuen Mittelpunkt der Ellipse an. Bei der Skalierung wird also der Mittelpunkt verschoben.

Das Konstanthalten des Mittelpunktes eines Objektes ist aber manchmal unbedingt erforderlich, wenn beispielsweise alle Objekte schon
mittig aufeinander ausgerichtet sind und ein Objekt nur noch etwas
vergrößert werden soll. Möchten Sie ein Objekt um den Mittelpunkt
vergrößern, halten Sie die ⇧-Taste während der Skalierung gedrückt. Das Objekt wird so um den Mittelpunkt skaliert.

Vergrößerungen um den Faktor 100%, 200%, usw. erreichen Sie, wenn
Sie während der Skalierung die Strg-Taste gedrückt halten.

Objekte dehnen und stauchen

Neben einer proportionsgerechten Skalierung gibt es noch die Möglichkeit, Objekte nur in vertikaler oder horizontaler Richtung zu vergrößern oder zu verkleinern. Diesen Vorgang nennt man Dehnen
oder Stauchen. In CorelDRAW! dehnen oder stauchen Sie Objekte,
indem Sie die Kanten-Markierungsquadrate (zwischen den Eck-
quadraten) bewegen. In Abbildung 6.11 ist das Rechteck bereits gedehnt worden. Die Ellipse wird soeben in vertikaler Richtung gedehnt.

Dehnen Sie nun die Ellipse aus der Übungsgrafik:

1. Markieren Sie die Ellipse.

2. Bewegen Sie den Cursor auf das untere Kanten-Markierungs-
    quadrat und klicken Sie darauf. Halten Sie die Maustaste ge-
    drückt.

Dehnungs- und   3. Der Cursor ändert seine Form in einen Doppelpfeil. Wenn Sie nun
Stauchungs-   die Maus bewegen, sehen Sie, daß ein Rahmen eingeblendet wird.
cursor   Dieser Rahmen zeigt die neuen Proportionen der Ellipse an.

4. Sobald Sie die Maustaste loslassen, wird die Ellipse mit den neu-
    en Proportionen gezeichnet.

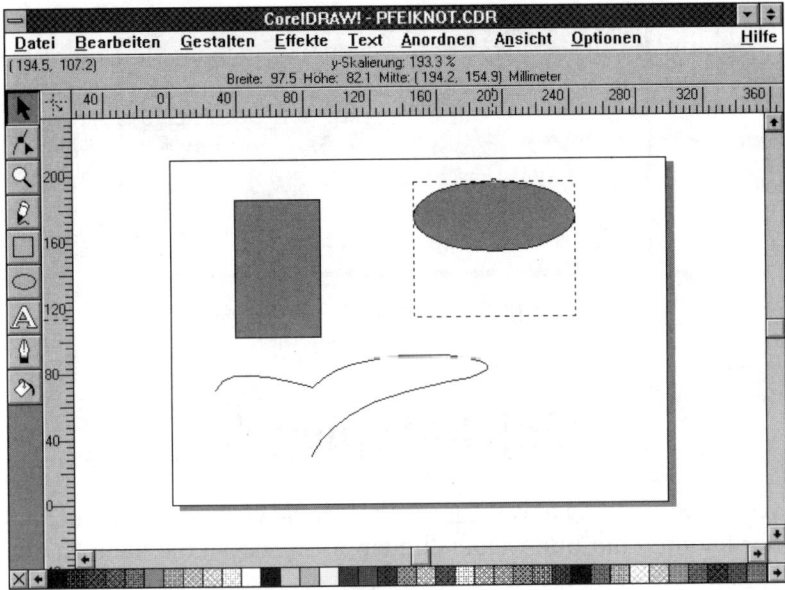

Abb. 6.11: Objekte dehnen und stauchen

Die Statuszeile zeigt Informationen über den neuen Mittelpunkt des Objektes sowie dessen Ausmaße an. Der Skalierungsfaktor in X- oder in Y-Richtung gibt an, um wieviel Prozent das Objekt gedehnt bzw. gestaucht wurde.

Mit der ⇧ -Taste dehnen oder stauchen Sie um den Mittelpunkt, mit der Strg-Taste dehnen Sie um 100% und mit + (numerischer Tastenblock!) kopieren Sie das Originalobjekt.

Rufen Sie im Menü GESTALTEN die Option DEHNEN & SPIEGELN auf, können Sie in der nachfolgenden Dialogbox die Dehnung eines Objekts in horizontaler und vertikaler Richtung exakt in prozentualen Werten eingeben. Klicken Sie auf die Spiegelungsfelder, spiegeln Sie das markierte Objekt entweder horizontal oder vertikal. Auch in dieser Dialogbox können Sie CorelDRAW! veranlassen, das Originalobjekt an seinem Platz zu belassen. In Abbildung 6.12 ist die Dialogbox DEHNEN & SPIEGELN dargestellt.

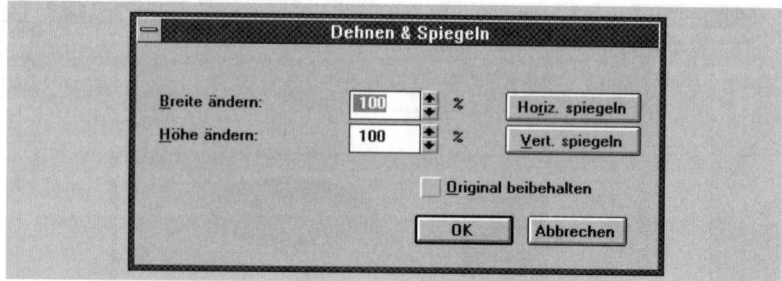

Abb. 6.12: Die Dialogbox DEHNEN & SPIEGELN

Objekte spiegeln

Während Sie Objekte verkleinern, haben Sie vielleicht bemerkt, daß der Rahmen hin und wieder "umkippt". Bewegen Sie nämlich den Cursor über eines der anderen Markierungsquadrate hinaus, wird das Objekt an dieser Quadratachse gespiegelt. Sie haben so die Möglichkeit, Objekte gleichzeitig zu spiegeln und zu skalieren.

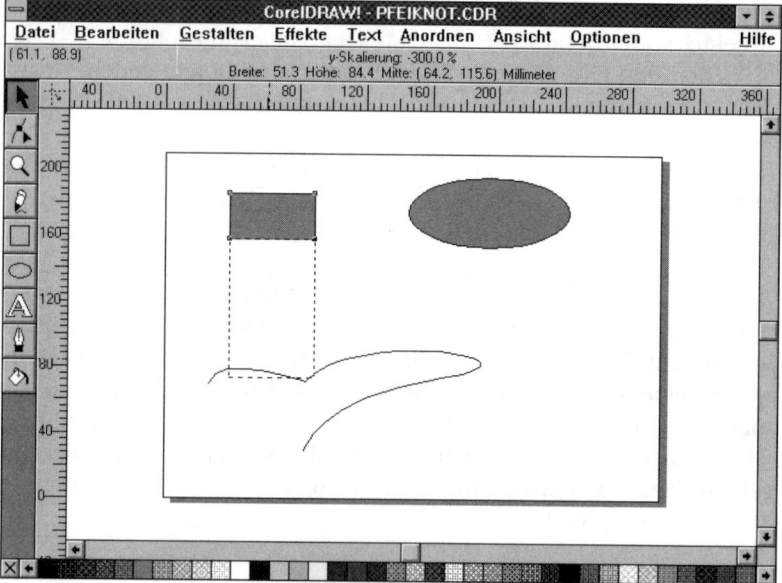

Abb. 6.13: Dehnen und Spiegeln von Objekten

In der Statuszeile können Sie ablesen, daß das Rechteck gespiegelt wird. Der prozentual angegebene Skalierungsfaktor ist negativ. Negative Faktoren markieren die Spiegelung von Objekten. In Abbildung 6.14 ist der Vorgang abgeschlossen. Die Statuszeile zeigt nun wieder die auf ein Rechteck bezogenen Informationen an.

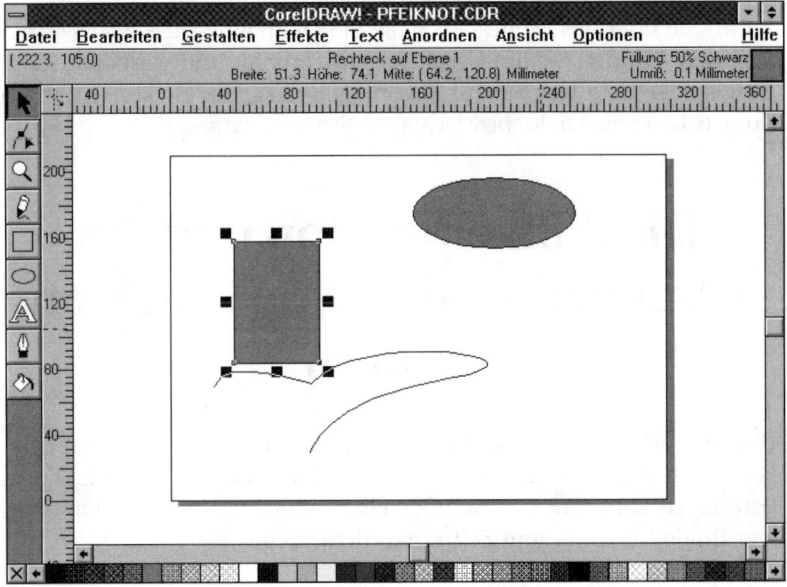

Abb. 6.14: Objekte spiegeln

Versuchen Sie jetzt einmal, das Rechteck der Übungsgrafik zu spiegeln:

1. Markieren Sie das Rechteck.

2. Klicken Sie auf das obere Kanten-Markierungsquadrat und ziehen den Cursor über das untere Markierungsquadrat hinweg. Sobald Sie mit dem Cursor über diese "Schwelle" fahren, wird der Skalierungsfaktor negativ. Das Objekt wird gespiegelt.

3. Lassen Sie die Maustaste los, damit das Objekt an seiner neuen Position gezeichnet werden kann.

Auch bei dieser Funktion existieren wieder Sonderfunktionen in Verbindung mit Tastenbetätigungen. Halten Sie während der Spiegelung die ⌊Strg⌋-Taste gedrückt, erreichen Sie Spiegelfaktoren von 100%, 200%, 300% etc. Bei gedrückter ⌊⇧⌋-Taste spiegeln Sie um den Mittelpunkt des Objekts. Drücken Sie die ⌊+⌋-Taste auf dem numerischen Tastenfeld, kopieren Sie das Original während der Spiegelung.

Wenn Sie über das Menü GESTALTEN die Dialogbox DEHNEN & SPIEGELN aufrufen, können Sie ein Objekt in horizontaler und vertikaler Richtung spiegeln, indem Sie auf die Spiegelungsfelder klicken. In Abbildung 6.12 ist die Dialogbox DEHNEN & SPIEGELN dargestellt.

Die Winkelposition und das Erscheinungsbild von Objekten ändern

Bisher sind Ihnen nur Eingabe- und Bearbeitungs-Hilfsmittel bekannt, die Objekte entweder in horizontaler und/oder vertikaler Form verändern konnten. Das Schrägstellen oder Drehen eines Objektes war Ihnen bis zu diesem Zeitpunkt nicht möglich.

Das Pfeil-Hilfsmittel gestattet Ihnen das Drehen und Schrägstellen markierter Objekte. Sie müssen dazu eine zweite Funktionsebene aktivieren, indem Sie nach der Markierung eines Objekts ein weiteres Mal auf das Objekt klicken. Abbildung 6.15 zeigt, daß das Objekt nun von geraden und gekrümmten Doppelpfeilen umrahmt ist. Im Objekt-Mittelpunkt erkennen Sie einen Kreis mit einem Punkt im Zentrum.

Mit den gekrümmten Doppelpfeilen drehen Sie das Objekt um den Drehpunkt, der durch den kleinen Kreis gebildet wird. Der Drehpunkt befindet sich standardmäßig im Mittelpunkt des Objektes, kann aber beliebig verschoben werden. Die geraden Doppelpfeile dienen zum Schrägstellen eines Objektes. Je nachdem, an welchem Doppelpfeil Sie ziehen, wird das Objekt horizontal oder vertikal schräggestellt.

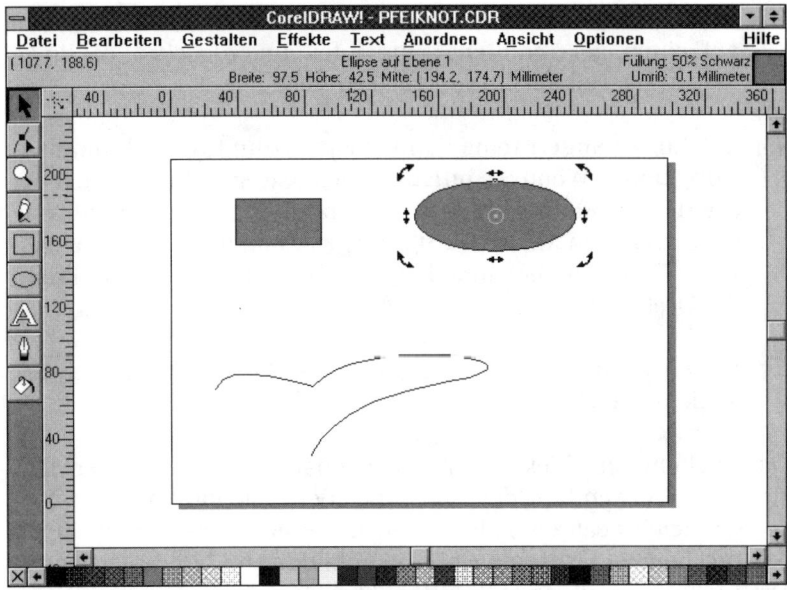

Abb. 6.15: Markierung zum Rotieren und Schrägstellen

Pixelgrafiken können Sie ebenfalls drehen und schrägstellen. Beachten Sie aber, daß gedrehte oder schräggestellte Pixelgrafiken auf dem Bildschirm nur als Objektumriß mit grauer Füllung dargestellt werden. Außerdem können Sie gedrehte oder schräggestellte Pixelgrafiken nur über PostScript-Ausgabemedien ausgeben.

Objekte drehen

Wie Sie bereits wissen, verwenden Sie die gekrümmten Doppelpfeile zum Drehen. Stellen Sie sich vor, Sie möchten das Rechteck aus der Übungsgrafik drehen. Gehen Sie dazu in folgenden Schritten vor:

1. Markieren Sie das Rechteck.

2. Klicken Sie noch einmal kurz auf das Rechteck. Das Pfeil-Hilfsmittel wechselt in die zweite Funktionsebene, in der Sie Objekte drehen und schrägstellen können.

3. Drehen Sie jetzt das Rechteck. Positionieren Sie den Cursor dazu auf einen gekrümmten Doppelpfeil und drücken die linke Maustaste. Halten Sie die Taste gedrückt.

Der Rotations- 4. Der Cursor ändert seine Form in einen zum Kreis gekrümmten
cursor Doppelpfeil. Wenn Sie nun die Maus bewegen, bewegt sich der gestrichelte Rahmen um den Drehpunkt und zeigt so die neue Objektposition an. In der Statuszeile können Sie den aktuellen Drehwinkel ablesen. Abbildung 6.16 stellt das Rechteck während des Drehvorgangs dar.

5. Lassen Sie die Maustaste los. CorelDRAW! zeichnet das Rechteck an der neuen Position.

Das Drehen von Objekten um einen genau definierten Winkel läßt sich unter Verwendung der Funktionen der Dialogbox DREHEN & NEIGEN sehr leicht realisieren, indem Sie die erforderlichen Werte in die entsprechenden Felder eingeben. In Abbildung 6.17 ist die Dialogbox DREHEN & NEIGEN dargestellt, die Sie über das Menü GESTALTEN aufrufen.

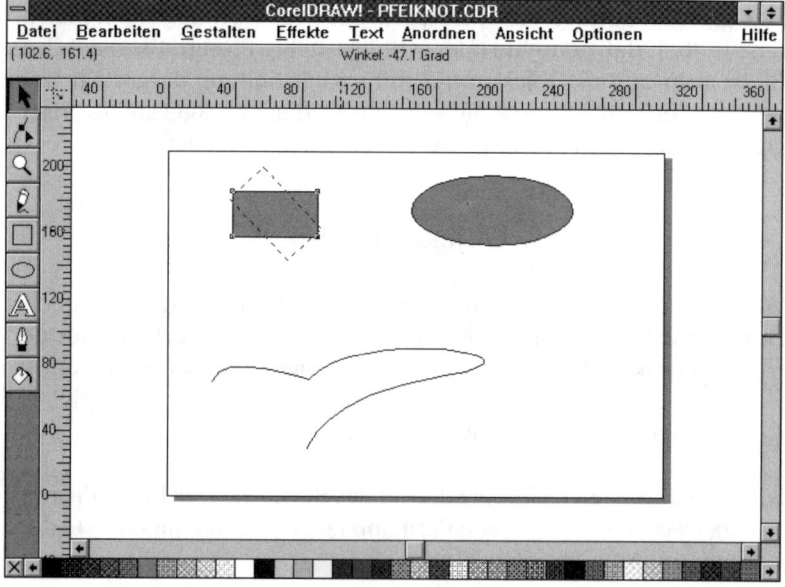

Abb. 6.16: Ein Objekt drehen

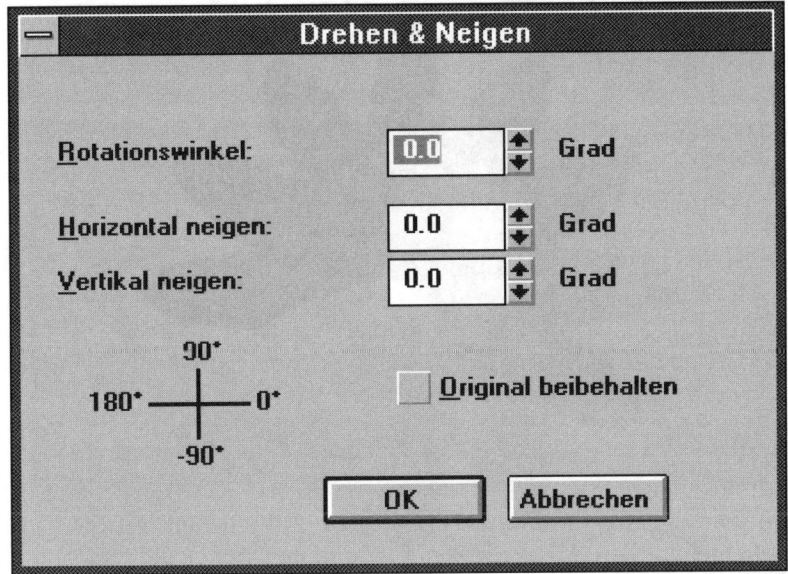

Abb. 6.17: Die Dialogbox DREHEN & NEIGEN

Im Feld ROTATIONSWINKEL bestimmen Sie, um wieviel Grad das markierte Objekt gedreht wird. Das Koordinatenkreuz soll Ihnen dabei als Orientierungshilfe dienen. Klicken Sie auf ORIGINAL BEHALTEN, legt CorelDRAW! automatisch eine Kopie des Objekts an und führt die Aktion mit dieser Kopie aus.

Den Drehpunkt verändern

Der Drehpunkt eines Objektes fällt standardmäßig mit dessen Mittelpunkt zusammen. Nun muß es aber nicht immer so sein, daß ein Objekt nur um seinen Mittelpunkt gedreht werden soll. Durch eine Verschiebung des Drehpunktes lassen sich interessante Effekte erzielen. Schauen Sie sich dazu einmal Abbildung 6.18 an. Sie zeigt an einem Beispiel einen einfachen Effekt. Der Drehpunkt wurde an den inneren Rand der Ellipse verschoben. Das Objekt wurde dann mehrfach kopiert und gedreht. Jedes Objekt erhielt zusätzlich eine andere Grauschattierung.

Abb. 6.18: Der Drehpunkt-Effekt

Verändern Sie nun den Drehpunkt der Kurve aus der Übungsgrafik:

1. Markieren Sie die Kurve, indem Sie auf ihren Umriß klicken.

2. Klicken Sie erneut auf den Umriß und aktivieren so die Rotations-
   funktion.

3. Bewegen Sie den Cursor auf das Drehpunkt-Symbol.

4. Sie verschieben jetzt den Drehpunkt. Bewegen Sie den Drehpunkt
   mit gedrückter Maustaste in die Nähe des rechten unteren
   Rotationspfeils.

5. Sobald Sie die Maustaste loslassen, wird der Drehpunkt an seinem
   neuen Ort fixiert. Abbildung 6.19 zeigt die Arbeitsfläche nach Verschieben des Drehpunktes.

6. Zur Verdeutlichung des Effektes drehen Sie jetzt die Kurve. Wählen Sie den oberen linken Drehpfeil. Halten Sie die Maustaste gedrückt und drehen Sie die Kurve. Die Kurve wandert vom Drehpunkt aus in die Bildmitte.

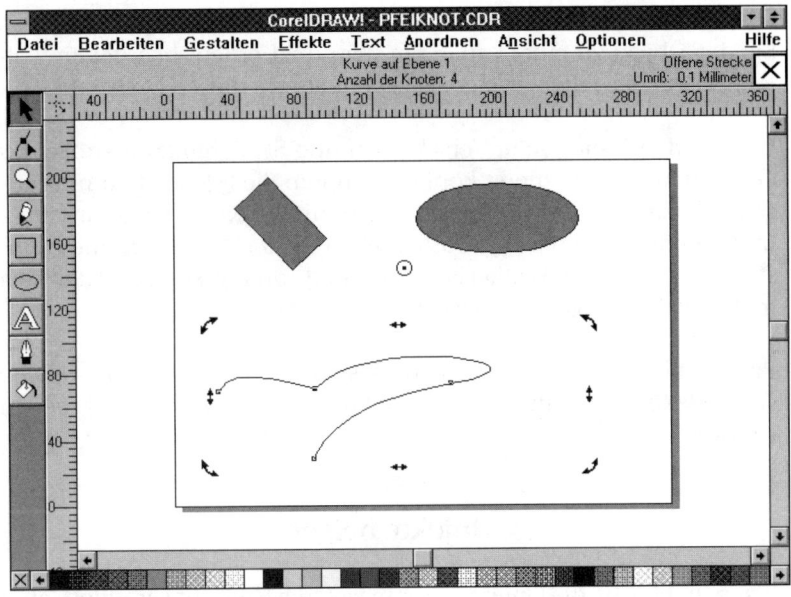

Abb. 6.19: Drehpunkt verschieben

Abbildung 6.20 zeigt die Kurve nach erfolgter Drehung.

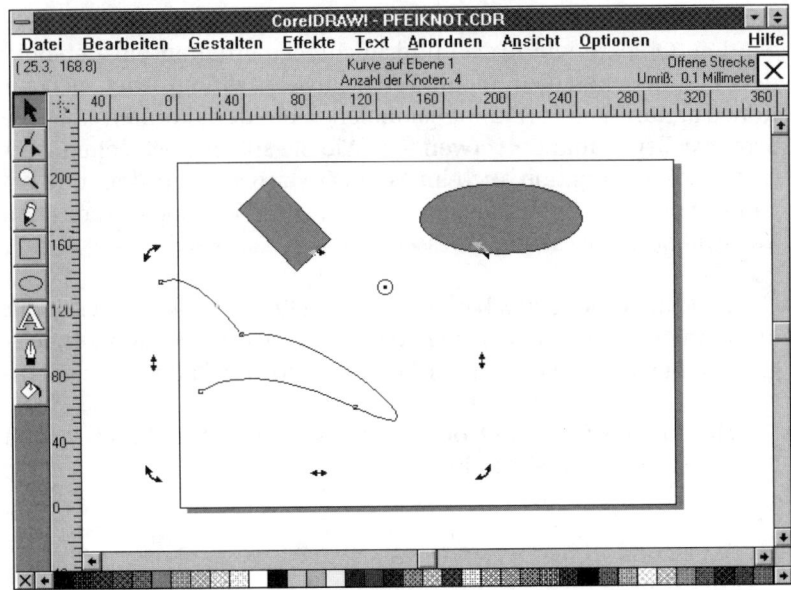

Abb. 6.20: Die gedrehte Kurve

Die Verschiebung des Drehpunkts bleibt auch dann erhalten, wenn Sie das Objekt zu einem späteren Zeitpunkt erneut bearbeiten wollen. Erneutes Drehen erfolgt also ebenfalls um diesen Drehpunkt.

Wie bei den Funktionen Verschieben und Skalieren können Sie das Original auch hier zuerst kopieren, indem Sie ⊞ auf dem numerischen Tastenblock drücken und dann mit der Kopie weiterarbeiten. In Verbindung mit der (Strg)-Taste drehen Sie ein Objekt um einen konstanten Winkel. Der Winkel ist auf 15 Grad voreingestellt und läßt sich in der Dialogbox GRUNDEINSTELLUNGEN ändern.

 Pixelgrafiken können rotiert und schräggestellt werden. Solche Grafiken können dann aber nur auf PostScript-Druckern ausgegeben werden.

Objekte neigen

Bisher haben Sie die Objekte zwar in vielerlei Hinsicht verändert, aber die Objektform blieb unverändert, wenn man vom Dehnen und Stauchen einmal absieht. Mit der Funktion Schrägstellen verzerren Sie zum ersten Mal ein Objekt. Warum stellt man Objekte schräg?

Texte können durch Schrägstellen in einer Art *Kursivschrift* dargestellt werden. Objekte wie Kreise und Rechtecke erhalten ein perspektivisches Aussehen (keine echte Perspektivdarstellung). Aber auch zur Konstruktion von dreidimensionalen Gebilden können Sie die Schrägstellen-Funktion verwenden. Wie Sie später noch sehen werden, ist diese Funktion auch im Menü GESTALTEN angeordnet und erlaubt so die Eingabe numerischer Werte. Diese Technik ist für exakte Konstruktionen wesentlich besser geeignet.

Üben Sie aber hier zunächst das Schrägstellen von Objekten mit der Maus. In Abbildung 6.21 wurden das Rechteck und die Ellipse bereits geneigt, bei der Kurve ist dieser Prozeß gerade im Gange.

 Durch Doppelklicken auf den Umriß gelangen Sie direkt in den Rotations-/Schrägstell-Modus.

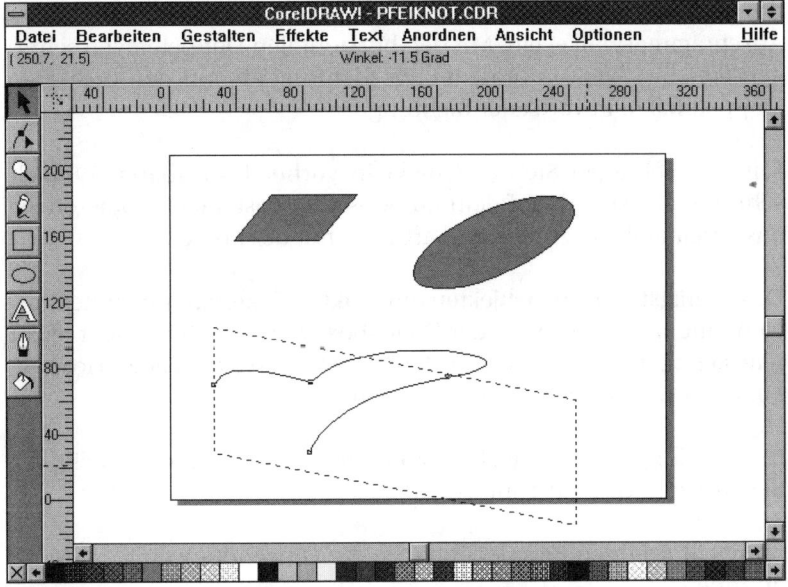

Abb. 6.21: Objekt schrägstellen

Stellen Sie nun das Rechteck aus der Übungsgrafik schräg:

1. Markieren Sie das Rechteck mit der Maus.

2. Klicken Sie erneut auf das Objekt und wechseln so in den Rotations-/Schrägstell-Modus.

3. Stellen Sie den Cursor auf den unteren geraden Doppelpfeil und drücken Sie die Maustaste.

4. Der Cursor nimmt die Gestalt von antiparallelen Pfeilen an. Bewegen Sie den Cursor bei gedrückter Maustaste nach rechts. Wie Sie auch in Abbildung 6.21 sehen, blendet CorelDRAW! ein gestricheltes Parallelogramm ein, das die neue Objektkontur grob darstellt.

Der Schräg-stellen-Cursor

5. Sobald Sie die Maustaste loslassen, zeichnet CorelDRAW! das Objekt mit der neuen Kontur.

Die Statuszeile blendet während des Schrägstellens den aktuellen Abschrägungswinkel ein. Mit den horizontalen Doppelpfeilen schrägen Sie ein Objekt in horizontaler Richtung ab, mit den vertikalen Doppelpfeilen in vertikaler Richtung.

Mit (Strg) schrägen Sie das Objekt in vorher festlegbaren Winkelschritten ab. Mit (+) (auf dem numerischen Tastenfeld) kopieren Sie das Originalobjekt zurück und arbeiten mit der Kopie.

Das Schrägstellen von Objekten um exakte Winkel läßt sich unter Verwendung der Funktionen der Dialogbox DREHEN & NEIGEN sehr leicht realisieren, indem Sie die erforderlichen Werte in die Felder HORIZONTAL NEIGEN und VERTIKAL NEIGEN eingeben.

In Abbildung 6.17 ist die Dia-logbox DREHEN & NEIGEN dargestellt, die Sie im Menü GESTALTEN auf- rufen.

Im nachfolgenden Beispiel üben Sie die Verwendung einiger Menüoptionen:

1. Laden Sie die Übungsgrafik SCHIEROT.CDR von der Beispieldiskette. Die Grafik besteht aus vier Rechtecken, die genau aufeinander ausgerichtet wurden.

2. Markieren Sie das obere linke Rechteck und rufen Sie die Dialogbox DREHEN & NEIGEN auf.

3. Zunächst schrägen Sie die Rechtecke ab. Tragen Sie im Feld VERTIKAL NEIGEN den Wert -45° ein, und klicken Sie auf OK.

4. Für das linke untere Rechteck verwenden Sie einen vertikalen Winkel von 45°, für das rechte obere Rechteck 45° und für das rechte untere Rechteck -45°.

5. Die Objekte überlagern sich jetzt. Richten Sie sie deswegen aus, bis Sie eine Darstellung gemäß Abbildung 6.22 erhalten.

Die Modi des Pfeil-Hilfsmittels bieten Ihnen bei einfachster Bedienung bereits anspruchsvolle Änderungsmöglichkeiten. Sie können Objekte nachträglich verschieben, kopieren, löschen und skalieren.

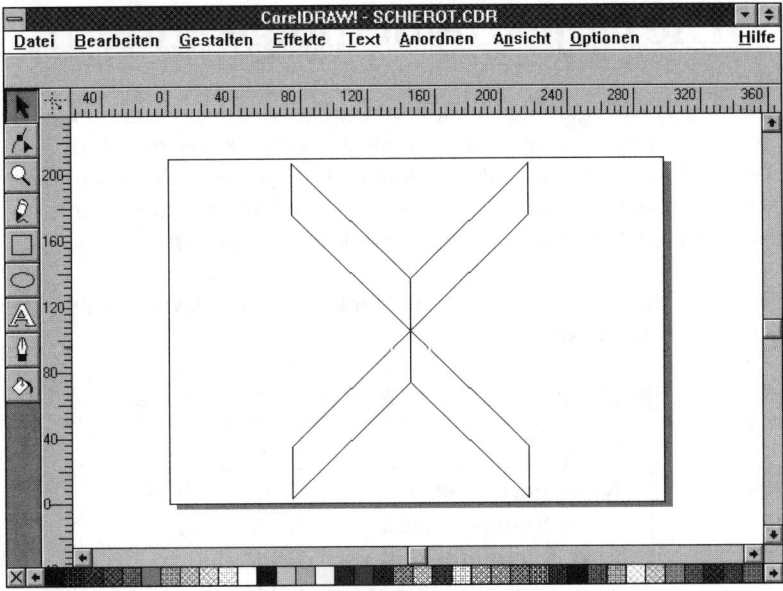

Abb. 6.22: Objekte schrägstellen

In einer weiteren Funktionsebene haben Sie die Möglichkeit zur Objektrotation und -schrägstellung.

Gestaltungen löschen

Die Verwendung der Bearbeitungsfunktionen bis zur Erstellung der vollständigen Grafik ist ebenfalls ein iterativer Prozeß. Daher führt auch nicht jeder Bearbeitungsschritt direkt zum Ziel. Mißlungene Bearbeitungen durch Verwendung der falschen Funktion oder durch andere Fehler lassen sich leicht korrigieren.

Klicken Sie dazu im Menü GESTALTEN auf die Option ÄNDERUNGEN ZU-RÜCKNEHMEN, und machen Sie die zuvor definierten und ausgeführten Gestaltungen wieder rückgängig.

Die Objektreihenfolge ändern

Überlagern sich gefüllte Objekte, ist die Darstellungs-Reihenfolge von besonderer Bedeutung. Möchten Sie z.B. einen Kreis innerhalb eines Rechtecks darstellen, muß der Kreis auf dem Rechteck liegen, da er sonst verdeckt würde. Haben Sie zuerst den Kreis und dann das Rechteck eingegeben, tritt der Verdeckungseffekt auf.

Möchten Sie die Anordnung von Objekten ändern, aktivieren Sie das Menü Anordnen (Abbildung 6.23).

Zeichenebenen...	Strg+1
Ausrichten...	Strg+A
Nach vorn setzen	Shift+BildAuf
Nach hinten setzen	Shift+BildAb
Eins nach vorn setzen	BildAuf
Eins nach hinten setzen	BildAb
Umgekehrte Anordnung	
Gruppieren	Strg+G
Gruppierung aufheben	Strg+U
Kombinieren	Strg+C
Kombination aufheben	Strg+K
Trennen	
Umwandeln in Kurven	Strg+V

Abb. 6.23: Das Menü Anordnen

Bild↓ = Eins zurück, Bild↑ = Eins nach vorn, ⇧ Bild↓ = Nach hinten, ⇧ Bild↑ = Nach vorn

Die oberen fünf Menüoptionen werden zur Anordnung von Objekten verwendet: Mit der Option Nach hinten setzen ordnen Sie das markierte Objekt hinter allen anderen Objekten an. Mit Nach vorn setzen holen Sie es in den Vordergrund. Die Optionen Eins nach vorn setzen und Eins nach hinten setzen bewegen ein Objekt schrittweise nach vorne oder hinten. Haben Sie mehrere Objekte markiert, stellen Sie diese mit der Option Umgekehrte Anordnung in umgekehrter Reihenfolge dar. Das vorderste Objekt wird damit nach hinten verschoben, und das hinterste Objekt steht im Vordergrund aller Objekte.

Ordnen Sie die Objekte der Beispielgrafik ANORD1.CDR jetzt in unterschiedlicher Reihenfolge an:

1. Laden Sie die Grafik ANORD1.CDR von der Beispieldiskette. Kontrollieren Sie die Anordnung in der Seitenvorschau. Drücken Sie dazu ⌂ F9.

2. Die obere linke Objektgruppe soll als Referenz dienen. Stellen Sie jetzt den Kreis der oberen rechten Objektgruppe in den Vordergrund. Markieren Sie den Kreis und rufen die Funktion NACH VORN SETZEN auf. CorelDRAW! verschiebt den Kreis in den Vordergrund.

3. Die untere linke Objektgruppe stellen Sie in umgekehrter Reihenfolge dar. Markieren Sie dazu alle Objekte dieser Gruppe, und rufen Sie die Funktion UMGEKEHRTE ANORDNUNG auf.

4. In der unteren rechten Objektgruppe stellen Sie das Dreieck in den Vordergrund und den Kreis in den Hintergrund. Markieren Sie das Dreieck und klicken Sie auf NACH VORN SETZEN.

Ihre Grafik sollte nun der in Abbildung 6.24 dargestellten Grafik entsprechen.

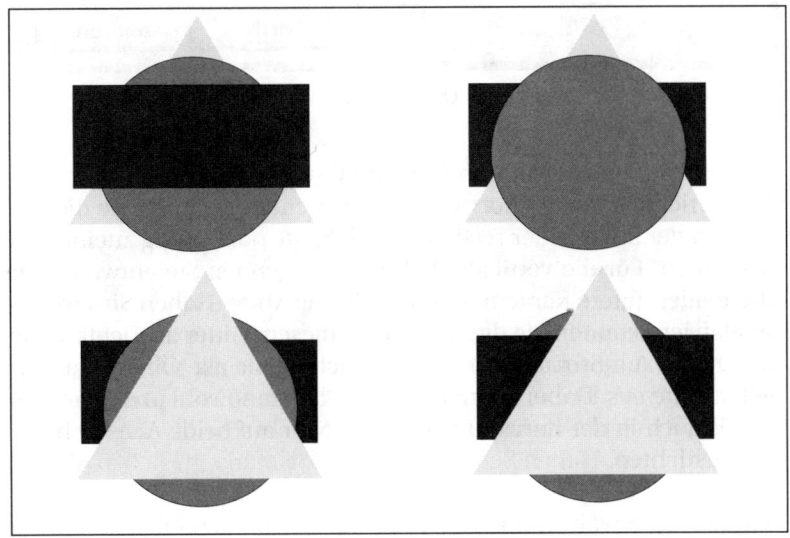

Abb. 6.24: Anordnen von Objekten

Objekte ausrichten

Die Ausrichtung von Objekten ist zwar manuell bei der Eingabe möglich, sollte aber besser von CorelDRAW! automatisch durchgeführt werden. Sie werden zu einem späteren Zeitpunkt beim Zeichnen komplexer Objekte noch sehen, wie wichtig die Ausrichtungsfunktion von CorelDRAW! ist.

Mit [Strg][A] rufen Sie die Dialogbox AUSRICHTEN auf.

Sie richten Objekte aus, indem Sie diese markieren und auf die Option AUSRICHTEN im Menü ANORDNEN klicken. CorelDRAW! blendet daraufhin die Dialogbox AUSRICHTEN ein (Abbildung 6.25).

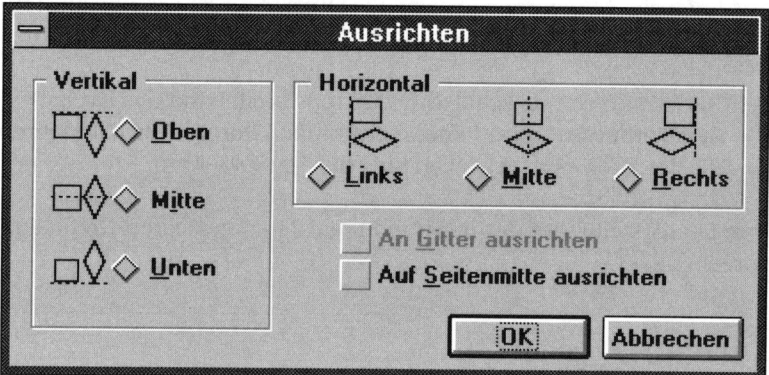

Abb. 6.25: Die Dialogbox AUSRICHTEN

Sie können die Objekte nun horizontal und/oder vertikal aufeinander ausrichten. Bei der horizontalen Ausrichtung können Sie die Objekte an der linken oder rechten Objektkante oder mittig zueinander ausrichten. Für die vertikale Richtung verwenden Sie entweder die obere oder untere Kante oder ebenfalls die Mitte. Haben Sie ein Gitter aktiviert, können Sie die Objekte an diesem Gitter ausrichten. Mit der Option AUF SEITENMITTE AUSRICHTEN richten Sie alle Objekte auf die Seitenmitte aus. Dabei können Sie die Objekte sowohl in der vertikalen als auch in der horizontalen Achse oder auf beide Achsen bezogen ausrichten.

Wie bereits erwähnt, müssen die auszurichtenden Objekte vorher markiert werden. Die Reihenfolge der Markierung bestimmt dabei, welches Objekt ausgerichtet wird bzw. an welchem Objekt ausgerichtet wird. Das zuletzt markierte Objekt ist das Bezugsobjekt, an dem alle anderen Objekte ausgerichtet werden. Haben Sie die Rahmenselektion zur Markierung verwendet, ist das zuerst erstellte Objekt das Bezugsobjekt.

Im nachfolgenden Beispiel werden Sie einige Ausrichtungs-möglichkeiten verwenden:

1. Laden Sie zunächst die Grafik RICHTEN.CDR von der Beispieldiskette. Abbildung 6.26 zeigt diese Grafik.

2. Markieren Sie zuerst das obere linke und danach das untere linke Rechteck. Sie haben jetzt zwei Rechtecke markiert.

3. Rufen Sie die Dialogbox AUSRICHTEN auf. Aktivieren Sie dazu das Menü ANORDNEN und klicken auf AUSRICHTEN.

4. Wählen Sie die Ausrichtung horizontal links und bestätigen mit OK. CorelDRAW! richtet daraufhin die linke Kante des oberen Rechtecks an der linken Kante des unteren Rechtecks aus.

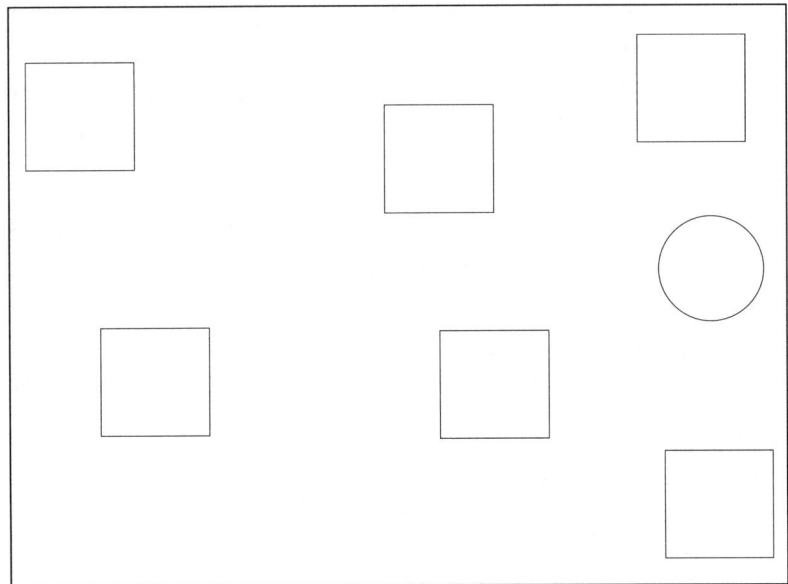

Abb. 6.26: Die Grafik RICHTEN.CDR vor Anwendung der Ausrichtungsfunktion.

5. Markieren Sie nun das mittlere untere Rechteck und dann das mittlere obere Rechteck.

6. Wählen Sie anschließend die Ausrichtung horizontal rechts. Die Objekte werden an der rechten Kante des oberen Rechtecks ausgerichtet.

7. Markieren Sie jetzt das obere mittlere und dann das obere rechte Rechteck und wählen Sie die Ausrichtung vertikal oben. Das mittlere Rechteck wird an der oberen Kante des rechten Rechtecks ausgerichtet.

8. Markieren Sie den Kreis und danach das untere rechte Rechteck. Wählen Sie anschließend die Ausrichtung horizontal Mitte und vertikal Mitte. Der Kreis wird horizontal und vertikal am Rechteck ausgerichtet und liegt innerhalb des Rechtecks.

Nachdem Sie alle Ausrichtungen vorgenommen haben, müßte Ihre Grafik Abbildung 6.27 entsprechen.

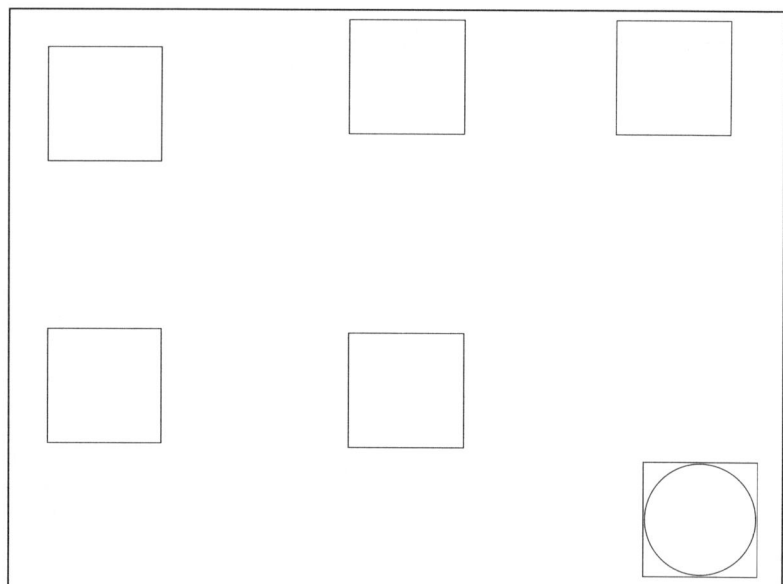

Abb. 6.27: Ausgerichtete Objekte

Objekte an Objekten ausrichten

Die Ausrichtung von Objekten erfolgt normalerweise zueinander und bezogen auf eine bestimmte Kante der Objekte. Mit der Option AN OBJEKTEN AUSRICHTEN (im Menü ANSICHT) können Sie Objekte auch an Ausrichtungspunkten von Objekten ausrichten. Stellen Sie sich dazu einmal ein markiertes Rechteck vor. Dieses Rechteck ist von acht Markierungsquadraten umgeben. Die Ausrichtungspunkte liegen ebenfalls an diesen Stellen. Zusätzlich befindet sich noch ein Ausrichtungspunkt in der Objektmitte. Möchten Sie ein Objekt an einem anderen ausrichten, gehen Sie wie folgt vor:

1. Aktivieren Sie zunächst im Menü ANSICHT die Option AN OBJEKTEN AUSRICHTEN.

2. Markieren Sie ein Objekt. Klicken Sie auf den Ausrichtungspunkt, mit dem Sie das Objekt ausrichten möchten, und halten Sie die Maustaste gedrückt.

3. Bewegen Sie das Objekt auf das feste Objekt, an dem die Ausrichtung erfolgen soll.

4. Wenn Sie mit dem gewählten Ausrichtungspunkt in die Nähe eines Ausrichtungspunkts des festen Objekts gelangen, schnappt das verschobene Objekt auf das feste Objekt ein. Die Ausrichtung ist damit erfolgt.

5. Möchten Sie einen anderen Punkt wählen, ziehen Sie so lange, bis das Objekt wieder verschiebbar wird.

Die Ausrichtungspunkte sind objektbezogen. Generell gilt, daß jeder Knoten auch Ausrichtungspunkt ist. Bei Objekten wie Rechtecken, Quadraten, Texten und Pixelgrafiken liegen die Punkte an den Kanten und Eckpunkten sowie in der Objektmitte. Bei Ellipsen und Kreisen liegen die Punkte an der Position der horizontalen und vertikalen Tangenten sowie in der Objektmitte.

Objekte zusammenfassen

Die Zusammenfassung von Objekten hat verschiedene Vorteile. Durch die Bildung von Objektgruppen beziehen Sie Funktionen auf Gruppen und nicht auf einzelne Objekte. Diese Methode ist immer dann ratsam, wenn Sie verschiedene Objekte beispielsweise gleich formatieren oder in einem Arbeitsgang bearbeiten möchten.

Durch die Kombination von Objekten erzielen Sie dann Transparenzeffekte.

Bildung von Objektgruppen

Möchten Sie verschiedene Objekte um den selben Abstand verschieben oder mit einer Füllfarbe füllen, können Sie die Funktionen auf jedes Objekt anwenden oder aber zuerst eine Objektgruppe bilden und die gewünschte Funktion anschließend nur einmal ausführen. Es steht außer Frage, welche Vorgehensweise effektiver ist.

Mit Strg G gruppieren Sie Objekte. Sie gruppieren Objekte, indem Sie zunächst alle betreffenden Objekte markieren. Anschließend klicken Sie im Menü ANORDNEN auf die Funktion GRUPPIEREN. Sie haben so eine Objektgruppe erzeugt. CorelDRAW! blendet die zugehörige Information in der Statuszeile ein.

Sie können die Gruppe nun wie ein Objekt behandeln und die meisten Funktionen ausführen. Folgende Funktionen sind nicht auf Objektgruppen anwendbar:

- Kombinieren und Kombination auflösen

- Text bearbeiten

- Alle Textausrichtungsfunktionen

- Das Formen-Hilfsmittel

- Überblenden

- Dritte Dimension

Strg U löst eine Gruppe auf. Mit der Funktion GRUPPIERUNG AUFHEBEN lösen Sie eine Gruppe wieder in einzelne Objekte auf.

Objekte kombinieren

Die Funktion Kombinieren erweckt im normalen Sprachgebrauch den Eindruck, als ob Objekte wie bei der Gruppierung zusammenge-faßt würden. Im Prinzip ist dies auch richtig, aber CorelDRAW! nimmt Veränderung hinsichtlich der Objektbehandlung vor. So werden kom-binierte Objekte als ein Objekt behandelt, das nur eine Kurve enthält. Dies gilt auch für Objekte, die nicht miteinander verbunden sind. Dies hat für die Bearbeitung solcher Kombinationen gravierende Folgen:

Sie kombinieren Objekte beispielsweise, um zwei Linien miteinander zu verbinden. In einem anderen Fall verwenden Sie Kombinationen, um mehrere Knoten verschiedener Objekte gleichzeitig zu ändern. Da CorelDRAW! kombinierte Objekte wie ein Objekt mit einer Kurve be-handelt, können Sie Farbverläufe auf mehrere nicht zusammenhän-gende Objekte ausdehnen. Nebenbei bemerkt: Einzelne Objekte ver-brauchen gegenüber Kombinationen von Objekten mehr Speicher.

Bei sich überlagernden Objekten müssen Sie jedoch aufpassen: Kom-binieren Sie solche Objekte, werden die überlappten Bereiche trans-parent. Dies kann ein Nachteil sein, läßt sich aber auch nutzbringend einsetzen.

Abb. 6.28: Die Kombination von Objekten

Mit Strg C *kombinieren Sie Objekte, mit* Strg U *lösen Sie die Kombination wieder auf.*

Sie kombinieren Objekte, indem Sie diese markieren und anschließend im Menü ANORDNEN auf die Option KOMBINIEREN klicken. Mit der Funktion KOMBINATION AUFHEBEN lösen Sie eine Kombination wieder in einzelne Objekte auf. Abbildung 6.28 zeigt den Transparenz-Effekt bei Kombinationen. Eine Kopie eines schwarz gefüllten Kreises wurde um den Mittelpunkt vergrößert. Dieser Arbeitsablauf wurde anschließend mit Strg R mehrfach wiederholt. Danach wurden alle Objekte markiert und kombiniert. Das Ergebnis ist eine Wurfscheibe.

Anwendungsbeispiel: Der Bilderrahmen mit Bild

Kombinieren Sie nun Objekte und erzeugen so einen einfachen Bilderrahmen:

1.   Laden Sie die Übungsgrafik KOMBIN.CDR von der Beispieldiskette. Diese Grafik enthält bereits zwei aufeinanderliegende Rechtecke und eine Pixelgrafik (Abbildung 6.29).

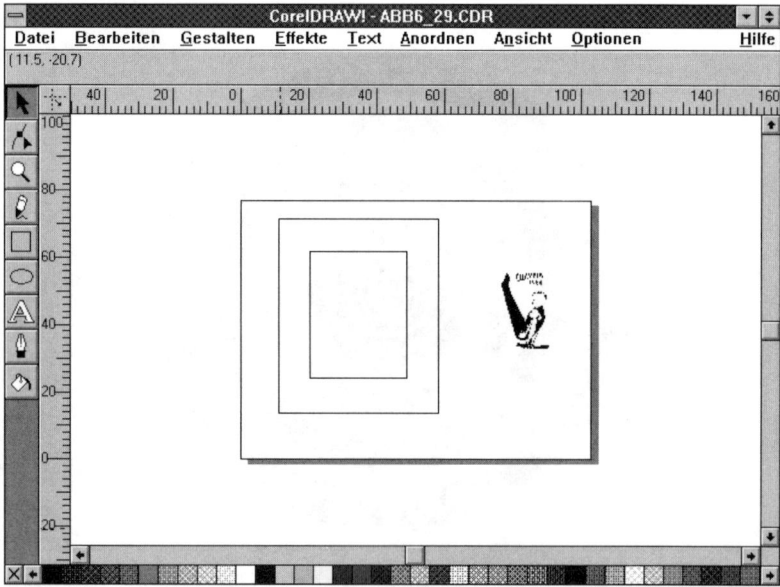

Abb. 6.29: Die Beispielgrafik KOMBIN.CDR

2. Verschieben Sie die Pixelgrafik in den inneren Rahmen.

3. Klicken Sie auf den äußeren Rahmen, und wählen Sie in der Farbpalette die Farbe Schwarz. Wie zu erwarten war, wird eine homogene, schwarze Fläche dargestellt.

4. Markieren Sie zusätzlich noch den inneren Rahmen.

5. Klicken Sie im Menü ANORDNEN auf die Funktion KOMBINIEREN. CorelDRAW! kombinert die Objekte und löscht die Füllfarbe.

6. Klicken Sie nun den äußeren Rahmen an und füllen Sie Fläche abermals mit Schwarz. Wie Sie sehen, wird nur noch der Rahmen gefüllt. Die Fläche, die von dem inneren Rechteck umschlossen wird, ist transparent und zeigt die Pixelgrafik.

Abbildung 6.30 zeigt die fertige Grafik.

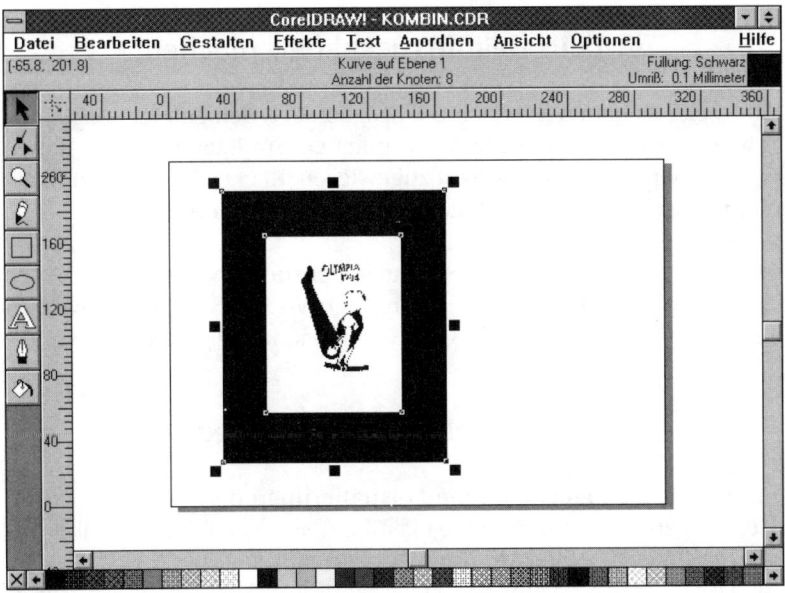

Abb. 6.30: Der Bilderrahmen

Arbeitsabläufe

CorelDRAW! speichert immer den zuletzt ausgeführten Schritt in einem Zwischenspeicher. Sie können Sie Veränderungen rückgängig machen, wenn Sie einen Fehler gemacht haben oder die Formatierungen nicht Ihren Wünschen entsprechen. Genauso können Sie den zuletzt ausgeführten Schritt auch noch einmal wiederholen.

Arbeitsabläufe wiederholen

Mit Strg R
*wiederholen Sie
den letzten
Schritt.*

Die Wiederholung des zuletzt ausgeführten Schritts kann oft sehr viel Arbeit ersparen. Haben Sie z. B. das Rechteck der Übungsgrafik mit einem Farbverlauf versehen, können Sie der Ellipse den gleichen Farbverlauf zuweisen, ohne das Füllen-Hilfsmittel und das Farbverlaufsmenü noch einmal zu aktivieren. Markieren Sie einfach die Ellipse und klicken im Menü BEARBEITEN auf die Option WIEDERHOLEN.

Arbeitsabläufe rückgängig machen

Mit Alt ⇦
*machen Sie den
letzten Schritt
rückgängig.*

Andererseits haben Sie auch die Möglichkeit, den zuletzt ausgeführten Schritt wieder rückgängig zu machen. Im letzten Schritt haben Sie der Ellipse den Farbverlauf zugewiesen. Klicken Sie nun auf RÜCK-GÄNGIG, löscht CorelDRAW! diese Formatierung wieder.

Mit Alt ↵
*aktivieren Sie die
Funktion
ZURÜCKBRINGEN.*

Hoppla, jetzt haben Sie den Schritt leider rückgängig gemacht. Auch dies ist kein Problem: Mit der Funktion WIEDERHERSTELLEN im BEARBEI-TEN-Menü wird das Rückgängigmachen wieder zurückgenommen.

Den Objektstil übernehmen

Eine weitere Möglichkeit, die Formatierung oder, wie es in Corel-DRAW! genannt wird, den Objektstil auf andere Objekte zu übertragen, ergibt sich bei Verwendung der Funktion ATTRIBUT ÜBERNEHMEN im BEARBEITEN-Menü. Wenn Sie diese Option anklicken, öffnet Corel-DRAW! ein Fenster, in dem Sie auswählen, welchen Stil Sie übernehmen möchten. Sie können den Umrißstift, die Umrißfarbe, die Füllung und die Text-Attribute (bei Texten) übernehmen. Abbildung 6.31 zeigt die Dialogbox STIL ÜBERNEHMEN.

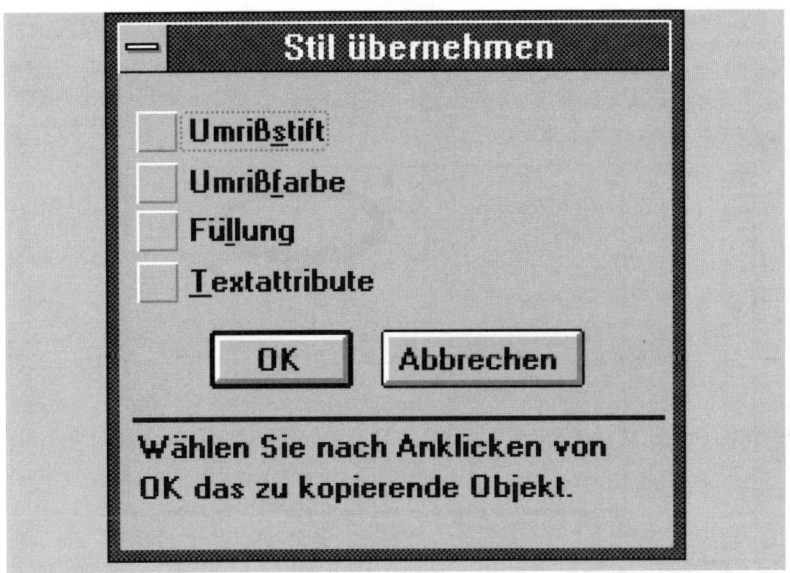

Abb. 6.31: Objektstil übernehmen

Übernehmen Sie nun den Objektstil des Rechtecks für die Ellipse:

1. Zur besseren Veranschaulichung stellen Sie zunächst für die Ellipse einen breiteren Umriß ein.

2. Markieren Sie die Ellipse, und aktivieren Sie das Menü BEARBEITEN.

3. Klicken Sie auf die Option ATTRIBUT ÜBERNEHMEN und wählen Sie in der Dialogbox STIL ÜBERNEHMEN die Option FÜLLUNG.

4. Bestätigen Sie Ihre Wahl mit OK. CorelDRAW! zeigt jetzt einen Pfeil an, in dem der Schriftzug Von? steht.

5. Sie wollen jetzt die Füllung des Rechtecks übernehmen. Bewegen Sie den Pfeil dazu auf das Rechteck und klicken. CorelDRAW! übernimmt die Füllung daraufhin in die Ellipse.

In Abbildung 6.32 wurde die Füllung des Rechtecks bereits übernommen.

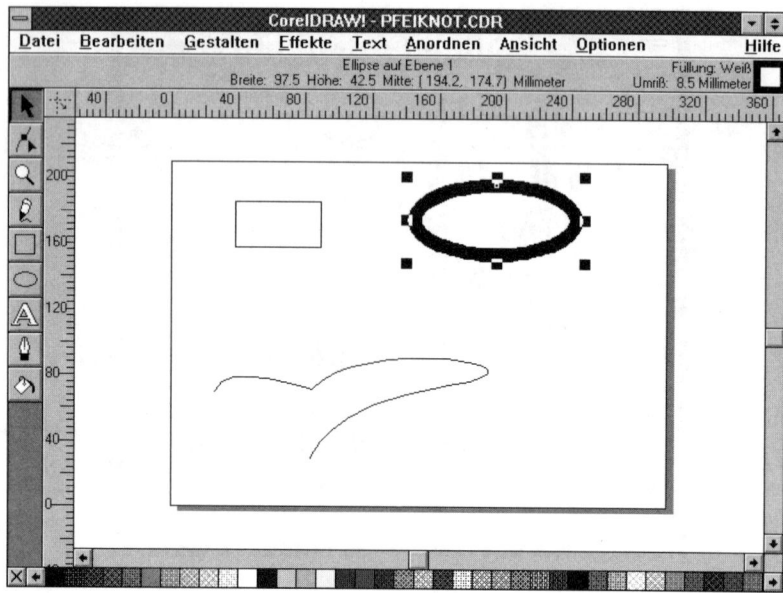

Abb. 6.32: Übernahme eines Objektstils

Anwendungsbeispiel: Die Rosette

Durch die Kombination von Gestaltungsfunktionen und deren mehr-
maliger Wiederholung lassen sich in kurzer Zeit Grafiken erstellen,
die mit klassischen Eingabemethoden ein Vielfaches der Zeit in Anspruch nehmen würden. In diesem Anwendungsbeispiel erstellen wir
aus einer Ellipse eine Rosette:

1. Zeichnen Sie eine Ellipse mit einer schwarzen Füllung und ohne
    Umriß.

2. Zur Gestaltung einer Rosette müssen Sie die Ellipse mehrfach um
    einen definierten Winkel drehen. Standardmäßig dreht Corel-
    DRAW! Objekte um den Objektmittelpunkt. Verschieben Sie des-
    wegen zunächst den Drehpunkt an die linke Kante der Ellipse.
    Verwenden Sie dazu das Pfeil-Hilfsmittel in der Funktionsebene
    Drehen und Neigen. Abbildung 6.33 zeigt diesen Vorgang.

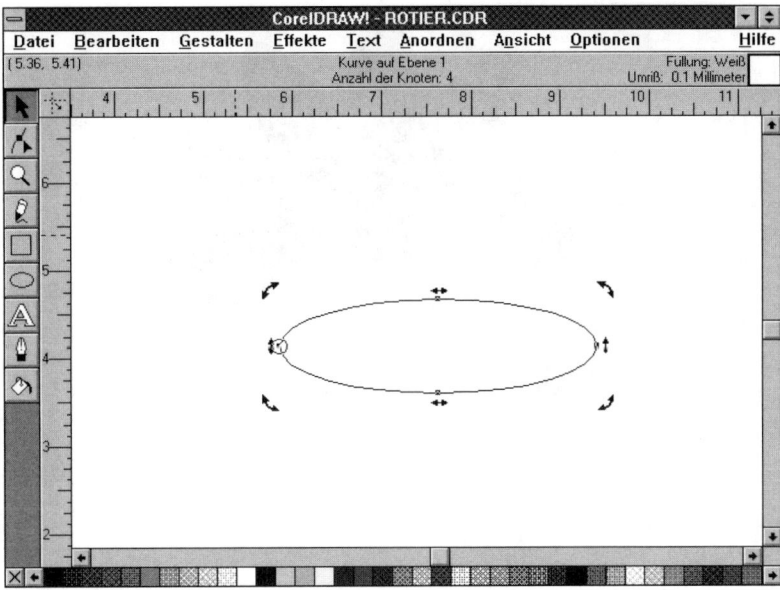

Abb. 6.33: Verschieben des Drehpunkts

3. Sie können das Objekt nun drehen. Rufen Sie dazu im Menü GE-STALTEN die Dialogbox DREHEN & NEIGEN auf, und geben Sie einen Winkel von 30° ein. Klicken Sie anschließend auf ORIGINAL BEHALTEN und danach auf OK. CorelDRAW! plaziert daraufhin eine um 30° gedrehte Kopie des Objekts in der Zeichenfläche.

4. Die weitere Vorgehensweise beschränkt sich nun auf die Wiederholung der zuletzt vorgenommenen Einstellungen. Drücken Sie also so oft Strg R, bis die Rosette geschlossen ist. Sie müssen genau 11 Kopien des Originals erzeugen.

5. Weisen Sie jeder Ellipse nun noch eine andere Graustufe zu. Sobald Sie damit fertig sind, schauen Sie sich das Ergebnis in der Seitenvorschau an.

6. Die Anordnung der Ellipsen stimmt noch nicht. Markieren Sie alle Objekte und wählen Sie die Funktion UMGEKEHRTE ANORDNUNG im Menü ANORDNEN. Die Grafik müßte nun der in Abbildung 6.34 dargestellten Grafik entsprechen.

Abb. 6.34: Die vollständige Rosette

Objekte in Kurven verwandeln

Wie Sie bereits wissen, werden Objekte und Kurven unterschiedlich
behandelt. Sie können zwar alle einfachen Bearbeitungsfunktionen
auch auf Objekte anwenden, aber die freie Änderung des Objektumrisses ist nicht möglich. Rechtecke, Kreise und Texte müssen daher
zunächst in Kurven verwandelt werden. Möchten Sie zum Beispiel
Textobjekte verfremden, um den Umriß einzelner Buchstaben zu verändern, müssen Sie den eingegebenen Text in Kurven verwandeln.
Markieren Sie dazu den Text und rufen im Menü ANORDNEN die Funktion UMWANDELN IN KURVEN auf. CorelDRAW! verwandelt den Text in
Kurven, der danach wie ein normaler Kurvenverlauf behandelt werden kann. So können Sie anschließend jedem Buchstaben einen anderen Umriß oder ein anderes Füllmuster zuordnen.

Bei der Umwandlung in Kurven verwandelt CorelDRAW! zusammenhängende Texte in ein kombiniertes Objekt. Möchten Sie einzelne
Buchstaben bearbeiten und lösen die Kombination auf, tritt die Umkehrung des Transparenzeffektes ein (Abbildung 6.35).

Störende Effekte

Störende Effekte

Abb. 6.35: Umkehrung der Transparenz

Die obere Textzeile dient als Referenz. Die untere Textzeile wurde in Kurven verwandelt. Anschließend wurde die Kombination aufgelöst. Wie Sie sehen, werden alle zuvor durchsichtigen Flächen wie z.B. beim Buchstaben ö ausgefüllt. Diese Darstellung war eigentlich zu erwarten, da durch die Kombination von überlagerten Objekten erst Transparenzen entstehen. Lösen Sie eine Kombination auf, wird dieser Effekt wieder rückgängig gemacht.

Da Sie nun aber unbedingt einzelne Buchstaben (Kurvenzüge) bearbeiten wollen, müssen Sie die Darstellung "nachbehandeln". Der ausgefüllte Bereich des Ö's stellt ein eigenes Objekt dar. Es spricht also nichts dagegen, dieses Objekt mit dem ihm umgebenden Objekt zu kombinieren. Versuchen Sie dies, wird das ö wieder korrekt dargestellt. Nachteilig an diesem Verfahren ist, daß Sie es für jeden Buchstaben mit innenliegenden Objekten wiederholen müssen.

Beachten Sie, daß einmal in Kurven umgewandelter Text nicht wieder editiert werden kann, da er nunmehr als Kurve behandelt wird.

Grafiken in Ebenen aufbauen

Komplexe Grafiken können bei der Eingabe schnell unübersichtlich werden, so daß Sie sie besser in mehreren Ebenen aufbauen. Erstellen Sie beispielsweise eine Ebene für den Hintergrund, eine für das Grobgerüst und eine weitere Ebene für die Details. Für das Gitter und die Hilfslinien ist je eine eigene Ebene vorgesehen. Die Erstellung und Verwaltung von Ebenen ist recht einfach und wird über das Rollup-Fenster EBENEN vorgenommen. Sie aktivieren dieses Rollup-Fenster, indem Sie im Menü ANORDNEN auf ZEICHENEBENEN klicken. CorelDRAW! blendet daraufhin das folgend dargestellte Rollup-Fenster ein.

Im Rollup-Fenster sind in der Ebenenliste bereits drei Ebenen definiert: Hilfslinien, Gitter und Ebene 1. Auf Ebene 1 zeichnen Sie standardmäßig Ihre Grafik. Hilfslinien und Gitter liegen jeweils auf einer eigenen Ebene. Dies ist auch sinnvoll, weil Gitter und viele Hilfslinien die Beurteilung einer Grafik erheblich erschweren können. Sie können nun eine be- stimmte Ebene markieren. Klicken Sie dazu einfach auf die Ebenenbezeichnung.

Sie können nun Objekte auf verschiedenen Ebenen eingeben. In der Statuszeile blendet CorelDRAW! die Ebene ein, in der Sie das Objekt gezeichnet haben. Diese Information steht nachträglich immer dann zur Verfügung, wenn Sie das Objekt markieren.

Beachten Sie aber, daß manche Bearbeitungsfunktionen wie z.B. das Überblenden nur dann funktionieren, wenn sich die Objekte auf der selben Ebene befinden. Der Überblendungspfad darf sich allerdings auf einer anderen Ebene befinden.

Möchten Sie eine Grafik ebenenweise aufbauen, müssen Sie weitere Ebenen einfügen. Klicken Sie dazu im Rollup-Fenster EBENEN auf die Schaltfläche mit dem nach rechts weisenden Pfeil.

Möchten Sie nun eine Ebene einfügen, klicken Sie auf die Option NEU. Das Programm blendet daraufhin die Dialogbox OPTIONEN FÜR ZEICHENEBENEN ein (Abbildung 6.36).

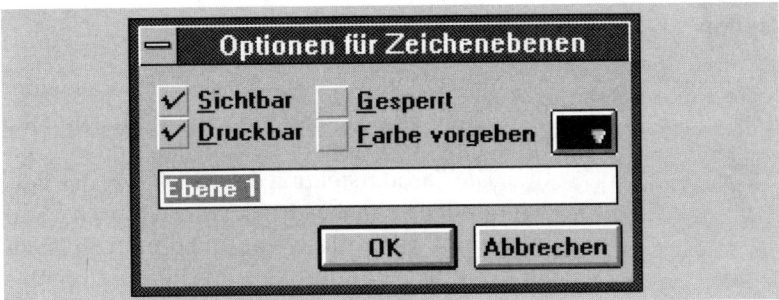

Abb. 6.36: Die Dialogbox OPTIONEN FÜR ZEICHENEBENEN

Die Optionen dieser Dialogbox haben folgende Bedeutung:

Option	Funktion
SICHTBAR:	Aktivieren Sie diese Funktion, werden die auf dieser Ebene angeordneten Objekte dargestellt. Deaktivieren Sie die Darstellung einer Ebene, werden deren Objekte unsichtbar. Die Unterdrückung von Ebenen führt bei komplexen Grafiken nicht nur zu einer besseren Übersichtlichkeit, sondern vermindert auch die Bildaufbauzeiten. Komplizierte grafische Elemente, die bereits in einer eigenen Ebene fertiggestellt sind, sollten Sie daher unsichtbar machen. Unsichtbare Ebenen werden in der Ebenenliste hellgrau dargestellt.
DRUCKBAR:	Bestimmt, ob die Ebene ausgedruckt werden kann oder ob der Ausdruck dieser Ebene unterbunden wird.
GESPERRT:	Eine gesperrte Ebene verhindert, daß Objekte dieser Ebene markiert werden können. Das Einfügen neuer Objekte ist allerdings möglich. Sobald diese Objekte nicht mehr markiert sind, werden auch sie für den Zugriff gesperrt.

Option	Funktion
FARBE VORGEBEN:	Mit dieser Option weisen Sie den Objekten einer Ebene eine spezifische Umrißfarbe zu, damit die Objektebenen besser unterschieden werden können. Die Farbdarstellung der Objekte in der Vorschau oder beim Ausdruck wird dadurch nicht beeinflußt. Über diese Option können Sie auch die Farbe der Gitterpunkte und Hilfslinien verändern.
EINRICHTEN:	Diese Option ist nur bei der Auswahl der Gitter- oder Hilfslinienebene existent. Klicken Sie auf diese Option, können Sie das Gitter oder die Hilfslinien in den dazugehörigen Dialogboxen einstellen.

Zusätzlich können Sie noch einen anderen Ebenennamen eintragen. Sie sollten von dieser Möglichkeit unbedingt Gebrauch machen, damit Sie die einzelnen Ebenen mit deren Objekts leichter zuordnen können.

Sobald Sie alle Optionen eingestellt haben, klicken Sie auf OK, um die Dialogbox zu verlassen. Möchten Sie die Einstellungen für eine Ebene ändern, klicken Sie im Rollup-Fenster auf die Dreieck-Schaltfläche und dann auf BEARBEITEN. Das Programm blendet daraufhin wieder die Dialogbox OPTIONEN FÜR ZEICHENEBENEN ein.

Ebenen können Sie auch wieder entfernen, indem Sie auf die Option LÖSCHEN klicken. Möchten Sie ein Objekt in eine andere Zeichenebene übertragen, markieren Sie das Objekt und die Ebene, in die das Objekt verschoben werden soll. Anschließend klicken Sie auf die Dreieck-Schaltfläche und dann auf VERSCHIEBEN. Klicken Sie auf KOPIEREN, wird eine Kopie des markierten Objekts in der ausgewählten Ebene eingefügt.

Die Option MEHRFACH-EBENE hat eine besondere Bedeutung: Normalerweise können Sie nur die Objekte der aktiven Ebene markieren und somit auch bearbeiten. Aktivieren Sie die Option MEHRFACH-EBENE, können Sie die Objekte unabhängig von der Ebene markieren.

Anwendungsbeispiel:
Organigramm in Ebenentechnik

Im nachfolgenden Beispiel werden Sie die Verwendung von Ebenen an einem konkreten Beispiel kennenlernen. Bestimmte Elemente der Grafik werden Sie erst in späteren Kapiteln zeichnen. Darüber hinaus kennen Sie noch nicht alle Funktionen, die für die Erstellung dieser Elemente benötigt werden. Laden Sie daher die Grafik FOLIE1.CDR von der Beispieldiskette (Abbildung 6.37).

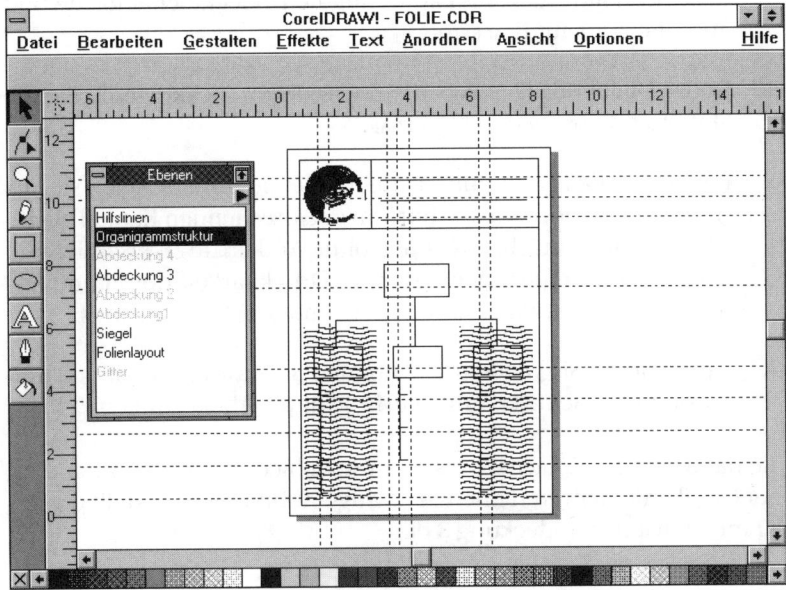

Abb. 6.37: Die Grafik FOLIE1.CDR in der Arbeitsfläche

Nachdem Sie die Grafik geladen haben, sehen Sie, daß die Grafik aus mehreren Ebenen besteht. Neben den Standardebenen Gitter und Hiflslinien haben die Ebenen folgende Bedeutung:

1. Die Ebene Folienlayout enthält den Grundriß der Folie

2. In der Ebene Siegel wurde das Firmenlogo eingefügt.

3. Die Organigrammstruktur befindet sich auf der gleichnamigen Ebene. Die Aufteilung auf verschiedene Ebenen ermöglicht die einfache Gestaltung neuer Folien mit anderem Firmenlogo oder anderem Inhalt. Verwenden Sie einfach nur die entsprechenden Ebenen, und löschen Sie die anderen.

4. Die Ebenen Abdeckung 1-4 wurden für eine Folien-Präsentation eingefügt. Sie decken jeweils einen bestimmten Teil der Organigrammstruktur ab und lenken die Aufmerksamkeit so auf den sichtbaren Teil. Die Eingabe erfolgte für jede Abdeckung auf einer Ebene. Sobald Sie eine Abdeckung erstellt haben, unterdrücken Sie deren Darstellung und vermeiden den Ausdruck. Klicken Sie dazu im Rollup-Fenster EBENEN auf die Dreieck-Schaltfläche und anschließend auf BEARBEITEN.

5. In der Dialogbox OPTIONEN FÜR ZEICHENEBENEN deaktivieren Sie die Optionen SICHTBAR und DRUCKBAR.

6. Bauen Sie die Folien nun nacheinander auf und drucken sie aus (wie Sie drucken, lesen Sie bitte im entsprechenden Kapitel nach). Drucken Sie zunächst die Folie ohne Abdeckung. Anschließend aktivieren Sie die Darstellung und Druckbarkeit der Ebene Abdeckung 1, kontrollieren die Grafik und drucken diese aus.

7. Deaktivieren Sie wieder die Optionen SICHTBAR und DRUCKBAR und wiederholen Schritt 6 und Schritt 7 für die Abdeckungen 2-4.

Sie haben so auf einfache Weise fünf verschiedene Folien anhand einer Grafik mit mehreren Ebenen erzeugt. Abbildung 6.38 stellt die Folie mit aktivierter Abdeckung 3 dar.

Zusammenfassung

In diesem Kapitel haben Sie die Bearbeitungs-Hilfsmittel von Corel-DRAW! kennengelernt und in praktischen Übungen angewendet. Die Funktionen und Bedienungsabläufe folgen zwar immer einem bestimmten Muster, unterscheiden sich aber immer in Details. Im nächsten Kapitel lernen Sie das Bearbeitungs-Hilfsmittel für den Feinschliff kennen. Das Umriß-Hilfsmittel gestattet die Veränderung und Anpassung der Objektkontur und ermöglicht die Gestaltung neuer Objekttypen.

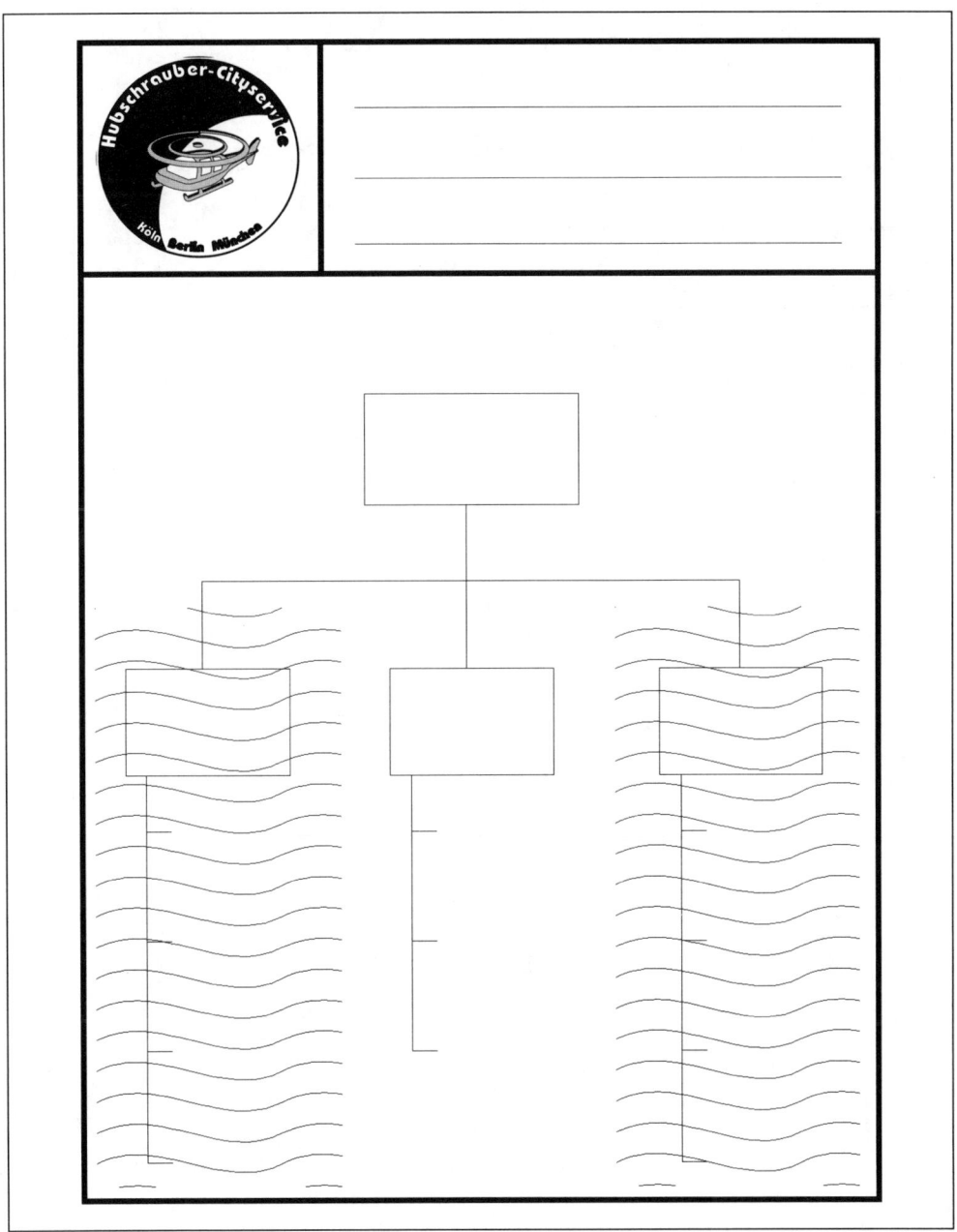

Abb. 6.38: Die Folie mit Abdeckung 3

7

Kurven und Objektkonturen
verändern

Jedes Objekt, das Sie mit CorelDRAW! zeichnen, besteht aus einer mehr oder weniger großen Zahl von Kurven. Die Kurven werden aus Knoten und durch Kontrollpunkte zusammengesetzt. Bisher haben Sie Objekte immer nur in ihrer Gesamtheit betrachtet und geändert. Mit Hilfe des Formen-Hilfsmittels verändern Sie jetzt einzelne Konturen oder Kurvenzüge von Objekten.

Wie bereits in der Einleitung zum letzten Kapitel erwähnt wurde, besteht eine Methode des Designs darin, sich von groben Konturen zu immer feineren Details "vorzuarbeiten". Das Anwendungsbeispiel in diesem Kapitel steht für eine solche Vorgehensweise. Sie zeichnen zuerst die groben Konturen eines Segelbootes und verfeinern diese Grafik dann, indem Sie Linien in Kurven verwandeln und Krümmungen hinzufügen. Praktische Übungen festigen ein erlerntes Wissen besser als jede Wiederholung. Zur Veranschaulichung und Übung befindet sich auf der Beispieldiskette eine Übungsgrafik namens KNOTEN.CDR. Die meisten Übungen dieses Abschnitts beziehen sich auf diese Grafik. Abbildung 7.1 zeigt die Übungsgrafik KNOTEN.CDR. Beginnen wollen wir aber mit der Bearbeitung von Objekten. Laden Sie dazu die Übungsgrafik RECHTECK.CDR.

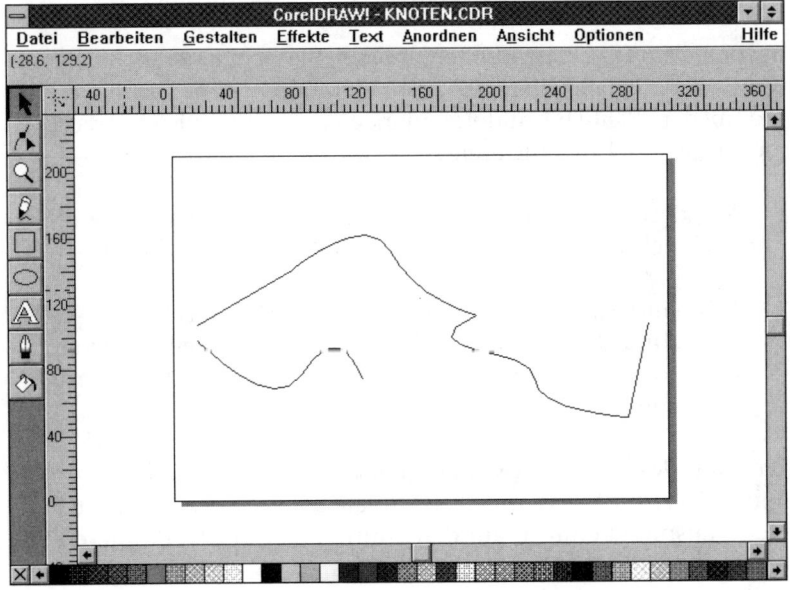

Abb. 7.1: Die Übungsgrafik KNOTEN.CDR

Objekte bearbeiten

Der grundsätzliche Arbeitsablauf im Umgang mit dem Formen-Hilfsmittel unterscheidet sich nicht wesentlich vom Arbeitsablauf mit dem Pfeil-Hilfsmittel. Sie markieren das betreffende Objekt und führen dann eine Funktion aus.

Eine direkte Trennung in zwei Modi - einen Objektbearbeitungs- und einen Kurvenbearbeitungsmodus kann man für das Formen-Hilfsmittel nicht vornehmen. In jeder Bearbeitungsart wird die Kontur und damit eine Kurve beeinflußt. Trotzdem erfaßt der objektbearbeitende Modus doch mehr das gesamte Objekt, wenn Sie beispielsweise Rechtecke abrunden, Kreisbögen erstellen oder Pixelgrafiken zuschneiden. Auch die Veränderung der Textcharakteristika gehört mehr zur Klasse Objektbearbeitung.

Die nächstfolgenden Abschnitte befassen sich daher - mit Ausnahme der Textbearbeitung - mit der Veränderung von Objekten.

Objekte mit dem Formen-Hilfsmittel markieren

Mit F8 aktivieren Sie das Formen-Hilfsmittel.

Bevor Sie ein Objekt bearbeiten, müssen Sie es markieren. Sie haben dazu zwei Möglichkeiten. Die erste Methode besteht darin, das Objekt mit dem Pfeil-Hilfsmittel zu markieren und anschließend das Formen-Hilfsmittel zu aktivieren:

1. Markieren Sie in der Grafik RECHTECK.CDR das linke obere Rechteck, indem Sie mit der Maus auf den Umriß klicken.

Das Formen-Hilfsmittel

2. Bewegen Sie den Cursor auf die Schaltfläche für das Formen-Hilfsmittel und klicken Sie darauf. Anstelle der Markierungs-Quadrate werden jetzt nur noch die Knoten des Objekts dargestellt. Abbildung 7.2 zeigt dies am Beispiel des oberen Rechtecks.

Die zweite Methode ist wesentlich effektiver, da Sie das Formen-Hilfsmittel direkt zur Markierung verwenden. Klicken bei aktiviertem Formen-Hilfsmittel einfach auf den Umriß des Objekts. Probieren Sie dies nun an der Grafik RECHTECK.CDR aus. Sie erhalten eine Darstellung gemäß Abbildung 7.2.

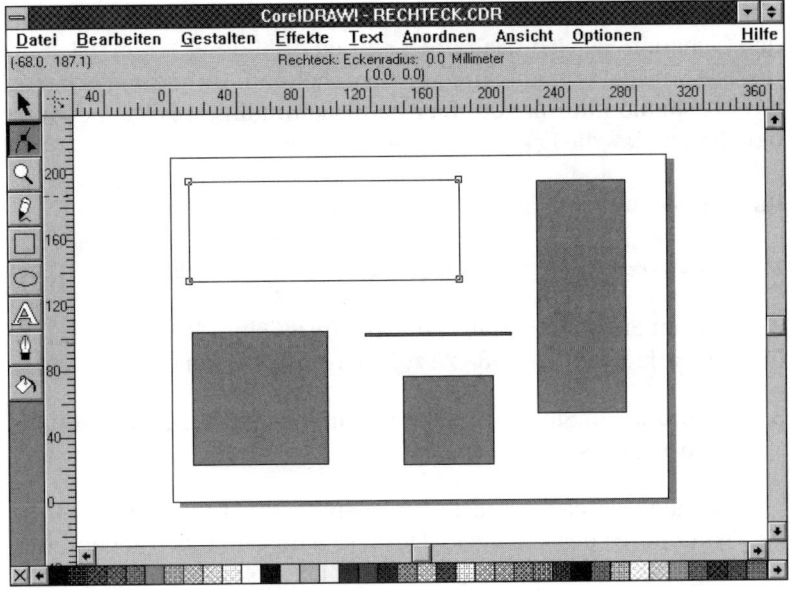

Abb. 7.2: Das markierte Rechteck

Mit der ⬭-Taste schalten Sie zwischen dem aktivierten Hilfsmittel und dem Pfeil-Hilfsmittel um. Nochmaliges Drücken der ⬭-Taste schaltet wieder zum Hilfsmittel um.

Im Gegensatz zum Pfeil-Hilfsmittel können Sie eine Markierung nicht durch Klicken auf einen freien Bereich der Grafik entfernen. Möchten Sie eine Markierung entfernen, rufen Sie entweder das Pfeil-Hilfsmittel auf oder klicken ein anderes Objekt an.

Rechtecke abrunden

Rechteck mit abgerundeten Ecken werden oft zur Einrahmung von Schriftzügen verwendet. Schaltflächen in Menüs werden z.B. mit solchen Rechtecken unterlegt, um den Bereich zu markieren, in dem eine Funktion aufgerufen werden kann. Abgerundete Rechtecke wirken im Gegensatz zu dem harten Aussehen normaler Rechtecke etwas harmonischer und moderner.

Mit Hilfe des Formen-Hilfsmittels können Sie jedes Rechteck abrunden. Schauen Sie sich dazu noch einmal Abbildung 7.2 an. Die Statuszeile weist schon auf einen bevorstehenden Abrundungsvorgang hin, da sie die Information über den Eckenradius anzeigt. Der Wert 0 bedeutet, daß die Ecke nicht abgerundet ist.

Runden Sie nun die Rechtecke der Grafik RECHTECK.CDR ab:

1. Aktivieren Sie das Formen-Hilfsmittel durch Klicken.

2. Klicken Sie mit der Maus auf den Umriß eines Rechtecks, um es zu markieren. CorelDRAW! zeigt jetzt die Knoten des Rechtecks.

3. Positionieren Sie den Cursor auf einen Knoten und drücken die linke Maustaste.

4. Mit gedrückter Maustaste bewegen Sie den Cursor in Richtung Mittelpunkt des Rechtecks. Die Ecke wird allmählich abgerundet, und aus einem Knoten werden zwei. Diese Knoten markieren den Beginn und das Ende des Kreisbogens. In der Statuszeile wird der Eckenradius entsprechend der Cursorposition aktualisiert. Abbildung 7.3 stellt den Abrundungsvorgang an einem Rechteck dar.

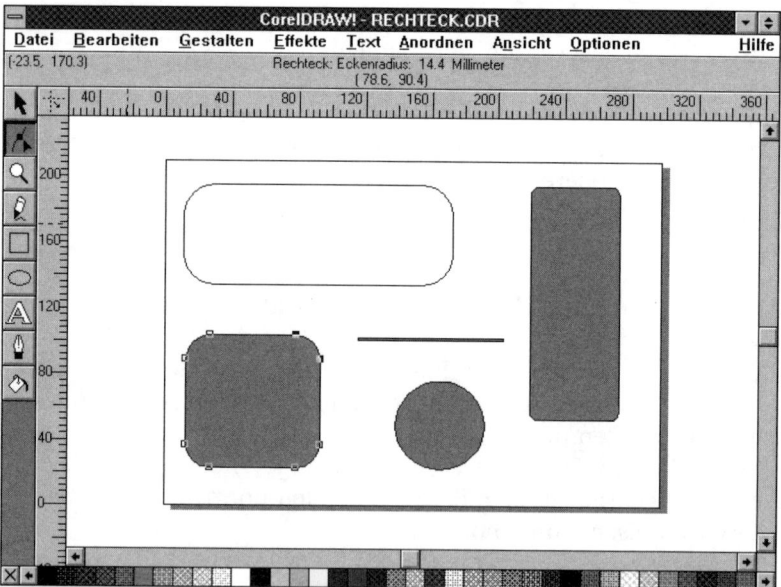

Abb. 7.3: Ecken abrunden

5. Sobald Sie die Maustaste loslassen, werden die abgerundeten Ek-
    ken gezeichnet. Sie haben somit die Ecken eines Rechtecks abge-
    rundet.

Die Abrundung läßt sich so weit treiben, bis perfekte Halbkreise an
den Stirnseiten entstehen. Bei Quadraten führt das zu einem beson-
deren Effekt: Da die Kantenlängen eines Quadrates immer gleich sind,
führt eine vollständige Abrundung der Ecken zu einem Kreis. In Abbildung 7.3 können Sie sich davon überzeugen.

Kreisbögen und Tortengrafiken erstellen

Kreisbögen und Kreissegmente finden vielfältige Anwendung in
Grafiken. Halbkreis-Bögen können beispielsweise die Kuppel eines
Turmes bilden, während unterschiedliche Kreissegmente die Grund-
bausteine einer Tortengrafik sind.

Elemente wie Kreisbögen und -segmente lassen sich prinzipiell auch
über einen Kurvenzug herstellen; die praktische Realisierung nimmt
aber zu viel Zeit in Anspruch.

Viel einfacher ist es, zunächst einen Kreis oder eine Ellipse zu zeichnen, um anschließend mittels des Formen-Hilfsmittels den Kreisbogen oder das Kreissegment zu erstellen.

Sie erstellen jetzt Kreisbögen und Kreissegmente:

1. Laden Sie dazu zunächst die Grafik ELLIPSEN.CDR.

2. Aktivieren Sie das Formen-Hilfsmittel.

3. Markieren Sie eine Ellipse oder einen Kreis, indem Sie darauf
    klicken. CorelDRAW! markiert das gewählte Objekt daraufhin mit
    einem Knoten.

4. Bewegen Sie den Cursor auf diesen Knoten und drücken die lin-
    ke Maustaste. Halten Sie die Maustaste gedrückt.

5. Möchten Sie Kreisbögen erstellen, bewegen Sie den Cursor außerhalb des Objekts. Sie können diesen Vorgang kontrollieren, indem Sie die Objektdarstellung beobachten. Teile der Objektkontur werden gelöscht, so daß ein Kreisbogen übrigbleibt. Möchten Sie ein Kreissegment erstellen, bewegen Sie den Cursor innerhalb des Objekts. Wie Sie sehen, werden auch Teile der Kontur gelöscht. Zusätzlich erstrecken sich aber zwei Linien vom Objektmittelpunkt zu den Kurvenenden der Objektkontur. Je nachdem, wie weit Sie den Cursor bewegen, entsteht so der Eindruck einer angeschnittenen Torte bzw. eines Tortenstücks.

6. Lassen Sie die Maustaste los, wird entweder das Kreissegment oder der Kreisbogen gezeichnet.

Abbildung 7.4 zeigt verschiedene Kreisbögen und -segmente, die aus den Ellipsen und Kreisen der Grafik ELLIPSEN.CDR entstanden sind. Die obere linke Ellipse wird gerade bearbeitet.

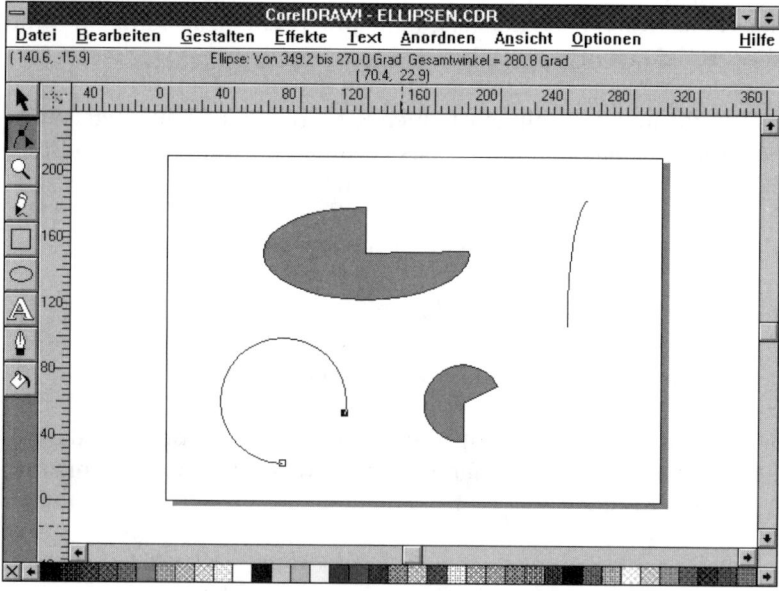

Abb. 7.4: Kreisbögen und Kreissegmente erzeugen

Möchten Sie Kreisbögen in genau definierten Winkelschritten herstellen, drücken Sie während des Bearbeitungsvorgangs gleichzeitig die [Strg]-Taste. Abhängig vom eingestellten Wert in der Dialogbox GRUNDEINSTELLUNGEN können Sie nun Kreisbögen oder -segmente in festgelegten Winkelmaßen erzeugen.

Pixelgrafiken bearbeiten

Sehr feine Details oder Farbverläufe sowie künstlerische Pinseleffekte einer Pixelgrafik lassen sich nur sehr schlecht in Vektorgrafiken konvertieren. So kommt es hin und wieder vor, daß Pixelgrafiken als fester Bestandteil einer Objektgrafik verwendet werden.

Eine Pixelgrafik können Sie nur als komplettes Bild laden. Möchten Sie aber lediglich einen bestimmten Bereich der Pixelgrafik darstellen, müssen Sie das Bild entweder in CorelPHOTO-PAINT! bearbeiten oder in CorelDRAW! "zuschneiden". Das Formen-Hilfsmittel bietet dazu die notwendige Funktion an:

Solange Sie nach dem Zuschneiden keine andere Funktion aufrufen, ist die komplette Pixelgrafik noch im Speicher vorhanden. Sie können Zuschneidefehler also noch korrigieren.

1. Importieren Sie zuerst das Bild TURNER.PCX von der Beispieldiskette. Wie Sie eine Datei importieren, lesen Sie bitte im Kapitel "Die Verbindung zur Außenwelt" nach.

2. Sobald CorelDRAW! die Pixelgrafik geladen hat, stellt es diese in der Arbeitsfläche dar. Aktivieren Sie jetzt das Formen-Hilfsmittel, um die Pixelgrafik zuzuschneiden.

3. Die Pfeil-Markierung (schwarze Quadrate) verschwindet diesmal nicht. Bewegen Sie den Cursor auf eines der schwarzen Quadrate und drücken die Maustaste.

4. Bei gedrückter Maustaste bewegen Sie den Cursor nach innen. Abbildung 7.5 zeigt den Zuschneidevorgang.

Abb. 7.5: Pixelgrafik zuschneiden

Abb. 7.6: Die zugeschnittene Grafik

Die Statuszeile zeigt während des Zuschneidens an, wieviel Prozent des Bildes Sie schon weggeschnitten haben. In diesem Beispiel wurden 43% der Grafik - von unten gezählt - weggeschnitten.

5.	Sobald Sie die Maustaste loslassen, wird nur noch der Teil dargestellt, der nicht weggeschnitten wurde. Abbildung 7.6 stellt dies an der Grafik TURNER.PCX dar.

Variationen von Linien und Kurven

Durch das Verschieben von Knoten, Ändern der Knoten- und Kurvenart und durch eine geänderte Anordnung der Kontrollpunkte können Sie einen Umriß in weiten Bereichen verändern.

In diesem Bearbeitungsbereich arbeiten Sie ausschließlich mit Bézier-Kurven. Sollten Sie nicht mehr genau wissen, was Bézier-Kurven sind, lesen Sie bitte in Kapitel 3 nach. Das Arbeiten mit Bézier-Kurven und dem Formen-Hilfsmittel erfordert in dieser Stufe ein gutes Vorstellungsvermögen. Sie schulen Ihre eigene Vorstellungskraft, indem Sie möglichst oft den Umgang mit diesen Kurven üben.

Die nachfolgenden Abschnitte beziehen sich auf die Übungsgrafik KNOTEN.CDR. Laden Sie diese Grafik zunächst von der Beispieldiskette.

Knoten markieren

Kurven bestehen aus Knoten und Segmenten. Knoten und deren Kontrollpunkte sind für den Verlauf einer Kurve verantwortlich. Zwischen zwei Knoten befindet sich immer ein Segment. Ein Segment repräsentiert den Kurvenverlauf zwischen zwei Knoten.

Bevor Sie einen Knoten bearbeiten, müssen Sie CorelDRAW! mitteilen, welchen Knoten Sie bearbeiten wollen. Was für fast alle anderen Bearbeitungsfunktionen gilt, trifft also auch hier zu: Zuerst markieren, dann die Funktion ausführen.

Mit Pos 1
*markieren Sie
den ersten
Knoten des
markierten
Pfads, mit* Ende
*den letzten
Knoten.*

Sie markieren jetzt einen Knoten folgendermaßen:

1. Aktivieren Sie das Formen-Hilfsmittel, und klicken Sie auf den Umriß der Kurve. CorelDRAW! blendet daraufhin die Knoten der Kurve ein.

2. Klicken Sie den zweiten Knoten an. Der Knoten wird sofort durch ein ausgefülltes Quadrat markiert. Abbildung 7.7 zeigt die Kurve mit markiertem zweiten Knoten.

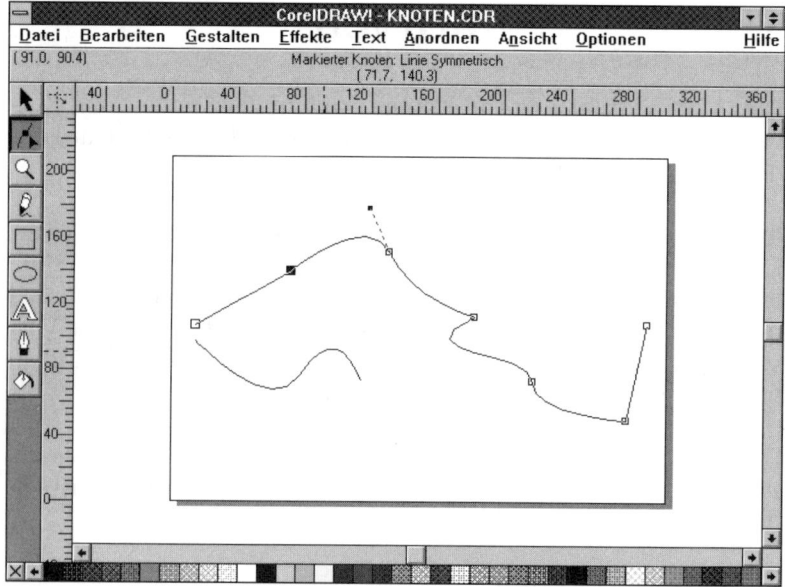

Abb. 7.7: Knoten markieren

CorelDRAW! markiert Knoten unterschiedlich: Knoten, die zu einer Kurve gehören, werden durch ein ausgefülltes Quadrat markiert, Knoten, die eine Linie bilden, durch ein hohles Quadrat. Möchten Sie gleichzeitig mehrere Knoten markieren, verwenden Sie die ⇧-Taste in Verbindung mit der Maus oder die Rahmenselektion:

1. Markieren Sie die Kurve im Knoten-Modus.

2. Mit gedrückter Maustaste ziehen Sie einen Rahmen um die zu markierenden Knoten (Abbildung 7.8).

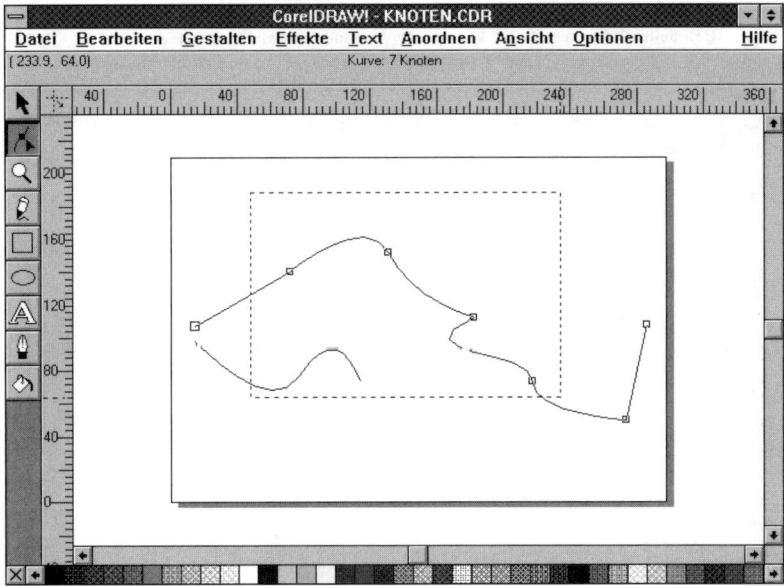

Abb. 7.8: Mehrere Knoten markieren

3. Sobald Sie die Maustaste loslassen, werden die umrahmten Knoten markiert. Die Statuszeile zeigt die Anzahl der markierten Knoten an.

Möchten Sie die Markierung eines oder mehrerer Knoten aufheben, klicken Sie auf einen freien Bereich innerhalb der Grafik.

Segmente markieren

Als Segmente bezeichnet man die Kurvenstücke zwischen zwei Knoten. Sie selektieren ein Segment, indem Sie im Formen-Modus darauf klicken. CorelDRAW! markiert den dazugehörigen Knoten und stellt die Kontrollpunkte dar. In Abbildung 7.9 sehen Sie ein markiertes Segment.

Die Statuszeile blendet Informationen über die Segmentart (Gerade oder Kurve) und den zugehörigen Knoten ein. Mehrere Segmente markieren Sie unter Verwendung der Rahmenselektion.

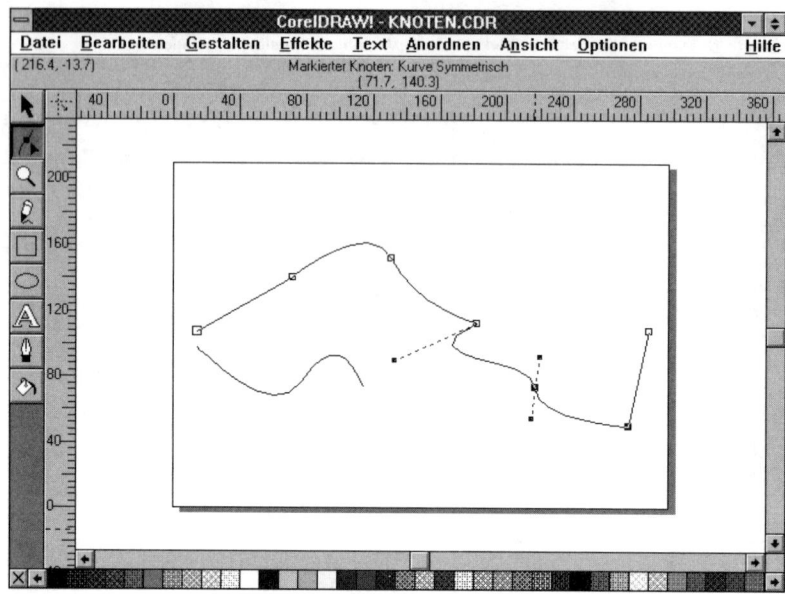

Abb. 7.9: Segmente markieren

Knotenarten und Pfade

CorelDRAW! verwendet im Zusammenhang mit Kurven den Begriff Pfade. Pfade sind voneinander unabhängige Kurven. Schauen Sie sich einmal Abbildung 7.10 an.

Sie erkennen zwei Kurvenzüge, die beide markiert sind. CorelDRAW! zeigt in der Statuszeile an, daß 10 Knoten auf zwei Teilstrecken markiert sind. Diese Angabe ist dann von Belang, wenn zwei Kurven genau übereinander liegen, voneinander aber unabhängig sind. Möchten Sie nur eine Kurve selektieren, müssen Sie die Markierung wiederholen.

CorelDRAW! markiert nur dann verschiedene Pfade, wenn die Kurven vorher miteinander kombiniert wurden. Die Kombination verschiedener Kurven ist besonders bei der Ausrichtung oder beim Zusammenführen von Kurven erforderlich. Sie haben durch die Meldung in der Statuszeile also eine gute Kontrolle, ob die Objekte bereits kombiniert wurden.

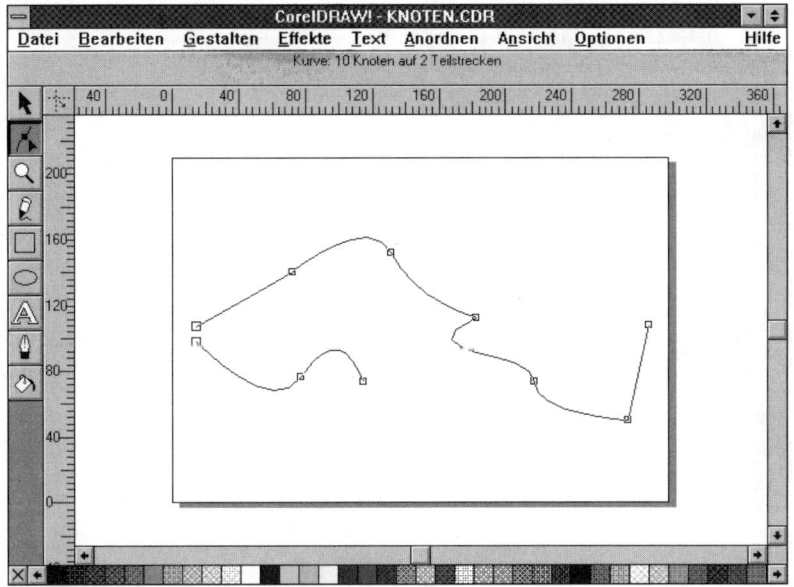

Abb. 7.10: Verschiedene Pfade

Jedem Knoten ist eine bestimmte Knotenart zugewiesen, die für den Verlauf der Kurve in unmittelbarer Umgebung des Knotens zuständig ist. Die Knotenart bestimmt, wie die Kurve durch den Knoten verläuft. In diesem Zusammenhang ist es wichtig, die Kontrollpunkte zu beachten. An ihnen können Sie unter Umständen die Knotenart erkennen. CorelDRAW! blendet die entsprechende Information aber auch in der Statuszeile ein.

Abbildung 7.11 zeigt ein Beispiel für die Knotenart Glätten.

Bei der Knotenart Glätten werden die ankommenden und abgehenden Kurvenstücke so angepaßt, daß sie glatt, d.h., ohne einen Knick durch den Knoten laufen. Die Kontrollpunkte dürfen unterschiedliche Längen haben, liegen aber immer in einer Linie. Die Länge der Kontrollpunkte bestimmt die Ausprägung der Kurve. Je weiter der Kontrollpunkt vom Knoten entfernt ist, desto größer ist die Ausprägung.

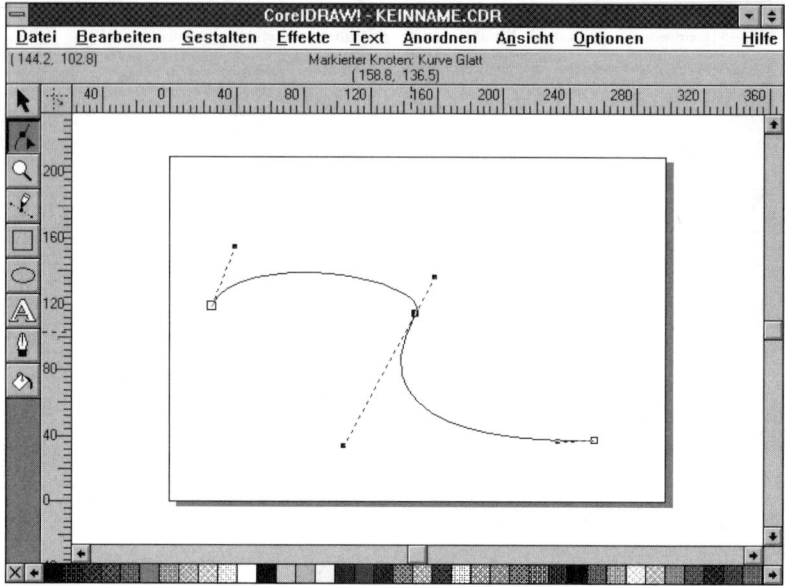

Abb. 7.11: Knotenart GLÄTTEN

Die Knotenart Symmetrisch unterscheidet sich von der Knotenart Glatt nicht in der Art des Durchgangs durch den Knoten, sondern durch den Verlauf in der Umgebung des Knotens. Symmetrische Knoten formen die Kurve so, daß sie mit der gleichen Steigung aus dem Knoten herauskommt, wie sie hereingekommen ist. In Abbildung 7.12 ist eine Kurve mit einem symmetrischen Knoten dargestellt.

Die Kontrollpunkte sind bei der Knotenart Symmetrisch immer in identischer Entfernung zum Knoten. Nur so ist eine symmetrische Steigung zu erreichen. Unter Berücksichtigung dieser Eigenheit symmetrischer Knoten können Sie diese also auch durch glatte Knoten nachbilden.

Nicht harmonische Kurvenverläufe werden zur Darstellung von Ekken und Spitzen eingesetzt. Sie erzeugen solche Kurvenverläufe mit der Knotenart Spitze. Bei dieser Knotenart ist das ankommende und abgehende Kurvenstück voneinander unabhängig, was die gegenseitige Beeinflussung des Kurvenverlaufs betrifft. Schauen Sie sich dazu Abbildung 7.13 an.

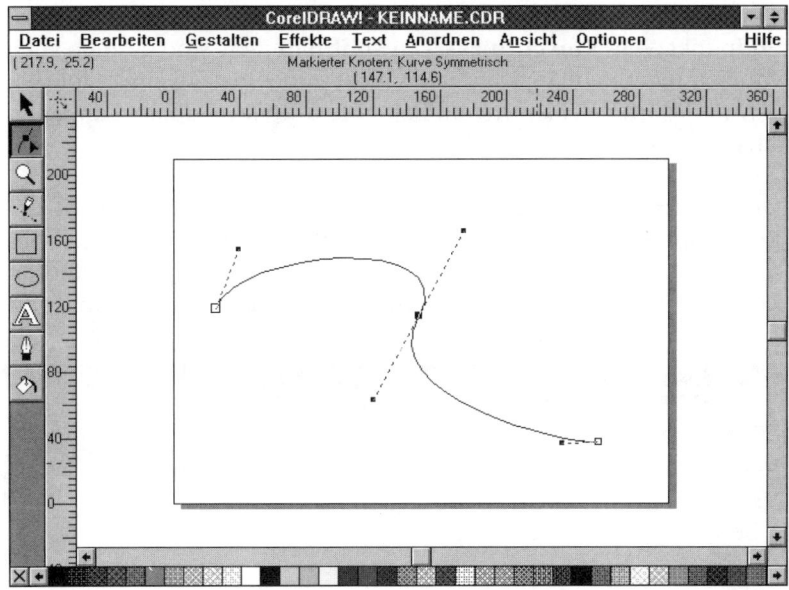

Abb. 7.12: Die Knotenart Symmetrisch

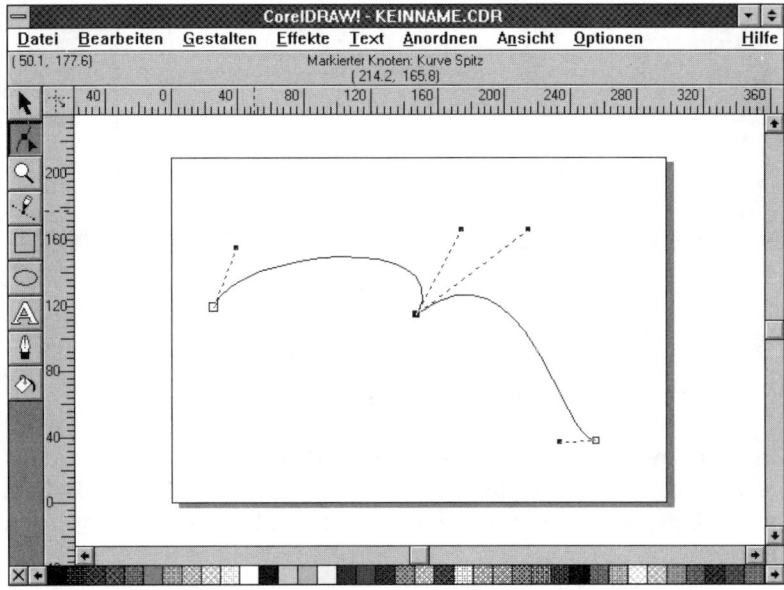

Abb. 7.13: Die Knotenart Spitze

Der Knoten fungiert in diesem Fall gleichzeitig als Dreh- und Endpunkt eines Kurvenstücks. Die Kontrollpunkte sind deshalb auch voneinander unabhängig, müssen nicht unbedingt auf einer Linie liegen und dürfen selbstverständlich eine unterschiedliche Länge besitzen.

Der Übergang von einer Linie zu einem Knoten ist aus Sicht der Kontrollpunkte eine Besonderheit. Bei einem Übergangsknoten Gerade/Kurve können Sie nur den der Kurve zugewandten Kontrollpunkt bewegen. Abbildung 7.14 zeigt dies an einem Beispiel.

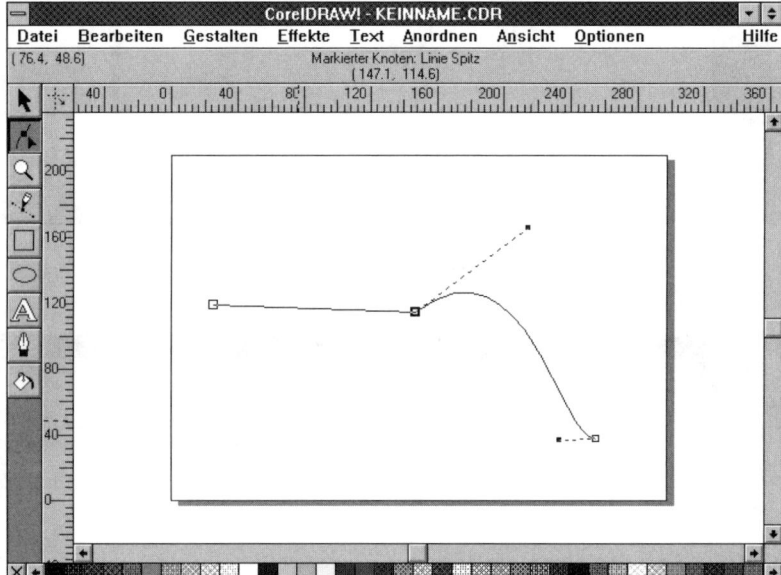

Abb. 7.14: Übergang Linie/Kurve

Operationen mit Knoten

Bei der Eingabe eines Objekts legt man den Umriß im wesentlichen fest. Kleinere Korrekturarbeiten sind aber fast immer erforderlich, wenn beispielsweise zwei Kurven aneinandergeschmiegt werden müssen.

Knoten verschieben

Zeichnen Sie nur Grobkonturen eines Objekts und verfeinern die Grafik mit dem Formen-Hilfsmittel, müssen Sie Knoten fast immer verschieben.

Welche Auswirkungen hat das Verschieben eines Knotens? Auf jeden Fall wird der Objektumriß verändert, da die Kurve immer durch den Knoten verläuft. In Abhängigkeit von der Richtung und der verschobenen Distanz reicht die Änderung von geringfügigen Anpassungen bis zur totalen Verfremdung der Ursprungskurve.

Verschieben Sie nun verschiedene Knoten der Übungsgrafik und schauen sich die Resultate an:

1. Markieren Sie zuerst die Kurve im Formen-Modus.

2. Positionieren Sie den Cursor auf einem Knoten, halten Sie die Maustaste gedrückt, und ziehen Sie den Knoten an eine andere Position. CorelDRAW! folgt den Bewegungen des Cursors, indem es die Kurve der aktuellen Knotenposition anpaßt.

3. Sobald Sie die Maustaste loslassen, wird der Knoten an der neuen Position fixiert. In Abbildung 7.15 wurden die Knoten 1 und 4 verschoben.

Die Statuszeile zeigt während des Verschiebevorgangs verschiedene Informationen an: Die Parameter dx und dy geben die Verschiebung in X- und Y-Richtung an, der Abstand zeigt die direkte Strecke zwischen Ursprungsposition und Zielpunkt und der Winkel gibt die Richtung an, in die der Knoten verschoben wurde.

Haben Sie mehrere Knoten markiert und verschieben einen dieser Knoten, werden alle anderen um den selben Wert in Abstand und Richtung verschoben.

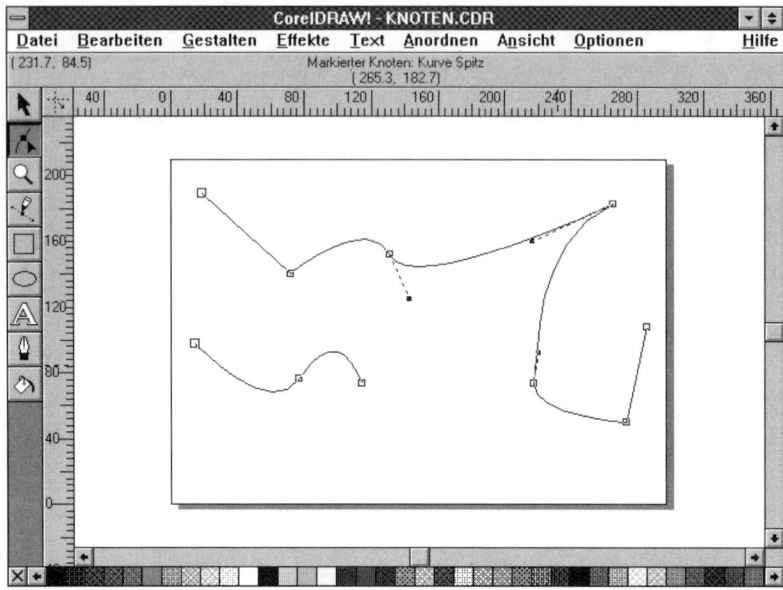

Abb. 7.15: Knoten verschieben

Kontrollpunkte verschieben

Mit den Kontrollpunkten verändern Sie Steigungen und Ausprägungen. Je mehr Sie die Kontrollpunkte verschieben, desto stärker wird der Umriß der Kurve verändert. Probieren Sie dies gleich
einmal aus. Basis für diese Übung ist wieder die Übungsgrafik
KNOTEN.CDR.

Mit Strg verschieben Sie Knoten und Kontrollpunkte exakt vertikal
oder horizontal.

1. Markieren Sie die Kurve mit dem Formen-Werkeug.

2. Markieren Sie anschließend einen Knoten. Die Knotenform än-
    dert sich durch die Markierung (hohles oder ausgefülltes schwar-
    zes Quadrat), und die Kontrollpunkte werden sichtbar.

3. Bewegen Sie den Cursor auf einen Kontrollpunkt, und drücken Sie
    die linke Maustaste.

4. Mit gedrückter Maustaste bewegen Sie nun den Kontrollpunkt. Dabei laufen zwei Vorgänge ab: Erstens wird die Kurve in ihrem Verlauf verändert, und zweitens bewegt sich der zweite Kontrollpunkt mit (außer bei spitzen Knoten und Geraden/Kurven-Übergängen).

5. Sobald Sie die Maustaste loslassen, wird die Kurve mit ihren neuen Umrissen fixiert.

Die Vorgänge, die während des Verschiebens einzelner Kontrollpunkte auf dem Bildschirm ablaufen, sind von der Knoten- und Knotenartenkonstellation abhängig und lassen sich daher schlecht beschreiben. Prinzipiell gilt aber der bereits erwähnte Grundsatz: Je größer der Abstand zwischen Kontrollpunkt und Knoten, desto ausgeprägter ist die Kurve, d.h. desto mehr verläuft die Kurve in Knotennähe in Richtung des Kontrollpunkts.

In Abbildung 7.16 wurden bei unserer Übungsgrafik die Kontrollpunkte der Knoten 3, 4 und 5 verändert. Als Ergebnis hat die Kurve ein völlig anderes Erscheinungsbild.

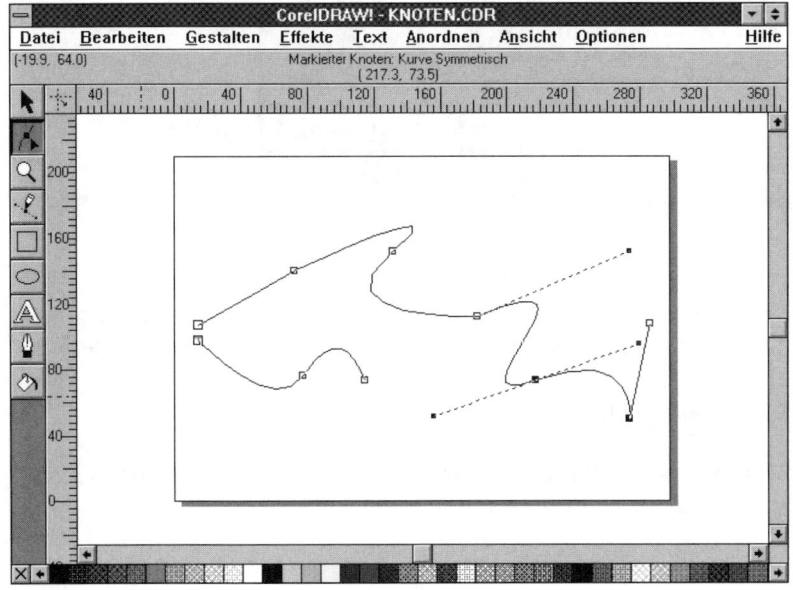

Abb. 7.16: Verschieben der Kontrollpunkte

Bei einigen Konstellationen kommt es vor, daß ein Knoten und ein Kontrollpunkt zusammenfallen. Mit der gewohnten Markierungsmethode markieren Sie dann immer den Knoten. Möchten Sie aber den Kontrollpunkt markieren, drücken Sie zusätzlich die ⇧-Taste. Anschließend können Sie den Kontrollpunkt verschieben.

Variation in Knoten - Das Dialogfeld Knoten editieren

In den vorhergehenden Abschnitten haben Sie erfahren, daß es verschiedene Knotenarten gibt. Darüber hinaus wurde im Zusammenhang mit der Behandlung der Pfade erwähnt, daß Kurvenstücke ausgerichtet und zusammmengefaßt werden können. Die dazu notwendigen Befehle sind im Dialogfeld KNOTEN BEARBEITEN zusammengefaßt, das Sie durch Doppelklicken auf einen Knoten aktivieren. Abbildung 7.17 zeigt das Dialogfeld KNOTEN BEARBEITEN.

Abb. 7.17: Das Dialogfeld KNOTEN BEARBEITEN

Beachten Sie bitte, daß das zum markierten Knoten gehörige Segment nun fett dargestellt wird. Im Dialogfeld KNOTEN BEARBEITEN ändern Sie nicht nur die Knotenarten, sondern führen auch Geraden/Kurven-Konvertierungen aus.

Beginnen wollen wir mit der Änderung der Knotenarten und den daraus resultierenden Effekten.

Die Knotenarten ändern

Die Änderung einer Knotenart ist immer dann erforderlich, wenn Sie feststellen, daß der Umriß sich mit den existierenden Knotenarten nicht entsprechend modellieren läßt. Eventuell ist auch das Einfügen zusätzlicher Knoten erforderlich. Dies ist von Fall zu Fall zu entscheiden.

Sie ändern eine Knotenart, indem Sie das Dialogfeld KNOTEN BEARBEITEN durch Doppelklicken auf einen Knoten aktivieren und zwischen den Schaltflächen SPITZE, GLÄTTEN oder SYMMETR. auswählen:

1. Markieren Sie die Kurve und wählen Sie den Knoten aus, den Sie ändern wollen.

2. Klicken Sie zweimal kurz hintereinander auf diesen Knoten. CorelDRAW! zeigt daraufhin das Dialogfeld KNOTEN BEARBEITEN ein.

3. Wählen Sie jetzt eine Knotenart aus, indem Sie mit der Maus auf die korrespondierende Schaltfläche klicken. CorelDRAW! ändert daraufhin die Knotenart.

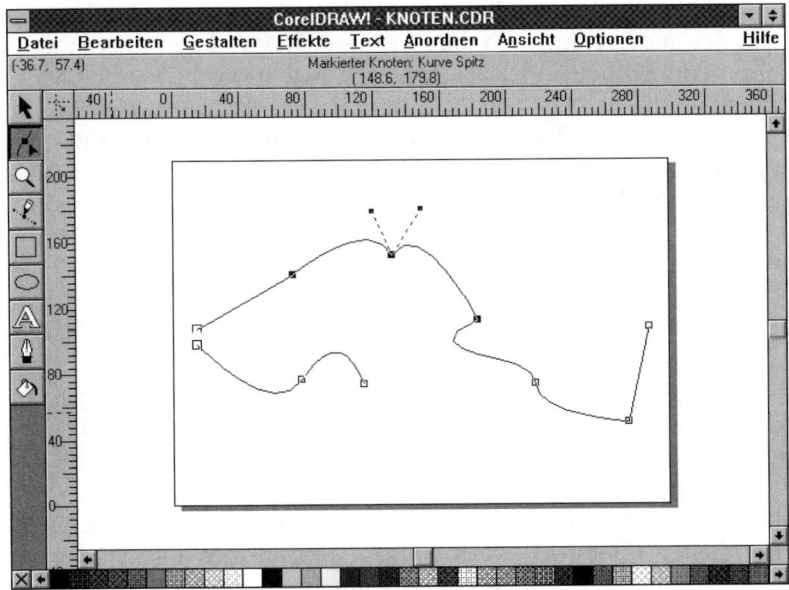

Abb. 7.18: Ändern der Knotenarten

In Abbildung 7.18 wurde der dritte Knoten von Symmetrisch auf Spitze geändert. Anschließend wurden die Kontrollpunkte des Knotens noch verschoben, um den Effekt deutlicher werden zu lassen. Haben Sie mehrere Knoten markiert und führen bei einem dieser Knoten einen Doppelklick aus, erscheint ebenfalls das Dialogfeld KNOTEN BE-ARBEITEN. Wählen Sie jetzt eine andere Knotenart, wird jeder markierte Knoten geändert.

Knoten hinzufügen

Obwohl die Möglichkeiten zur Manipulation von Kurven durch das Verschieben von Knoten und Kontrollpunkten sehr leistungsfähig sind, gelingt es nicht immer, eine Kurve exakt an einen vorgegebenen Verlauf anzupassen. Bei der Konstruktion dreidimensionaler und gekrümmter Körper ist dies aber eine Vorbedingung für eine exakte Grafik.

Helfen alle Bemühungen durch Verschieben von Knoten und Kontrollpunkten und Ändern der Knotenarten nicht weiter, sollten Sie einen zusätzlichen Knoten in das betreffende Kurvensegment einfügen. Durch diesen Knoten verschaffen Sie sich zusätzliche Manipulationsmöglichkeiten. In den allermeisten Fällen können Sie die Kurve so z.B. der anderen Kurve annähern. CorelDRAW! kann Kurven auch automatisch aneinander anschmiegen (wie das geht, werden Sie in Kürze erfahren). Weil das Programm dazu auf Basis zweier Knoten arbeitet, muß die Anzahl der Knoten in dem betreffenden Bereich unbedingt gleich sein. Auch dies ist ein Grund für das Einfügen eines zusätzlichen Knotens.

Fügen Sie nun einen Knoten in die Übungsgrafik ein:

1. Markieren Sie die Kurve, und klicken Sie doppelt auf ein Kurvensegment.

2. CorelDRAW! öffnet das Dialogfeld KNOTEN BEARBEITEN. Wählen Sie die Schaltfläche NEU, indem Sie mit der Maus darauf klicken.

CorelDRAW! fügt an der Stelle, an der Sie doppelt geklickt haben, einen neuen Knoten ein. Abbildung 7.19 zeigt dies am Beispiel der Übungsgrafik. Im zweiten Kurvensegment wurde ein neuer Knoten eingefügt.

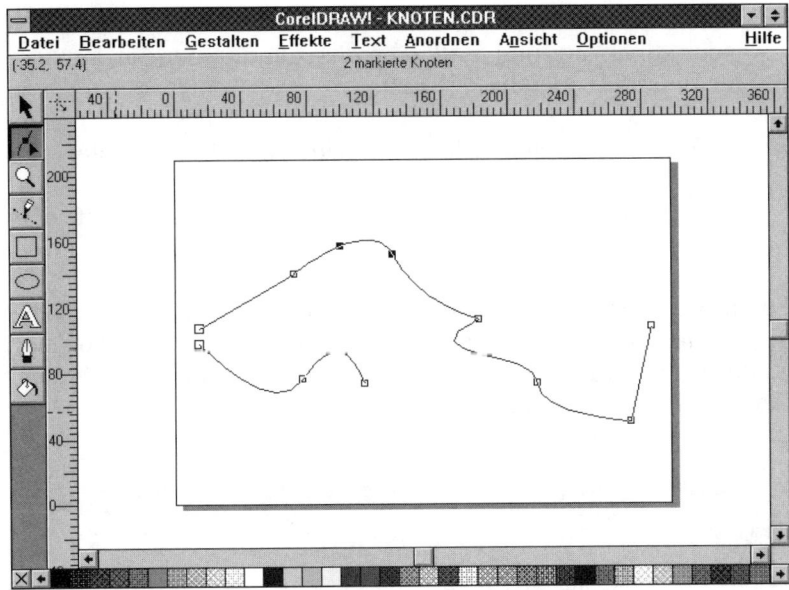

Abb. 7.19: Knoten hinzufügen

Pfade kombinieren oder trennen

Stellen Sie sich vor, Sie haben zwei Kurvenzüge gezeichnet und stellen fest, daß eine gesamte Kurve doch günstiger ist. In solchen Fällen können Sie die beiden Kurven einfach zusammenfassen.

Der Vorgang heißt Verbinden und erfordert hinsichtlich der beiden Kurven etwas Vorarbeit:

1. Zuerst müssen Sie beide Kurven kombinieren. Markieren Sie dazu beide Kurven mit dem Pfeil-Hilfsmittel.

2. Wählen Sie danach die Option KOMBINIEREN im Menü ANORDNEN.

    Mit Strg C *kombinieren Sie Objekte.*

3. Sie haben jetzt zwei Objekte miteinander kombiniert. Klicken Sie nun im Knoten-Modus auf eine der beiden Kurven. CorelDRAW! markiert beide Kurven. In der Statuszeile können Sie ablesen, daß zwei Unterstrecken existieren.

175

4. Wählen Sie jetzt die beiden zu verbindenden Knoten - einen von jeder Kurve - aus und markieren diese. Verwenden Sie die Rahmenselektion oder die ⬆-Taste.

5. Klicken Sie doppelt auf einen der beiden markierten Knoten.

6. Im Dialogfeld KNOTEN BEARBEITEN klicken Sie auf die Schaltfläche VERBINDEN.

CorelDRAW! verbindet daraufhin beide Kurven miteinander. Die beiden Knoten werden in einem Knoten vereint. Abbildung 7.20 zeigt an der Übungsgrafik, wie Kurven miteinander verbunden werden. Gewählt wurde jeweils der erste Knoten beider Kurven.

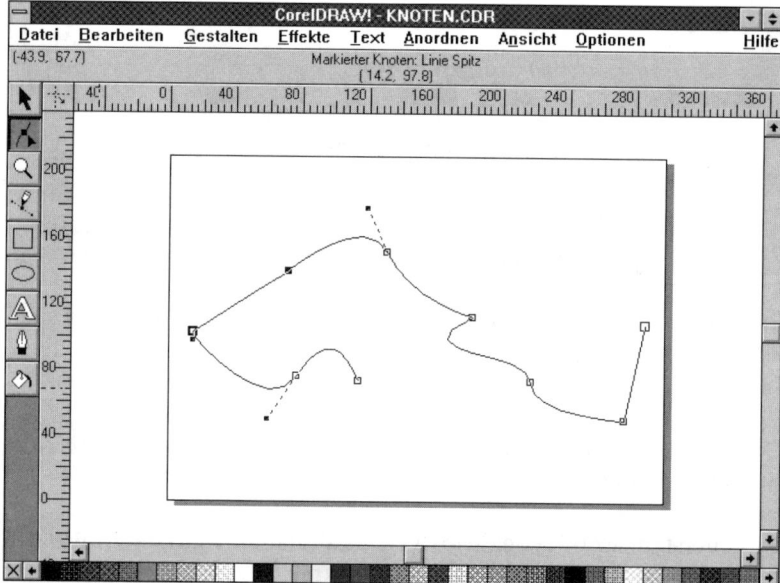

Abb. 7.20: Kurven verbinden

Ein weiterer Schritt ist die Umwandlung eines offenen Kurvenzugs in einen geschlossenen. In Abbildung 7.21 wurden jeweils die Endpunkte der Kurven miteinander verbunden. Aus dem offenen wurde ein geschlossener Kurvenzug.

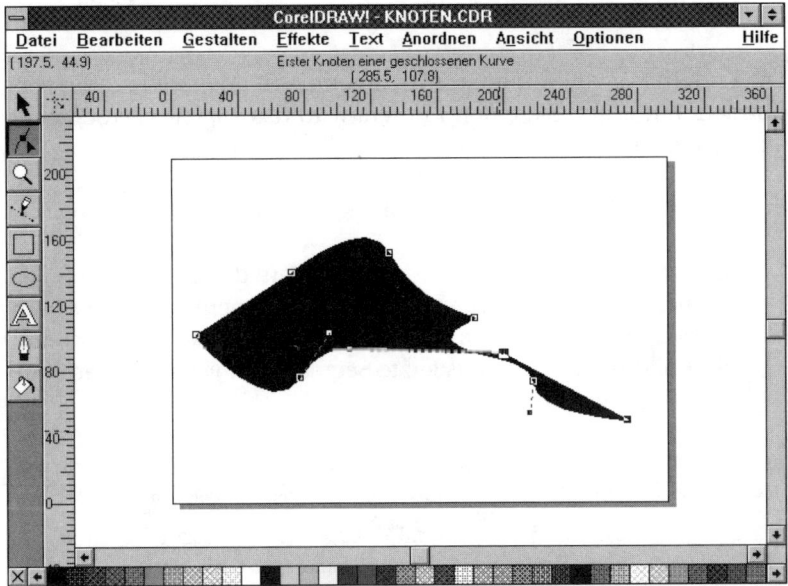

Abb. 7.21: Verwandlung offener in geschlossene Kurvenzüge

Neben dem Verbinden von Kurven ist manchmal auch die Aufspaltung einer Kurve in zwei Strecken erforderlich:

1. Klicken Sie doppelt auf den Knoten, an dem Sie die Kurve aufspalten wollen.

2. Wählen Sie die Schaltfläche TRENNEN.

CorelDRAW! trennt die Kurve daraufhin an dieser Stelle auf. Die Statuszeile informiert Sie darüber. Aus einer geschlossenen Kurve wird eine offene Kurve, aus einer offenen Kurve werden zwei Unterstrecken. Beachten Sie bitte, daß die Trennung zunächst noch nicht sichtbar ist, da beide Knoten unmittelbar übereinanderliegen. Sobald Sie aber einen Knoten verschieben, können Sie sich von der Trennung überzeugen.

Knoten und Segmente entfernen

Die Entfernung von Knoten und Segmenten ist eng miteinander verbunden. Entfernen Sie einen Knoten, wird das zugehörige Segment auch entfernt.

Sie entfernen einen Knoten oder ein Segment wie folgt:

1. Im Formen-Modus klicken Sie doppelt auf den Knoten oder das Segment, das Sie entfernen wollen. Das Segment und der Knoten werden markiert, und das Dialogfeld KNOTEN BEARBEITEN erscheint. In Abbildung 7.22 soll das letzte Segment der verbundenen Kurve entfernt werden.

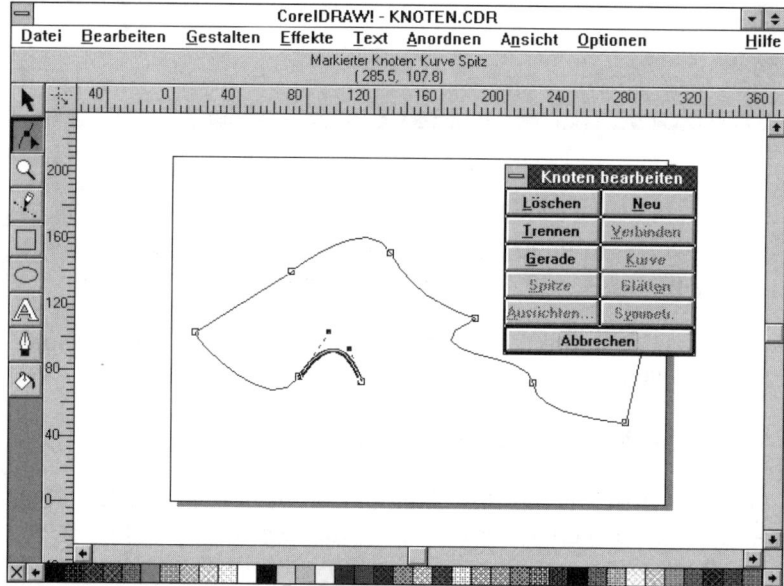

Abb. 7.22: Vorbereitung zum Entfernen

2. Entfernen Sie jetzt das markierte Segment, indem Sie auf LÖSCHEN klicken. In Abbildung 7.23 erkennen Sie, daß CorelDRAW! das Segment gelöscht hat.

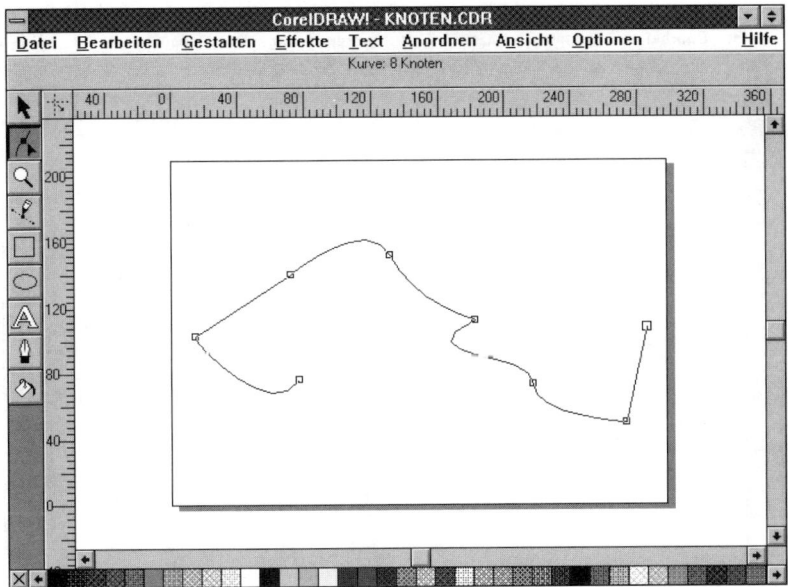

Abb. 7.23: Das markierte Element ist entfernt

Linien und Kurven konvertieren

Grobe Konturen eines Objektes geben Sie normalerweise als Linien oder Polygone ein. Möchten Sie das Objekt dann optisch ansprechender gestalten, können Sie das Objekt z.B. plastischer gestalten, indem Sie Ecken abrunden oder Linien krümmen. Verwandeln Sie die Linien dazu einfach in Kurven.

Andererseits stellt sich bei der Bearbeitung eines Objekts eventuell heraus, daß eine Linie für die Darstellung geeigneter ist als eine Kurve. In diesem Fall konvertieren Sie in umgekehrter Richtung. In Abbildung 7.24 wurden die Segmente 2, 3 und 4 unserer Übungsgrafik in Linien verwandelt.

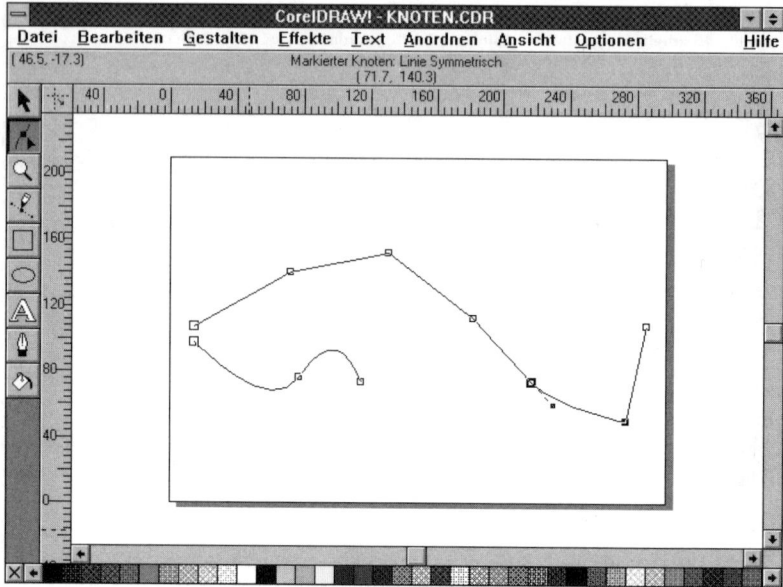

Abb. 7.24: Konvertieren von Linien und Kurven

Versuchen Sie jetzt, die Übungsgrafik in gleicher Weise zu bearbeiten. Prinzipiell konvertieren Sie in folgenden Schritten:

1. Markieren Sie das zu konvertierende Segment, und rufen Sie das Dialogfeld KNOTEN BEARBEITEN auf. Klicken Sie dazu doppelt auf dieses Segment.

2. Klicken Sie anschließend auf die Schaltfläche KURVE, wenn Sie eine Linie in eine Kurve verwandeln wollen. Möchten Sie - wie in diesem Beispiel - eine Kurve in eine Linie konvertieren, klicken Sie auf GERADE.
CorelDRAW! konvertiert daraufhin das Segment und zeichnet den veränderten Umriß.

Kurven ausrichten

Für die folgende Übung verwenden Sie bitte die Übungsgrafik AUSRICHT.CDR. Laden Sie also zunächst die in Abbildung 7.25 dargestellte Grafik AUSRICHT.CDR.

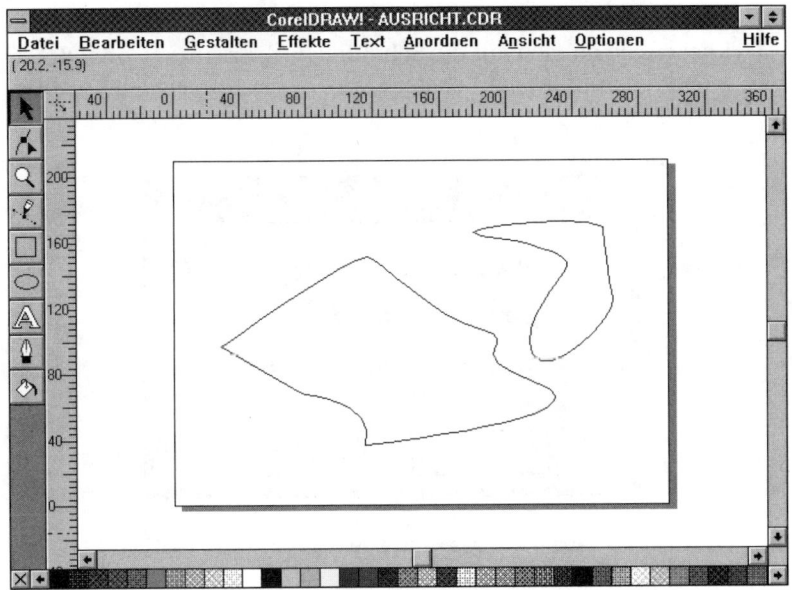

Abb. 7.25: Ausrichtung komplexer Gebilde

Das kantengenaue Ausrichten von zwei Objekten ist bei regelmäßigen Objekten mit geraden Kanten nicht schwer. Das Menü AUSRICHTEN stellt für diesen Zweck eine Vielzahl von Funktionen bereit.

Die Ausrichtung an einer Kante ist bei unregelmäßigen Objekten (s. Abbildung 7.25) nicht ganz so einfach. Die klassische Methode über das oben angesprochene Menü versagt hier. Mit Hilfe des Formen-Hilfsmittels können Sie diese Aufgabe aber bewältigen. Der Arbeitsablauf ist dabei prinzipiell der Gleiche wie beim Verbinden von Kurven:

1. Kombinieren Sie zuerst beide Objekte.

2. Aktivieren Sie das Formen-Hilfsmittel.

3. Wählen Sie die beiden Knoten aus, die Sie ausrichten möchten. Klicken Sie zuerst auf den Knoten, der ausgerichtet werden soll.

4. Mit gedrückter ⇧-Taste klicken Sie danach auf den Knoten, an dem Sie ausrichten möchten.

5. Klicken Sie auf einen der beiden markierten Knoten doppelt. Klicken Sie danach auf die Schaltfläche AUSRICHTEN. CorelDRAW! blendet daraufhin das Fenster KNOTEN AUSRICHTEN ein (siehe Abbildung 7.26).

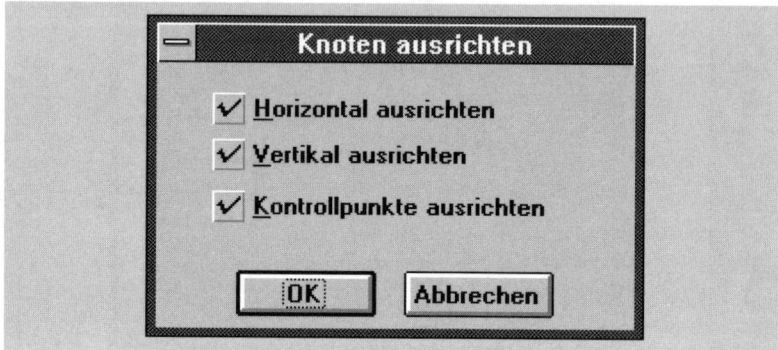

Abb. 7.26: Das Fenster KNOTEN AUSRICHTEN

Sie haben nun folgende Möglichkeiten zur Ausrichtung:

Die Option HORIZONTAL AUSRICHTEN richtet die Knoten horizontal aus, die Option VERTIKAL AUSRICHTEN in vertikale Richtung. Wählen Sie KONTROLLPUNKTE AUSRICHTEN, wird der Kurvenverlauf durch den Knoten angepaßt.

Viel interessanter sind aber Kombinationen aus diesen Optionen:

 Wählen Sie HORIZONTAL AUSRICHTEN und VERTIKAL AUSRICHTEN, liegen beide Punkte nach dem Ausrichten übereinander. Wählen Sie zusätzlich noch die Option KONTROLLPUNKTE AUSRICHTEN, wird die auszurichtende Kurve exakt an die andere angepaßt.

Sollte die Ausrichtung nicht exakt sein, müssen Sie den Linienverlauf durch den Knoten um 180 Grad drehen, indem Sie die Kontrollpunkte verschieben.

In unserer Übung wählen Sie alle Optionen, da Sie die Kanten exakt ausrichten wollen.

6. Bestätigen Sie Ihre Wahl durch Klicken auf OK. CorelDRAW! richtet die Objekte an den gewählten Knoten aus. Wiederholen Sie den Ausrichtvorgang, bis Ihre Grafik der Darstellung in Abbildung 7.27 entspricht.

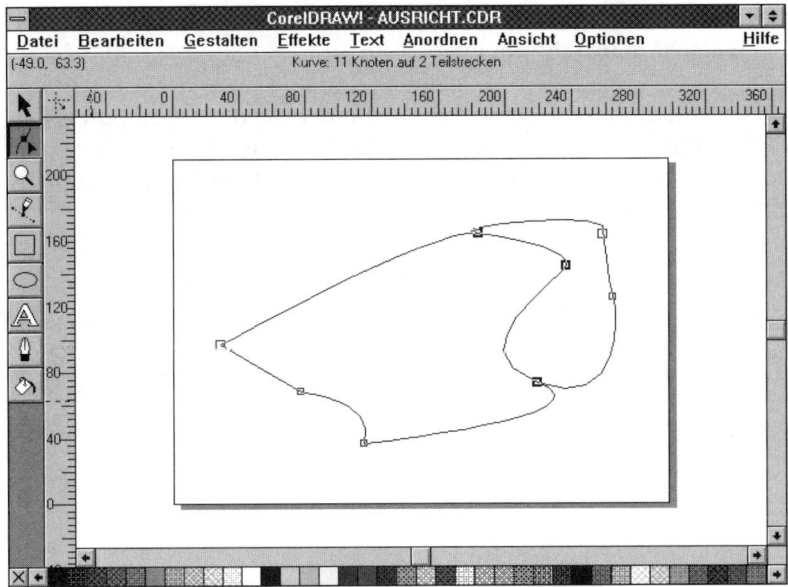

Abb. 7.27: Perfekt ausgerichtete Objekte

Mit Ausnahme der Bearbeitung von Texten haben Sie jetzt alle Funktionen des Formen-Hilfsmittels kennengelernt. Der Funktionsumfang ist so groß, daß Sie erst nach einiger Übung effektiv damit umzugehen verstehen. Das notwendige Gefühl für die Modellierung von Kurven können Sie sich nur durch praktische Arbeit aneignen.

Anwendungsbeispiel: Das Segelboot

In diesem Anwendungsbeispiel zeichnen Sie ein einfaches Segelboot zuerst in der Grobkontur und verfeinern es dann schrittweise, indem Sie Linien in Kurven konvertieren und die Knoten und Kontrollpunkte verschieben. Die Eingabe der Kontur und deren Verfeinerung geht in manchen Bereichen ins Detail und erfordert die Vergrößerung von Bildschirmausschnitten.

Bevor Sie das Beispiel durcharbeiten, sollten Sie zuerst nachlesen, wie Sie Bildschirmausschnitte vergrößern.

Wir beginnen nun direkt mit der Verfeinerung des Segelbootes. Die Grobkontur ist als Datei SEGLGROB.CDR auf der Beispieldiskette gespeichert. Laden Sie jetzt die Grafik SEGLGROB.CDR. Abbildung 7.28 zeigt die Grobkontur des Segelbootes.

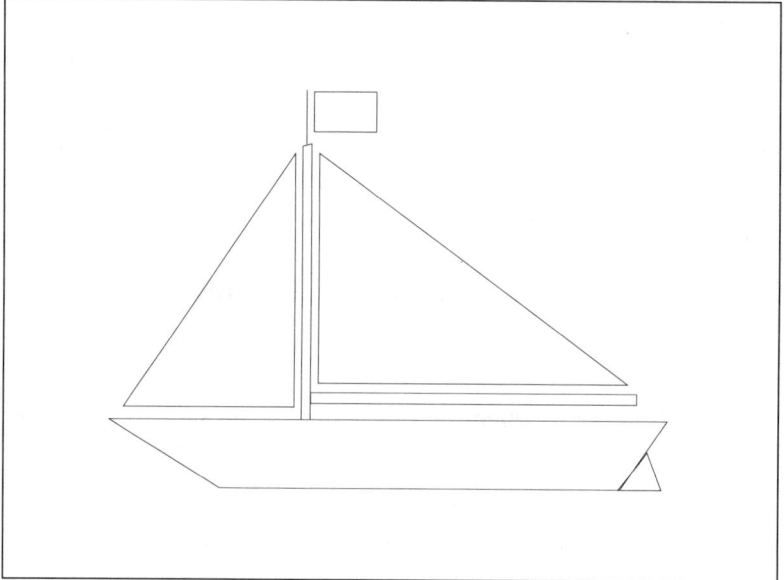

Abb. 7.28: Segelboot - Grobkontur

Zunächst verändern Sie den Bootskörper, das Ruder und die Segel. In weiteren Schritten gestalten Sie die Flagge und fügen eine Zierlinie ein.

1. Markieren Sie den Bootskörper im Formen-Modus.

2. Verwandeln Sie alle Segmente des Bootskörpers in Kurven. Sie können dies für jede Linie nacheinander tun oder aber alle Linien markieren und dann konvertieren.

3. Modellieren Sie den Körper. Nehmen Sie Abbildung 7.29 als Vorlage. Damit die Aufgabe nicht zu schwer wird, sollten Sie folgende Einstellungen vornehmen:

   – In die obere Kurve des Bootskörpers fügen Sie ungefähr in der Mitte einen neuen Knoten mit der Knotenart Glatt ein.

   – Die Knotenarten des Bootskörpers von der Bugspitze im Uhrzeigersinn:

      1 - Spitz

      2 - Glatt

      3 - Spitz

      4 - Spitz

      5 - Glatt

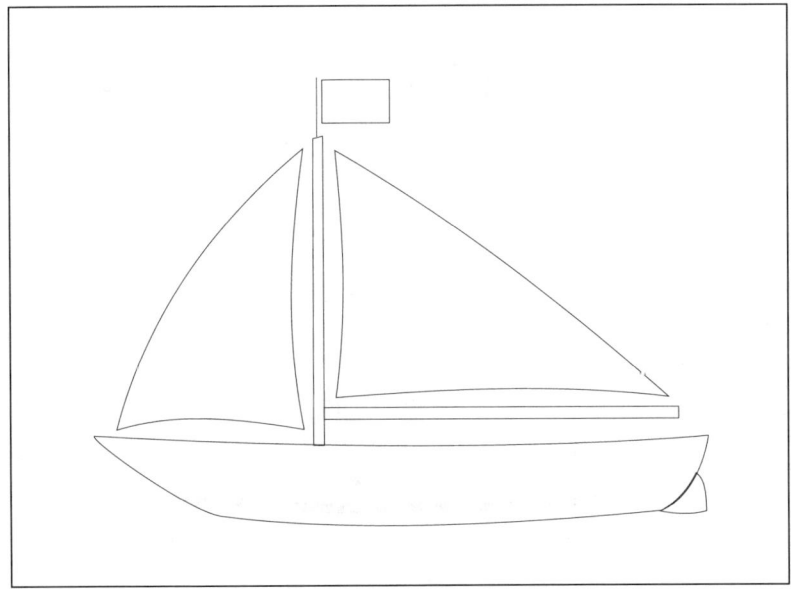

Abb. 7.29: Bootskörper und Segel

4. Modellieren Sie die Segel. Konvertieren Sie die Linien in Kurven. Die Knotenarten sind generell spitz.

5. Analog dazu bearbeiten Sie das Ruder. Passen Sie den Ruderverlauf dem Heck an.

6. Sollte Ihnen dies nicht gelingen, fügen Sie im Bootskörper einen neuen Knoten ein und richten das Ruder im Formen-Modus am Heck aus.

7. Verlängern Sie den Mast wieder bis zum Bootskörper. Durch die neue Krümmung des Decks hängt der Mast nämlich in der Luft.

Ihre Grafik müßte jetzt Abbildung 7.29 entsprechen.

In den nächsten Schritten bearbeiten Sie die Mastflagge, fügen eine Zierlinie ein und zeichnen einige Segeltaue.

8. Zeichnen Sie die Zierlinie in den Bootskörper. Verwenden Sie eine größere Strichstärke.

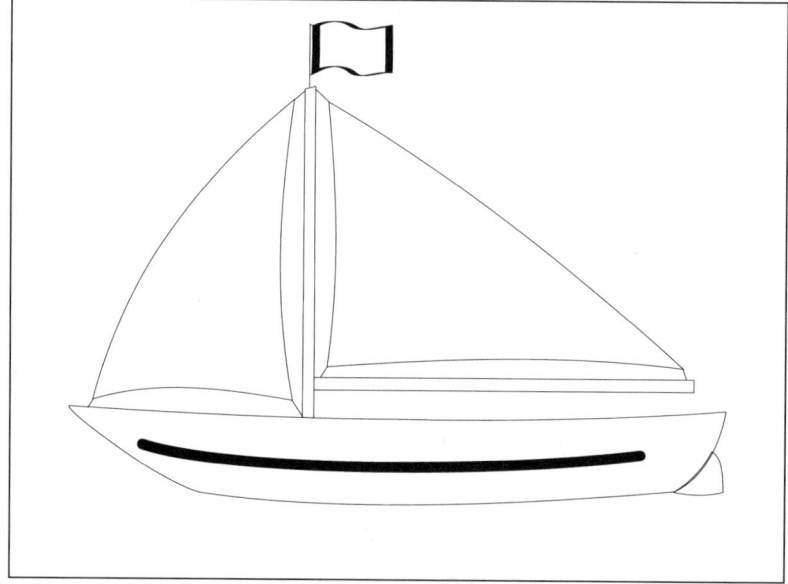

Abb. 7.30: Das fertige Segelboot in der Kontur

9. Vergrößern Sie die entsprechenden Bildschirmausschnitte und zeichnen Sie die Segeltaue. Vergessen Sie die Flagge nicht.

10. Bearbeiten Sie jetzt die Flagge. Konvertieren Sie die Linien in Kurven und fügen in der Mitte der oberen und unteren Kurve je einen neuen symmetrischen Knoten ein. Die anderen Knotenarten sind spitz. Verschieben Sie die Knoten und Kontrollpunkte, bis die Darstellung Abbildung 7.30 entspricht.

11. Stellen Sie die Flagge noch etwas realistischer dar, indem Sie für den Umriß kalligraphische Effekte verwenden. Probieren Sie verschiedene Einstellungen aus.

Abbildung 7.31 zeigt das fertige Segelboot. Zur Unterstützung der räumlichen Wirkung wurden noch verschiedene Rasterverläufe und Wellenberge eingefügt. Ihrer Phantasie sind hier keine Grenzen gesetzt, so daß Sie die Grafik noch beliebig erweitern können. Möglich ist hier eine genauere Takelage, Hinzufügen von Details wie z.B. Ruderstange oder einer Bootsnummer. Versuchen Sie doch einmal, ein naturgetreues Segelboot in schräger Frontansicht zu zeichnen, das gerade durch einen Wellenberg fährt.

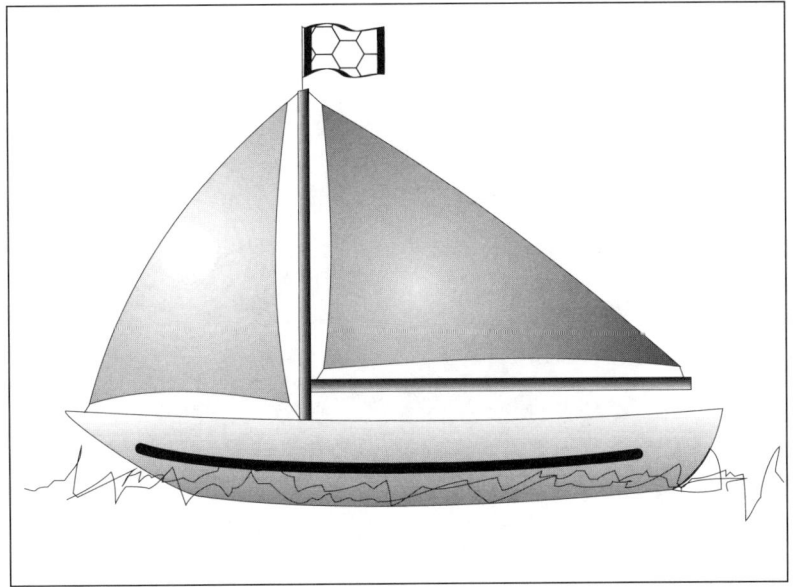

Abb. 7.31: Das fertige Segelboot

Zusammenfassung

Mit Ausnahme der grafischen Spezialeffekte kennen Sie jetzt alle Funktionen zur Gestaltung von Objektkonturen. Sie können mit diesem Handwerkszeug bereits die meisten Aufgaben bewältigen.

Zur Gestaltung von Grafiken gehört aber nicht nur die Objektkontur, sondern die Gestaltung von Objekten mit Umrißfarben, Füllfarben, Verläufen und Mustern.

Im nächsten Kapitel werden daher die Hilfsmittel Umriß und Füllen beschrieben. Der Schwerpunkt liegt dabei auf der Anwendung dieser Hilfsmittel. Im darauffolgenden Kapitel wird dann detailliert auf die Verwendung von Farben und Rastern eingegangen.

8

Konturen und Flächenattribute

Technische Konstruktionszeichnungen bestehen größtenteils aus Linien und Umrissen. Durch diese Art der Darstellung lassen sich konstruktive Details wesentlich besser darstellen und bemaßen. Optisch wirkungsvoller ist dagegen ein Objekt mit ausgefüllten Flächen, weil es plastischer wirkt.

Grafikprogramme wie CorelDRAW! sind nicht für die Herstellung von Konstruktionszeichnungen geschaffen worden, sondern sprechen die Zielgruppe der Grafiker und Designer an. Ihre Aufgabe ist es meist, ein Thema wirkungsvoll in einer Grafik darzustellen. Dazu werden Objekte unter anderem durch Farben und Farbverläufe, Muster und unterschiedliche Linienbreiten optisch hervorgehoben bzw. in die Umgebung eingepaßt.

CorelDRAW! bietet auch in diesem Bereich leistungsfähige Funktionen an. So setzen Sie beispielsweise gestrichelte Linien und unterschiedliche Linienendungen ein oder definieren lineare und radiale Farbverläufe. Möchten Sie ein Muster verwenden, wählen Sie einfach eines der zahlreichen Muster aus oder erstellen ein neues.

Die Anwendungen sind teilweise sehr komplex und erfordern theoretisches Grundwissen. In diesem Kapitel lernen Sie daher den Umgang mit den Menüs und üben die Arbeitsabläufe anhand einfacher Beispiele. Im darauffolgenden Kapitel werden die verschiedenen Aspekte bei der Verwendung von Mustern und Farben angesprochen. Dort werden dann auch PostScript-Effekte, die unterschiedlichen Farbmodelle und andere Themen wie die Definition eigener Muster behandelt.

Konturen, Linien und Kurven - Das Umriß-Hilfsmittel

Umriß-Hilfsmittel

Umrißdarstellung oder nicht - das ist manchmal wirklich eine schwerwiegende Entscheidung. Definieren Sie beispielsweise einen Farbverlauf und füllen damit ein Objekt, können Umrisse sehr störend wirken, da sie einfarbig sind. Andererseits werden Objekte durch einen Umriß von anderen Objekten abgegrenzt. Auch dies kann ein gewollter Effekt sein, wenn Sie z.B. ein Objekt besonders hervorheben möchten.

Verschiedene Linienbreiten bis hin zu kalligraphischen Effekten, bei denen sich die Linienbreite in Abhängigkeit vom Winkel ändert, assoziiert der Betrachter mit bestimmten Dingen. In den nachfolgenden Abschnitten erfahren Sie, wie man mit Umrissen arbeitet, und wie man diese ändert.

Sobald Sie das Umriß-Hilfsmittel anklicken, erscheint ein Flyout-Menü auf dem Bildschirm (Abbildung 8.1).

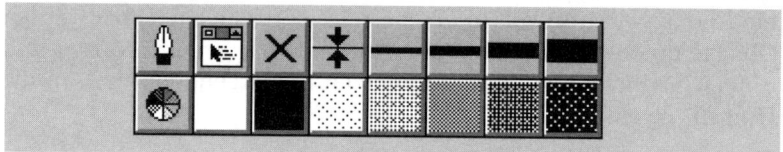

Abb. 8.1: Das Flyout-Menü Umriß

Das Pop-Up-Menü enthält wiederum verschiedene Schaltflächen mit folgenden Funktionen:

Der Füllfederhalter öffnet die Dialogbox UMRIßSTIFT, in der Sie weitere Optionen einstellen und auswählen können. Klicken Sie den Pinsel an, erscheint eine Dialogbox, in der Sie die Farbe des Umrisses auswählen. Die Schaltfläche ROLLUP-FENSTER STIFT aktiviert das gleichnamige Fenster und stellt es in der Arbeitsfläche dar. Die anderen Optionen führen direkt eine Funktion aus:

Das Kreuz entfernt die Umrißlinie. Die Linie mit den darauf zeigenden Pfeilen fügt eine Haarlinie ein, die weiteren Linien haben Linienbreiten von 0,2; 2, 8 und 24 Punkt. Wenn Sie auf die weiße Fläche klicken, stellen Sie den Umriß in Weiß dar. Die schwarze Fläche erzeugt schwarze Umrisse. Die weiteren Graustufen werden in 20%-Schritten von 10% bis 90% erhöht.

Das Rollup-Fenster STIFT

Sie aktivieren das Rollup-Fenster STIFT, indem Sie im Flyout-Menü Umriß auf die betreffende Schaltfläche klicken. CorelDRAW! stellt das Rollup-Fenster nun innerhalb der Arbeitsfläche dar. Die folgende Abbildung stellt dieses Rollup-Fenster dar.

Im Rollup-Fenster Stift sind verschiedene Funktionen angeordnet, die Sie auch in der Dialogbox Umrißstift finden.

Die Beschreibung der Funktionen des Fensters wird in den folgenden Abschnitten parallel zu den Funktionen der Dialogbox beschrieben. Generell sollten Sie jedoch die Funktionen des Roll-up-Fensters verwenden, weil Sie so viel effektiver arbeiten können.

Der grundsätzliche Arbeitsablauf bei der Zuwei-sung von Attributen sieht folgende Schritte vor:

Abb. 8.2: Das Rollup-Fenster Stift

– Markieren des Objekts

– Einstellen der Attribute

– Klicken auf die Schaltfläche Zuweisen

Möchten Sie den Umrißstil eines bereits gezeichneten Objekts übernehmen, klicken Sie auf die Schaltfläche Aktualisieren von. Wählen Sie nun das Objekt aus, dessen Umriß-Attribute Sie übernehmen wollen, und klicken Sie darauf. Die Attribute werden daraufhin in die Vorschaufelder des Rollup-Fensters übertragen.

Die Umrißattribute eines Objekts ändern

Da CorelDRAW! für die Objektkontur bestimmte Standardwerte einstellt, ist die Anpassung des Umrisses an die gestellte Aufgabe fast immer erforderlich.

Liniendicke wählen

Ändern Sie nun die Umrißattribute eines Objekts:

1. Laden Sie die Übungsgrafik PFEIKNOT.CDR von der Beispieldiskette.

2. Markieren Sie die Ellipse und klicken Sie das Umriß-Hilfsmittel an.

3. Wählen Sie nun eine Graustufe für den Umriß. Klicken Sie auf ein Graustufen-Sinnbild. Sobald Sie auf das Sinnbild geklickt haben, stellt CorelDRAW! die Graustufe ein und verläßt das Menü.

4. Die Ellipsenkontur soll eine breitere Linie erhalten. Klicken Sie erneut auf das Umriß-Hilfsmittel und wählen anschließend eine breitere Linie aus, indem Sie auf das Symbol klicken. Abbildung 8.3 zeigt die Übungsgrafik nach Änderung der Umrisse.

Die Liniendicke ist auch über das Rollup-Fenster STIFT einstellbar. Der oberste Funktionsbereich zeigt standardmäßig eine Haarlinie. Wenn Sie nun auf den nach oben weisenden Pfeil klicken, erhöhen Sie die Liniendicke. Mit dem nach unten weisenden Pfeil vermindern Sie die Linienstärke wieder.

Die Vorschaufläche zeigt die eingestellte Lini-endicke an. Durch Klicken auf die Schaltfläche ZUWEISEN übernehmen Sie die Einstellung der Liniendicke.

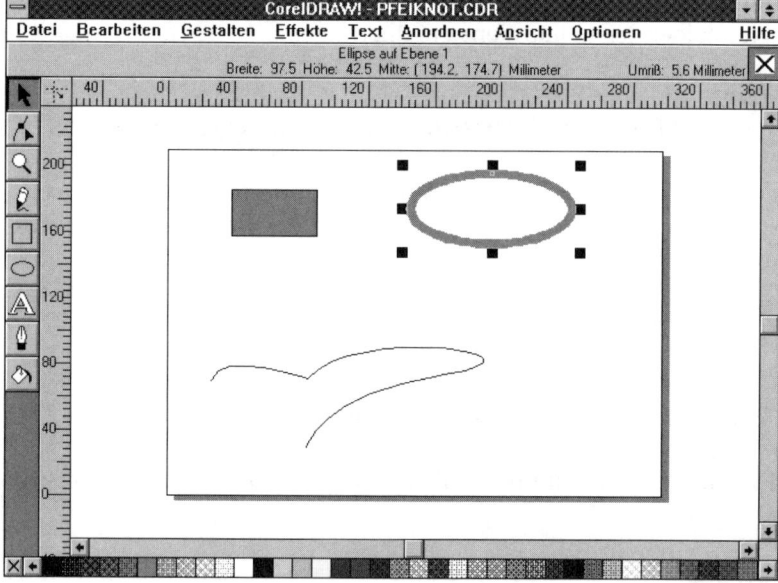

Abb. 8.3: Änderung von Objektumrissen

CorelDRAW! enthält einige standardmäßige Werte, die nicht unbedingt den von Ihnen verwendeten Standardwerten entsprechen müssen. Sie können diese Werte sehr leicht ändern. Klicken Sie dazu auf das Umriß-Hilfsmittel und im sich öffnenden Flyout-Menü die erste Schaltfläche der oberen Reihe, ohne ein Objekt zu markieren. CorelDRAW! blendet daraufhin ein Fenster ein, in dem Sie wählen können, ob die einzustellenden Werte für alle Werte, nur für Textobjekte oder für alle Objekte außer Textobjekten gelten sollen.

Farbe und Graustufen wählen

Neben der Linienbreite ist auch die Graustufe oder Farbe eines Umrisses von Bedeutung. Möchten Sie zum Beispiel den Umriß in rot und die Füllung in grün darstellen, müssen Sie Farben auswählen.

Die verschiedenen Grauwerte erhalten Sie, indem Sie entweder das Flyout-Menü Umriß aufrufen und einen Grauwert anklicken, die Optionen des Rollup-Fensters STIFT benutzen oder die Farbpalette verwenden.

Die Verwendung der aktiven Farbpalette ist recht einfach und übersichtlich, wenn Sie diese am unteren Bildschirmrand permanent darstellen. Die Darstellung der Palette gehört zur CorelDRAW!- Voreinstellung. Sollte die Farbpalette nicht angezeigt werden, können Sie sie im ANSICHT-Menü aktivieren. Möchten Sie nun einen Umriß anders einfärben, bewegen Sie den Cursor auf die gewünschte Farbe und klicken mit der rechten Maustaste. Dem Umriß wird daraufhin die gewählte Farbe zugewiesen. In der Statuszeile aktualisiert CorelDRAW! die Anzeige der Umrißfarbe.

Das Flyout-Menü Umriß enthält das Sinnbild Pinsel, hinter dem sich ein Menü verbirgt, in dem Sie die Farbe Ihres Umrisses auswählen können. Die theorethischen Grundlagen, die für die korrekte Wahl einer Farbe notwendig sind, werden im nachfolgenden Kapitel beschrieben. Dort können Sie auch nachlesen, wie Sie Farben neu definieren. Aus diesem Grund wird das Menü hier nicht beschrieben.

Die Zuweisung von Farben und Graustufen ist auch über das Rollup-Fenster möglich. Klicken Sie dazu auf die Schaltfläche FARBE. Das Programm öffnet eine Farbpalette, in der Sie eine Farbe durch Klicken auswählen.

Die Dialogbox Umrißstift

Mit ⏎ aktivieren Sie die Dialogbox Umrißstift.

Die definierten Linienbreiten reichen im allgemeinen nicht aus. In der Dialogbox Umrißstift können Sie neben weiteren Linienbreiten auch noch einige andere Optionen einstellen. Sie rufen die Dialogbox auf, indem Sie im Flyout-Menü auf den Füllfederhalter klicken. Alternativ dazu klicken Sie im Rollup-Fenster auf die Schaltfläche Bearbeiten. Abbildung 8.4 zeigt das Menü, das daraufhin erscheint.

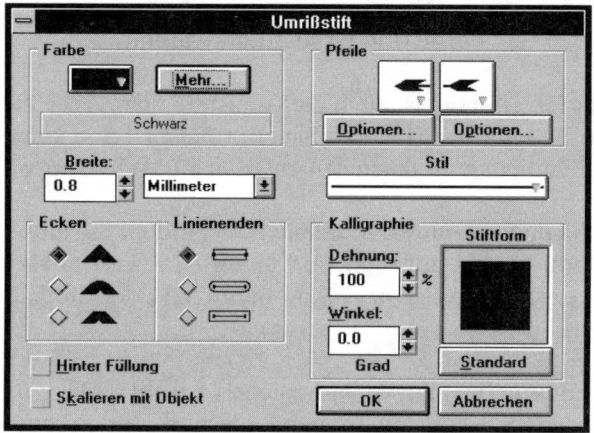

Abb. 8.4: Die Dialogbox Umrißstift

Die einzelnen Optionen werden in den folgenden Abschnitten beschrieben.

Gestrichelte Linien verwenden

Die voreingestellte Linienform ist eine durchgezogene Linie. Neben dieser Linienart stehen Ihnen aber noch weitere Formen zur Verfügung. In der Dialogbox Umrißstift erkennen Sie im Feld Stil ein Fenster, in dem die aktuelle Linienart dargestellt ist.

Sie möchten jetzt den Umriß eines markierten Objektes in einer anderen Linienart darstellen:

1. Klicken Sie in der Dialogbox UMRIßSTIFT auf das Feld STIL. CorelDRAW! stellt dann eine Auswahlliste mit verschiedenen Linienarten dar.

   Sie können eigene Linien- arten definieren (s. Kapitel "CorelDRAW! individuell einstellen").

2. Wählen Sie eine Linie durch Klicken aus. Benutzen Sie die Rollpfeile, falls die gewünschte Linienart nicht sichtbar ist. Im Feld STIL wird nun die gerade gewählte Linienart dargestellt.

3. Verlassen Sie die Dialogbox mit OK, wird der Objektumriß aktualisiert.

Probieren Sie nun verschiedene Linienarten aus. Zeichnen Sie dazu mehrere Linien, und definieren Sie dann die Linienart. In Abbildung 8.5 sind drei Linienarten vergrößert dargestellt.

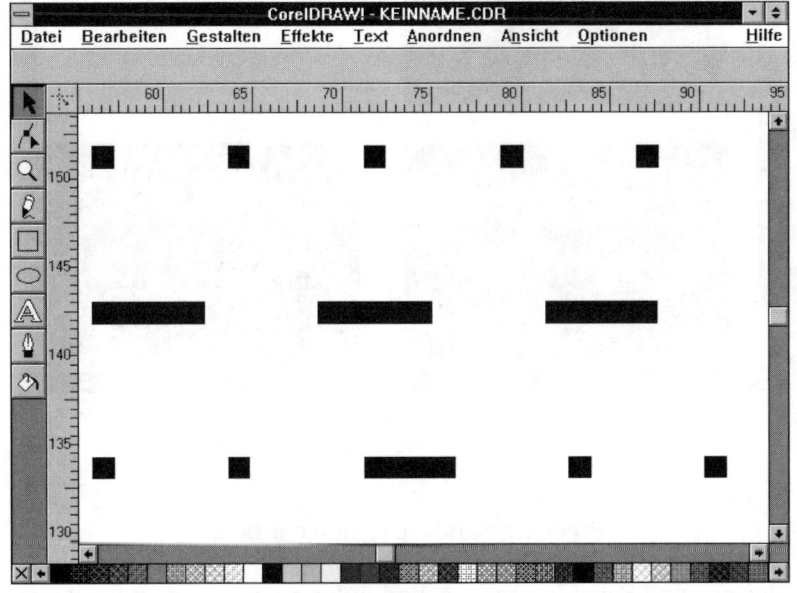

Abb. 8.5: Linienarten

Die Einstellung der Linienart ist ebenfalls über das Rollup-Fenster STIFT möglich. Klicken Sie auf die Schaltfläche für die Linienart und wählen in der Auswahlliste eine Linienart aus.

Die Eckenform und Linienendung wählen

Die Eckenform bestimmt, in welcher Form zwei Linien aneinander-stoßen. Die Linienendung definiert den Abschluß einer Linie. Sowohl die Linienendung als auch die Eckenform können in der Dialogbox UMRISSTIFT eingestellt werden. Abbildung 8.6 zeigt die möglichen Ekkenformen in der Vergrößerung, Abbildung 8.7 dagegen die Linienendungen.

Abb. 8.6: Eckenformen

Pfeile und andere Liniensymbole

Hinweis- und Bemaßungspfeile, Verbindungslinien und andere Linien mit spezifischen Endungen sind sehr aufwendig zu realisieren, wenn sie von Hand definiert werden müssen. So müssen die symbolartigen Linienendungen zunächst gezeichnet, dann mit einer Linie verbunden und anschließend skaliert werden. Anschließend müßten Sie die Linie als Clipart-Datei speichern, falls sie in mehreren Grafiken verwendet werden soll.

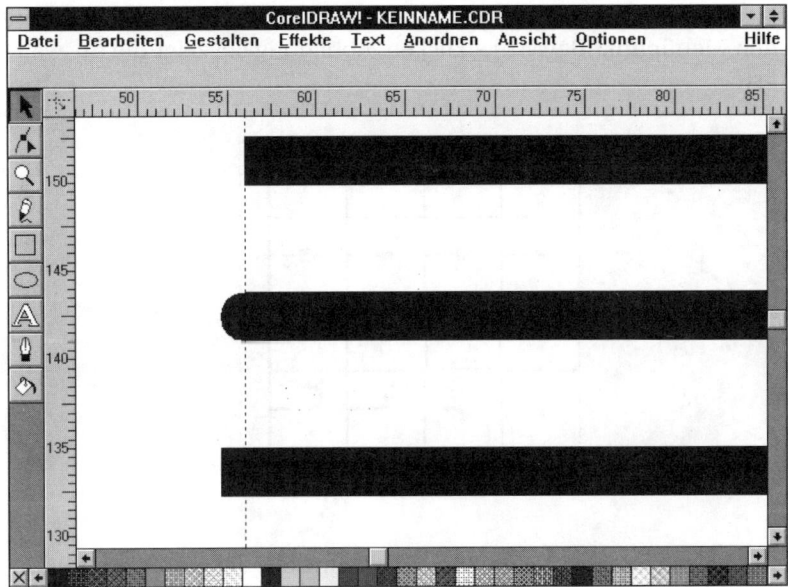

Abb. 8.7: Linienendungen

CorelDRAW! bietet Ihnen aber auch die Möglichkeit, Linienendungen aus einer vorhandenen Bibliothek zu verwenden. Diese Bibliothek ist änder- und erweiterbar. Möchten Sie andere Linienendungen verwenden, gehen Sie wie folgt vor:

1. Markieren Sie die Linie oder Kurve, und aktivieren Sie über das Umriß-Hilfsmittel die Dialogbox UMRISSSTIFT.

2. Die Dialogbox stellt in zwei Vorschaufeldern des Feldes PFEILE den Linienbeginn (links) und das Linienende (rechts) dar. Durch Klicken auf die jeweilige Vorschaufläche öffnen Sie eine Auswahlliste, in der Sie ein Symbol durch erneutes Klicken auswählen. Diese Vorschaufelder finden Sie auch im Rollup-Fenster STIFT, so daß Sie die Symbolzuweisung auch dort vornehmen können.

Darüber hinaus können Sie bereits vorhandene Pfeilsymbole verändern, tauschen oder löschen, indem Sie in der Dialogbox auf die Schaltfläche OPTIONEN klicken. Möchten Sie die Symbole für den Linienanfang und das Linienende tauschen, klicken Sie auf die Schaltfläche OPTIONEN und wählen die Option TAUSCHEN. Mit KEINE deaktivieren Sie die Darstellung eines Liniensymbols.

Neue Pfeilsymbole entwerfen Sie, indem Sie im Menü OPTIONEN auf den Menüpunkt BEARBEITEN klicken. Abbildung 8.8 zeigt die Auswahlliste.

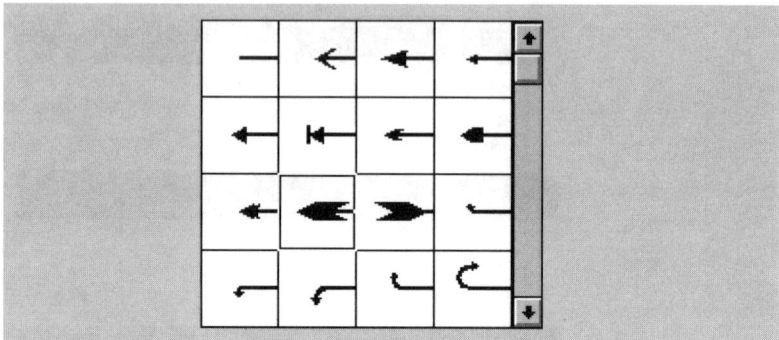

Abb. 8.8: Pfeilsymbole auswählen

CorelDRAW! skaliert die Symbole entsprechend der Linienbreite.

Die Vorschaufelder dienen Ihnen zur Kontrolle der gewählten Endungen. Abbildung 8.9 stellt verschiedene Linienendungen in der vergrößerten Seitenvorschau dar. Beachten Sie bitte, daß die Liniensymbole im Umrißmodus nicht angezeigt werden.

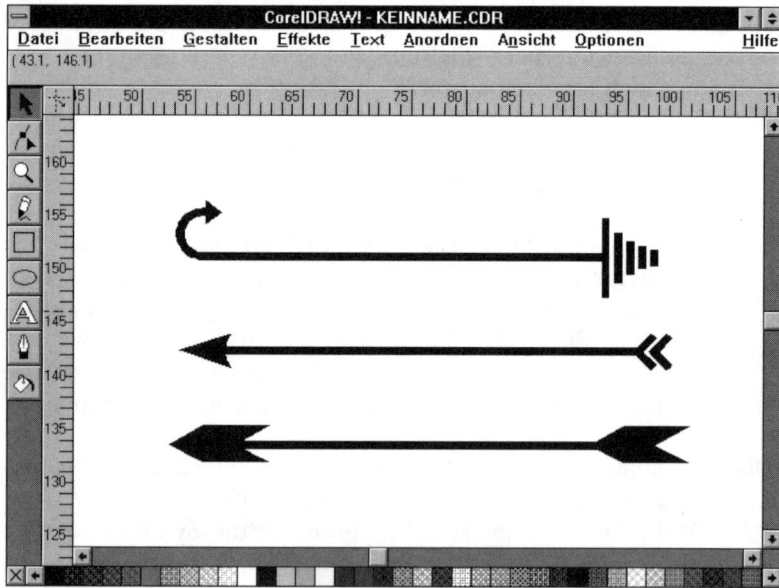

Abb. 8.9: Linienendungen

Symbole ändern und definieren

Obwohl die Anzahl der verfügbaren Linienendungen recht groß ist, müssen Sie vielleicht von Fall zu Fall firmenspezifische Linienendungen erstellen. Sie haben dazu zwei Möglichkeiten:

Bei der ersten Methode zeichnen Sie das Symbol im Eingabebildschirm so, als ob Sie eine Grafik eingeben würden. Im Anschluß daran markieren Sie das Symbol und rufen die Funktion PFEIL ENTWERFEN im Menü OPTIONEN auf. Das markierte Objekt wird dann als Linienendung in die entsprechende Datei eingetragen.

Beachten Sie bitte, daß die Symboldatei maximal 100 Linienendungen umfassen darf. Sie müssen daher Symbole löschen, wenn der Maximalumfang erreicht ist und Sie neue Symbole einfügen wollen.

Die zweite Methode bedingt, daß die Linienendung in etwa einer bereits vorhandenen entspricht. In einem solchen Fall rufen Sie die Dialogbox PFEIL BEARBEITEN in der Dialogbox UMRISSTIFT auf:

1. Markieren Sie das Pfeilsymbol, das Sie bearbeiten möchten. Klicken Sie auf die Schaltfläche OPTIONEN und anschließend auf den Menüpunkt BEARBEITEN.

2. CorelDRAW! stellt jetzt die Dialogbox PFEIL BEARBEITEN dar. Das Pfeilsymbol ist mit acht kleinen Quadraten umgeben (Abbildung 8.10).

Die Funktionen, die Sie mit diesen Markierungen ausführen können, entsprechen denen des Pfeil-Hilfsmittels im Modus Verschieben und Skalieren. Ziehen Sie an einem der Eckquadrate und skalieren Sie das Symbol. Ziehen Sie an den Kantenquadraten und dehnen oder stauchen Sie das Symbol. Durch Ziehen an einem der hohlen Quadrate (Knoten) verschieben Sie das Symbol. Die schwarze Linie stellt die Bezugslinie dar, an der das Objekt ausgerichtet wird. Die Funktionen Spiegeln und Zentrieren beziehen sich immer auf die X- oder Y-Achse. Mit *4FACH-ZOOM* vergrößern Sie das Symbol und erleichtern sich so die Positionierung. Die Symbolbearbeitung läßt nicht sehr viele Optionen zu und eignet sich nur für geringfügige Symboländerungen. Mit OK bestätigen Sie die Änderungen.

Bei der Bearbeitung geht das Originalsymbol verloren.

Möchten Sie ein Symbol dauerhaft löschen, wählen Sie im Optionsmenü die Option AUS LISTE LÖSCHEN.

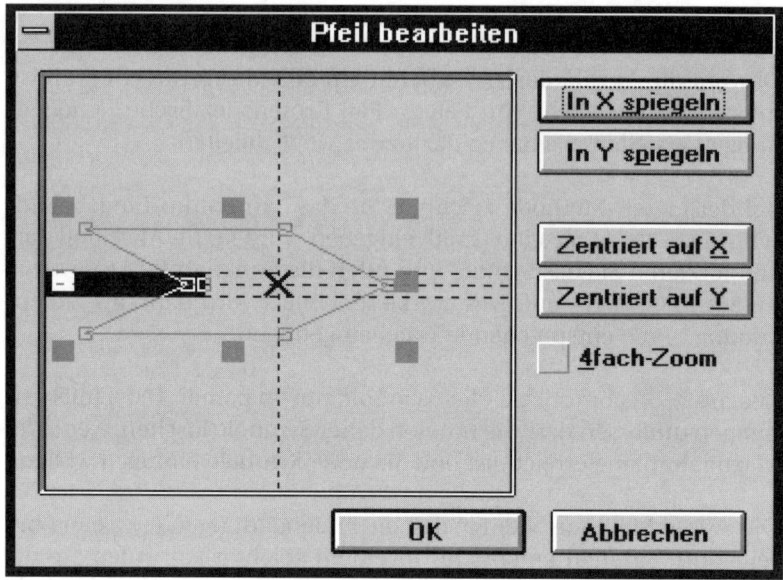

Abb. 8.10: Pfeile bearbeiten

Kalligraphische Effekte

Kalligraphie - die schöne Schrift. Man verbindet damit im allgemeinen das schon an Zeichnen oder Malen erinnernde Schreiben von Buchstaben. Der verwendete Stift hat meist einen breiten Strich und wird durch die Hand des Künstlers so gedreht, daß die Buchstabenkontur unterschiedliche Linienstärken aufweist. Weiterhin werden die Schriften meist noch zusätzlich verziert.

Für die Verzierung von Texten müssen Sie selbst sorgen, bei der Darstellung unterschiedlicher Linienstärken in einem Objektumriß unterstützt Sie CorelDRAW!. Die notwendigen Einstellungen nehmen Sie in der Dialogbox UMRISSSTIFT vor. Auch hier können Sie durch ein Vorschaufenster die gewählten Einstellungen kontrollieren (siehe Abbildung 8.11). Die Umsetzung der dargestellten Stiftkontur in eine kalligraphische Linie erfordert allerdings ein sehr gut ausgeprägtes Vorstellungs-vermögen. So werden Sie erst nach einiger Übung sagen können, wie das Objekt nach der Bearbeitung der Stiftkontur ungefähr aussieht. Abbildung 8.12 zeigt eine Palme vor und nach Bearbeitung der Stiftkontur.

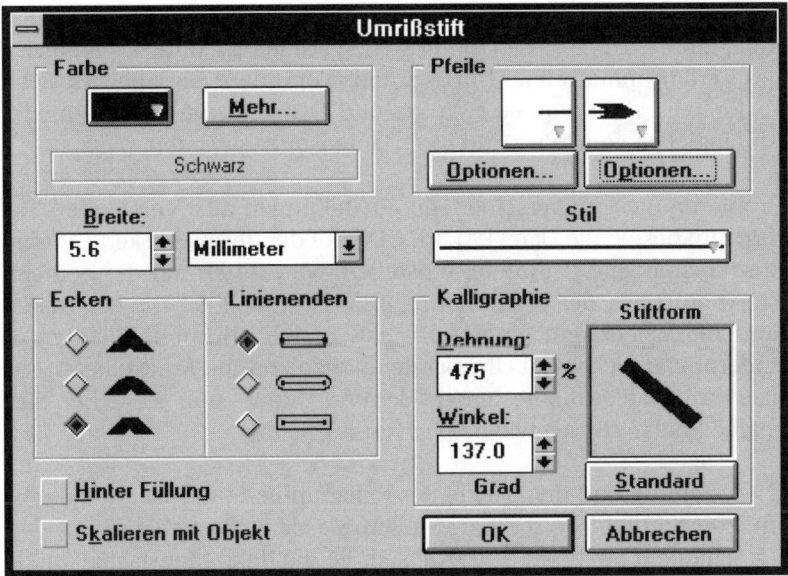

Abb. 8.11: Kalligraphische Einstellungen

Abb. 8.12: Kalligraphie: Die Datei PALME.CDR

Die Breite der Linie ist zunächst noch unabhängig von einer Kalligraphie. Über diese Option stellen Sie lediglich die Liniendicke des gerade markierten Umrisses ein. Verändern Sie aber im Feld KALLIGRAPHIE die Parameter WINKEL und DEHNUNG, wird eine Linie in Abhängigkeit vom Winkel in ihrer Linienstärke geändert.

Probieren Sie nun verschiedene Einstellungen aus. Verwenden Sie dazu am besten die Datei PALME.CDR auf der Beispieldiskette. Wenn Sie verschiedene Parameter einstellen, wird Ihnen mit der Zeit ein Effekt auffallen, der in Abbildung 8.13 dargestellt ist. Die Parameter sind hier so extrem eingestellt, daß es bei abrupten Richtungs-änderungen (Ecken) zu Überschneidungen kommt. Kontrollieren Sie also Ihre Grafik - am besten auf dem Ausdruck - und versuchen Sie, solche Effekte so weit wie möglich zu vermeiden.

Die Dehnung und der Winkel des Kalligraphie-Stiftes ist auch direkt im Vorschaufeld einstellbar. Stellen Sie den Cursor dazu auf das Vorschaufeld STIFTFORM und drücken Sie die linke Maustaste. Durch Verschieben des Cursors (bei gedrückter Maustaste) ändern Sie die Stiftform. Die Einstellung gestaltet sich aber wesentlich schwerer, so daß Sie die numerische Einstellung vorziehen sollten.

Abb. 8.13: Falsche kalligraphische Einstellung

Andere Schattierungen bei Pixelgrafiken

Haben Sie eine monochrome Pixelgrafik geladen, können Sie die Farben unter Verwendung des Umriß-Hilfsmittels verändern.

Beachten Sie, daß diese Einstellung bei farbigen oder Graustufen-Pixelgrafiken nicht möglich ist. Unterschiedliche Linienbreiten haben keinen Einfluß auf das Aussehen einer Grafik, wohl aber die Farben. In Abbildung 8.14 ist dieser Effekt zu sehen.

Möchten Sie die Farbe der Pixelgrafik ändern, weisen Sie ihr eine Umrißfarbe zu. Sie stellen die Hintergrundfarbe ein, indem Sie eine Füllfarbe zuweisen.

Die Zuweisung von Halbtonrastern für das Bild und den Hintergrund ist ebenfalls möglich, sofern eine Schwarz/Weiß-Grafik vorliegt. Bei Graustufen-Pixelgrafiken können Sie Halbtonraster nur für das Bild definieren.

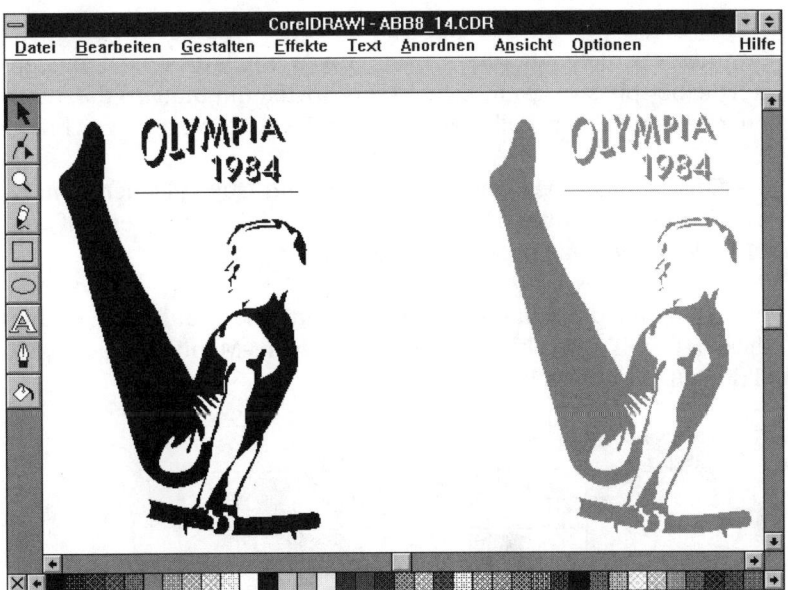

Abb. 8.14: Grauschattierung bei Pixelgrafiken

Objektflächen -
Das Füllen-Hilfsmittel

Sinnbild Füllen-
Hilfsmittel

Eine geschlossene Kurve - und dazu gehören prinzipiell auch Objekte wie Rechtecke und Ellipsen - umschließt immer eine Fläche. Diese Fläche ist normalerweise nicht gefüllt, d.h., sie ist durchsichtig. Flächen geben aber zum Beispiel einem geometrischen Körper erst eine plastische Gestalt. Ein anderes Beispiel stellen Farbkontraste dar, die auf den Betrachter in einer ganz bestimmten Art und Weise wirken sollen, indem sie die Aufmerksamkeit auf sich ziehen.

Farben verstärken also den Eindruck der Räumlichkeit bei einem geometrischen Körper. Farbverläufe können diesen Effekt perfektionieren, indem Sie einen Verlauf vielleicht so wählen, daß der Körper scheinbar von einer Lichtquelle angestrahlt wird. Als Farbverlauf definiert man den kontinuierlichen Übergang von einer Farbe zu einer anderen über eine bestimmte Strecke.

Andere Füllungen wie Musterschraffuren und symbolische Füllmuster kommen ebenfalls oft zum Einsatz. Im Architekturbereich verwenden Sie beispielsweise ein Ziegelstein-Muster, um Mauern darzustellen, oder ein Rauten-Füllmuster, um gepflasterte Wege zu zeichnen.

Die Einstellungen bezüglich Füllmuster und Objektflächen definieren Sie mit dem Füllen-Hilfsmittel. Das Sinnbild für dieses Hilfsmittel ist der Eimer, aus dem gerade Farbe läuft.

Sie aktivieren das Füllen-Hilfsmittel, indem Sie auf das Sinnbild klicken. CorelDRAW! blendet sofort ein Flyout-Menü ein, das in Abbildung 8.15 dargestellt ist.

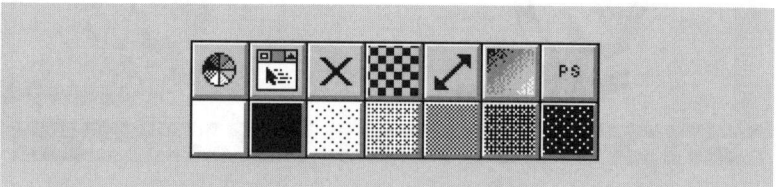

Abb. 8.15: Das Flyout-Menü FÜLLEN

Das Menü besteht wie das Umriß-Flypoutmenü aus einer Reihe von Sinnbildern. Einige Symbole sind Ihnen bereits bekannt. Sie erkennen die Sinnbilder für die Graustufen und das X, das in diesem Fall "Keine Füllfarbe" bedeutet. Der Eimer aktiviert eine Dialogbox, in der Sie die Farben für die zu füllende Fläche definieren. Die Optionen dieser Dialogbox sowie die zugrundeliegenden Farbmodelle werden in einem gesonderten Kapitel beschrieben. Hinter den übrigen Sinnbildern verbergen sich Dialogboxen, in denen Sie Muster auswählen und eigene Muster definieren können. Auch diese Dialogboxen werden im Kapitel Farben, Muster und Paletten ausführlich beschrieben. In diesem Kapitel werden Sie nur lernen, Muster auszuwählen, einzustellen und mit einem Objekt zu verbinden.

Zu diesem Zweck befindet sich auf der Diskette eine Übungsgrafik namens RASTER.CDR, deren Objekte Sie während der nächsten Abschnitte mit Mustern und Farbverläufen versehen.

Das Rollup-Fenster FÜLLUNG

Wie Sie bereits wissen, aktivieren Sie über das Flyout-Menü Füllung verschiedene Dialogboxen, in denen Sie Objekten unterschiedliche Farben und Füllmuster zuweisen können. Diese Muster und die wichtigsten Funktionen zur Einstellung dieser Muster können Sie auch über das Rollup-Fenster FÜLLUNG aktivieren. Abbildung 8.16 zeigt dieses Fenster in verschiedenen Modi.

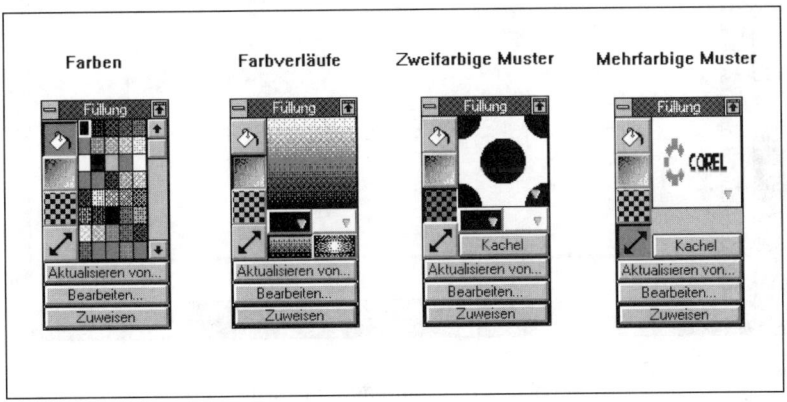

Abb. 8.16: Das Rollup-Fenster FÜLLUNG in den verschiedenen Modi

Die Besonderheit dieses Rollup-Fensters ist, daß die Bedieneroberfläche in Abhängigkeit von der eingestellten Funktion variiert. In Abbildung 8.16 sehen Sie daher je eine Bedieneroberfläche für die Bereiche Farben, Farbverläufe, zweifarbige Muster und mehrfarbige Muster. Die Schaltflächen AKTUALISIEREN VON und ZUWEISEN kennen Sie bereits von der Beschreibung des Rollup-Fensters STIFT. Die Schaltfläche BEARBEITEN ist ebenfalls adaptiv und öffnet je nach gewähltem Modus eine andere Dialogbox.

Die Füllfarbe auswählen

Grauwerte können auch über die Farbpalette ausgewählt werden.

Im Flyout-Menü Füllen sind bereits fünf Grauwerte sowie Weiß und Schwarz als Sinnbild vordefiniert. Möchten Sie die Füllfläche eines Objekts in einem anderen Grauwert darstellen, markieren Sie zuerst das Objekt. Wählen Sie dann im Dialogfeld GLEICHMÄSSIGE FÜLLUNG den Grauwert aus, indem Sie darauf klicken. In Abbildung 8.17 wurden das Rechteck und die Ellipse mit Grauwerten gefüllt.

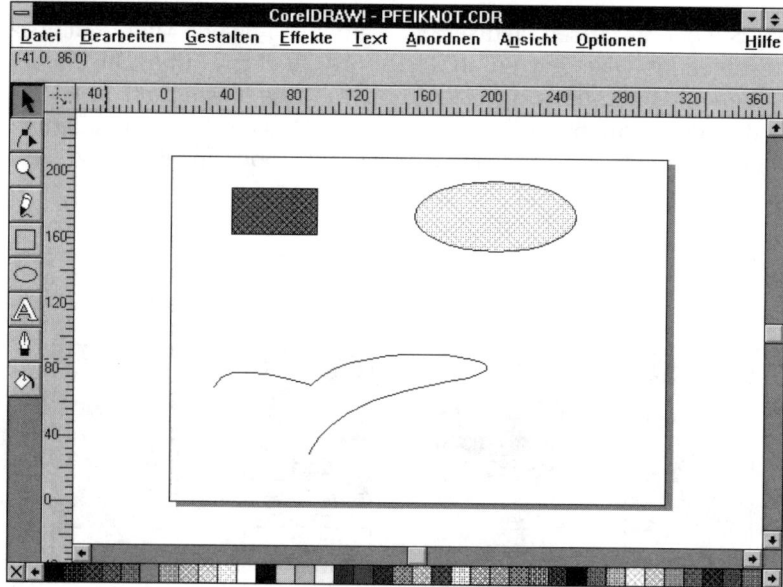

Abb. 8.17: Grauwerte verändern

Neben Grauwerten können Sie die Objektflächen auch farbig füllen. Sie verwenden dazu entweder das Farbmenü, das Rollup-Fenster Füllung oder die Farbpalette, die am unteren Bildschirmrand eingestellt wird:

1. Markieren Sie das Objekt, dessen Objektfläche Sie einfärben möchten.

2. Wählen Sie in der Farbpalette eine Farbe aus und klicken darauf mit der linken Maustaste.

CorelDRAW! färbt die Objektfläche daraufhin vollständig in der ausgewählten Farbe ein. Dieser Vorgang ist im Umrißmodus nicht darstellbar, wohl aber in der Seitenvorschau. Zusätzlich wird in der Statuszeile die Füllfarbe für das markierte Objekt angezeigt.

Normalerweise werden in der Farbenpalette die Skalenfarben angezeigt. Über die Option FARBPALETTE, die im Menü ANSICHT angeordnet ist, können Sie aber auswählen, ob Sie KEINE PALETTE, SKALENFARBEN oder SCHMUCKFARBEN darstellen wollen.

Eine äquivalente Methode ist die Einstellung der Farbe über das Rollup-Fenster FÜLLUNG. Klicken Sie im Rollup-Fenster auf die Schaltfläche mit dem Eimer. Das Fenster stellt nun eine Farbpalette dar, in der Sie eine Farbe durch Klicken auswählen.

Haben Sie die Farbpaletten-Darstellung nicht aktiviert oder bereiten Ihnen die relativ kleinen Farbquadrate Schwierigkeiten bei der Zuordnung, rufen Sie das Farbmenü auf:

1. Markieren Sie das Objekt, und klicken Sie auf das Füllen-Hilfsmittel.

2. Klicken Sie im Flyout-Menü auf den Farbkreis. CorelDRAW! öffnet die Dialogbox GLEICHMÄßIGE FÜLLUNG. Stellen Sie nun in der Auswahlliste FARBMODELL die Option PALETTE ein. In der nun folgenden Dialogbox wird nun eine Farbpalette dargestellt (siehe Abbildung 8.18).

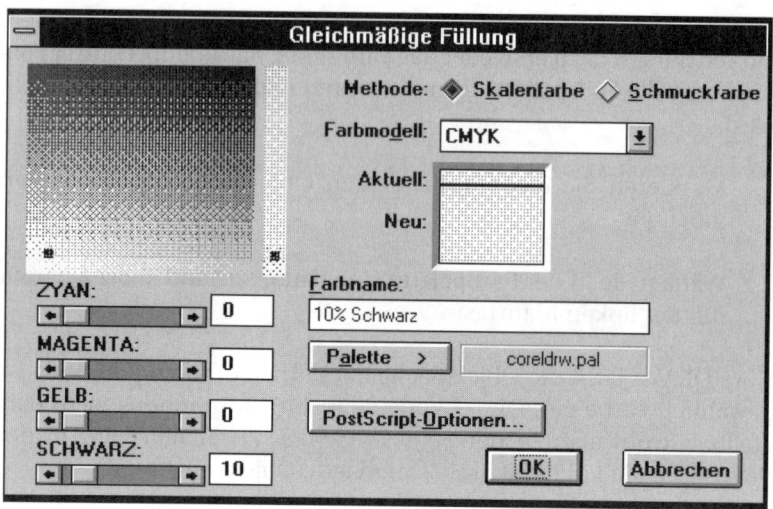

Abb. 8.18: Die Dialogbox GLEICHMÄSSIGE FÜLLUNG

3. Klicken Sie auf die ausgewählte Farbe, und bestätigen Sie Ihre
    Wahl durch Klicken auf OK. Der markierten Objektfläche wird
    jetzt die Farbe zugewiesen.

Die Farbpalette ist so umfangreich, daß nicht alle Farben im Auswahlfenster angezeigt werden. Mit den Rollpfeilen blättern Sie die
Farbpalette durch. Die anderen Optionen der Dialogbox werden im
nächsten Kapitel beschrieben.

Farbverläufe

Sinnbild
Farbverlauf

Farbverläufe ermöglichen die Darstellung von Räumlichkeit und
Lichteffekten wie z.B. das Anstrahlen durch einen Lichtspot. Darüber
hinaus werden Verläufe oft als Hintergrund verwendet, um die eigentliche Grafik besser hervorzuheben.

Mit F11 aktivie-
ren Sie die
Dialogbox
FARBVERLAUF.

Die Definition von Farbverläufen ist in CorelDRAW! problemlos: Sie
markieren den zu füllenden Bereich, definieren die Start- und die
Endfarbe und wählen eventuell noch die Art des Verlaufs. Sie haben
damit schon einen Farbverlauf eingefügt.

Man unterscheidet lineare und radiale Farbverläufe. Bei linearen Verläufen geht die Startfarbe durch Aneinanderreihung möglichst vieler
(sehr schmaler) Streifen in die Endfarbe über. Bei radialen Farbverläufen geht die Startfarbe von einem festlegbaren Mittelpunkt in
kreisförmigen Bändern in die Endfarbe über. Die Dialogbox FARBVER-
LAUF ist in Abbildung 8.19 dargestellt.

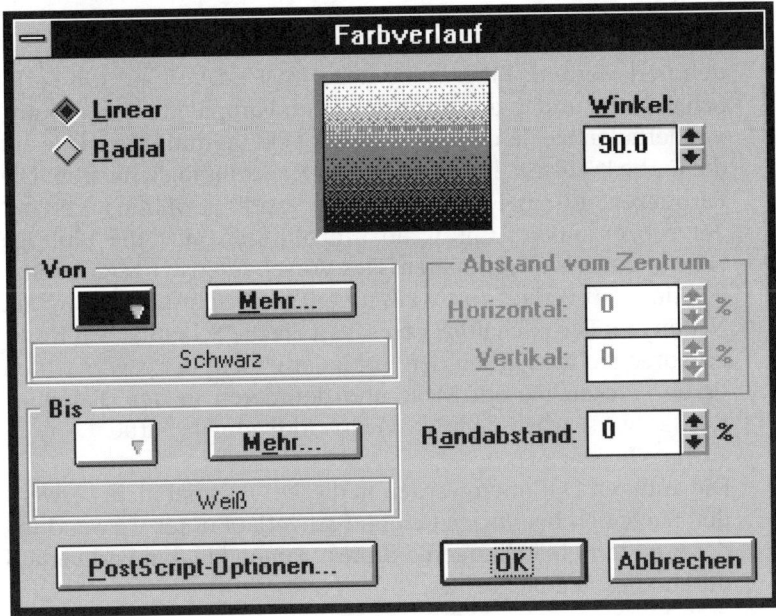

Abb. 8.19: Die Dialogbox FARBVERLAUF

Neben den Optionen WINKEL, ABSTAND VOM ZENTRUM und RANDABSTAND
und der Verlaufsmethode umfaßt das Menü zwei Auswahlfelder, die
jeweils die aktuelle Farbe anzeigen, sowie ein Vorschaufeld, in dem
Sie den gewählten Farbverlauf kontrollieren können. Die obere Farbe im Feld VON zeigt die Startfarbe an, die Farbe im Feld BIS die Endfarbe. Das Feld POSTSCRIPT-OPTIONEN verzweigt zu einer weiteren Dialogbox. In den nachfolgenden Übungen werden Sie einen Teil der
Möglichkeiten kennenlernen. Die Farbverläufe werden in diesen Beispielen immer von Weiß nach Schwarz definiert, damit die dargestellte und ausgedruckte Übungsgrafik weitgehend übereinstimmen. Die
PostScript-Optionen werden im Kapitel FARBEN, MUSTER UND PALETTEN
beschrieben.

Definieren Sie jetzt einen Farbverlauf:

1. Markieren Sie in der Übungsgrafik RASTER.CDR das dritte Rechteck von rechts in der oberen Reihe, und klicken Sie auf das Füllen-Hilfsmittel. Klicken Sie danach auf das Sinnbild für Farbverläufe. Die vollständig bearbeitete Übungsgrafik ist in Abbildung 8.20 dargestellt.

2. Wie bereits erwähnt, soll der Farbverlauf von Weiß nach Schwarz
   definiert werden. Klicken Sie dazu im Feld VON auf die Farb-
   Schaltfläche und in der eingeblendeten Farbpalette auf Schwarz.
   Wiederholen Sie den Vorgang für das Feld BIS und klicken Sie auf
   die Farbe Weiß. Sie haben nun zwei Kontrollmöglichkeiten: Die
   Farbbezeichnungs-Felder zeigen die jeweils gewählte Farbe mit
   der prozentualen Tönung an und müßten jetzt die Einträge
   Schwarz und Weiß enthalten. Das Vorschaufenster zeigt zusätz-
   lich den Farbverlauf von Weiß (oben) nach Schwarz (unten) an.
   Neben den Farb-Schaltflächen sehen Sie die Schaltflächen MEHR.
   Entsprechen die Farben der Farbpalette nicht der gewünschten
   Farbe, klicken Sie auf MEHR und definieren in der Dialogbox
   FARBVERLAUF (Farben definieren) eine individuelle Farbe.

3. Die anderen Optionen werden in diesem Beispiel nicht verwendet. Sie haben bereits jetzt einen Farbverlauf unter Verwendung
   der Standardeinstellungen definiert. Fügen Sie den Farbverlauf
   durch Klicken auf OK ein.

4. Kontrollieren Sie den Farbverlauf in der Grafik. Er verläuft von
   oben nach unten, von weiß nach schwarz.

Höchstwahrscheinlich sehen Sie nun, daß der Farbverlauf nicht kontinuierlich ist, sondern aus in der Grauschattierung abgestuften Bändern besteht. Dieser Effekt tritt umso deutlicher hervor, je größer der
Abstand zwischen der Anfangs- und der Endfarbe wird. CorelDRAW!
stellt gemäß Voreinstellung nicht alle Graustufen dar, um das Bild
schneller aufbauen zu können. Sie haben jedoch die Möglichkeit, diese Einstellung zu verändern. Rufen Sie dazu mit [Strg][J] die Dialogbox
GRUNDEINSTELLUNGEN auf und klicken auf BILDSCHIRM. Bei der Option
FARBVERLAUFSSTREIFEN können Sie nun eine andere Zahl einstellen und
damit die Abstufung von Graustufen oder Farbtönen verändern.

Abb. 8.20: Die Übungsgrafik RASTER.CDR

Die Bildschirmanzeige beeinflußt nicht den Ausdruck. Wie Sie in einem späteren Kapitel noch sehen werden, können Sie die Zahl der zu druckenden Farbverlaufsstreifen gesondert einstellen.

5. Sie haben eben einen linearen Farbverlauf definiert und fügen jetzt einen radialen Farbverlauf ein. Markieren Sie das dritte Rechteck von rechts in der unteren Reihe. Rufen Sie anschließend die Dialogbox FARBVERLAUF auf, und stellen Sie die Anfangsfarbe Schwarz und die Endfarbe Weiß ein.

6. Die Verlaufsart umfaßt zwei Optionen: LINEAR und RADIAL. Klicken Sie jetzt auf RADIAL. Wie Sie sehen, ändert sich der lineare Farbverlauf im Vorschaufenster in einen radialen. Sobald Sie auf OK klicken, fügen Sie den Farbverlauf in das markierte Rechteck ein.

Einfache Farbverläufe können Sie auch über das Rollup-Fenster Fül-
lung definieren. Klicken Sie dazu im Rollup-Fenster auf die
Schaltfläche für den Farbverlauf. Die folgende Abbildung zeigt das
Rollup-Fenster im Farbverlaufsmodus.

Abb. 8.21:
Rollup-Fenster
Füllung im
Verlaufsmodus

Im oberen Bereich ist das Vorschaufenster für den Farbverlauf angeordnet. Unter diesem Vorschaufenster existieren zwei Farb-Schaltflächen. Mit der linken Schaltfläche stellen Sie die Anfangsfarbe, mit
der rechten Schaltfläche die Endfarbe ein. Unter diesen beiden
Schaltflächen zur Einstellung des Farbverlaufs sind zwei weitere
Schaltflächen angeordnet, mit denen Sie einen linearen oder radialen
Verlauf definieren.

Sie haben bis zu diesem Zeitpunkt die beiden einfachsten Farbverläufe verwendet. Nun ist es aber durchaus nicht selten, daß Farbverläufe erst ab einer bestimmten Position beginnen sollen oder das
Zentrum des radialen Verlaufs verschoben werden muß. Das Anwendungsbeispiel am Ende dieses Kapitels verwendet beispielsweise diese Verläufe.

Die Dialogbox Farbverlauf bietet die notwendigen Optionen, um solche Verläufe realisieren zu können. Die nachfolgenden vier Farbverläufe bieten Ihnen einen Überblick über die zahlreichen Möglichkeiten:

1. Sie definieren zunächst einen linearen Farbverlauf mit Randab-
    stand. Randabstand bedeutet, daß die Start- und Endfarbe zuerst
    einen bestimmbaren Bereich des Objektes ausfüllen, bevor sie
    ineinander verlaufen. Markieren Sie das zweite Rechteck von
    rechts in der oberen Reihe und aktivieren Sie die Dialogbox Farb-
    verlauf.

2. Stellen Sie einen Farbverlauf Von Schwarz Bis Weiß ein, und wäh-
    len Sie die Option Linear.

3. Tragen Sie im Feld Randabstand den Wert 24 ein. Dieser Wert ist
    ein prozentualer Wert. Die Angabe 24% bedeutet, daß 24% der zu
    füllenden Fläche mit Weiß und 24% mit Schwarz gefüllt werden.
    Für den Verlauf bleiben damit noch 52% der Gesamtfläche übrig.

4. Bestätigen Sie die Eingabe durch Klicken auf OK, und fügen Sie so
    den Farbverlauf ein.

Wenn Sie jetzt die Grafik betrachten, sehen Sie deutlich, daß der Verlauf wesentlich später beginnt und früher aufhört.

Definieren Sie jetzt einen gedrehten, linearen Verlauf:

1. Markieren Sie das obere rechte Rechteck und aktivieren Sie die Dialogbox FARBVERLAUF. Stellen Sie die Parameter VON auf Schwarz, BIS auf Weiß und eine lineare Verlaufsart ein und setzen den Randabstand auf 0%.

2. Der Farbübergang soll nun nicht von unten nach oben, sondern von links nach rechts verlaufen. Stellen Sie dazu im Feld WINKEL den Wert 0 Grad ein und beachten Sie die Darstellung im Vorschaufenster.

3. Bestätigen Sie die Einstellungen durch Klicken auf OK.

Selbstverständlich können Sie auch Zwischenwinkel eingeben. Je nach Winkelwert wird der Farbverlauf sogar invertiert. Im nächsten Beispiel können Sie dies ausprobieren:

1. Markieren Sie das untere linke Rechteck und rufen das Menü Farbverlauf aus. Wählen Sie die gleichen Standardeinstellungen wie im vorherigen Beispiel.

2. Geben Sie jetzt den Winkel -45 Grad ein und betrachten Sie das Vorschaufenster. Der Farbverlauf wurde umgekehrt und läuft nun von rechts unten (Weiß) schräg nach links oben (Schwarz).

Auch hier stellt Ihnen das Programm wieder verschiedene Eingabealternativen zur Verfügung. Das Vorschaufeld der Dialogbox und des Rollup-Fensters dient keineswegs nur zur Anzeige. Stellen Sie nämlich den Cursor auf dieses Feld und bewegen ihn bei gedrückter linker Maustaste, erscheint ein Winkelzeiger, mit dem Sie den Verlaufswinkel definieren können.

Sobald Sie die Maustaste loslassen, wird der Verlauf mit der neuen Winkelangabe gezeichnet. Halten Sie die (Strg)-Taste gedrückt, wenn Sie den Verlaufswinkel in 15 Grad-Schritten eingeben wollen.

Das nächste Rechteck soll einen radialen Verlauf mit verschobenem Zentrum erhalten. Diese Art der Darstellung ist besonders dann wichtig, wenn Sie den Lichteffekt, der durch eine Spotbestrahlung hervorgerufen wird, nachahmen möchten:

1. Markieren Sie das zweite Rechteck von rechts in der unteren Reihe und aktivieren Sie die Dialogbox FARBVERLAUF.

2. Stellen Sie die Parameter VON auf Weiß, BIS auf Schwarz und eine radiale Verlaufsart ein.

3. Stellen Sie für die Option RANDABSTAND den Wert 0 ein. Im Feld ABSTAND VOM ZENTRUM geben Sie im Feld HORIZONTAL den Wert 26 und bei VERTIKAL den Wert 42 ein. Auch bei diesen Werten handelt es sich um prozentuale Angaben, die als Bezugspunkt den Mittelpunkt eines Objekts haben.

4. Klicken Sie auf OK und schauen sich das Ergebnis in der Grafik an. Auch hier können Sie wiederum die Vorschaufelder verwenden und das Zentrum mit der Maus verschieben. Drücken Sie gleichzeitg S, verschieben Sie das Zentrum jeweils in 10%-Schritten.

Spezielle Füllmuster

In der Einleitung zum Themenkomplex Füllen-Hilfsmittel wurden bereits verschiedene Einsatzgebiete für Füllmuster vorgestellt. Die Zahl der Einsatzgebiete ist nahezu unbegrenzt. So entstand die in Abbildung 8.22 dargestellte gesprungene Windschutzscheibe aus einer Kombination von Kurven, Farbverläufen und dem PostScript-Füllmuster "Aufprall".

Neben diesem Effekt existieren noch zahlreiche andere. Die in CorelDRAW! definierten PostScript-Füllmuster sind im Anhang abgebildet.

Die Füllmuster werden in den nachfolgenden Abschnitten grundlegend beschrieben. Jeden Füllmustertyp werden Sie mindestens auf zwei Objekte anwenden. Laden Sie dazu die Übungsgrafik RASTER.CDR.

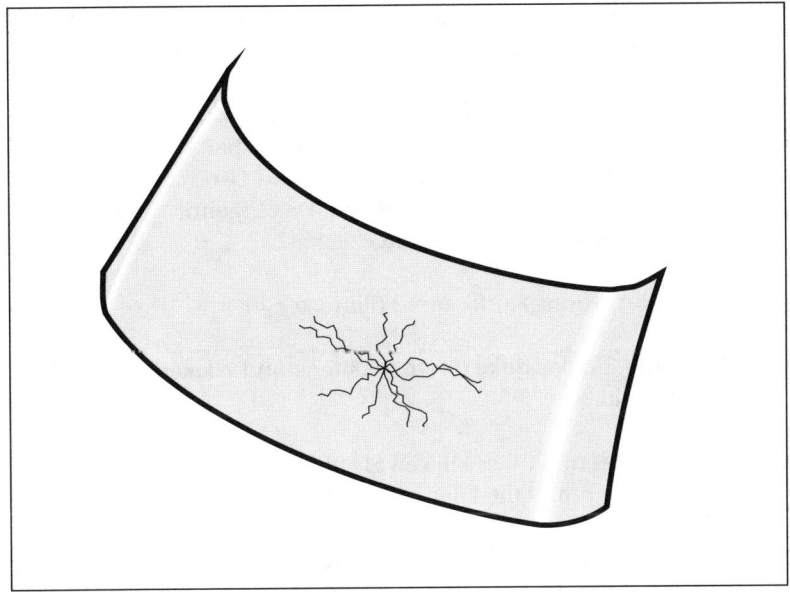

Abb. 8.22: Die Windschutzscheibe

Zweifarbige Muster auswählen

Zweifarbige Füllmuster sind Pixelgrafiken, die überwiegend als Hintergrund- oder Großflächenraster eingesetzt werden.

Klicken Sie im Flyout-Menü Füllen auf das Sinnbild Schachbrett, öffnet CorelDRAW! die Dialogbox ZWEIFARBEN-MUSTER (Abbildung 8.23).

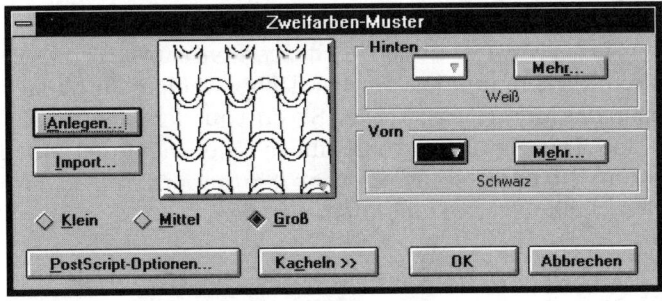

Abb. 8.23: Die Dialogbox ZWEIFARBEN-MUSTER

Das Vorschaufenster zeigt das ausgewählte Füllmuster. Durch Klicken auf dieses Vorschaufenster öffnen Sie die Füllmusterpalette. Mit den Rollpfeilen blättern Sie die Palette durch. Im Bereich KACHELGRÖßE (Schaltfläche KACHELN>>) stellen Sie ein, wie dicht die einzelnen Symbole des Füllmusters angeordnet werden. Sie haben die Möglichkeit, drei vordefinierte Optionen (KLEIN, MITTEL und GROß) zu verwenden oder eine spezifische Größe einzustellen. Das Ergebnis Ihrer Einstellungen wird im Vorschaufenster angezeigt.

Ordnen Sie der Übungsgrafik nun Füllmuster zu:

1. Markieren Sie das linke obere Rechteck und klicken auf das Füllen-Sinnbild.

2. Im Flyout-Menü Füllen klicken Sie auf das Sinnbild Schachbrett. CorelDRAW! öffnet die Dialogbox ZWEIFARBEN-MUSTER.

3. Klicken Sie auf das Vorschaufeld und wählen Sie in der Musterpalette auf das Herz-Füllmuster aus, indem Sie darauf doppelt klicken. Das Muster wird jetzt im Vorschaufenster angezeigt. Möchten Sie in der Auswahlliste doch kein Symbol auswählen, klicken Sie auf ABBRECHEN oder drücken (Esc).

4. Wählen Sie eine mittlere Kachelgröße, indem Sie auf MITTEL klicken.

5. Bestätigen Sie die Auswahl durch Klicken auf OK. CorelDRAW! fügt das Füllmuster in die markierte Objektfläche ein.

6. Weisen Sie dem unteren linken Rechteck nun das Füllmuster Dachpfanne zu. Stellen Sie die Kachelgröße GROß ein.

Möchten Sie ein Muster aus der Palette löschen, aktivieren Sie die Palette durch Klicken auf die Vorschaufläche, wählen ein Muster aus und öffnen das Menü DATEI. Klicken Sie dort auf den Menüpunkt ELEMENT LÖSCHEN. Das Muster wird daraufhin aus der Palette entfernt. Diese Funktion ist dann sinnvoll, wenn Sie importierte oder selbst entworfene Füllmuster wieder löschen wollen.

Mit der Schaltfläche ANLEGEN gestalten Sie eigene Füllmuster. Über die Schaltfläche IMPORT importieren Sie Dateien als Zweifarben-Muster.

Diese Optionen sowie die PostScript-Optionen werden im nächsten Kapitel beschrieben.

Das Rollup-Fenster FÜLLUNG ermöglicht Ihnen ebenfalls die Auswahl und Zuweisung von Zweifarben-Mustern. Klicken Sie dazu in diesem Fenster auf die Schaltfläche Zweifarben-Muster (siehe Abbildung).

Die Auswahl eines Musters erfolgt nun in der gleichen Weise wie in der Dialogbox. Klicken Sie auf das Vorschaufenster, und wählen Sie in der bekannten Auswahlliste ein Muster aus. Durch Doppelklicken oder Klicken auf OK wählen Sie das Muster endgültig aus. Mit ZUWEISEN fügen Sie es in das markierte Objekt ein.

Abb. 8.24: Das Rollup-Fenster FÜLLUNG im Modus Zwei-farben-Muster

Die Kachelabstände variieren

Im Feld ERSTER KACHELABSTAND in der Dialogbox ZWEIFARBEN-MUSTER verschieben Sie die Kacheln bezüglich der Objektumrisse.

Die Verschiebung der ersten Kachel wird in Prozentwerten für die X- und Y-Richtung angegeben und besagt, daß die Darstellung der ersten Kachel (auf den Umriß bezogen) erst nach n% der Kachelhöhe und Kachelbreite beginnt. Im unteren linken Rechteck wurde ein Wert von 20% für die X-Richtung eingestellt.

Der Reihen- & Spaltenabstand wird im Feld ZEILE-/SPALTEN-ABSTAND eingestellt und bestimmt die Verschiebung der Kacheln untereinander. Die Verschiebung wird ebenfalls als prozentualer Wert angegeben. Sie können die Kacheln auf Zeilen oder Spalten bezogen verschieben. Das untere rechte Rechteck wurde mit einer 50%-Spaltenverschiebung erzeugt.

Neben der numerisch exakten Einstellung der Kachelabstände ermöglicht Ihnen das Rollup-Fenster eine intuitive Einstellung über ein Ausrichtungs-Doppelrechteck. Sobald Sie eine Kachel ausgewählt haben, klicken Sie auf die Schaltfläche KACHEL und stellen die Parameter innerhalb des markierten Objekts ein. CorelDRAW! blendet daraufhin das in Abbildung 8.25 dargestellte Ausrichtungsrechteck ein.

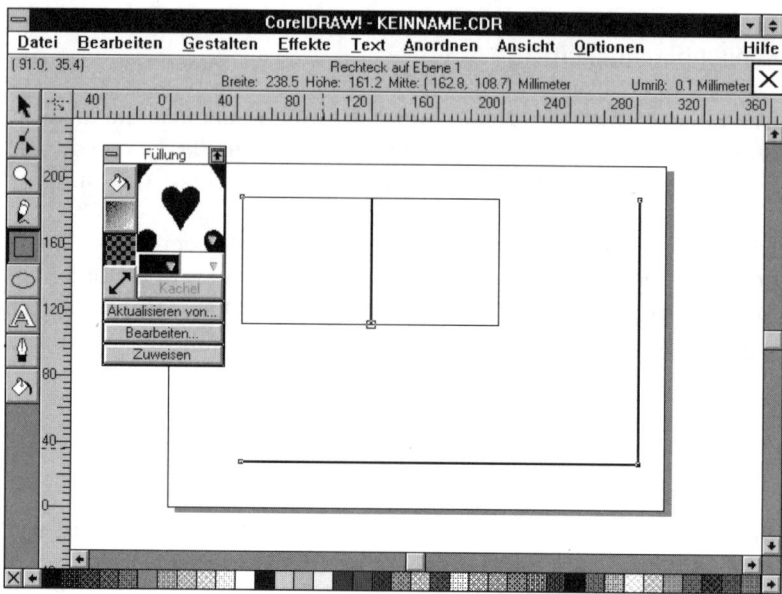

Abb. 8.25: Das Ausrichtungsrechteck zur Einstellung der Kachelabstände

Sie können nun die Einstellung von Position, Kachelgröße und Kachelzuordnung ändern. Ausgehend von der normalen Darstellung im Vorschaufeld wird dieses Muster kachelartig aneinandergereiht. Vergrößern Sie dieses Rechteck durch Ziehen des Knotenelementes, werden die Kacheln auch vergrößert. Dabei müssen Sie das Rechteck nicht proportional vergrößern, sondern können auch unterschiedliche Seitenverhältnisse wählen. Eine exakt proportionale Größenänderung erreichen Sie, indem Sie während des Ziehens die Strg-Taste gedrückt halten. Möchten Sie die Kachelanordnung zueinander verschieben, ziehen Sie am rechten Rechteck-Umriß des Doppelrechtecks nach oben oder nach unten. Bewegen Sie den Umriß nach unten und über den Knoten hinaus, können Sie den Rechteckumriß nach links oder rechts verschieben. Der sogenannte Offset, d.h. die Verschiebung des Kachelursprungs in Bezug auf den Objektumriß, wird durch Verschieben des Doppelrechtecks eingestellt. Ziehen Sie das Doppelrechteck dazu am linken Rechteck-Umriß an eine neue Position. Mit ZUWEISEN fügen Sie das Muster in das Objekt ein.

Zweifarben-Muster färben

Nach Auswahl eines Zweifarben-Füllmusters können Sie noch eine Farbzuweisung vornehmen. Die Definition nehmen Sie in den Feldern HINTEN und VORN vor. Möchten Sie die Mustersymbole färben, klicken Sie im Feld VORN auf die Farbschaltfläche und wählen eine Farbe aus. Im Feld HINTEN verfahren Sie analog für den Hintergrund.

Im Rollup-Fenster sind die Zuordnungs-Schaltflächen unter dem Vorschaufenster angeordnet. Mit der linken Schaltfläche bestimmen Sie die Farbe des Mustersymbols, mit der rechten Schaltfläche stellen Sie die Hintergrundfarbe ein.

Mehrfarbige Muster auswählen

Neben Zweifarben-Mustern verfügt CorelDRAW! auch über die sogenannten Vollfarben-Muster. Diese Füllmuster sind nicht aus einzelnen Pixeln aufgebaut, sondern aus Objekten (Vektoren). Sie können daher beliebig groß dargestellt werden, ohne daß ein Qualitätsverlust auftritt. Wenn Sie Vollfarben-Muster verwenden wollen, klicken Sie im Flyout-Menü Füllen auf den diagonalen Doppelpfeil. Auf dem Bildschirm erscheint die Dialogbox VOLLFARBEN-MUSTER, die in Abbildung 8.26 dargestellt ist.

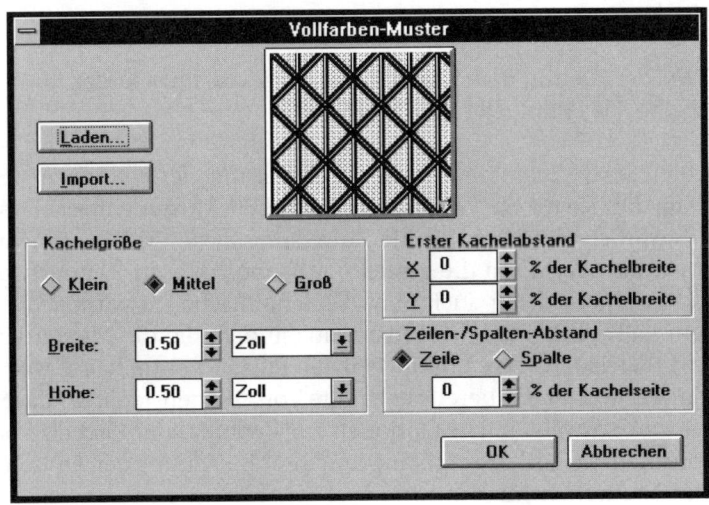

Abb. 8.26: Die Dialogbox VOLLFARBEN-MUSTER

Farbeinstellungen können für Vollfarben-Muster nachträglich nicht geändert werden.

Vollfarben-Muster sind in CorelDRAW! als einzelne Dateien mit der Dateinamenerweiterung .PAT abgespeichert. Das ausgewählte Füllmuster wird im Vorschaufenster angezeigt, über das Sie auch die Muster-Palette aufrufen. Weisen Sie nun zwei weiteren Rechtecken der Übungsgrafik Füllmuster zu:

1. Markieren Sie das zweite Objekt von links in der oberen Reihe, und klicken Sie auf das Füllen-Hilfsmittel.

2. Im Flyout-Menü klicken Sie auf den Doppelpfeil und rufen so die Dialogbox VOLLFARBEN-MUSTER auf.

3. Klicken Sie jetzt auf das Vorschaufenster und wählen in der Auswahlliste das Muster BALLOON aus, indem Sie doppelt darauf klicken. Im Vorschaufenster wird das gewählte Füllmuster, der CorelDRAW! Ballon, angezeigt.

4. Bestimmen Sie nun die Kachelgröße und die Abstände der Füllmuster. Beide Optionen kennen Sie schon aus dem Abschnitt "Zweifarben-Muster auswählen". Die voreingestellte Größe der Füllmuster-Kachel ist für unser Beispiel geeignet und braucht nicht geändert zu werden. Weisen Sie dem markierten Rechteck deswegen jetzt das Füllmuster zu, indem Sie auf OK klicken.

5. CorelDRAW! fügt das Füllmuster jetzt ein. Kontrollieren Sie dies in der Grafik.

6. Weisen Sie nun dem zweiten Rechteck von links in der unteren Reihe das Füllmuster STAINGLS zu.

Beachten Sie die Statuszeile nach der Zuweisung des Füllmusters: Sie zeigt an, daß Sie für die Füllung ein Vollfarben-Muster eingestellt haben. Natürlich existieren für die Zuweisung dieses Mustertyps wieder mehrere Wege, um die gestellte Aufgabe zu lösen. Die Auswahl eines Musters ist daher auch über die Schaltfläche LADEN möglich. In diesem Fall wählen Sie das Muster aus, indem Sie die Musterdatei .PAT direkt laden. Das Rollup-Fenster FÜLLUNG enthält im Modus Vollfarben-Muster das bereits bekannte Vorschaufenster, über das Sie ein Muster auswählen. Die Optionen zur Variation der Kachelstände entsprechen im Funktionsumfang und ihrer Bedienung den Optionen für die Zweifarben-Muster.

PostScript-Füllmuster

Unter PostScript sind bereits verschiedene Füllmuster definiert, die unter CorelDRAW! verwendbar sind. Diese Füllmuster werden erst bei der Umsetzung der Grafik in die PostScriptsprache erzeugt und können deshalb auf dem Bildschirm nicht dargestellt werden. Die Statuszeile informiert Sie jedoch darüber, welches PostScript-Füllmuster Sie verwendet haben.

PostScript-Füllmuster können nur über PostScript-Drucker ausgegeben werden.

Sie rufen die Dialogbox POSTSCRIPT-FÜLLMUSTER auf, indem Sie im Flyout-Menü Füllen auf das Sinnbild PS klicken. Abbildung 8.27 stellt die Dialogbox POSTSCRIPT-FÜLLMUSTER dar. Dieser Mustertyp ist im Rollup-Fenster FÜLLUNG nicht einstellbar!

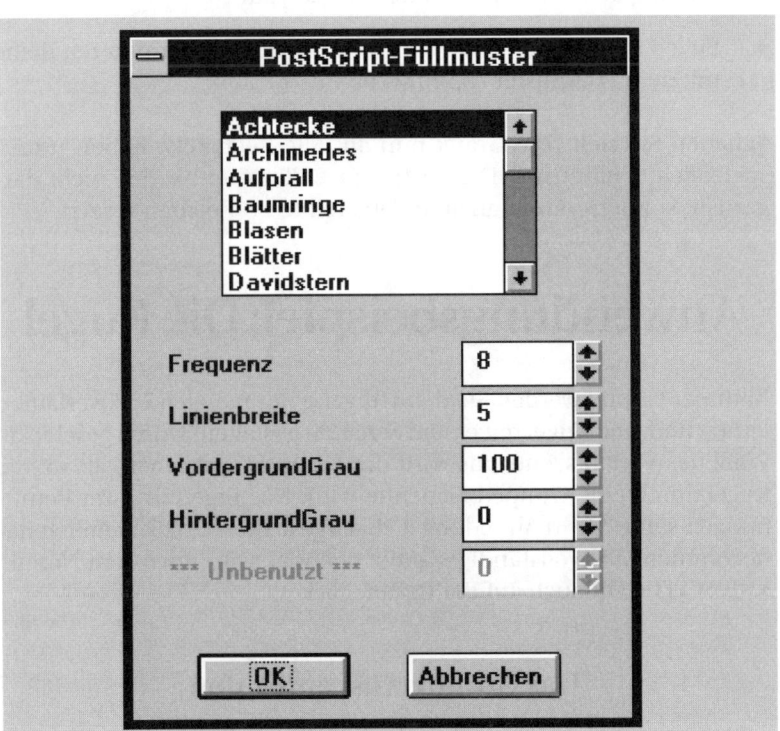

Abb. 8.27: Die Dialogbox POSTSCRIPT-FÜLLMUSTER

Der obere Teil des Menüs enthält eine Auswahlliste mit den definierten PostScript-Füllmustern. Im unteren Menübereich erkennen Sie Parameterfelder, die sich entsprechend des gewählten Füllmusters einstellen. Weisen Sie nun dem dritten Rechteck von links in der oberen Reihe ein PostScript-Füllmuster zu:

1. Markieren Sie das Rechteck und rufen Sie die Dialogbox PostScript-Füllmuster auf.

2. Wählen Sie in der Auswahlliste das Füllmuster "Kristallgitter" aus, indem Sie darauf klicken. Die Parameter bleiben unverändert. Im Anhang können Sie nachschauen, welche Auswirkungen veränderte Parameter haben.

3. Bestätigen Sie Ihre Wahl durch Klicken auf OK.

4. Füllen Sie nun das dritte Rechteck von links in der unteren Reihe mit dem Füllmuster "Spinnweben".

Schauen Sie sich Ihre Grafik nun an. Alle Rechtecke haben unterschiedliche Füllmuster. Die PostScript-Füllmuster werden nicht dargestellt, sondern durch aneinandergereihte PS-Zeichen ersetzt.

Anwendungsbeispiel: Die Kugel

In dieser Übung werden Sie den Umgang mit radialen Farbverläufen lernen und eine Kugel mit einem Schatten gestalten. Durch geschickte Wahl des Verlaufszentrums wird der Eindruck entstehen, als ob die Kugel durch eine Lampe beleuchtet wird. Das Ergebnis Ihrer Bemühungen sollte der in Abbildung 8.28 dargestellten Grafik ziemlich nahekommen. Die vollständige Grafik befindet sich unter dem Namen KREISCHT.CDR auch auf der Beispieldiskette.

Das Grundgerüst entwerfen

Der erste Schritt besteht im Entwerfen der Kugel- und Schattenumrisse:

Abb. 8.28: Kugel mit Schatten

1. Aktivieren Sie den Umrißmodus, indem Sie im Menü ANSICHT auf
    die Menüoption UMRIßMODUS klicken. Zeichnen Sie nun einen
    Kreis.

2. Unterdrücken Sie die Darstellung der Umrißlinie, indem Sie in
    der Farbpalette mit der rechten Maustaste auf das Kreuz klicken.

3. Markieren Sie den Kreis und drücken Sie die ⊕-Taste auf dem nu-
    merischen Tastenblock. Sie haben den Kreis so kopiert.

4. Klicken Sie erneut auf den Kreis und stellen diesen anschließend
    schräg. Verkleinern Sie den schräggestellten Kreis nun noch ein
    wenig. Richten Sie die Objekte im Bedarfsfall noch aus, bis Sie eine
    Darstellung gemäß Abbildung 8.29 erhalten.

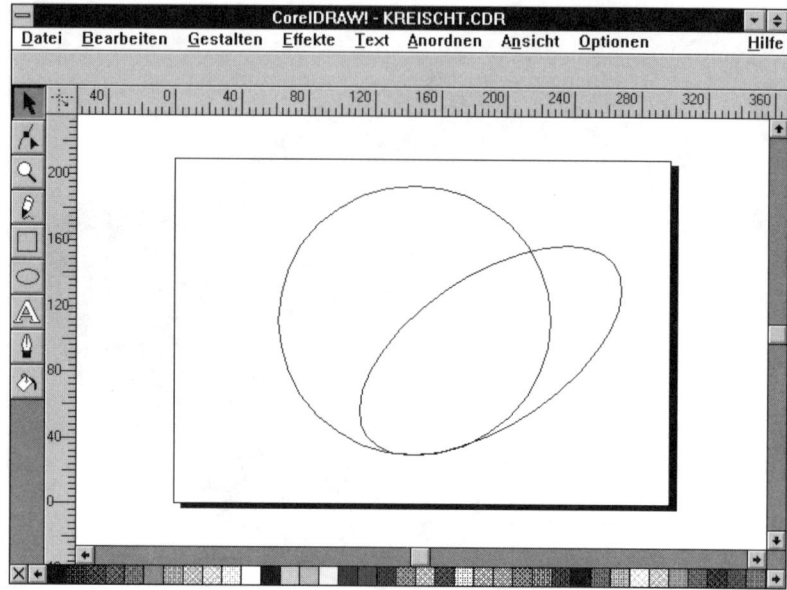

Abb. 8.29: Das Grundgerüst

Das Grundgerüst ist nun fertiggestellt.

Die Wahl des Farbverlaufs für die Kugel

Bei Betrachtung der Grafik soll der Eindruck entstehen, als ob die Kugel durch eine Lampe beleuchtet wird. Zu diesem Zweck wird die Kugel mit einem radialen Farbverlauf von Weiß nach Grau gefüllt. Der bereits definierte Schatten gibt die Richtung vor, aus der die Lichtquelle strahlt. Dementsprechend muß das Zentrum des Farbverlaufs verschoben werden, damit die Perspektiven nicht verzerrt erscheinen.

Definieren Sie nun den Farbverlauf für die Kugel:

1. Markieren Sie die Kugel und klicken Sie auf das Füllen-Hilfsmittel.

2. Aktivieren Sie das Rollup-Fenster FÜLLUNG, und klicken Sie auf die Schaltfläche für den Farbverlauf.

3. Wählen Sie mit der linken Farbschaltfläche die Graustufe 70% Schwarz und mit der rechten Farbschaltfläche weiß. Sind Sie nicht sicher, ob Sie die richtige Farbe gewählt haben, klicken Sie auf BE-ARBEITEN und kontrollieren die Farbeinstellung in der Dialogbox FARBVERLAUF.

4. Stellen Sie die Verlaufsart Radial ein.

5. Klicken Sie auf BEARBEITEN. Damit der Eindruck einer Lichtquellen-Bestrahlung noch verstärkt wird, wählen Sie einen Randabstand von 10%. Sie erreichen so, daß ein größerer Weiß-Bereich entsteht, der eher an eine Lichtquelle erinnert als ein kleinerer Bereich.

6. Die Werte für den ABSTAND VOM ZENTRUM lassen sich zwar grob numerisch einstellen, die korrekte Ausrichtung ist aber besser im Vorschaufeld einstellbar. Verlassen Sie die Dialogbox also durch Klicken auf OK. Stellen Sie den Cursor im Rollup-Fenster auf das Vorschaufenster, und ziehen Sie den Verlaufsbeginn mit gedrückter linker Maustaste an die gewünschte Position.

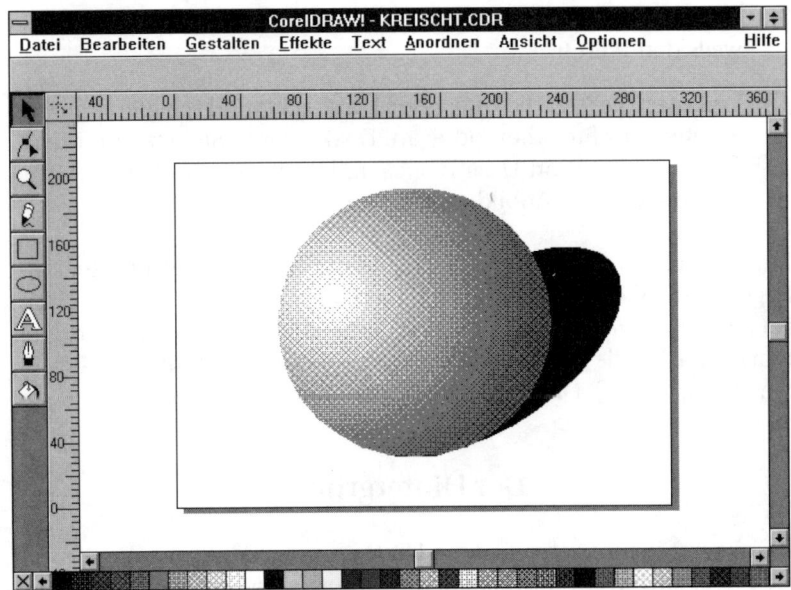

Abb. 8.30: Kugel mit Farbverlauf

7. Klicken Sie auf ZUWEISEN. Die Einstellung des neuen Zentrums ist ein iterativer Prozeß, so daß Sie eventuell mehrere Versuche unternehmen müssen, bis der Verlauf perfekt ausgerichtet ist. Ihre Grafik sollte jetzt Abbildung 8.30 entsprechen.

Die Wahl des Farbverlaufs für den Schatten

Im Kapitel "Spezielle grafische Effekte" erfahren Sie, wie Sie variable Farbverläufe erzeugen können.

Ein Schatten ist normalerweise nicht tiefschwarz, sondern wird zu den Rändern hin heller. Dieser Effekt ist ohne besondere Tricks in CorelDRAW! nicht realisierbar, da das Programm im Farbverlauf-Modus nur radiale und lineare Farbverläufe ermöglicht. Trotzdem sollten Sie nun versuchen, diesem Effekt so nahe wie möglich zu kommen:

1. Markieren Sie die Ellipse und aktivieren Sie das Rollup-Fenster FÜLLUNG. Klicken Sie dort auf die Schaltfläche Farbverlauf.

2. Definieren Sie die Anfangsfarbe 60% Schwarz und die Endfarbe Schwarz 100%.

3. Wählen Sie für den RANDABSTAND und den ABSTAND VOM ZENTRUM jeweils den Wert 0.

4. Verlassen Sie jetzt die Dialogbox FARBVERLAUF und schauen sich das Ergebnis im Eingabemodus an. Deaktivieren Sie dazu im Menü ANSICHT die Option UMRISSMODUS, indem Sie darauf klicken. Ihre Grafik sollte nun Abbildung 8.28 entsprechen.

Zum Schluß noch eine Anmerkung: Je nachdem, in welcher Reihenfolge Sie die Objekte bearbeitet haben, liegt der Schatten (die Ellipse) im Vordergrund und verdeckt Teile der Kugel. In diesem Fall markieren Sie die Ellipse und verlagern diese nach hinten. Drücken Sie dazu ⇧ Bild↓. Die Darstellung sollte nun korrekt sein.

Der Hintergrund

Probieren Sie nun verschiedene Hintergrundverläufe aus. Vergessen Sie nicht, auch mit verschiedenen Füllmustern oder einfarbigen Hintergründen zu experimentieren.

Zusammenfassung

Die Grundlagen zu Füllmustern, Verläufen und Umrissen haben Sie jetzt durchgearbeitet. Außer Spezialeffekten, Textgestaltungen und verschiedenen Kombinations- und Bearbeitungsmöglichkeiten kennen Sie jetzt bereits alle Objekteingabe- und -bearbeitungstechniken.

Das nächste Kapitel behandelt die notwendigen theoretischen Grundlagen zu Farben und Mustern. Sie erfahren, wie Graustufen gedruckt werden, welche Farbmethoden CorelDRAW! unterstützt und wie Sie eigene Farben anhand verschiedener Farbmodelle definieren.

9

Farben, Muster und Paletten

Im Verlaufe dieses Buches sind Sie immer wieder mit Farben, Graustufen und Mustern in Berührung gekommen, wenn Sie Objekte eingegeben und bearbeitet haben. Farben und Füllmuster sind aus heutigen Grafiken, insbesondere Werbegrafiken, nicht mehr wegzudenken. Auch Verpackungen sind größtenteils farbig und lenken die Aufmerksamkeit des Käufers auf den Artikel. Stellen Sie sich einmal einen Supermarkt vor, in dem sämtliche Artikel nur in schwarz/weißen Verpackungen vorhanden wären.

Farben erzielen also Wirkungen. Je nach Auswahl der Farbe werden Signalwirkungen (bei grellen Farben) oder beruhigende Wirkungen (bei sanften Farben in Pastelltönen) erzielt.

Für eine Grafik ist die Farbwahl somit von entscheidender Bedeutung. Die Einstellung einer Farbe ist eng verknüpft mit der Auswahl des Farbmodells, das wiederum Auswirkungen auf das Druck- oder Belichtungsverfahren hat. In diesem Kapitel werden deshalb die theoretischen Grundlagen der verschiedenen Farbmodelle vermittelt. An geeigneter Stelle werden Ratschläge gegeben, damit die ausgedruckte Grafik auch Ihren Vorstellungen hinsichtlich Qualität und Farbgebung entspricht. Der Einsatz verschiedener PostScript-Muster verändert ebenfalls das Erscheinungsbild von Objekten. Sie werden dies später an einem Beispiel noch sehen.

Nach einem gehörigen Stück Theorie wird das Kapitel dann doch wieder praktisch: Sie definieren eigene Zweifarben- und Vollfarben-Muster, die Sie anschließend genauso verwenden können wie die bereits existierenden.

Farben

Das größte Problem bei der Verwendung von Farben ist die sogenannte Qual der Wahl. Stehen viele verschiedene Farbtöne zur Verfügung, muß man sich letztlich doch für eine Palette bestimmter Farben entscheiden. Die Anordnung und Auswahl von Farben bestimmt nämlich entscheidend die Wirkung beim Betrachter. Die Farbenlehre beschäftigt sich mit diesen Wirkungen und vermittelt konkrete Hinweise zur Farbgebung. Im Rahmen dieses Buches kann darauf jedoch nicht eingegangen werden, da die theoretischen Grundlagen zu Farben und Grafikdesign ganze Bücher füllen.

Die folgenden Abschnitte beschäftigen sich daher mit der Beschreibung der Farbmodelle und deren Auswirkungen auf den Druck. Zunächst fangen wir mit der unproblematischsten Farbgebung an, der Ausgabe von Graustufen.

Die Ausgabe von Graustufen

Wenn Sie einmal ein gedrucktes schwarz/weißes Bild genauer betrachten, wird Ihnen auffallen, daß das Bild aus vielen kleinen Punkten zusammengesetzt ist. Je nach Punktdichte erscheinen die Flächen dabei in Schwarz, Grau oder Weiß.

Das Prinzip der Darstellung von Graustufen macht sich den Effekt zunutze, daß das menschliche Auge feine Punkte nicht mehr auflöst, sondern eine Fläche als Grauwert interpretiert. Je weiter Sie von einer Grafik entfernt sind, umso homogener wirkt die Fläche. Es ist also möglich, Bilder mit Grauwerten auf einem Drucker auszugeben, der eigentlich nur schwarze Punkte drucken kann. Betrachten wir den Effekt einmal etwas genauer. Schauen Sie dazu Abbildung 9.1 an.

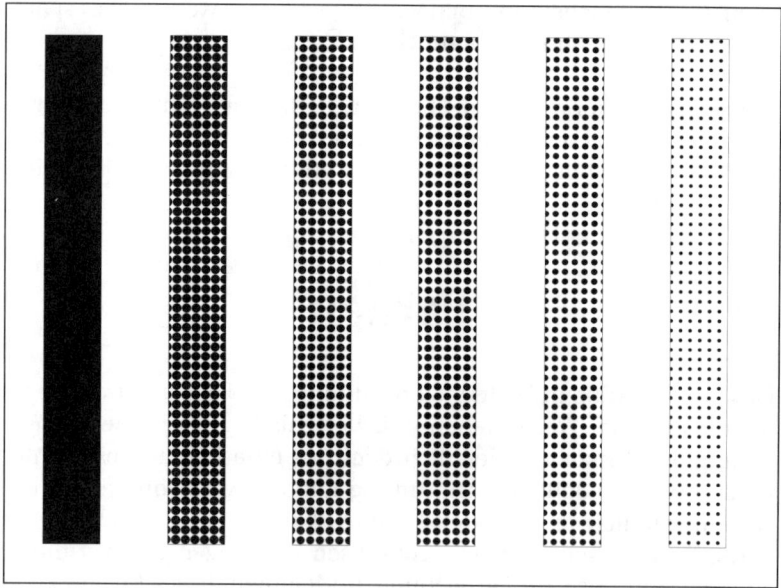

Abb. 9.1: Graustufen als Punktraster

Nehmen wir an, Sie vergrößern eine Fläche von 100 Druckpunkten. Die Kantenlänge dieses Quadrats beträgt 10 Punkte. Möchten Sie nun eine weiße Fläche erzeugen, enthält die Fläche keinen schwarzen Punkt. Bei einer schwarzen Fläche wären alle Druckpunkte gesetzt. Bezeichnen wir diese Fläche nun als Rasterpunkt.

Grautöne werden immer als Prozentangabe einer hundertprozentigen Schwärzung angegeben. Diese Grautöne werden nun so erzeugt, daß die Rasterpunkte in ihrer Größe verändert werden. Die Fläche wird aus den oben definierten Quadraten so zusammengesetzt, daß die Quadrate aneinanderstoßen. Je nach Grauton werden die Rasterpunkte größer oder kleiner. Damit ändert sich gleichzeitig der Abstand der Rasterpunkte zueinander. Bei einer 10%igen Schwärzung bedecken die Rasterpunkte also nur 10% der Gesamtfläche. Bei einer 100%igen Schwärzung wird die maximale Rasterpunktgröße verwendet, so daß kein Rasterpunktabstand mehr vorhanden ist.

Die Qualität des Grautones hängt in der Praxis von verschiedenen Faktoren ab. Entscheidend sind dazu die Begriffe Auflösung, Rasterpunkte und Rasterfrequenz.

Die Druckerauflösung

Moderne Drucker verfügen über eine Auflösung von 300 dpi und mehr. Laserbelichter liegen im Bereich zwischen 1200 bis 2400 dpi. Die Maßeinheit dpi (dots per inch; *deutsch:* Punkte pro Zoll) ist ein Merkmal für Ausgabequalität eines Druckers. So bedeutet die Angabe 300 dpi, daß der Drucker in der Lage ist, 300 Druckpunkte pro Zoll nebeneinander zu setzen. Eine schwarze Linie, die genau ein Zoll lang ist, besteht somit aus genau 300 Druckpunkten.

Die Rasterpunkte

Rasterpunkte bestehen in der Regel aus mehreren Druckpunkten. Die Verteilung und Größe der Rasterpunkte über eine Fläche bestimmen den Grauwert.

Die Rasterfrequenz

Die Rasterweite hat die Maßeinheit lpi (Lines per Inch). Sie gibt an, wieviele Rasterpunkte pro Zoll gesetzt werden dürfen. Eine Rasterweite von 30 lpi bedeutet also, daß maximal 30 Rasterpunkte pro Zoll gesetzt werden dürfen. Für ein Quadrat ergeben sich somit 900 Rasterpunkte, die für die Bildung von Grauwerten zur Verfügung stehen.

Damit wird auch klar, daß die Größe der Rasterpunkte und deren Abstand voneinander für die Homogenität eines Grautons von entscheidender Bedeutung sind. In Abbildung 9.2 wird dieser Effekt durch Verwendung verschiedener Rasterfrequenzen deutlich.

Aus der Druckerauflösung und der Rasterweite kann man sehr leicht die Anzahl der maximal möglichen Graustufen errechnen:

Wir haben eben einen Rasterpunkt als Matrix aus einer Anzahl von Druckpunkten definiert. Nehmen Sie einmal an, ein Rasterpunkt besteht aus einer Matrix von 4*4 Druckpunkten. Sie können damit maximal 16 Graustufen einschließlich einer 100%igen Schwärzung erzeugen. Dazu kommt dann noch der Wert Weiß, bei dem kein Druckpunkt gesetzt wird.

Die Rastermatrix wird nun in Abhängigkeit von der verfügbaren Druckerauflösung und der gewünschten Rasterfrequenz gewählt. Allgemein läßt sich sagen, daß mit größeren Rasterfrequenzen die Zahl der darstellbaren Graustufen abnimmt. Der Drucker muß nämlich bei konstanter Auflösung mehr Rasterpunkte pro Längeneinheit unterbringen. Die Rastermatrix wird deshalb kleiner. Da die Rasterfrequenz, wie Sie bereits wissen, für die Qualität des Grauwertes entscheidend ist, müssen Sie hier einen Kompromiß zwischen der Rasterfrequenz und der Zahl der maximal darstellbaren Graustufen finden.

Die Formel zur Berechnung lautet:

Druckerauflösung in dpi / Rasterfrequenz = Kantenlänge der Rastermatrix

Kantenlänge der Rastermatrix^2 + 1 = Anzahl der darstellbaren Grauwerte

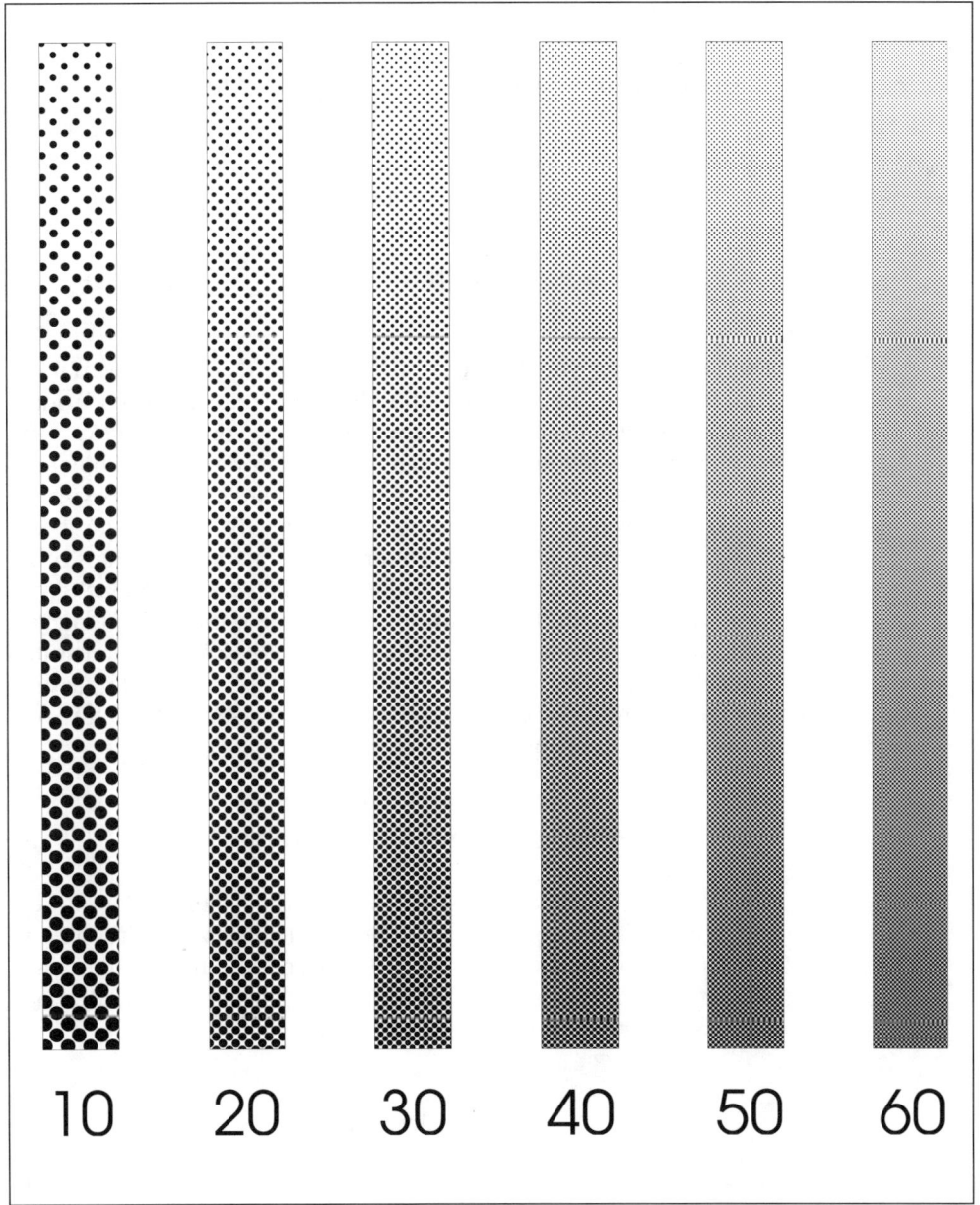

Abb. 9.2: Graustufen mit unterschiedlichen Rasterfrequenzen

Die nachfolgende Tabelle listet einige Standardwerte auf:

Rasterfrequenz	300 dpi	1200 dpi	2400 dpi
30	101	1601	6401
60	26	401	1601
90	10	145	577

Tab. 9.1: Maximal darstellbare Graustufen

Die Darstellung von Grauwerten nach dem Rasterpunktverfahren funktioniert nur bei der Ausgabe über PostScript-Drucker. Andere Drucker wie z.B. der HP LaserJet werden direkt von CorelDRAW! und Windows angesteuert. Die Erzeugung der Grauwerte erfolgt hier analog zur Darstellung auf dem Bildschirm. So wird eine Matrix von 8*8 Punkten verwendet, um Grautöne zu erzeugen (65). Im Gegensatz zur Rasterpunkt-Methode werden aber nicht unterschiedliche Punktgrößen erzeugt, sondern die Punkte regelmäßig auf die Fläche von 64 Punkten verteilt. Dies gewährleistet, daß die maximale Druckerauflösung ausgenutzt wird. Nachteilig ist, daß die Zahl der Graustufen feststeht und bei Verwendung weniger Graustufen keine Anpassung der Rasterfrequenz erfolgen kann. Die Bildauflösung läßt sich in diesem Fall also nicht anpassen.

Die Farbmodelle in CorelDRAW!

Die Wahl des Farbmodells ist abhängig von der Anzahl der Farben, die in einer Grafik enthalten sind. Verwenden Sie viele Farben in einer Grafik, sollten Sie Skalenfarben verwenden. Enthält Ihre Grafik nur wenige Farben, sind Schmuckfarben geeigneter. Jede Methode hat ihre spezifischen Vor- und Nachteile.

Skalenfarben

Skalenfarben werden aus den Grundfarben Zyan, Magenta und Gelb sowie Schwarz über die subtraktive Farbmischung erzeugt. Diese Methode nennt man Vierfarbdruck. Beim Vierfarbdruck wird eine Grafik viermal gedruckt; jedesmal in einer anderen Farbe. Unterschiedliche

Farbtöne werden wie bei der Erzeugung von Grautönen durch verschiedene Rasterfrequenzen der Grundfarben erzielt.

Druckt man jedoch die Farbauszüge übereinander, würde die erste Farbe durch die zweite Farbe usw. verdeckt. Die Mischung der Farben muß also auf anderem Weg erreicht werden. Auch hier bedient man sich wieder der Tatsache, daß das Auge feine Raster als zusammenhängenden Bereich erkennt.

Bei normalen Farbauszügen lägen die Druckpunkte jeder Farbseite exakt an der selben Stelle. Bei der Zusammensetzung der Grafik würden die Druckpunkte sich gegenseitig verdecken. Aus diesem Grund werden die Raster der einzelnen Farbauszüge in verschiedenen Winkeln zueinander ausgedruckt. Durch die Verwendung unterschiedlicher Winkel liegen die Punkte nicht über-, sondern nebeneinander. Prinzipiell wird also ein Farbpunkt aus vier verschiedenen Punkten zusammengesetzt.

Die Auflösung des verwendeten Ausgabesystems sowie die gewählte Rasterfrequenz bestimmt auch hier entscheidend die Qualität des Ausdrucks. Der Vorteil ist, daß mit diesem Verfahren sehr viele verschiedene Farben gleichzeitig darstellbar sind.

Dieser Vorteil muß aber mit einigen Nachteilen erkauft werden. Durch die Aufteilung der Grafik in vier verschiedene Farbauszüge und die Verwendung von Winkeln muß beim Druck mit höchster Genauigkeit gearbeitet werden. Geringste Abweichungen führen direkt zu deutlichen Farbverschiebungen.

Darüber hinaus treten bei Verwendung dieser Methode Moiré-Effekte auf, die dazu führen, daß man Muster in der Grafik zu sehen glaubt. Dieser Effekt läßt sich verringern, indem man die Rasterfrequenz und die Winkel aufeinander abstimmt. Für Standardgeräte nimmt CorelDRAW! diese Einstellungen automatisch vor.

Der Moiré-Effekt tritt nicht auf bei

– Farben, die nur Gelb und Magenta enthalten,

– 100%-Farbtönen.

Das Farbmenü

CorelDRAW! läßt die Farbdarstellung sowohl für Umrisse als auch für Flächen zu. Demzufolge enthalten die Flyout-Menüs für das Umriß- und das Füllen-Hilfsmittel auch je ein Sinnbild, hinter dem sich die Farbmenüs verbergen.

Die Palettendarstellung haben Sie bereits bei der Herstellung von Farbverläufen kennengelernt. Dort standen in der Auswahlliste unter den Farbschaltflächen zwei gleiche Farbpaletten zur Eingabe der Start- und Endfarbe zur Verfügung.

Die Darstellung der Dialogbox zur Einstellung von Farben ist für das Füllen- und das Umriß-Hilfsmittel mit Ausnahme der Menübezeichnung gleich. Abbildung 9.3 stellt die Dialogbox GLEICHMÄSSIGE FÜLLUNG mit dem Farbmodell PALETTE dar.

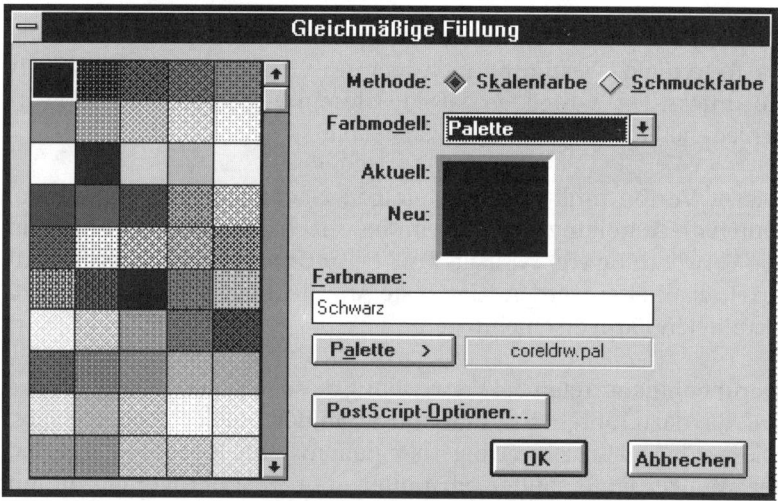

Abb. 9.3: Das Paletten-Farbmodell

Im Feld METHODE wählen Sie die gewünschte Farbmethode - SKALENFARBEN oder SCHMUCKFARBEN. Welcher Herstellungsprozeß sich hinter Skalenfarben verbirgt, wissen Sie bereits. Die Philosophie und der Druck der Schmuckfarben unterscheidet sich davon völlig. Lesen Sie dazu bitte den Abschnitt "Schmuckfarben". In der Palette wählen Sie die Farbe aus. Klicken Sie dazu einfach auf die gewünschte Farbe. Im Feld FARBNAME erscheint der zugehörige Farbname. Hinter der Schaltfläche POSTSCRIPT-OPTIONEN verbirgt sich ein weiteres Menü, in dem Sie die PostScript-eigenen Raster mit Winkel und Rasterfrequenz einstellen. Wir werden später noch dazu kommen.

Die zweite Farbmenü-Darstellung dient zur Auswahl und Definition weiterer Farben. Sie aktivieren diese Darstellung, indem Sie auf im Feld FARBMODELL auf "CMYK", "RGB" oder "HSB" klicken.

Diese Darstellung weist zwei verschiedene Farbauswahlfelder auf, in denen Sie Farben nach dem Farbeindruck auswählen. Im unteren linken Bereich sind je nach Farbmodell Schieber angeordnet. Mit diesen Schiebern stellen Sie Farben anhand von Prozentwerten ein.

Durch Mausklick auf die Bildlaufleiste wird die Tönung jeweils in 10%-Schritten verändert.

Haben Sie eine Farbe eingestellt, wird diese im Farbvorschaufenster dargestellt. Bei einer Veränderung wird das Vorschaufenster geteilt. Im oberen Bereich AKTUELL wird die ursprüngliche Farbe dargestellt, im unteren Bereich NEU die neue Farbe. Ist die Farbe bereits definiert, blendet CorelDRAW! zusätzlich den Farbnamen ein.

Möchten Sie die neue Farbe nun in die aktuelle Palette einfügen, klicken Sie auf die Schaltfläche PALETTE und anschließend auf die Option FARBE HINZUFÜGEN. Falls Sie eine Farbe aus der Palette entfernen wollen, klicken Sie auf die Option FARBE LÖSCHEN.

Paletten verwalten

Zusätzlich haben Sie die Möglichkeit, eigene Farbpaletten zu kreieren. Haben Sie eigene Farben definiert, können Sie die geänderte Palette unter einem anderen Namen abspeichern. Klicken Sie dazu auf die Schaltfläche PALETTE und anschließend auf PALETTE SPEICHERN UNTER. Geben Sie danach einen Dateinamen ein. Möchten Sie eine bestimmte Palette laden, klicken Sie auf PALETTE und dann auf NEUE PALETTE LADEN. Wählen Sie nun in der Dialogbox PALETTE ÖFFNEN eine Palette aus, und laden Sie diese durch Klicken auf OK. Möchten Sie die Farbeinstellungen während der Erstellung einer Palette zwischenspeichern, klicken Sie auf PALETTE und anschließend auf SPEICHERN. Die voreingestellte Standardpalette heißt CORELDRW.PAL Sie können jedoch auch jede andere Farbpalette als Standardpalette verwenden, indem Sie diese laden und dann auf PALETTE und ALS STANDARDPALETTE FESTLEGEN klicken.

Bevor Sie nun eigene Farben definieren, machen Sie sich mit den Grundlagen der Farberzeugung durch die verschiedenen Farbmodelle vertraut. Die Farbmodelle werden in den folgenden Abschnitten beschrieben.

Prinzipiell werden Farben aus Grundfarben zusammengestellt. Entscheidend für den Farbton ist dabei die prozentuale Zusammensetzung der Farben.

CMYK

Beim Farbmodell CMYK werden die Farben aus den Grundfarben Zyan, Magenta, Gelb und Schwarz durch die subtraktive Farbmischung erzeugt. Wählen Sie im Feld FARBMODELL die Option CMYK aus, erscheint das Farbmenü gemäß Abbildung 9.4.

Das Farbmodell CMYK unterstützt über 16 Millionen verschiedene Farbtöne und wird zur Vierfarbseparation verwendet.

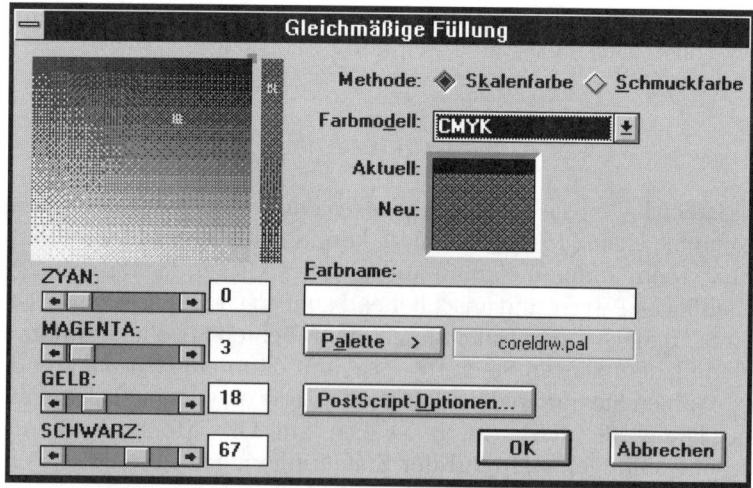

Abb. 9.4: Das Farbmodell CMYK

Für das CMYK-Farbmodell sind Farbreferenzhandbücher lieferbar, die zu jedem Farbton die prozentualen Werte der Grundfarben angeben. Sie wählen so eine Farbe aus und definieren anschließend den Farbton durch Eingabe der Werte. Steht Ihnen keine Farbreferenzkarte zur Verfügung, wählen Sie die Farbe einfach nacn Ihrem Farbempfinden aus. Bewegen Sie den Cursor dazu auf die Markierungen innerhalb der Farbauswahlfelder, drücken die linke Maustaste und ziehen den Cursor mit gedrückter Maustaste. Das Farbvorschaufeld ändert die Farbe entsprechend der Position der Markierung. Die Schieber und Prozentangaben werden ebenfalls aktualisiert.

Obwohl die Darstellung von Farben recht genau ist, müssen Sie unbedingt Probeausdrucke Ihres Standard-Ausgabemediums anfertigen, weil sich die Farbgebung im Vergleich zur Bildschirmdarstellung doch unterscheiden kann. Dies gilt insbesondere für Graustufen und alle Rot/Braun-Farbtöne, die immer problematisch sind.

RGB

Das RGB-Modell verwendet die Grundfarben Rot, Grün und Blau und entspricht damit der Farbendarstellung, wie sie auch bei Fernsehgeräten und Farbmonitoren verwendet wird. Das Verfahren nennt man auch additive Farbmischung. Auch bei diesem Farbmodell werden wieder zwei Farbauswahlfelder dargestellt (Abbildung 9.5).

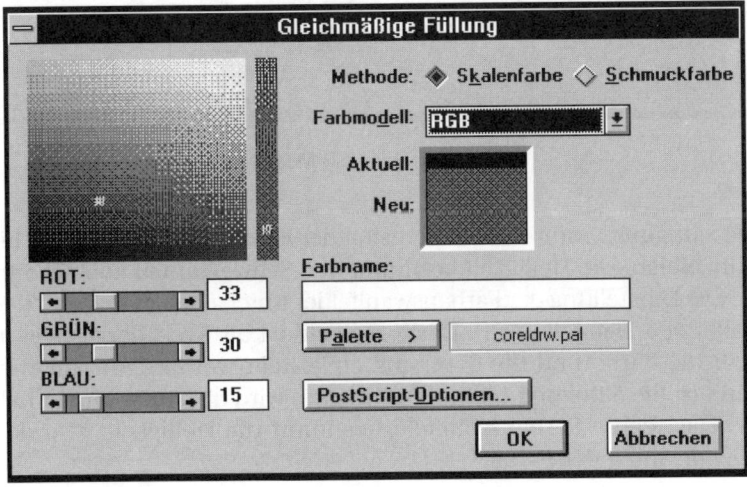

Abb. 9.5: Das RGB-Modell

Da die Farbe nur aus drei Farbanteilen zusammengesetzt wird, werden auch nur drei Schieber dargestellt. Die Einstellung der Farbe erfolgt analog zum CMYK-Farbmodell. Im linken Farbauswahlfeld verändern Sie die Farbanteile von Rot und Grün, im rechten Feld den Farbanteil von Blau.

HSB

Beim FSH (HSB)-Modell werden die Farben aus den Parametern Farbe, Sättigung und Helligkeit zusammengesetzt. Der Gedanke hinter diesem Modell ist folgender: Die Farbe wird als normales Farbspektrum dargestellt (Abbildung 9.6).

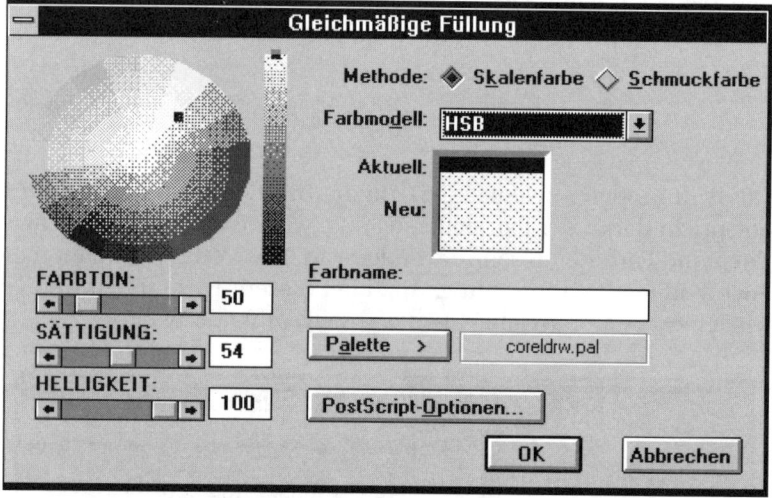

Abb. 9.6: Das HSB-Modell

Die Sättigung bestimmt die Intensität der Farbe, z.B. von Hellblau bis Dunkelblau. Die Helligkeit bestimmt den Schwarzanteil in einer Farbe. Die Darstellung der Farbauswahlfelder unterscheidet sich von den bisherigen Darstellungen. Das linke Feld ist als Kreis dargestellt, in dem die Farbe und die Sättigung eingestellt werden. Am äußeren Rand ist die Sättigung 100%, zur Mitte hin wird die Farbe immer heller. Das rechte Farbauswahlfeld bestimmt die Helligkeit, also den Schwarzanteil der Farbe.

Namen

Hinter der Option NAMEN verbirgt sich kein Farbmodell. Sobald Sie eine Farbe definiert haben, sollten Sie ihr einen Namen geben. Klicken Sie im Feld FARBMODELL auf die Option NAMEN, stellt CorelDRAW! eine Liste aller Farben mit Farbnamen dar. Sie können die Farbe so nach dem Namen und nicht nach einem Farbton auswählen. In dieser Darstellung können Sie keine weiteren Farben definieren, sondern nur bereits vorhandene auswählen. Abbildung 9.7 zeigt die Farbauswahlliste der CorelDRAW! Standardpalette.

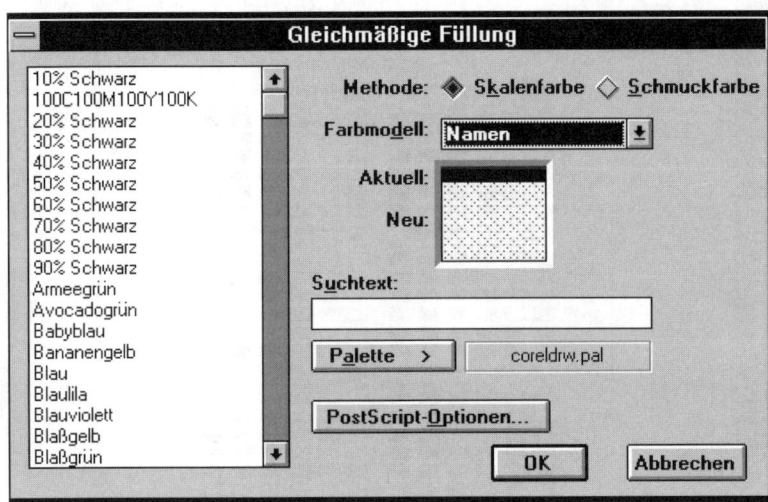

Abb. 9.7: Farben über Farbnamen auswählen

Die Farbreferenz

Neben Farbreferenzen, die ganze Bücher füllen und die Farbe mit ihren prozentualen Werten im CMYK-Modell abbilden, ist auch eine Farbreferenzdatei im Lieferumfang von CorelDRAW! enthalten. Für die grobe Auswahl von Farben ist diese Karte geeignet, für die feinere Auswahl dagegen nicht, da sie nur Abstufungen von 10% enthält.

Vorteilhaft ist dagegen, daß die Karte auch als Datei FARBBALK.CDR vorhanden ist (Abbildung 9.8). Sie können so die Karte auf dem gewünschten Ausgabegerät ausgeben und die gedruckten Farben mit der Farbreferenzkarte vergleichen. Bei Abweichungen haben Sie so die Möglichkeit, die eingestellten Farbwerte in CorelDRAW! zu korrigieren. Die Datei FARBBALK.CDR befindet sich im Verzeichnis C:\CORELDRW\DRAW\BEISPIEL.

 Müssen Sie bestimmte Farben verwenden, ist der Kauf von Farbreferenzkarten unvermeidlich. Nur so können Sie sicherstellen, die gewünschte Farbe definiert zu haben.

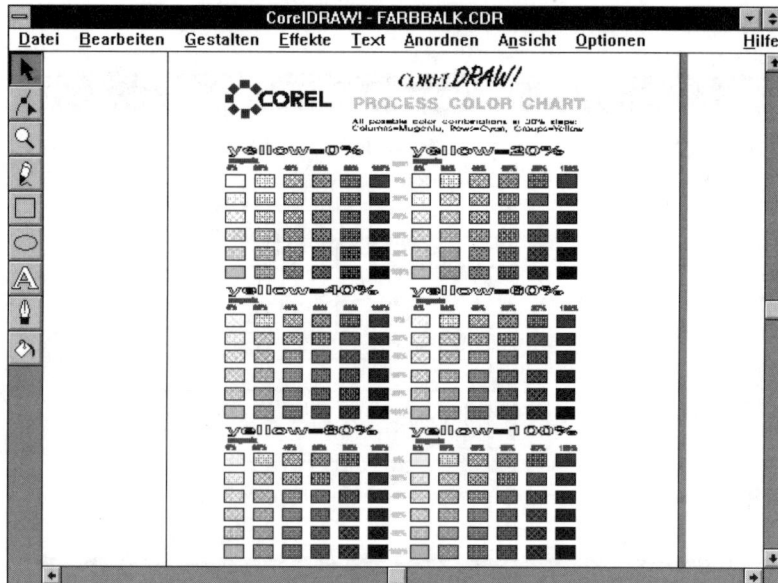

Abb. 9.8: Die Farbreferenzkarte

Schmuckfarben

Die Schmuckfarben-Methode wird auch "Pantone Matching System" genannt. Der Vorteil dieser Methode ist, daß die Farben beim Druck nicht aus den Grundfarben des CMYK-Modells zusammengesetzt werden, sondern direkt gedruckt werden. Dazu ist allerdings bei der Farbseparation eine eigene separierte Seite für jede verwendete Farbe erforderlich. Aus Kostengründen eignet sich diese Methode nur dann, wenn Sie wenige Farben in einer Grafik verwenden. In solchen Fällen ist der Druck mit Pantone-Farben der Vierfarbseparation unbedingt vorzuziehen. Auch bei Grafiken mit Graustufen, bei denen Sie verschiedene Halbtonraster verwendet haben, eignen sich Schmuckfarben besser.

Die Darstellung von Schmuckfarben auf dem Bildschirm ist nicht verläßlich, da die Farbtöne nicht exakt wiedergegeben werden können. Arbeiten Sie mit Schmuckfarben, benötigen Sie daher unbedingt Referenzfarbtafeln, die Sie zusätzlich erwerben müssen. In diesen Tafeln sind die Farben zusammen mit einer Farbnummer abgedruckt. Die Vorteile dieser Methode liegen klar auf der Hand: Die Zuordnung von Farben über Farbnummern garantiert beim Ausdruck den gewählten Farbton. Es treten keine Moiré-Effekte durch ungünstige Kombinationen von Rasterfrequenz und Winkel auf. PostScript-Raster und -Füllmuster können farbig gedruckt werden.

Bevor Sie Pantone-Farben einsetzen, sollten Sie mit Druckerei vorher klären, ob die verwendeten Farben auch zur Verfügung stehen.

Sie verwenden Schmuckfarben, indem Sie in der Dialogbox GLEICH-MÄßIGE FÜLLUNG (oder den äquivalenten Dialogboxen) die Methode SCHMUCKFARBE aktivieren. CorelDRAW! zeigt daraufhin eine andere Farbpalette an. Sie wählen eine Farbe, indem Sie in der Palette auf die Farbe klicken. Zusätzlich können Sie im numerischen Feld %TÖNUNG noch den Tönungsgrad der Farbe einstellen. Im Vorschaufeld wird die Farbe angezeigt (Abbildung 9.9).

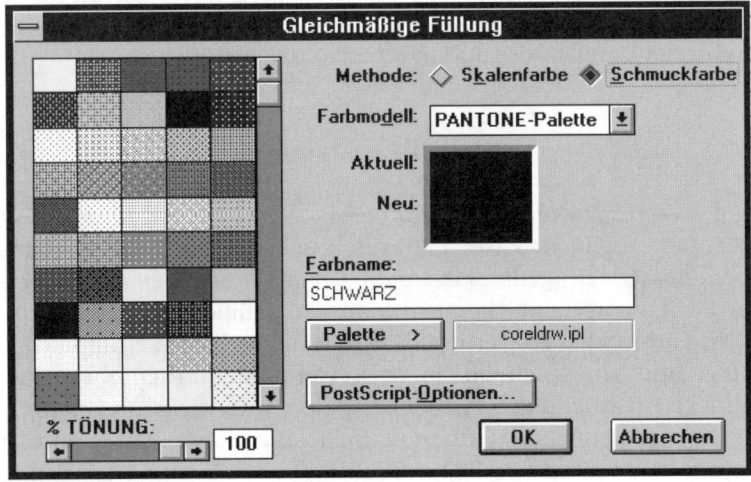

Abb.9.9: Verwendung von Schmuckfarben

Möchten Sie nun eine bestimmte Farbe auswählen, wählen Sie im
FARBMODELL die Option NAMEN. CorelDRAW! blendet eine Liste ein, in
dem Sie die Farbe nach Namen und Nummern entsprechend dem
Pantone-Standard auswählen können (Abbildung 9.10).

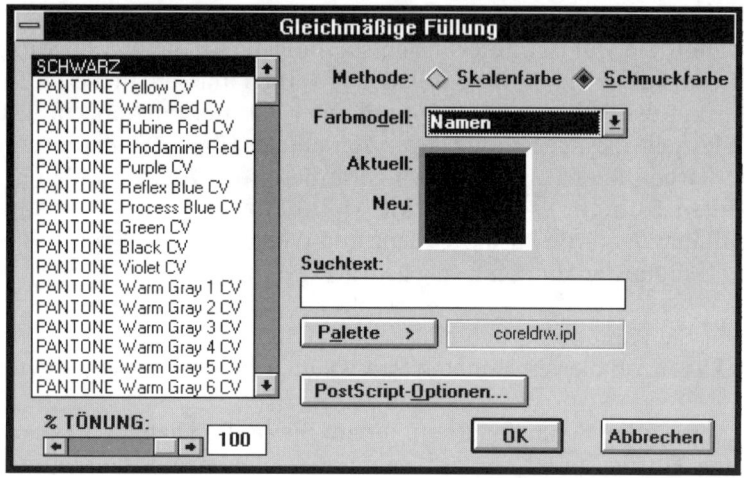

Abb. 9.10: Die Farbenliste im Pantone-Standard

Sie haben zwei Möglichkeiten zur Farbauswahl: Entweder wählen Sie
die Farbe in der Auswahlliste aus oder verwenden das Feld SUCHTEXT.
Wie bereits erwähnt, werden Pantone-Farben überwiegend durch
Farbnummern klassifiziert. Geben Sie im Feld SUCHTEXT eine Nummer
ein, springt CorelDRAW! automatisch zur entsprechenden Farbe.

Die Farbseparation

Bei der Farbseparation wird pro Farbe eine Seite ausgedruckt. Für
Skalenfarben gilt, daß vier Farbseiten entsprechend der Vierfarbseparation (CMYK) gedruckt werden. Bei der Vierfarbseparation werden die in unterschiedlichen Farbmodellen definierten Farben in das
CMYK-Farbmodell konvertiert. Die Objekte werden in Grundfarben
zerlegt und entsprechend auf den vier Grundfarbenseiten ausgedruckt. In Abbildung 9.11 sehen Sie eine Seite, die neun Quadrate
mit unterschiedlichen Farben enthält. Die obere Reihe enthält
Mischfarben, die mittlere Reihe die Grundfarben Cyan, Magenta und
Gelb, und in der unteren Reihe werden Graustufen dargestellt.

Abb. 9.11: Farbige Druckseite

Abb. 9.12: Die Vierfarbseparation

In Abbildung 9.12 wurde die Druckseite unter Verwendung der Vierfarbseparation auf vier Seiten aufgeteilt. Die Textzeile am Rand jeder Seite enthält unter anderem die Information über die ausgedruckte Grundfarbe. Bevor die Grafik separiert wird, blendet CorelDRAW! die Dialogbox FARBAUSZÜGE ein, in der Sie die auszudrukenden Farbauszüge (4) wählen und die Rasterwinkel einstellen können (Abbildung 9.13).

Bei Schmuckfarben wird in der Separation für jede Farbe eine eigene Seite ausgedruckt. Bevor die Grafik separiert wird, erscheint wiederum die Dialogbox FARBAUSZÜGE, die die Namen der verwendeten Farben auflistet. Möchten Sie nur bestimmte Farben ausdrucken, markieren Sie die Farbnamen durch Anklicken und wählen die Option GEWÄHLTE FARBEN (Abbildung 9.13).

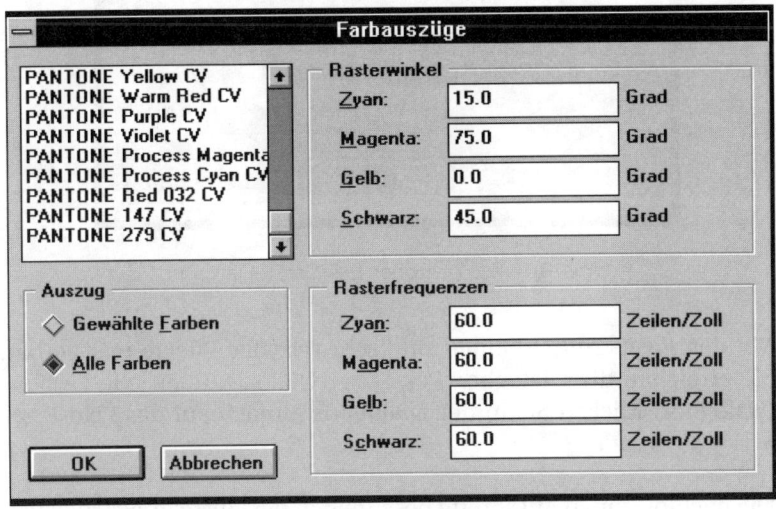

Abb. 9.13: Auswahl der zu separierenden Farben

Die PostScript-Raster

Unter PostScript können Sie zusätzlich noch verschiedene Raster für die eingestellte Farbe bzw. Graustufe eines Objektes wählen. Der Ausdruck solcher Raster ist allerdings nur mit PostScript-Druckern möglich.

Verwenden Sie die Farbmethode SCHMUCKFARBE, können Sie in der
Dialogbox POSTSCRIPT-OPTIONEN ein Halbtonraster auswählen. Abbildung 9.14 zeigt die Dialogbox POSTSCRIPT-OPTIONEN.

Abb. 9.14: Die Dialogbox POSTSCRIPT-OPTIONEN

Mit den PostScript-Optionen sind sehr reizvolle Effekte realisierbar.
Sie erreichen die Dialogbox POSTSCRIPT-OPTIONEN über jede Farben-
Dialogbox. Klicken Sie in der Dialogbox einfach auf das Feld POST-
SCRIPT-OPTIONEN.

Die nachfolgenden Abschnitte beschreiben die Einstellmöglichkeiten.

Verschiedene Raster

Insgesamt sind 11 Rastertypen einstellbar. Das Standardraster ist voreingestellt. Beachten Sie, daß bei der Vierfarbseparation mit Skalenfarben nur das Standardraster für Einzelobjekte verwendet werden
kann, weil die gemischten Farben eben durch das Ausdrucken der
getönten Grundfarben mit verschiedenen Rasterwinkeln und Fre-
quenzen entstehen.

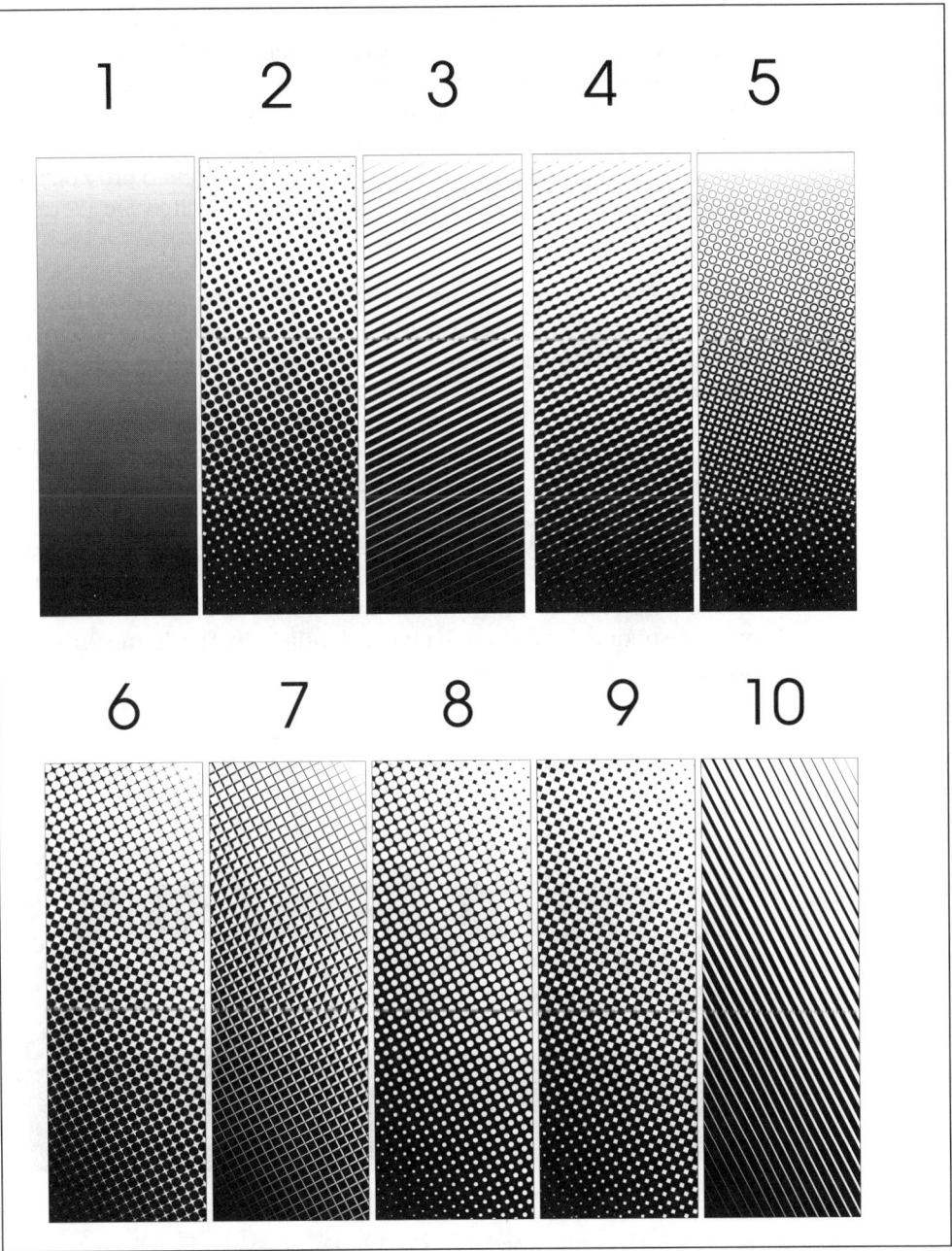

Abb. 9.15: Verschiedene Raster

Die Voreinstellung für den Winkel ist 45°, der Wert für die Frequenz beträgt 60 Linien pro Zoll. Diese Werte gelten für Laserdrucker mit 300 dpi Auflösung und werden bei anderen Ausgabegeräten automatisch angepaßt. Sie haben jedoch auch die Möglichkeit, die Rasterfrequenz und den Winkel vor der Separation global einzustellen. Für Laserdrucker mit 300 dpi sind Werte von 60 bis 80 Zeilen pro Zoll günstig. Für Laserbelichter mit hohen Auflösungen sollten Sie Werte ab 100 verwenden.

Abbildung 9.15 zeigt verschiedene Rastertypen. Zur besseren Darstellung wurden Verläufe von Weiß nach Schwarz gewählt. Die Einstellung für den Winkel betrug 25°, die Frequenz wurde mit 15 lpi angegeben.

Der Rasterwinkel

Mit dem Rasterwinkel wird der Winkel der Rastertypen eingestellt. Durch Variation des Winkels lassen sich z.B. gegenläufige Verläufe erzeugen. In Abbildung 9.15 wurde ein Winkel von 25° verwendet. Dies wird besonders im dritten Rechteck deutlich. In Abbildung 9.16 wurde ein gegenläufiger Verlauf realisiert.

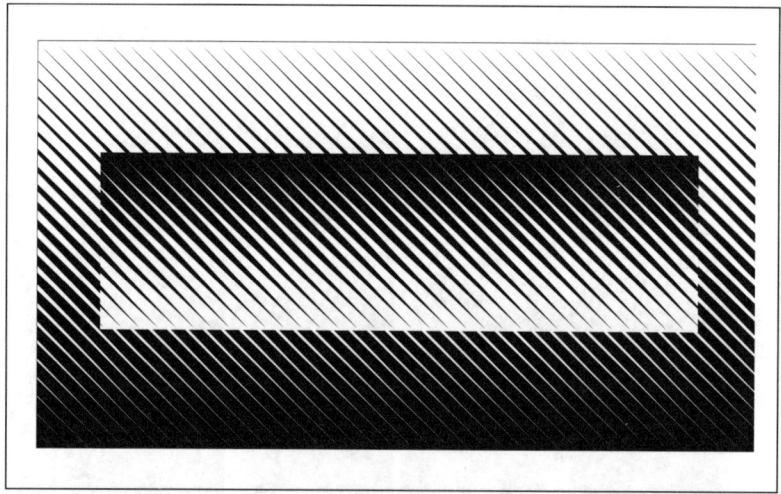

Abb. 9.16: Gegenläufiger Verlauf

Die Frequenz

Die Frequenz gibt die Zahl der Rasterpunkte pro Zoll an (siehe auch "Die Ausgabe von Graustufen"). Auch hiermit können besondere Effekte erzielt werden. Möchten Sie, wie in Abbildung 9.15 und 9.16 geschehen, den Rastertyp deutlicher darstellen, wählen Sie eine kleine Rasterfrequenz zwischen 10 und 25.

Farbauszüge überdrucken

Beim Druck mit Schmuckfarben werden Farbflächen, auf denen noch ein Objekt ausgedruckt werden soll, automatisch freigelassen. In Abbildung 9.17 sehen Sie diesen Prozeß. Im Rechteck wird beim Ausdruck ein Bereich freigelassen, der genau dem Umriß und der Fläche der Ellipse entspricht. Man unterdrückt so störende Wechselwirkungen, die beim Überdrucken von zwei Farben entstehen können.

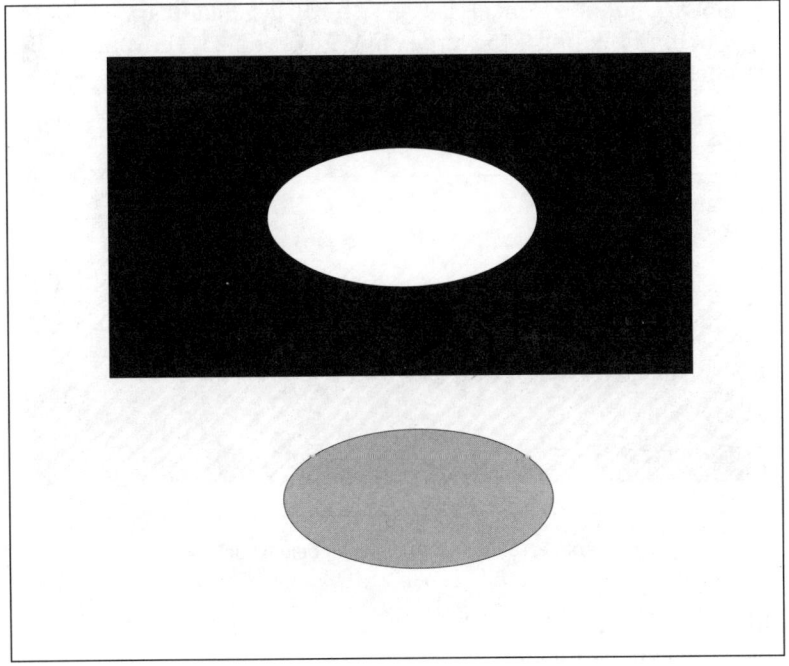

Abb. 9.17: Freigelassene Objektfläche

Mit der Option FARBAUSZUG ÜBERDRUCKEN (in der Dialogbox POSTSCRIPT-OPTIONEN) stellen Sie die Ausgabe so ein, daß die Farben übereinander gedruckt werden. Der Effekt ist allerdings in CorelDRAW! nicht darstellbar, sondern wird erst beim Druck sichtbar.

Normalerweise verwendet man diese Option, um Paßungenauigkeiten beim Drucken auszugleichen. Diese Funktion wird in der Fachsprache Trapping genannt. Bei der Farbseparation wird jede Farbe auf einem eigenen Blatt ausgegeben. Beim nachfolgenden Druck wird die Grafik dann durch Drucken der einzelnen, farbseparierten Blätter zusammengesetzt. Werden die Druckvorlagen dabei nicht perfekt ausgerichtet, entstehen zwischen sich überlagernden Objekten weiße Freiräume, die bei der Verwendung von dunklen Farben besonders auffallen (siehe Abbildung 9.18).

Abb. 9.18: Ausrichtungsfehler beim Drucken

Unter Anwendung der Funktion FARBAUSZUG ÜBERDRUCKEN lassen sich solche Effekte vermeiden.

Der Effekt in Abbildung 9.18 läßt sich folgendermaßen vermeiden:

1. Markieren Sie die Ellipse und stellen für den Umriß eine Linienbreite von 0.3 Punkten ein, sofern das Objekt keinen Umriß hat.

2. Weisen Sie dem Umriß die gleiche Farbe wie der Objektfläche zu.

3. Stellen Sie nun im PostScript-Menü des Umriß-Hilfsmittels die Option FARBAUSZUG ÜBERDRUCKEN ein. Geringfügige Verschiebungen können so ausgeglichen werden.

Auf Objekte ohne Füllung ist das Trapping nicht ohne weiteres anwendbar. Sie müssen zunächst eine Kopie direkt auf dem Originalobjekt plazieren. Im Falle eines offenen Kurvenzuges müssen Sie die Linienendung so einstellen, daß die Kurvenenden der Kopie das Original überlappen. Stellen Sie für das kopierte Objekt eine Linienbreite von 0,3 Punkten ein, und aktivieren Sie die Option FARBAUSZUG ÜBERDRUCKEN.

Die Verwendung der Option FARBAUSZUGE ÜBERDRUCKEN verlangt sehr viel Erfahrung und Grundwissen. Sie sollten deswegen mit Ihrer Druckerei Rücksprache halten, welche Farben und Umrißbreiten Sie verwenden sollen. Je nach Farbwahl und Breite wird bei diesem Prozeß nämlich ein sichtbarer Rahmen erzeugt. Mit der richtigen Einstellung kann dieser Effekt verringert oder sogar vermieden werden. Abbildung 9.19 zeigt das Trapping noch einmal anschaulich in Ebenenform.

Füllmuster definieren

In Kapitel 8 haben Sie bereits die verschiedenen Arten von Füllmustern kennengelernt und Objekten verschiedene Füllmuster zu geordnet. Die verwendeten Füllmuster gehörten alle zum Standardumfang von CorelDRAW!.

In diesem Kapitel lernen Sie nun, eigene Zweifarben- und Vollfarben-Muster zu entwerfen.

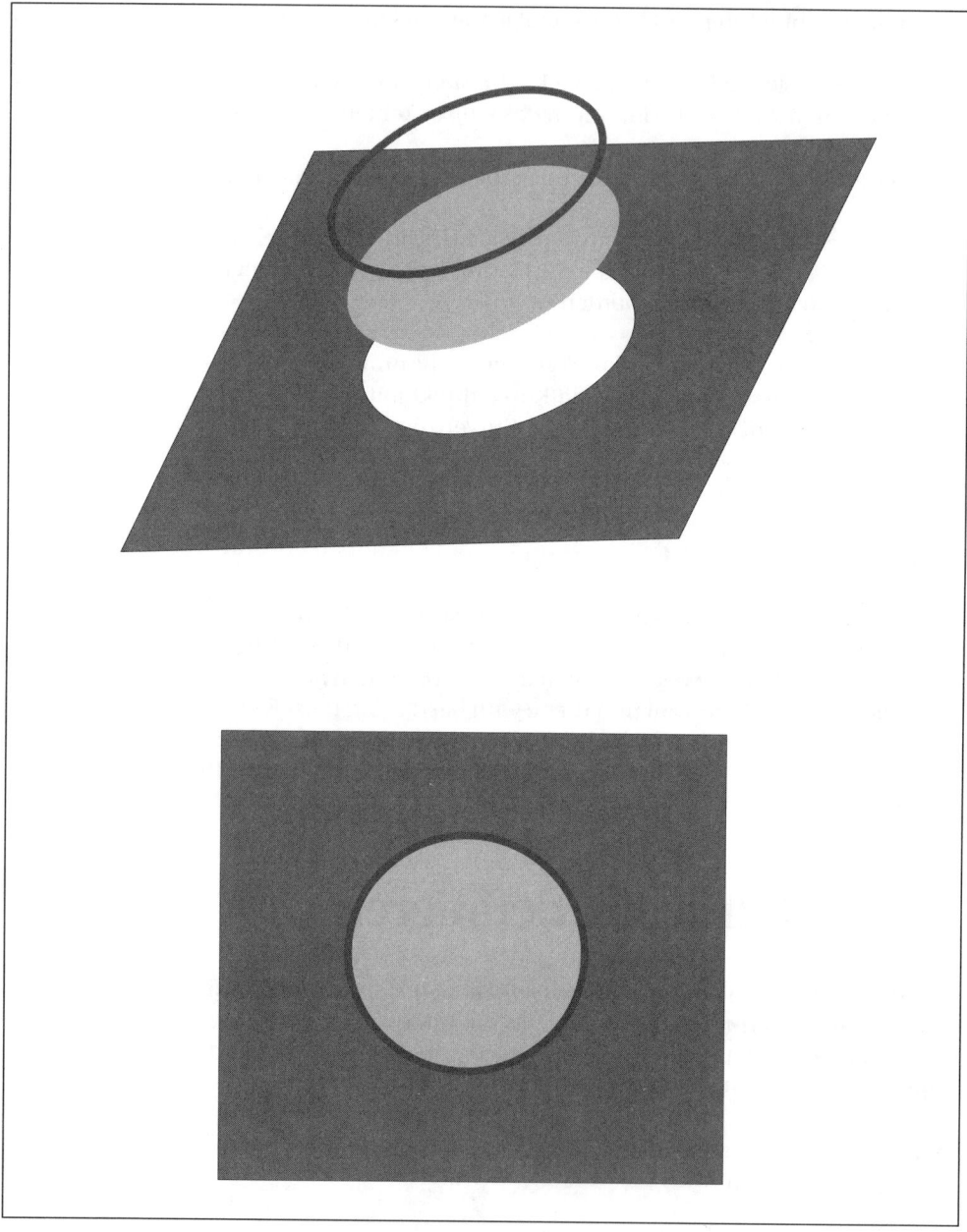

Abb. 9.19: Ausgleich schlechter Passer durch Trapping

Zweifarben-Muster definieren

Stellen Sie sich vor, Sie möchten Ihr Firmenlogo als Füllmuster für bestimmte Objekte verwenden. Sie haben dazu drei verschiedene Möglichkeiten:

– Sie importieren eine Grafik-Datei.

– Sie gestalten ein Muster in der Dialogbox ZWEIFARBEN-MUSTER, das Sie erhalten, indem Sie im Flyout-Menü des Füllen-Hilfsmittels auf die Schaltfläche mit dem stilisierten Schachbrett klicken.

– Sie entwerfen eine Objektgrafik und verwandeln sie in ein Zwei-farben-Muster.

Importieren von Grafiken als Zweifarben-Muster

In der Dialogbox ZWEIFARBEN-MUSTER sind zwei Funktionen angeord-net, mit denen Sie Grafik-Dateien (sowohl Pixel- als auch Vektor-formate) als Zweifarben-Muster importieren können:

1. Markieren Sie ein Objekt und aktivieren Sie die Dialogbox ZWEI-FARBEN-MUSTER über das Füllen-Hilfsmittel.

2. Klicken Sie auf IMPORT, bestimmen Sie das Format der einzulesen-den Datei, und wählen Sie eine Datei aus. Klicken Sie auf OK.

3. CorelDRAW! importiert die Datei und verwandelt sie in ein Zweifarben-Muster. Das neue Füllmuster wird in der Auswahlliste angezeigt.

Die Verwandlung in ein Zweifarben-Muster stellt prinzipiell eine Konvertierung in eine Pixelgrafik dar. Das Füllmuster erscheint in der Vorschaufläche leicht gestaucht. Nachdem Sie das Muster aber einem Objekt zugewiesen haben, erscheint es in den richtigen Proportionen.

Zweifarben-Muster entwerfen

Haben Sie kein Firmenlogo als Grafkdatei zur Verfügung, können Sie das Zweifarben-Muster auch in einem speziellen Editor entwerfen:

1. Markieren Sie ein Objekt und aktivieren Sie die Dialogbox ZWEIFARBEN-MUSTER über das Flyout-Menü Füllen.

2. Klicken Sie auf ANLEGEN. CorelDRAW! ruft daraufhin die Dialogbox ZWEI-FARBEN-BEARBEITUNG auf. Abbildung 9.20 zeigt die Dialogbox nach dem Aufruf.

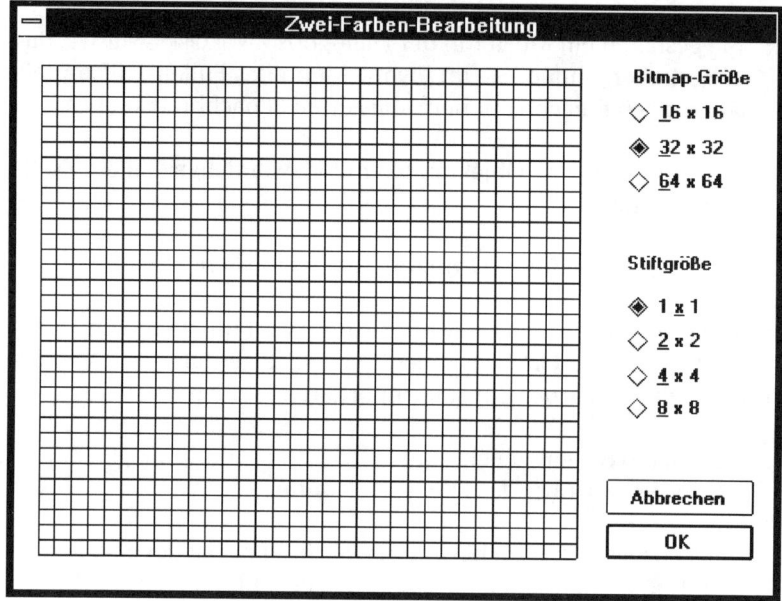

Abb 9.20: Die Dialogbox ZWEI-FARBEN-BEARBEITUNG

Die Dialogobox ist in die Zeichenfläche mit der Punktmatrix und den Funktionsbereich aufgeteilt. Im Feld BITMAP-GRÖßE stellen Sie die Größe der Punktmatrix ein. Im Feld STIFTGRÖßE bestimmen Sie, wieviele Pixel durch einen Mausklick gleichzeitig gesetzt werden. In Abbildung 9.20 wurde eine Matrix von 32x32 eingestellt.

3. Zeichnen Sie nun ein Firmenlogo. Stellen Sie zuerst eine Bitmap-Größe von 32*32 ein.

4. Bewegen Sie den Cursor auf die Matrixfläche und klicken mit der linken Maustaste auf ein Feld (ein Feld entspricht einem Bitmap-Punkt). CorelDRAW! stellt das Feld sofort in schwarz dar.

Möchten Sie Linien zeichnen, halten Sie die Maustaste gedrückt und bewegen den Cursor langsam über die Matrixfläche. Die Punkte werden kontinuierlich gesetzt. Haben Sie einen Fehler gemacht und einen Punkt irrtümlich gesetzt, klicken Sie mit der rechten Maustaste auf dieses Feld. Der Punkt wird daraufhin gelöscht.

Abbildung 9.21 zeigt die Dialogbox nach dem Entwurf eines Firmenlogos. Verwenden Sie dieses Bild als Vorlage für eigene Experimente.

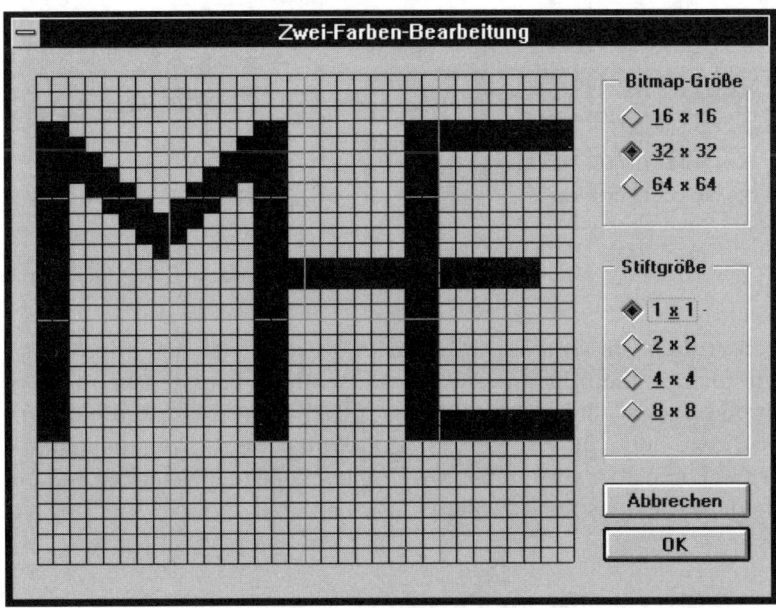

Abb. 9.21: Entworfenes Zweifarben-Muster

5. Sobald Sie das Füllmuster fertiggestellt haben, klicken Sie auf OK. CorelDRAW! übernimmt das Muster in die Auswahlliste. In Abbildung 9.22 wurde das Muster in verschiedene Objekte übernommen.

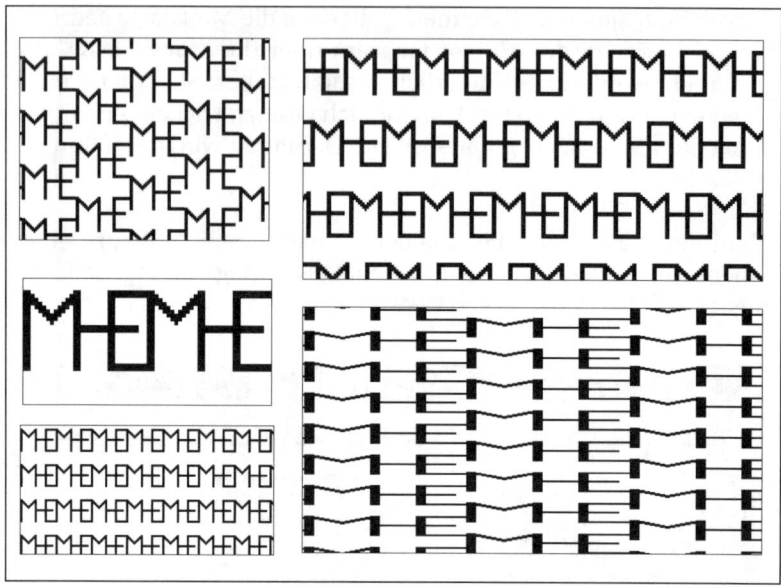

Abb. 9.22: Eigene Füllmuster verwenden

Neben dem entworfenen Füllmuster wurde auch das importierte
Füllmuster einem Rechteck zugeordnet. Beim genauen Betrachten
der Abbildung fällt Ihnen vielleicht auf, daß die beiden unteren Rechtecke zwar auch das Firmenlogo als Füllmuster enthalten, die einzelnen Kacheln aber verschoben sind. Solche Effekte erzielen Sie, indem
Sie die Kachelabstände variieren.

Objektgrafiken in Zweifarben-Muster konvertieren

Möchten Sie eine Objektgrafik als Füllmuster verwenden, haben Sie
zwei Möglichkeiten: Entweder Sie erzeugen ein Zweifarben- oder ein
Vollfarben-Muster. Aktivieren Sie dazu im Menü OPTIONEN die Funktion MUSTER ENTWERFEN. CorelDRAW! blendet daraufhin die in Abbildung 9.23 dargestellte Dialogbox ein.

Die Verwandlung einer Objektgrafik in ein Zweifarben-Muster ist
auch in der Dialogbox ZWEIFARBEN-MUSTER über die Option IMPORT
ausführbar. Dort können Sie aber nur die gesamte Grafikdatei
konvertieren, während Sie bei der nachfolgend beschriebenen Methode den umzuwandelnden Bereich einstellen können.

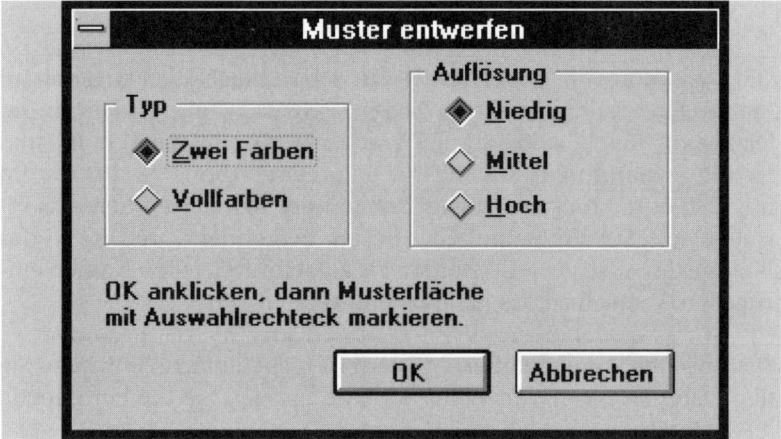

Abb. 9.23: Muster entwerfen

Verwandeln Sie nun eine Objektgrafik in ein Zweifarben-Füllmuster:

1. Zeichnen oder laden Sie eine Objektgrafik.

2. Klicken Sie im Menü Optionen auf die Option Muster entwerfen.

3. Wählen Sie den Typ Zwei Farben und entscheiden sich für eine Auf-
    lösung. Bei niedriger Auflösung wird eine 16x16-Matrix, bei mitt-
    lerer Auflösung eine 32x32-Matrix und bei hoher Auflösung eine
    64x64-Matrix verwendet.

4. Klicken Sie auf OK.

5. Ziehen Sie nun mit gedrückter Maustaste einen Rahmen um das
    gewünschte Objekt und lassen danach die Maustaste los.

CorelDRAW! berechnet daraufhin das Füllmuster und fragt Sie anschließend, ob das Muster mit der markierten Fläche erstellt werden
soll. Bestätigen Sie die Frage mit OK, wird die Auswahlliste um ein
neues Symbol ergänzt. Anderenfalls wird der Vorgang abgebrochen.

Vektormuster definieren

Die Definition von Vektormustern ist sehr einfach. Sie aktivieren im Menü OPTIONEN die Funktion MUSTER ENTWERFEN und klicken in der Dialogbox MUSTER ENTWERFEN auf VOLLFARBEN. Anschließend markieren Sie die gewünschte Grafik mit der Rahmenselektion. Das Programm fragt Sie nun, ob es ein Muster anhand des markierten Bereichs erstellen soll. Sobald Sie auf OK klicken, berechnet CorelDRAW! das Füllmuster. Anschließend werden Sie aufgefordert, einen Namen einzugeben. Danach ist das neue Füllmuster definiert.

Das Löschen von Vollfarben-Mustern ist recht einfach. Aktivieren Sie den Datei-Manager von Windows, und löschen Sie die betreffende .PAT-Datei.

Zusammenfassung

Dieses Kapitel enthielt sehr viel Theorie, die zum Verständnis der Erzeugung von Grau- und Farbtönen sowie der unterschiedlichen Farbmethoden und -modelle erforderlich ist.

Das zweite Thema des Kapitels behandelte PostScript-Raster und die Definition von Füllmustern. Sie haben erfahren, welche Effekte mit Rastern möglich sind, und lernten im letzten Themenschwerpunkt, eigene Füllmuster zu definieren.

Das nächste Kapitel befaßt sich mit der Eingabe, Änderung und Gestaltung von Texten. CorelDRAW! besitzt auf diesem Gebiet einen eindeutigen Schwerpunkt, so daß die verfügbaren Gestaltungsmethoden nicht nur sehr umfangreich, sondern auch relativ einfach zu bedienen sind.

10

Texte eingeben und gestalten

Gebrauchsgrafiken wie Werbe- und Informationsgrafiken enthalten in den meisten Fällen erläuternden Text. Gut gestaltete Grafiken erreichen dabei mit der Plazierung, der Form und der Größe eines Textes zusätzliche Wirkungen. Das Programm CorelDRAW! bietet Ihnen zahlreiche Möglichkeiten zur Gestaltung von Text. Im Lieferumfang sind bereits 150 verschiedene Schriftarten auf Diskette und 250 Schriftarten auf CD-ROM (einschließlich der verschiedenen Schriftschnitte) enthalten. Das Formen-Hilfsmittel unterstützt Sie ebenfalls bei der Bearbeitung von Text. Sie können einzelne Bereiche (auch einzelne Buchstaben) einer Textzeile anders formatieren, die Abstände ändern oder Buchstaben drehen.

CorelDRAW! unterscheidet bei der Texteingabe zwei Modi. Sie können entweder eine einzelne Textzeile (z.B. eine Überschrift) oder ganze Textabsätze als Mengentext eingeben, den Sie bei Bedarf in mehreren Spalten anordnen. Wenden wir uns aber zunächst der Eingabe einer Textzeile zu.

Texte eingeben

In Grafiken wird Text häufig als Titelüberschrift verwendet. Diese Titelüberschrift besteht dabei in den meisten Fällen nur aus einer Zeile. Stellen Sie sich nun vor, Sie hätten eine Grafik angefertigt und möchten nun eine Titelüberschrift einfügen:

Die Zeichenketten im Textzeilen-Modus sind auf 250 Zeichen begrenzt.

1. Klicken Sie mit der Maus auf das Sinnbild für das Text-Hilfsmittel, das ein stilisiertes A enthält.

2. Bewegen Sie den Cursor in die Arbeitsfläche. Positionieren Sie den Cursor an der Stelle, an der Sie Text einfügen möchten, und klicken Sie.

Mit F8 aktivieren Sie das Text-Hilfsmittel.

3. In der Arbeitsfläche erscheint nun ein senkrechter Strich, der die Position des Cursors im Texteingabe-Modus anzeigt. Daneben existiert weiterhin noch der Mauscursor. Geben Sie nun den in Abbildung 10.1 dargestellten Text ein. Möchten Sie mehrere Textzeilen in einem Arbeitsgang eingeben, drücken Sie am Ende einer Zeile ⏎. Der Cursor springt zum Beginn der nächsten Zeile, in der Sie mit der Texteingabe fortfahren können.

4. Nachdem Sie den Text eingegeben haben, klicken Sie mit dem Mauscursor auf das Pfeil-Hilfsmittel. Der Texteingabe-Modus wird daraufhin deaktiviert.

 Im Texteingabe-Modus können Sie mit ⬚ das Pfeil-Hilfsmittel nicht aktivieren, weil diese Taste zur Eingabe von Leerzeichen benötigt wird. Sie müssen daher die Maus verwenden oder eine Funktionstaste drücken, um die Texteingabe zu beenden.

Abbildung 10.1 zeigt eine eingegebene Textzeile in der Arbeitsfläche.

Beachten Sie bitte die Informationen in der Statuszeile. CorelDRAW! blendet für die markierte Textzeile die Textart, die Schriftart, die Schriftgröße in Punkten und die Startposition der Textzeile ein. Rechts davon werden Angaben zur Umrißdicke und Füllung gemacht. Weiterhin informiert Sie die Statuszeile darüber, daß es sich bei diesem Text um sogenannten GRAFISCHEN TEXT handelt, der von MENGENTEXT unterschieden wird.

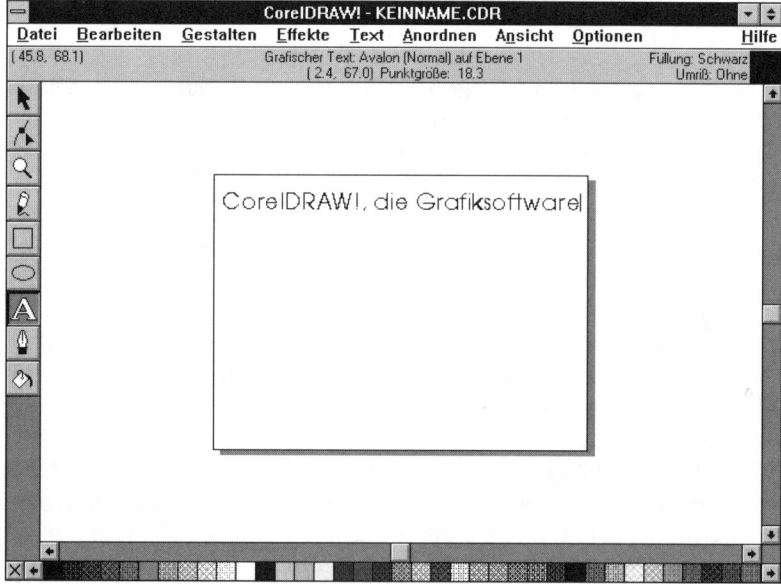

Abb. 10.1: Textzeilen eingeben

Sie sollten Texten übrigens nur dann eine sichtbare Umrißlinie zuweisen, wenn Sie besondere Effekte erzielen wollen. Umrißlinien können bei der Verkleinerung von Texten zu ungewollten Effekten wie einer deutlichen Überschneidung von Buchstaben führen.

Bei der Eingabe von Text vertippt man sich gelegentlich. Sie haben während der Texteingabe einige Korrekturmöglichkeiten, die im Abschnitt *Text editieren* beschrieben werden.

Mengentext eingeben

Bei der Eingabe von Mengentext definieren Sie zunächst die Größe und Position des Textrahmens. Danach geben Sie den Text ein und bestimmen anschließend die Schriftparameter.

Geben Sie nun einen Absatztext ein:

1. Aktivieren Sie das Text-Hilfsmittel mit der Maus.

2. Klicken Sie mit der Maus auf dem Arbeitsblatt in der oberen linken Ecke, und halten Sie die Maustaste gedrückt.

3. Ziehen Sie ein gestricheltes Rechteck bis zum unteren rechten Blattrand auf. Das Rechteck markiert den Bereich, in den CorelDRAW! den Text einfügen kann.

4. Lassen Sie die Maustaste los und geben Sie einen Text ein. Im Mengentext-Modus gestattet CorelDRAW! die Eingabe von circa 4000 Zeichen. Sobald Sie mit der Maustaste auf das Feld OK klicken, wird der Text in der Arbeitsfläche gezeichnet.

Die Statuszeile zeigt Informationen über die Textart (MENGENTEXT) und die verwendete Schriftart. Standardmäßig wird Mengentext in einer Spalte dargestellt. In den folgenden Abschnitten lernen Sie jedoch, Texte in mehreren Spalten anzuordnen.

Text editieren

Mit Strg T *rufen Sie die Dialog-box zum Text-bearbeitungs-menü auf.*

Eine Grafik entsteht selten in einem Arbeitsgang. Objekte werden verschoben, anders angeordnet, gelöscht oder geändert. Auch Texte sind davon nicht ausgenommen. Attribute, Schriften, Abstände und Größen müssen geändert werden, falls es das Design verlangt.

Wie ändern Sie bereits eingegebenen Text? Die erste Möglichkeit haben Sie während der Texteingabe. Haben Sie sich vertippt, verwenden Sie die in Tabelle 4.1 aufgeführten Tasten, um den Text zu korrigieren.

Sobald Sie aber den Texteingabe-Modus verlassen haben, müssen Sie eine andere Vorgehensweise wählen:

1. Markieren Sie den Text, und aktivieren Sie das Text-Hilfsmittel.

2. Klicken Sie an der Textstelle, an der Sie Text einfügen oder löschen wollen. Verwenden Sie nun die Tasten, um den Text zu bearbeiten.

Eine weitere Möglichkeit bietet sich über die Dialogboxen GRAFISCHER TEXT oder MENGENTEXT:

1. Zunächst markieren Sie den Text, der geändert werden soll, mit Hilfe des Pfeil-Hilfsmittels.

2. Klicken Sie in der Menüzeile auf die Option BEARBEITEN und wählen anschließend die Option TEXT BEARBEITEN.

3. CorelDRAW! ruft die Dialogbox GRAFISCHER TEXT auf, in der Sie den Text nun ändern können. Haben Sie einen Mengentext markiert, ändert sich die Bezeichnung der Dialogbox in MENGENTEXT. Darüber hinaus ist die Schaltfläche IMPORT aktivierbar. Ansonsten sind die Dialogboxen identisch.

In Abbildung 10.2 ist die Dialogbox MENGENTEXT dargestellt.

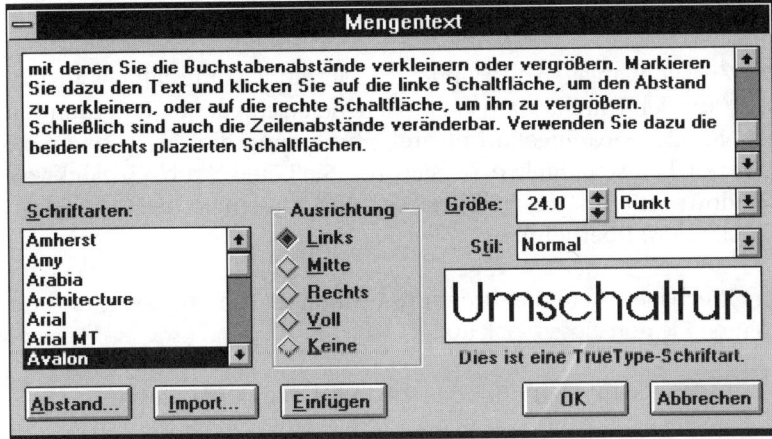

Abb. 10.2: Die Dialogbox MENGENTEXT

Im Texteingabefenster können Sie den Text nun bearbeiten, indem Sie Texte hinzufügen, einfügen oder aber löschen. Verwenden Sie dazu folgende Funktionstasten:

Taste	Funktion
⟸	Löscht das Zeichen links vom Cursor.
Entf	Löscht das Zeichen rechts vom Cursor.
←	Bewegt den Cursor ein Zeichen nach links.
→	Bewegt den Cursor ein Zeichen nach rechts.
↑	Bewegt den Cursor eine Zeile nach oben.
↓	Bewegt den Cursor eine Zeile nach unten.
↵	Schließt die aktuelle Zeile ab und beginnt eine neue; fügt neue Zeilen ein.
Pos 1	Bewegt den Cursor zum Beginn einer Zeile.
Ende	Bewegt den Cursor zum Ende einer Zeile.
Bild ↑	Bewegt den Cursor zur ersten Zeile der Zeichenkette.
Bild ↓	Bewegt den Cursor zur letzten sichtbaren Zeile.

Tab. 10.1: Kurzbefehle bei der Texteingabe

Die Dialogboxen ermöglichen neben der Änderung der Texte auch die Einstellung der Schriften, der Schriftattribute und der Ausrichtung. Über die Schaltfläche ABSTAND können Sie die Zeichen-, Wort-, Zeilen- und Absatzabstände einstellen.

Text kopieren und einfügen

Die Zwischenablage von Windows stellt ein leistungsfähiges Instrument für den Datenaustausch zwischen verschiedenen Programmen dar. Bei der Texteingabe in CorelDRAW! kann die Zwischenablage sehr nützlich sein. Stellen Sie sich vor, Sie hätten im Notizblock von Windows einen Text geschrieben und möchten diesen nun in CorelDRAW! übernehmen:

1. Wechseln Sie in den Programm-Manager von Windows, und rufen Sie den Notizblock auf.

2. Laden Sie den betreffenden Text und markieren diesen.

3. Drücken Sie ⌜Strg⌝⌜Einfg⌝. Sie kopieren den Text so in die Zwischenablage.

4. Wechseln Sie nun wieder nach CorelDRAW!. Abbildung 10.3 zeigt die Zwischenablage mit dem kopierten Text. Die Zwischenablage ist normalerweise nicht sichtbar und soll hier nur den Kopiervorgang veranschaulichen.

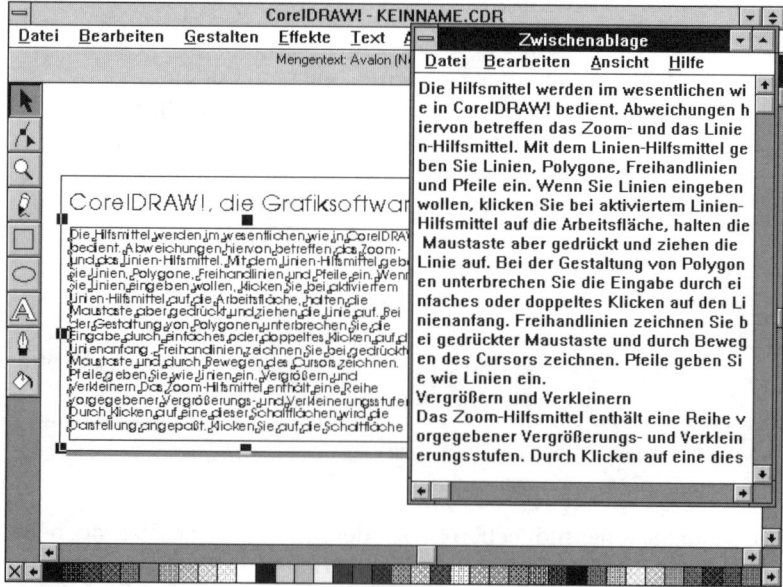

Abb. 10.3: Die Zwischenablage mit kopiertem Text

5. Fügen Sie den Text nun mit ⬆ Einfg in die Arbeitsfläche ein. In Abbildung 10.4 können Sie sich davon überzeugen.

Wenn Sie einen Text bereits geschrieben haben, spart Ihnen diese Methode eine Menge Zeit. CorelDRAW! fügt Texte mit einer Länge von bis zu 250 Zeichen als grafischen Text ein. Längere Texte werden als Mengentext eingefügt.

Das Importieren von Texten über die Zwischenablage ist auch während der Textänderung in der Dialogbox GRAFISCHER TEXT (bzw. MENGENTEXT) möglich.

Markieren Sie einen Text, und aktivieren Sie eine der beiden Dialogboxen. Klicken Sie dann auf die Textstelle, an der Sie den Text aus der Zwischenablage einfügen wollen, und klicken Sie auf die Schaltfläche EINFÜGEN. CorelDRAW! überträgt den Inhalt der Zwischenablage daraufhin in das Textfeld.

Abb. 10.4: Eingefügter Text

Text importieren

Bisher haben Sie den Text entweder eingegeben oder über die Zwischenablage eingefügt. Wie aber können Sie einen ASCII-Text einfügen, der bereits als Datei vorliegt?

Nun, Sie könnten den Text in den Notizblock laden, markieren und über die Zwischenablage einfügen. Es gibt aber noch zwei weitere, direktere Wege: Der erste Weg empfiehlt sich, wenn Sie einen Text neu einfügen wollen. In diesem Fall rufen Sie das Menü DATEI auf, klicken auf IMPORTIEREN und wählen in der Dialogbox IMPORT im Feld AUFZULISTENDER DATEITYP die Option "Text,*.TXT" auf. Anschließend markieren Sie in der Dateiliste eine Textdatei und klicken auf OK. Der Text wird daraufhin importiert.

Die zweite Methode verwenden Sie dann, wenn Sie Textdateien in einen bestehenden Text einfügen wollen:

1. Markieren Sie einen Textabsatz, der Text enthält.

2. In der Dialogbox MENGENTEXT klicken Sie auf die Schaltfläche IM-PORT. CorelDRAW! blendet daraufhin die in Abbildung 10.5 darge-stellte Dialogbox TEXT IMPORTIEREN ein.

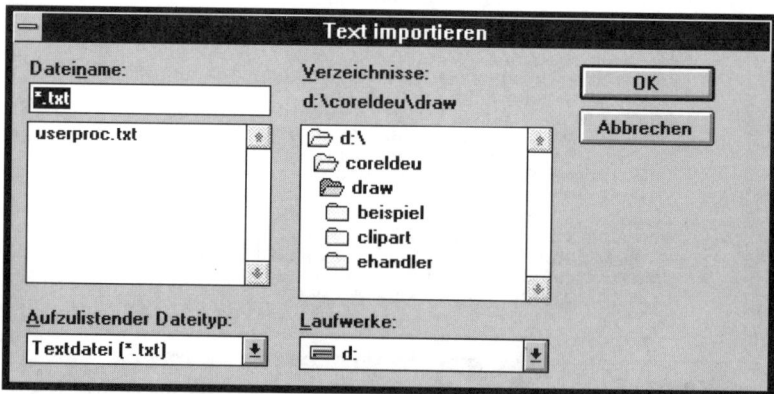

Abb. 10.5: Die Dialogbox TEXT IMPORTIEREN

3. Die Beispieldiskette enthält eine Datei namens SPALTEN.TXT. Der Text dieser Datei ist ein Auszug aus diesem Buch und soll hier zur

Demonstration des Text-Importes verwendet werden. Wählen Sie diese Datei jetzt aus. Legen Sie die Diskette dazu in Laufwerk A: und wählen im Feld LAUFWERKE das Laufwerk A: durch Klicken aus. CorelDRAW! stellt daraufhin in der Dateiliste alle Dateien mit der Endung .TXT dar.

4. Markieren Sie die Datei SPALTEN.TXT und klicken auf OK. Der Text wird nun eingefügt.

5. Falls der Text zu lang ist, blendet CorelDRAW! eine entsprechende Meldung ein und begrenzt den Text auf die Maximalgröße von 4000 Zeichen. Abbildung 10.6 zeigt diese Meldung, die Sie durch Klicken auf OK bestätigen müssen.

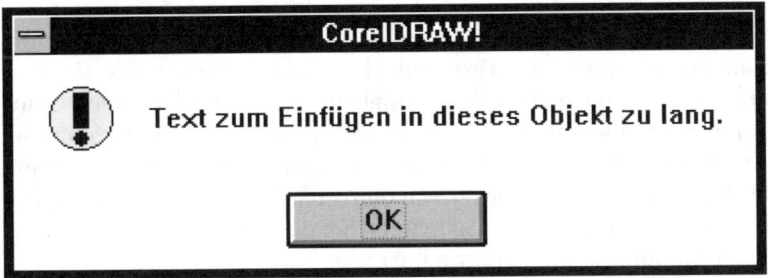

Abb. 10.6: Fehlermeldung

6. Im Texteingabefenster befindet sich jetzt der importierte Text, der weit größer ist, als Sie im sichtbaren Bereich des Texteingabefensters sehen können. Mit dem Rollbalken verschieben Sie den Text innerhalb des Fensters.

Die Textgestaltung - Schriften und Abstände

Jede Schrift ist für einen bestimmten Zweck geschaffen worden. Auf dem Schriftenmarkt werden mittlerweile Hunderte verschiedener Schriften angeboten. CorelDRAW! enthält bereits viele verschiedene Schriften, zählt man die Attribute hinzu, sind es sogar über 250 Schriften. Neben der Schriftart und den Attributen wie Kursiv, Fett etc. ist die Größe des Textes ein entscheidender Faktor im Grafikdesign. Da CorelDRAW! Schriften im TrueType- oder im Adobe Type 1-Format verwendet, lassen sich diese fast beliebig skalieren.

Die Ausrichtung des Textes innerhalb der Grafik ist ebenfalls sehr wichtig, insbesondere dann, wenn Sie mehrere unabhängige Textzeilen untereinander darstellen wollen. Auch der gewählte Abstand zwischen den einzelnen Buchstaben, Wörtern, Zeilen oder Absätzen bestimmt wesentlich das Erscheinungsbild eines Textes. Befassen wir uns zunächst einmal ausführlich mit der Auswahl von Schriften.

Das Rollup-Fenster TEXT

Die Änderung von Textattributen ist, wie Sie bereits wissen, über die Dialogboxen GRAFISCHER TEXT und MENGENTEXT möglich. Die Bedienphilosophie von CorelDRAW! ermöglicht Ihnen aber hier, wie bei anderen Funktionen auch, verschiedene Möglichkeiten der Gestaltung. Sie können daher auch die Funktionen des Menüs TEXT verwenden, um Textattribute zuzuweisen. Mit dem ersten Menüpunkt dieses Menüs (ROLLUP-FENSTER ÖFFNEN) aktivieren Sie das Rollup-Fenster TEXT, das in der Marginalspalte dargestellt ist.

Dieses Rollup-Fenster ermöglicht Ihnen die Zuweisung von Textattributen in der effektiven Weise, die Ihnen bereits von den anderen Rollup-Fenstern bekannt ist.

Die Funktionen des Rollup-Fensters haben von oben nach unten folgende Bedeutung:

Mit den oberen fünf Schaltflächen richten Sie den Text aus. Darunter wählen Sie die Schrift und stellen die Schriftgröße in der gewählten Maßeinheit ein. In der Mitte des Rollup-Fensters sind vier Schaltflächen angeordnet, mit denen Sie Schriftschnitte zuweisen und Texte hoch- oder tiefstellen. Die Schaltfläche ZEICHENUNTERSCHNEIDUNG ist nur bei selektiertem Formen-Hilfsmittel aktivierbar und ermöglicht interaktives Kerning. In diesem Modus ist die Schaltfläche RAHMENFORMAT deaktiviert.

Möchten Sie also z.B. die Spaltenattribute für Mengentext oder Zeichenabstände einstellen, klicken Sie zunächst auf das Pfeil-Hilfsmittel. Mit der Schaltfläche ZUWEISEN übernehmen Sie die eingestellten Parameter für den markierten Text.

Die Funktionen des Rollup-Fensters TEXT werden bei der Beschreibung der einzelnen Arbeitstechniken eingehender beschrieben.

Schriften auswählen

Neben der Texteingabe enthalten die Dialogboxen GRAFISCHER TEXT und MENGENTEXT auch alle Möglichkeiten zur Einstellung der Schriftparameter. Schauen Sie sich bitte die Dialogbox MENGENTEXT in Abbildung 10.2 an. Im unteren linken Bereich der Dialogbox befindet sich ein Auswahlfeld mit einem Rollbalken, in dem Sie die Schrift auswählen. Die verschiedenen Schriftbezeichnungen sind eine Eigenheit von CorelDRAW! und entsprechen leider nicht den international üblichen Bezeichnungen. Im Anhang finden Sie jedoch eine Kreuzverweisliste mit den Originalbezeichnungen.

Beim Ausdruck einer Grafik geht CorelDRAW! in der Standardkonfiguration davon aus, daß das Ausgabemedium keine eingebauten Schriften besitzt. Der eingegebene Text muß daher konvertiert werden. Dabei spielt das verwendete Schriftformat, TrueType oder Adobe Type 1, primär keine Rolle. Verwenden Sie TrueType-Schriften, übernimmt Windows die Konvertierung, bei Adobe-Schriften wird dieser Vorgang durch den Adobe Type Manager erledigt. In jedem Fall erfordert diese Umrechnung und der nachfolgende Ausdruck einige Zeit.

PostScript-Drucker enthalten aber bereits bis zu 35 verschiedene, fest eingebaute Schriftarten. Sie können CorelDRAW! nun so konfigurieren, daß es diese Schriften als bekannt voraussetzt und bei der Ausgabe nicht mehr konvertiert. Der Zeitgewinn kann unter Umständen beachtlich sein. Wie Sie die Standardkonfiguration ändern, können Sie im Kapitel "CorelDRAW! individuell anpassen" nachlesen.

Sie können die Schriften im Vorschaufenster durchblättern. Klicken Sie mit der Maus auf eine Schrift und stellen die Schriften nacheinander durch Betätigen der Pfeiltasten dar.

Wir wollen nun die Schrift "Toronto" auswählen. Diese Schrift wird von nun an für alle weiteren Einstellungen verwendet:

1. Markieren Sie einen Text und klicken Sie im Menü BEARBEITEN auf die Option TEXT BEARBEITEN.

2. In der Text-Dialogbox bewegen Sie den Cursor auf die untere Pfeil-Schaltfläche der Auswahlliste SCHRIFTARTEN.

3. Klicken Sie auf die Pfeilschaltfläche und halten die Maustaste gedrückt, bis der Schriftzug "Toronto" im Auswahlfenster erscheint. Lassen Sie die Maustaste jetzt los.

4. Bisher haben Sie nur die Schriftenliste durchgeblättert. Sie müssen die Schrift jetzt noch auswählen. Klicken Sie dazu mit der Maus auf "Toronto" . Der Schriftzug wird invertiert dargestellt. Sie haben damit die Schrift "Toronto" ausgewählt. Gleichzeitig ändert sich die Darstellung der Buchstaben im Vorschaufenster.

Im Vorschaufenster sehen Sie, wie die ersten Buchstaben des Textes in der ausgewählten Schrift dargestellt werden. Wählen Sie eine andere Schrift, ändert sich auch die Darstellung. Unter dem Vorschaufenster sehen Sie, ob Sie eine TrueType- oder Adobe Type 1-Schrift ausgewählt haben. Abbildung 10.7 enthält einige Beispiele verfügbarer Schriften.

Abb. 10.7: Verschiedene Schriften

Die Schriftgröße wurde in allen Fällen konstant gehalten. Trotzdem wirken manche Schriften wuchtig und groß, andere dagegen klein und zierlich.

Die Auswahl einer Schrift ist auch über die Dialogbox ZEICHENFORMAT möglich, die Sie im Menü TEXT über die Option ZEICHENFORMAT aktivieren. Mit Ausnahme des Texteingabefensters, der Ausrichtungsoptionen und der drei Funktionsschaltflächen entspricht diese Dialogbox den Text-Dialogboxen. Abbildung 10.8 zeigt diese Dialogbox.

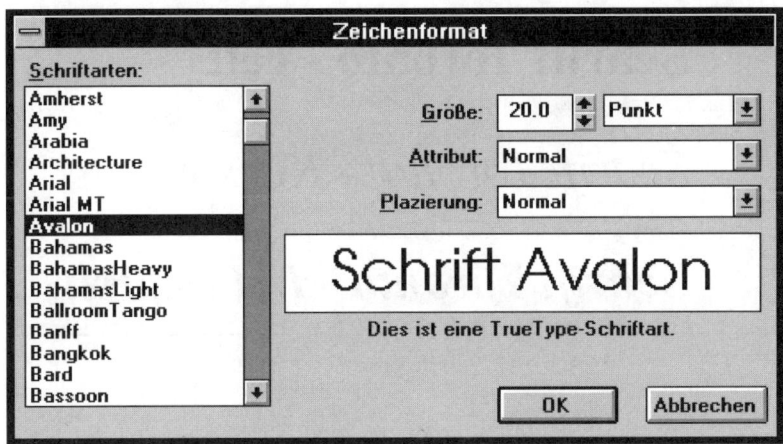

Abb.10.8: Die Dialogbox ZEICHENFORMAT

Die eleganteste Möglichkeit, Schriften auszuwählen, haben Sie über das Rollup-Fenster TEXT. Markieren Sie einen Text, wählen Sie in der Schriftenliste des Rollup-Fensters TEXT eine Schrift aus und klicken Sie auf ZUWEISEN.

Schriftattribute bestimmen

Schriftattribute können das Aussehen einer Schrift sehr beeinflussen. Durch das Attribut **Fett** bekommen manche Schriften eine wuchtige Prägung, während die gleiche Schrift in *Kursiv*-Darstellung eher fließend wirkt. Auch die Schriftattribute können Sie in verschiedenen Dialogboxen einstellen. In den Dialogboxen GRAFISCHER TEXT und MENGENTEXT sind im Feld STIL vier Einträge aufgeführt. Sie tragen die

Rufen Sie die Dialogbox ZEICHENFORMAT ohne markierten Text auf, können Sie die Standard-Textwerte ändern.

Bezeichnungen "Normal", "Fett", "Kursiv" und "Fett-Kursiv". Möchten Sie ein Attribut auswählen, markieren Sie einen dieser Einträge durch Klicken. Die Zuweisung dieser Attribute ist ebenfalls in der Dialogbox ZEICHENFORMAT möglich. In dieser Dialogbox wählen Sie die SCHRIFTATTRIBUTE im Feld ATTRIBUTE aus. In Abbildung 10.9 wurde die Schrift "Toronto" mit verschiedenen Schriftattributen dargestellt.

Schrift Toronto - Normal

Schrift Toronto - Fett

Schrift Toronto - Kursiv

Schrift Toronto - Fett-Kursiv

Abb. 10.9: Verschiedene Schriftattribute

"Toronto" wurde gewählt, weil Sie bei dieser Schriftart alle Attribute selektieren können. Dies ist längst nicht bei jeder Schrift möglich. So ist beispielsweise die Schrift "Arabia" nur mit dem Attribut "Normal" verfügbar.

Das Rollup-Fenster enthält im Gegensatz zu den Dialogboxen keine Auswahlliste, sondern zwei Schaltflächen zur Auswahl der Schriftattribute. Möchten Sie das Attribut Fett einstellen, klicken Sie auf die Schaltfläche F. Eine kursive Textdarstellung definieren Sie über die Schaltfläche K. Die Kombination von Fett- und Kursivschrift stellen Sie ein, wenn Sie auf beide Schaltflächen klicken.

Texte hoch- und tiefstellen

Die Plazierung von Texten als Index- oder Exponentschrift ist nicht über die Text-Dialogboxen, sondern nur über die Dialogbox ZEICHENFORMAT und das Rollup-Fenster möglich. Möchten Sie Texte hoch- oder tiefstellen, aktivieren Sie die Dialogbox ZEICHENFORMAT.

In dieser Dialogbox stellen Sie im Feld PLAZIERUNG ein, ob der markierte Text "normal", "hochgestellt" oder "tiefgestellt" werden soll.

Im Rollup-Fenster verwenden Sie die Schaltfläche H^H, um Texte hochzustellen, und T$_T$, um sie tiefzustellen. Klicken Sie auf die Schaltfläche ZUWEISEN, um die Einstellung zu übernehmen.

Die Schriftgröße eingeben

Wie Sie bereits wissen, verwendet CorelDRAW! Schriften im TrueType- oder im Adobe Type 1-Format. Die Schriften sind deshalb fast beliebig skalierbar. Der einstellbare Bereich beginnt bei 0,7 Punkt und endet bei 2160 Punkt. Dieser Bereich wird für den größten Teil der Anwendungen ausreichen. Die einstellbare Größe einer Schrift ist übrigens nicht auf ganzzahlige Werte beschränkt. Ein Dezimalwert von z.B. 14,7 Punkten ist ebenfalls möglich.

Möchten Sie die Schriftgröße variieren, bewegen Sie den Cursor in den Dialogboxen GRAFISCHER TEXT, MENGENTEXT oder ZEICHENFORMAT auf das Feld GRÖSSE. Dieses Feld existiert ebenfalls im Rollup-Fenster, trägt aber keine Bezeichnung. Wählen Sie nun zwischen zwei Eingabemethoden: Klicken Sie auf die Pfeile, vermindern oder erhöhen Sie den Wert jeweils um 1. Halten Sie die Maustaste gedrückt, läuft der Wert kontinuierlich durch. Diese Methode bietet sich an, wenn Sie kleinere Größenänderungen vornehmen. Wollen Sie aber Dezimalwerte eingeben oder die Größe z.B. von 12 auf 654 steigern, klicken Sie in das numerische Feld und geben den Wert über die Tastatur ein. Neben dem Größenfeld befindet sich eine Liste, in der Sie die Maßeinheit einstellen können. Sie haben die Wahl zwischen den Einheiten "Zoll", "Pica, Punkt", "Millimeter" und "Punkt". Die Standardeinstellung ist PUNKT und folgt damit auch der allgemein üblichen Skalierung, die auch bei vielen anderen Programmen Verwendung findet. In Abbildung 10.10 ist die Schrift "Toronto" in verschiedenen Größen dargestellt. Die Größen können durch die Darstellung im Buch verändert worden sein. Auf der Beispieldiskette befindet sich diese Grafik unter dem Namen GROESSE.CDR. Laden Sie diese Grafik und drucken sie aus. Sie bekommen so ein Gefühl für die verschiedenen Schriftgrößen und können gleichzeitig die Qualität Ihres Druckers testen.

Toronto

6 Punkt

12 Punkt

24 Punkt

36 Punkt

48 Punkt

60 Punkt

72 Punkt

Abb. 10.10: Verschiedene Schriftgrößen

Text ausrichten

Exakt an einer Linie ausgerichteter Text wirkt sauber plaziert und vermittelt das Gefühl ordentlicher Arbeit. Unpräzise gesetzter oder ausgerichteter Text kann sogar dazu führen, daß der Betrachter abgelenkt wird.

Einzelne Textzeilen oder Textabsätze lassen sich über die Dialogboxen GRAFISCHER TEXT und MENGENTEXT sowie die Dialogbox TEXTRAHMENFORMAT oder das Rollup-Fenster TEXT ausrichten. Sie können Texte linksbündig, rechtsbündig, zentriert, im Blocksatz oder gar nicht ausrichten. In den Text-Dialogboxen klicken Sie dazu im Feld AUSRICHTUNG einfach auf die entsprechende Option. In der Dialogbox TEXTRAHMENFORMAT öffnen Sie die Liste im Feld AUSRICHTUNG und wählen einen Parameter aus. Im Rollup-Fenster Text sind die Ausrichtungsoptionen im oberen Fensterbereich als Schaltflächen angeordnet. Abbildung 10.11 veranschaulicht die Ausrichtungsmöglichkeiten an verschiedenen Textabsätzen.

Links

Kapitel 2

Die Bedieneroberfläche von Corel DRAW

Wenn Sie zum ersten Mal Corel DRAW aufrufen und sich die Menüs und einen zunächst etwas seltsam anmutenden am linken Bildschirmrand anschauen, werden Sie sich sagen: Wieder einmal ein typisches Windows-Programm. Dies ist auch verständlich, da Corel DRAW eine Windows-Applikation ist, die übrigens nur unter Windows 3.0 läuft. Das bedeutet, daß sich Corel DRAW weitgehend dem durch WINDOWS vorgegebenen Layout hinsichtlich der Bedieneroberflä-

Mitte

Kapitel 2

Die Bedieneroberfläche von Corel DRAW

Wenn Sie zum ersten Mal Corel DRAW aufrufen und sich die Menüs und einen zunächst etwas seltsam anmutenden am linken Bildschirmrand anschauen, werden Sie sich sagen: Wieder einmal ein typisches Windows-Programm. Dies ist auch verständlich, da Corel DRAW eine Windows-Applikation ist, die übrigens nur unter Windows 3.0 läuft. Das bedeutet, daß sich Corel DRAW weitgehend dem durch WINDOWS vorgegebenen Layout hinsichtlich der Bedieneroberflä-

Rechts

Kapitel 2

Die Bedieneroberfläche von Corel DRAW

Wenn Sie zum ersten Mal Corel DRAW aufrufen und sich die Menüs und einen zunächst etwas seltsam anmutenden am linken Bildschirmrand anschauen, werden Sie sich sagen: Wieder einmal ein typisches Windows-Programm. Dies ist auch verständlich, da Corel DRAW eine Windows-Applikation ist, die übrigens nur unter Windows 3.0 läuft. Das bedeutet, daß sich Corel DRAW weitgehend dem durch WINDOWS vorgegebenen Layout hinsichtlich der Bedieneroberflä-

Block

Kapitel 2

Die Bedieneroberfläche von Corel DRAW

Wenn Sie zum ersten Mal Corel DRAW aufrufen und sich die Menüs und einen zunächst etwas seltsam anmutenden am linken Bildschirmrand anschauen, werden Sie sich sagen: Wieder einmal ein typisches Windows-Programm. Dies ist auch verständlich, da Corel DRAW eine Windows-Applikation ist, die übrigens nur unter Windows 3.0 läuft. Das bedeutet, daß sich Corel DRAW weitgehend dem durch WINDOWS vorgegebenen Layout hinsichtlich der Bedieneroberfläche anpaßt. Die realisierten Variations-

Abb. 10.11: Text ausrichten

Betrachten Sie genau die verschiedenen Ausrichtungen. Durch lange Wörter können sehr unschöne Effekte auftreten. In der Blocksatz-Darstellung wird dies besonders deutlich. Es treten teilweise sehr große Abstände zwischen zwei Wörtern auf, weil der linke und rechte Rand des Textes immer ausgerichtet werden. Da CorelDRAW! eine automatische Trennungsfunktion besitzt, müssen Sie den Trennbereich einstellen. Andererseits kann es aber auch vorkommen, daß Sie Wörter manuell trennen müssen.

Rahmenattribute einstellen

Rahmenattribute sind bis auf wenige Ausnahmen nur für Mengentext definierbar. Die Rahmenattribute ermöglichen die Einstellung von Textabständen, die Definiton und Formatierung von Spalten sowie die Silbentrennung.

Spalten definieren

Die Aufgabe, einen Textabsatz in zwei oder mehrere Spalten aufzuteilen, ist mittels der Dialogbox TEXTRAHMENFORMAT exakt und schnell zu bewältigen. Sie rufen die Dialogbox TEXTRAHMENFORMAT auf, indem Sie im Menü TEXT auf den Menüpunkt TEXTRAHMENFORMAT oder im Rollup-Fenster auf die Schaltfläche RAHMENFORMAT klicken. Sie haben eben die Textdatei SPALTEN.TXT eingefügt. Stellen Sie diesen Text nun in Spalten dar:

1. Markieren Sie den Text und klicken Sie im Rollup-Fenster TEXT auf die Schaltfläche RAHMENFORMAT. CorelDRAW! öffnet die Dialogbox TEXTRAHMENFORMAT, in der Sie im Feld SPALTEN die ANZAHL der Spalten und den SPALTENABSTAND (den Zwischenraum zwischen zwei Spalten) definieren können. Abbildung 10.12 zeigt die Dialogbox TEXTRAHMENFORMAT.

2. Geben Sie im Feld ANZAHL die Zahl ③ ein.

3. Im Feld SPALTENABSTAND wollen Sie jetzt einen Spaltenabstand von 8.0 Millimeter einstellen. Sie müssen dazu das Listen-Feld EINHEIT von Zoll auf Millimeter umstellen. Klicken Sie danach im numerischen Feld SPALTENABSTAND und geben ⑧ ein.

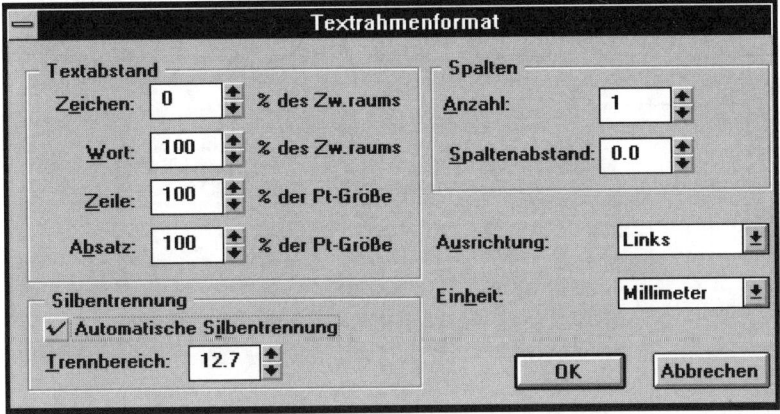

Abb. 10.12: Definition von Spalten

4. Verlassen Sie die Dialogbox durch Klicken auf OK. Haben Sie die Dialogbox, wie in diesem Beispiel, über das Rollup-Fenster aufgerufen, geschieht zunächst noch nichts. Falls Sie aber die Dialogbox direkt über das Menü TEXT aufgerufen haben, wird der Text nun dreispaltig dargestellt.

5. Stellen Sie nun noch die Textgröße auf 12.0 Punkt um.

6. Klicken Sie auf ZUWEISEN, und sehen Sie sich das Ergebnis jetzt am Bildschirm oder in Abbildung 10.13 an.

Textabstände variieren

Ein Text im Fettdruck kann je nach Schrift sehr gedrungen und klobig wirken. Eine Funktion, mit der Sie den Abstand zwischen den einzelnen Buchstaben einstellen können, ist dann sehr nützlich.

Aber auch der Abstand zwischen Wörtern, Zeilen und Absätzen kann beim Betrachter bestimmte Wirkungen auslösen. Durch größere Abstände wirkt ein Text aufgelockerter, benötigt aber eine größere Zeichenfläche und ist schlechter lesbar. Kleine Abstände, bei denen sich sogar einzelne Buchstaben überschneiden, erzielen durch eine entsprechende Einstellung Verbindungseffekte.

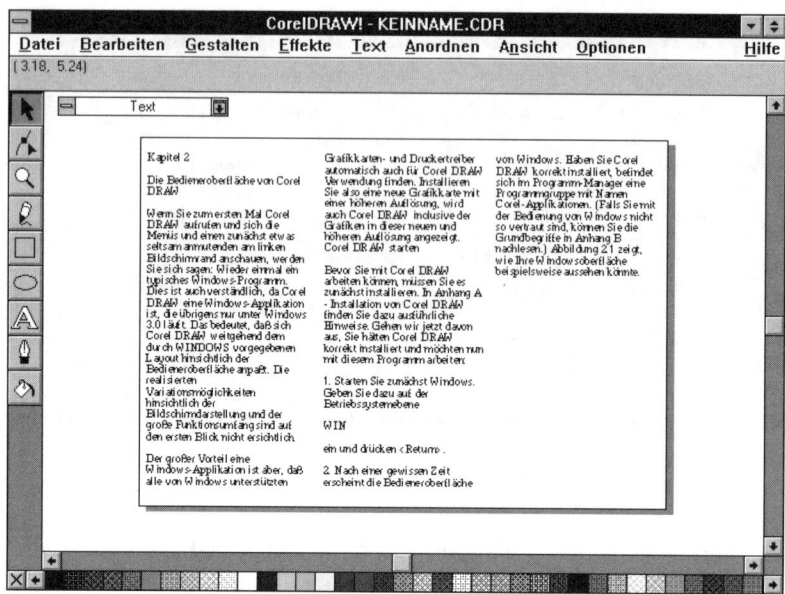

Abb. 10.13: Text im Spaltensatz

Mit CorelDRAW! können Sie alle angesprochenen Abstände frei einstellen. Möchten Sie Abstände einstellen, klicken Sie im Menü TEXT auf die Menüoption TEXTRAHMENFORMAT. Alternativ dazu können Sie im Rollup-Fenster TEXT auf die Schaltfläche RAHMENFORMAT klicken.

Die Einstellung der Textabstände nehmen Sie im gleichnamigen Feld vor. Den Buchstaben- und Wortabstand geben Sie in Prozent des Zwischenraums ein. Diese Maßeinheit ändert sich je nach Schrift. Der Wert 100% steht für die Breite eines Leerzeichens der gewählten Schrift. Der Wert 50 besagt also, daß der Buchstabenabstand der Breite eines halben Leerzeichens entspricht. Sie können Werte von 0 bis 16000 eintragen.

Die Option Absatzabstand ist nur aktiv, wenn Sie einen Mengentext markiert haben.

Zeilenabstand und Absatzabstand verwenden eine andere Maßteilung. Sie verwenden die Einheit "Prozent der Schriftgröße". Haben Sie also eine Schrift in der Größe von 20 mm definiert, bedeutet der Wert 20 % im Feld ZEILE, daß die Zeilen einen Abstand von 4 mm haben.

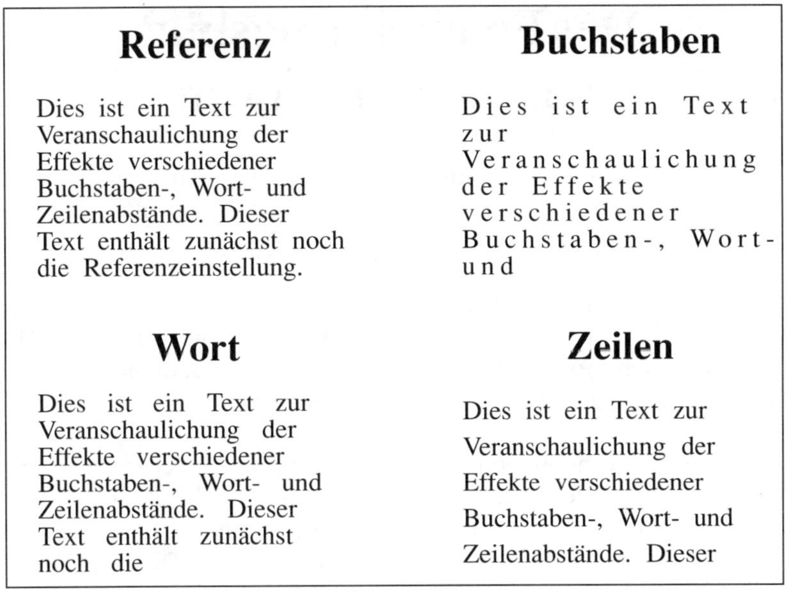

Referenz	Buchstaben
Dies ist ein Text zur Veranschaulichung der Effekte verschiedener Buchstaben-, Wort- und Zeilenabstände. Dieser Text enthält zunächst noch die Referenzeinstellung.	Dies ist ein Text zur Veranschaulichung der Effekte verschiedener Buchstaben-, Wort- und
Wort	**Zeilen**
Dies ist ein Text zur Veranschaulichung der Effekte verschiedener Buchstaben-, Wort- und Zeilenabstände. Dieser Text enthält zunächst noch die	Dies ist ein Text zur Veranschaulichung der Effekte verschiedener Buchstaben-, Wort- und Zeilenabstände. Dieser

Abb. 10.14: Unterschiedliche Abstände

Möchten Sie die neu definierten Werte immer verwenden, aktivieren Sie die Dialogbox, ohne vorher einen Text zu markieren. Abbildung 10.14 stellt die Auswirkungen unterschiedlicher Abstände an Textabsätzen dar.

Die Silbentrennung

CorelDRAW! unterstützt die automatische Silbentrennung für Mengentext. Die Silbentrennung versucht, Wörter am Ende einer Zeile anhand vorgegebener Trenn-Algorithmen so zu trennen, daß ein möglichst kleiner Abstand zum rechten Rand des Textrahmens verbleibt. Sie aktivieren die automatische Silbentrennung, indem Sie in der Dialogbox TEXTRAHMENFORMAT auf die Option AUTOMATISCHE SILBENTRENNUNG klicken. Der TRENNBEREICH ist im numerischen Feld einstellbar und definiert den Bereich, innerhalb dessen die Silbentrennung ausgeführt werden darf. Je größer Sie den Wert wählen, desto "ausgefranster" wirkt der rechte Rand. Wählen Sie einen kleineren Wert, umgehen Sie diesen Effekt. Dabei kann es allerdings passieren, daß Wörter nicht getrennt werden können, weil keine trennbare Silbe in den Trennbereich fällt.

Das Erscheinungsbild
von Texten ändern

Texte sind in ihren Attributen und Parametern nur zeilen- bzw. absatzweise änderbar. Für die bisher vorgestellten Hilfsmittel hat diese Aussage nach wie vor Gültigkeit.

Mit dem Formen-Hilfsmittel aber verändern Sie die Textparameter nach Belieben und müssen dabei keine Rücksicht auf Zeilen oder Absätze nehmen. Auch ein spezieller Markierungsmodus für Texte ermöglicht diese individuelle Art der Textbearbeitung.

Optische Hervorhebungen in Textzeilen möchten auf etwas aufmerksam machen. So leiten übergroße Buchstaben am Beginn eines Textes meist ein Kapitel ein. Bedienereingaben können Sie beispielsweise durch kursivgestellte Buchstaben kenntlich machen. Die Möglichkeiten sind zahlreich und ermöglichen sogar kunstvolle Grafiken.

 Zu den in diesem Abschnitt aufgeführten Übungen ist keine Übungsgrafik vorhanden. Sie können die Funktionen an jedem beliebigen Text ausprobieren.

Die Abstände einzelner Buchstaben ändern

Der Abstand zwischen zwei Buchstaben wird in der Maßeinheit % DES ZWISCHENRAUMS angegeben und ist normalerweise von Buchstabe zu Buchstabe konstant. Je nach Schriftart wirken manche Buchstabenabstände zu groß, während man bei anderen den Eindruck hat, daß die Buchstaben zu gedrängt stehen. Dieser Effekt tritt besonders dann auf, wenn Sie die Schrift sehr groß gewählt haben.

Mit dem Formen-Hilfsmittel können Sie diese ungewollten optischen Wirkungen ausmerzen, indem Sie die Buchstabenabstände individuell verändern.

Ein konkretes Beispiel für diesen Effekt ist das große "P". Da im unteren Bereich des Buchstabens ein großer Freiraum ist, wirkt z.B. der Abstand zu einem kleinen "e" viel zu groß. Die in CorelDRAW! verwendeten Schriften unterstützen daher das "automatische Kerning", bei denen bestimmten Buchstabenpaaren kleinere oder größere Abstände zugewiesen werden. Besondere Effekte erreichen Sie durch manuelles Kerning.

Verändern Sie im folgenden Beispiel manuell die Abstände zwischen zwei Buchstaben:

1. Markieren Sie die Textzeile mit dem Formen-Hilfsmittel.

2. CorelDRAW! markiert jeden Buchstaben am linken unteren Fußpunkt mit einem Quadrat. Möchten Sie einen Buchstaben verschieben, klicken Sie auf ein Quadrat, halten die Maustaste gedrückt und verschieben den Buchstaben.

In Abbildung 10.15 ist der Verschiebevorgang festgehalten.

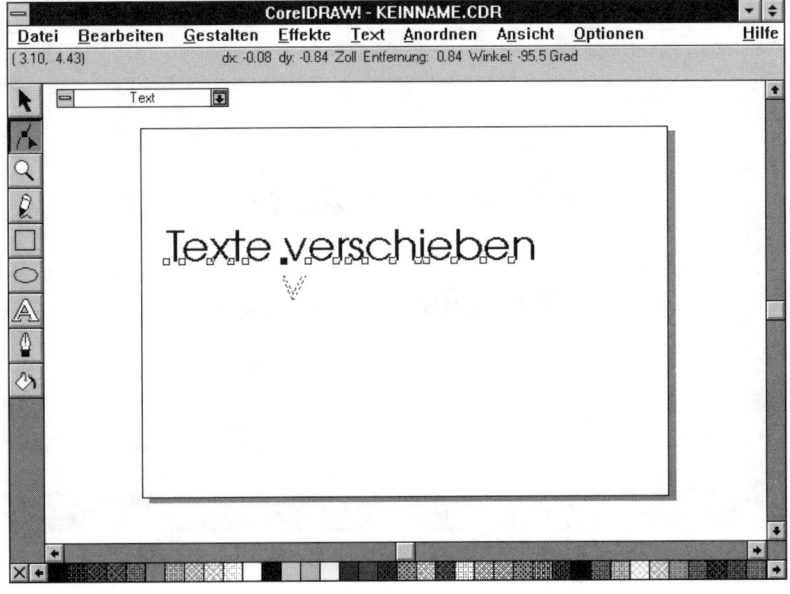

Abb. 10.15: Buchstabenabstände verändern

3. Wenn Sie einen Buchstaben mit der Maus verschieben, stellt CorelDRAW! ein gestricheltes Abbild des Buchstabens dar, das den Cursorbewegungen folgt. Hat das Abbild die gewünschte Position erreicht, lassen Sie die Maustaste los. CorelDRAW! zeichnet den Buchstaben daraufhin an der neuen Position.

Texte sind nach der Eingabe an einer Grundlinie ausrichtet, damit der Text gerade erscheint. Während des Verschiebevorgangs passiert es leicht, daß Sie den Buchstaben leicht nach oben oder unten versetzen. Sie vermeiden diesen Effekt (wenn er nicht beabsichtigt war), indem Sie während des Verschiebens die (Strg)-Taste drücken.

Möchten Sie beispielsweise einzelne Silben durch größere Abstände voneinander trennen, markieren Sie die entsprechenden Buchstaben im Formen-Modus mit der Rahmenselektion oder der (⇧)-Taste und verschieben diese Buchstaben als Block. Abbildung 10.16 stellt diesen Effekt dar. In der oberen Zeile sind die betreffenden Buchstaben markiert, in der unteren Zeile wurde der Block bereits verschoben.

Abb. 10.16: Mehrere Buchstaben verschieben

Abstände global verändern

Mit dem Formen-Hilfsmittel verändern Sie stufenlos die Abstände von Buchstaben, Wörtern und Zeilen. Wenn Sie einen Text an einer Kurve ausrichten, können sich Buchstaben durch unterschiedliche Krümmungen schon einmal überschneiden. Langwierige numerische Eingaben in den Dialogboxen zur Ermittlung der richtigen Abstände sind nun nicht mehr nötig. Stattdessen ändern Sie die Zeichenabstände mit dem Formen-Hilfsmittel, bis keine Überschneidung mehr stattfindet.

Wenn Sie einen Text markieren und in den Formen-Modus wechseln, blendet CorelDRAW! zwei Richtungspfeile ein. Ein Pfeil zeigt nach rechts, der andere nach unten. Schauen Sie sich dazu Abbildung 10.17 an.

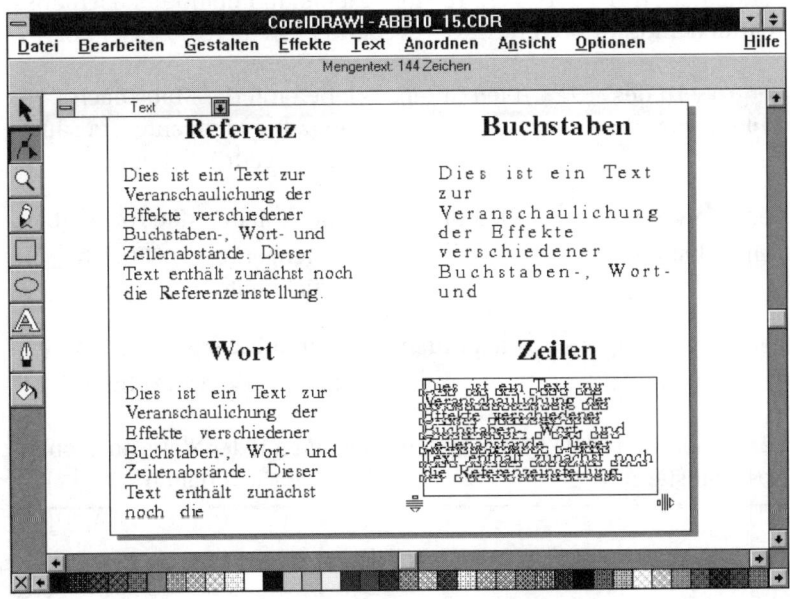

Abb. 10.17: Abstände stufenlos variieren

Die Abstände zwischen den Buchstaben und Wörtern wurden bereits geändert, die Zeilenabstände werden gerade variiert. In dieser Abbildung sehen Sie auch die erwähnten Pfeile.

Welchen Abstand Sie ändern, hängt davon ab, welchen Pfeil Sie verschieben und welche Taste Sie dabei drücken. Prinzipiell stellen Sie
den Cursor auf einen Pfeil und ziehen mit der Maus in eine Richtung.
Folgende Funktionen sind ausführbar:

Funktion	Pfeil	Aktion
Vergrößern des Buchstabenabstands	Pfeil rechts	Ziehen mit der Maus nach rechts
Verkleinern des Buchstabenabstands	Pfeil rechts	Ziehen mit der Maus nach links
Vergrößern des Wortabstands	Pfeil rechts	Ziehen mit der Maus nach rechts und [Strg]
Verkleinern des Wortabstands	Pfeil rechts	Ziehen mit der Maus nach links und [Strg]
Vergrößern des Zeilenabstands	Pfeil unten	Ziehen mit der Maus nach unten, bei Mengentext zusätz lich [⇧] gedrückt halten
Verkleinern des Zeilenabstands	Pfeil unten	Ziehen mit der Maus nach oben, bei Mengentext zusätzlich [⇧] gedrückt halten
Vergrößern des Absatzabstands	Pfeil unten	Ziehen mit der Maus nach unten, [Strg] gedrückt halten
Verkleinern des Absatzabstands	Pfeil unten	Ziehen mit der Maus nach oben, [Strg] gedrückt halten

Tab. 10.2: Möglichkeiten der Abstandsveränderung

Textattribute ändern

Um die Textattribute einzelner Buchstaben zu ändern, klicken Sie im
Formen-Modus doppelt auf das Markierungsquadrat eines Buchstabens. Daraufhin wird die modifizierte Dialogbox ZEICHEN-FORMAT eingeblendet, in der Sie die Attribute des Buchstabens ändern können.

Die Attribut-Änderung können Sie auch gleichzeitig für mehrere Buchstaben vornehmen. Markieren Sie einfach mehrere Buchstaben und klicken Sie auf einen dieser Buchstaben. Die nachfolgenden Änderungen beziehen sich auf alle markierten Buchstaben.

Bei dieser Funktion existieren mehrere äquivalente Bedientechniken. So können Sie Buchstaben ebenfalls markieren, indem Sie das Text-Hilfsmittel aktivieren und auf den bereits eingegebenen Text klicken. Anschließend drücken Sie erneut die linke Maustaste und markieren die Buchstaben durch Ziehen. Die markierten Buchstaben werden grau unterlegt. Gleichzeitig wird der Formen-Modus zur Änderung von Textattributen aktiv.

Das doppelte Klicken auf das Markierungsquadrat eines Buchstabens ist nicht unbedingt erforderlich. Es reicht, den Buchstaben zu markieren und anschließend die Dialogbox ZEICHENFORMAT über das Menü TEXT aufzurufen. Abbildung 10.18 stellt die Dialogbox dar.

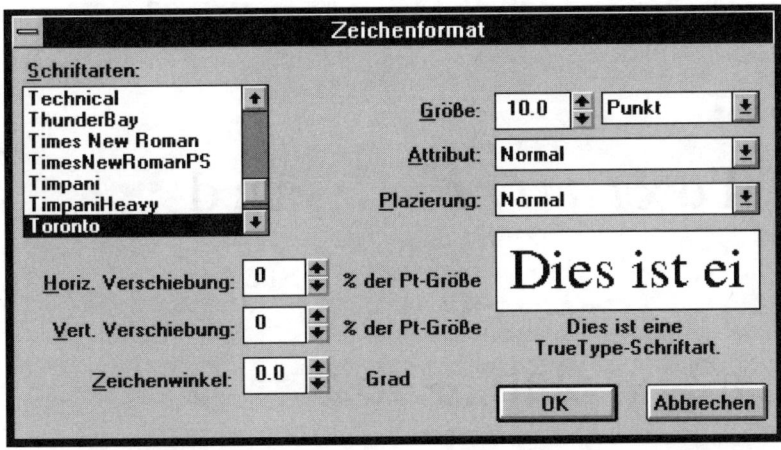

Abb. 10.18: Änderung der Textattribute für einzelne Buchstaben

Neben den Standardparametern wie Attribut, Schriftgröße und Schriftart können Sie Buchstaben hoch- und tiefstellen. Die Eingabe von Formeln mit Indizes und Potenzierungen ist so äußerst einfach. Neben diesen Parametern haben Sie die Möglichkeit, Buchstaben vertikal oder horizontal zu verschieben. Diese Funktionen korrespondieren mit den stufenlosen Funktionen, mit denen Sie die mausgesteuerten Verschiebungen ausführen. Kommt es jedoch auf die exakte Positionierung von Buchstaben an, sollten Sie die Funktionen HORIZ. VERSCHIEBUNG und VERT. VERSCHIEBUNG wählen und numerische Werte eingeben. Der ZEICHENWINKEL ist standardmäßig auf 0 Grad eingestellt. Geben Sie hier einen Winkel ein, wird der Buchstabe gekippt. Bezugspunkt ist die nicht sichtbare Basislinie, an der der Text ausgerichtet wurde.

Haben Sie Buchstaben markiert und klicken im Rollup-Fenster TEXT auf die Schaltfläche ZEICHENUNTERSCHNEIDUNG, blendet das Programm die gleichnamige Dialogbox ein. Diese Dialogbox enthält nur die Optionen HORIZONTAL, VERTIKAL und WINKEL.

Abbildung 10.19 zeigt die Möglichkeiten der Textbearbeitung. Der Referenztext steht oben, darunter der bearbeitete Text. Wie Sie sehen, ist sogar ein einfacher Formelsatz möglich.

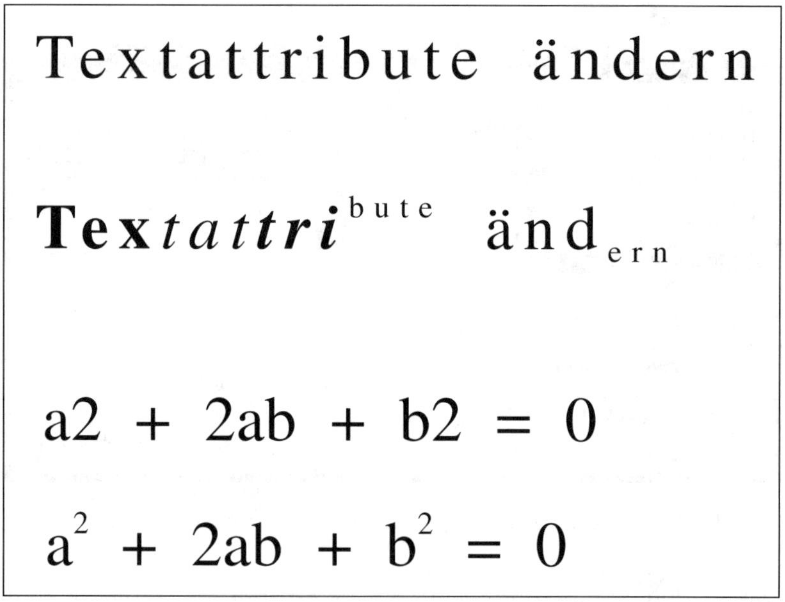

Abb. 10.19: Textattribute ändern

In Abbildung 10.20 wurde der Text vertikal um verschiedene Werte verschoben. Sie könnten den Text so beispielsweise als Treppe anordnen.

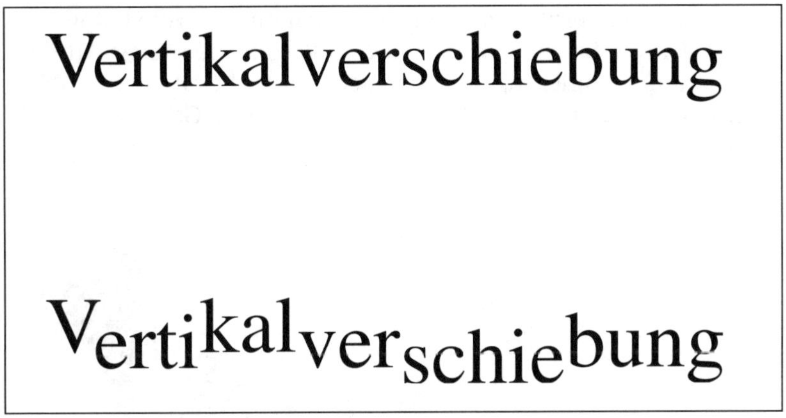

Vertikalverschiebung

Vertikalverschiebung

Abb. 10.20: Die Vertikalverschiebung

Das Kippen und Verschieben von Buchstaben führt allmählich zur Anpassung von Text an eine vorgegebene Kontur. In Abbildung 10.21
ist der Übergang dargestellt. In der oberen Zeile steht der Originaltext.
In der mittleren Zeile wurde versucht, den Welleneffekt durch das Kippen und Verschieben einzelner Buchstaben nachzuahmen. Die untere Zeile zeigt den Welleneffekt, bei dem der Text an einer vorgegebenen Kurve ausgerichtet wurde.

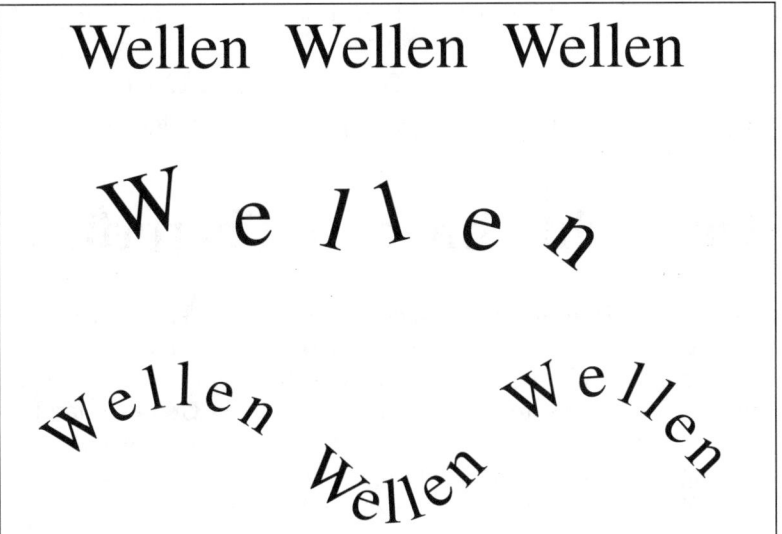

Abb. 10.21: Kippen und Verschieben von Buchstaben

Der Einsatz der Textverfremdungs-Effekte nimmt zu. Abbildung 10.22 zeigt bekannte Effekte wie Kippen und Verschieben sowie Attribut- und Parameteränderungen. Zusätzlich wurde die Hüllkurve einiger Buchstaben geändert, ein 3D-Effekt erzeugt und ein Graustufenverlauf eingefügt.

Abb. 10.22: Textverfremdung

Weitere Varianten sind denkbar. Am Ende dieses Kapitel sind einige Gestaltungsvorschläge zur Darstellung von Texten aufgeführt.

Die Rechtschreibung überprüfen

Auch in die besten Grafiken schleichen sich Schreibfehler ein, obwohl Sie den Text mehrfach kontrolliert haben. Mit der Rechtschreib-prüfung haben Sie jetzt ein zusätzliches Instrument an der Hand, das automatisch alle Texte und Beschriftungen einer Grafik anhand ei-nes Wörterbuchs überprüft. Wenn Sie die automatische Rechtschreib-prüfung bereits in Textverarbeitungen verwendet haben, kennen Sie das Problem des Spezialwortschatzes. Jeder Anwender bevorzugt ein bestimmtes Vokabular, das durch sein Niveau, seine Umwelt und den in seiner Firma vorherrschenden Sprachgebrauch geprägt ist. Dieser

Wortschatz kann natürlich nicht in einem allgemeinen Wörterbuch enthalten sein. Damit CorelDRAW! aber nicht jedesmal die Spezialausdrücke als fehlerhafte Schreibweise oder unbekanntes Wort erkennt, können Sie ein Spezialwörterbuch anlegen, das bei der Überprüfung von Texten zusätzlich verwendet wird.

Möchten Sie eine Grafik auf korrekte Rechtschreibung kontrollieren, gehen Sie in folgenden Schritten vor:

1. Markieren Sie in der Grafik den Text, den Sie überprüfen wollen.

2. Klicken Sie im Menü TEXT auf die Option RECHTSCHREIBPRÜFUNG. CorelDRAW! blendet daraufhin die gleichnamige Dialogbox ein.

3. Klicken Sie nun auf die Schaltfläche TEXT PRÜFEN. CorelDRAW! überprüft den Text nun anhand des Standard- und des persönlichen Wörterbuchs. Gleichzeitig ändert sich die Schaltflächen-Darstellung in der Dialogbox. Abbildung 10.23 zeigt die Dialogbox RECHTSCHREIBPRÜFUNG während der Korrektur von Texten.

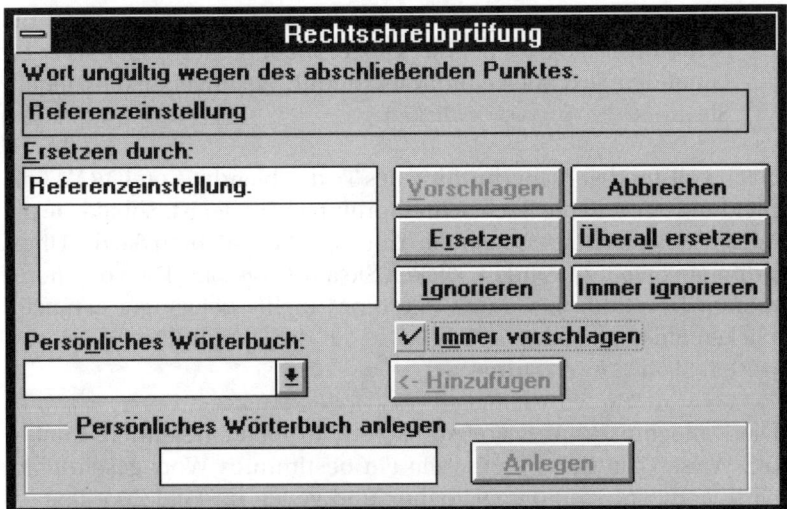

Abb. 10.23: Die Rechtschreibung überprüfen

4. Sobald das Programm auf ein unbekanntes Wort stößt, wird es im obersten Feld unter der Meldung WORT NICHT GEFUNDEN angezeigt.

Ist die Option IMMER VORSCHLAGEN aktiviert, erhalten Sie nun Ersatzvorschläge. Ist diese Option deaktiviert, können Sie Ersatzvorschläge trotzdem anfordern, indem Sie auf die Schaltfläche VORSCHLAGEN klicken.

5. Nehmen Sie nun an, das Wort wäre falsch geschrieben. Enthält die Ersatzwort-Liste das korrekte Wort, markieren Sie es durch Klicken. Anschließend klicken Sie auf ERSETZEN. Haben Sie das Wort im gesamten Text falsch geschrieben, klicken Sie auf ÜBERALL ERSETZEN.

Auf diese Weise können Sie Begriffe sehr leicht und vollautomatisch durch andere Begriffe ersetzen.

6. Falls das Wort nicht in der Liste erscheint und trotzdem falsch geschrieben ist, klicken Sie auf das Wort und korrigieren es manuell. Anschließend bestätigen Sie die Korrektur, indem Sie auf ERSETZEN oder ÜBERALL ERSETZEN klicken.

7. Ist das Wort richtig geschrieben, setzen Sie die Rechtschreibung fort, indem Sie auf IGNORIEREN klicken. CorelDRAW! wird die Schreibweise dieses Begriffes aber erneut bemängeln, falls er im laufenden Text noch einmal vorkommt. Sie umgehen dies, indem Sie auf IMMER IGNORIEREN klicken.

Nach vollständiger Überprüfung des Textes blendet CorelDRAW! die Meldung ein, daß die Rechtschreibprüfung beendet ist. Sobald Sie auf OK klicken, erscheint wieder die Arbeitsfläche. Möchten Sie die Überprüfung vorzeitig beenden, klicken Sie auf ABBRECHEN. Die vorgenommenen Korrekturen werden allerdings nicht rückgängig gemacht. Klicken Sie aber im Menü BEARBEITEN auf die Option RÜCKGÄNGIG, verwerfen Sie alle Korrekturen.

Die Dialogbox RECHTSCHREIBPRÜFUNG erfüllt noch eine andere Funktion. Wissen Sie nicht mehr, wie ein bestimmtes Wort geschrieben wird, aktivieren Sie die Dialogbox und geben im Feld ZU PRÜFENDES WORT das fragliche Wort ein. Klicken Sie nun auf die Schaltfläche WORT PRÜFEN. CorelDRAW! überprüft das Wort und informiert Sie, ob das Wort korrekt geschrieben wurde. Ist das Wort nicht im Wörterbuch enthalten, und haben Sie die Option IMMER VORSCHLAGEN aktiviert, erhalten Sie nun eine Liste lautverwandter Begriffe.

Ein persönliches Wörterbuch anlegen

Fragliche Wörter während der Rechtschreibüberprüfung müssen nicht notwendigerweise falsch sein. Treten spezielle Wörter häufiger auf, können Sie diese in Ihr persönliches Wörterbuch übernehmen. Sie legen ein Wörterbuch an, indem Sie einen maximal achtstelligen Dateinamen im Feld PERSÖNLICHES WÖRTERBUCH ANLEGEN eingeben. Sobald Sie den Namen eingetragen haben, klicken Sie auf ANLEGEN. Das neu angelegte persönliche Wörterbuch erscheint daraufhin in der Liste PERSÖNLICHES WÖRTERBUCH. Haben Sie mehrere Wörterbücher angelegt und möchten ein bestimmtes verwenden, markieren Sie es durch Klicken in der Liste PERSÖNLICHES WÖRTERBUCH. Im folgenden wird dieses Wörterbuch während der Rechtschreibüberprüfung ebenfalls einbezogen. Möchten Sie das Wörterbuch um einige der Begriffe erweitern, die CorelDRAW! standardmäßig nicht kennt, klicken Sie auf HINZUFÜGEN, sobald CorelDRAW! ein unbekanntes Wort anzeigt. Das Wort wird daraufhin in das Wörterbuch übernommen.

Ein Tip zum Schluß: Sie sollten das Wörterbuch auf die notwendigsten Begriffe beschränken, weil die Überprüfungszeit mit steigender Begriffe-Anzahl erheblich verlängert wird.

Grafiken mit variablen Texten

Mit der Funktion HERAUSNEHMEN im TEXT-Menü übertragen Sie sämtliche Textobjekte einer Grafik als ASCII-Text in eine Datei. Diese Datei können Sie anschließend mit einem Editor, der ASCII-Dateien speichern kann, bearbeiten. Mit der Funktion ÜBERNEHMEN fügen Sie den geänderten Text anschließend anstelle des Originaltextes wieder ein. Sämtliche Attribute und Spezialformatierungen werden dabei auf den neuen Text übertragen. Müssen Sie in einer Grafik sehr viele Textobjekte ändern, ist diese Vorgehensweise einer schrittweisen Bearbeitung einzelner Textzeilen vorzuziehen. Bei geringen Änderungen bringt dieses Verfahren keine Zeitvorteile. Beachten Sie bitte, daß CorelDRAW! einige Statusinformationen und Trennzeichen in den ASCII-Text einfügt. Diese Informationen sollten Sie auf gar keinen Fall ändern, da Sie den bearbeiteten Text sonst nicht mehr einfügen können. Sie verwenden nun das Zertifikat, das Sie am Ende dieses Kapitels noch erstellen werden. Das Zertifikat ist als Datei auf der Beispieldiskette vorhanden. Ändern Sie nun einige Textzeilen des Zertifikats:

1. Laden Sie die Datei ZERTIF.CDR.

2. Klicken Sie im Menü TEXT auf die Funktion HERAUSNEHMEN.

3. CorelDRAW öffnet die Dialogbox HERAUSNEHMEN, in der Sie den Dateinamen für den extrahierten ASCII-Text eingeben müssen. Der Namen ZERTIF wird vom Programm vorgeschlagen. Akzeptieren Sie diesen Namen, indem Sie auf OK klicken.

4. Wechseln Sie nun in den Programm-Manager von Windows und rufen Sie den NOTIZBLOCK auf. Sie finden dieses Programm in der Programmgruppe ZUBEHÖR.

5. Im Notizblock laden Sie die Datei ZERTIF.TXT folgendermaßen:

```
F#I#T#R#E#Z#22
@0:2
Unterschrift
<CDR>

@0:3
Düsseldorf, den 14.12.92
<CDR>

@0:4
teilgenommen hat.
<CDR>

@0:5
CorelDRAW! Grundschulung
<CDR>

@0:6
erfolgreich an der
<CDR>

@0:7
Herr Hugo Muster
<CDR>

@0:8
Hiermit wird bescheinigt, daß
<CDR>

@0:9
Zertifikat
<CDR>
```

Die erste Zeile verweist auf die Datei, aus der der Text extrahiert wurde. Die zweite Zeile zeigt eine Nummernkombination, die die Nummer der Textzeile und die Ebene angibt (diese Angaben korrespondieren nicht mit den tatsächlichen Zeilen und Ebenen).

Danach folgt die Textzeile. Unter der Textzeile wird mit <CDR> das Ende des Textobjekts markiert. Diese Informationen dürfen Sie mit Ausnahme der Textzeile auf gar keinen Fall ändern, da anderenfalls das Übernehmen nicht mehr funktioniert.

6. Ändern Sie nun einige Textzeilen. Verwenden Sie folgende Vorlage.

```
F#I#T#R#E#Z#22
@0:2
Michael Horsch
<CDR>

@0:3
Langenfeld, den 30.05.91
<CDR>

@0:4
teilgenommen hat.
<CDR>

@0:5
CorelDRAW! Einführung
<CDR>

@0:6
erfolgreich an der
<CDR>

@0:7
Herr Martin Specht
<CDR>

@0:8
Hiermit wird bescheinigt, daß
<CDR>

@0:9
Bescheinigung
<CDR>
```

Bescheinigung

Hiermit wird bescheinigt, daß

Herr Martin Specht

erfolgreich an der

CorelDRAW! Einführung

teilgenommen hat.

Langenfeld, den 30.05.91

Michael Horsch

Abb. 10.24: Die Bescheinigung nach dem Übernehmen

7. Speichern Sie den Text ab, und verlassen Sie den Notizblock.

8. Wechseln Sie wieder zu CorelDRAW!.

9. Rufen Sie im Menü TEXT die Funktion ÜBERNEHMEN auf.

10. Wählen Sie die Datei ZERTIF.TXT, und klicken Sie auf OK.

CorelDRAW! ersetzt nun die alten Textobjekte durch den neu einge-gebenen Text. Abbildung 10.24 zeigt die neue Bescheinigung.

Wie Sie sehen, wurden alle Textobjekte korrekt übernommen. Bei der Änderung der Textzeilen sollten Sie immer einen Probeausdruck der Originalgrafik zur Kontrolle griffbereit haben. Für den Text "Zertifikat" wurde der neue Schriftzug "Bescheinigung" eingetragen. Die Schrift ist sehr groß. Sie sollten solche Formatierungen nach der Text-Ände-rung beachten, da der Text sonst eventuell nicht mehr auf die Druck-seite paßt.

Textobjekte ausrichten

Die Variationsmöglichkeiten für Textobjekte gehören zu den Stärken von CorelDRAW!. Eine leistungsfähige Funktion zur Ausrichtung von Texten an beliebigen Kurven darf daher nicht fehlen.

An der Beispielgrafik TEXTAUSR.CDR können Sie die beschriebenen Funktionen dann direkt nachvollziehen. Abbildung 10.25 zeigt die Grafik vor der Ausrichtung.

Text an einer Linie ausrichten

Jeder Text bekommt bei der Eingabe eine bestimmte Bezugslinie zu-gewiesen, an der er ausgerichtet wird. Haben Sie nun einige Buch-stabenabstände mit dem Formen-Hilfsmittel verändert, treten hin und wieder vertikale Verschiebungen auf, die dem Text ein uneinheit-liches Aussehen geben. Mit der Funktion AN SCHRIFTLINIE AUSRICHTEN (im Menü TEXT) richten Sie alle Buchstaben des Textes wieder an der Bezugslinie aus. Eine eingestellte Vertikalverschiebung wird dabei auf 0 gesetzt. Der Buchstabenwinkel wird jedoch nicht verändert.

Mit Strg Z *aktivieren Sie die Funktion AN SCHRIFTLINIE AUSRICHTEN.*

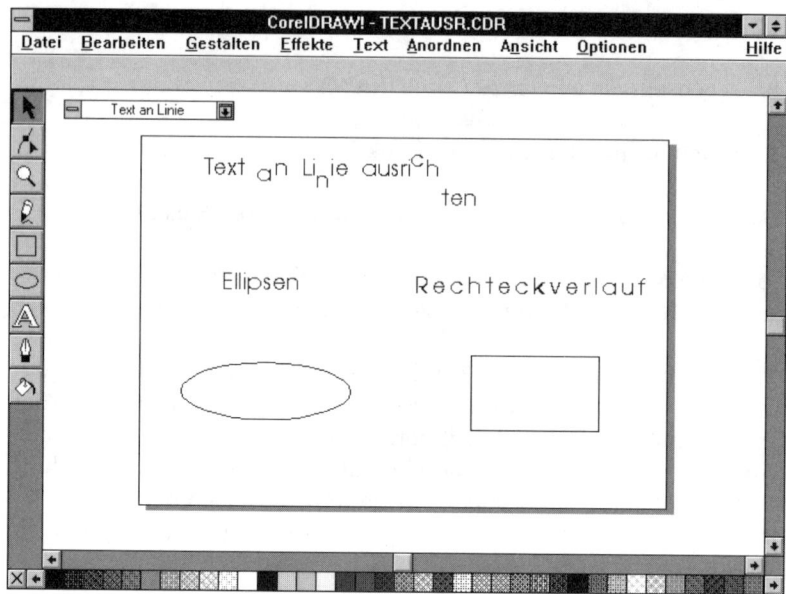

Abb. 10.25: Text vor der Ausrichtung

In Abbildung 10.26 können Sie sich davon überzeugen.

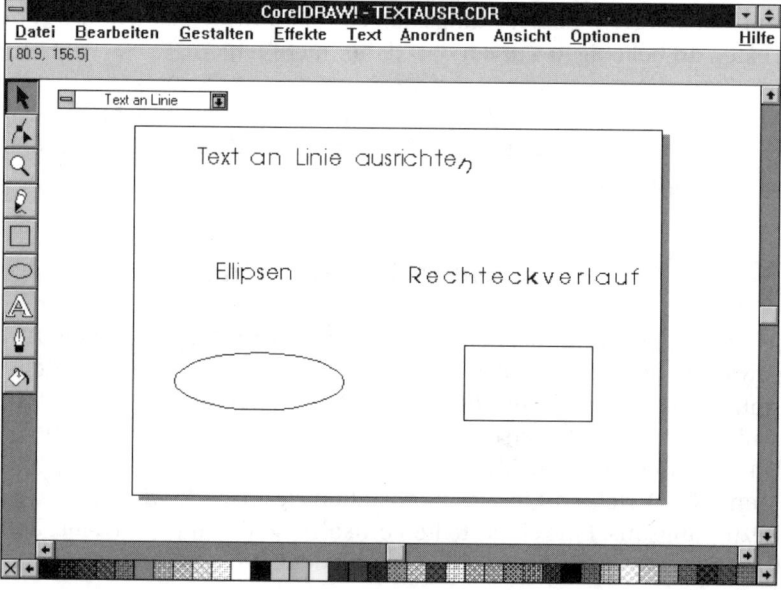

Abb. 10.26: Ausgerichteter Text

Text an Objekten ausrichten

CorelDRAW! kann aber noch mehr. So können Sie einen Text an beliebigen Kurven und Objekten ausrichten. Die Abbildungen 10.28 und 10.29 zeigen dafür einige Beispiele.

Mit Strg F *aktivieren Sie das Rollup-Fenster* TEXT AN LINIE

Die Möglichkeiten zur Ausrichtung von Texten an beliebigen Objekten sind gegenüber den älteren Versionen von CorelDRAW! erheblich erweitert und in ihrer Anwendbarkeit wesentlich vereinfacht worden. Die Ausrichtungsoptionen sind in einem Rollup-Fenster zusammengefaßt, daß Sie im Menü TEXT über die Option AN OBJEKT AUSRICHTEN aktivieren. Abbildung 10.27 zeigt das Rollup-Fenster TEXT AN LINIE in verschiedenen Modi.

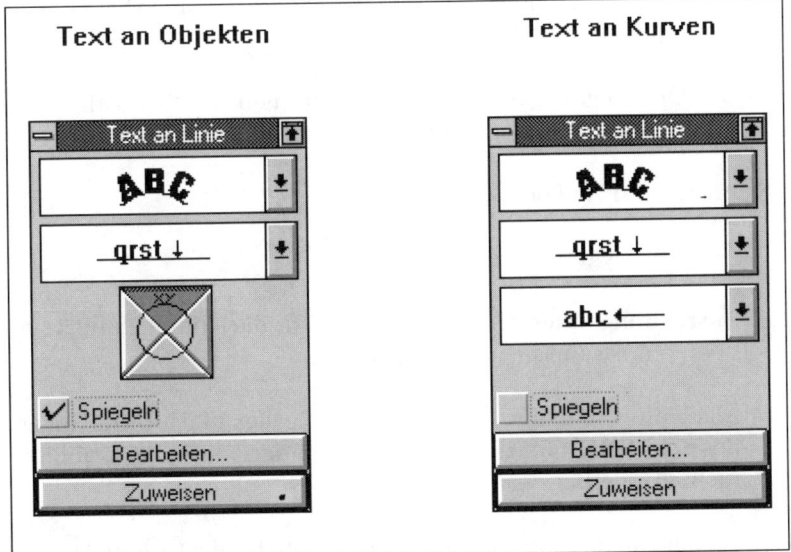

Abb. 10.27: Das Rollup Fenster TEXT AN LINIE

Bei der Ausrichtung von Texten an Objekte gehen Sie wie folgt vor: Sie markieren den Text und das Objekt. Sobald Sie diese beiden Objekte markiert haben, werden die Funktionen des Rollup-Fensters aktiv. Anschließend stellen Sie die Optionen im Rollup-Fenster TEXT AN LINIE ein und klicken auf ZUWEISEN. CorelDRAW! richtet den Text dann entsprechend aus.

Mit den beiden oberen Auswahllisten des Rollup-Fensters bestimmen Sie die Art der Ausrichtung. Die obere Auswahlliste enthält die Optionen zur Anordnung der Buchstaben. Die Optionen von oben nach unten haben folgende Bedeutung:

– lotrechte Ausrichtung der Buchstaben in Bezug auf den Umriß.

– senkrechte Ausrichtung der Buchstaben. Die Buchstaben erscheinen oben senkrecht ausgerichtet. Unten werden sie verzerrt, um dem Objektumriß folgen zu können.

– Verzerrungseffekt mit Ausrichtung am Umriß. Die Buchstaben driften voneinander weg, je stärker die Objektsteigung ist.

– richtet die Buchstaben am Umriß aus. Die Buchstaben haben aber weiterhin exakt vertikale Ausrichtung.

Mit den Optionen der unteren Liste bestimmen Sie die Ausrichtung des Schriftzugs in Bezug auf den Objektumriß:

– Ausrichtung auf dem Objektumriß.

– Ausrichtung in variablem Abstand.

– Ausrichtung unter dem Objektumriß; für die Option 2 und 3 der oberen Auswahlliste nicht aktivierbar.

– Ausrichtung auf dem Objektumriß in Bezug auf die Unterlängen des Schriftzugs; für die Option 2 und 3 der oberen Auswahlliste nicht aktivierbar.

– mittige Ausrichtung auf dem Objetumriß; für die Option 2 und 3 der oberen Auswahlliste nicht aktivierbar.

Unter diesen Auswahllisten ist entweder eine weitere Auswahlliste oder eine viergeteilte Schalt- und Vorschaufläche angeordnet. Dies hängt davon ab, welches Objekt Sie markiert haben. Die Markierung von Kreisen, Ellipsen, Rechtecken und Quadraten führt dazu, daß die viergeteilte Schaltfläche aktiv ist, in der Sie die eingestellte Ausrichtung ablesen sowie die Ausrichtung des Schriftzuges im unteren, oberen, rechten oder linken Bereich des Objektumrisses durch Klicken einstellen können.

Bei allen anderen Objekten wird eine Auswahlliste eingeblendet. Offene und geschlossene Kurvenzüge werden durch einen Startknoten, mehrere Zwischenknoten (Stützstellen) und einen Endknoten definiert. Bei geschlossenen Kurvenzügen fallen der Start- und der Endknoten zusammen. Mit den Optionen der dritten Auswahlliste können Sie den Text nun an solchen Kurven ausrichten. Die Optionen haben von oben nach unten folgende Bedeutung:

– Die Ausrichtung des Textes beginnt am Startknoten, vergleichbar mit linksbündiger Ausrichtung.

– Die Ausrichtung des Textes erfolgt zentriert.

– Die Ausrichtung des Textes erfolgt so, daß der letzte Buchstabe auf dem Endknoten der Kurve plaziert wird, vergleichbar mit rechtsbündiger Ausrichtung.

Sie stellen die gewünschte Ausrichtung ein, indem Sie auf die entsprechende Option klicken. Soll der Text spiegelverkehrt auf der gegenüberliegenden Seite des Umrisses ausgerichtet werden, klicken Sie auf die Option SPIEGELN.

Eine besondere Funktion hat die Schaltfläche BEARBEITEN. Mit dieser Option öffnen Sie die Dialogbox TEXTPOSITION ÄNDERN. Bei der Ausrichtung beachtet CorelDRAW! nicht, ob ein Text links, rechts oder zentriert eingegeben wurde. Sie können aber bei HORIZONTAL VERSCHIEBEN eine Verschiebung nach links oder nach rechts auf dem Umriß einstellen. Tragen Sie negative Werte ein, wird der Schriftzug nach links verschoben. Positive Werte richten den Schriftzug nach rechts aus.

Normalerweise wird der Text unmittelbar über oder unter dem Umriß plaziert. Mit der Option ABSTAND VOM OBJEKT stellen Sie einen Mindestabstand zwischen ausgerichtetem Text und Umriß ein. Positive Werte vergrößern den Abstand zwischen Text und Objektumriß weg, negative Werte bewegen den Text in Richtung Objektumriß. Dies kann sogar dazu führen, daß der Text auf dem Objektumriß oder auf der anderen Umrißseite dargestellt wird.

Dieser Parameter wird nur dann wirksam, wenn Sie in der unteren Auswahlliste die zweite Option von oben aktivieren (beachten Sie in der Darstellung der Option den Doppelpfeil zur Identifikation!).

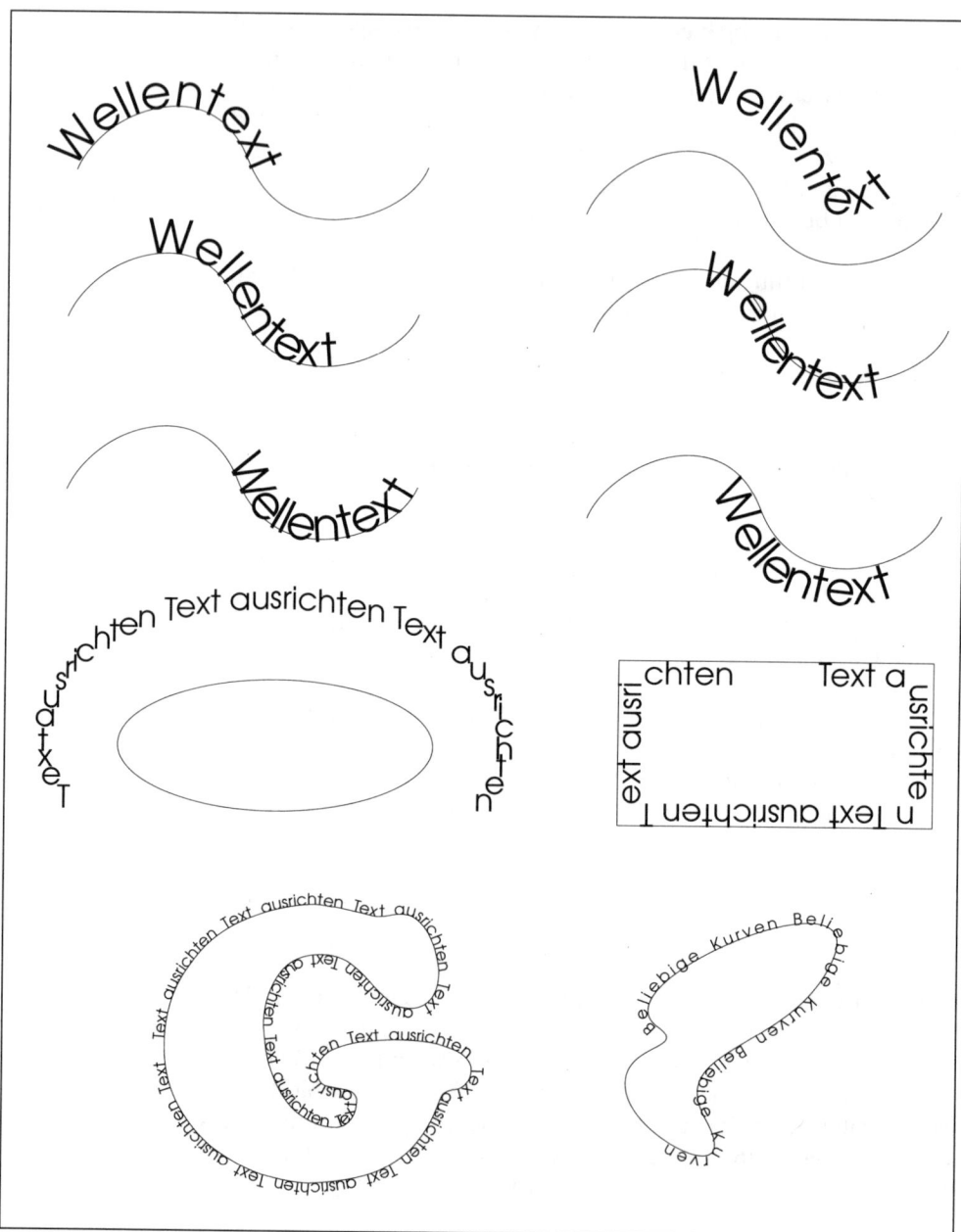

Abb. 10.28: Mögliche Ausrichtungen mit dem Rollup-Fenster Text an Linie

Haben Sie alle Einstellungen vorgenommen, klicken Sie auf ZUWEI-
SEN. Nach kurzer Zeit wird der Text ausgerichtet. Abbildung 10.28 zeigt
einige Darstellungsmöglichkeiten, die Sie mit der Ausrichtungsoption
erreichen können.

Bei der Ausrichtung von Text müssen Sie jedoch beachten, daß der
Buchstabenabstand nicht zu groß oder zu klein wird. Bei Außen-
krümmungen wird der Abstand größer, bei Innenkrümmungen kann
der Abstand so klein werden, daß sich die Buchstaben sogar überschneiden. In solchen Fällen richten Sie den Text erst wieder gerade
aus.

Während der Textausrichtung hat CorelDRAW! den Text mit dem Ob-
jekt zu einer Gruppe verbunden. Bevor Sie den Text wieder horizon-
tal ausrichten können, müssen Sie diese Gruppe zuerst auflösen.
Markieren Sie die Text/Objekt-Gruppe und klicken im Menü ANORD-
NEN auf TRENNEN. Anschließend stellen Sie den Text wieder horizontal
dar, indem Sie im Menü TEXT auf die Option NORMAL AUSRICHTEN klicken.
Verändern Sie danach mit dem Formen-Hilfsmittel interaktiv den
Buchstabenabstand. Anschließend richtenSie den Text wieder aus.

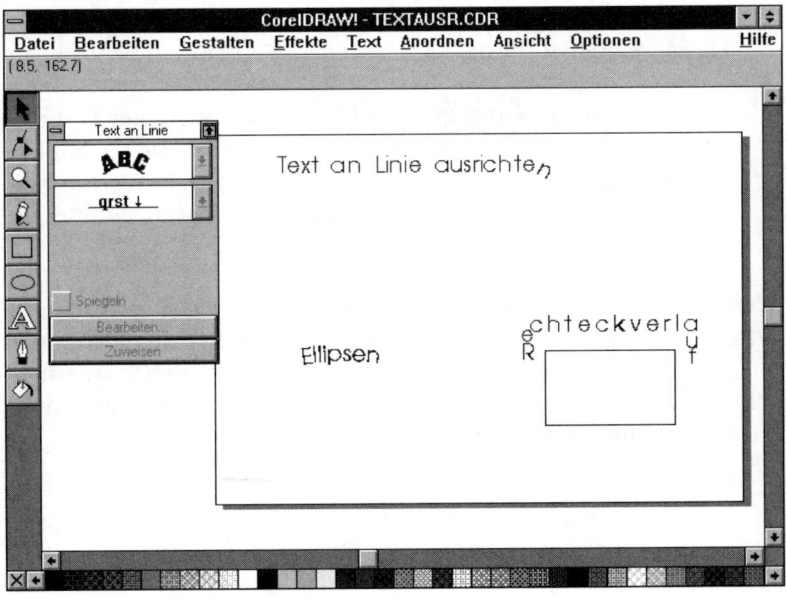

Abb. 10.29: Text an Kurven ausrichten

In Abbildung 10.28 wurden Texte bereits an einer Ellipse und an einem Rechteck ausgerichtet. Probieren Sie dies einmal aus:

1. Aktivieren Sie das Rollup-Fenster TEXT AN LINIE, indem Sie im Menü TEXT auf die Option AN OBJEKT AUSRICHTEN klicken.

2. Geben Sie eine Ellipse und den Text "Ellipse" gemäß Abbildung 10.28 ein. Markieren Sie beide Objekte.

3. Im Rollup-Fenster TEXT AN LINIE ist bereits eine Ausrichtungskombination von vielen weiteren Möglichkeiten voreingestellt. Klicken Sie daher nur auf die Schaltfläche ZUWEISEN. CorelDRAW! paßt den Text daraufhin an den Umriß der Ellipse an.

4. Geben Sie nun ein Rechteck und den Schriftzug "Rechteckverlauf" ein. Markieren Sie erneut beide Objekte.

5. Sie verwenden jetzt andere Ausrichtungsoptionen. Wählen Sie in der oberen Auswahlliste die unterste Option und in der unteren Auswahlliste die zweite Option von oben. Klicken Sie auf BEARBEITEN und geben im Feld ABSTAND VOM OBJEKT ein Wert von 10 Millimetern ein. Richten Sie nun den Text aus, indem Sie auf ZUWEISEN klicken. CorelDRAW! paßt den Text dem Verlauf des Rechtecks an.

6. Markieren Sie die Objektgruppe Ellipse/Ausgerichteter Text und klicken im Menü ANORDNEN auf TRENNEN. Nehmen Sie die Markierung zurück und markieren dann nur die Ellipse. Löschen Sie die Ellipse mit [Entf]. CorelDRAW! entfernt die Ellipse, beeinflußt die Ausrichtung des Textobjekts aber nicht.

Wenn Sie bis zu diesem Zeitpunkt alle oder die meisten Abschnitte durchgearbeitet haben, sind Sie ein großes Stück weitergekommen auf dem Weg zu einem CORELDRAW!er. Teile des soeben gelernten Wissens werden Sie nun in zwei Beispielen einsetzen. Arbeiten Sie die Anwendungsbeispiele durch, denn sie sind themenbezogen.

Anwendungsbeispiel:
Das Zertifikat

Zertifikate, Lehrgangsbescheinigungen und Zeugnisse erhält jeder in seinem Leben als Nachweis für eine erbrachte Leistung. Was liegt also näher, als mit den verfügbaren Mitteln ein Zertifikat zu gestalten. Abbildung 10.30 zeigt das fertiggestellte Zertifikat.

Zuerst erstellen wir den Grundtext, danach fügen wir den Namen ein und zu guter Letzt verwenden wir ein Symbol. Wie Ihnen in Abbildung 10.30 sicher aufgefallen ist, wurden unterschiedliche Schriften und verschiedene Größen verwendet:

1. Stellen Sie das Seitenlayout auf DIN-A4-Hochformat um. Bewegen Sie den Cursor in der Menüzeile auf DATEI und wählen die Option SEITENEINSTELLUNGEN aus.

2. In der Dialogbox SEITENEINSTELLUNGEN klicken Sie nacheinander auf HOCHFORMAT, A4 und OK.

3. Sie haben das Seitenlayout jetzt umgestellt und können mit der Texteingabe beginnen. Aktivieren Sie das Text-Hilfsmittel, indem Sie mit der Maus darauf klicken.

4. Verwenden Sie das Zertifikat in Abbildung 10.30 jetzt als Vorlage. Sie geben den Text "Zertifikat" zentriert ausgerichtet ein. Positionieren Sie dazu den Cursor im oberen Bereich der Druckseite in der Mitte zwischen den vertikalen Blattkanten und klicken mit der Maus. Orientieren Sie sich an den angezeigten Cursor-Koordinaten in der Statuszeile. Versuchen Sie, die Koordinaten (104, 257) ungefähr einzuhalten.

5. Geben Sie den Text

    ```
    Zertifikat
    ```

    ein und aktiveren Sie das Pfeil-Hilfsmittel und das Rollup-Fenster TEXT.

Zertifikat

Hiermit wird bescheinigt, daß

Herr Hugo Muster

erfolgreich an der

CorelDRAW! Einführung

teilgenommen hat.

Düsseldorf, den 14.04.91

Unterschrift

Abb. 10.30: Das Zertifikat

6. Bestimmen Sie jetzt die Schriftart. Bewegen Sie den Cursor auf den Pfeil der Schrift-Auswahlliste und klicken Sie. Sie öffnen so die Auswahlliste. Klicken Sie auf die Schaltfläche mit dem nach unten weisenden Pfeil und halten die Maustaste so lange gedrückt, bis der Schriftzug "Lincoln" erscheint.

Klicken Sie in der Auswahlliste und drücken ⎣L⎦. Sie markieren so die erste Schrift, die mit einem L anfängt; in diesem Fall Lincoln.

7. Stellen Sie die Schriftart durch Klicken auf den Schriftnamen ein.

8. Im nächsten Schritt stellen Sie die Schriftgröße ein. Klicken Sie im Größen-Feld vor der Zahl 2.

9. Geben Sie jetzt die Schriftgröße 84 ein, indem Sie ⎣8⎦ tippen und einmal ⎣Entf⎦ drücken. Sie löschen so die Zahl 2. Die Schriftgröße ist damit eingestellt.

10. Wie Sie sich erinnern, wollten wir den Text zentriert ausrichten. Klicken Sie daher auf die Schaltfläche für zentrierte Ausrichtung.

11. Durch Klicken auf ZUWEISEN übernehmen Sie die Einstellungen für den Text.

    CorelDRAW! fügt daraufhin den Text mit der gewünschten Formatierung in die Arbeitsfläche ein.

12. Geben Sie jetzt den Haupttext ein. Bedenken Sie, daß Sie zwischen Haupttext und Überschrift später noch ein Symbol einfügen müssen. Klicken Sie daher in einem ausreichenden Abstand von der Überschrift. Orientieren Sie sich an den Koordinaten (104, 195).

13. Aktivieren Sie das Text-Hilfsmittel. Klicken Sie in der Arbeitsfläche, geben Sie

```
Hiermit wird bescheinigt, daß
```

ein, drücken Sie sechsmal ⎣↵⎦ und geben

```
erfolgreich an der
CorelDRAW! Grundschulung
teilgenommen hat.
```

ein.

Fügen Sie nach jeder Zeile eine Leerzeile ein. Drücken Sie dazu nach der Eingabe einer Zeile zweimal ⟨←⟩.

14. Stellen Sie im Rollup-Fenster die Schriftgröße 36 ein. Wählen Sie die Schrift "Lincoln" und die Ausrichtung ZENTRIERT.

15. Schließen Sie die Eingabe des Haupttextes ab, indem Sie auf ZU-WEISEN klicken. CorelDRAW! fügt daraufhin den Haupttext ein.

16. Folgende Texteingaben sind jetzt noch erforderlich: Der Ort und das Datum sowie das Wort "Unterschrift" und der Name. Geben Sie zunächst den Ort und die Unterschrift mit folgenden Koordinaten und Parametern ein:

   – ((30, 40), Lincoln, Ausrichtung Links, Schriftgröße 24, Text: Düsseldorf, den 14.04.91).

   – Danach fügen Sie das Wort "Unterschrift" ein: ((153, 16), Lincoln, Ausrichtung Links, Schriftgröße 18).

Ihr Arbeitsblatt müßte nun wie folgt aussehen.

Abb. 10.31: Der Vorlagentext

17. Geben Sie jetzt einen Namen ein. In diesem Beispiel wurde der Name "Herr Hugo Muster" gewählt. Aktivieren Sie das Text-Hilfsmittel und klicken Sie in der Arbeitsfläche bei den Koordinaten (104, 160).

18. Wählen Sie die Schrift "Toronto", die Schriftgröße 48, eine zentrierte Ausrichtung und belassen die Attributeinstellung auf Normalschrift. Klicken Sie auf Zuweisen.

19. Der letzte Arbeitsschritt umfaßt die Auswahl eines Symbols. Aktivieren Sie das Text-Hilfsmittel und klicken bei den Koordinaten (104, 233). Halten Sie dabei die ⇧ -Taste gedrückt.

20. CorelDRAW! hat jetzt die Dialogbox Symbole eingeblendet, in der Sie ein Symbol auswählen. In der Auswahlliste mit den Symbolsparten wählen Sie die Symbolsparte "Orden".

21. Fügen Sie jetzt das Symbol ein. Geben Sie dazu im Feld Symbolnummer die Zahl 34 ein.

22. Klicken Sie auf OK. CorelDRAW! zeichnet das Symbol jetzt unter der Überschrift "Zertifikat".

Abbildung 10.32 zeigt in der Seitenvorschau, wie Ihr Zertifikat jetzt aussehen sollte.

Machen Sie sich keine Gedanken darüber, daß das Zertifikat noch nicht Abbildung 10.30 entspricht. Das eingefügte Symbol ist noch viel zu klein und muß auch noch gespiegelt werden. Je nach Einstellung des Umriß- und des Füllen-Hilfsmitteles sieht auch der eingegebene Text geringfügig anders aus. In den weiteren Schritten werden Sie das Zertifikat nun überarbeiten. Sie werden das Symbol stufenlos skalieren, kopieren und spiegeln und den Text so bearbeiten, daß Sie das Dokument für den Mischdruck verwenden können.

23. Sie werden das Symbol zunächst nur vergrößern. Klicken Sie auf das Eckquadrat rechts unten, und halten Sie die Maustaste gedrückt.

24. Ziehen Sie den Rahmen so weit auf, daß er rechtsbündig mit dem letzten "t" von Zertifikat abschließt. Lassen Sie die Maustaste los.

Abb. 10.32: Das (noch) nicht vollständige Zertifikat

CorelDRAW! zeichnet das Symbol jetzt neu, allerdings stark vergrößert. Das Symbol ist immer noch markiert. Spiegeln und kopieren Sie
jetzt das Symbol:

25. Drücken Sie ⊕ auf dem numerischen Tastenblock und kopieren
    so das Symbol.

26. Klicken Sie auf das rechte Kanten-Markierungsquadrat, und hal-
    ten Sie die Maustaste gedrückt.

27. Sie möchten jetzt eine 1:1-Kopie des Objekts herstellen, damit die
    Größe des gespiegelten Symbols exakt der Größe des Original-
    symbols entspricht. Halten Sie also die Strg-Taste gedrückt, wäh-
    rend Sie den Cursor nach links bewegen.

28. Sobald der Rahmen umkippt, lassen Sie die Maustaste los. Lassen
    Sie erst danach die Strg-Taste los, sonst erhalten Sie keine 1:1-
    Kopie!

CorelDRAW! zeichnet das gespiegelte Symbol an der neuen Position,
läßt das Original aber unverändert.

29. Die Darstellung ist noch nicht perfekt. Der Abstand zwischen der Überschrift und dem Symbol ist zu groß. Klicken Sie auf einen freien Bereich in der Grafik und löschen so jede Markierung.

30. Verwenden Sie jetzt die Rahmenselektion, um das komplette Symbol, das nun aus zwei Objekten besteht, verschieben zu können. Klicken Sie in der Arbeitsfläche, halten Sie die Maustaste gedrückt und ziehen einen Rahmen um das Symbol. Lassen Sie die Maustaste los. CorelDRAW! markiert die beiden Objekte.

31. Klicken Sie nun auf den Umriß eines Objekts und halten die Maustaste gedrückt.

32. Verschieben Sie beide Objekte so weit nach oben, daß der Abstand zwischen Überschrift und Symbol ausgewogen aussieht. Die Grafik ist nun komplett und sollte gespeichert werden.

33. Speichern Sie die Grafik unter dem Namen ZERTIF ab. Drücken Sie dazu [Strg][S] und geben im Feld DATEINAME den Namen ZERTIF ein. Sobald Sie auf OK klicken, speichert CorelDRAW! Ihre Grafik.

Anwendungsbeispiel: Das Firmenlogo

Firmenlogos haben Signalwirkung. Sie zeigen die Funktion der Firma in optisch ansprechender und leicht wiedererkennbarer Form. Im folgenden Beispiel werden Sie ein Firmenlogo gestalten. Sie verwenden dazu verschiedene Kombinationstechniken, eine Grafik der Clipart-Bibliothek und richten die Beschriftung kreisförmig aus. Abbildung 10.33 zeigt das vollständige Firmenlogo.

Sie gestalten das Logo, indem Sie in folgenden Schritten vorgehen:

1. Zeichnen Sie einen Kreis mit 164 Millimeter Durchmesser und kopieren diesen mit [+]. Verschieben Sie den kopierten Kreis gemäß Abbildung 10.34 und stellen für die Umriß- und Füllfarbe Weiß ein. Der Originalkreis muß in Schwarz erscheinen. Wenn Sie möchten, können Sie den überstehenden Teil des kopierten Kreises nun noch an den Umriß des Originalkreises anpassen.

Verwandeln Sie den Kreis dazu in eine Kurve und fügen neue Knoten unter Verwendung des Formen-Hilfsmittels ein. Anschließend schmiegen Sie die (Kreis-)Kurve an den Kreisumriß an. Kopieren Sie den Originalkreis erneut und weisen nur einen schwarzen Objektumriß von 0,6 Millimeter zu. Die Füllung unterdrücken Sie, indem Sie in der Farbpalette auf das Symbol X klicken. Stellen Sie diesen Kreis in den Vordergrund.

2. Geben Sie den Text

   Hubschrauber-Cityservice

   ein, und weisen Sie über das Rollup-Fenster TEXT die Schriftart "BahamasHeavy" (Normal), Schriftgröße 47,7 Punkt zu. Die Farbe der Schrift ist weiß.

3. Anschließend geben Sie den Text

   Köln Berlin München

   ein und weisen die Schrift "BahamasHeavy" (Normal), die Schriftgröße 32,3 Punkt und für die Füllung weiß zu.

Abb. 10.33: Das Firmenlogo

4. Richten Sie den oberen Text am Kreis aus. Klicken Sie im Menü TEXT auf die Option AN OBJEKT AUSRICHTEN. Im Rollup-Fenster TEXT AN LINIE stellen Sie in der unteren Auswahlliste die zweite Option von oben ein. In der Vierfach-Schaltfläche klicken Sie auf die obere Schaltfläche.

5. Stellen Sie nun den Abstand vom Kreisumriß ein. Klicken Sie dazu auf die Schaltfläche BEARBEITEN und geben im Feld ABSTAND VOM OBJEKT den Wert -15,5 Millimeter ein. Sie erreichen so, daß der Text unter dem Kreisumriß dargestellt wird.

6. Klicken Sie auf ZUWEISEN. Der Text wird nun am Kreis ausgerichtet.

7. Sie richten jetzt den unteren Text aus. Markieren Sie den Kreis und den unteren Text. Stellen Sie im Rollup-Fenster in der unteren Auswahlliste die zweite Option von oben ein. Klicken Sie in der Vierfach-Schaltfläche auf die untere Schaltfläche und dann auf die Option SPIEGELN. In der Dialogbox TEXTPOSITION ÄNDERN (Schaltfläche BEARBEITEN) geben Sie im Feld ABSTAND VOM OBJEKT den Wert 5 Millimeter ein. Klicken Sie nun auf ZUWEISEN.

8. Importieren Sie nun den Hubschrauber. Wie Sie Grafiken importieren, lesen Sie bitte im entsprechenden Kapitel nach. Der Hubschrauber ist als Datei HELICOPT.CDR im Verzeichnis \CORELDRW\DRAW\CLIPART\FLUGZEUG gespeichert.

9. Sobald CorelDRAW! den Hubschrauber eingefügt hat, plazieren Sie ihn in der Mitte des Kreises. Lösen Sie die Objektgruppe auf, und weisen Sie die Graustufen gemäß Abbildung 10.36 zu. Gruppieren Sie die Einzelobjekte des Hubschraubers nun wieder. Dazu müssen Sie eventuell in den Umrißmodus wechseln.

10. Kopieren Sie die Hubschrauber-Objektgruppe mit ⊞ und weisen dieser Kopie als Füllung und Umriß Schwarz zu. Verschieben Sie diese Objektgruppe ein wenig in Bezug auf das Originalobjekt und plazieren sie anschließend hinter dem Originalobjekt. Abbildung 10.34 zeigt das Zwischenergebnis im Umrißmodus.

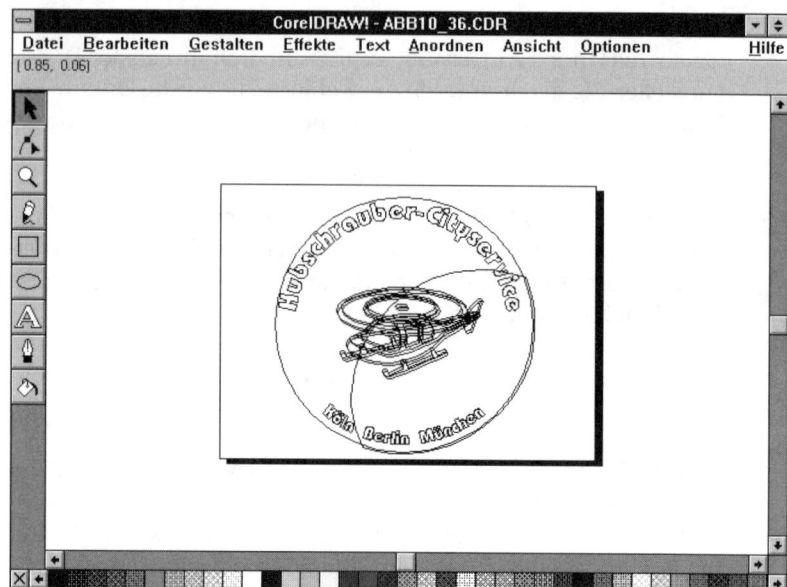

Abb. 10.34: Das noch unvollständige Firmenlogo im Umrißmodus

11. Durch Kombination verschiedener Objekte erzeugen Sie nun den Schwarz/Weiß-Effekt. Zunächst müssen Sie aber die Objektgruppen, die bei der Ausrichtung der Texte definiert wurden, wieder trennen. Markieren Sie dazu nacheinander die Objektgruppen und klicken Sie anschließend im Menü ANORDNEN auf die Option TRENNEN.

12. Markieren Sie nun die Texte, den schwarzen Originalkreis und den weißen Teilkreis. Klicken Sie im Menü ANORDNEN auf die Option KOMBINIEREN. Die Objekte werden so kombiniert, daß der Schwarz/Weiß-Effekt erzielt wird.

13. Haben Sie den Teilkreis nicht exakt an den Objektumriß angepaßt, entsteht nun eine störende Füllung im Bereich des Teilkreisumrisses. Erzeugen Sie also eine weitere Kopie des Originalkreises. Klicken Sie zunächst auf die Option RÜCKGÄNGIG, um die Kombination zurückzunehmen (klicken Sie nicht auf die Option KOMBINATION AUFHEBEN!). Kopieren Sie das Originalobjekt und stellen für Füllung und Umriß Weiß ein. Zeichnen Sie ein weißes Rechteck um den Kreis, und kombinieren Sie beide Objek-

te. Stellen Sie die Kombination in den Vordergrund. Der Kreisbereich ist transparent, so daß das Firmenlogo erscheint. Durch die Maskierung wurde der störende Kombinationseffekt ausgeblendet.

14. Speichern Sie die Grafik unter dem Namen SIEGEL ab.

Beispiele zur Textgestaltung

CorelDRAW! hat im Bereich der Textgestaltung eine Domäne. Die Möglichkeiten, Texte darzustellen, sind nahezu unbegrenzt. Einen ersten Anhaltspunkt für diese Aussage geben über 250 Schriften, die bereits im Lieferumfang enthalten sind. In den folgenden Abschnitten und Abbildungen wird eine kleine Auswahl an Textgestaltungen gezeigt. Diese Auswahl verstehen Sie bitte als Anregung für die Gestaltung Ihrer Texte.

Wie der der jeweilige Schriftzug entstanden ist, können Sie unter der entsprechenden Abbildung nachlesen. Abbildung 10.35 zeigt einfache Textgestaltungen.

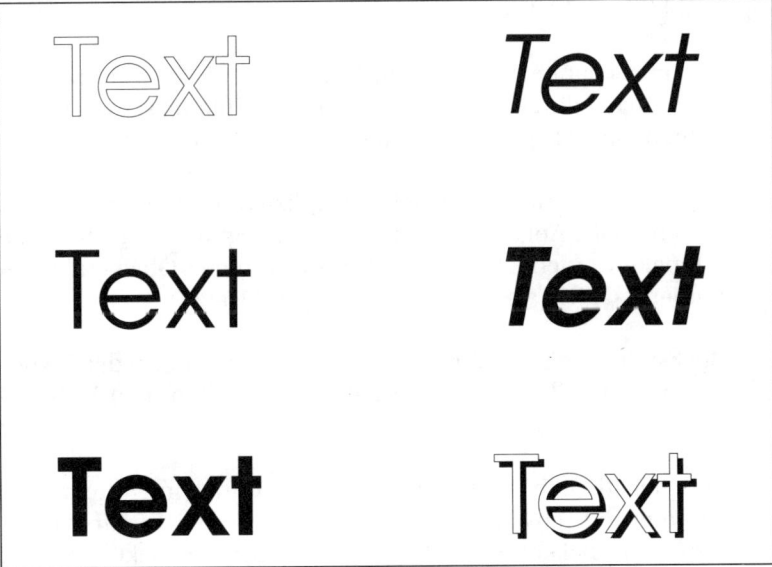

Abb. 10.35: Texte 1

Gehen wir die Schriftzüge nach folgender Vereinbarung durch:

1   2
3   4
5   6

Die Nummern entsprechen der Position des Schriftzuges in der Grafik. Als Schriftart wurde "Avalon" gewählt.

1   Umriß Haarlinie, Füllung keine, Attribut normal

2   Umriß Haarlinie, Füllung schwarz, Attribut kursiv

3   Umriß Haarlinie, Füllung schwarz, Attribut normal

4   Umriß Haarlinie, Füllung schwarz, Attribut fett & kursiv

5   Umriß Haarlinie, Füllung schwarz, Attribut fett

6   Vorderes Objekt Haarlinie ohne Füllung, hinteres Objekt versetzt mit schwarzer Füllung. Entstehung: Duplizieren des Objekts mit Strg D und anschließendes Verschieben.

In der nächsten Abbildung werden die Gestaltungen schon aufwendiger (Abbildung 10.36).

1   Text mit Schatten: Vorderes Objekt grau schattiert mit Umriß, hinteres Objekt durch Kopieren und Neigen, Füllung schwarz, Ausrichten nach Neigen (horizontal links, vertikal unten).

2   Doppelt konturiert: Zweifaches Duplizieren des Textes an der selben Stelle. Abgestufte Umrißbreiten, von hinten nach vorne schmaler werdend. Füllung und Umriß: hinteres Objekt schwarz, mittleres Objekt weiß, vorderes Objekt schwarz.

3   Buchstabenveränderung: Wandeln in Kurven, Ziehen der T-Knoten, bis der Balken die gewünschte Länge hat (Formen-Hilfsmittel).

4   Text negativ konturiert, abgehoben auf dunklem Hintergrund: Hintergrund schwarzes Rechteck, mittleres Objekt duplizierter Text mit dickerem Umriß weiß, vorderes Objekt schwarz, fett&kursiv.

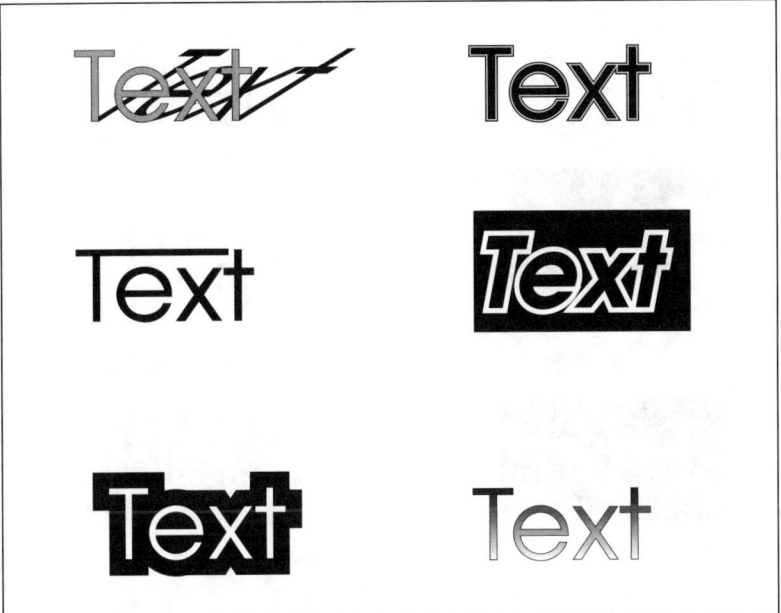

Abb. 10.36: Texte 2

5 Text fett konturiert, Negativ-Effekt: Duplizieren des Texts, hinteres Objekt starker Umriß schwarz, vorderes Objekt Haarlinie schwarz, Füllung weiß.

6 Text mit Verlauf: Objekt konturiert mit schwarzer Haarlinie, Verlauf schwarz/weiß linear von oben nach unten.

Auch die Texteffekte der nächsten Abbildung entstehen überwiegend durch die Kombination verschiedener Objekte (Abbildung 10.37).

1 Radialer Verlauf weiß/schwarz von innen nach außen, Objekt ohne Umriß.

2 Gegensätzlicher radialer Verlauf: vorderer Text radial schwarz/hellgrau von innen nach außen, hinterer Text radialer Verlauf von außen nach innen, Entstehung des hinteren Objekts: Exportieren mit breitem Umriß in TIFF-Format, Tracen mit CorelTRACE!, Nachbearbeiten, Sinn: Erzeugung einer breiten Umrißlinie.

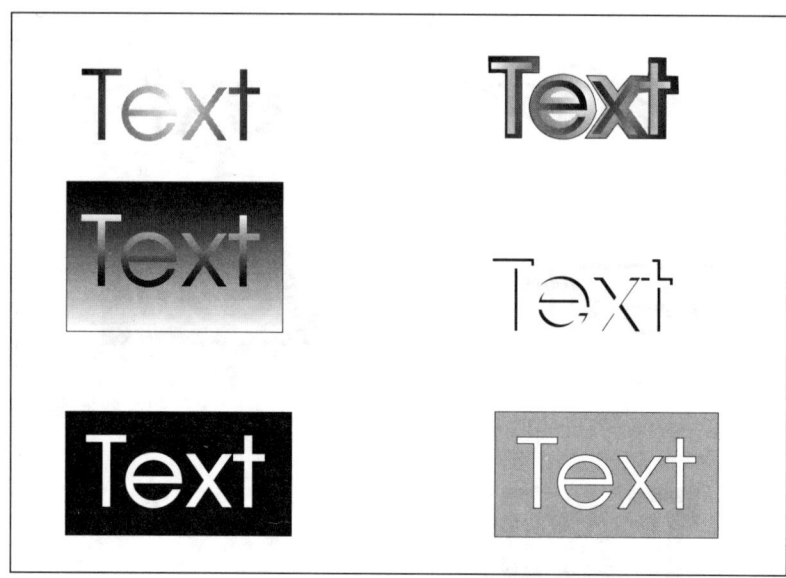

Abb. 10.37: Texte 3

3 Gegensätzlicher Verlauf: Rechteck im Hintergrund, schwarz/
   hellgrauer Verlauf von oben nach unten, Textverlauf entgegenge-
   setzt.

4 Outline: Duplizieren und Verschieben des Textes, hinteres Objekt
   Umriß und Füllung schwarz, vorderes Objekt Füllung und Umriß
   weiß.

5 Negativ-Darstellung: Hintergrund schwarzes Rechteck, Vordergrund Text mit schwarzer Haarlinie und weißer Füllung.

6 Grau schattiert: Text weiß mit Kontur, Rechteck im Hintergrund
   grau schattiert mit Kontur.

Die Spezialeffekte von CorelDRAW! werden in der letzten Abbildung
zur Textgestaltung eingesetzt (Abbildung 10.38).

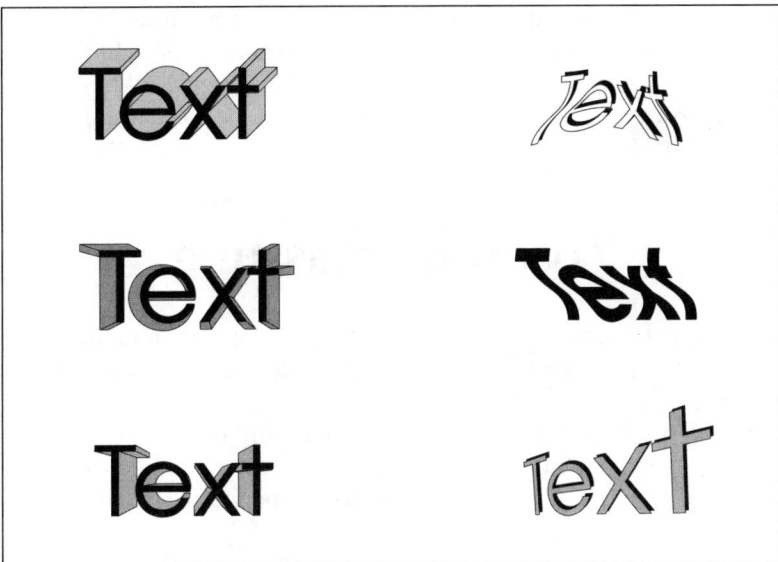

Abb. 10.38: Texte 4

1 3D-Text: Funktion Dritte Dimension, Parallelprojektion ohne Skalierung und Perspektive, Grauschattierung der 3D-Flächen.

2 Verzerrter und schattierter Text: Hüllkurven-Bearbeitung, 3. Option des Menüs, vorderer Text weiß gefüllt mit schwarzer Haarlinienkontur, hinterer Text durch Duplizieren und Verschieben, Füllung schwarz.

3 3D-Text nach vorne gekrümmt: Funktion Dritte Dimension, Perspektive, Skalierfaktor ca. 120%, 3D-Flächen grau schattiert.

4 Verzerrter Text: Hüllkurven-Bearbeitung, 3.Option des Menüs, Textattribut fett.

5 3D-Text nach hinten gekrümmt: Funktion Dritte Dimension, Perspektive, Skalierfaktor ca. 70%, 3D-Flächen mit Verlauf.

6 Perspektive: Text perspektivisch mit EFFEKTE PERSPEKTIVE BEARBEITEN, nach hinten leicht verjüngt, vorderer Text grau mit Kontur, hinterer Text als Schatten durch Duplizieren und Verschieben, Füllung schwarz.

Wie gesagt, es handelt sich um eine kleine Auswahl. Ihrer Phantasie bei der Textgestaltung sind keine Grenzen gesetzt. Vielleicht ein Tip: Experimentieren Sie mit den Funktionen von CorelDRAW!. Sie werden überrascht sein, wie schnell Sie verschiedene Gestaltungen eingegeben haben.

Zusammenfassung

Der Bereich der Textgestaltung erfordert die Beherrschung der meisten Funktionen von CorelDRAW!. Sie werden daher einige Zeit benötigen, um alle Funktionen zur Gestaltung von Texten korrekt anwenden zu können. Die beschriebenen Funktionen dieses Kapitels bezogen sich nur auf die Funktionen, die ursächlich mit der Textbearbeitung und -gestaltung im Zusammenhang stehen.

Im nächsten Kapitel erfahren Sie, wie Sie Objekte in diffizilen Situationen eingeben und bearbeiten sollten. Müssen Sie nämlich Objekte exakt plazieren (ohne daß eine CorelDRAW!-Funktion anwendbar ist) oder sehr kleine Objekte eingeben, werden diese Aufgaben durch das Zoom-Hilfsmittel viel einfacher.

11

Bildschirmausschnitte
und Details

Detailarbeiten an Grafiken verlangen oft das Ausrichten von Objekten oder die Anpassung von Kurven im Knoten-Modus. Oft müssen jedoch auch Details gezeichnet werden, die in der normalen Bildschirmdarstellung nicht mehr gezeichnet werden können, weil ihre Abmessungen zu gering sind. Aus diesem Grund verfügen gute Grafikprogramme über Funktionen, mit denen Sie frei wählbare Bildschirmausschnitte vergrößert darstellen können.

In CorelDRAW! ist diese Funktion ein Teil der Hilfsmittelpalette. Klicken Sie das Sinnbild für das Lupen-Hilfsmittel - eine stilisierte Lupe - an, erscheint ein Flyout-Menü, das fünf Optionen enthält. Abbildung 11.1 zeigt das Flyout-Menü.

Lupen-Hilfsmittel

Abb. 11.1: Das Lupen-Menü

Laden Sie nun die Übungsgrafik SYMBOL.CDR von der Beispieldiskette.

Einen Bildschirmausschnitt vergrößern

Sie vergrößern Bildschirmausschnitte, wenn Sie Arbeiten ausführen, bei denen es auf große Präzision ankommt, oder wenn Sie sich Details anschauen möchten.

Mit F2 aktivieren Sie den Vergrößerungsmodus.

Vergrößern Sie nun ein Symbol aus der Übungsgrafik:

1. Klicken Sie auf das Lupen-Hilfsmittel. Corel DRAW! blendet das Flyout-Menü zum Lupen-Hilfsmittel ein.

2. Klicken Sie auf das Sinnbild, das in einer Lupe das Zeichen + zeigt, und bewegen Sie den Cursor in die Arbeitsfläche. Der Cursor nimmt die Gestalt einer Lupe an.

3. Wählen Sie ein Symbol aus, klicken außerhalb des Symbols und halten die Maustaste gedrückt.

4. Ziehen Sie nun einen Rahmen um das Symbol. Sobald Sie den Rahmen gezogen haben, lassen Sie die Maustaste wieder los.

CorelDRAW! vergrößert nun den Bildschirmausschnitt, den Sie durch den Rahmen markiert haben. In Abbildung 11.2 wurde das mittlere Symbol vergrößert.

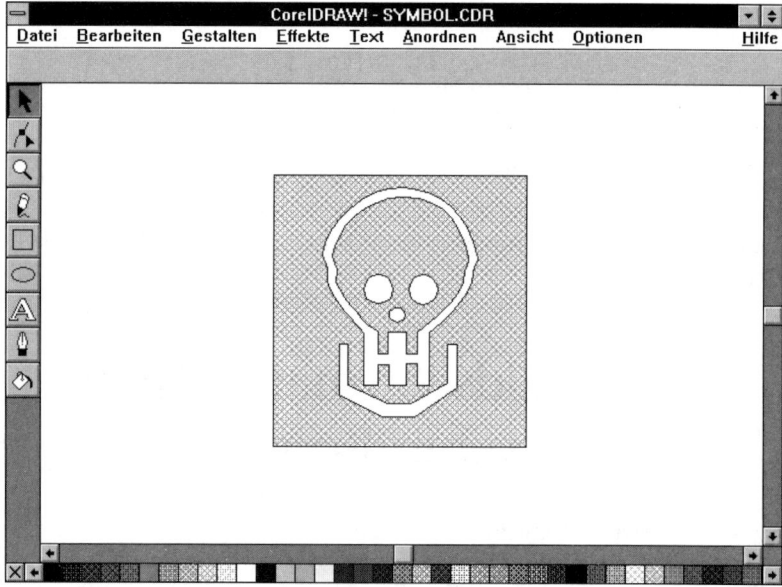

Abb. 11.2: Vergrößerter Bildschirmausschnitt

Reicht die gewählte Vergrößerung nicht aus, um ein bestimmtes Detail bearbeiten zu können, können Sie einen Teil des vergrößerten Bildschirmausschnitts noch mehrfach vergrößern. Bei der maximal möglichen Vergrößerung repräsentiert ein Bildpunkt eine Detailgröße von 0,001 Zoll.

Beachten Sie bitte folgendes, wenn Sie den Bildschirmausschnitt verschieben: Klicken Sie auf die Rollpfeile, wird der Bildschirmausschnitt schrittweise verschoben. Mit dem Schieber verschieben Sie das Bild auch, aber bezogen auf die gesamte Arbeitsfläche. Sie dürfen in der vergrößerten Darstellung deshalb den Schieber nur in sehr kleinen Stufen bewegen, da Sie sich sonst aus dem Darstellungsbereich bewegen und leicht die Orientierung verlieren können.

Bildschirmausschnitte wieder verkleinern

Nachdem Sie eine Detailarbeit abgeschlossen haben, möchten Sie vielleicht die Vergrößerung des Bildschirmausschnitts wieder zurücknehmen. Klicken Sie dazu im Flyout-Menü des Lupen-Hilfsmittels auf das Sinnbild, das ein Minuszeichen enthält. Sie nehmen die Vergrößerung damit stufenweise zurück. Im vorherigen Beispiel haben Sie einen Teil der dargestellten Druckseite vergrößert. Sie machen diese Vergrößerung wieder rückgängig, indem Sie auf das Verkleinerungssymbol klicken. (Siehe Abbildung 11.3)

Mit [F2] *nehmen Sie die Vergrößerung stufenweise zurück.*

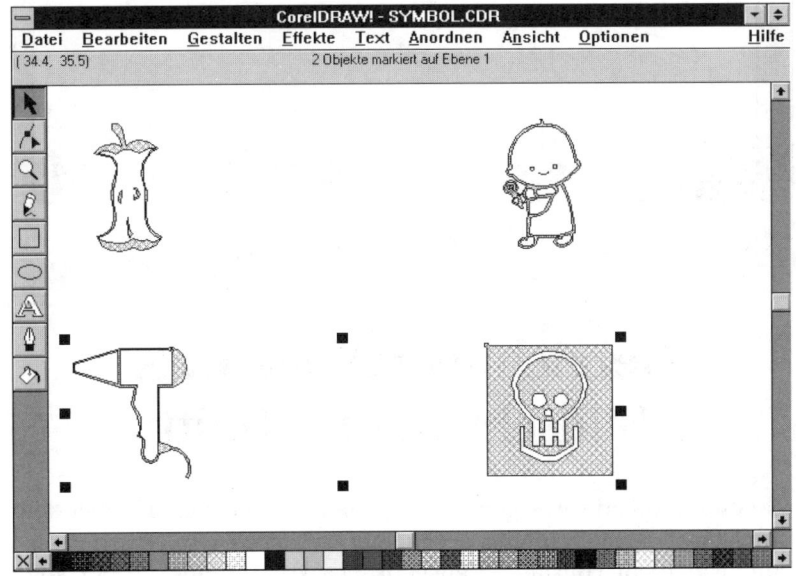

Abb. 11.3: Die Vergrößerung wieder aufheben

Die Proportionsdarstellung

Mit der Proportionsdarstellung vergrößern Sie Ihre Grafik so, daß ein Zentimeter auf dem Bildschirm einem Zentimeter entsprechen soll, wenn die Grafik gedruckt wird. Diese Funktion ist stark abhängig von der Monitorart und -größe sowie vom verwendeten Drucker. Sie sollten der Anzeige deshalb nicht allzuviel Vertrauen schenken. Möchten Sie diese Darstellung aktivieren, klicken Sie im Flyout-Menü Zoom auf die Schaltfläche 1:1.

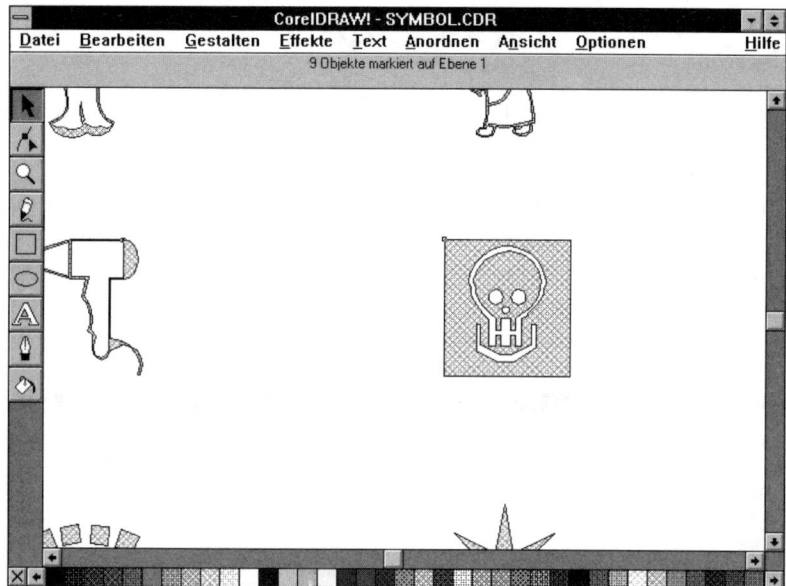

Abb. 11.4: Die Proportionsdarstellung

Gezeichnete Objekte als Bildschirmausschnitt

Mit F4 aktivieren Sie diese Funktion.

Manche Grafiken verlangen die Eingabe von Objekten, die über den druckbaren Bereich hinaus gezeichnet werden. Diese Objekte werden zwar nicht vollständig ausgedruckt, können aber in der ausgedruckten Grafik dennoch wirkungsvoll in Erscheinung treten.

Möchten Sie solche Objekte bearbeiten, müssen Sie den dargestellten Bildschirmausschnitt verkleinern.

In anderen Fällen ist die gezeichnete Grafik relativ klein. Sie können nun die Grafik immer in der maximalen Bildschirmgröße darstellen. Das hat den Vorteil, daß Sie zwar alle Objekte der Grafik sehen, diese aber augenschonend in der Maximalgröße. Sie aktivieren diese Funktion, indem Sie auf das Lupen-Hilfsmittel und anschließend auf das vierte Sinnbild von links klicken.

Die gesamte Druckseite darstellen

Möchten Sie nach Ausführung aller Detailarbeiten einen Überblick über die Grafik erhalten, die ausgedruckt werden soll, stellen Sie wieder die gesamte Druckseite dar. Klicken Sie dazu auf das Lupen-Hilfsmittel und dann auf das rechte Sinnbild. CorelDRAW! stellt jetzt die gesamte Druckseite dar.

Mit ⇧ F4 aktivieren Sie die Funktion Druckseite darstellen.

Zusammenfassung

Mit Abschluß dieses Kapitels haben Sie alle Hilfsmittel und Funktionen der Hilfsmittelpalette kennengelernt und in praktischen Teilen den Umgang mit ihnen geübt.

Das nächste Kapitel befaßt sich mit dem Menü EFFEKTE. In diesem Menü sind spezielle Effekt-Funktionen zur Objektgestaltung zusammengefaßt, die durch die konventionellen Hilfsmittel, Funktionen und Eingabetechniken nur sehr schwer realisierbar wäre. Zum Abschluß des Kapitels lernen Sie dann noch besondere Bearbeitungstechniken kennen.

12

Spezielle grafische Effekte

Einige Zeichentechniken wie das Verzerren von Umrissen oder das perspektivische Zeichnen von Objekten sind für den Laien manuell nur sehr schwer auszuführen. Einerseits verlangt die perspektivische Darstellung von Objekten Grundlagenwissen und ein gutes Vorstellungsvermögen, andererseits ist sehr viel Übung erforderlich, ein Objekt auch so darstellen zu können. Aber auch der Profi wird die Spezialeffekte, die CorelDRAW! bietet, anwenden, weil damit eine große Zeitersparnis verbunden ist.

CorelDRAW! faßt alle Spezialeffekte im Menü EFFEKTE zusammen. Abbildung 12.1 stellt das Menü EFFEKTE dar.

Hüllentyp festlegen	
Hülle entfernen	
Hülle übernehmen...	
Neue Hülle	
Perspektive bearbeiten	
Perspektive aufheben	
Perspektive übernehmen...	
Neue Perspektive	
Überblenden...	Strg+B
Überblendung aufheben	
Extrudieren...	Strg+E
Extrusion aufheben	

Abb. 12.1: Das Menü EFFEKTE mit Hüllentyp-Menü

Die Hüllkurve eines Objekts bearbeiten

Wenn Sie ein Objekt markieren, wird es durch acht kleine Quadrate umrahmt, die einen Rahmen um das Objekt bilden. Dieser Rahmen wird sichtbar, wenn Sie das Objekt verschieben. Die Hüllkurve des Objekts ist prinzipiell mit diesem Rahmen identisch, auch wenn der Umriß des Objekts nicht mit diesem Rahmen übereinstimmt.

CorelDRAW! geht bei der Veränderung einer Hüllkurve von diesem Rahmen aus. Verändern Sie den Rahmen, wird zwar immer auch der Umriß des Objekts geändert, aber nie in dem gleichen Maße, wie Sie den Rahmen verschieben. Die einzige Ausnahme stellt hierbei das Rechteck oder Quadrat dar, bei dem der Umriß mit dem Rahmen identisch ist.

Die Optionen zur Bearbeitung von Hüllkurven sind im oberen Bereich des Menüs EFFEKTE angeordnet.

Die Hüllkurve bearbeiten

Möchten Sie eine Hüllkurve bearbeiten, markieren Sie zunächst das Objekt, rufen das Menü EFFEKTE auf und klicken auf die Option HÜLLENTYP FESTLEGEN. CorelDRAW! bietet Ihnen nun vier verschiedene Optionen als Sinnbild zur Auswahl an. In Abbildung 12.1 ist dieses Menü abgebildet. Die Möglichkeit zur Bearbeitung von Hüllobjekten werden von oben nach unten immer detaillierter. Während die erste Option nur einfache Veränderungen zuläßt, können Sie mit der letzten Option nahezu beliebige Verzerrungen realisieren. Die Optionen von oben nach unten:

- Verzerrung durch Geraden

- Verzerrung durch einzelne Kurve

- Verzerrung durch zwei Kurven

- Beliebige Verzerrung; sowohl die Position als auch die Krümmung der Kurven ist änderbar.

In der Praxis werden Sie die dritte und vierte Option einsetzen. Mit der vierten Option sind die Verzerrungen der anderen Optionen ebenfalls realisierbar. Sie ersparen sich jedoch Justierarbeit, wenn Sie die für die Aufgabe angemessene Funktion verwenden.

Versuchen Sie nun, die Hüllkurve eines Textes zu verändern. In Abbildung 12.2 ist der Schriftzug "Knochen" dargestellt, der durch Veränderung der Hüllkurve so verzerrt werden soll, daß der Objektumriß nahezu die Gestalt eines Knochens annimmt:

Abb. 12.2: Text vor der Hüllkurvenbearbeitung

1. Geben Sie den Text "Knochen" ein. Dehnen Sie den Text in vertikaler Richtung, bis der Text dem Schriftzug in Abbildung 12.2 entspricht.

2. Markieren Sie den Text, und rufen Sie im Menü EFFEKTE die Option HÜLLENTYP FESTLEGEN auf.

3. Wählen Sie die dritte Option, indem Sie darauf klicken. CorelDRAW! umgibt den Text nun mit einem Rahmen und acht kleinen Markierungsquadraten. An diesen Quadraten setzen Sie nun an, um die Hüllkurve zu verzerren. In der Hilfsmittelpalette sehen Sie, daß CorelDRAW! das Formen-Hilfsmittel aktiviert hat.

4. Bewegen Sie den Cursor auf die obere mittlere Markierung, und drücken Sie die linke Maustaste.

5. Bewegen Sie die Markierung mit gedrückter Maustaste in Richtung Bildmittelpunkt. CorelDRAW! aktualisiert den Rahmen, damit Sie wissen, wie weit Sie die Hüllkurve bereits geändert haben.

6. Sobald Sie die Maustaste loslassen, kalkuliert das Programm den neuen Umriß des Objekts.

7. Bewegen Sie nacheinander die mittlere obere und die beiden mittleren Knoten der linken und rechten Kante nach innen. Abbildung 12.3 zeigt den Prozeß des Verschiebens.

Abb. 12.3: Hüllkurve verschieben

8. Sobald die Darstellung Ihren Wünschen entspricht, schauen Sie sich den Text an. In Abbildung 12.4 ist der bearbeitete Schriftzug dargestellt.

In Verbindung mit der ⇧-und der Strg-Taste sind weitere Funktionen ausführbar. Halten Sie bei der Verschiebung eines Knotens die Strg-Taste gedrückt, wird der markierte und der gegenüberliegende Knoten in der selben Richtung verschoben. Bei gedrückter ⇧-Taste wird der gegenüberliegende Knoten in entgegengesetzter Richtung verschoben. Drücken Sie beide Tasten, werden die vier Knoten der Seiten oder der Ecken gleichzeitig in die entgegengesetzte Richtung verschoben.

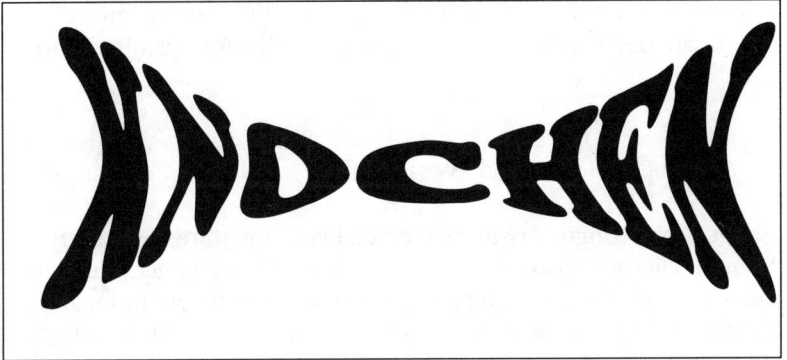

Abb. 12.4: Text nach der Hüllkurvenbearbeitung

Die Hülle löschen

Bei der Bearbeitung von Hüllkurven wird die Objektveränderung erst nach dem Verschieben eines Knotens angezeigt. So passiert es relativ häufig, daß das berechnete Ergebnis nicht Ihren Vorstellungen entspricht. Haben Sie bereits mehrere Seiten der Hüllkurve verändert, führt auch die Rücknahme des letzten Bearbeitungsschrittes zu keinem Ergebnis.

Die einzige Möglichkeit, die Sie dann noch haben, ist das Löschen der kompletten Hüllkurve. Rufen Sie dazu die Option HÜLLE ENTFERNEN im Menü EFFEKTE auf. CorelDRAW! löscht daraufhin die Hüllkurve und stellt das Objekt wieder mit den ursprünglichen Umrissen dar. Haben Sie jedoch mehrere Hüllkurven übereinandergelegt (Funktion NEUE HÜLLE), wird nur die zuletzt bearbeitete Hülle gelöscht.

Haben Sie der Hüllkurve eine Perspektive überlagert, können Sie die Hüllkurve erst nach Entfernen der Perspektive löschen.

Möchten Sie sämtliche Hüllkurven auf einmal löschen, klicken Sie im Menü GESTALTEN auf die Option ÄNDERUNGEN ZURÜCKNEHMEN.

Hülle übernehmen

Haben Sie die Hüllkurve eines Objekts verändert und möchten diese Hüllkurve auch auf andere Objekte übertragen, wählen Sie die Option HÜLLE ÜBERNEHMEN. Markieren Sie dazu das unbearbeitete Objekt und klicken auf die Option HÜLLE ÜBERNEHMEN. CorelDRAW! zeigt nun einen Pfeilcursor mit dem Schriftzug Von?. Klicken Sie mit diesem Cursor auf den Umriß des Objekts, dessen Hüllkurve Sie übernehmen möchten.

Neue Hülle

Einige Verzerrungen lassen sich einfacher in mehreren Schritten realisieren. Dies gilt insbesondere für extreme Verzerrungen, bei denen zwei Knoten nach der Bearbeitung sehr nahe beieinander liegen. Möchten Sie die Hüllkurve weiterbearbeiten, empfiehlt sich folgende Vorgehensweise:

1. Bearbeiten Sie die Hüllkurve des Objekts zunächst nur grob.

2. Klicken Sie auf die Option NEUE HÜLLE. CorelDRAW! umrahmt das Objekt mit einer unbearbeiteten Hülle (Abbildung 12.5).

3. Mit HÜLLENTYP FESTLEGEN nehmen Sie jetzt die Feinarbeit vor.

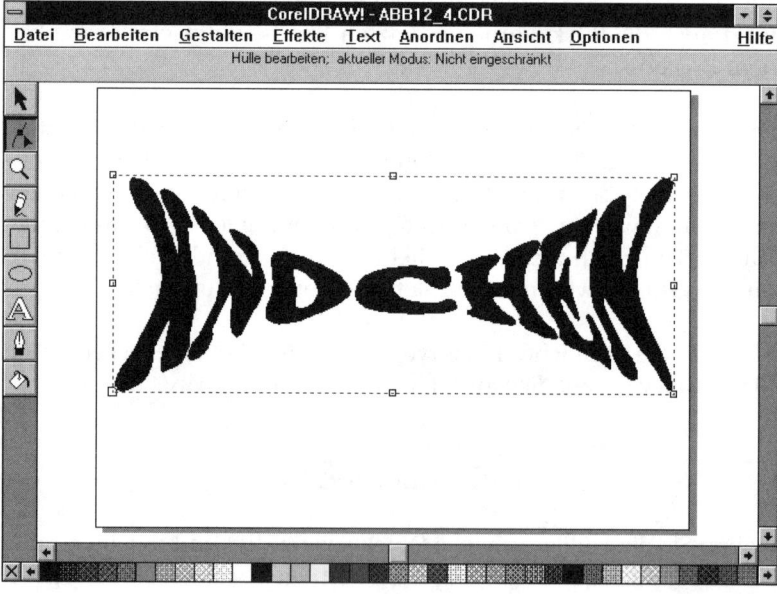

Abb. 12.5. Neue Objekthülle

Anwendungsbeispiel:
Die Rutschbahn

Im nachfolgenden Anwendungsbeispiel werden Sie einen Text so bearbeiten, daß er an eine Rutschbahn erinnert:

1. Geben Sie den Text RUTSCHBAHN ein. Verwenden Sie die Schrift Avalon, das Attribut Fettschrift und die Schriftgröße 135. Der Text in der Arbeitsfläche sollte nun Abbildung 12.6 entsprechen.

2. Markieren Sie den Text, und rufen Sie im Menü EFFEKTE die Option HÜLLENTYP FESTLEGEN auf.

3. Wählen Sie die dritte Option von oben. CorelDRAW! umgibt den Text mit einem Rahmen.

4. Ziehen Sie nun mit der Maus den oberen rechten Knoten nach oben und den oberen linken Knoten nach unten.

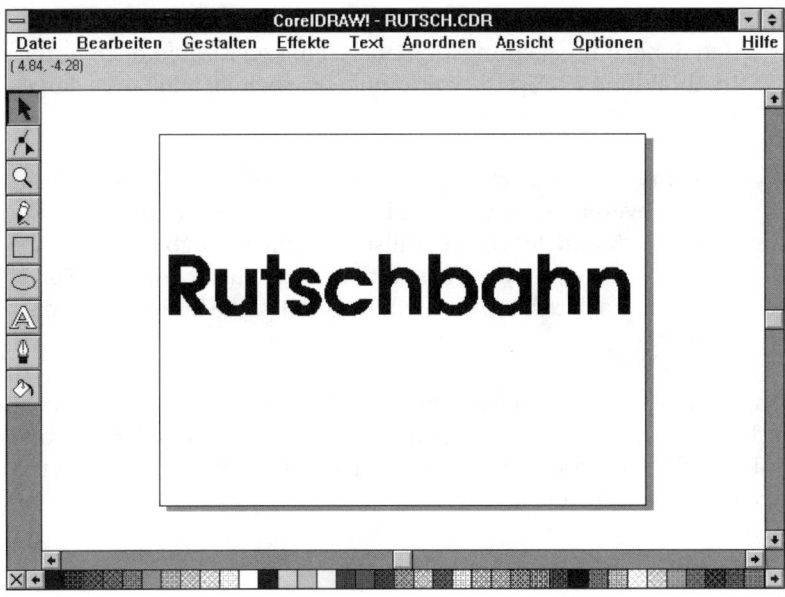

Abb. 12.6: Der Text "Rutschbahn"

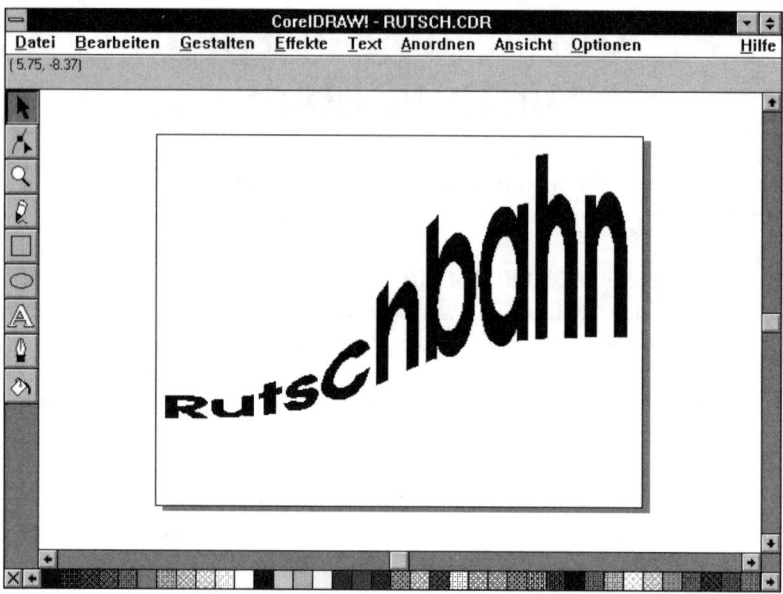

Abb. 12.7: Der Text mit bearbeiteter Hüllkurve

5. Ziehen Sie nun den unteren linken Knoten nach unten und ziehen danach noch einmal den oberen linken Knoten nach unten. In Abbildung 12.7 ist die vollständig bearbeitete Hüllkurve dargestellt.

6. Sie können den Rutsch-Effekt jetzt noch verstärken, indem Sie einen Farbverlauf einfügen. Markieren Sie den Text, und rufen Sie im Flyout-Menü des Umriß-Hilfsmittels die Dialogbox FARBVERLAUF auf. Definieren Sie einen Farbverlauf von Schwarz nach Hellgrau (von links nach rechts). In Abbildung 12.8 ist die fertige Grafik dargestellt.

 Obwohl der Text verzerrt wird, verwandelt CorelDRAW! den Text nicht in Kurven. Die Grafik wird allerdings sehr komplex. Bei der Ausgabe auf PostScript-Druckern ist dies an einer deutlich verlängerten Rechenzeit festzustellen.

Abb. 12.8: Die "Rutschbahn"

Perspektiven

Die perspektivische Darstellung von Objekten kennen Sie sicherlich noch aus dem Kunstunterricht in der Schule. Durch die Definition eines Fluchtpunktes und durch Zeichnen mehrerer Hilfslinien konnten Sie nachträglich einen geometrischen Körper perspektivisch zeichnen.

Mit CorelDRAW! automatisieren Sie diesen Prozeß nicht nur, sondern weichen auch von der manuellen Zeichenmethode ab. Sie zeichnen zuerst das Objekt und bearbeiten erst danach die Perspektive. Abbildung 12.9 zeigt einige Beispiele perspektivischer Darstellung.

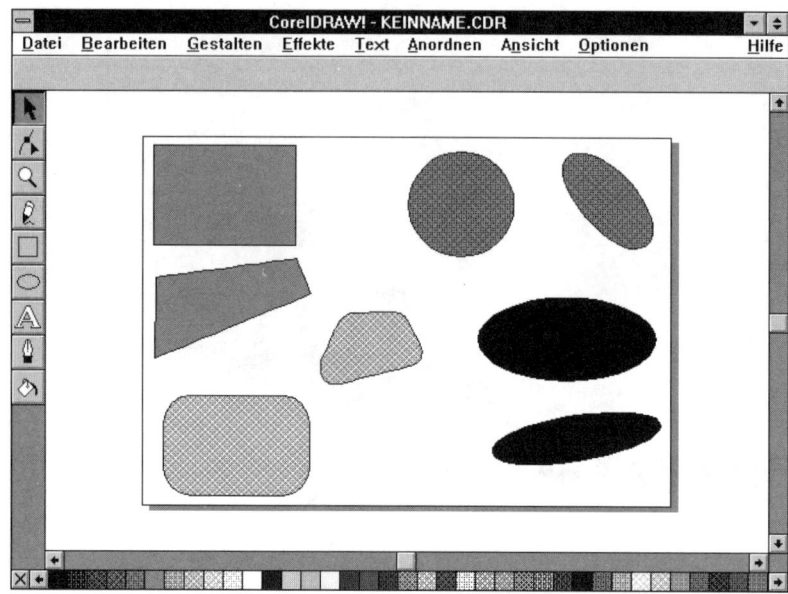

Abb. 12.9: Perspektivische Darstellung von Objekten

Perspektive bearbeiten

Möchten Sie ein Objekt perspektivisch darstellen, markieren Sie das Objekt und rufen anschließend im Menü EFFEKTE die Option PERSPEKTIVE BEARBEITEN auf. CorelDRAW! umgibt das markierte Objekt mit einem Rahmen, der an den Ecken je einen Knoten enthält. Durch Ziehen der Knoten können Sie das Objekt nun perspektivisch darstellen. In Abbildung 12.10 ist die Bearbeitung der Objektperspektive an einer Ellipse sichtbar.

CorelDRAW! unterscheidet zwei Fluchtpunkte: Ein Fluchtpunkt bestimmt die Perspektive in vertikaler Richtung, der andere Fluchtpunkt die Perspektive in horizontaler Richtung. In Abbildung 12.10 erkennen Sie die Fluchtpunkte an den beiden Kreuzen, die während der Bearbeitung der Perspektive erscheinen. Ausgehend von einem unbearbeiteten Objekt liegen die Fluchtpunkte sehr weit vom Objekt entfernt. Je weiter Sie die Knoten in Richtung Mittelachse des Objekts verschieben, desto näher liegen die Fluchtpunkte am Objekt. Die Statuszeile zeigt die Lage der Fluchtpunkte an.

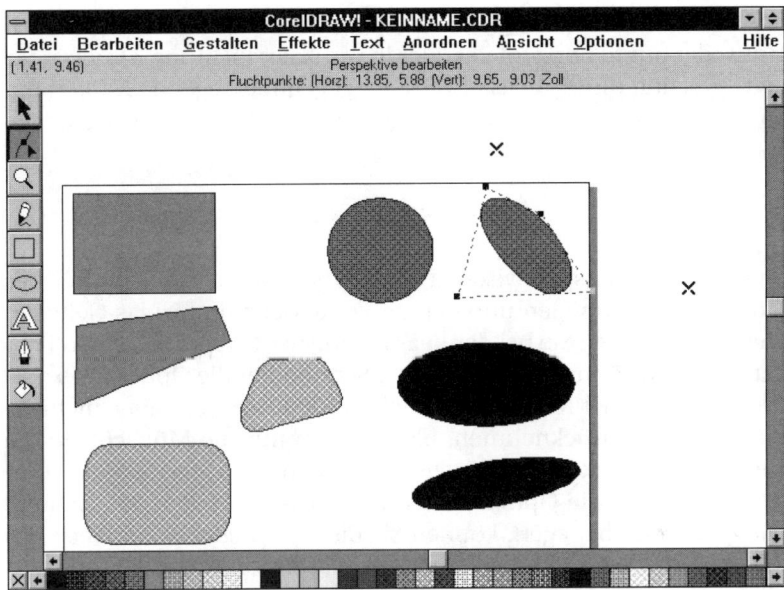

Abb. 12.10: Bearbeitung der Objektperspektive

Eine häufig verwendete Perspektive ist das Betrachten eines Körpers von vorne. Das Objekt verjüngt sich nach hinten. In Abbildung 12.11 ist ein Schachbrettmuster in dieser Perspektive dargestellt. Die Grafik erinnert Sie vielleicht an ein bekanntes Raytracing-Bild. Sie können solche Bilder mit CorelDRAW! zwar nicht berechnen, aber durch geschickte Plazierung von Objekten und Verläufen doch relativ gut nachbilden.

Abb. 12.11: Das Schachbrett

In Verbindung mit der ⸢Strg⸣-Taste bewegen Sie die Markierungsknoten entweder nur in horizontaler oder in vertikaler Richtung. Drücken Sie die ⸢Strg⸣- und die ⸢⇧⸣-Taste, wird der gegenüberliegende Knoten um denselben Abstand, aber in entgegengesetzter Richtung, verschoben.

Perspektive löschen

Haben Sie eine Hüllkurve überlagert, können Sie Perspektiven nur zurücknehmen, wenn Sie vorher die Hüllkurve entfernen.

Auch bei der perspektivischen Darstellung ist ein gutes räumliches Vorstellungsvermögen unbedingte Voraussetzung für das Gelingen der Grafik. Haben Sie bei der Bearbeitung der Perspektive einen Fehler gemacht, können Sie den letzten Schritt über die Option RÜCKGÄNGIG im BEARBEITEN-Menü zurücknehmen. Müssen Sie aber mehrere Änderungen zurücknehmen, bleibt Ihnen nur die Möglichkeit, die gesamte Perspektive zu löschen. Markieren Sie das Objekt, und klicken Sie auf die Option PERSPEKTIVE AUFHEBEN. Haben Sie mehrere Perspektiven überlagert, können Sie diese entweder schrittweise zurücknehmen oder mit der Option ÄNDERUNGEN ZURÜCKNEHMEN vollständig entfernen.

Perspektive übernehmen

In vielen Fällen wollen Sie nicht nur ein Objekt perspektivisch darstellen. Sie könnten nun für das zweite Objekt die gleichen Einstellungen vornehmen. Es gibt aber auch eine schnellere Möglichkeit: die Option PERSPEKTIVE ÜBERNEHMEN. Markieren Sie dazu das Objekt, das Sie perspektivisch darstellen wollen. Rufen Sie die Option PERSPEKTIVE ÜBERNEHMEN auf, und klicken Sie anschließend auf den Umriß des Objekts, dessen Perspektive bereits bearbeitet wurde. CorelDRAW! stellt das markierte Objekt in der gewählten Perspektive dar.

Neue Perspektive

Auch bei Perspektiven treten Situationen auf, bei denen ein einzelner Arbeitsschritt nicht mehr ausreicht, sondern in Grob- und Feinbearbeitung unterschieden werden muß. Sie bearbeiten die Objektperspektive zunächst grob, weisen dem Objekt anschließend eine NEUE PERSPEKTIVE zu und setzen die Bearbeitung fort.

Anwendungsbeispiel: Die Kacheln

Weil gerade die perspektivische Darstellung von Objekten sehr schwierig ist, wird an dieser Stelle ein Anwendungsbeispiel vorgestellt, das sich mit dieser Thematik befaßt. Sowohl die Übungsgrafik als auch das Ergebnis dieser Übung befinden sich auf der Beispieldiskette.

1. Laden Sie die Übungsgrafik KACHELÜB.CDR von der Beispieldiskette (Abbildung 12.12).

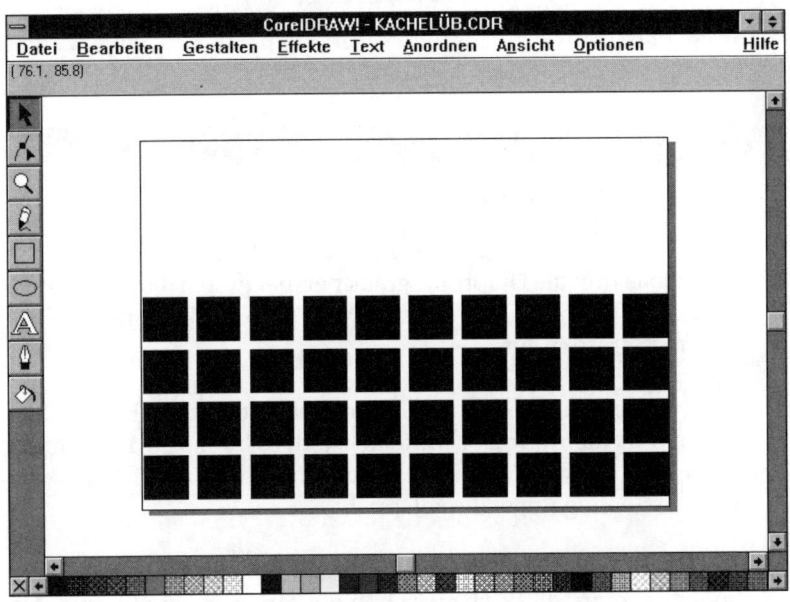

Abb. 12.12: Die Übungsgrafik KACHELÜB.CDR

2. Kopieren Sie die komplette Grafik und verschieben die Kopie in einen Bereich, den Sie im Augenblick nicht verwenden (Abbildung 12.13).

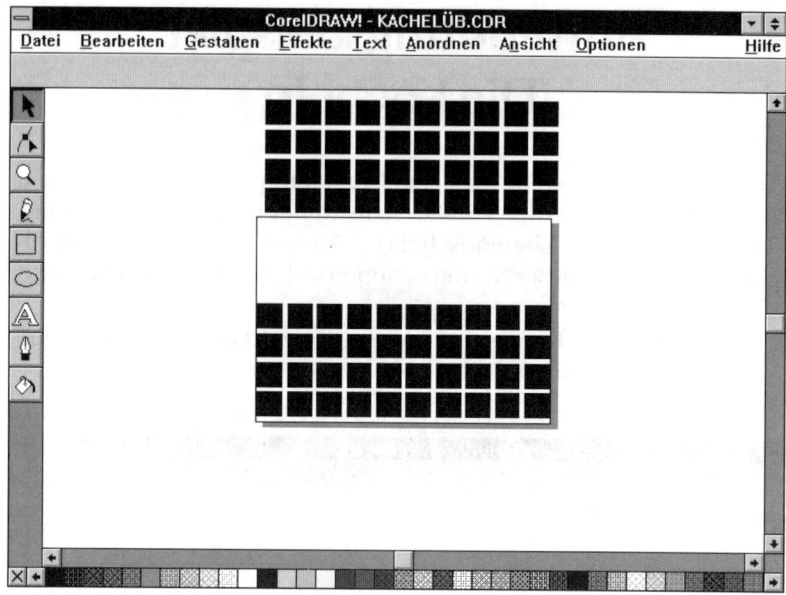

Abb. 12.13: Die kopierte Grafik

3. Stellen Sie nun die Ursprungsgrafik perspektivisch dar. Markieren Sie dazu die Objekte und rufen im Menü EFFEKTE die Funktion PER-SPEKTIVE BEARBEITEN auf.

4. Verschieben Sie den linken und den rechten oberen Knoten horizontal in Richtung der Mittelachse der Grafik. Ihr Bildschirm sollte nun eine Grafik zeigen, die der in Abbildung 12.14 gezeigten Darstellung ungefähr entspricht.

5. Drehen Sie die kopierte Grafik nun um 90° und passen die Perspektive so an, daß sich zwischen der Ursprungsgrafik und der Kopie ein rechter Winkel einstellt. In Abbildung 12.15 sehen Sie das Ergebnis.

6. Kopieren Sie die senkrechten Kacheln und verschieben die Kopie an den rechten Rand der horizontalen Kacheln. Durch Spiegeln und kleinere Justagen stellen Sie die Grafik fertig. In Abbildung 12.16 sehen Sie, wie die vollständige Grafik aussehen sollte.

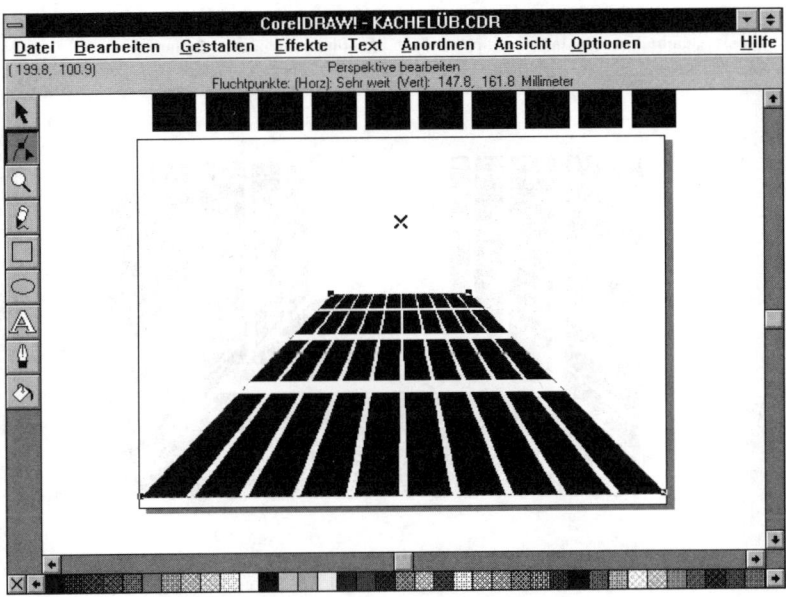

Abb. 12:14: Die Perspektive der Ursprungsgrafik

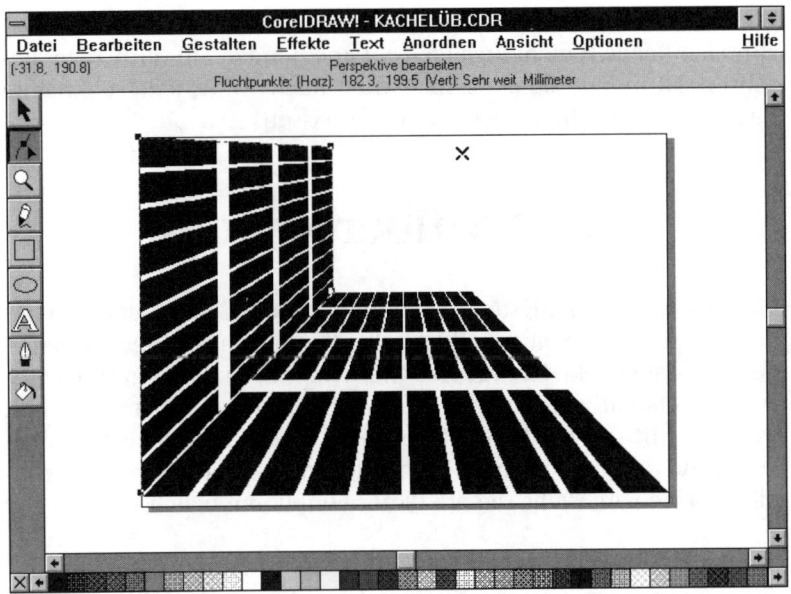

Abb. 12.15: Senkrechte Kacheln

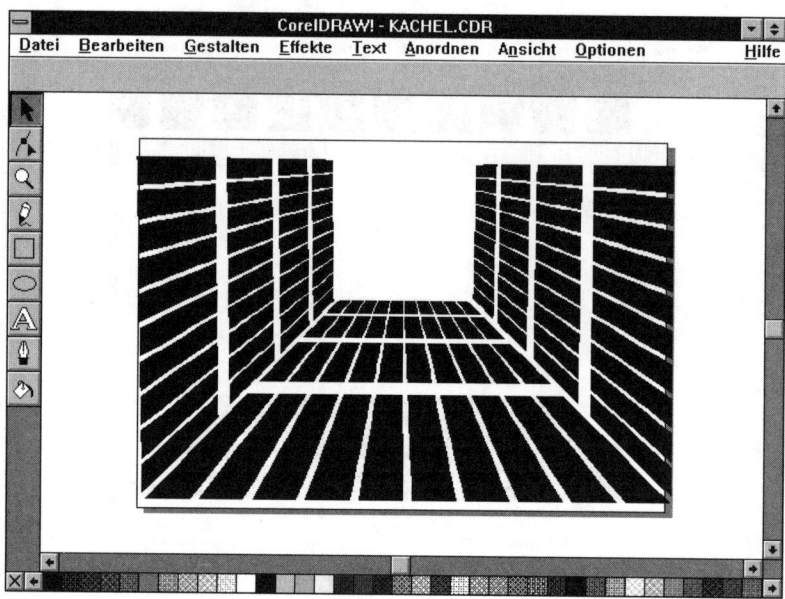

Abb. 12.16: Die vollständige Grafik KACHEL.CDR

Wie Sie leicht erkennen können, liegen die waagerechten und horizontalen Kacheln nicht fugengerecht aneinander. Sie vermeiden diesen Effekt, indem Sie die senkrechten Kacheln für jede senkrechte Kachelreihe einzeln ausrichten und anpassen.

Objekte überblenden

Mit Strg B *aktivieren Sie das Rollup-Fenster* ÜBERBLENDEN.

Eine der leistungsfähigsten Funktionen in CorelDRAW! ist die Funktion ÜBERBLENDEN. Soll ein Objekt allmählich in ein anderes übergehen, soll das Objekt dabei gedreht werden, müssen komplizierte Farbverläufe erstellt werden oder muß ein Objekt mehrfach wiederholt werden? Mit der Funktion ÜBERBLENDEN lösen Sie solche Aufgaben leicht und problemlos. In den nachfolgenden Abschnitten werden einige Effekte vorgestellt, die mit dieser Funktion möglich sind.

Mit der Überblendungsfunktion können Sie Umrisse und Farben ineinander übergehen lassen. Voraussetzung für eine Überblendung ist, daß Sie zwei Objekte markiert haben.

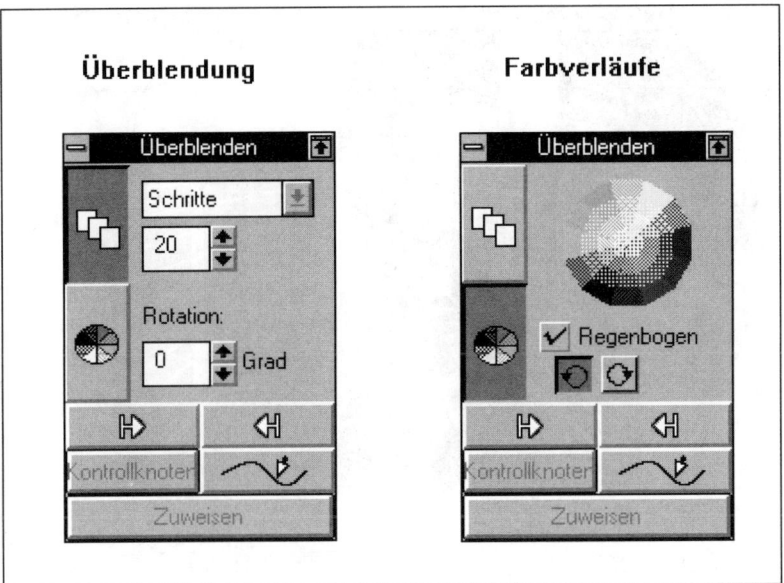

Abb. 12.17: Das Rollup-Fenster ÜBERBLENDEN

Nachdem Sie die Objekte markiert haben, rufen Sie die Überblendungsfunktion auf, die ebenfalls als Rollup-Fenster ausgeführt ist.
Klicken Sie dazu im Menü EFFEKTE auf die Option ÜBERBLENDEN. Dieses
Rollup-Fenster enthält so viele Funktionen, daß es auf zwei verschiedene Bereiche aufgeteilt werden mußte. (Abbildung 12.17).

Möchten Sie Objekte überblenden, gehen Sie in folgenden Schritten
vor:

1. Markieren Sie zwei Objekte und rufen die Option ÜBERBLENDEN im
    Menü EFFEKTE auf. CorelDRAW! blendet daraufhin das in Abbil-
    dung 12.17 dargestellte Fenster ein.

2. Wählen Sie nun im numerischen Feld unter der Auswahlliste die
    Anzahl der Zwischenschritte. Diese Zahl gibt an, wieviel Zwischen-
    objekte CorelDRAW! zwischen den beiden Objekten einfügt. Ab-
    bildung 12.18 zeigt einige Überblendeffekte.

Abb. 12.18: Objekte überblenden

3. Danach wählen Sie den Rotationswinkel. Sollen die Objekte während des Überblendens gedreht werden, tragen Sie im Feld ROTATION einen Winkelwert ein.

4. Klicken Sie nun auf ZUWEISEN, um die Berechnung der Überblendung zu starten.

Nach kurzer Zeit blendet CorelDRAW! den Verlauf ein. Die Grundobjekte und die Überblendung sind als Überblendungsgruppe dynamisch miteinander verbunden (adaptive Gruppe). Wenn Sie also die Grundobjekte nachträglich bearbeiten, wird die Überblendung ebenfalls verändert. In den folgenden Abschnitten werden Sie von dieser Möglichkeit häufiger Gebrauch machen.

Die Bearbeitungsmöglichkeiten in Bezug auf Überblendungen sind vielgestaltig. Allerdings gelten auch einige Regeln, die unbedingt beachtet werden müssen. So hat die Füllung der Objekte eine direkte Auswirkung auf die Füllung der Überblendung. Tabelle 12.1 listet mögliche Kombinationen auf.

Objektfüllung	Überblendfüllung
Objekt gefüllt, Objekt nicht gefüllt	Überblendung des Umrisses
Skalenfarbe und Schmuckfarbe	Skalenfarbe
Schmuckfarbe u.a. Schmuckfarbe	Skalenfarbe
Füllfarbe und Verlauf	Von Füllfarbe zu Verlauf
Füllfarbe und Muster	Füllfarbe
Linearer Verlauf und Radialverlauf	Radialverlauf
Farbverlauf	Farbverlauf
Muster	Muster des Anfangsobjekts

Tab. 12.1: Wechselwirkung zwischen Objektfüllung und Überblendfüllung

Überblenden Sie Objekte, die nicht die gleiche Teilstreckenanzahl haben, können offene Linien- oder Kurvenzüge entstehen. Sie werden dies in einem der folgenden Anwendungsbeispiele noch sehen. Beachten Sie bitte, daß Sie Objekte verschiedener Zeichenebenen nicht überblenden können. Der Überblendungspfad darf allerdings auf einer anderen Ebene liegen.

Überblendungen bearbeiten

Bei der Überblendung wird eine adaptive Überblendungsgruppe angelegt. Diese Gruppe und damit die Überblendung kann jederzeit verändert werden. So können Sie die Grundobjekte (in der Statuszeile als Kontrollobjekt bezeichnet) in allen Attributen verändern oder die Parameter im Rollup-Fenster ÜBERBLENDEN neu definieren. Jedesmal wird die Überblendung geändert. Sie markieren ein Grundobjekt, indem Sie darauf klicken. Dieses Objekt ist allerdings mit der adaptiven Gruppe verbunden. Die Statuszeile informiert Sie darüber, indem sie anzeigt, daß Sie ein Kontrollobjekt markiert haben.

Möchten Sie z.B. ein neues Anfangsobjekt für die Überblendung verwenden, markieren Sie die Überblendungsgruppe, klicken auf die Schaltfläche mit dem nach rechts weisenden Pfeil. Im Menü wählen Sie die Option NEUER ANFANG und klicken anschließend mit dem Cursor auf das neue Anfangsobjekt. Möchten Sie sich das aktuelle Anfangsobjekt nur anzeigen lassen, klicken Sie auf ANFANG ZEIGEN. Sobald Sie auf ZUWEISEN klicken, wird die Überblendung auf das neue Anfangsobjekt bezogen. In gleicher Weise verfahren Sie bei der Zuweisung eines Endobjekts, verwenden aber die Schaltfläche mit dem nach links weisenden Pfeil.

Verbundene Verläufe

Die Überblendungsobjekte sind nicht ohne weiteres zugänglich. Möchten Sie ein bestimmtes Objekt markieren, halten Sie die Strg-Taste gedrückt und klicken doppelt auf das betreffende Objekt. Die Überblendungsgruppe wird an dieser Stelle in zwei Gruppen geteilt, ohne daß dieser Effekt sichtbar wird. Das markierte Objekt gehört zu beiden Gruppen, so daß sich dessen Bearbeitung auf beide Gruppen auswirkt. Ansonsten sind beide Gruppen voneinander unabhängig bearbeitbar. Sie können nun aber das markierte Objekt und ein neues Objekt verwenden und eine weitere Überblendung einfügen. CorelDRAW! faßt nun alle Überblendungen einschließlich der Grundobjekte in einem Verbundobjekt zusammen. Die nachträgliche Änderung von Grundobjekten oder Parametern ist jetzt nur noch möglich, wenn Sie die einzelnen Gruppen markieren. Klicken Sie dazu auf die Objekte einer Gruppe, während Sie die Strg-Taste gedrückt halten. In Abbildung 12.19 ist ein solches Verbundobjekt dargestellt.

Abb. 12.19: Ein Verbundobjekt

Überblendungen drehen

Die Drehung von Überblendungen erfolgt entweder in Bezug auf die Mittelachse eines Objektes oder anhand eines definierten Drehpunktes zwischen beiden Grundobjekten. Die Größe des im Feld Ro-TATION eingegebenen Wertes ist verantwortlich für das Ausmaß der Drehung. Die folgende Abbildung 12.20 zeigt zwei unterschiedliche Drehungen.

Die Drehart ist abhängig vom gewählten Modus. Nehmen Sie an, Sie hätten eine Überblendung erzeugt und möchten die Objekte nun um deren Mittelachse drehen. Markieren Sie dazu die Überblendungsgruppe und verändern den Wert im Feld ROTATION. (Negative Werte verändern die Drehrichtung). Klicken Sie anschließend auf ZUWEISEN. Die Objekte werden nun um die Mittelachse gedreht.

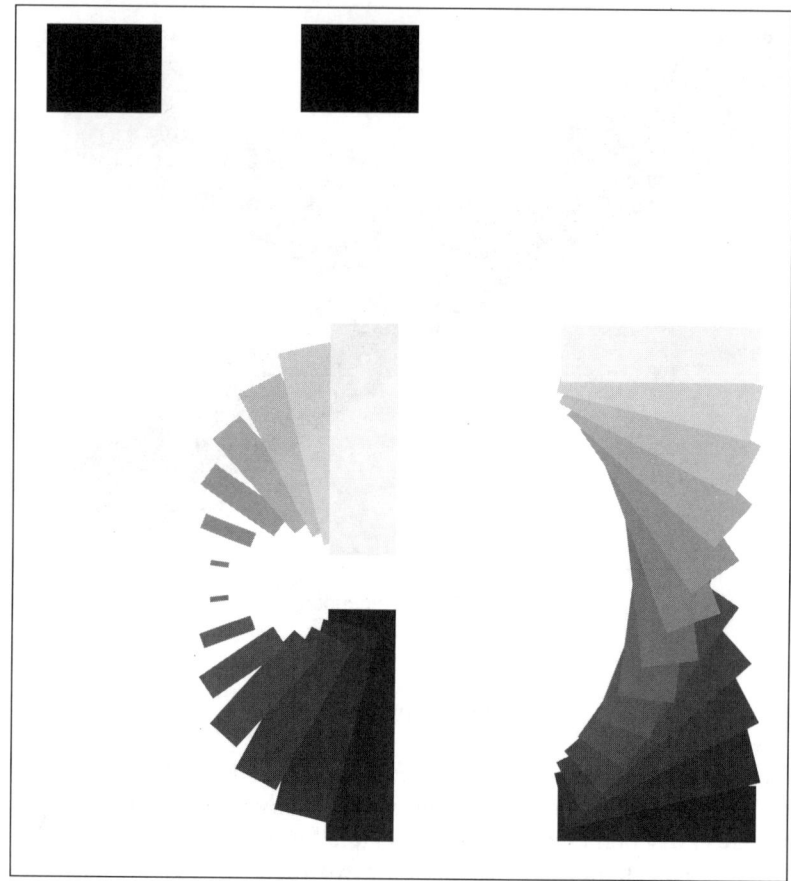

Abb. 12.20: Überblendungen drehen

Soll die Überblendung aber nicht in Bezug auf die Mittelachse des Objekts, sondern anhand eines Drehpunktes in der Mitte zwischen beiden Grundobjekten erfolgen, markieren Sie beide Objekte und aktivieren den Drehen/Neigen-Modus. Tragen Sie einen Rotationswert ein und klicken auf ZUWEISEN. Je nach Winkelwert erhalten Sie mehr oder weniger gebogene Verläufe.

Die Drehpunktverschiebung der beiden Grundobjekte bildet die dritte Variante. Während das Resultat der beiden anderen Verfahren in bestimmten Grenzen vorhergesagt werden kann, ist dies bei dieser Drehart nicht ohne weiteres möglich, es sei denn, Sie verfügen über ein ausgezeichnetes räumliches Vorstellungsvermögen.

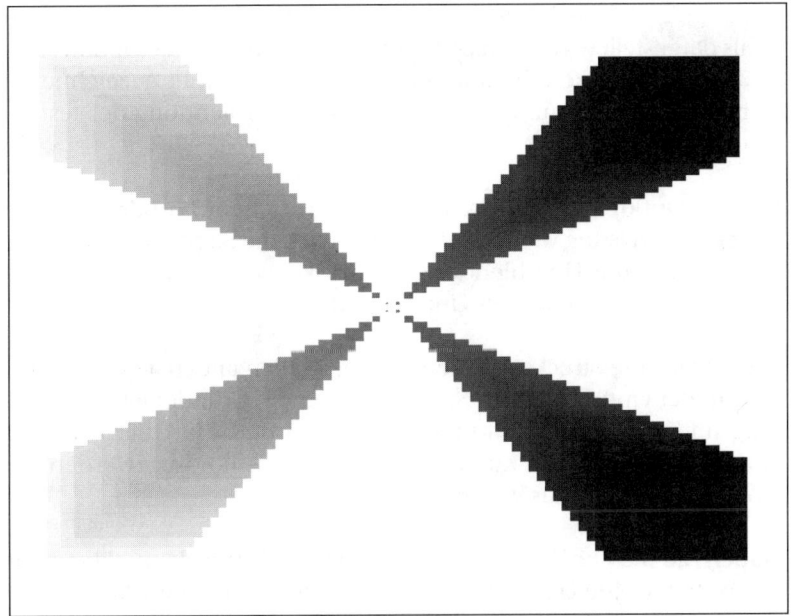

Abb. 12.21: Zulaufende Keile durch Überblenden

Ein weiterer Dreheffekt bietet sich über die Kontrollknoten, anhand derer überblendet wird. Wählen Sie die Schaltfläche KONTROLLKNOTEN, bestimmen Sie, welcher Knoten des ersten Objekts auf welchen Knoten des zweiten Objekts übergeblendet wird. Jedes Objekt besteht aus einem Umriß, der seinerseits durch verschiedene Knoten mit einem Startknoten definiert ist. Bei einer Überblendung versucht Corel-DRAW!, die beiden Objekte auf direktem Weg, also von Startknoten zu Startknoten, zu überblenden. Durch die Definition anderer Startknoten können Sie interessante Verläufe erzeugen. In Abbildung 12.21 wurde das obere Rechteck vom oberen linken Knoten auf den unteren rechten Knoten des unteren Rechtecks überblendet.

Den Überblendungspfad bestimmen

Die Drehung von Verläufen oder die Veränderung des Startknotens verspricht zwar interessante Ergebnisse, mit der Überblendung von Objekten an einer zu definierenden Kurve erreichen Sie aber vorhersagbare Resultate. Sobald Sie zwei Objekte markiert haben, klicken Sie auf die Schaltfläche, die in Form einer Kurve und eines Pfeils dargestellt wird. Wählen Sie nun im Untermenü die Option NEUE STRECKE, und klicken Sie auf den Umriß einer vorher gezeichneten Kurve. Klicken Sie auf ZUWEISEN, folgt die Überblendung der festgelegten Kurve.

Mit der Option VON STRECKE LÖSEN (im Untermenü) löschen Sie die Streckenzuweisung wieder. Möchten Sie sich die Strecke anzeigen lassen, auf der die Überblendung erfolgt, klicken Sie auf die Option STRECKE ZEIGEN (ebenfalls im Untermenü).

Sobald Sie eine Strecke definiert haben, werden andere Optionen aktiv. Mit der Option GESAMTE STRECKE werden die Grundobjekte am Anfang und am Ende der Kurve plaziert, so daß die Überblendung entlang der gesamten Kurve erfolgt. Mit ALLES ROTIEREN werden die Überblendobjekte zusätzlich gedreht.

Haben Sie die Option ABSTAND ausgewählt, die nur dann aktivierbar ist, wenn Sie eine Überblendungsstrecke definiert haben, können Sie alternativ dazu den Abstand zwischen den Überblendobjekten bestimmen.

Individuelle Farbverläufe und Regenbogen

Ohne Farben wirkt kaum eine Überblendung. So verhilft schon eine einfache Füllfarbe zur besseren Darstellung der Überblendung. Wirkungsvoller ist allerdings, die Farbe auch zu überblenden. Den auffälligsten Effekt aber erreichen Sie durch eine Regenbogendarstellung.

Klicken Sie dazu im Rollup-Fenster ÜBERBLENDEN auf die Schaltfläche mit dem Farbkreis. Haben die beiden Grundobjekte verschiedene Farben, sehen Sie im Farbkreis eine gerade Linie zwischen den beiden Farben. Wenn Sie nun auf die Option REGENBOGEN klicken, verläuft die Linie entlang des Kreises und zeigt das Farbspektrum, das in der Überblendung erscheinen wird. Mit den Richtungs-Schaltflächen bestimmen Sie, auf welchem Weg die Farben überblendet werden.

Individuelle Farbverläufe

Die Standard-Farbverläufe Linear und Radial sind für die meisten Anwendungen ausreichend. Einige Grafiken verlangen aber die Eingabe nicht standardisierter Verläufe.

Mit der Funktion ÜBERBLENDEN können Sie Farbverläufe nachbilden:

1. Zeichnen Sie eine Ellipse und duplizieren diese.

2. Vergrößern Sie die Kopie mit dem Pfeil-Hilfsmittel und der ⇧-Taste um den Mittelpunkt.

3. Weisen Sie der inneren Ellipse die Füllung Schwarz ohne Umriß zu, der äußeren Ellipse eine graue Füllung ebenfalls ohne Umriß.
4. Markieren Sie beide Objekte

5. Rufen Sie das Rollup-Fenster ÜBERBLENDEN auf und tragen einen Schrittwert von 50 ein.

6. Ordnen Sie die Objekte so an, daß ein Verlauf entsteht. Sie müssen dazu die Objekte eventuell umgekehrt anordnen.

In Abbildung 12.22 sehen Sie, daß CorelDRAW! einen elliptischen Verlauf erzeugt hat.

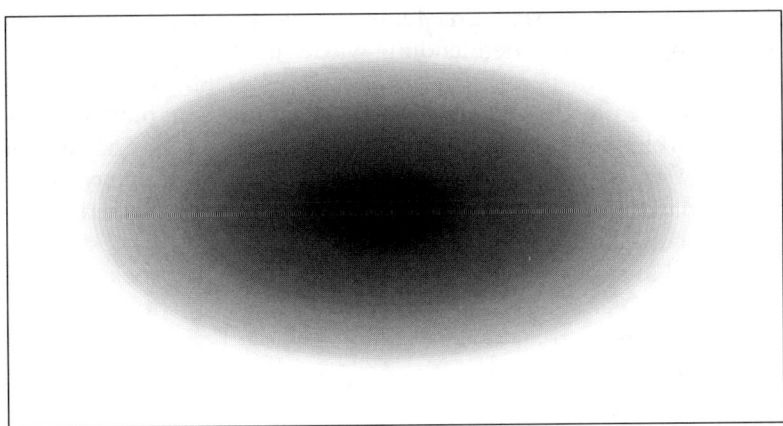

Abb. 12.22: Elliptischer Verlauf

Mit diesem Verfahren können Sie prinzipiell jeden Verlauf erzeugen. Da CorelDRAW! beim Überblenden aber die Knoten der Objekte als Stützstellen verwendet, wird der Verlauf nicht in jedem Fall Ihren Vorstellungen entsprechen. Hier hilft allerdings nur Ausprobieren.

Der Zusammenhang zwischen der Zahl der Zwischenschritte, der gewählten Umrißbreite und dem Abstand der beiden zu überblendenden Objekte ist bei der Definition von Farbverläufen von entscheidender Bedeutung. Schauen Sie sich dazu einmal Abbildung 12.23 an.

Der obere Verlauf wurde durch Überblenden zweier Haarlinien mit 30 Zwischenschritten erzeugt. Der darunterliegende Verlauf enthält die gleiche Schritt-Anzahl, die Liniendicke wurde aber auf 7,1 mm erhöht. Der nächste Verlauf enthält zwar wesentlich mehr Zwischenschritte, aber die reichen bei der gewählten Linienbreite immer noch nicht aus, um einen geschlossenen Farbverlauf zu erzeugen. Der unterste Farbverlauf ist geschlossen. Hier sind die Parameter Abstand, Zwischenschritte und Liniendicke aufeinander abgestimmt.

Überblendungen auflösen

Nach Abschluß der Gestaltung der Überblendung möchten Sie die adaptive Gruppe vielleicht wieder auflösen, um sie mit anderen Funktionen weiter bearbeiten zu können.

Mit der Option TRENNEN im Menü ANORDNEN wird die Gruppe aus Grundobjekten und Überblendung wieder aufgelöst.

Möchten Sie die Überblendung rückgängig machen, markieren Sie die Überblendungsgruppe und klicken im Menü EFFEKTE auf die Option ÜBERBLENDUNG AUFHEBEN. Die Überblendungsgruppe wird entfernt, so daß nur noch die beiden Grundobjekte übrigbleiben.

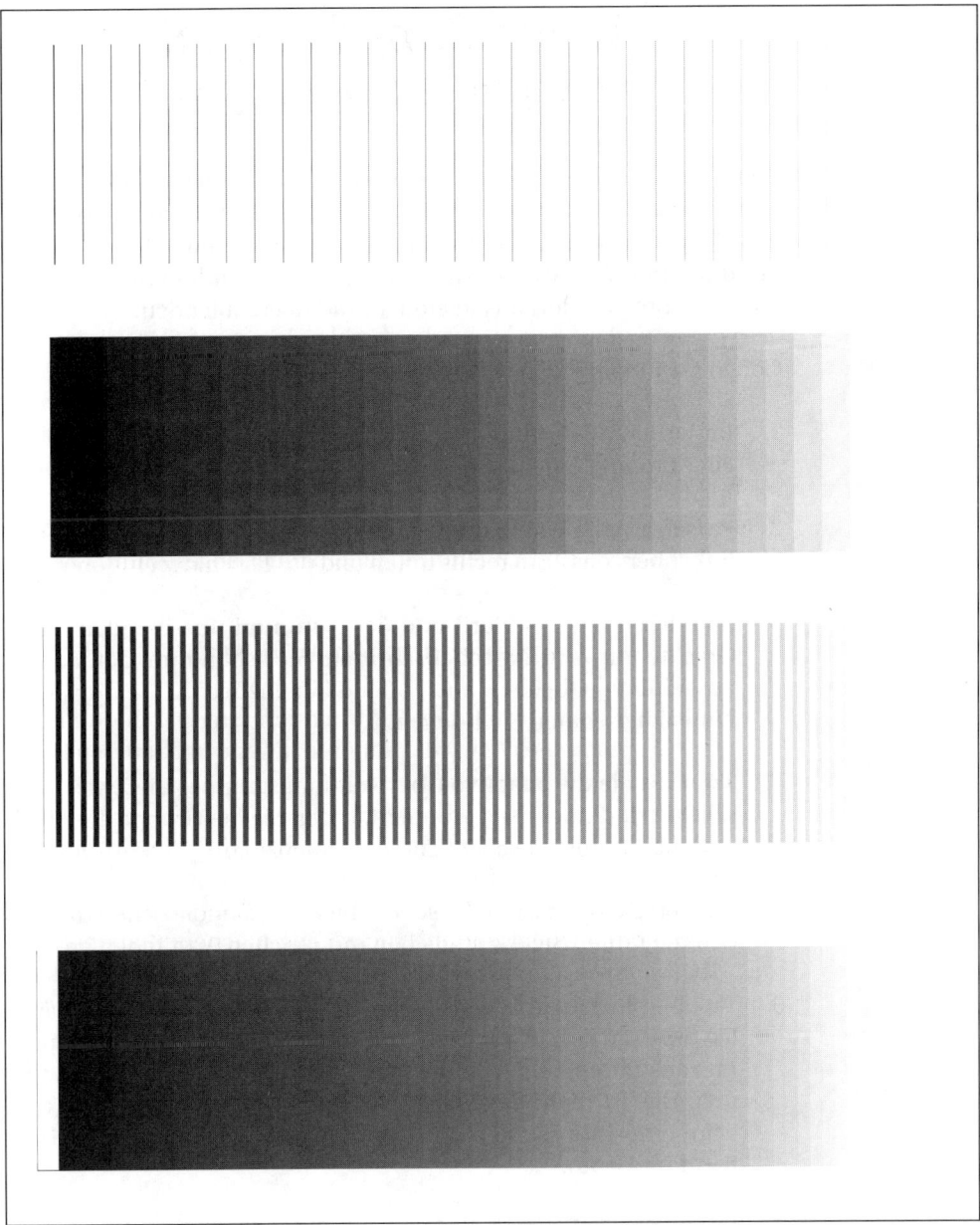

Abb. 12.23: Farbverläufe durch Überblenden

Anwendungsbeispiel:
Vom Pferd zum Auto

Im folgenden Beispiel verwenden Sie die Überblenden-Funktion, um eine Grafik zu erstellen, die als Intro für einen Vortrag über die verkehrsgeschichtliche Entwicklung dienen soll. Sie werden dabei ein Pferd in ein Auto überblenden und die Überblendung in der Mitte aufteilen, um von dort aus in ein Fahrrad überzublenden.

Gehen Sie in folgenden Schritten vor:

1. Importieren Sie aus der Clipart-Bibliothek drei Grafiken: ein Pferd, ein Auto und ein Fahrrad.

2. Passen Sie die Größe der Grafiken an, und ordnen Sie das Pferd links oben, das Auto rechts unten und das Fahrrad rechts oben an.

3. Markieren Sie das Pferd und das Auto und überblenden diese Objekte mit 7-10 Zwischenschritten. Sie sehen nun, daß neben ausgefüllten Objekten auch offene Linienzüge existieren. Diese Linienzüge sollten Sie löschen.

4. Trennen Sie die adaptive Überblendungsgruppe. Die Zwischenobjekte sind nochmals gruppiert. Lösen Sie die Gruppe ebenfalls auf und löschen anschließend die Linienzüge.

5. Wählen Sie die besten Zwischenobjekte aus und löschen die anderen. Ordnen Sie die restlichen mit gleichen Abständen an.

6. Sie überblenden jetzt von einem Mittelobjekt zum Fahrrad. Wählen Sie dazu ca. 7 Zwischenschritte. Wenn Sie die Überblendung nun ausführen, sehen Sie, daß nur offene Linienzüge erzeugt werden. Das ist nicht das Ergebnis, das Sie erwartet haben. Besser wäre eine Überblendung mit gefüllten Objekten wie zwischen Pferd und Auto.

7. Haben Sie als Fahrrad die Datei SYMB511.CDR gewählt, existiert ein Weg. Lösen Sie die Kombination des Fahrrads auf und gruppieren Sie die einzelnen Objekte. Die Transparenzeffekte durch die Kombination sind nun aufgehoben.

8. Markieren Sie diese Gruppe und ein Zwischenobjekt der ersten Überblendung. Führen Sie die Überblendung erneut aus. Nun werden gefüllte Zwischenobjekte eingeblendet.

9. Trennen Sie die adaptive Gruppe und lösen die Zwischenobjektgruppe auf. Wählen Sie die schönsten Objekte aus und löschen die anderen.

10. Die Zwischenobjekte enthalten einzelne Objekte in einer Gruppe. Lösen Sie diese Gruppe auf und kombinieren die Objekte sofort wieder. Sie fügen so die Transparenzeffekte ein.

Schauen Sie sich das Ergebnis in Abbildung 12.24 an. Die Überblendung besteht nun aus gefüllten Objekten.

Abb. 12.24: Gestaltung einer Eingangsfolie

Anwendungsbeispiel:
Der Regenbogen

Mit der Überblendungsfunktion können Sie individuelle Farbverläufe erzeugen und interessante Farbeffekte erzielen. Sie verwenden dazu die Option REGENBOGEN im Rollup-Fenster ÜBERBLENDEN. Was liegt also näher, die Option wörtlich zu nehmen und deren Leistungsfähigkeit an einem Regenbogen auszuprobieren:

1. Zeichnen Sie zwei parallel laufende Bögen mit 1,0 Millimeter Linienstärke. Weisen Sie dem oberen Bogen die Farbe Rot ,dem unteren Bogen die Farbe Violett zu und markieren beide Objekte.

2. Aktivieren Sie das Rollup-Fenster ÜBERBLENDEN. Stellen Sie eine Schrittanzahl von 90 ein.

3. Klicken Sie auf die Schaltfläche mit dem Farbkreis und dann auf die Option REGENBOGEN.

4. Wählen Sie nun anhand der Linie im Farbkreis und den Rotationsschaltflächen den größtmöglichen Farbumfang. Klicken Sie dann auf ZUWEISEN. Der Regenbogen wird daraufhin erzeugt. Abbildung 12.25 zeigt diesen Regenbogen

Abb. 12.25: Der Regenbogen

Dreidimensionale Effekte

Die dreidimensionale Darstellung eines geometrischen Körpers bei gleichzeitiger Einhaltung einer Perspektive gehört zu den schwierigsten Zeichenaufgaben. Bei der 3D-Darstellung von Rechtecken und Quadraten mag dies ja noch relativ einfach sein, aber bei dreidimensionalen Texten sind Schwierigkeiten unausweichlich.

Mit Strg E *aktivieren Sie die Funktion* EXTRUDIEREN.

CorelDRAW! bietet auch für Darstellungen, die dreidimensionale Objekte enthalten sollen, die passende Funktion. Obwohl diese Funktion sehr zuverlässig arbeitet, werden Profis dreidimensionale Körper doch eher selber konstruieren. Bei der Erzeugung eines dreidimensionalen Objektes werden die "3D-Kurven" als Kurven eingefügt. Sollen bestimmte Flächen nun gefüllt werden, um den dreidimensionalen Effekt noch zu verstärken, ist fast immer eine Nachbearbeitung erforderlich. Für die meisten Anwendungsfälle ist die Funktion Dritte Dimension aber bestens geeignet.

Möchten Sie einen Körper dreidimensional darstellen, markieren Sie das Objekt und rufen das Rollup-Fenster EXTRUDIEREN über das Menü EFFEKTE auf. Das Rollup-Fenster EXTRUDIEREN enthält sehr viele Funktionen, die auf insgesamt vier Bereiche verteilt sind. In Abbildung 12.26 und 12.27 sind die verschiedenen Modi des Rollup-Fensters dargestellt.

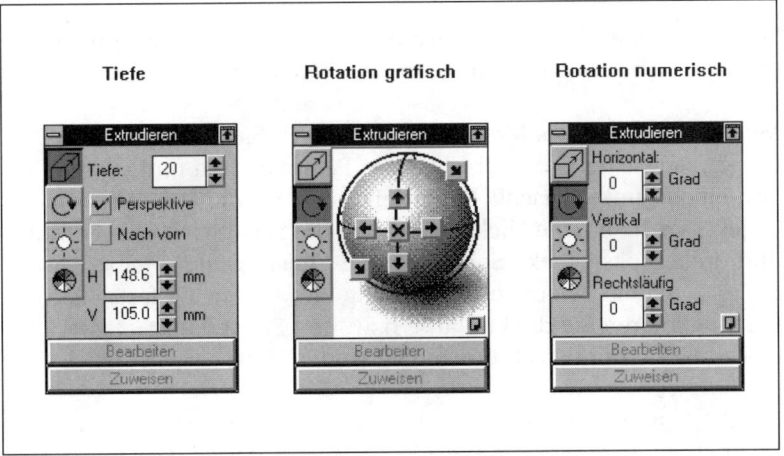

Abb. 12.26: Das Rollup-Fenster EXTRUDIEREN in den Modi Tiefe und Rotation

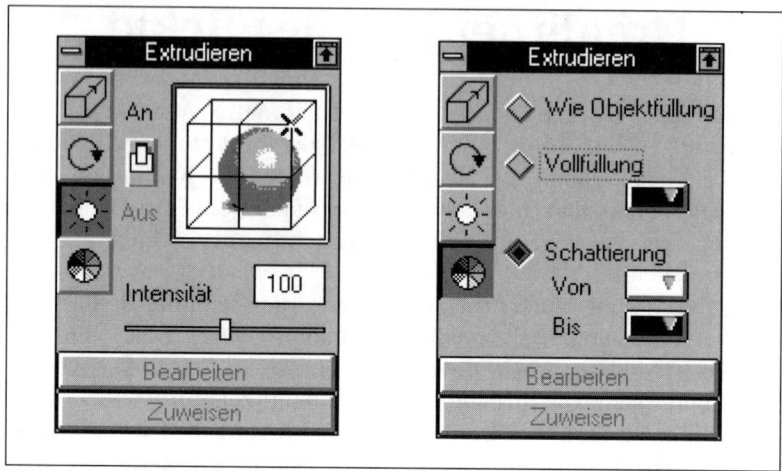

Abb. 12.27: Das Rollup-Fenster EXTRUDIEREN in den Modi Beleuchtung und Farbauswahl

Perspektive und 3D-Darstellung

Die dreidimensionale Darstellung von Objekten im Raum unter Beachtung der Perspektive, des Lichteinfalls und mit einer aufwendi-
gen Farbgebung erforderte bisher ein hohes Maß an Planung, Fleiß
und Papier. CorelDRAW! 3.0 verspricht hier mit der Funktion EXTRU-
DIEREN Abhilfe.

Die prinzipielle Vorgehensweise bei der 3D-Darstellung von Objekten entspricht der Anordnung der Schaltflächen:

Mit der Optionen des Modus Tiefe erzeugen Sie das eigentliche 3D-
Objekt. Sie stellen dazu verschiedene Parameter ein und bestimmen
den Fluchtpunkt. Anschließend definieren Sie die Orientierung des
Objekts im Raum. Sie klicken dazu auf die Schaltfläche für Rotation
und drehen das Objekt. Sobald Sie das Objekt gedreht haben, legen
Sie optional die Beleuchtungsrichtung und -intensität fest. Zu guter
Letzt definieren Sie die Füllfarbe bzw. den Füllverlauf. Befassen wir
uns zunächst mit den Optionen des Modus Tiefe.

Mit der Option TIEFE bestimmen Sie die Tiefe der dreidimensionalen
Darstellung. Je größer der Wert ist, desto tiefer wird das Objekt. Ge-

ben Sie negative Werte ein, tritt der 3D-Körper aus dem Objekt nach vorne aus. Sie können zwei Darstellungen auswählen: die Parallelprojektion und die perspektivische Darstellung. Bei der Parallelprojektion legen Sie in den Feldern TIEFE, H und V den Abstand der hinteren 3D-Objektkante vom Originalobjekt fest. Der 3D-Körper verjüngt sich weder nach vorne noch nach hinten, sondern hat an jeder Position die gleichen Abmessungen.

Eine perspektivische Darstellung erhalten Sie, indem Sie auf die Option PERSPEKTIVE klicken. Die Perspektive ist abhängig von der Position des Fluchtpunktes und der eingestellten Tiefe.

Normalerweise verjüngt sich dabei das dreidimensionale Objekt nach hinten. Die umgekehrte Darstellung, also eine Verjüngung nach vorne, erreichen Sie mit der Option NACH VORN.

Um ein dreidimensionales Objekt auch als solches erkennen zu können, sollte es in vertikaler und horizontaler Richtung zum vorderen Hauptobjekt verschoben sein. In den Feldern H und V bestimmen Sie mit Hilfe numerischer Werte, in welcher Richtung und in welchem Ausmaß der dreidimensionale Effekt sichtbar sein soll. Mit der Schaltfläche BEARBEITEN können Sie diese Einstellung auch mit der Maus in der Arbeitsfläche vornehmen. Das Objekt wird dazu in gestrichelter Form dreidimensional dargestellt und mit einem Fluchtpunkt (ein Diagonalkreuz) versehen. Diesen Fluchtpunkt können Sie nun mit der Maus an eine andere Position ziehen und die Auswirkung direkt verfolgen. Der gestrichelte 3D-Körper folgt dem Fluchtpunkt, während die Werte in den Feldern H und V laufend aktualisiert werden. Die Tiefe erscheint in der Darstellung bei extremen Fluchtpunkt-Positionen verändert. Dies ist allerdings nur ein optischer Effekt; die Objekt-Tiefe bleibt unverändert. Abbildung 12.28 zeigt die Erzeugung eines 3D-Körpers im Modus TIEFE.

Klicken Sie auf die Option ZUWEISEN, wird das Objekt mit den vorgenommenen Einstellungen sofort berechnet und dargestellt. Dabei definiert CorelDRAW! wieder eine Objektgruppe, die aus dem Originalobjekt und dem 3D-Körper besteht. Möchten Sie die Objekte dieser Gruppe getrennt bearbeiten, müssen Sie sie separieren. Markieren Sie dazu das Objekt und klicken im Menü ANORDNEN auf die Option TRENNEN.

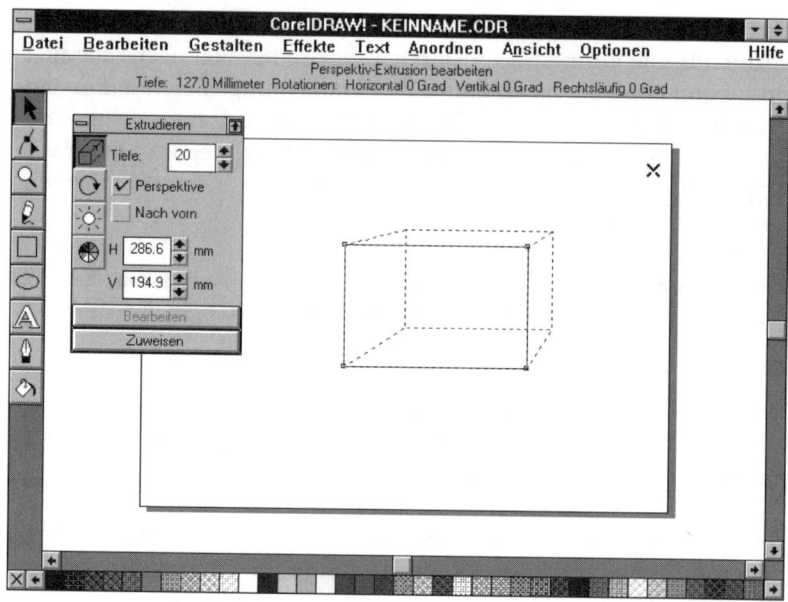

Abb. 12.28: 3D-Objekte erzeugen

Abbildung 12.29 zeigt die Objekte in dreidimensionaler Darstellung.

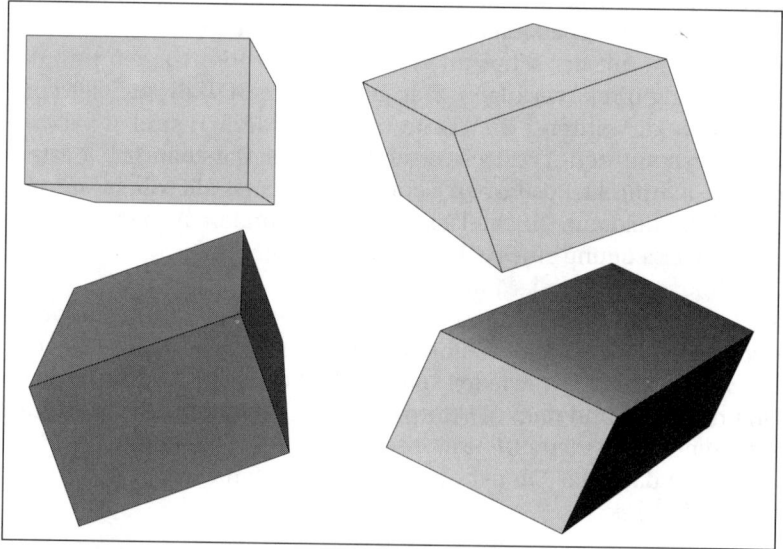

Abb. 12.29: 3D-Effekte

Beachten Sie bitte die Darstellung der Schrift. In der oberen Textzeile wurde eine Tiefe von 30 mit PERSPEKTIVE eingegeben. Der Schriftzug erscheint nach hinten gekrümmt. In der unteren Textzeile wurde eine Tiefe von 30 mit PERSPEKTIVE und aktivierter Option NACH VORN eingetragen. Dieser Schriftzug erscheint nach vorne gekrümmt. Durch geschickte Wahl von TIEFE, Fluchtpunkt und den Optionen PERSPEKTIVE und NACH VORN lassen sich Krümmungen nachbilden.

Objekt im Raum drehen

Klicken Sie nun im Rollup-Fenster auf die Schaltfläche mit dem kreisförmigen Pfeil. Sie sehen eine Kugel mit verschiedenen Schaltflächen, die Pfeile enthalten. Klicken Sie auf einen dieser Pfeile, drehen Sie das Objekt zum Beispiel schrittweise im Raum. Dabei wird zunächst nur ein gestricheltes Abbild des Objekts gedreht. Je öfter Sie klicken, umso mehr wird das Objekt gedreht. Durch Klicken auf die Schaltfläche, die mit X bezeichnet ist, wird jegliche Drehung rückgängig gemacht.

Sie müssen den Modus BEARBEITEN aktivieren

Mit den vertikalen Pfeilen drehen Sie das Objekt in Y-Richtung. Mit den horizontalen Pfeilen erreichen Sie eine Drehung in X-Richtung. Die Rotation um die Z-Achse erfolgt, indem Sie auf die Pfeil-Schaltflächen auf dem Kreis klicken. Sie können das Objekt im Uhrzeigersinn oder in entgegengesetzter Richtung drehen.

Die Einstellungen über die Pfeil-Schaltflächen ist relativ grob. Sie können daher die unterschiedlichen Drehwinkel auch numerisch eingeben. Rechts unter der Kugeldarstellung ist eine Schaltfläche angeordnet, mit der Sie das numerische Äquivalent dieses Modus aktivieren. Sie können nun die Winkelwerte für die horizontale, vertikale und rechtsläufige Drehung eingeben. Negative Werte im Feld RECHTSLÄUFIG drehen das Objekt linksläufig.

Auch die Optionseinstellungen des Rotationsmodus weisen Sie mit der Schaltfläche ZUWEISEN zu. Das gestrichelte Abbild des Objekts wird nun durch das Originalobjekt ersetzt. Die folgende Abbildung 12.30 zeigt die verschiedenen Rotationsoptionen.

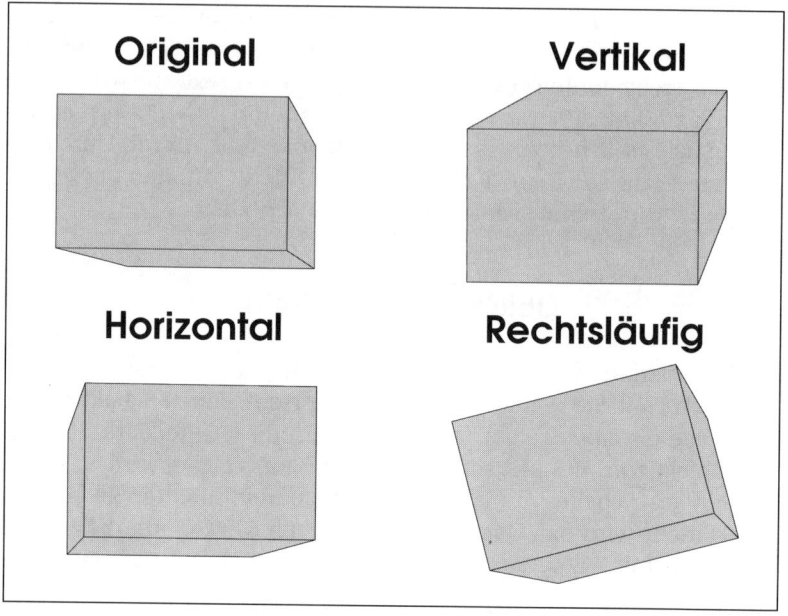

Abb. 12.30: 3D-Objekte drehen

Lichteffekte definieren

Mit dem nächsten Funktionsbereich fügen Sie einfache Beleuchtungseffekte für einen dreidimensionalen Körper ein. Sie aktivieren diesen Bereich, indem Sie auf die Schaltfläche mit der stilisierten Sonne klicken. Zunächst klicken Sie mit der Maus auf den Schalter, um ihn von Aus auf An zu stellen. Im rechten Vorschaufeld erscheint eine Kugel mit einem Graustufenverlauf und ein Markierungskreuz in einem dreidimensionalen Objektrahmen. Durch Klicken können Sie das Kreuz nun auf jeden Schnittpunkt der Linien plazieren und so die Position der Lichtquelle verändern. Mit dem Regler Intensität vermindern oder verstärken Sie die Intensität der Lichtquelle. Sie können natürlich auch direkt einen Wert eingeben, anstatt den Regler zu bewegen. Mit Zuweisen übernehmen Sie die Änderungen. In Abbildung 12.31 sind die verschiedenen Beleuchtungspositionen an einem Objekt dargestellt. Darüber hinaus zeigt diese Abbildung die Auswirkungen unterschiedlicher Lichtintensität.

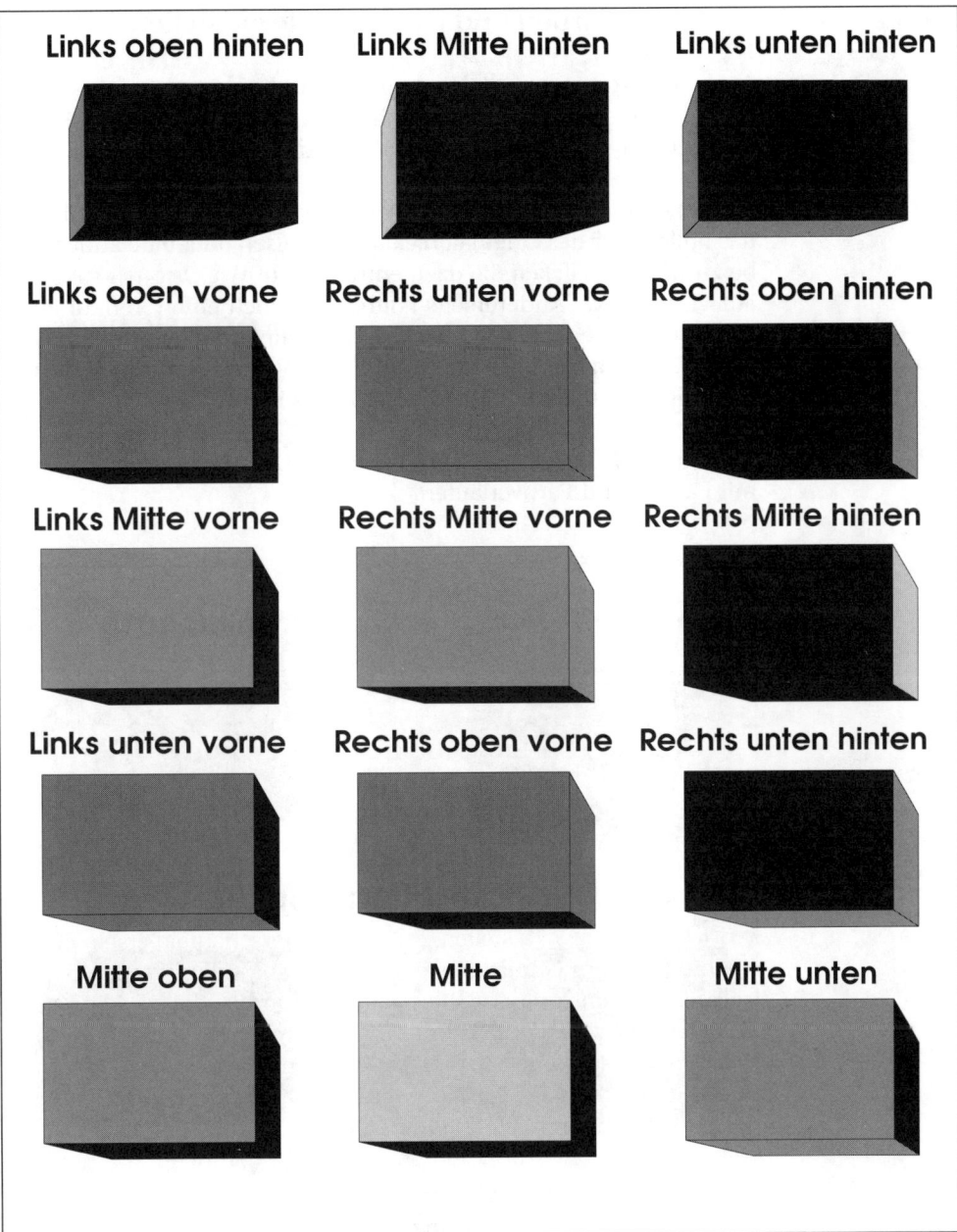

Abb. 12.31: Die Beleuchtungsoptionen des Rollup-Menüs EXTRUDIEREN

Farben und Farbverläufe einstellen

Auch die Zuweisung von Farben für die dreidimensionale Objekt-gruppe wird ebenfalls über das Rollup-Fenster vorgenommen. Klicken Sie dazu auf die Schaltfläche mit dem Graustufenkreis.

Sie haben nun die Möglichkeit, dieser Objektgruppe die Füllfarbe und das Füllmuster des Originalobjekts zuzuweisen oder eine andere Far-be zu wählen. Klicken Sie dazu entweder auf WIE OBJEKTFÜLLUNG oder auf VOLLFÜLLUNG. Andererseits können Sie auch einen Verlauf einfü-gen. Klicken Sie dazu auf SCHATTIERUNG. Definieren Sie nun den Farb-verlauf, indem Sie über die Schaltfläche VON die Anfangsfarbe und über die Schaltfläche BIS die Endfarbe des Farbverlaufs einstellen.

Abbildung 12.32 zeigt die verschiedenen Darstellungsmöglichkeiten mit Farben und Farbverläufen.

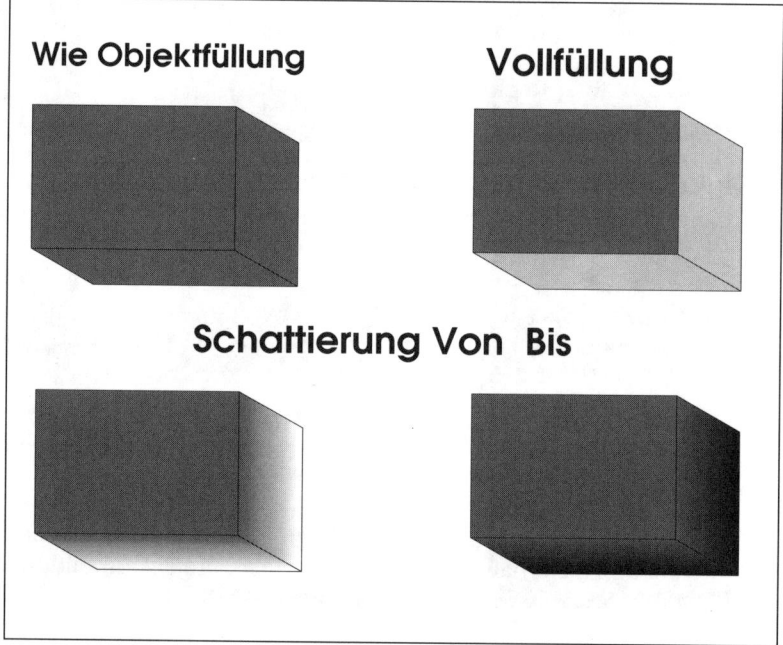

Abb. 12.32: 3D-Objekte farbig darstellen

3D-Effekt löschen

Möchten Sie die Darstellung eines Objektes in dreidimensionaler Form wieder rückgängig machen, rufen Sie das Menü EFFEKTE auf und klicken dort auf die Funktion EXTRUSION AUFHEBEN.

Dreiecke konstruieren

Der Objekttyp Dreieck wird von CorelDRAW! nicht unterstützt. Für einige Konstruktionen und Darstellungen ist dieser Objekttyp aber sehr nützlich, so z.B. auch, wenn Sie eine Triangel darstellen wollen.

Glücklicherweise können Dreiecke unter Verwendung des Formen-Hilfsmittels sehr schnell nachgebildet werden. Man unterscheidet rechtwinkelige und gleichschenkelige Dreiecke (unregelmäßige Dreiecke sind relativ einfach zu zeichnen).

Rechtwinkelige Dreiecke

In rechtwinkeligen Dreiecken ist der Winkel zwischen Ankathete und Gegenkathete immer 90°. Die Steigung der Hypotenuse hängt von den Längen der Katheten ab. Sie konstruieren ein rechtwinkeliges Dreieck, indem Sie in folgenden Schritten vorgehen:

1. Konstruieren Sie ein Rechteck oder Quadrat, dessen Kantenlängen bereits den Längen der Katheten entsprechen.

2. Verwandeln Sie das Rechteck in einen Kurvenverlauf (Abbildung 12.33). Markieren Sie dazu das Objekt und klicken im Menü ANORDNEN auf die Option UMWANDELN IN KURVEN.

3. Entfernen Sie mit dem Formen-Hilfsmittel einen Knoten des Kurvenzugs. Sie erhalten ein rechtwinkeliges Dreieck (Abbildung 12.34).

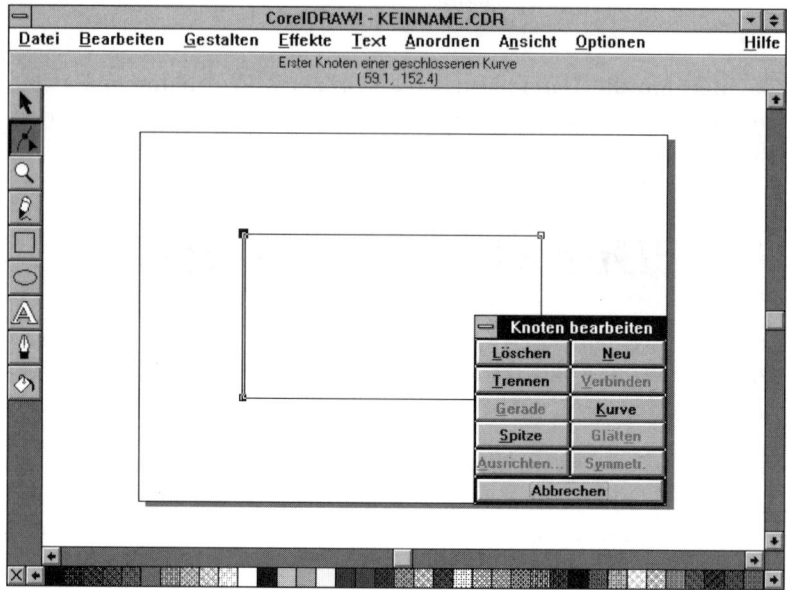

Abb. 12.33: Vorbereitung zur Dreieck-Konstruktion

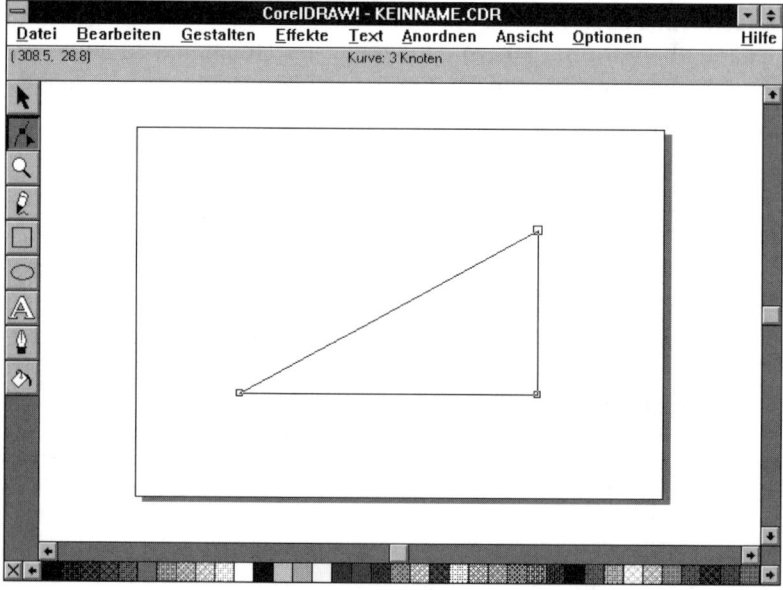

Abb. 12.34: Das rechtwinkelige Dreieck

Gleichschenkelige Dreiecke

Gleichschenkelige Dreiecke bestehen aus drei gleichlangen Kanten. Der Winkel zwischen zwei Kanten beträgt immer 60°. Die Konstruktion gleichschenkeliger Dreiecke ist etwas aufwendiger. In Abbildung 12.35 können Sie einen der möglichen Entstehungsgänge verfolgen:

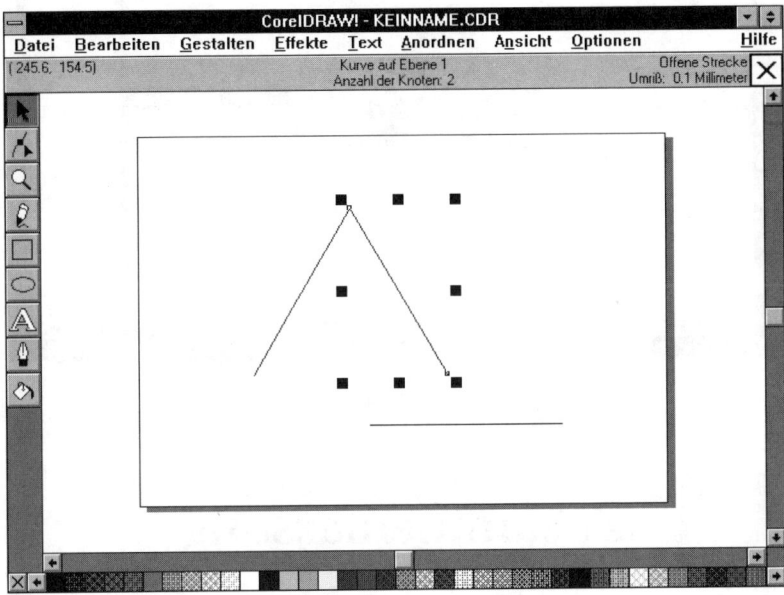

Abb. 12.35: Ein gleichschenkeliges Dreieck konstruieren

1. Zeichnen Sie eine Linie.

2. Duplizieren Sie die Linie und spiegeln sie mit dem Pfeil-Hilfsmittel und der [Strg]-Taste.

3. Duplizieren Sie eine Linie und drehen sie mit dem Pfeil-Hilfsmittel und [Strg] um 60°.

4. Richten Sie die waagerechte Linie an der linken Linie unten links aus.

5. Kombinieren Sie alle Linien, und verbinden Sie die Linien mit dem Formen-Hilfsmittel zu einer geschlossenen Kurve. Sie erhalten ein gleichschenkeliges Dreieck (Abbildung 12.36).

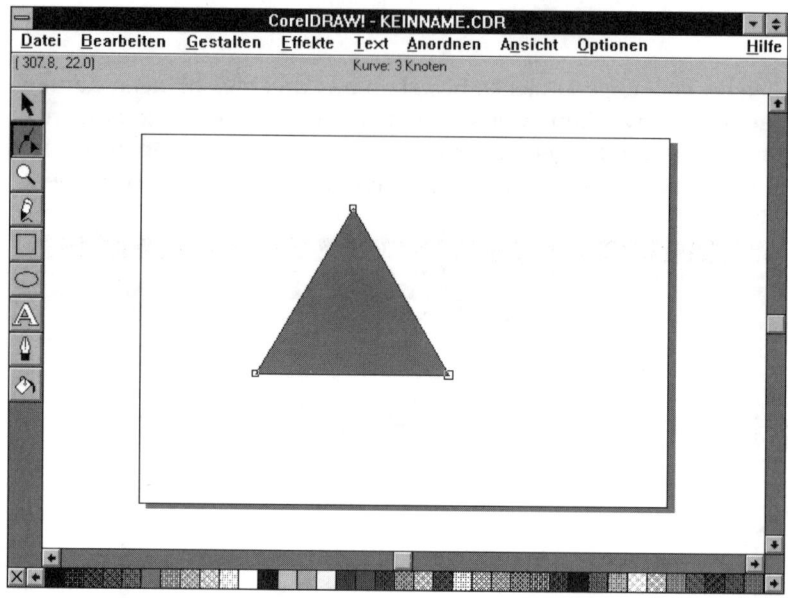

Abb. 12.36: Das gleichschenkelige Dreieck

Zusammenfassung

In diesem Kapitel haben Sie die leistungsstarken Spezialeffekte von CorelDRAW! kennengelernt, die Ihnen bei manchen Zeichenaufgaben von großem Nutzen sind. Gerade ungeübte Anwender werden diese Funktionen zu schätzen wissen.

Im nächsten Kapitel befassen wir uns mit der Ausgabe von Grafiken. Sie erfahren, welche Ausgabemöglichkeiten existieren und welche Dinge beim Ausdrucken von Grafiken zu beachten sind.

13

Grafiken ausdrucken

Grafiken sind Informationsträger, die eine bestimmte Botschaft auf direktem oder indirektem Weg vermitteln wollen. Die am häufigsten genutzte Verbreitungsform stellen ausgedruckte Grafiken dar. So findet man Grafiken z.B. in Zeitungen als Werbemittel, zur Illustration bestimmter Sachverhalte und in Büchern zur Veranschaulichung komplizierter Themen. Weitere Einsatzgebiete sind Plakate, Poster oder Kunstgrafiken. Die weite Verbreitung bestimmt auch die Bedeutung der Wiedergabe von Grafiken, d.h. die Umsetzung der Grafikdaten auf den Druckträger - die Folie oder das Papier.

Dem Druck-Programm-Modul muß deshalb besondere Aufmerksamkeit gewidmet werden; einerseits bei der Programmierung dieses Moduls, und andererseits bei dessen späterer Verwendung. Das Programm verfügt über ein sehr komfortables Druckprogramm, das die Ausgabe von Grafiken auf jedem Ausgabegerät, sei es nun ein Matrix- oder Laserdrucker, gelingen läßt. Voraussetzung dafür ist allerdings, daß Sie die zur Verfügung stehenden Optionen entsprechend anwenden.

Das vorliegende Kapitel befaßt sich daher mit der Ausgabe von Grafiken und geht dabei insbesondere auf die PostScript-Optionen ein. Die Seitenbeschreibungsprache PostScript hat sich zu einem Ausgabestandard im grafischen Bereich entwickelt und wird von Corel-DRAW! entsprechend unterstützt. So wird an dieser Stelle jedem Anwender von CorelDRAW! geraten, seine Grafiken über PostScript auszugeben - wenn er über die entsprechenden Möglichkeiten verfügt.

Grafiken ausdrucken

CorelDRAW! ist eine Windows-Applikation. Das bedeutet, daß CorelDRAW! auch die Ressourcen verwendet, die die Oberfläche Windows zur Verfügung stellt. Für den Ausdruck bedeutet dies folgendes: Windows unterstützt eine Vielzahl verschiedener Drucker. Jeder Drucker wird über einen Druckertreiber angesprochen, einem Programm-Modul also, das die Anpassung an den Drucker vornimmt und diesen steuert. CorelDRAW! orientiert sich deswegen an dem eingestellten Druckertreiber. Wie Sie verschiedene Druckertreiber und Drucker unter Windows ansteuern, wird in den nachfolgenden Abschnitten beschrieben. Für die weiteren Beschreibungen wird davon ausgegangen, daß Sie einen PostScript-Drucker ansteuern.

Drucker installieren und einrichten

Falls Sie mehrere Druckertreiber installiert haben (bei der Installation von Windows werden Sie dazu aufgefordert), blenden Sie durch Klicken auf die Option DRUCKER EINRICHTEN (im Menü DATEI) das Konfigurierungsmenü ein. In Abbildung 13.1 ist die Dialogbox für einen PostScript-Treiber dargestellt, den wichtigsten Treiber in Verbindung mit CorelDRAW!.

Sie können nun hier und in den weiteren Unterdialogboxen z.B. auswählen, welchen Papierschacht und welche Papiergröße Sie verwenden wollen (diese Einstellung ist unabhängig von den Parametern in der Dialogbox SEITENEINSTELLUNGEN) und bestimmen, ob der PostScript-Header mit jeder Datei oder nur am Anfang einer Arbeitssitzung übertragen werden soll. Übertragen Sie den Header nur am Anfang, erfolgt die Druckdatenübertragung zum Drucker etwas schneller.

Die wichtigsten Optionen sind die Einstellung der Papiergröße und des Seitenformats. Die Papiergröße unterrichtet Windows über das Papierformat, das Sie im Drucker verwenden. Das Format bestimmt die Druckorientierung.

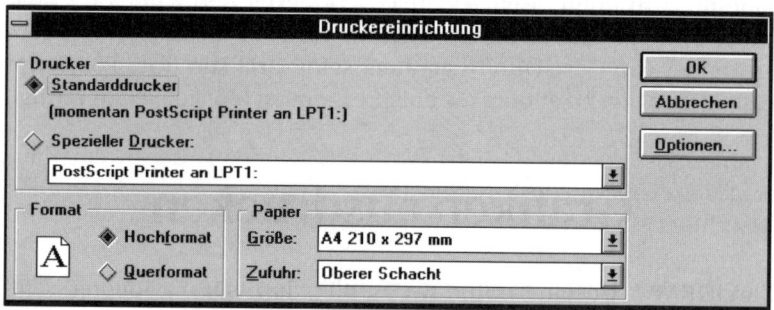

Abb. 13.1: Drucker einrichten

Möchten Sie einen anderen als den Standard-Drucker verwenden, klicken Sie auf die Option SPEZIELLER DRUCKER und wählen in der Liste ein anderes Druckermodell aus. Durch Klicken auf OK bestätigen Sie die Einstellungen.

Drucker installieren

Möchten Sie neue Drucker installieren, wechseln Sie über das Systemmenü in den Programm-Manager. In der Hauptgruppe des Programm-Managers ist die Systemsteuerung installiert, die zur Konfigurierung von Windows während der Laufzeit verwendet wird. Sobald Sie auf das Sinnbild SYSTEMSTEUERUNG klicken, erscheint ein weiteres Fenster mit Sinnbildern.

Hinter diesen Sinnbildern verbergen sich wiederum Menüs, mit deren Optionen Sie beispielsweise die seriellen Schnittstellen konfigurieren, die Systemsprache einstellen und vieles mehr festlegen können. Hier ist aber nur die Dialogbox DRUCKER interessant, in der Sie Drucker konfigurieren, neue Drucker hinzufügen und die Systemschnittstellen zuweisen.

Sie rufen die Dialogbox DRUCKER auf, indem Sie auf dessen Sinnbild klicken (siehe die folgende Abbildung 13.2). Windows zeigt daraufhin eine Liste der installierten Druckertreiber. Auch, wenn Sie mehrere Druckertreiber für die Verwendung an einer Schnittstelle installiert haben, kann zur gleichen Zeit immer nur ein Drucker aktiv sein.

Durch Klicken auf einen entsprechenden Druckertreiber und anschließendem Klicken auf die Schaltfläche VERBINDEN stellen Sie das Fenster VERBINDEN dar, in dem Sie dem Drucker eine Ausgabeschnittstelle zuweisen.

Wählen Sie in der Liste INSTALLIERTE DRUCKER einen Druckertreiber aus, und klicken Sie auf die Schaltfläche ALS STANDARDDRUCKER, wird der ausgewählte Drucker als Standarddrucker angezeigt.

Der Druck-Manager ist ein sogenanntes Spoolingprogramm, das die Druckdaten zwischenspeichert und entsprechend der Verarbeitungsgeschwindigkeit des Druckers an diesen weitergibt. Dieser Prozeß läuft zusätzlich zu der aktiven Anwendung ab. Sie können dadurch weiterarbeiten, während der Ausdruck läuft. Ein Kreuz im Feld DRUCK-MANAGER VERWENDEN bedeutet, daß der Druck-Manager aktiviert wird. Durch Ausschalten der Option deaktivieren Sie den Druck-Manager.

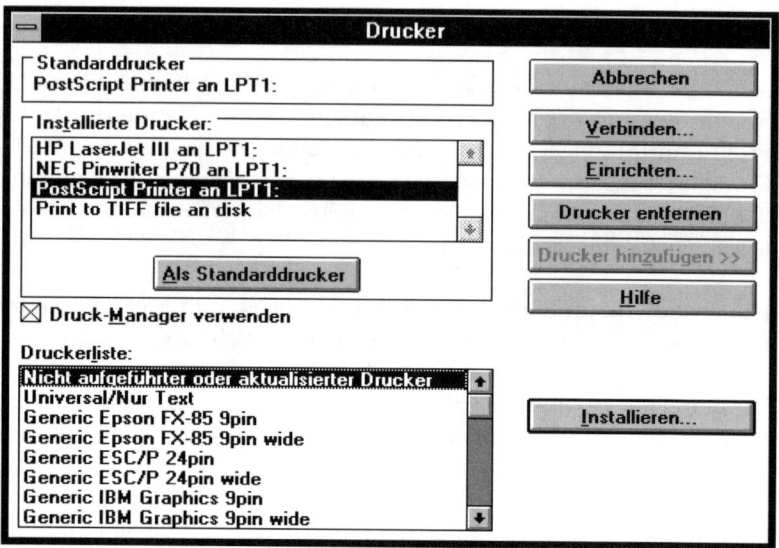

Abb. 13.2: Drucker installieren

 Gerade beim Ausdruck komplexer Grafiken auf PostScript-Druckern treten oft erhebliche Rechenzeiten im Drucker auf. Wird die Wartezeit des Druck-Managers überschritten, blendet der Manager eine Fehlermeldung ein, und hält die Datenübertragung zum Drucker so lange an, bis sie manuell wieder fortgesetzt wird. Durch Deaktivierung des Druck-Managers oder Hochsetzen der Fehlerwartezeiten im Fenster VERBINDEN umgehen Sie dieses Problem. Die Fehlerwartezeiten werden vom System überwacht. Überschreitet der Druckvorgang eine dieser Zeiten, wird eine entsprechende Fehlermeldung ausgegeben.

Grafiken über PostScript ausgeben

Mit Strg P
aktivieren Sie die
Dialogbox
DRUCKOPTIONEN.

Die Ausgabe von Grafiken über PostScript gestattet Ihnen den Zugriff auf eine Vielzahl von Optionen. Diese Optionen werden im nächsten Abschnitt beschrieben. Zunächst lernen Sie eine Grafik auszudrucken:

1. Erstellen oder laden Sie eine Grafik.

2. Klicken Sie in der Menüzeile auf die Option DATEI und rufen anschließend die Option DRUCKEN auf. CorelDRAW! öffnet daraufhin die Dialogbox DRUCKOPTIONEN (POSTSCRIPT).

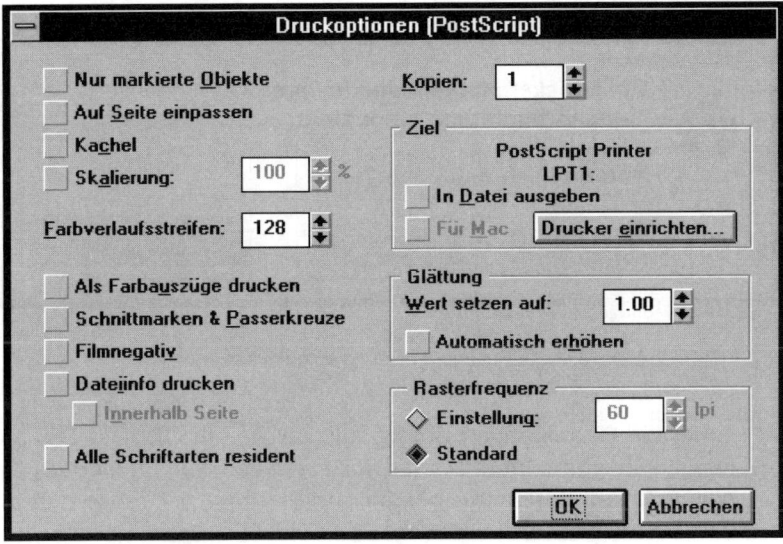

Abb. 13.3: Die Dialogbox DRUCKOPTIONEN (POSTSCRIPT)

Obwohl in dieser Dialogbox sehr viele Optionen einstellbar sind, reicht die Standardeinstellung aber bereits aus, um eine Grafik drukken zu können.

Bevor Sie die Grafik ausdrucken, sollten Sie aber zwei Dinge kontrollieren: Im Feld ZIEL wird der aktivierte Drucker und die Druckerschnittstelle angezeigt. Diese Angaben müssen mit der verfügbaren Hardware übereinstimmen.

3. Klicken Sie nun auf das Feld DRUCKER EINRICHTEN, und überprüfen Sie, ob das gewählte FORMAT (QUERFORMAT oder HOCHFORMAT) mit der Einstellung der Grafik übereinstimmt. In CorelDRAW! ist allerdings auch eine Sicherheitsabfrage enthalten. Stellt das Programm fest, daß die Seitenorientierung der Druckseite mit der Druckereinstellung nicht übereinstimmt, blendet es die in Abbildung 13.4 dargestellte Dialogbox ein.

Sie sollten die Seitenorientierung nun durch CorelDRAW! automatisch anpassen lassen, indem Sie auf die Schaltfläche JA klicken. Anderenfalls riskieren Sie, daß die Grafik mit der falschen Orientierung ausgegeben wird.

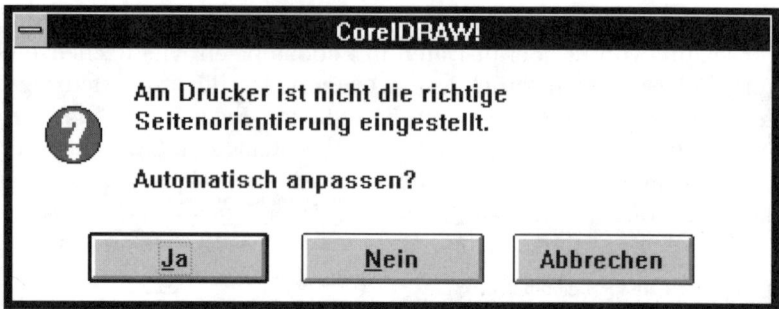

Abb. 13.4: Die Seitenorientierung automatisch anpassen

4. Sind alle Einstellungen richtig, klicken Sie auf OK. Der Druck-
   vorgang beginnt, indem CorelDRAW! ein Fenster einblendet, das
   Sie über den Fortschritt bei der Umsetzung der Grafikdaten in
   Druckerdaten informiert (Abbildung 13.5). Angezeigt wird das
   Druckziel, die Druckseite, die Zahl der bearbeiteten und der ge-
   samten Objekte.

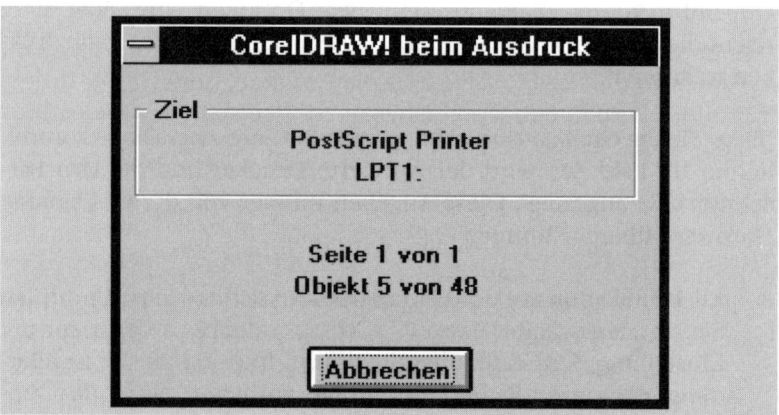

Abb. 13.5: Der Druckvorgang

Haben Sie den Druck-Manager von Windows aktiviert, werden die
Daten zunächst dorthin übertragen und dann im Hintergrund aus-
gedruckt. Das hat den Vorteil, daß Sie währenddessen mit
CorelDRAW! weiterarbeiten können. Diese Vorgehensweise empfiehlt
sich insbesondere bei den recht langsamen Matrixdruckern oder bei
Laserdruckern, die nicht PostScript-fähig sind.

Komplexe Objekte mit vielen Knoten erfordern im Drucker bei der Umsetzung von PostScript-Daten in Bilddaten sehr viel Rechenzeit. Verwenden Sie den Druck-Manager, kann es hin und wieder zu Zeitüberschreitungsfehlern kommen, die zur Folge haben, daß der Druck-Manager den weiteren Ausdruck unterbricht. Sie sollten bei komplizierten Grafiken daher den Druck-Manager ausschalten und die Fehlerwartezeiten in der Systemsteuerung entsprechend vergrößern.

In Abhängigkeit von der Schnelligkeit Ihres Druckers wird die Grafik nach einiger Zeit ausgegeben.

Die Druckoptionen

Die Dialogbox DRUCKOPTIONEN bietet eine Vielzahl von Einstellmöglichkeiten, die nachfolgend beschrieben werden:

Nur markierte Objekte

Möchten Sie nur das Aussehen eines gerade bearbeiteten Objekts im Ausdruck kontrollieren, wählen Sie diese Option. CorelDRAW! druckt daraufhin nur die markierten Objekte aus. Sie sparen so unter Umständen sehr viel Zeit.

Auf Seite einpassen

Ist Ihre Grafik größer als die maximal nutzbare Druckfläche Ihres Druckers, werden nur Teile der Grafik ausgegeben. Mit der Option AUF SEITE EINPASSEN wird die Grafik so skaliert, daß sie auf eine Druckseite paßt. Die Skalierung wird nur für den Druckvorgang verwendet und beeinflußt nicht die Grafikdaten.

Ist Ihre Grafik kleiner als die maximal nutzbare Druckfläche Ihres Druckers, wird die Grafik mit der Option AUF SEITE EINPASSEN so skaliert, daß sie eine ganze Druckseite einnimmt. Sie Skalierung wird nur für den Druckvorgang verwendet und beeinflußt nicht die Grafikdatei.

Kachel

Ist Ihre Grafik größer als die maximal bedruckbare Fläche, wird normalerweise nur ein Teil der Grafik gedruckt. Aktivieren Sie aber die Option KACHEL, werden die "überstehenden" Teile der Grafik auf weiteren Seiten ausgedruckt. In Verbindung mit der Option SKALIEREN können Sie so auch kleine Grafiken derart vergrößern, daß diese auf mehreren Seiten ausgedruckt werden. Kleben Sie diese Seiten dann paßgenau aneinander, erhalten Sie ein Grafikposter.

Skalieren

Werte unter 100% verkleinern die auszudruckende Grafik, Werte über 100% vergrößern die Grafik. Sie haben z.B. die Möglichkeit, sehr kleine Grafiken vergrößert auszudrucken oder sogar Poster zu erzeugen.

Farbverlaufsstreifen

Wie Sie sich erinnern, konnten Sie die Zahl der am Bildschirm dargestellten Farbverlaufsstreifen variieren. Diese Option ist auch für die Druckausgabe verfügbar. Die Option heißt FARBVERLAUFSSTREIFEN. Stellen Sie einen kleinen Wert (wie z.B. 6) ein, erfolgt die Druckausgabe zwar wesentlich schneller, aber der Farbverlauf ist in einzelne Bänder aufgeteilt (Abbildung 13.6).

Abb. 13.6: Farbverlaufsstreifen = 6

Geben Sie einen größeren Wert ein, wird der Farbverlauf harmonischer, wie Sie in Abbildung 13.7 feststellen werden.

Abb. 13.7: Farbverlaufsstreifen = 128

Für 300 dpi-Laserdrucker sollten Sie einen Wert zwischen 60 und 80 einstellen (ausprobieren!!), für 1270 dpi Belichter 128 und für 2540 dpi Belichter 200.

Als Farbauszüge drucken

Mit dieser Option werden Grafiken auf verschiedenen Blättern ausgegeben. Haben Sie für die Farben in Ihrer Grafik das CMYK-Farbmodell oder andere Skalenfarben verwendet, werden die Grafikobjekte entsprechend ihrer Farben auf die vier Seiten für die Vierfarbseparation ausgegeben. Haben Sie die Schmuckfarben des PANTONE-Modells verwendet, wird eine eigene Druckseite für jede Farbe erzeugt.

Sobald Sie den Druckvorgang durch Klicken auf die Schaltfläche OK starten, erscheint zur Kontrolle der verwendeten Farben eine weitere Dialogbox, die alle verwendeten Farben auflistet.

In der Dialogbox FARBAUSZÜGE wählen Sie nun aus, ob Sie alle verwendeten Farben ausdrucken wollen oder nur die markierten. Klicken Sie im Feld AUSZUG auf die Option ALLE FARBEN, werden Farbauszüge für jede in der Liste aufgeführte Farbe ausgedruckt. Möchten Sie Auszüge bestimmter Farben ausdrucken, klicken Sie zuerst auf die Option GEWÄHLTE FARBEN. Anschließend klicken Sie in der Farbenliste auf die Farbnamen, für die ein Farbauszug ausgedruckt werden soll.

Zusätzlich können Sie in dieser Dialogbox die RASTERWINKEL und RASTERFREQUENZEN für die Vierfarbseparation im CMYK-Modell variieren. Diese Optionen sind sehr wichtig, um die verschiedenen Belichter kalibrieren zu können. Die Standard-Einstellung dieser Parameter wird allerdings durch CorelDRAW! automatisch an das verwendete Ausgabemedium angepaßt, so daß Sie die Werte nur in Ausnahmefällen ändern müssen. Sobald Sie alle Werte eingestellt haben, klicken Sie auf OK, um den Ausdruck zu starten. Abbildung 13.8 stellt die Dialogbox FARBAUSZÜGE dar.

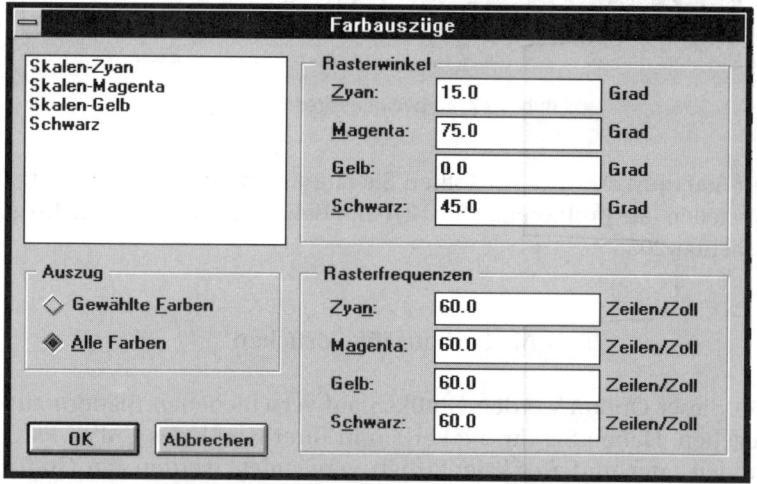

Abb. 13.8: Die Dialogbox FARBAUSZÜGE

Wenn Sie auf die Option ALS FARBAUSZÜGE DRUCKEN klicken, werden die Optionen SCHNITTMARKEN & PASSERKREUZE, FILMNEGATIV und DATEIINFO DRUCKEN automatisch aktiviert. Diese Optionen stehen in direktem Zusammenhang mit der Farbseparation. Möchten Sie die Optionen nicht verwenden, deaktivieren Sie diese durch erneutes Klicken.

Schnittmarken & Passerkreuze

Bei Vierfarb-Separationen werden für die einzelnen Grundfarben verschiedene Rasterwinkel und Rasterfrequenzen verwendet, um Zwischenfarben darstellen zu können. Die einzelnen Farbauszüge werden beim Druckprozeß nacheinander gedruckt und ergeben so das Gesamtbild. Stimmt dabei die Ausrichtung der Vorlagen nicht exakt, ergeben sich Moíre-Effekte und Farbverschiebungen. Mit der Option SCHNITTMARKEN & UND PASSERKREUZE drucken Sie deshalb Ausrichtzeichen aus, die das Positionieren der Vorlagen wesentlich vereinfachen. Abbildung 13.9 zeigt dies an einem Beispiel.

Eine exakte Registerhaltung der Vorlagen ist allerdings auch bei der Verwendung von Schmuckfarben erforderlich. Bei der Verwendung von Schmuckfarben werden die Farben nicht einfach übereinander gedruckt. Haben Sie z.B. einen roten Kreis in einem blauen Rechteck plaziert, wird der Kreisbereich auf dem Farbauszug Blau ausgeblendet. Ein schlechter Passer führt dabei zu Überlappungseffekten, falls die Farbauszüge Rot und Blau nicht exakt ausgerichtet werden. Durch Trapping können Sie die Auswirkungen schlechter Passer ebenfalls vermeiden. Das Trapping ist in Kapitel 9 beschrieben.

Film-Negativ

Die Grafik wird invertiert ausgedruckt, um anschließend direkt auf einem Film belichtet werden zu können.

Dateiinfo drucken

Aktivieren Sie diese Option, werden zusätzlich der Dateiname, die Farbe (bei Separationen), das Raster, das Datum und die Uhrzeit ausgedruckt. Normalerweise füllt Ihre Grafik den gesamten druckbaren Bereich aus. Dies führt dazu, daß Sie die Datei-Information nicht mit ausdrucken können. Wählen Sie in solchen Fällen die Option INNERHALB SEITE, um die Informationen innerhalb der Passerkreuze auszudrucken.

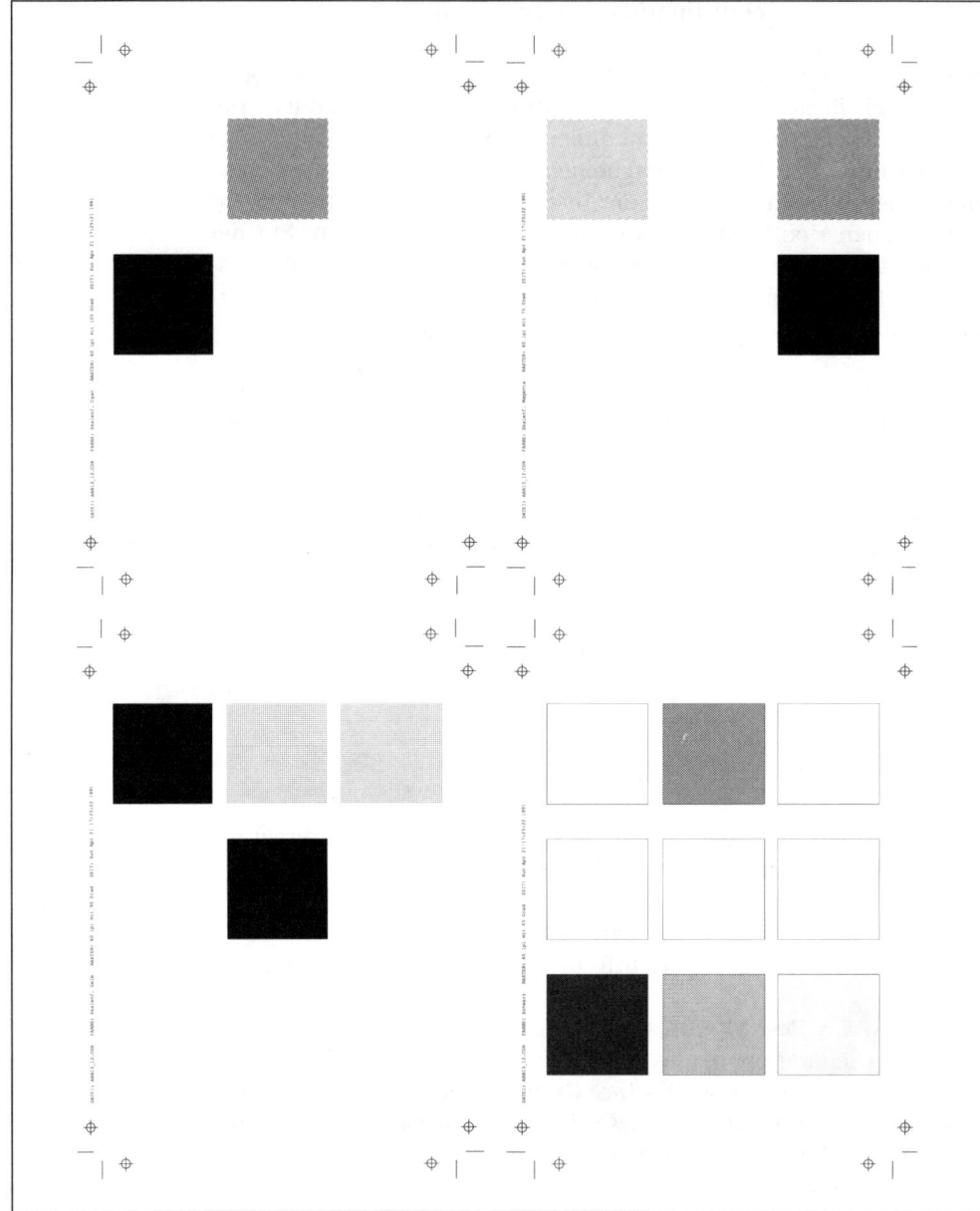

Abb. 13.9: Schnittmarken und Passerkreuze

Alle Schriftarten resident

CorelDRAW! verfügt über eine Vielzahl verschiedener Schriftarten.
Diese werden beim Drucken einer Grafik in Kurven umgewandelt
und anschließend ausgedruckt. Dieser Vorgang nimmt viel Zeit in
Anspruch. PostScript-Drucker verfügen aber bereits über einige fest
installierte Schriften. Haben Sie in Ihrer Grafik nur Schriften verwendet, die Ihr PostScript-Drucker ohnehin unterstützt, wählen Sie diese Option. Die Grafik wird so wesentlich schneller ausgedruckt.

Drucken Sie die Grafik in eine Datei, um sie anschließend in einem
Belichtungsstudio ausgeben zu lassen, können Sie davon ausgehen,
daß die verwendete Belichtermaschine alle Schriftarten resident geladen hat. In diesem Fall aktivieren Sie die Option. Zur Sicherheit sollten Sie jedoch mit dem Belichtungsstudio Rücksprache halten.

Kopien

Sie können bis zu 10000 Kopien von einer Grafik in einem Druckvorgang ausgeben (die maximale Anzahl ist abhängig vom verwendeten Drucker). Geben Sie bei dieser Option einfach die benötigte
Anzahl ein.

Rasterfrequenz

Mit dieser Option wählen Sie entweder die druckereigene Rasterfrequenz für die PostScript-spezifischen Standardraster (Option STAN-
DARD) oder definieren eine eigene Rasterfrequenz (Option EINSTELLUNG).

Die Kurventreue einstellen

Die Option GLÄTTUNG bestimmt die Kurventreue einer Kurve im Ausdruck und legt fest, wieviele Elemente beim Ausdruck für die Darstellung des Kurvenverlaufs verwendet werden. Auch mit dieser Option
können Sie die Ausgabe von Grafiken wesentlich beschleunigen. Wählen Sie einen sehr kleinen Wert, wird die Kurve originalgetreu wiedergegeben. In Abbildung 13.10 ist eine Kurve mit der Flachheit von
2 dargestellt.

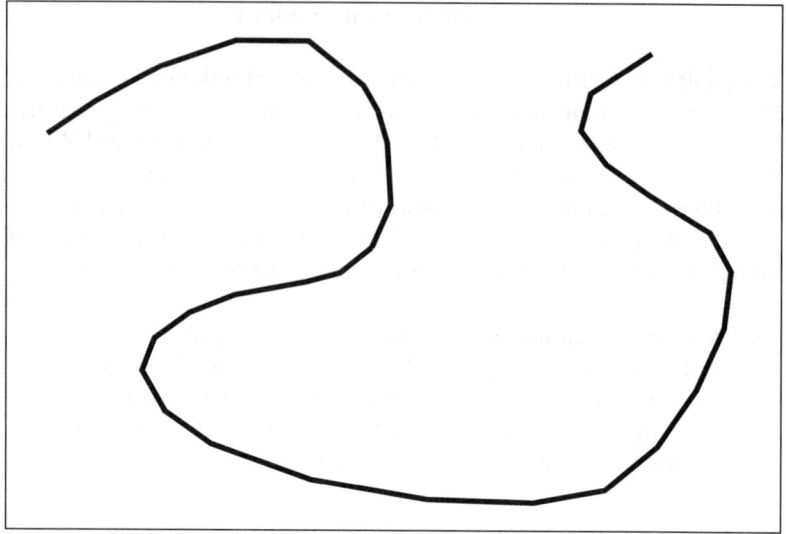

Abb. 13.10: Flachheit = 2

Je größere Werte Sie spezifizieren, umso kantiger wird die Kurve. Der Kurvenverlauf wird dabei durch Linien angenähert (Abbildung 13.11).

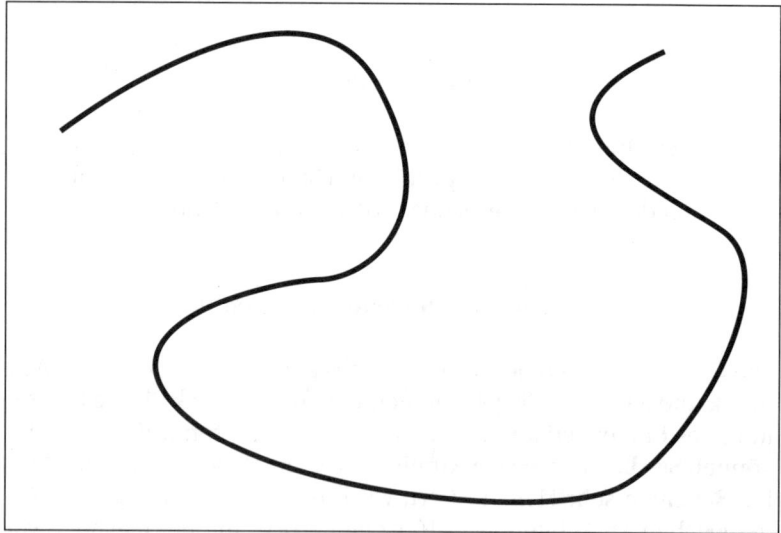

Abb. 13.11: Flachheit = 40

Sehr komplexe Kurven werden manchmal nicht über einen PostScript-Drucker ausgegeben, weil die Kapazität des PostScript-Interpreters erschöpft ist. Man spricht in diesem Zusammenhang von einem PostScript-Limit. Vergrößern Sie in diesen Fällen den Wert im Feld GLÄTTUNG und drucken die Grafik erneut. Wenn Sie Glück haben, läßt sich die Grafik dann auch ohne größere Qualitätseinbußen ausgeben.

Die schrittweise Erhöhung des Glättungswertes läßt sich auch automatisieren, wenn Sie die Option AUTOMATISCH ERHÖHEN durch Klicken aktivieren. CorelDRAW! lokalisiert problematische Kurven und erhöht den Glättungswert in Einer-Schritten bis zum Maximalwert von 10. Führt dieser Vorgang nicht zum Ausdruck der Kurve, d.h., kann das PostScript-Limit nicht beseitigt werden, übergeht das Programm diese Kurve und druckt das nächste Objekt aus.

Grafiken in Dateien drucken

Möchten Sie Ihre Grafiken erst später ausgeben oder an ein Belichtungsstudio senden, drucken Sie diese am besten in eine Datei. Diese Datei hat zwar PostScript-Format, enthält aber keinen Bildkennsatz. Sie kann über das Satzprogramm PageMaker ausdruckt werden, aber das Importieren in Grafikprogramme wie CorelDRAW! ist nicht möglich.

Sie leiten die Druckdaten in eine Datei um, indem Sie auf die Option IN DATEI AUSGEBEN klicken. Optional können Sie eine Datei für die Verwendung auf einem Apple MacIntosh erzeugen. Klicken Sie dazu auf die Option FÜR MAC. Sobald Sie im Fenster FARBAUSZÜGE auf OK klicken, werden Sie aufgefordert, einen Pfad und einen Dateinamen zu spezifizieren. CorelDRAW! verwendet standardmäßig die Dateinamenserweiterung .PRN und druckt die Grafik in eine Datei. Mit dem Befehl

```
TYPE dateiname >LPT1:
```

können Sie die Datei später von der Betriebssystem-Ebene an einen Drucker leiten und ausdrucken.

Grafiken über andere Drucker ausgeben

Geben Sie Grafiken über andere Drucker aus, erscheint die Dialogbox DRUCKOPTIONEN (NICHT-POSTSCRIPT). Diese Dialogbox enthält wesentlich weniger Optionen als die Dialogbox DRUCKOPTIONEN (POSTSCRIPT). Die verbleibenden Optionen aber haben eine identische Bedeutung und Funktion.

 Der Unterschied liegt in der Aufbereitung der Druckdaten. Im Gegensatz zu PostScript-Druckern werden in diesem Fall die Bilddaten für den Drucker von CorelDRAW! berechnet. Dieser Vorgang dauert wesentlich länger als die Umsetzung in PostScript-Daten.

Der Seriendruck

Die Option SERIENDRUCK ermöglicht die Ausgabe von Serienbriefen oder besser: Seriengrafiken. Die Funktion ist mit der Ausgabe von Serienbriefen in Textverarbeitungsprogrammen vergleichbar. So können Sie beispielsweise das Zertifikat aus Kapitel 10 so bearbeiten, daß Sie mehrere Zertifikate mit unterschiedlichen Namen ausdrucken.

Sie aktivieren die Funktion SERIENDRUCK, indem Sie in Menü DATEI auf die Option SERIENDRUCK klicken. CorelDRAW! fordert Sie nun auf, eine Textdatei im ASCII-Format zu laden, die die einzufügenden Daten enthält (Abbildung 13.12).

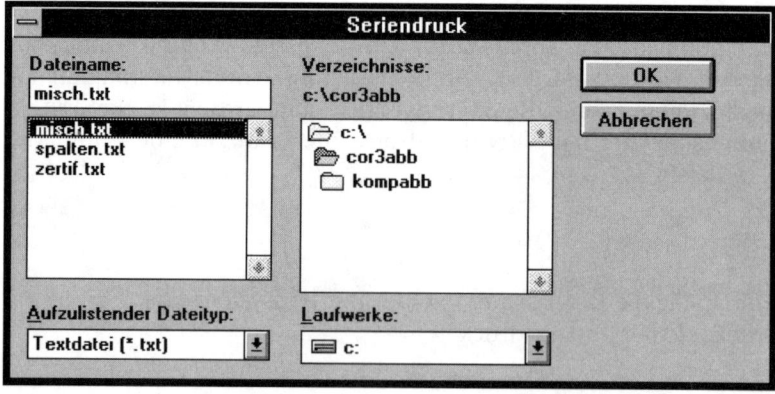

Abb. 13.12: Die Textdatei für den Seriendruck auswählen

Anschließend verbindet CorelDRAW! diese Daten mit der bereits geladenen Grafik und druckt die Seiten aus. Im nachfolgenden Anwendungsbeispiel erzeugen Sie mehrere Zertifikate, indem Sie die Datei MISCH.TXT im Seriendruck mit der Datei ZERTIF.CDR verbinden und ausdrucken. In diesem Beispiel wird auch die Syntax der Textdatei beschrieben, ohne die ein korrekter Ausdruck nicht möglich ist.

Anwendungsbeispiel: Das Zertifikat im Seriendruck

Das Zertifikat aus Kapitel 10 eignet sich sehr gut, um die Seriendruck-Funktion von CorelDRAW! zu demonstrieren.

Im ersten Schritt müssen Sie das Zertifikat für den Seriendruck vorbereiten:

1. Laden Sie die Datei ZERTIF.CDR von der Beispieldiskette.

2. Verändern Sie die folgenden Textzeilen unter Verwendung der Funktion TEXT BEARBEITEN (im Menü DATEI):

    ```
    "Herr Hugo Muster"      in        "Teilnehmer"

    "14.04.91"      in      "Datum"
    ```

CorelDRAW! verwendet im Seriendruck Indikator-Texte zur Identifizierung. Sie können beliebig viele Indikatortexte verwenden, solange diese eindeutig sind. Diese Texte dürfen keine Leerzeichen enthalten.

Die Grafik hat nach der Bearbeitung das in Abbildung 13.13 dargestellte Aussehen.

3. Speichern Sie die Grafik unter dem Namen ZERTIF1.CDR ab.

Abb. 13.13: Die Grafik ZERTIF.CDR für den Seriendruck

Im zweiten Schritt geben Sie die Textdatei ein:

1. Rufen Sie einen Texteditor auf. Sie können dazu ein beliebiges Programm verwenden, das in der Lage ist, ASCII-Texte zu speichern. Windows stellt Ihnen dafür bereits den Notizblock zur Verfügung.

2. Geben Sie nun die Textdaten für den Seriendruck ein. Orientieren Sie sich dabei an der Datei , die in Abbildung 13.14 dargestellt ist.

3. Zuerst geben Sie die Anzahl der zu mischenden Datenfelder ein. Da Sie zwei Indikatortexte ändern möchten, geben Sie die Zahl 2 ein.

4. In den nächsten Textzeilen definieren Sie die Indikator-Texte. Diese Texte müssen im Wortlaut unbedingt mit den Grafiktexten übereinstimmen, da andernfalls kein Seriendruck ausgeführt wird. Jeder Indikator-Text muß mit je einem Backslash eingeleitet und beendet werden und in einer eigenen Zeile stehen.

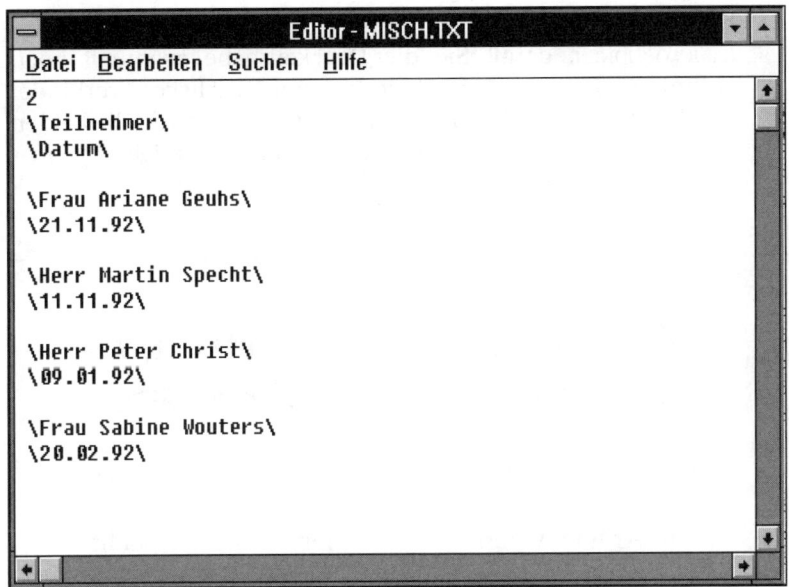

Abb. 13.14: Der ASCII-Text für den Seriendruck

5. Nach den Indikator-Texten geben Sie die Datensätze ein. Auch diese Texte sind durch den Backslash (\) abzugrenzen.

6. Nachdem Sie die Texte eingegeben haben, speichern Sie den Text im ASCII-Format ab.

Im dritten Schritt drucken wir die Grafik und den Text im Seriendruck aus:

1. Laden Sie die Grafik ZERTIF1.CDR.

2. Rufen Sie die Dialogbox SERIENDRUCK im Menü DATEI auf.

3. Laden Sie nun die ASCII-Datei, die Sie soeben erstellt haben. Die Datei MISCH.TXT ist auf der Beispieldiskette gespeichert. Sie können diese Datei verwenden, falls Sie keine eigene Datei erzeugt haben.

4. Klicken Sie jetzt auf OK, öffnet CorelDRAW! die Dialogbox
DRUCKOPTIONEN, damit Sie die Druckausgabe eventuell noch
optimieren können. Sobald Sie hier auf OK klicken, verbindet
CorelDRAW! die Grafik mit den Textdaten und druckt die beiden
Grafiken aus. Die Abbildungen 13.15 und 13.16 zeigen die aus-
gedruckten Ergebnisse.

Abb. 13.15: Zwei Zertifikate mit dem ersten und zweiten Datensatz verbunden

Experimentieren Sie mit der Funktion SERIENDRUCK. Sie gestattet die
flexible Anpassung von Textgrafiken in der Art des Zertifikats. So
könnten Sie beispielsweise Einladungen zu einem Fest verschicken,
die namensbezogen ausgedruckt werden. Darüber hinaus können
Texte in Grafiken an aktuelle Begebenheiten oder an bestimmte Bereiche angepaßt werden.

Abb. 13.16: Zwei Zertifikate mit dem dritten und vierten Datensatz verbunden

Zusammenfassung

In diesem Kapitel haben Sie erfahren, wie Sie mit CorelDRAW! ausdrucken. Der Schwerpunkt lag dabei auf der Beschreibung der PostScript-Optionen. Für ein professionelles Arbeiten mit CorelDRAW! sollten Sie unbedingt einen PostScript-Drucker verwenden. Verfügen Sie nicht über einen PostScript-Drucker, können Sie auch eines der zahlreichen Emulationsprogramme verwenden und PostScript-Dateien auch auf einem Matrixdrucker ausgeben. Das Importieren und Exportieren von Grafiken und Texten wird von vielen Programmen geradezu stiefmütterlich behandelt. CorelDRAW! macht allerdings eine rühmliche Ausnahme. Dieses Programm verfügt über eine große Zahl von Konvertierungsprogrammen, die die Verwendung jedes geläufigen Grafikformats gestatten. Im nächsten Kapitel werden die Import- und Exportfunktionen behandelt. Darüber hinaus wird die neue OLE-Technik beschrieben, die die Einbettung von Windows-Objekten gestattet und eine neue und leistungsfähige Form des Importierens von Dateien darstellen.

14

Die Verbindung zur Außenwelt - Importieren und Exportieren

Fast jedes Programm verwendet zur Speicherung der eingegebenen Daten ein eigenes Dateiformat. Im Laufe der Zeit haben sich jedoch bestimmte Dateiformate zu einem Standard entwickelt, der den Datenaustausch zwischen verschiedenen Programmen erst problemlos möglich macht. Im Bereich grafischer Programme werden grundsätzlich pixelorientierte und vektororientierte Dateiformate unterschieden.

Möchten Sie nun Grafikdaten anderer Programme in CorelDRAW! übernehmen, sind Sie auf Konvertierungsprogramme angewiesen, die die Grafikdateien in ein für CorelDRAW! verständliches Format umsetzen. In gleicher Weise wollen Sie CorelDRAW!-Grafikdaten vielleicht in anderen Programmen weiter verwenden. Auch dafür setzen Sie Konvertierungsprogramme ein.

CorelDRAW! enthält diese Import- und Export-Konvertierungsprogramme bereits als Programm-Module, die immer dann aktiv werden, wenn Sie Grafiken importieren und exportieren. Im Vergleich zu anderen Programmen haben Sie eine große Auswahl an Konvertierungsmöglichkeiten.

In diesem Kapitel werden zunächst die verfügbaren Grafikformate aufgelistet. Im Anschluß daran erfahren Sie, wie Sie Grafikdaten importieren und exportieren.

Die verfügbaren Grafikformate

In der nachfolgenden Tabelle sind die von CorelDRAW! unterstützten Import-Grafikformate mit Angabe der Quellprogramme angegeben:

Formatname	Quellprogramme
CDR	CorelDRAW!-Format. Normalerweise können Sie zwei CDR-Grafiken nicht miteinander verbinden. Durch das Importieren einer CorelDRAW!-Datei fügen Sie eine komplette Grafik in die aktuelle Grafik ein.

Formatname	Quellprogramme
PCX, PCC	CorelPHOTO-PAINT!, PC Paintbrush, alle PCX-Dateien, Screenshots von Hotshot Graphics, Standardformat pixelorientierter Programme.
TIF	Scan Gallery, Standard-Pixelformat für Scanner-Dateien.
BMP	Pixelgrafiken unter Windows, PC Paintbrush.
WMF	Windows Metafile, Windows-Vektorformat zum Datenaustausch zwischen Windows-Programmen.
EPS	Standard-Vektorformat (Encapsulated Post-Script), wird von fast jedem Programm unterstützt. Eigenes Format für Corel-TRACE!-EPS- Dateien!
AI	Adobe Illustrator, Arts & Letters.
GEM	GEM-Applikationen wie Artline, GEM DRAW, GEM GRAPH.
CGM	Standard-Vektorformat (Computer Graphics Metafile), z.B. Harvard Graphics, Lotus Freelance Plus, Lotus 1-2-3, Micrografx Designer.
PCT	Vektorgrafik-Programme auf Apple MacIntosh.
PLT	AutoCAD, HPGL-Dateien, Standard-Vektorformat.
DXF	AutoCAD
PIC	Lotus 1-2-3
PIF	IBM-Grafik-Vektorformat, nicht zu verwechseln mit PIF-Dateien unter Windows!
TXT	alle Textdateien im ASCII-Format.

Zwischenablage	Jede Windows 3.x-Applikation. Einschränkungen durch Programme möglich, siehe Programm-Dokumentationen.
Kodak Photo-CD	Digitalisierte Fotos auf CD-ROM (Kodak-Prozeß), Import nur über CorelMOSAIC! möglich.

Tabelle 14.1: Importformate

In Tabelle 14.2 sind die von CorelDRAW! unterstützten Export-Grafikformate aufgelistet:

Formatname	Zielprogramme
CDR	CorelDRAW!-Format, wird verwendet, wenn nur markierte Objekte gespeichert werden sollen, nur über Speicherfunktion.
CDR 2.xx	CorelDRAW! 2.xx-Format, nur über Speicher-Funktion.
EPS	Standard-Vektorformat für PostScript-Drucker und Programme, z.B. PageMaker, Ami Professional, Ventura Publisher, WordPerfect 5.x, Word 5.x, Word für Windows.
WMF	Windows Metafile für Ami Professional, Arts & Letters, PageMaker.
PCX, PCC	Standard-Pixelformat, z.B. PC Paintbrush, Hotshot Graphics.
BMP	Pixelgrafiken unter Windows, PC Paintbrush.
GIF	Compuserve, Graphics Workshop (auch für Windows), häufig zur Speicherung digitalisierter, farbige Bilder verwendet.
TGA	Targa, Format für digitalisierte, farbige Bilder.

Formatname	Zielprogramme
TIF	Standard-Pixelformat für gescannte Bilder oder Bildschirmfotos.
CGM	Standard-Vektorformat, z.B. Harvard Graphics, Designer.
GEM	Standard-Vektorformat, z.B. GEM Artline, Ventura Publisher.
WPG	WordPerfect 5.x Grafikformat.
SCD	Matrix, Solitaire und Genegraphics-Filmbelichter (SCODL).
PIC	für alle VideoShow-Treiber und -Peripherie.
PLT	HPGL-Format, nur Umrisse.
DXF	AutoCAD-Standard, nur Umrisse.
PIF	IBM-Grafikformat.
PCT	MacIntosh-Grafikprogramme.
AI	Adobe Illustrator, MacIntosh-Grafikprogramme.
PFB	Schriftdatei im Adobe Type 1-Format, zur Erzeugung von Schriften.
TTF	Schriftdatei im TrueType-Format, zur Erzeugung von Schriften.
Zwischenablage	Jede Windows 3.x Applikation.

Tabelle 14.2: Exportformate

Dateien importieren

Die Verwendung von Grafiken fremder Formate ist in CorelDRAW! sehr leicht. Rufen Sie im Menü DATEI einfach die Option IMPORTIEREN auf. CorelDRAW! blendet daraufhin die Dialogbox IMPORT ein (Abbildung 14.1).

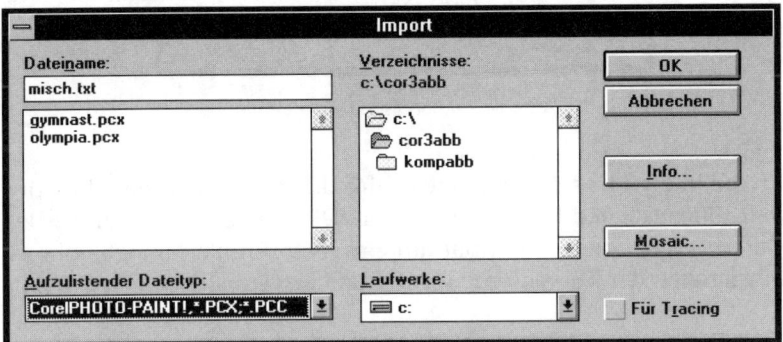

Abb. 14.1: Die Dialogbox IMPORT

In der Auswahlliste AUFZULISTENDER DATEITYP klicken Sie nun auf das Grafikformat, in dem die zu importierende Grafik abgespeichert wurde. CorelDRAW! zeigt in der Dateiliste nun nur die Dateien an, die das gewählte Format haben. Entscheidungskriterium ist die Dateinamenserweiterung.

Sobald Sie einen Dateinamen durch Klicken ausgewählt und auf OK geklickt haben, beginnt CorelDRAW! mit der Konvertierung der Datei in das CorelDRAW!-Format. Während dieses Vorgangs informiert Sie das Programm über den Fortschritt bei der Konvertierung (Abbildung 14.2). Je nachdem, welches Format Sie gewählt haben und welche Rechenleistung Ihr Computer hat, kann der Konvertierungsvorgang einige Zeit in Anspruch nehmen. Mit der eingeblendeten Dialogbox haben Sie eine Kontrollmöglichkeit, wie lange der Konvertierungsprozeß noch ungefähr dauert.

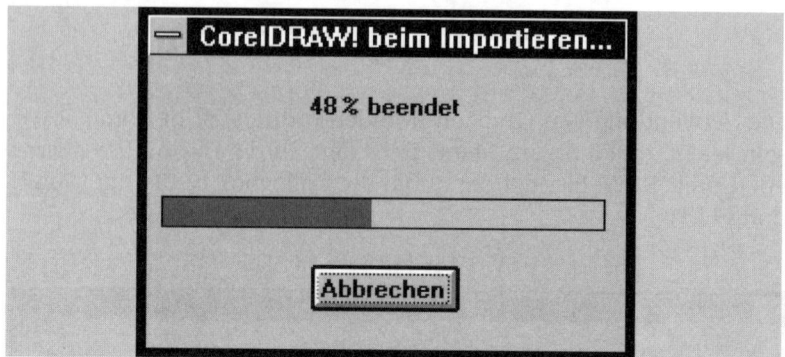

Abb. 14.2: Importieren einer Grafik

In Abbildung 14.3 sehen Sie eine Grafik, die soeben aus dem EPS-Format (Encapsulated PostScript) in CorelDRAW! übernommen wurde. Da es sich bei diesem Format um ein Vektorformat handelt, gibt es hinsichtlich der Kurventreue keine Qualitätsverluste.

Abb. 14.3: Die Grafik ist importiert

Die Dialogbox IMPORT enthält noch die Option FÜR TRACING, die Sie immer dann anklicken, wenn Sie eine Grafik im Pixelformat in CorelDRAW! mit der Autotrace-Funktion in eine Vektorgrafik umwandeln wollen. CorelDRAW! ist allerdings auch in der Lage, in einer Datei gleichzeitig Objekte und Pixelgrafiken zu verwenden.

Objekte einbinden oder einfügen

Die Zwischenablage haben Sie in den vorherigen Kapiteln bereits verwendet, um Texte zu importieren. Grundsätzlich können Sie über die Zwischenablage Grafiken und Texte aus jeder anderen Windows 3.x-Applikation übernehmen oder dorthin übertragen. Für einige Programme gibt es jedoch Einschränkungen. Beachten Sie dazu bitte die entsprechenden Programm-Dokumentationen.

Möchten Sie den Inhalt der Zwischenablage in CorelDRAW! einfügen, klicken Sie im Menü BEARBEITEN auf die Option EINFÜGEN. Der Inhalt der Zwischenablage wird daraufhin in die Arbeitsfläche eingefügt. Falls Sie eine Grafik oder Teile einer Grafik in einem anderen Windows-Programm oder einer anderen CorelDRAW!-Datei verwenden wollen, markieren Sie zuerst die betreffenden grafischen Objekte. Anschließend klicken Sie im Menü BEARBEITEN auf die Option KOPIEREN. CorelDRAW! überträgt daraufhin eine Kopie des markierten Bereichs in die Zwischenablage. Möchten Sie das Objekt gleichzeitig aus der Originaldatei entfernen, wählen Sie im Menü BEARBEITEN die Option AUSSCHNEIDEN. Die markierten Bereiche werden in die Zwischenablage übertragen und anschließend in der Grafik gelöscht.

Dynamische Datenverbindungen

Eine Verbindung zwischen zwei Programmen über eine Datei, die zudem noch laufend aktualisiert werden kann, nennt man dynamische Datenverbindung. Sie können z.B. eine Datei aus Excel einfügen, die immer auf dem aktuellen Stand ist. Ändern Sie in Excel die Daten dieser Datei, nachdem Sie sie in CorelDRAW! eingefügt haben, wird dies beim nächsten Aufruf der CorelDRAW!-Grafik erkannt. Anschließend wird die Grafik automatisch aktualisiert.

Die nachfolgenden Abschnitte beziehen sich auf Windows 3.1.

Möchten Sie eine dynamische Datenverbindung herstellen, müssen Sie zuerst die originären Daten in die Zwischenablage übertragen. Anschließend rufen Sie CorelDRAW! auf und klicken im Menü BEARBEITEN auf die Option INHALTE EINFÜGEN. Die Daten der Zwischenablage werden nun nicht direkt in die Arbeitsfläche übertragen. CorelDRAW! blendet zunächst die in Abbildung 14.4 dargestellte Dialogbox INHALTE EINFÜGEN ein.

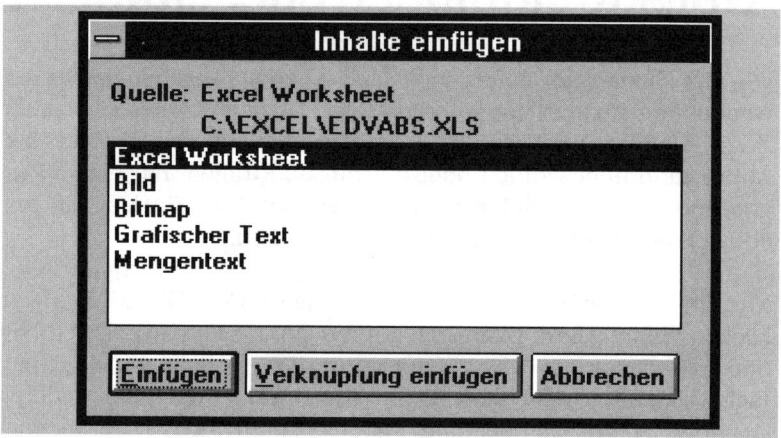

Abb. 14.4: Die Dialogbox INHALTE EINFÜGEN

Die Dialogbox informiert Sie im Feld QUELLE darüber, um welche Dateiart es sich handelt. In der Auswahlliste unter dieser Angabe können Sie auswählen, in welcher Form Sie die Daten einfügen wollen. Haben Sie eine Form ausgewählt, bestimmen Sie, ob Sie eine Datenverbindung herstellen (Option VERKNÜPFUNG EINFÜGEN) oder die Daten nur einmalig übertragen möchten (Option EINFÜGEN). Manche Optionen der Auswahlliste gestatten nur das Einfügen von Daten ohne Datenverbindung.

Nehmen Sie einmal an, Sie wollten eine Excel-Tabelle in CorelDRAW! über eine dynamische Datenverbindung einfügen. Markieren Sie also die Tabelle in Excel und übertragen sie in die Zwischenablage. Anschließend starten Sie CorelDRAW! und klicken im Menü BEARBEITEN auf die Option INHALTE EINFÜGEN. Diese Dialogbox ist in Abbildung 14.4 dargestellt. Sie können die Excel-Daten in der Zwischenablage nun als MICROSOFT EXCEL TABELLE, BILD, BITMAP oder als MENGENTEXT in CorelDRAW! einfügen. Die Option MICROSOFT EXCEL TABELLE ermöglicht es Ihnen, eine dynamische Datenverbindung herzustellen. Alle anderen Formen lassen nur das Einfügen als grafische Daten oder Text zu. In diesen Fällen ist kein Bezug mehr zur Originaldatei vorhanden.

Sie möchten in diesem Beispiel die Tabelle mit dynamischer Datenverbindung einfügen. Klicken Sie dazu auf den Parameter MICROSOFT EXCEL TABELLE und anschließend auf VERKNÜPFUNG EINFÜGEN. CorelDRAW! fügt die Tabelle in die Arbeitsfläche ein.

Diese Tabelle kann nun verschoben und in der Größe verändert werden. Das Drehen der Tabelle ist allerdings nicht möglich. Klicken Sie doppelt auf die Tabelle, rufen Sie nämlich Excel mit der Originaldatei auf. Sie können die Datei nun bearbeiten. Sie haben allerdings auch eine andere Möglichkeit, Excel aus CorelDRAW! heraus aufzurufen. Sie markieren dazu die Tabelle und klicken im Menü BEARBEITEN auf die Option BEARBEITEN TABELLE IN NAME.CDR. Dieser Menüeintrag ist adaptiv. Er ändert sich daher je nach markiertem Objekt und ruft so natürlich auch andere Programme auf.

Denken Sie daran, die Originaldatei nach der Bearbeitung wieder zu speichern.

Dynamische Datenverbindungen bearbeiten

Die Überarbeitung von dynamischen Datenverbindungen kann verschiedene Gründe haben:

–   Die Datei befindet sich in einem anderen Verzeichnis.

–   Sie möchten eine andere Datei einfügen.

–   Sie möchten die Aktualisierungsart ändern.

–   Sie möchten die Verknüpfung lösen.

Liegt einer dieser Gründe vor, markieren Sie z.B. die Tabelle und klicken im Menü BEARBEITEN auf die Option VERKNÜPFUNGEN. CorelDRAW! blendet daraufhin die in Abbildung 14.5 dargestellte Dialogbox VERKNÜPFUNGSEIGENSCHAFTEN ein.

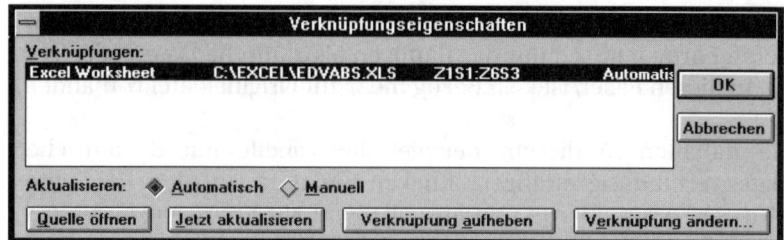

Abb. 14.5: Die Dialogbox VERKNÜPFUNGSEIGENSCHAFTEN

In der Auswahlliste VERKNÜPFUNGEN sind für die geladene Grafik alle Verknüpfungen zu anderen Programmen aufgeführt. Sie bearbeiten eine spezielle Verknüpfung, indem Sie sie durch Klicken markieren. Die Aktualisierung einer Datei kann auf mehrere Arten erfolgen. Wählen Sie im Feld AKTUALISIEREN die Option AUTOMATISCH, müssen Sie sich um die Aktualisierung der Datei nicht mehr kümmern. Wählen Sie die Option MANUELL, müssen Sie die Aktualisierung selbst vornehmen, indem Sie auf die Schaltfläche JETZT AKTUALISIEREN klicken. Für die manuelle Aktualisierung kann es Gründe geben. So wird eine Umsatzdatei z.B. täglich aktualisiert, in grafischer Form aber nur monatlich verwendet. Wählen Sie nun die manuelle Aktualisierung, können Sie zu einem bestimmtem monatlichen Stichtag die neuen Daten übernehmen.

Die Bearbeitung der Originaldatei ist auch aus dieser Dialogbox heraus möglich. Klicken Sie dazu auf die Schaltfläche QUELLE ÖFFNEN.

Möchten Sie die Datenverbindung zwischen der Originaldatei und der Darstellung in CorelDRAW! entfernen, klicken Sie auf die Schaltfläche VERKNÜPFUNG AUFHEBEN. Anschließend können Sie das Objekt in CorelDRAW! wie jedes andere grafische Element bearbeiten.

Die Änderung einer Verknüpfung kann erhebliche Auswirkungen haben. Sie können z.B. eine andere Datei des selben Programms oder auch eine Datei aus anderen Programmen zuweisen. Klicken Sie auf die Schaltfläche VERKNÜPFUNG ÄNDERN, erscheint die gleichnamige Dialogbox, in der Sie eine neue Datei auswählen. Wählen Sie z.B. eine CorelPHOTO-PAINT!-Datei aus, wird das Programm CorelPHOTO-PAINT! mit dieser Datei gestartet. Sie können nun noch Änderungen vornehmen.

Anschließend klicken Sie im Menü DATEI auf die Option BEENDEN & ZU-
RÜCK ZU. Die Grafik wird daraufhin in die Arbeitsfläche von
CorelDRAW! eingefügt, und die Verknüpfungsliste wird angepaßt.

Versehentliche Änderungen nehmen Sie zurück, indem Sie im Menü
BEARBEITEN auf die Option RÜCKGÄNGIG klicken.

Objekte einbinden

Der wesentliche Unterschied zwischen dynamischen Datenverbindungen und eingebundenen Objekten besteht darin, daß Objekte fester Bestandteil der aufrufenden Datei sind. Man spricht in
diesem Zusammenhang von einer Client-Server-Beziehung. Der
Client ist das aufrufende Programm, der Server stellt die Ressourcen
bereit, also das Programm, in dem die Datei erstellt wurde. Der große Vorteil von Objekten ist, daß keine separate Datei existiert. Ein
versehentliches Löschen dieser Datei wird damit vermieden.

Möchten Sie ein Objekt einfügen, klicken Sie im Menü DATEI auf die
Option OBJEKT EINFÜGEN. In der Dialogbox OBJEKT EINFÜGEN wählen Sie
ein Objekt durch Klicken aus. Sobald Sie auf die Schaltfläche EINFÜ-
GEN klicken, wird das betreffende Programm gestartet. Sie können das
Objekt nun erstellen. Die meisten Programme ermöglichen es Ihnen
nun auch, eine bereits bestehende Datei einzufügen. Suchen Sie da-
her in den Menüs nach der Option EINFÜGEN AUS oder ähnlichen
Optionen. Sobald Sie das Objekt erstellt haben, müssen Sie das Pro-
gramm wieder verlassen. Die Programme stellen dafür bestimmte
Optionen zur Verfügung. Suchen Sie Optionsbezeichnungen wie BE-
ENDEN & ZURÜCK oder BEENDEN & AKTUALISIEREN. Existieren solche Be-
zeichnungen nicht, klicken Sie auf die Menüoptionen SCHLIEßEN oder
BEENDEN, die meistens im Menü DATEI angeordnet sind.

Anschließend wird das Objekt in der Arbeitsfläche angezeigt. Möchten Sie das Objekt bearbeiten, haben Sie zwei Möglichkeiten:

– Klicken Sie doppelt auf das Objekt.

– Markieren Sie das Objekt und klicken im Menü BEARBEITEN auf die
  Option BEARBEITEN [PROGRAMMNAME DES OBJEKTS].

Das Server-Programm wird daraufhin gestartet, so daß Sie die Änderungen vornehmen können. Sollten Sie weitergehende Informationen zu dynamischen Datenverbindungen und Objekten benötigen, lesen Sie in der Dokumentation von Windows 3.1 nach.

Dateien exportieren

Möchten Sie Ihre Grafiken in Dokumenten oder Druckschriften verwenden oder einfach nur mit anderen Grafikprogrammen weiterverarbeiten, exportieren Sie die Grafikdatei in das entsprechende Format.

Bei der Herstellung von Büchern werden die Bildschirmfotos beispielsweise im PCX-, BMP- oder TIFF-Format gespeichert, während Abbildungen, die die volle Auflösung des Belichters ausnutzen sollen, im EPS-Format gespeichert werden. In einem DTP-Programm, wie PageMaker, wird der Text anschließend mit den Grafiken zusammengefügt. Anhand der entstehenden Datei wird das Buch hergestellt.

Sie exportieren eine CorelDRAW!-Datei in ein anderes Format, indem Sie im Menü DATEI die Option EXPORTIEREN aufrufen. Abbildung 14.6 stellt die Dialogbox EXPORT dar, die nach Aktivierung dieser Funktion erscheint.

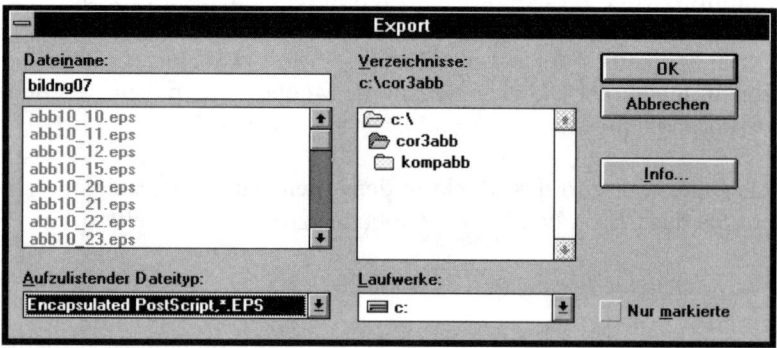

Abb. 14.6: Die Dialogbox EXPORT

Wie beim Importieren von Grafiken wählen Sie auch hier in der Liste AUFZULISTENDER DATEITYP zunächst das Dateiformat aus, in das Sie die CorelDRAW!-Datei konvertieren wollen. Klicken Sie auf die Option NUR MARKIERTE, werden nur die markierten Objekte konvertiert. Sie können so einen Auszug aus Ihrer Grafik konvertieren. Diese Option ist z.B. dann sinnvoll, wenn Sie eine weitere CorelDRAW!-Grafik anlegen wollen, die nur einen Teil der aktuellen Grafik enthalten soll. Anschließend legen Sie das Laufwerk und das Verzeichnis fest und geben im Feld DATEINAME einen Dateinamen ein.

Sobald Sie auf OK klicken, erscheint je nach gewähltem Dateiformat entweder eine weitere Dialogbox, oder die Konvertierung wird gestartet. In den nachfolgenden Abschnitten werden die wichtigsten Konvertierungsformate mit den dazugehörigen Dialogboxen beschrieben.

EPS-Dateien exportieren

Haben Sie im Feld AUFZULISTENDER DATEITYP die Option "Encapsulated PostScript, *.EPS" gewählt und anschließend die Konvertierung mit OK gestartet, erscheint die Dialogbox EPS-EXPORT (Abbildung 14.7).

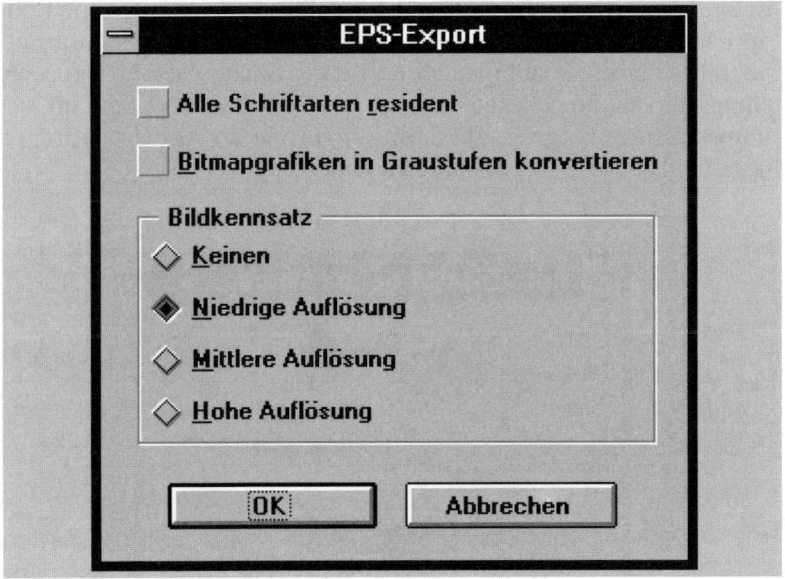

Abb. 14.7: Die Dialogbox EPS-EXPORT

Die verschiedenen Optionen dieser Dialogbox haben folgende Bedeutung:

Alle Schriftenarten resident

Klicken Sie diese Option an, geht CorelDRAW! davon aus, daß alle Fonts im Drucker resident sind. Sie sollten diese Option einstellen, wenn Sie Ihre Grafik in einem professionellen Belichtungsstudio drukken lassen wollen. Vergewissern Sie sich aber, daß das Belichtungsstudio wirklich alle Schriftarten verfügbar hat. Ist die Schrift nicht verfügbar, wird der Text entweder in Courier oder gar nicht gedruckt.

Bitmapgrafiken in Graustufen konvertieren

Unter PostScript Level 1 sind EPS-Dateien mit farbigen Pixelgrafiken auf Monochrom-Druckern nicht druckbar. Aktivieren Sie deshalb diese Option, um die Farben in Graustufen zu konvertieren

Bildkennsatz Fügt ein zusätzliches Pixelbild in EPS-Dateien ein, das die Positionierung von EPS-Dateien erheblich vereinfacht. Beim Import einer EPS-Datei in ein anderes Programm wird die Grafik in Größe und grober Gestalt angezeigt. Die Auflösung des Bildkennsatzes ist über die Optionen NIEDRIGE AUFLÖSUNG, MITTLERE AUFLÖSUNG und HOHE AUFLÖSUNG wählbar. Möchten Sie die EPS-Datei ohne Bildkennsatz erzeugen, klicken Sie auf die Option KEINEN. Sobald Sie alle Optionen eingestellt haben, klicken Sie auf OK. Anschließend beginnt der Konvertierungsvorgang. Abbildung 14.8 stellt die Konvertierung einer CorelDRAW!-Datei in eine EPS-Datei dar.

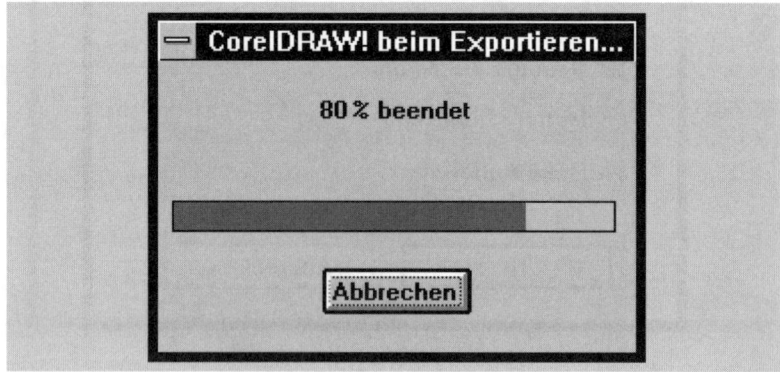

Abb. 14.8: Exportieren einer Datei

Pixeldateien exportieren

Möchten Sie eine CorelDRAW!-Grafik z.B. in das PCX-, BMP- oder TIF-Format konvertieren, erscheint ebenfalls eine zusätzliche Dialogbox namens BITMAP-EXPORT (Abbildung 14.9). Die Optionen dieser Dialogbox haben folgende Bedeutung:

Farben
Aktivieren Sie diese Option, wird eine farbige Pixelgrafik erzeugt. In der Auswahlliste bestimmen Sie die Anzahl der Farben: 16 FARBEN, 256 FARBEN oder 16 MILLIONEN FARBEN. Je nach Format können Sie RASTERFARBEN erzeugen und komprimierte Dateien anlegen.

Graustufen
Alternativ dazu können Sie Graustufen-Dateien anlegen. Klicken Sie dazu auf die Option GRAUSTUFEN (die Optionen GRAUSTUFEN und FARBEN sind gegeneinander verriegelt) und wählen in der Auswahlliste die Anzahl der Graustufen: SCHWARZWEISS, 16 GRAUSTUFEN und 256 GRAUSTUFEN. Klicken Sie auf die Option KOMPRIMIERT, werden TIF-Dateien nach einem Komprimierungsalgorithmus verkleinert.

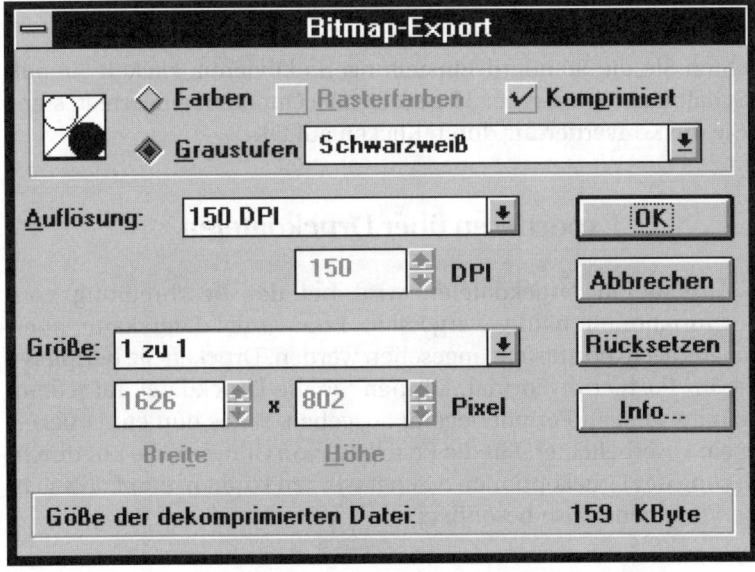

Abb. 14.9: Die Dialogbox BITMAP-EXPORT

Auflösung

Mit dieser Option legen Sie die Auflösung der Pixelgrafik fest. Sie haben verschiedene Möglichkeiten; unter anderem zwei verschiedene Fax-Formate. Möchten Sie eine eigene Auflösung definieren, klicken Sie in der Auswahlliste AUFLÖSUNG auf die Option FREI FESTGELEGT. Anschließend stellen Sie die Auflösung im numerischen Feld ein. Die maximale Auflösung ist auf 600 dpi begrenzt.

Größe

Mit der Option GRÖSSE wählen Sie das Format und die Abmessungen der Datei in Pixeln. Eine Darstellung in Originalgröße erhalten Sie, indem Sie in der Auswahlliste GRÖSSE die Option "1 zu 1" wählen. Darüber hinaus können Sie die Größen "640x480 (VGA)", "800x600(SVGA)" und "1024x768" wählen. Möchten Sie die Größe individuell einstellen, wählen Sie die Option "Frei festgelegt". Anschließend definieren Sie die Größe der Datei, indem Sie sowohl die Breite als auch die Höhe in den numerischen Feldern BREITE und HÖHE einstellen.

Die Einstellungen wirken sich auf die Dateigröße aus, die im Feld GRÖSSE DER DEKOMPRIMIERTEN DATEI angezeigt wird. So hat eine DIN-A4-Datei mit 600 dpi Auflösung und 16 Millionen Farben eine Größe von 39578 KByte.

Möchten Sie die Standard-Einstellungen aktivieren, klicken Sie auf die Schaltfläche RÜCKSETZEN. Haben Sie alle Optionen eingestellt, starten Sie die Konvertierung durch Klicken auf OK.

Exportieren über Druckdateien

Die Ausgabe in Druckdateien wird bei der Beschreibung von Exportfunktionen häufig vergessen. Eine Druckdatei kann aber durchaus als Exportformat angesehen werden. Drucken Sie beispielsweise im PostScript-Format, können Sie die Druckdatei auf jedem PostScript-fähigen Peripheriegerät ausgeben, sei es nun ein Drucker oder ein Laserbelichter. Für die Erstellung von Grafiken, die nur durch Änderung der Druckoptionen erzeugt werden können, empfiehlt sich diese Vorgehensweise besonders.

Anwendungsbeispiel: Umrisse durch Exportieren erzeugen

Normalerweise können Sie Umrisse nicht mit Farbverläufen, sondern nur mit Farben darstellen. Farbverläufe in Umrissen ergeben aber reizvolle Effekte, wie Sie in Abbildung 14.14 sehen können. Wie aber erzeugt man solche Effekte?

1. Geben Sie den Text

   `Umrisse`

   ein, duplizieren Sie den Schriftzug und verschieben die Kopie.

2. Weisen Sie dem kopierten Schriftzug eine breite Umrißlinie zu und markieren dieses Objekt (Abbildung 14.10).

Abb. 14.10: Breiter Objektumriß

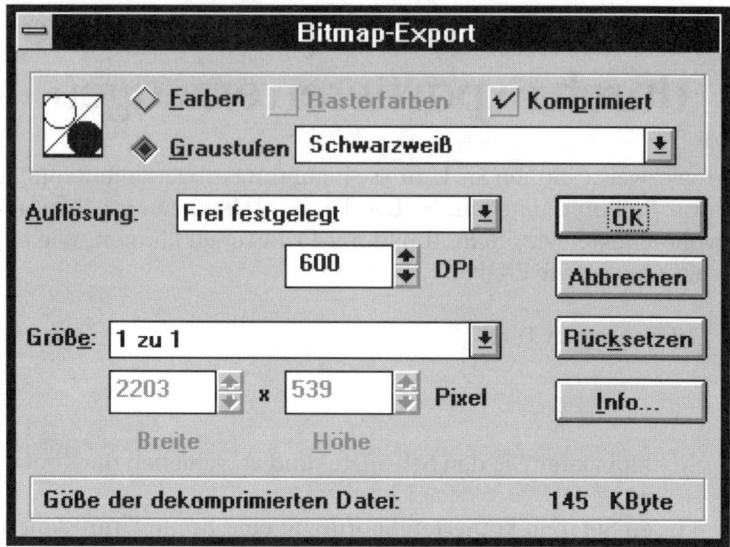

Abb. 14.11: Umriß exportieren

3. Exportieren Sie nur das markierte Objekt in das TIFF-Format mit möglichst hoher Auflösung (Abbildung 14.11).

4. Konvertieren Sie die TIFF-Datei mit CorelTRACE!. Sie erzeugen so eine Objektdatei, die nur die Umrisse des Textobjekts enthält (Abbildung 14.12).

5. Importieren Sie die konvertierte Datei in die Grafik, die das Originalobjekt mit der schmalen Umrißlinie enthält.

6. Bei der Konvertierung können sich gerade Kanten leicht verschieben. Lösen Sie das grafische Objekt daher auf, und bearbeiten Sie die Kanten mit dem Formen-Hilfsmittel (Abbildung 14.13).

7. Verschieben Sie das Originalobjekt auf den Objektumriß und richten es innerhalb des Umrisses mittig aus. Verwandeln Sie das Textobjekt in Kurven.

8. Kombinieren Sie alle Objekte nun miteinander.

9. Markieren Sie das neue Objekt, und fügen Sie einen Farbverlauf ein.

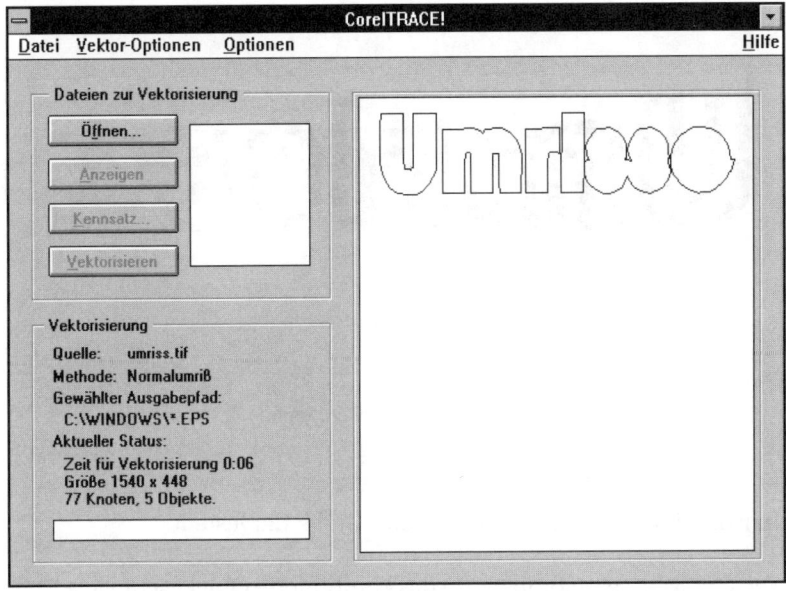

Abb. 14.12: Grafik in CorelTRACE! konvertieren

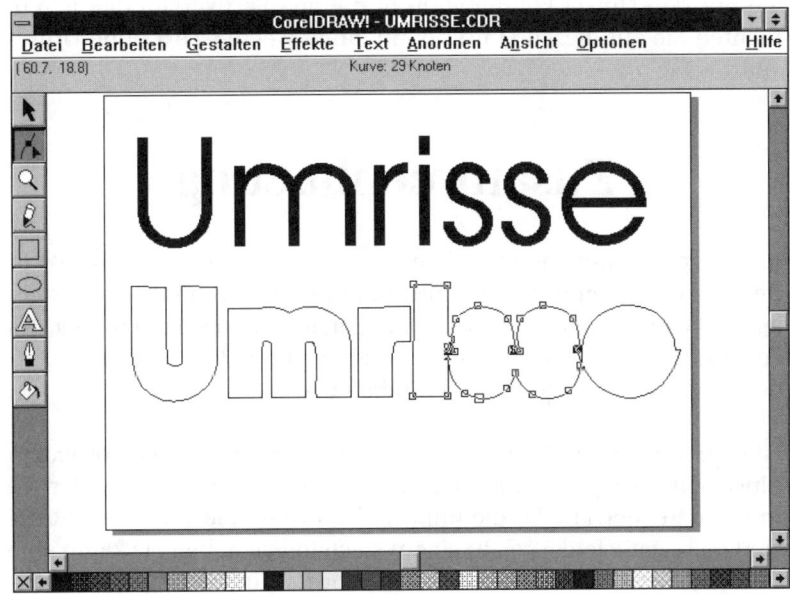

Abb. 14.13: Umrißkanten ausrichten

Abb. 14.14: Umriß-Verläufe

In Abbildung 14.14 ist die komplette Grafik dargestellt.

Die Grafik ist sehr komplex, da das kombinierte Objekt sehr viele Knoten enthält. Manche PostScript-Drucker haben mit dem Ausdruck dieser Grafik Schwierigkeiten. Sie umgehen dieses Problem, indem Sie nur den Umriß kombinieren und einen Farbverlauf definieren. Richten Sie auf diesen Umriß dann einen weißen Text ohne Umriß aus.

Zusammenfassung

In diesem Kapitel haben Sie die Möglichkeiten von CorelDRAW! in Bezug auf das Importieren und Exportieren von Grafiken kennengelernt. Die Funktionen sind sehr handzuhaben und sollten immer das gewünschte Ergebnis liefern. Treten aber einmal Probleme auf, wenden Sie sich an die Hotline von CorelDRAW!.

Ist eine Konvertierung trotz Hintergrundwissen und nach korrektem Einstellen der Optionen immer noch nicht möglich, ist entweder die Importdatei defekt oder die Import-/Exportmodule von CorelDRAW! sind nicht ganz fehlerfrei. In einem solchen Fall haben Sie kaum eine Chance, die Grafik in das gewünschte Format zu übertragen. Die meisten Programme können aber mehrere Formate verarbeiten. Verwenden Sie im Zweifelsfall dann ein Alternativformat.

Das nächste Kapitel befaßt sich mit der Konfiguration von CorelDRAW! an die anwenderspezifischen Bedürfnisse. CorelDRAW! verfügt über einige Funktionen, die die Erstellung von Grafiken sehr erleichtern können. Neben diesen Funktionen ist CorelDRAW! viel tiefgreifender über Initialisierungsdateien auf die jeweiligen Verhältnisse einstellbar. Die Konfigurierung des Programms über Initialisierungsdateien stellt daher den zweiten Themenschwerpunkt des nächsten Kapitels dar.

15

CorelDRAW!
individuell anpassen

Beim erstmaligen Start von CorelDRAW! präsentiert sich die Bedieneroberfläche mit aktivierter Statuszeile und mit der Farbpalette. Diese Anzeigemöglichkeiten stellen gleichzeitig die wichtigsten Hilfsmittel bei der Eingabe und Bearbeitung von Objekten dar. Andere Hilfsfunktionen sind bei Bedarf zuschaltbar und für spezielle Eingaben nicht weniger wichtig.

In diesem Kapitel werden die Zusatzfunktionen, die Ihnen das Arbeiten erleichtern sollen, beschrieben. Die meisten Funktionen sind einstellbar, während das Programm aktiv ist. Darüber hinaus können Sie einige Optionen in speziellen Initialisierungsdateien definieren, die beim Programmstart von CorelDRAW! automatisch ausgewertet werden. Die wichtigsten Optionen dieser Dateien werden in diesem Kapitel ebenfalls beschrieben.

Die Bedieneroberfläche einstellen

Die Bedieneroberfläche von CorelDRAW! entspricht dem Windows-Standard. Die Anordnung der Hilfsmittelpalette und die Strukturierung der Menüs ist gut gelungen. So sind auch fast alle Funktionen und Optionen zur Arbeitserleichterung im Menü ANSICHT zusammengefaßt. Abbildung 15.1 zeigt dieses Menü.

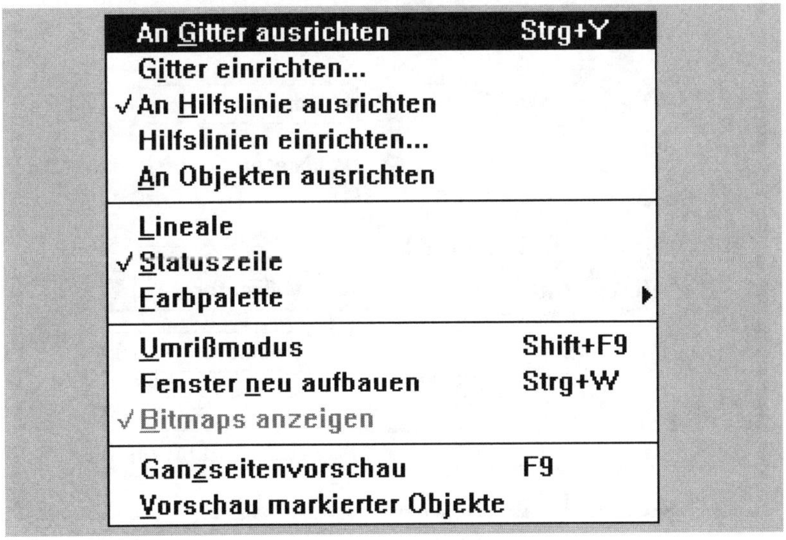

Abb. 15.1: Das Menü ANSICHT

Hilfsmittel zur Positionierung

Die exakte Eingabe von Objekten ist ohne Informationen über die Position und die Größe von Objekten unmöglich. Aber auch mit diesen Informationen ist ein effektives Arbeiten nur sehr schwer zu erreichen. Die Dialogbox AUSRICHTEN im Menü ANORDNEN bietet zwar leistungsfähige Möglichkeiten zur Ausrichtung von Objekten, aber die genaue Plazierung der Objekte bei der Eingabe erspart nicht nur zusätzliche Arbeit, sondern ist - bezogen auf die absolute Position auf der Arbeitsfläche - meist auch genauer.

Gitter und Gitterabstände

Viele Grafikprogramme bieten eine Funktion an, mit der Objekte innerhalb einer Arbeitsfläche an genau definierbaren Punkten ausgerichtet werden können. Auch CorelDRAW! bietet diese Funktion an. Sie heißt AN GITTER AUSRICHTEN, und genauso kann man sie sich auch vorstellen - als Gitter, das zur Positionierung über die Arbeitsfläche gelegt wurde.

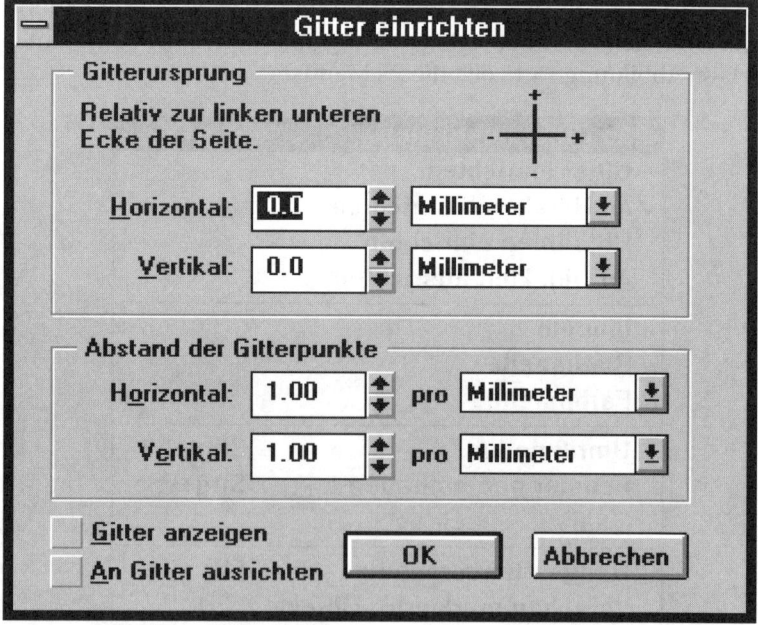

Abb. 15.2: Die Dialogbox GITTER EINRICHTEN

Sie haben nun die Möglichkeit, dieses Gitter in seiner Größe zu variieren, es darzustellen und den Ursprung zu wählen. Die wichtigste Funktion ist aber, daß Sie CorelDRAW! veranlassen können, Objekte an den Gitterlinien auszurichten. Der Vorteil ist, daß Objekte immer bündig zu einer Gitterkoordinate ausgerichtet sind.

Bevor Sie ein Positioniergitter verwenden, sollten Sie zunächst die Gitterparameter einstellen. Rufen Sie dazu im Menü ANSICHT die Option GITTER EINRICHTEN auf. CorelDRAW! öffnet daraufhin die in Abbildung 15.2 dargestellte Dialogbox.

Durch Doppelklicken auf ein Lineal können Sie die Dialogbox GITTER EINRICHTEN ebenfalls aufrufen.

In dieser Dialogbox definieren Sie, welchen Ursprung das Gitter hat und in welcher Häufigkeit die Gitterpunkte auf dem Bildschirm erscheinen. Der Ursprung des Gitters liegt in der linken, unteren Ecke des Arbeitsblattes, das in der Arbeitsfläche als Rahmen dargestellt wird. Sie können den Gitterursprung und damit auch die Darstellung der Linealskala nun verschieben, indem Sie im Feld GITTERURSPRUNG Werte für eine horizontale und vertikale Verschiebung eingeben. Wählen Sie zunächst die Maßeinheit und tragen dann die Werte ein. Das Koordinatensysten informiert Sie darüber, in welcher Richtung der Ursprung verschoben wird, wenn Sie positive oder negative Zahlen eingeben.

Den Abstand zwischen den Gitterpunkten stellen Sie im Feld ABSTAND DER GITTERPUNKTE, getrennt nach horizontalen und vertikalen Koordinaten, ein. Rechts neben den numerischen Feldern können Sie die Maßeinheit auswählen.

Durch diese Einstellungen wird das Gitter aber noch nicht am Bildschirm sichtbar. Sie machen es sichtbar, indem Sie auf die Option GITTER ANZEIGEN klicken. Sobald Sie die Einstellungen mit OK bestätigen, zeichnet CorelDRAW! ein Gitter in die Arbeitsfläche. Dieses Gitter ist nur während der Eingabe und Bearbeitung von Objekten sichtbar. Es wird nicht ausgedruckt. Für ein definiertes und sichtbares Gitter ist immer eine eigene Ebene definiert. Abbildung 15.3 zeigt die Bedieneroberfläche mit sichtbarem Gitter.

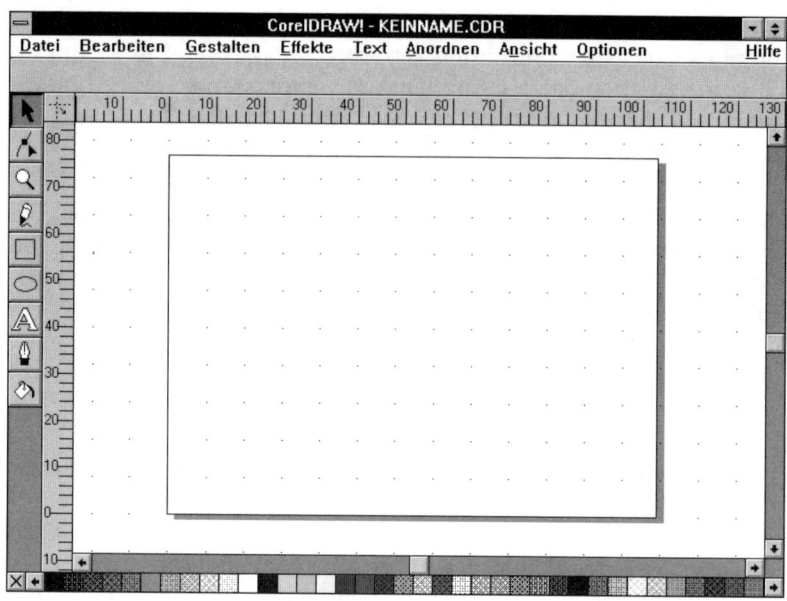

Abb. 15.3: Eingeschaltetes Gitter

Mit ⌨Strg⌨Y
schalten Sie die
Gitter-Raster-
funktion ein.

Wenn Sie nun noch die Funktion AN GITTER AUSRICHTEN im Menü AN-SICHT oder in der Dialogbox GITTER EINRICHTEN aktivieren, rasten alle einzugebenden bzw. zu verschiebenden Objekte auf einen der Gitterpunkte ein. Aktivierte Funktionen werden im Menü durch einen Haken links von der Option markiert.

Hilfslinien

Hilfslinien werden in vielen Programmen verwendet. Sie haben die gleiche Funktion wie die Schreiblinien in einem Schulheft und dienen zur exakten Einhaltung einer Linie. Hilfslinien können auf zwei verschiedene Arten eingegeben werden.

Die erste Methode ist weniger genau, dafür aber sehr effektiv. Sie aktivieren Sie die Linealdarstellung, indem Sie im Menü ANSICHT auf LI-NEALE klicken. Anschließend bewegen Sie den Cursor auf das Lineal und drücken die linke Maustaste. Bei gedrückter Maustaste ziehen Sie den Cursor in die Arbeitsfläche.

Sobald Sie die Arbeitsfläche erreicht haben, wird eine gestrichelte horizontale oder vertikale Linie dargestellt, die den Bewegung des Cursors folgt. Wenn Sie die Maustaste loslassen, wird die Hilfslinie fixiert.

Horizontale Hilfslinien definieren Sie, indem Sie das horizontale Lineal verwenden, vertikale Linien fügen Sie über das vertikale Lineal ein. Hilfslinien werden auf einer separaten Ebene angeordnet.

Die zweite Methode ist sehr genau, nimmt dafür aber etwas mehr Zeit in Anspruch. Sie verwenden die Dialogbox HILFSLINIEN, die in Abbildung 15.4 dargestellt ist.

Sie rufen diese Dialogbox auf, indem Sie im Menü ANSICHT die Option HILFSLINIEN AUSRICHTEN wählen oder auf eine Hilfslinie doppelt klicken.

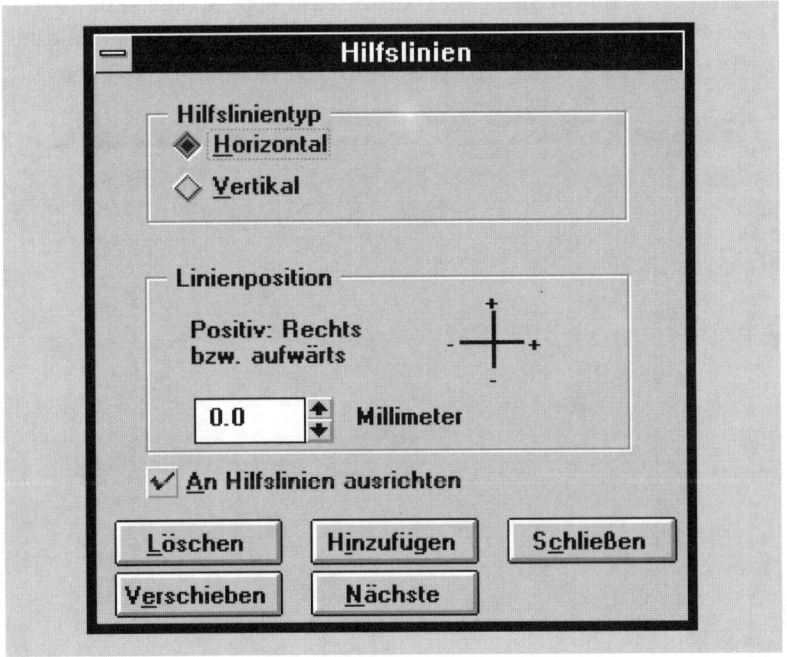

Abb. 15.4: Die Dialogbox HILFSLINIEN

In dieser Dialogbox wählen Sie im Feld HILFSLINIENTYP, ob Sie eine horizontale oder vertikale Hilfslinie eingeben wollen, und bestimmen im Bereich LINIENPOSITION den genauen Darstellungsort. Die Maßeinheit ist nicht veränderbar. Sie ist von den Einstellungen in der Dialogbox GITTER EINRICHTEN abhängig. Neben diesen Einstellungen wählen Sie, ob Sie eine Linie HINZUFÜGEN, LÖSCHEN oder VERSCHIEBEN wollen. Klicken Sie dazu einfach auf die entsprechenden Schaltflächen. Mit der Schaltfläche NÄCHSTE rufen Sie schrittweise alle Hilfslinien auf, die am aktuellen Bildschirm dargestellt werden. Der Wert im Feld LINIENPOSITION wird dann jeweils an die Position der Linie angepaßt. Bei der Verschiebung von Hilfslinien wählen Sie zunächst die Linie aus und stellen anschließend die neue Linienposition ein. Klicken Sie nun auf die Schaltfläche VERSCHIEBEN, um die Linie an die neue Position zu bewegen. Mit SCHLIESSEN verlassen Sie die Dialogbox wieder.

Sie können Hilfslinien natürlich auch in der Arbeitsfläche bewegen oder löschen. Sie bewegen eine Hilfslinie, indem Sie den Cursor auf die Linie stellen und diese bei gedrückter linker Maustaste bewegen. Bewegen Sie die Linie aus der Arbeitsfläche heraus, wird die Linie gelöscht. Abbildung 15.5 zeigt einige Hilfslinien in der Arbeitsfläche.

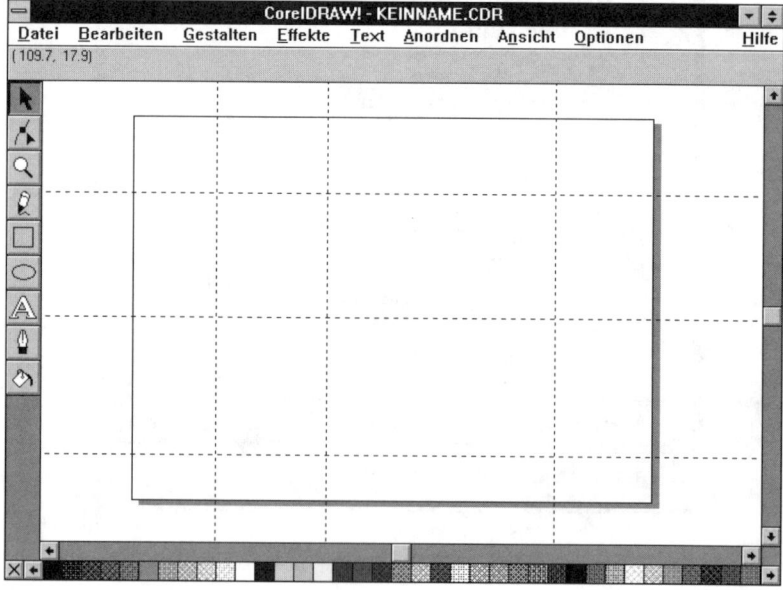

Abb. 15.5: Hilfslinien

Sobald Sie eine Hilfslinie definiert haben, werden alle Objekte daran ausgerichtet, wenn Sie diese neu eingeben oder verändern. Voraussetzung dafür ist, daß sich ein Teil des Objektumrisses in unmittelbarer Nähe der Hilfslinie befindet. Das Objekt wird dann an der Linie ausgerichtet. Sie können diese Funktion deaktivieren, wenn Sie die Hilfslinie z.B. nur als groben Anhaltspunkt verwenden wollen. Klicken Sie dazu im Menü ANSICHT oder in der Dialogbox HILFSLINIEN auf die Option AN HILFSLINIE AUSRICHTEN.

Lineale

Bei aktivierten Linealen wird die Bedieneroberfläche von CorelDRAW! durch ein horizontales und vertikales Lineal ergänzt. Innerhalb der Lineale läuft eine gestrichelte Linie mit, die die Position des Cursors anzeigt. Sie haben so immer einen direkten Anhaltspunkt, bei welcher Koordinate Sie sich gerade befinden. Sie stellen die Lineale dar, indem Sie im Menü ANSICHT auf die Option LINEALE klicken. Die Abbildung 15.6 zeigt die Bedieneroberfläche mit aktiven Linealen.

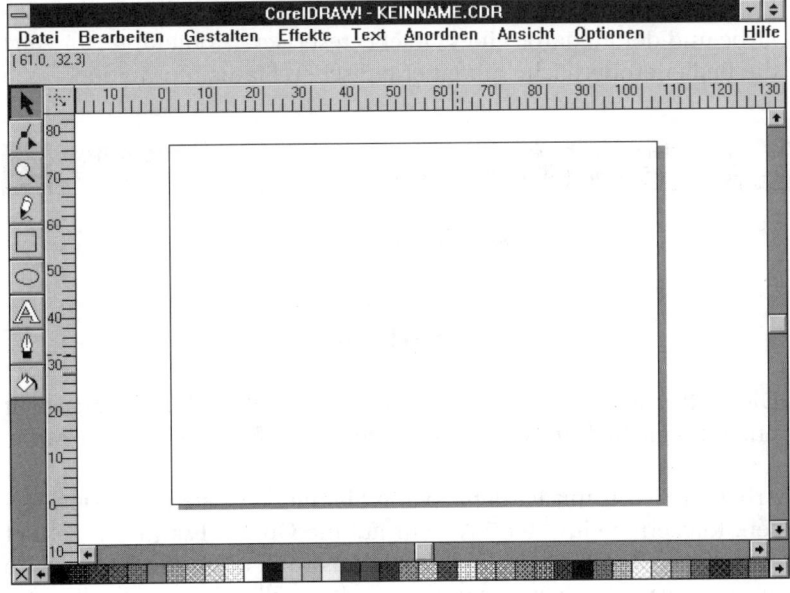

Abb. 15.6: Darstellung der Lineale

Die Linealdarstellung sollte eigentlich immer aktiviert sein. Sie ermöglicht die einfache Eingabe von Hilfslinien und Gittern. Der Lineal-Nullpunkt liegt standardmäßig am unteren linken Blattrand. Möchten Sie den Ursprung nun ändern, bewegen Sie den Cursor in den Bereich, in dem sich das horizontale und das vertikale Lineal treffen. Bei gedrückter linker Maustaste bewegen Sie den Cursor in die Arbeitsfläche. Ein Fadenkreuzcursor mit gestrichelten Linien folgt den Bewegungen des Cursors. Sobald Sie die Maustaste loslassen, definieren Sie die aktuellen Cursorkoordinaten zum Nullpunkt. Die Maßteilung der Lineale wird entsprechend aktualisiert.

Die Statuszeile

Die Statuszeile ist der wichtigste Informationsträger in CorelDRAW!. In der Statuszeile werden sämtliche objektbezogenen Daten dargestellt. Die Statuszeile zeigt im linken Bereich immer die aktuelle Cursorposition in Form eines Koordinatenpaares an. Die Koordinaten beziehen sich auf den Nullpunkt und werden in der gewählten Maßeinheit dargestellt. In der Mitte der Statuszeile werden Informationen zu Objekten oder zu gerade ausgeführten Funktionen angezeigt. Der rechte Bereich ist für die Anzeige der Umrißdicke, der Umrißfarbe und der Füllfarbe eines Objekts reserviert. Abbildung 15.7 zeigt die Bedieneroberfläche mit einer typischen Statusinformation.

Rechteck auf Ebene 1	Füllung: Schwarz
Breite: 41.1 Höhe: 25.5 Mitte: (36.1, 46.6) Millimeter	Umriß: Ohne

Abb. 15.7: Die Statuszeile

Die Farbpalette

Die Farbpalette wird im unteren Bereich des Bildschirms dargestellt und ermöglicht die direkte Eingabe der Umrißfarbe und der Füllfarbe.

 Arbeiten Sie oft mit Farben, sollten Sie die Farbpalette aktiviert lassen. Klicken Sie im Menü ANSICHT auf die Option FARBPALETTE, öffnet sich ein weiteres Menü, indem Sie auswählen, ob die Farbpalette SKALENFARBEN oder SCHMUCKFARBEN enthalten soll. Möchten Sie die Darstellung der Farbpalette unterdrücken, klicken Sie in diesem Menü auf die Option KEINE PALETTE wählen.

Ebenen

Als Ebenen bezeichnet man verschiedene Zeichenebenen, die sowohl Objekte als auch Raster, Hilfslinien und Hintergründe enthalten können. Ebenen sind vergleichbar mit Klarsichtfolien, die verschiedene Objekte enthalten. Durch Aufeinanderlegen der Folien erzeugen Sie schrittweise das vollständige Bild. Der Vorteil der Ebenentechnik ist, daß Sie die Objekte komplexer Grafiken auf mehrere Ebenen verteilen können und sich so die Gestaltung erheblich erleichtern.

Mit CorelDRAW! sind Sie in der Lage, solche Arbeitstechniken anzuwenden. Dabei entscheiden Sie über ein Rollup-Fenster, welche Ebenen angezeigt werden und welche Ebenen unsichtbar sein sollen. Sie rufen dieses Rollup-Fenster auf, indem Sie im Menü ANORDNEN auf die Option ZEICHENEBENEN klicken.

Für Gitter und Hilfslinien wird automatisch je eine eigene Ebene definiert. Andere Ebenen können durch eigene Namen bezeichnet werden. Durch die optionale Verwendung ebenenspezifischer Farben wird eine deutliche Abgrenzung von Objekten verschiedener Ebenen erzielt.

Die Verwendung von Ebenen ist in Kapitel 6 detailliert beschrieben und in einem Anwendungsbeispiel nachvollziehbar.

Bildschirm auffrischen

Bei bestimmten Grafikfunktionen - insbesondere beim Ziehen von Knoten - entstehen auf dem Bildschirm manchmal "Ziehspuren", die nicht zur Grafik gehören, sondern sich nur im Bildspeicher befinden. Mit der Option FENSTER NEU AUFBAUEN (im Menü ANSICHT) löschen Sie diese unerwünschten Spuren.

Mit Strg W *bauen Sie den Bildschirm neu auf.*

Beurteilung der Grafik - Die Seitenvorschau

Die Eingabe und Bearbeitung von Objekten, die Darstellung von Bildschirmdetails und viele andere Funktionen veranlassen Corel-DRAW! zu einem Neuaufbau des Bildschirms. Dieser Neuaufbau erfolgt bei einfachen Grafiken sehr schnell und kann bei komplexen Grafiken unerträglich lange dauern.

Im Abschnitt "Die Dialogbox Grundeinstellungen" erfahren Sie, wie Sie den Bildaufbau unterbrechen.

Die unterschiedlichen Darstellungsmodi von CorelDRAW! bringen erhebliche Zeitvorteile mit sich. Im UMRIßMODUS werden lediglich die Umrisse einer Grafik dargestellt, während im normalen Darstellungsmodus alle Attribute und Farben angezeigt werden. Ausgenommen hiervon sind die PostScript-Optionen wie Raster und Füllmuster. Die Darstellung im Umrißmodus erfolgt erheblich schneller als in jedem anderen Darstellungsmodus.

Die Eingabe und Bearbeitung von Grafiken ist sowohl im Umrißmodus als auch in der normalen Darstellung möglich. Bei komplexen Grafiken mit sich überlagernden Objekten oder bei der Kontrolle von eingestellten Optionen ist die normale Darstellung unverzichtbar. Ein großer Nachteil soll aber nicht verschwiegen werden: Werden komplexe Grafiken dargestellt, nimmt die Zeit für einen kompletten Grafikaufbau sehr viel Zeit in Anspruch, mit der Folge, daß die Arbeit selbst auf sehr schnellen Rechnern (486er-Prozessor mit 33 MHz Taktfrequenz und TIGA-Karte) sehr langsam wird. Bei komplexen Grafiken, die Sie noch überschauen können, sollten Sie daher den Umrißmodus wählen. Klicken Sie dazu im Menü ANSICHT auf die Option UMRIßMODUS.

Mit F9 aktivieren Sie die Ganzseitenvorschau.

Die GANZSEITENVORSCHAU stellt nur die Grafik ohne Bedieneroberfläche auf dem Bildschirm dar und eignet sich zur Anzeige der fertigen Grafik. Sie aktivieren die Ganzseitenvorschau, indem Sie im Menü ANSICHT auf die Option GANZSEITENVORSCHAU klicken.

Neben der Darstellung im Umrißmodus gibt es noch eine weitere Möglichkeit zur zeitlichen Optimierung der Darstellung in der Ganzseitenvorschau. Klicken Sie im Menü ANSICHT auf die Option VORSCHAU MARKIERTER OBJEKTE, werden nur die markierten Objekte angezeigt (Abbildung 15.8)

Abb. 15.8: Der Umrißmodus

Bei der Darstellung von importierten Pixelgrafiken ist der Zeitfaktor besonders zu berücksichtigen. Während kleinere Grafiken noch mit vertretbarem Zeitaufwand dargestellt werden, müssen Sie bei großen Pixelgrafiken recht lange warten, bis der Bildschirmaufbau abgeschlossen ist. Nachdem Sie die Pixelgrafik positioniert und bearbeitet haben, sollten Sie daher die Bilddarstellung unterdrücken. Mit der Option BITMAPS ANZEIGEN (im Menü ANSICHT) aktivieren oder deaktivieren Sie die Darstellung von Pixelgrafiken.

Die INI-Dateien

Die INI-Dateien von CorelDRAW! versetzen das Programm nach dem Start in einen vordefinierten Zustand. Dieser Zustand wird durch die Einstellung der Optionen und Parameter in den INI-Dateien erreicht. Manche Optionen werden durch CorelDRAW! gesetzt, wenn Sie die Bedieneroberfläche ändern, andere Optionen sind nur in den INI-Dateien einstellbar.

Linientypen verändern

Die in CorelDRAW! definierten Linientypen sind in der Praxis nicht immer anwendbar. Glücklicherweise läßt sich die Datei COREL-DRW.DOT editieren. Diese Datei enthält die Informationen über die verschiedenen Linientypen in Form von ASCII-Text. Sie dürfen bis zu 40 verschiedene Linientypen definieren.

Möchten Sie einen Linientyp hinzufügen oder einen bestehenden Typ ändern, laden Sie die Datei CORELDRW.DOT in einen Editor, der ASCII-Texte laden und vor allen Dingen speichern kann.

Die Liniendefinitionen bestehen aus Zahlenreihen. Die Syntax für die Zahlenreihen lautet:

1. Anzahl der Linienstücke (minimal 2, maximal 10)
2. Länge des 1. Linienstücks
3. Länge des Zwischenraums zwischen dem 1. und 2. Linienstück
4. Länge des n-ten Linienstücks
5. Länge des n-ten Zwischenraums

Die Angabe 4 5 5 10 2 bedeutet:

4 Elemente, 1. Linienstück 5 Pixel lang, 1. Zwischenraum 5 Pixel lang, 2. Linienstück 10 Pixel lang, 2. Zwischenraum 2 Pixel lang.

Das folgende Listing zeigt die Datei CORELDRW.DOT

```
;
;CorelDRAW LINE STYLES
;
;Format: nNumbers nDotLength,nSpaceLength...
;WHERE: nNumbers - number of digits that follow (2 - 10)
;nDotLength,nSpaceLength - length of dots and spaces, alternating
;
;For example, 2 1 5 means there are 2 elements, the first one
;being a dot (one unit wide) followed by a (five unit wide) space.
;
;You are allowed to define up to 40 different line styles
2 1 5
4 1 5 1 10
6 1 5 1 10 1 10
2 2 10
2 5 5
2 10 5
```

```
4 5 5 10 5
10 1 5 1 5 1 5 4 5 4 5
6 1 5 1 5 4 5
8 1 5 1 5 4 5 4 5
10 1 5 4 5 1 5 4 5 1 5
2 2 6
6 4 5 4 5 1 5
8 1 5 4 5 4 5 4 5
10 4 5 4 5 4 5 1 5 1 5
;                    END OF FILE
;
```

Die Datei CORELDRW.INI

Die Konfigurierung von CorelDRAW! erfolgt über die Datei COREL-
DRW.INI. Wenn Sie CorelDRAW! starten, werden die Parameter dieser Datei ausgewertet. Die INI-Datei ist sehr strukturiert aufgebaut
und besteht aus folgenden Bereichen:

CDrawConfig: Zusätzliche Parameter, Installations- und
                        Konfigurationsverzeichnisse

CorelDrivers: Angabe der PostScript-Druckertreiber

Mosaic: Pfadangabe für den Betrieb des visuellen
                        Dateimanagers

CDrawImportFilters: Auflistung aller Importfilter

CDrawExportFilters: Auflistung aller Exportfilter

CorelDrwFonts: Auflistung der mit CorelDRAW! 3.0 mit-
                        gelieferten Schriften

CorelDrwSymbols: Angabe der Symbolbibliotheken

PSResidentFonts: Kreuzverweisliste zwischen CorelDRAW!-
                        Schriften und Adobe Type 1-Fonts

CorelDrw20FontMap: Kreuzverweisliste zwischen CorelDRAW!
                        2.0 und 3.0-Schriften

CorelHPGLPen: Zuweisung der Stifte für den Export in das
                       HPGL-Format

CorelHPGLColors: Zuweisung der Farben für den HPGL-Ex-
                       port

Weitere Abschnitte beziehen sich auf spezielle Exportfilter, CYMS-
Winkel und CYMS-Frequenzen. In den folgenden Abschnitten werden die wichtigsten Parameter und Bereiche eingehender behandelt.

CORELDRW.INI - Parameter und Verzeichnisse

 Einige Befehlszeilen in der Datei CORELDRW.INI können nachträglich angepaßt werden. Eine ausführliche Beschreibung der Einstellmöglichkeiten in der Datei CORELDRW.INI finden Sie im Hilfesystem
im Bereich REFERENZ unter der Rubrik SOFTWARE-SPEZIFISCHE INFORMATIO-
NEN. An dieser Stelle werden nur einige wichtige Befehlszeilen vorgestellt, die wahrscheinlich von vielen Anwendern verändert werden.

Die Angabe der Verzeichnisse ist insbesondere dann interessant,
wenn Sie CorelDRAW! von einer Optical-Disk (WORM) laden oder in
einem Netzwerk verwenden wollen. Bestimmte Dateien von
CorelDRAW! werden fast bei jedem Aufruf oder jeder Konfigurations-
änderung geändert. Auf schreibgeschützten oder nur einmal be-
schreibbaren Laufwerken können Sie solche Dateien deswegen nicht
speichern. Aus diesem Grund können Sie für diese Dateien ein eigenes Verzeichnis angeben (ConfigDir).

Parameter	Funktion
AutoBackupDir:	Verzeichnis, in dem die automa-tisch angelegten Sicherungsdateien gespeichert werden. Die Wieder-herstellung von Dateien nach Stromausfall oder Rechnerabsturz erreichen Sie, indem Sie die Datei mit der Dateinamenerweiterung .BAK in eine .CDR-Datei umwan-deln.

Parameter	Funktion
AutoBackupMins:	CorelDRAW! speichert die aktuelle Grafik in regelmäßigen Zeitabständen automatisch. In der Zeile AutoBackup-Mins wird die Zeit zwischen zwei automatischen Speichervorgängen in Minuten im Intervall zwischen 1 bis 99 angegeben. Die Eingabe 0 (null) schaltet die automatische Sicherung aus.
BigToolbox:	Je nach Monitorgröße wirken die Schaltflächen der Hilfsmittelpalette zu klein. Tragen Sie den Parameter 1 ein, wird die Hilfsmittelpalette größer dargestellt. Standardparameter ist 0.
BigPalette:	Je nach Monitorgröße wirken die Schaltflächen der Farbpalette zu klein. Tragen Sie den Parameter 1 ein, wird die Farbpalette größer dargestellt. Standardparameter ist 0.
MakeBackupWhenSave:	Erzeugt automatisch eine Sicherungsdatei mit der Dateinamenserweiterung .BAK, wenn Sie eine Datei speichern. Geben Sie den Parameter "1" ein, wird die Sicherungsdatei automatisch angelegt.
PSBitmapFontLimit:	Nur für PostScript-Drucker. Ersetzt eine Schrift durch eine Bitmap-Schrift, falls bestimmte Kriterien erfüllt sind. Verbessert die Darstellung kleiner Schriften.

Option	Funktion
ShowObjectsWhen Moving:	Mit dem Parameter "1" legen Sie fest, daß der Umriß eines Objekts im Umrißmodus bei einer Verschiebung nach einer definierbaren Zeit angezeigt wird, um die Position besser kontrollieren zu können. Die Zeitdauer bis zur Darstellung des Umrisses legen Sie mit dem Parameter DelayToDrawWhileMoving fest.
SpellLanguage:	Legt die Sprache der Rechtschreibung fest.
WarnBadOrientation:	Warnt vor falscher Seitenorientierung bei Differenzen zwischen der Seiteneinstellung und den Druckparametern.

CorelDRAW! 2.x- und eigene Schriften verwenden

Auch in den 2.x-Versionen von CorelDRAW! hatten Sie bereits die Möglichkeit, eigene Schriften und Symboldateien zu gestalten. Diese Dateien wurden, wie auch alle anderen Schriften, im CorelDRAW!-spezifischen WFN-Format gespeichert. Möchten Sie auf diese Schriften nicht verzichten, tragen Sie die entsprechende Zeile der Datei CORELDRW.INI (Version 2.x) im Bereich [CorelDrwFonts] ein. Darüber hinaus müssen Sie eine Befehlszeile im Abschnitt [CorelDrw20FontMap] eingeben. Die Syntax lautet:

```
wfndateiname.wfn=schriftname durchschnittsbreite
```

Den WFN-Dateinamen und den Schriftnamen können Sie sofort eingeben. Die Durchschnittsbreite ermitteln Sie, indem Sie das Programm WFNSPACE zusammen mit dem WFN-Dateinamen aufrufen. Tragen Sie das Resultat in die oben angeführte Befehlszeile ein.

Möchten Sie eine der bei der Version 2.x mitgelieferten Schriften weiterverwenden, entfernen Sie einfach das Semikolon vor dem entsprechenden Eintrag im Bereich [CorelDrwFonts].

Der Bereich [CorelDrw20FontMap] enthält eine Kreuzverweisliste zwischen Schriften der Version 2.x und der Version 3.0. Text aus Grafikdateien der Version 2.x wird so in die entsprechende Schrift der Version 3.0 umgesetzt.

Die Laufweiten der Schriften sind nicht immer identisch. Sie sollten Grafiken der Version 2.x daher genau kontrollieren, um Probleme und Veränderungen auszuschließen.

Symboldateien liegen auch in CorelDRAW! 3.0 im WFN-Format vor. Die verwendbaren Symboldateien sind im Bereich [CorelDrw-Symbols] aufgelistet. Die Verwendung eigener Symboldateien ist daher besonders einfach. Sie müssen nur den entsprechenden Eintrag im Bereich [CorelDrwSymbols] vornehmen. Die Syntax lautet:

Bibliotheksname (aus CorelDRAW!)=dateiname.wfn

Residente Fonts angeben

Bei der Ausgabe von Texten auf einem Drucker überprüft CorelDRAW! in der Datei CORELDRW.INI im Abschnitt [PSResidentFonts], welche Fonts in Kurven konvertiert werden müssen und welche Texte es direkt an den Drucker senden kann, weil dieser die Fonts bereits eingebaut oder geladen hat.

Es ist einzusehen, daß die Konvertierung von Fonts einige Zeit in Anspruch nimmt. Enthält Ihre Grafik viele Texte, sollten Sie CorelDRAW! unbedingt mitteilen, welche Fonts Ihr Drucker beherrscht. Die Druckzeiten werden bei Verwendung residenter Fonts drastisch verkürzt.

Die Fontliste ist folgendermaßen aufgebaut:

| Fontname | Der Fontname ist CorelDRAW!-spezifisch und kann bei Bedarf durch den international üblichen Namen ersetzt werden (siehe auch Anhang D). |

Dateiname	Hinter dem Gleichheitszeichen folgt der Adobe-Dateiname.
Fontcode	Der Fontcode hinter dem Dateinamen bestimmt, ob der Font im Drucker vorhanden ist oder ob die Schrift in Kurven konvertiert werden muß. Eine 0 bedeutet, daß die Schrift nicht resident ist, eine 1 bedeutet, daß die Schrift in allen PostScript-Druckern zur Verfügung steht. Eine 3 steht für Schriften, die nur in erweiterten PostScript-Druckern mit 35 Schriftarten resident sind.

Laden Sie nun noch Softfonts in den Drucker, können Sie CorelDRAW! so anpassen, daß es die Softfonts und die residenten Schriften verwendet.

Das folgende Listing zeigt eine Beispieldatei für PostScript-Drucker, bei der alle residenten Fonts markiert wurden.

```
[PSResidentFonts]
Avalon=15 avalon.wfn 3
Aardvark=2 aardvark.wfn 0
Arabia=1 ARABIA.WFN 0
Bahamas=3 BAHAMAS.WFN 0
Bahamas_Heavy=1 BAHAMAHY.WFN 0
Bahamas_Light=1 BAHAMALT.WFN 0
Banff=1 banff.wfn 0
Bangkok=3 bangkok.wfn 0
Bodnoff=1 bodnoff.wfn 0
Brooklyn=15 brooklyn.wfn 3
Casablanca=15 casablca.wfn 0
CasperOpenFace=1 casperof.wfn 0
Centurion_Old=7 centold.wfn 0
Cottage=1 cottage.wfn 0
Cupertino=5 cuprtino.wfn 0
Dawn_Castle=3 CASTLE.WFN 0
Dixieland=1 dixiland.wfn 3
Erie=3 ERIE.WFN 0
Erie_Black=3 ERIEBLAK.WFN 0
Erie_Light=3 ERIELITE.WFN 0
France=3 france.wfn 0
Frankenstein=1 Frankstn.WFN 0
Frankfurt_Gothic=15 frankgo.wfn 0
Frankfurt_Goth_Hvy=5 frankgoh.wfn 0
Freeport=1 freeport.wfn 0
Fujiyama=15 fuji.wfn 0
```

```
Fujiyama_ExtraBold=5 fujibold.wfn 0
Fujiyama_Light=5 fujilite.wfn 0
Fujiyama2=5 fuji2.wfn 0
Gatineau=15 gatineau.wfn 0
Geographic_Symbols=1 geograph.wfn 0
Greek/Math_Symbols=1 symbols.wfn 1
Homeward_Bound=1 homeward.wfn 0
Ireland=1 ireland.wfn 0
Jupiter=1 jupiter.wfn 0
Koala=3 koala.wfn 0
Lincoln=1 Lincoln.WFN 0
Linus=1 LINUS.WFN 0
Memorandum=3 memorand.wfn 0
Monospaced=15 monspace.wfn 0
Motor=1 motor.wfn 0
Musical_Symbols=1 musical.wfn 0
Mystical=1 mystical.wfn 0
Nebraska=15 nebraska.wfn 0
NewBrunswick=15 brunswik.wfn 3
Ottawa=15 ottawa.wfn 0
PalmSprings=15 palmsprn.wfn 3
Paradise=1 paradise.wfn 0
Paragon=1 paragon.wfn 0
Penguin=3 penguin.wfn 0
Penguin-Light=1 PENGLT.WFN 0
Posse=1 posse.wfn 0
President=1 PRESDENT.WFN 0
Prose_Antique=3 ANTIQUE.WFN 0
Renfrew=1 renfrew.wfn 0
Southern=15 southern.wfn 0
Stamp=1 stamp.wfn 0
Switzerland=15 swz.wfn 1
Switzerland-Black=5 swzblack.wfn 0
Switzerland-Light=5 swzlight.wfn 0
Switzerland-Narrow=15 swznarrw.wfn 3
Switzerland_Cond=15 SWZCOND.WFN 0
Switz_Cond_Black=5 SWZCONBK.WFN 0
Switz_Cond_Light=5 SWZCONLT.WFN 0
SwitzerlandInserat=1 SWZINSRT.WFN 0
Technical=5 techncal.wfn 0
Timpani=15 timpani.wfn 0
Timpani_Heavy=5 timpanih.wfn 0
Toronto=15 toronto.wfn 1
Umbrella=1 umbrella.wfn 0
Unicorn=1 unicorn.wfn 0
USA-Black=5 usablack.wfn 0
USA-Light=5 usalight.wfn 0
Vogue=3 vogue.wfn 0
ZurichCalligraphic=4 zurich.wfn 3
```

Die Datei WIN.INI

Auch die Windows-Initialisierungsdatei wird durch CorelDRAW! verändert. Diese Ergänzungen betreffen die Pfade zu den einzelnen Programmen des Programmpaketes. Normalerweise ist es nicht nötig, die Pfade zu ändern. Sollte es aber dennoch erforderlich sein, laden Sie die Datei WIN.INI in einen ASCII-Text-Editor und suchen nach dem Abschnitt [CorelDraw3]. Anschließend können Sie die Verzeichniseinträge für jedes Programm des Programmpakets Corel-DRAW! anpassen.

Die Dialogbox
GRUNDEINSTELLUNGEN

Mit Strg F2 *rufen sie die Dialogbox Grundein-stellungen auf*

Die Dialogbox GRUNDEINSTELLUNGEN erlaubt die Konfiguration bestimmter CorelDRAW!-Funktionen, während das Programm aktiv ist. Sie aktivieren die Dialogbox, indem Sie im Menü OPTIONEN auf den Menüpunkt GRUNDEINSTELLUNGEN klicken. Die Abbildung 15.9 zeigt die Dialogbox GRUNDEINSTELLUNGEN.

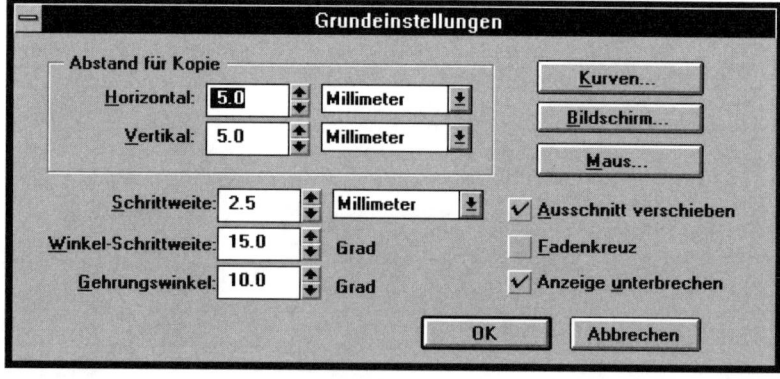

Abb. 15.9: Die Dialogbox GRUNDEINSTELLUNGEN

Die Optionen haben folgende Bedeutung:

ABSTAND FÜR KOPIE:
Die horizontalen und vertikalen Werte bestimmen die Verschiebung eines Objekts, wenn Sie es mit der Option BEARBEITEN DUPLIZIEREN vervielfachen.

SCHRITTWEITE:
Markierte Objekte können auch mit den Cursortasten der Tastatur verschoben werden. Mit dieser Option stellen Sie die Längeneinheit ein, um die das Objekt durch einmaliges Drücken einer Cursor-taste verschoben wird.

WINKEL-SCHRITTWEITE:
Einstellung der Winkelschritte für die S-Taste in Verbindung mit einigen Funktionen.

GEHRUNGSWINKEL:
Mit dieser Option bestimmen Sie den minimalen Winkel einer Ecke. Geben Sie einen kleineren Winkel ein, wird die Ecke abgeschrägt.

AUSSCHNITT VERSCHIEBEN:
Für die Eingabe von Grafiken ist das Arbeitsblatt in der Arbeitsfläche der zentrale Bereich. Trotzdem kommt es gelegentlich vor, daß Objekte über dieses Arbeitsblatt hinaus gezeichnet werden müssen. Sie werden dann zwar weder in der Ganzseitenvorschau dargestellt noch über das Ausgabemedium ausgedruckt, ermöglichen aber meistens erst bestimmte Effekte, wie beispielsweise die Gestaltung einer komplizierten Hintergrundgrafik. Mit der Option AUSSCHNITT VERSCHIEBEN können Sie solche Objekte nun relativ leicht eingeben. Sobald Sie die Grenze des sichtbaren Bildschirmausschnitts erreichen, wird der Bereich verschoben. Der sichtbare Ausschnitt der Arbeitsfläche ist damit nicht mehr nur auf das Arbeitsblatt bezogen, sondern kann sich an völlig anderer Stelle befinden. Diese Option ist weiterhin sinnvoll, wenn Sie Ausschnitte in der vergrößerten Darstellung einer Grafik verschieben wollen.

FADENKREUZ:
Der Pfeilcursor wird durch einen Fadenkreuzcursor ersetzt.

ANZEIGE UNTERBRECHEN:
Der Bildschirmaufbau einer Grafik kann unterbrochen werden. Diese Option ist besonders dann sinnvoll, wenn Sie mit sehr komplexen Grafiken arbeiten, deren Darstellung viel Zeit in Anspruch nimmt. Drücken Sie z.B. eine Funktionstaste oder klicken mit der Maus auf ein Menü oder in der Hilfsmittelpalette, wird die Anzeige unterbrochen. Sie können nun eine Funktion ausführen.

Die Schaltflächen KURVEN, BILDSCHIRM und MAUS verzweigen zu weiteren Untermenüs, deren Optionen in den nachfolgenden Abschnitten beschrieben werden.

Die Dialogbox GRUNDEINSTELLUNGEN - KURVEN

Klicken Sie in der Dialogbox GRUNDEINSTELLUNGEN auf die Schaltfläche KURVEN, erscheint die Dialogbox GRUNDEINSTELLUNGEN - KURVEN, in der Sie die folgenden Optionen einstellen können:

FREIHAND-TRACKING:
Bestimmt die Kurventreue bei der Berechnung der Kurven nach der Eingabe im Freihand-Zeichenmodus. Bei kleinen Werten wird jede kleine Bewegung der Maus in eine Kurve umgesetzt, bei großen Werten wird der Kurvenverlauf durch wesentlich weniger Knoten angenähert.

AUTOTRACE-TRACKING:
Wie Freihand-Tracking, aber bezogen auf die Umsetzung von Pixelkurven in Objektkurven.

ECKENGRENZWERT:
Bestimmt, ob eine Ecke ein spitzer oder ein glatter Knoten ist. Bei kleinen Werten werden häufiger spitze Knoten erzeugt.

GERADENGRENZWERT:
Definiert den Schwellwert, ob ein Segment ein Kurve oder eine Linie ist. Bei großen Werten (7-10) werden überwiegend Linien erzeugt.

AUTOJOIN:
Gibt die maximale Ablage von einem Knoten in Pixeln an, bis zu der der existierende Knoten und die neue Kurve verbunden werden. Abbildung 15.10 zeigt die Dialogbox GRUNDEINSTELLUNGEN - KURVEN.

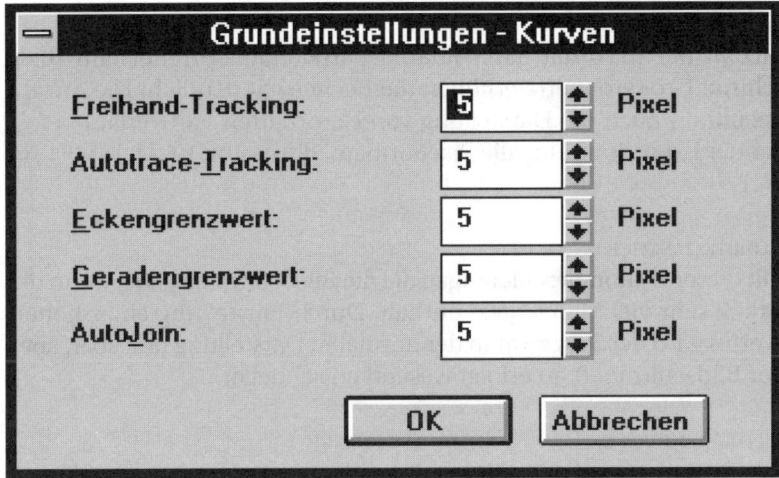

Abb. 15.10: Die Dialogbox GRUNDEINSTELLUNGEN - KURVEN

Die Dialogbox GRUNDEINSTELLUNGEN - BILDSCHIRM

In dieser Dialogbox bestimmen Sie u.a. die Zahl der Farbverlaufs-streifen und die Darstellung der Bildschirmfarben. In Abbildung 15.11 ist die Dialogbox GRUNDEINSTELLUNGEN BILDSCHIRM dargestellt.

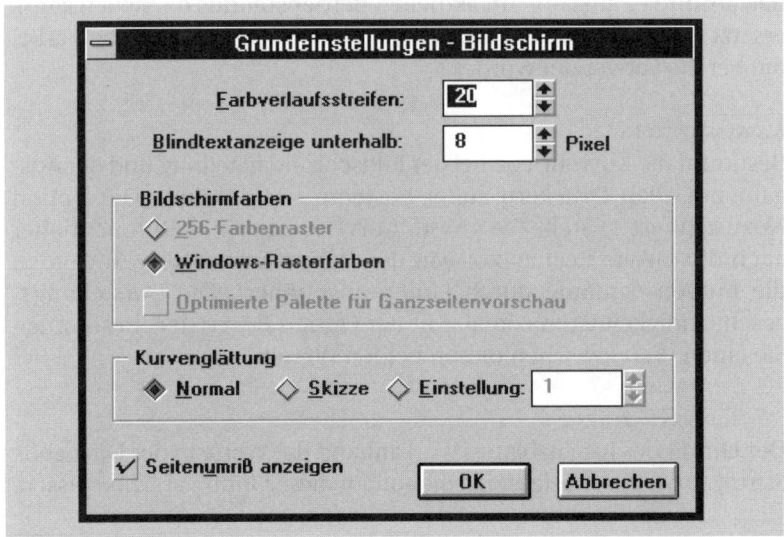

Abb. 15.11: Die Dialogbox GRUNDEINSTELLUNGEN-BILDSCHIRM

FARBVERLAUFSSTREIFEN:

Anzahl der maximal darstellbaren Farbverlaufs-Streifen am Bildschirm. Größere Werte erhöhen die Rechenzeit deutlich. Die Anzahl beeinflußt auch die Darstellung von exportierten Farbverläufen folgender Exportformate: Alle Pixelformate, Illustrator, CGM, WMF und PCT.

BLINDTEXTANZEIGE UNTERHALB:

Mit dieser Option beschleunigen Sie die Bildschirmausgabe, wenn die Grafik sehr viel Mengentext enthält. Durch Einstellung eines hohen Wertes wird der Text zwar in der normalen Darstellung unlesbar, aber der Bildschirmaufbau erfolgt wesentlich schneller.

BILDSCHIRMFARBEN:

Alle Optionen sind nur dann verwendbar, wenn Monitor, Grafikkarte und Windows-Bildschirmtreiber 256 Farben auf dem Bildschirm darstellen können. Ansonsten werden nur Rasterfarben dargestellt. WINDOWS-RASTERFARBEN bestehen aus einer Matrix verschiedener Farben, die gemeinsam betrachtet eine weitere Farbe ergeben. Dies ist allerdings nur eine grobe Annäherung. Im Modus 256-FARBENRASTER kann der Monitor pro Bildpunkt bis zu 256 Farben darstellen. Die Anzeige entspricht in weiten Teilen dem Druckergebnis. Mit der Option OPTIMIERTE PALETTE FÜR GANZSEITENVORSCHAU werden ausschließlich reine Farben in der Vorschau dargestellt. Haben Sie mehr Farben verwendet, als Ihre Grafikkarte im aktuellen Betriebsmodus darstellen kann, ersetzt CorelDRAW! die Farbe durch eine möglichst ähnliche Farbe, die bereits verwendet wurde.

KURVENGLÄTTUNG:

Bestimmt die Kurventreue bei der Bildschirmdarstellung und der Ausgabe auf allen Druckern außer PostScript-Maschinen. Die Option NORMAL (Wert 1) stellt die größte Kurventreue ein, verbraucht aber auch die meiste Rechenzeit. Mit der Option SKIZZE (Wert 5) werden die Kurvensegmente durch Linien angenähert. Die Darstellungsgeschwindigkeit ist maximal. Mit der Option EINSTELLUNG bestimmen Sie einen Wert zwischen diesen beiden Werten.

SEITENUMRISS ANZEIGEN:

Der Umriß des Arbeitsblattes wird anhand der Werte in der Dialogbox SEITENEINSTELLUNGEN angezeigt. Sie sollten diese Option aktiviert lassen.

Die Dialogbox GRUNDEINSTELLUNGEN - MAUS

In dieser Dialogbox legen Sie die Funktion der rechten Maustaste fest. Empfehlenswert ist die Funktion 2FACH ZOOM. Durch Klicken mit der rechten Maustaste wird der Bereich zweifach vergrößert. Durch Doppelklicken wird der Bereich um den gleichen Wert verkleinern. Abbildung 15.12 zeigt die Dialogbox GRUNDEINSTELLUNGEN - MAUS.

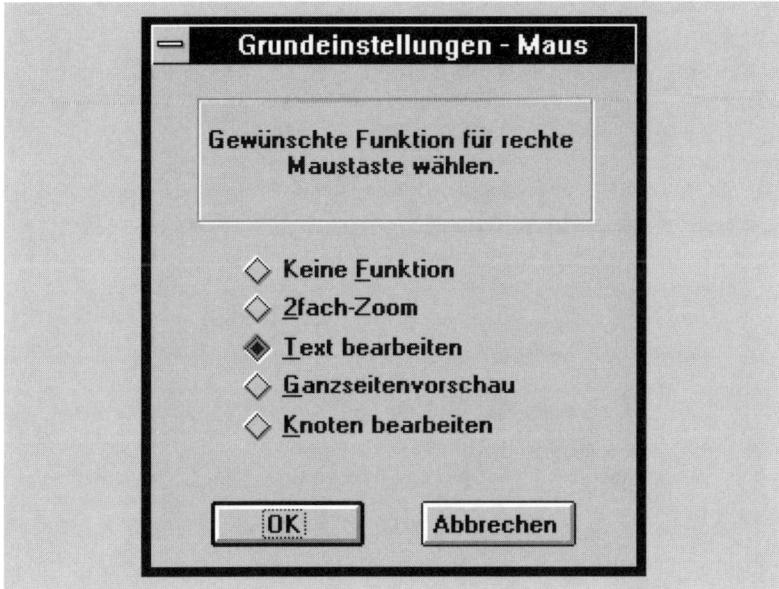

Abb. 15.12: Die Dialogbox GRUNDEINSTELLUNGEN - MAUS

Zusammenfassung

Dieses Kapitel befaßte sich mit der Konfiguration von CorelDRAW!. Sie haben gelernt, wie Sie CorelDRAW! an die jeweiligen Erfordernisse anpassen, indem Sie die Funktionen zur Arbeitserleichterung einstellen und die Parameter in den Initialisierungsdateien verändern. Die Verwaltung von umfangreichen Grafik-Sammlungen in Verzeichnissen oder in Bibliotheken ist mit dem Datei-Manager von Windows nicht einfach. Im nächsten Kapitel wird daher CorelMOSAIC! beschrieben, das Ihnen die Auswahl von Grafiken in visueller Form und das Anlegen von komprimierten Grafikbibliotheken ermöglicht.

16

CorelMOSAIC! -
Der Grafik-Manager

Die Verwaltung umfangreicher Grafikbibliotheken stellt für viele Anwender ein Problem dar. Wer nimmt sich schon die Zeit, Grafiken nach Themenbereich oder nach Kunden getrennt abzuspeichern und diese Organisation auch strikt einzuhalten.

Mit dem Programm CorelMOSAIC! wird die Verwaltung von Grafikbibliotheken wesentlich erleichtert. Es ist in der Lage, alle Grafikdateien eines Verzeichnisses in Form grober Umrisse auf dem Bildschirm darzustellen, Grafiken in Archiven zu komprimieren und einzelne Grafiken aus Archiven zu expandieren.

CorelMOSAIC! starten

CorelMOSAIC! ist alleine lauffähig, kann jedoch auch von CorelDRAW! aus aufgerufen werden. Möchten Sie CorelMOSAIC! "stand-alone" verwenden, klicken Sie im Programm-Manager von Windows in der Programmgruppe CorelDRAW! 3.0 auf das Sinnbild für das Programm CorelMOSAIC!. CorelMOSAIC! meldet sich daraufhin mit der in Abbildung 16.1 dargestellten Bedieneroberfläche.

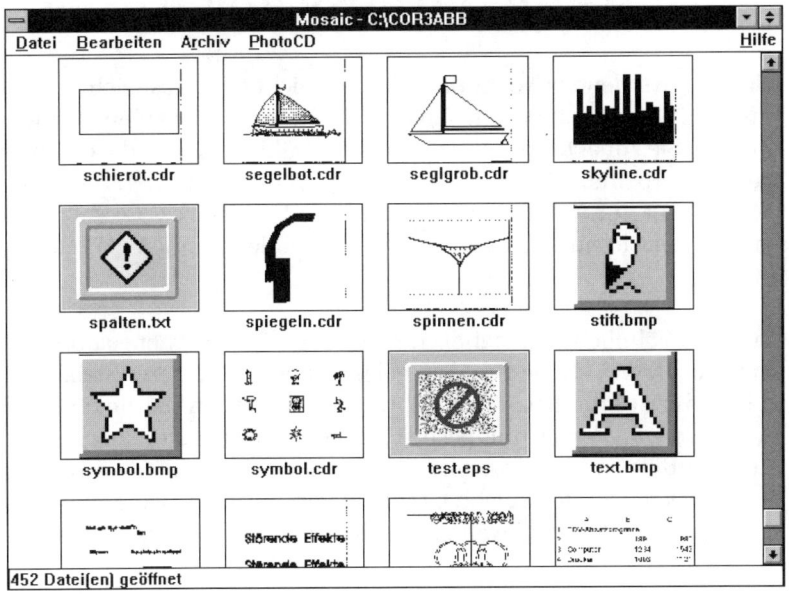

Abb. 16.1: Die Bedieneroberfläche von Mosaic

Die Menüleiste enthält vier Menüpunkte, hinter denen sich weitere Untermenüs verbergen. Die Optionen dieser Menüs werden in den nachfolgenden Abschnitten beschrieben. Wie Sie in Abbildung 16.1 sehen, stellt CorelMOSAIC! alle Grafiken eines Verzeichnisses übersichtlich am Bildschirm dar. Passen nicht alle Grafiken auf den Bildschirm, können Sie den Bildschirmausschnitt mit den Rollpfeilen verschieben.

CorelMOSAIC! unter CorelDRAW! starten

Starten Sie CorelMOSAIC! unter CorelDRAW!, erscheint prinzipiell die gleiche Bedieneroberfläche. Die Menüleiste ist aber um den Menüpunkt ABBRECHEN! ergänzt, über den Sie CorelMOSAIC! verlassen und zur CorelDRAW!-Bedieneroberfläche zurückkehren. Um CorelMOSAIC! in CorelDRAW! zu starten, wählen Sie über DATEI ÖFFNEN und die Schaltflächen OPTIONEN und MOSAIK den visuellen Datei-Manager auf. Zudem können Sie im Dialogfenster IMPORT (DATEI IMPORTIEREN) CorelMOSAIC! über die Schaltfläche MOSAIC ausführen.

Grafiken auswählen

Grafiken werden entweder direkt in Verzeichnissen gespeichert oder in Archivdateien abgelegt. Bevor Sie Grafiken auswählen können, müssen Sie zunächst das Verzeichnis auswählen, in dem die Grafiken gespeichert sind. Wählen Sie dazu die Option VERZEICHNIS ÖFFNEN im Menü DATEI aus. CorelMOSAIC! öffnet die Dialogbox VERZEICHNIS ÖFFNEN, in der Sie nun das Verzeichnis auswählen können (Abbildung 16.2).

Sie haben ähnliche Dialogboxen schon mehrfach kennengelernt, z.B. in CorelDRAW!, als Sie Grafiken geladen haben. An dieser Stelle wird daher nur auf die Besonderheiten eingegangen. In der linken Liste werden die im Verzeichnis gespeicherten Grafiken angezeigt. Sie können allerdings nur das Verzeichnis auswählen. Im Feld AUFZULISTENDER DATEITYP wählen Sie, welche Grafikdateien angezeigt werden sollen. Für eine erste Auswahl wählen Sie die Option ALLE DATEIEN oder ALLE BILDDATEIEN.

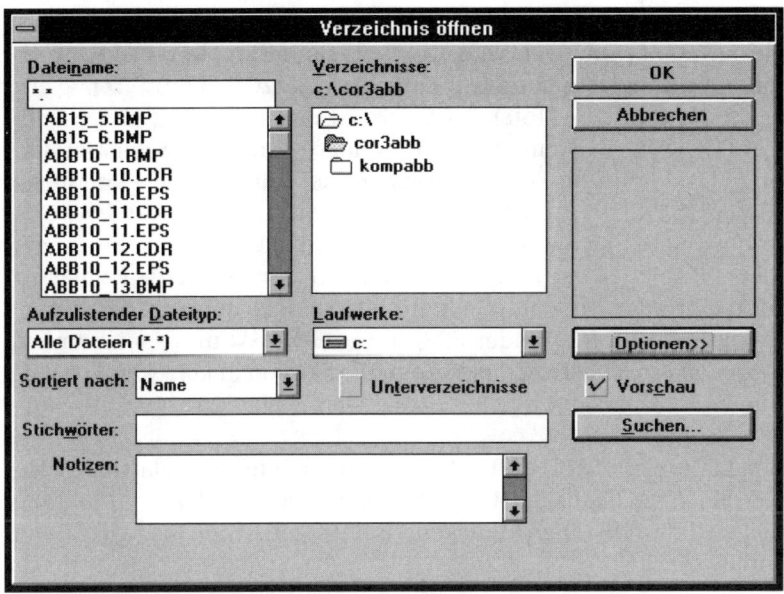

Abb. 16.2: Die Dialogbox VERZEICHNIS ÖFFNEN

Klicken Sie auf die Schaltfläche OPTIONEN, wird die Dialogbox um einige Optionen und Informationsfelder erweitert. In den Feldern STICH-WÖRTER und NOTIZEN werden die Eintragungen zu einer Grafik angezeigt. Möchten Sie nach diesen Angaben eine Grafik lokalisieren, klicken Sie auf die Schaltfläche SUCHEN und tragen die Stichwörter ein. Aktivieren Sie die Option VORSCHAU, wird die markierte Grafik im Vorschau-Fenster angezeigt.

Die Option UNTERVERZEICHNISSE erleichtert Ihnen in einigen Fällen die Suche nach einer Grafik. Haben Sie die Option aktiviert, werden alle Unterverzeichnisse des aktiven Verzeichnisses ebenfalls nach Grafikdateien untersucht. Diese Dateien werden anschließend auch in der Übersicht angezeigt. Sie müssen also nicht alle Verzeichnisse durchsuchen, wenn Sie eine bestimmte Grafik benötigen.

Im praktischen Einsatz ist diese Option allerdings nur dann sinnvoll, wenn die Verzeichnisse nur wenige Grafikdateien enthalten. In allen anderen Fällen wird die Darstellung sehr unübersichtlich.

Haben Sie alle Optionen eingestellt und das Verzeichnis ausgewählt, klicken Sie auf OK. CorelMOSAIC! stellt daraufhin alle Grafiken in einer Übersicht dar. Die groben Umrisse - Skizze genannt - repräsentieren die Grafiken. Unter der Skizze ist der Dateiname dargestellt. CorelMOSAIC! verwendet zwei besondere Symbole in der Darstellung. Das Achtung-Zeichen wird immer dann angezeigt, wenn CorelMOSAIC! ein unbekanntes Grafikformat detektiert hat. Das Verbotszeichen signalisiert eine CorelDRAW!-Datei älterer Versionen, die noch keine Skizze enthalten. Auch EPS-Dateien werden zunächst mit diesem Symbol dargestellt. Abhilfe ist aber möglich. Sie importieren die Datei (CDR oder EPS) in CorelDRAW! und speichern sie wieder ab. Anschließend erscheinen die Skizzen in korrekter Darstellung in der Übersicht.

Sobald CorelMOSAIC! die Grafiken auf dem Bildschirm darstellt, können Sie eine Grafik auswählen, indem Sie auf deren Abbildung klicken. Durch Doppelklicken übertragen Sie die Grafik in CorelDRAW!.

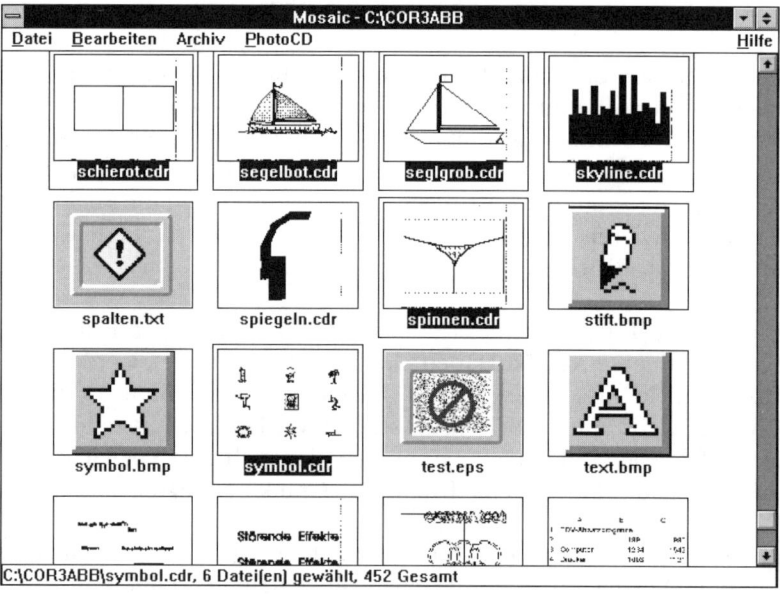

Abb. 16.3: Grafiken auswählen

Möchten Sie mehrere, zusammenhängende Grafiken markieren, um sie beispielsweise im Stapelbetrieb auszudrucken, klicken Sie mit gedrückter ⇧-Taste auf die erste und die letzte Grafik des zusammenhängenden Bereichs. Bei nicht zusammenhängenden Grafiken drücken Sie die Strg-Taste. Sie können so mehrere einzelne Dateien gleichzeitig markieren.

Möchten Sie alle Dateien markieren, klicken Sie im Menü BEARBEITEN auf die Option ALLE AUSWÄHLEN. Mit ALLE ABWÄHLEN wird die Markierung für alle Dateien zurückgenommen. Die Dateinamen der ausgewählten Grafiken werden invertiert dargestellt (Abbildung 16.3).

Der Stapelbetrieb

Der Stapelbetrieb ermöglicht die Bearbeitung der markierten Dateien in einem Arbeitsgang. Markieren Sie einfach die betreffenden Dateien, und führen Sie die Funktion aus.

Sie können die markierten Dateien beispielsweise nacheinander ausdrucken, importieren, exportieren oder Texte herausnehmen und einmischen.

Nach Stichwörtern suchen

Möchten Sie in einer umfangreichen Grafiksammlung oder einem Archiv eine bestimmte Grafik wiederfinden, können Sie die Suchfunktion von CorelMOSAIC! verwenden und nach den eingegebenen Schlüsselwörtern suchen. Klicken Sie dazu im Menü BEARBEITEN auf die Option ÜBER STICHWORT AUSWÄHLEN. CorelMOSAIC! öffnet die Dialogbox STICHWORT SUCHEN, in der Sie die Stichwörter eingeben (Abbildung 16.4). Dabei dürfen Sie auch mehrere Begriffe hintereinander eingeben. Tragen Sie je ein Stichwort in die Felder ein. Über die Auswahlliste bestimmen Sie, ob eine ODER-Verknüpfung oder eine UND-Verknüpfung erzeugt wird.

Sobald Sie alle Suchbegriffe eingetragen und die logische Verknüpfung hergestellt haben, starten Sie die Suche, indem Sie auf die Schaltfläche SUCHE BEGINNEN klicken.

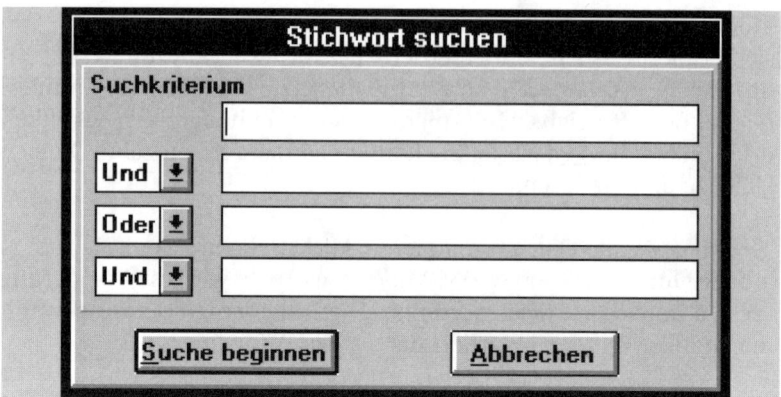

Abb. 16.4: Die Dialogbox Stichwort suchen

Neue Stichwörter eingeben

Die Verwaltung und Sortierung von Grafiken in Bezug auf die verwendeten Sparten ist in CorelMOSAIC! besonders leicht realisierbar. Dabei kann es aber erforderlich werden, neue Stichwörter einzugeben. Markieren Sie dazu die betreffenden Grafiken und klicken im Menü Bearbeiten auf die Option Stichwörter. CorelMOSAIC! blendet daraufhin die in Abbildung 16.5 dargestellte Dialogbox ein.

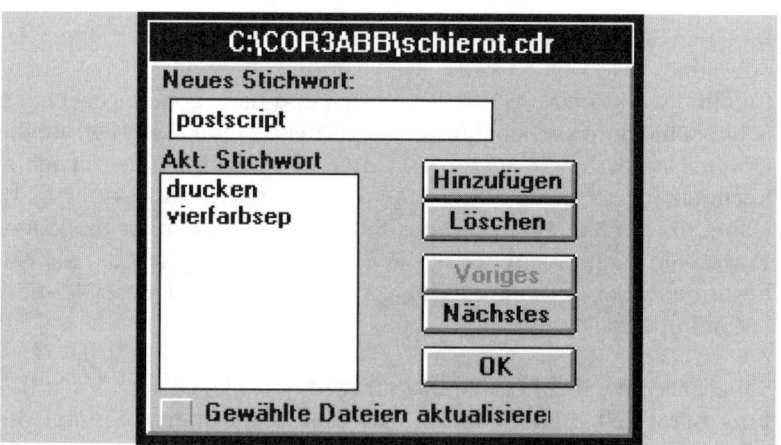

Abb. 16.5: Neue Stichwörter eingeben

Im Feld Neues Stichwort tragen Sie die Begriffe ein. Durch Klicken auf Hinzufügen weisen Sie den Begriff der Liste zu. Diese Begriffe sind beispielsweise die verschiedenen Themenbereiche, zu denen die Grafik gehört. Möchten Sie einen Begriff löschen, markieren Sie diesen in der Liste und klicken auf Löschen. Mit den Schaltflächen Nächstes und Voriges blättern Sie zur entsprechenden Grafik um.

Aktivieren Sie die Option Gewählte Dateien aktualisieren, werden die Änderungen an den Stichwörtern für alle markierten Dateien vorgenommen. Durch Klicken auf das Feld OK speichern Sie die neu eingetragenen Informationen zu Ihrer Grafik ab.

Die Datei-Information

Zu jeder Datei speichert CorelMOSAIC! wichtige Informationen ab. Möchten Sie diese Information darstellen, klicken Sie im Menü Bearbeiten auf die Option Info anzeigen. CorelMOSAIC! blendet daraufhin die Dialogbox Datei-Info ein (Abbildung 16.6).

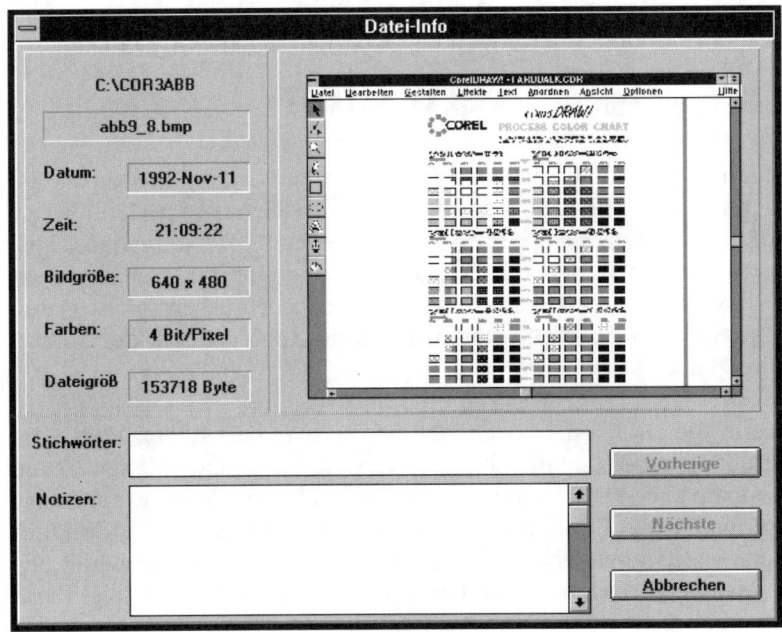

Abb. 16.6: Die Dialogbox Datei-Info

Das Vorschau-Fenster ermöglicht Ihnen bereits eine recht genaue Betrachtung der Grafik. Im linken Bereich der Dialogbox werden die Bildinformationen angezeigt. Bei CDR-Grafiken wird z.B. auch die Größe und Art des Bildkennsatzes (der Skizze) eingeblendet.

Mit den Schaltflächen VORIGE und NÄCHSTE blättern Sie zur Datei-Information der vorigen bzw. nächsten markierten Datei um.

Grafiken in CorelDRAW! übernehmen

Die Übernahme einer Grafik in CorelDRAW! ist auf verschiedenen Wegen möglich. Bei der ersten Methode markieren Sie die Grafik durch Klicken und rufen im Menü BEARBEITEN die Option BEARBEITEN auf. Die zweite Methode ist effektiver: Klicken Sie einfach doppelt auf die entsprechende Grafikskizze. In beiden Fällen wird CorelDRAW! gestartet (oder zu CorelDRAW! umgeschaltet) und die ausgewählte Grafik geladen.

Bibliotheken auswählen und verwalten

Möchten Sie eine Grafik aus einer Archivdatei laden, müssen Sie die betreffende Archivdatei auswählen. Klicken Sie dazu im Menü ARCHIV auf die Option ARCHIV ÖFFNEN und wählen eine Archivdatei aus. Archivdateien haben die Dateinamenserweiterung .CLB. Im Feld DATEINAME erscheint daraufhin der Name der ausgewählten Datei. Klicken Sie nun auf OK, stellt CorelMOSAIC! den Inhalt der Archivdatei dar.

Wenn Sie Grafiken in Archivdateien gespeichert haben oder eine Grafik aus einer Clipart-Bibliothek verwenden wollen, müssen Sie die Grafiken zuerst markieren. Anschließend klicken Sie im Menü ARCHIV auf die Option BILDER EXPANDIEREN. Sie werden nun aufgefordert, ein Verzeichnis anzugeben, in dem die zu expandierenden Bilder abgespeichert werden sollen. Die nächste Abbildung 16.7 zeigt diese Dialogbox.

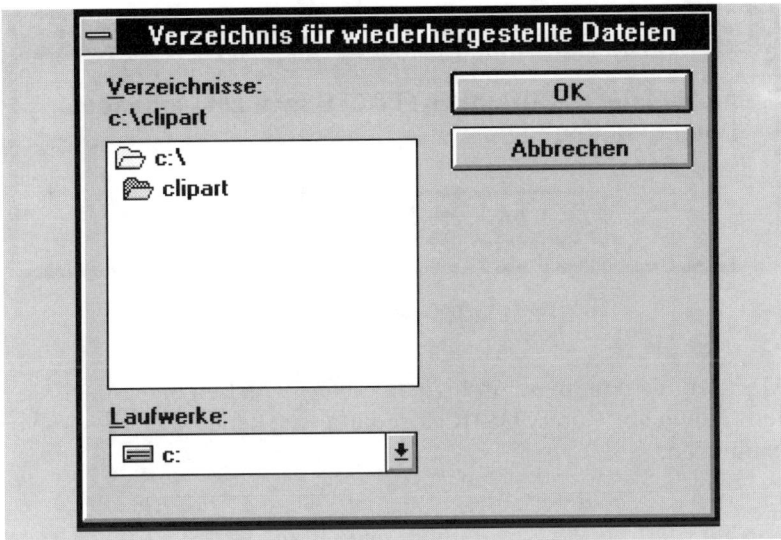

Abb. 16.7: Die Dialogbox VERZEICHNIS FÜR WIEDERHERGESTELLTE DATEIEN

Sobald Sie das Verzeichnis angegeben haben, werden die Grafiken expandiert und dort als CDR-Dateien gespeichert. Haben Sie CorelMOSAIC! über CorelDRAW! aufgerufen, verwenden Sie nicht die Option BILDER EXPANDIEREN, sondern klicken im Menü BEARBEITEN auf den Menüpunkt BEARBEITEN. Anschließend geben Sie das Expansions-Verzeichnis ein. Anschließend wird CorelDRAW! aktiviert und die erste Datei in die Arbeitsfläche eingefügt.

Grafiken archivieren

Grafiken belegen auf der Festplatte sehr viel Speicherplatz. Erstellen Sie viele Grafiken, wird selbst die Darstellung unter CorelMOSAIC! sehr schnell unübersichtlich. Sie sollten die vorerst nicht mehr benötigten Grafiken in einer Archivdatei zusammenfassen. Corel-MOSAIC! speichert Grafiken in Archivdateien in komprimierter Form ab. Der benötigte Platz für Grafiken wird so minimiert. Möchten Sie Grafiken in einer Archivdatei speichern, markieren Sie die betreffenden Dateien und rufen die Option BILDER ARCHIVIEREN im Menü ARCHIV auf. Nach Angabe des Archivnamens komprimiert CorelMOSAIC! die Grafiken und überträgt diese in die gewählte Archivdatei (Abbildung 16.8).

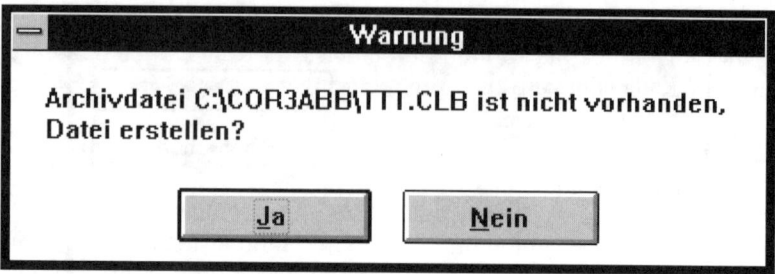

Abb. 16.8: Grafiken archivieren

Möchten Sie eine neue Archivdatei anlegen, geben Sie einfach deren Namen ein. CorelMOSAIC! legt dann eine neue Datei mit diesem Namen an.

Archive und Grafiken löschen

Wenn Sie eine oder mehrere Grafiken aus einem Verzeichnis oder Archiv löschen wollen, markieren Sie diese Dateien und rufen im Menü BEARBEITEN die Option LÖSCHEN auf. Nach einer Sicherheitsabfrage werden die Grafiken gelöscht.

Komplette Archive löschen Sie mit der Funktion ARCHIV LÖSCHEN. Die Option befindet sich im Menü ARCHIV. Nach Auswahl der Archivdatei wird diese gelöscht.

Grafiken ausgeben und konvertieren

Der Ausgabe von Grafiken sowie das Importieren und Exportieren ist im Stapelbetrieb möglich. Möchten Sie z.B. Grafiken importieren, markieren Sie die Dateien und klicken im Menü BEARBEITEN auf die Option IMPORTIEREN. CorelDRAW! wird anschließend geladen, und die Grafiken werden importiert.

Das Exportieren von CorelDRAW!-Dateien funktioniert in ähnlicher Weise. Sie markieren die Dateien und klicken im Menü BEARBEITEN auf

den Menüpunkt EXPORTIEREN. CorelDRAW! wird mit der Dialogbox EX-
PORTIEREN geöffnet. Sie können nun einen Exportfilter wählen. Sobald
Sie auf OK klicken, wird die Konvertierung gestartet.

Möchten Sie Grafiken drucken, können Sie vorher noch den Druk-
ker einstellen. Klicken Sie dazu im Menü DATEI auf die Option DRUK-
KER EINRICHTEN und stellen Sie die Druckeroptionen ein. Anschließend
markieren Sie die Dateien und klicken im Menü Datei auf die Option
GEWÄHLTE DATEIEN DRUCKEN. Die Grafiken werden nun nacheinander
über CorelDRAW! ausgedruckt. Vorher können Sie in CorelDRAW!
noch die Druckoptionen einstellen.

Skizzen drucken

Die Übersichtsdarstellung in CorelMOSAIC! ist sehr praktisch, denn
sie ermöglicht die visuelle Auswahl. Leider können Sie die Grafiken
mehrerer Verzeichnisse auf verschiedenen Laufwerken nicht darstellen.

Sie haben allerdings die Möglichkeit, die Skizzen in einer Übersicht
auszudrucken. Sie erhalten so eine Referenzübersicht, die Sie immer
dann verwenden, wenn Sie eine Grafik laden wollen.

Sie drucken diese Übersichtsdarstellung des aktuellen Verzeichnisses, indem Sie keine Datei markieren und im Menü DATEI auf den
Menüpunkt SKIZZEN DRUCKEN klicken. Haben Sie Dateien markiert, werden nur deren Skizzen ausgedruckt, wenn Sie die Option GEWÄHLTE
SKIZZEN DRUCKEN auswählen.

Texte herausnehmen und übernehmen

Die Extrahierung von Texten und das anschließende Einfügen nach
der Bearbeitung ist auch über CorelMOSAIC! möglich. Markieren Sie
die betreffende Datei und klicken Sie im Menü BEARBEITEN auf HERAUS-
NEHMEN. Die Datei wird in CorelDRAW! geladen und die Texte werden extrahiert. Auch das Einmischen ist möglich. Klicken Sie dazu im
Menü BEARBEITEN auf die Option ÜBERNEHMEN.

Die Photo-CD

Die Photo-CD von Kodak ermöglicht es Ihnen, Ihre Kleinbild-Filme oder Dias in digitalisierter Form abzuspeichern. Die Umsetzung der Bilder erfolgt nach einem von Kodak entwickelten Verfahren über einige darauf spezialisierte Photo-Geschäfte.

Sie können die Bilder einer Photo-CD nun in CorelDRAW! verwenden. Sie müssen dazu die Bilder in CorelMOSAIC! einlesen und anschließend konvertieren. Legen Sie also die Photo-CD in das multisession-fähige CD-ROM-Laufwerk und klicken Sie im Menü PHOTOCD auf die Option CD-BILDER ÖFFNEN. Markieren Sie in dem sich öffnenden Dialogfenster im Listenfeld AUFZULISTENDER DATEITYP den Eintrag "Photo CD Overview Pac" und klicken auf die Schaltfläche OK. Anschließend werden die Bilder in skizzenhafter Form dargestellt. Möchten Sie ein Bild in CorelDRAW! einlesen, klicken Sie im Menü BEARBEITEN auf IMPORTIEREN. Möchten Sie das Bild in ein anderes Format konvertieren, wählen Sie die Option EXPORTIEREN (im Menü BEARBEITEN).

Die Grundeinstellung

Die Darstellung der Grafikskizzen ist in CorelMOSAIC! konfigurierbar. Zur Änderung der Darstellung klicken Sie im Menü DATEI auf die Option GRUNDEINSTELLUNGEN (Abbildung 16.9).

Im Feld Skizzenformat wählen Sie, ob die Skizzen im Querformat, Hochformat oder in quadratischer Form dargestellt werden sollen. In der Regel ist die Darstellung im Querformat sinnvoll. Im Feld Skizzenbreite definieren Sie die Größe der Skizzendarstellung. In Abbildung 16.10 ist die Grafikdarstellung mit großen und quadratischen Sinnbildern dargestellt.

 Die Option LÖSCHEN BESTÄTIGEN sollten Sie generell aktivieren. Sie vermeiden so mit einiger Sicherheit, daß Sie Grafiken oder Archive irrtümlich löschen.

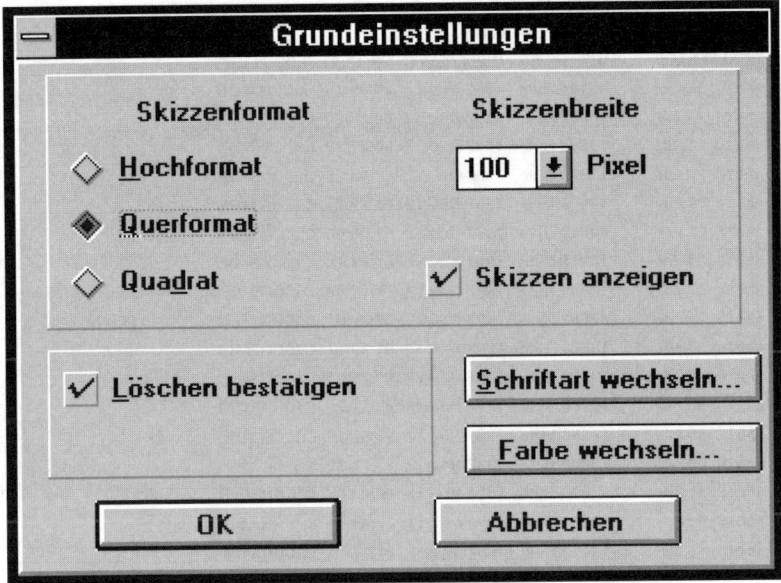

Abb. 16.9: Die Dialogbox GRUNDEINSTELLUNGEN

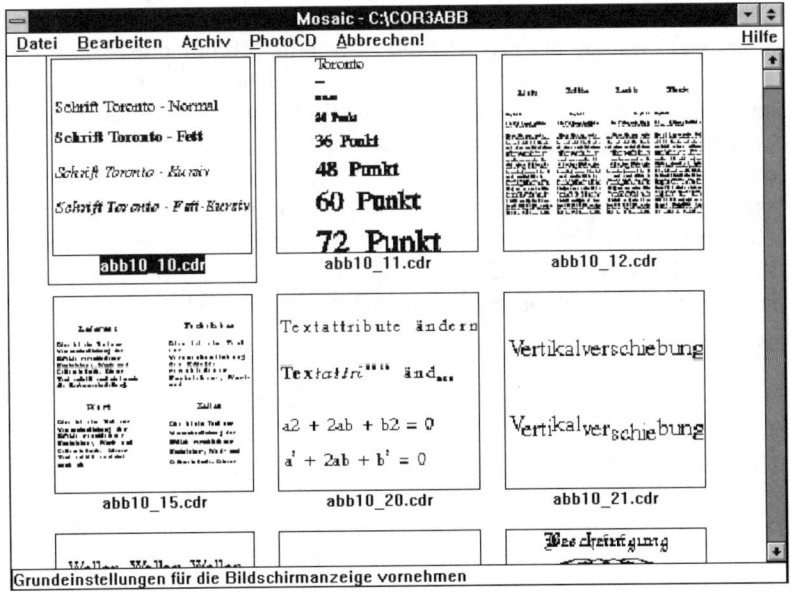

Abb. 16.10: Große Sinnbilder

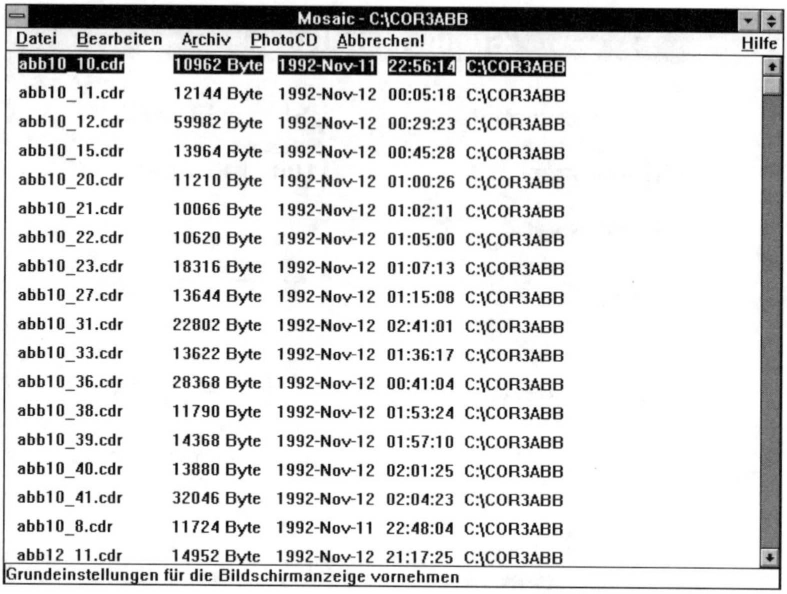

Mosaic - C:\COR3ABB				
Datei Bearbeiten Archiv PhotoCD Abbrechen!				Hilfe
abb10_10.cdr	10962 Byte	1992-Nov-11	22:56:14	C:\COR3ABB
abb10_11.cdr	12144 Byte	1992-Nov-12	00:05:18	C:\COR3ABB
abb10_12.cdr	59982 Byte	1992-Nov-12	00:29:23	C:\COR3ABB
abb10_15.cdr	13964 Byte	1992-Nov-12	00:45:28	C:\COR3ABB
abb10_20.cdr	11210 Byte	1992-Nov-12	01:00:26	C:\COR3ABB
abb10_21.cdr	10066 Byte	1992-Nov-12	01:02:11	C:\COR3ABB
abb10_22.cdr	10620 Byte	1992-Nov-12	01:05:00	C:\COR3ABB
abb10_23.cdr	18316 Byte	1992-Nov-12	01:07:13	C:\COR3ABB
abb10_27.cdr	13644 Byte	1992-Nov-12	01:15:08	C:\COR3ABB
abb10_31.cdr	22802 Byte	1992-Nov-12	02:41:01	C:\COR3ABB
abb10_33.cdr	13622 Byte	1992-Nov-12	01:36:17	C:\COR3ABB
abb10_36.cdr	28368 Byte	1992-Nov-12	00:41:04	C:\COR3ABB
abb10_38.cdr	11790 Byte	1992-Nov-12	01:53:24	C:\COR3ABB
abb10_39.cdr	14368 Byte	1992-Nov-12	01:57:10	C:\COR3ABB
abb10_40.cdr	13880 Byte	1992-Nov-12	02:01:25	C:\COR3ABB
abb10_41.cdr	32046 Byte	1992-Nov-12	02:04:23	C:\COR3ABB
abb10_8.cdr	11724 Byte	1992-Nov-11	22:48:04	C:\COR3ABB
abb12_11.cdr	14952 Byte	1992-Nov-12	21:17:25	C:\COR3ABB

Grundeinstellungen für die Bildschirmanzeige vornehmen

Abb. 16.11: Die Textdarstellung eines Grafikverzeichnisses

Die Schriftart der Dateinamen können Sie über die Schaltfläche SCHRIFTART WECHSELN ändern. Klicken Sie auf die Schaltfläche FARBE WECHSELN, können Sie die Hintergrundfarbe einstellen. Neben der visuellen Darstellung der Grafiken ist optional auch eine detaillierte Textdarstellung möglich, die neben dem Dateinamen das Erstellungsdatum, die Dateigröße und die Dateiattribute anzeigt. Bei der normalen Darstellung der Datei-Information werden nur die Dateinamen in einer Liste angezeigt. Deaktivieren Sie dazu in der Dialogbox GRUNDEINSTELLUNGEN die Option SKIZZEN ANZEIGEN. Abbildung 16.11 veranschaulicht die Listenform der Dateien-Darstellung.

Die Seiteneinstellung

Über die Dialogbox SEITENEINSTELLUNGEN legen Sie die Beschriftung für den Ausdruck von Skizzen fest. Sie rufen diese Dialogbox auf, indem Sie im Menü DATEI auf die Option SEITENEINSTELLUNGEN klicken. Sie können verschiedene Optionen für den Titel einstellen und die Position des Titels in der Liste TITEL-AUSRICHTUNG definieren. Darüber hinaus ist die Schriftart einstellbar.

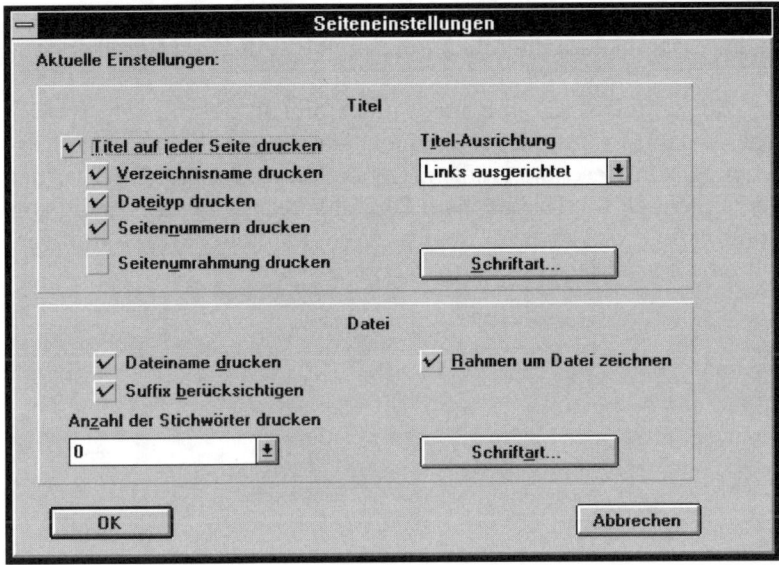

Abb. 16.12: Die Dialogbox SEITENEINSTELLUNGEN

Neben der Titelformatierung ist auch die Ausführlichkeit der Skizzenbeschriftung wählbar. Sie verwenden dazu die Optionen des Bereichs DATEI. So können Sie den Druck eines Rahmens festlegen oder einstellen, wieviele Stichwörter gedruckt werden. Auch für diesen Bereich ist die Schriftart wählbar.

Für eine Referenzliste sollten Sie den Ausdruck aller möglichen Zusatzinformationen veranlassen, indem Sie alle Optionen aktivieren. Die verschiedenen Optionen sind selbsterklärend. In Abbildung 16.12 ist die Dialogbox dargestellt.

Zusammenfassung

Das Programm CorelMOSAIC! bringt Licht ins Dunkel der Grafikverwaltung. Durch die skizzenhafte Darstellung aller Grafiken eines Verzeichnisses wählen Sie Dateien nicht mehr nach Namen, sondern visuell aus. Der Vorteil ist, daß Sie auf einen Blick sehen, welche Grafik Sie laden möchten.

Die Zusammenfassung von Grafiken in Archiven spart Speicherplatz und verzögert kaum die Arbeit mit CorelMOSAIC! und CorelDRAW!.

Geschäftsgrafiken waren bisher unter CorelDRAW! nur sehr schwer realisierbar. Mit CorelCHART!, einem klassischen Programm zur Erzeugung von Geschäftsgrafiken, gehört dieser Problembereich der Vergangenheit an. Das nächste Kapitel leitet die Beschreibung von CorelCHART! ein, die sich über mehrere Kapitel erstreckt, und vermittelt die grundlegenden Arbeitstechniken.

17

Einführung in CorelCHART!

Bis zur aktuellen Version 3.0 war der Entwurf von Diagrammen zur grafischen Darstellung von Zahlenmaterial mit CorelDRAW! nahezu aussichtslos, mußte doch jeder Balken oder jedes Kreissegment größenmäßig abgeschätzt und manuell gezeichnet werden. Mit CorelCHART! gehört dieser Problembereich der Vergangenheit an. So können Sie zwischen vielen Diagrammtypen und weiteren Optionen wählen, um das passende Diagramm zu entwerfen. In diesem Kapitel werden zunächst die Diagrammtypen und die Bedieneroberfläche erläutert, bevor Sie einfache Diagramme entwerfen.

Obwohl die Erstellung von Titelgrafiken und Stichwortlisten in CorelCHART! nicht automatisiert möglich ist, werden dennnoch die Aspekte der Gestaltung und Verwendung von Textgrafiken angesprochen. Textgrafiken bilden ein wichtiges Element in einer Präsentation. Mit den Informationen, die Sie in diesem und in den weiteren Kapiteln erhalten, können Sie Textgrafiken in CorelDRAW! anfertigen.

Eine Grafik kann eine Aussage wesentlich schneller verdeutlichen als eine Umschreibung mit vielen Worten. Diese Aussage trifft vor allem dann zu, wenn lange Kolonnen numerischer Daten bewertet werden sollen. Außerdem bedeutet die Umsetzung in eine leicht erfaßbare Grafik sowohl für Sie als auch für Ihre Zuhörer Zeitgewinn und dient der Vermeidung von Mißverständnissen.

Aussagekräftige Diagramme verstärken zudem den Eindruck von Professionalität, der wiederum Ihre Kompetenz und die Glaubwürdigkeit Ihrer Daten und Aussage-absicht unterstreicht. Auch wenn Sie Diagramme zur eigenen Analyse von Daten verwenden, kann die unterschiedliche Aufbereitung der Daten sehr nützlich sein.

Die Argumente für die Verwendung von Grafiken lassen sich also wie folgt zusammenfassen:

–   Weitergabe von Informationen für geplante Aktionen
–   Unterstützung der Aufnahmefähigkeit der Zuhörer
–   Rationelle Gestaltung eines Vortrags
–   Darstellung eines Zusammenhangs lassen sich vereinfachen
–   Hervorhebung wichtiger Aussagen
–   Vermeiden von Fehlinterpretationen bezüglich Daten
–   Unterstreichen Ihres professionellen Auftretens
–   Steigerung der Glaubwürdigkeit Ihrer Darstellung

Grundlagen der Diagrammerstellung

Nicht alle Grafiken haben einen unmittelbaren Informationswert. Gute Grafiken verdeutlichen die Aussage, die sie unterstreichen sollen, auf den ersten Blick, während schlechte nicht sofort einen Informationswert erkennen lassen. Die Tatsache, daß Sie ein Grafikprogramm für die Erstellung einer Grafik verwenden, macht diese nicht automatisch zu einer guten Grafik.

Abbildung 17.1 stellt ein horizontales Balkendiagramm dar, das die Waldschäden in der Bundesrepublik Deutschland zeigt. Halten Sie dieses Diagramm für aussagekräftig? Höchstwahrscheinlich nicht! Das horizontale Balkendiagramm stellt nämlich zu viele Daten in drei Serien dar. Trotz der Aufteilung in nur drei verschiedene Schadensklassen fällt das Ablesen der Werte durch die Gruppierung schwer. So ist z.B. nicht direkt erkennbar, daß Nordrhein-Westfalen zwar den größten Anteil nicht geschädigten Waldes, nicht aber den kleinsten Wert bei stark geschädigtem Wald hat.

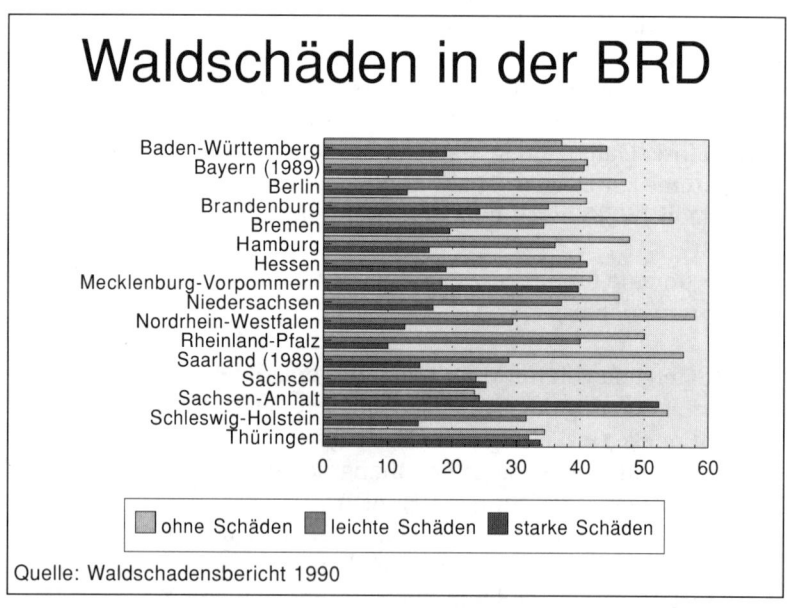

Abb. 17.1: Balkendiagramm

Wenn Sie die Relationen zwischen den Daten nicht unmittelbar an der Grafik ablesen können, sollten Sie besser auf die Grafik verzichten. Eine solche Grafik unterstützt Ihren Vortrag nicht. Im Gegenteil; der Vortragende muß sogar die Grafik erläutern.

Suchen Sie also nach einem anderen Diagrammtyp und behalten Sie im Auge, welche Aussage Sie erreichen möchten. Vergleichen Sie das unübersichtliche horizontale Balkendiagramm mit dem in Abbildung 17.2 gezeigten Diagramm. Das überarbeitete Diagramm präsentiert die selben Werte wesentlich klarer und deutlicher. Diese Darstellung des selben Zahlenmaterials verfolgt eine ganz andere Aussage. Anhand von 100%-Balken wird das Verhältnis der Schadenskategorien für das jeweilige Bundesland klar und deutlich dargestellt. Auch hier unterstreicht ein Untertitel die zentrale Aussage der Darstellung (Abbildung 17.2). Der Unterschied zwischen diesen beiden Grafiken macht deutlich, wie sehr die Wahl eines Grafiktyps die grafische Darstellung von Werten beeinflußt. Wie ein guter Künstler müssen Sie sich bemühen, die grafischen Möglichkeiten des Programms mit Ihren Aussageabsichten in Einklang zu bringen. In diesem Sinne werden wir uns als nächstes mit dem Aufbau einer Grafik beschäftigen.

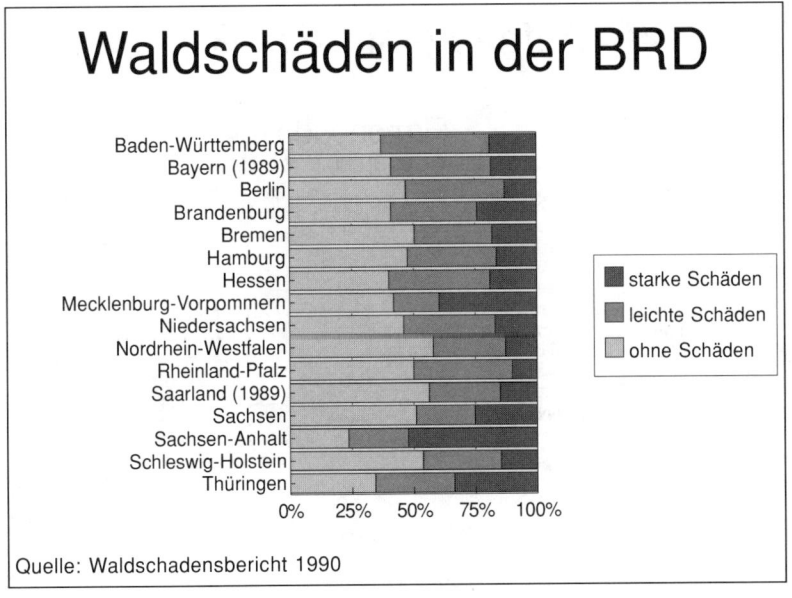

Abb. 17.2: Ein zweites Diagramm mit hohem Informationsgehalt

Aufbau einer Grafik

Wenn ein Künstler den Körper des Menschen wirklichkeitsgetreu nachzeichnen möchte, muß er zuvor die Anatomie des menschlichen Körpers studiert haben. Nur dann kennt er das Objekt seiner künstlerischen Gestaltung und kann es entsprechend porträtieren. Bei einer professionellen Grafik ist das nicht anders. Erst wenn Sie den Aufbau einer Grafik verstanden haben, können Sie eine gelungene Grafik erstellen.

Elemente eines Diagramms

Obwohl manche Grafiktypen sehr verschieden sind, haben sie doch einige wesentliche Elemente gemeinsam. Jede Grafik sollte beispielsweise einen Titel, eine Fußnote und einen Rahmen haben. Abbildung 17.3 zeigt den Aufbau einer Grafik, die das Haushaltsbudget der Bundesrepublik Deutschland von 1983 bis 1986 darstellt. Die Skala auf der linken Seite des Diagramms stellt die Währungseinheit DM in Millionen dar.

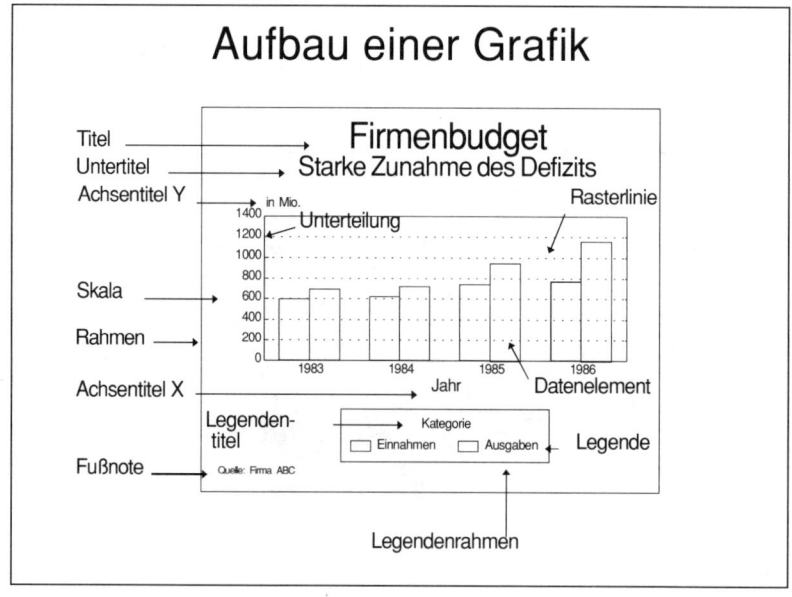

Abb. 17.3: Elemente eines Diagramms

Ihre Grafik sollte auf jeden Fall immer einen Titel enthalten. In den meisten Fällen empfiehlt sich auch ein Untertitel. Ohne Titel oder zusammenfassende Aussage muß Ihr Publikum erraten, was die Grafik aussagen soll. Die Grafik in Abbildung 17.3 hat folgenden Titel und Untertitel:

`Firmenbudget`

`Starke Zunahme des Defizits`

Durch einen Untertitel, der die Aussage der Grafik in wenigen Worten zusammenfaßt, sparen Sie bei Ihrem Vortrag ebenfalls erklärende Worte und somit Zeit. Für Titel und Untertitel stehen Ihnen beliebig viele Zeilen zur Verfügung. Jeweils eine Zeile für Titel und Untertitel sollten aber genügen. Denken Sie auch an eine Fußnote, die Ihrem Publikum die Quelle der Daten mitteilt. Die Grafik in Abbildung 17.3 hat die Fußnote:

`Quelle: Firma ABC`

Ein Publikum ist eher bereit, Zahlen zu akzeptieren, wenn es die Quelle kennt. Sind die Zuhörer eigene Mitarbeiter, benötigen Sie keine Fußnote, falls Sie oder Ihre Mitarbeiter die Daten zusammengestellt haben.

Grafiken sollten auch einen Rahmen haben. Ein Rahmen wirkt bei Grafik genauso wie ein Bilderrahmen; er lenkt die Aufmerksamkeit des Betrachters auf die Darstellung innerhalb des Rahmens.

Neben Titel, Untertitel, Fußnote und Rahmen gibt es weitere Elemente, die den Aufbau einer Grafik bestimmen. Kreisdiagramme zum Beispiel enthalten Kreissegmente, die die numerischen Werte anteilig darstellen. Andere Grafiken, wie Linien , Balken und Flächendiagramme, sind durch andere Elemente gekennzeichnet.

Betrachten Sie die in Abbildung 17.3 dargestellte Grafik, um sich mit den folgenden Elementen einer Grafik vertraut zu machen:

Element	Bedeutung
Titel:	Überschrift für die Grafik
Untertitel:	Eine zusammenfassende Aussage oder Kurzbeschreibung der Daten
Fußnote:	Angabe der Quelle oder Erläuterung der zugrundeliegenden Daten
Rahmen:	Umrahmung der Grafik
X-Achse:	Horizontale Achse der Grafik
Achsentitel X :	Beschreibung des Datentyps der X-Achse
Y-Achse:	Vertikale Achse der Grafik
Skala:	Angabe des Wertebereichs entlang der Y-Achse
Achsentitel Y:	Beschreibung der Skala der Y-Achse
Datenelement:	Grafisch dargestellter Wert
Serie:	Eine Reihe numerischer Daten
Erläuterung:	Bezeichnung für eine Serie von Daten
Titel für Erläuterungen:	Zusammenfassende Bezeichnung für alle Erläuterungen
Rasterlinie:	Linie, die den Schnittpunkt zwischen einem Datenelement und einem Wert der Y-Achse darstellt
Unterteilung:	Kurzer Teilstrich, der einen Wert auf der Skala der Y-Achse markiert

Tab. 17.1: Elemente einer Grafik

Achsen, Serien und Datenelemente einer Grafik

Für eine angemessene Interpretation einer Grafik müssen Sie den Unterschied zwischen der X- und Y-Achse einerseits, sowie einer Serie und einem Datenelement andererseits kennen. Überlegen wir also, wie wir Tabelle 17.2 grafisch darstellen.

Zunächst bestimmen Sie die Daten der X-Achse. Als Zahlenformate für die Achsen stehen zur Auswahl: Datumsangaben, Uhrzeit, DM-Angaben, Prozentangaben und Namen. Bei unserer Tabelle wählen Sie STANDARD als Datentyp und geben die Jahreszahlen 1986 bis 1989 für die X-Achse in eine Spalte des Datenformulars ein.

Als nächstes definieren Sie die Daten der Y-Achse. Die Daten der Y-Achse müssen numerische Werte sein und können Dezimalstellen enthalten. Tabelle 17.2 zeigt Verkaufszahlen, die von 1429 bis 5245 reichen.

Jahr	München	Hamburg	Düsseldorf
1986	4567	2391	1429
1987	4987	3456	2986
1988	4852	4348	2235
1989	4920	5245	2429

Tab. 17.2: Verkaufszahlen des Produktes A

Wenn Sie die Grafik nach der Dateneingabe auf dem Bildschirm darstellen, sehen Sie, daß CorelCHART! die Skala der Y-Achse automatisch an den Wertebereich 0 bis 6000 angepaßt hat. CorelCHART! führt viele Dinge automatisch aus, um Ihnen so das Erstellen einer Grafik zu erleichtern.

Die Verkaufszahlen sind Datenelemente, gelegentlich auch Datenpunkte, Punkte oder Elemente genannt. Die Zahlen 4567 und 4987 sind Datenelemente, die zwei Verkaufszahlen der Zentrale in München darstellen.Schauen Sie sich Tabelle 17.2 an und versuchen Sie, die einzelnen Serien zu bestimmen. Eine Serie ist eine Reihe zusammengehöriger Elemente. Eine Serie kann durch eine Säule, einen Kreis, eine Linie oder eine Gruppe von Balken dargestellt werden. In Tabelle 17.2 besteht eine Serie aus einer Spalte. Ein Beispiel: Alle Zahlen in der Spalte unter München gehören zur Serie München.

Skizzieren Sie nun auf der Grundlage von Tabelle 17.2 in groben Zügen eine Grafik und vergleichen Sie Ihre Skizze mit der Grafik in Abbildung 17.4. Bei CorelCHART! tragen Sie die Daten, die Sie für die Erstellung eines Balkendiagramms benötigen, in den in Abbildung 17.5 dargestellten Eingabebildschirm ein. Klicken Sie dann auf die Schaltfläche Diagrammeditor, zeigt CorelCHART! die entsprechende Grafik auf dem Bildschirm an.

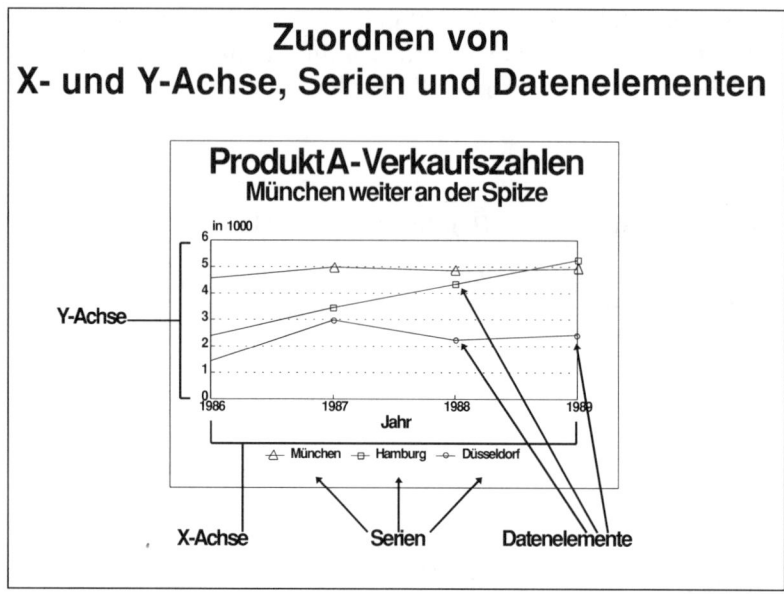

Abb. 17.4: X- und Y-Achse, Serien und Datenelemente

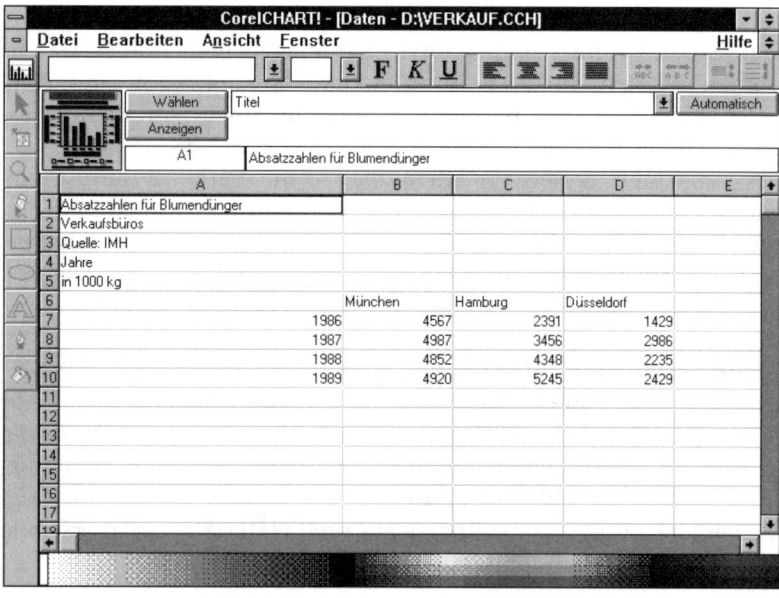

Abb. 17.5: Datenformular für die Daten eines Balken-/Liniendiagramms

Den richtigen Grafiktyp wählen

Für die optimale Präsentation Ihrer Daten sollten Sie immer den richtigen Grafiktyp wählen. Wie Sie bei dem Vergleich der Abbildungen 17.1 und 17.2 gesehen haben, führt die Wahl eines nicht angemessenen Grafiktyps zu einer schlechten Grafik. In dem gleichen Umfang, in dem Sie sich in den nachfolgenden Kapiteln mit den verschiedenen Grafiktypen vertraut machen, werden Sie auch Sicherheit bei der Auswahl des jeweiligen Grafiktyps gewinnen.

Textgrafiken

Normalerweise handelt es sich bei den Daten, die Sie grafisch darstellen wollen, um Zahlen. Andererseits benötigen Sie für nichtnumerische Daten einen Textgrafiktyp. Abbildung 17.6 zeigt eine Textgrafik, die ganz leicht zu erstellen ist. Eine Textgrafik ist die ideale Grafik zur Einleitung und Zusammenfassung einer Präsentation, da Sie so einen Überblick über die wichtigsten Aspekte geben.

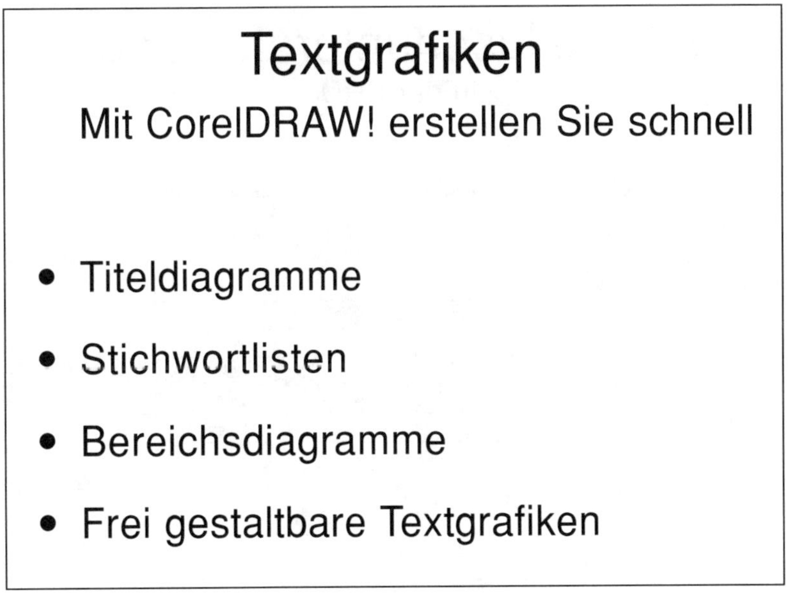

Textgrafiken
Mit CorelDRAW! erstellen Sie schnell

- Titeldiagramme

- Stichwortlisten

- Bereichsdiagramme

- Frei gestaltbare Textgrafiken

Abb. 17.6: Textgrafik

Die optimale Textgrafik ist so einfach wie möglich gestaltet. Formulieren Sie Ihre Kernpunkte daher kurz und präzise. Möchten Sie lieber komplette Sätze schreiben, die Ihre Ideen ausführlich darlegen, schreiben Sie einen Geschäftsbericht. Begrenzen Sie eine Titelgrafik auf maximal neun Zeilen bei maximal sieben Wörtern pro Zeile. Wenn Sie zuviele Informationen in einer Textgrafik unterbringen, verwirren Sie Ihre Zuhörer, die als Folge das Interesse an Ihrem Vortrag verlieren.

Bereichsgrafik

Die Bereichsgrafik ist ein Sonderfall der Textgrafik - genauer gesagt: der Tabellendarstellung. Grundgedanke ist, matrixartig angeordnete numerische Daten farblich so zu kodieren, daß bestimmte Sachverhalte sofort erkennbar sind.

Abbildung 17.7 zeigt dies an einem Beispiel. So werden die Maximalwerte innerhalb der Spalten farbig unterlegt und sind deshalb vom Betrachter leicht erkennbar.

Arbeitslosenunterstützung
in der BRD

Jahr	Zahl der Arbeitslosen (Mio)	Arbeitslosengeld (%)	Arbeitslosenhilfe (%)	keine Unterstützung (%)
1981	1,27	54,9	13,3	31,8
1982	1,83	50,5	15,9	33,6
1983	2,26	44,9	21,5	33,6
1984	2,27	37,9	26,4	35,7
1985	2,3	36,3	26,8	36,9
1986	2,28	35,9	27	37,1
1987	2,28	37,4	25,9	36,7
1988	2,24	42,2	23,6	34,2
1989	2,04	43,6	24,4	32
1990	1,88	42,5	23	34,5

Quelle: Bundesanstalt für Arbeit

Abb. 17.7: Eine Bereichsgrafik

Kreisdiagramme

Bei numerischen Daten ist das Kreisdiagramm ein Grafiktyp, der sehr leicht zu erstellen und zu verstehen ist (Abbildung 17.8). Je größer das einzelne Segment ist, um so größer ist der prozentuale Anteil am Ganzen. In Abbildung 17.8 stellt der Kreis die Gesamtzahl der verkauften Betriebssysteme in den Jahren 1991/1992 und die einzelnen Segmente die Aufteilung auf die verschiedenen Betriebssysteme dar.

Ein gutes Kreisdiagramm ist sowohl leicht zu verstehen als auch optisch ansprechend. Sie sollten sich auf eine Darstellung von maximal zehn Segmenten beschränken. Falls möglich, fassen Sie einige der kleineren Segmente zu einem zusammen. Sind nämlich sehr viele Segmente vorhanden, lassen sich die Bezeichnungen nur noch schwer auf einen Blick zuordnen. Ebenso ist es in solch einen Fallschwierig. die Größe der Kreissegmente zu unterscheiden. Zusammengefaßte Segmente können in einem zweiten Kreisdiagramm ausführlich dargestellt werden. Die Verbindung von zwei Kreisdiagrammen über ein Segment legt allerdings die Betonung auf dieses Segment, dessen Zusammensetzung in einem eigenen Kreis näher erläutert wird.

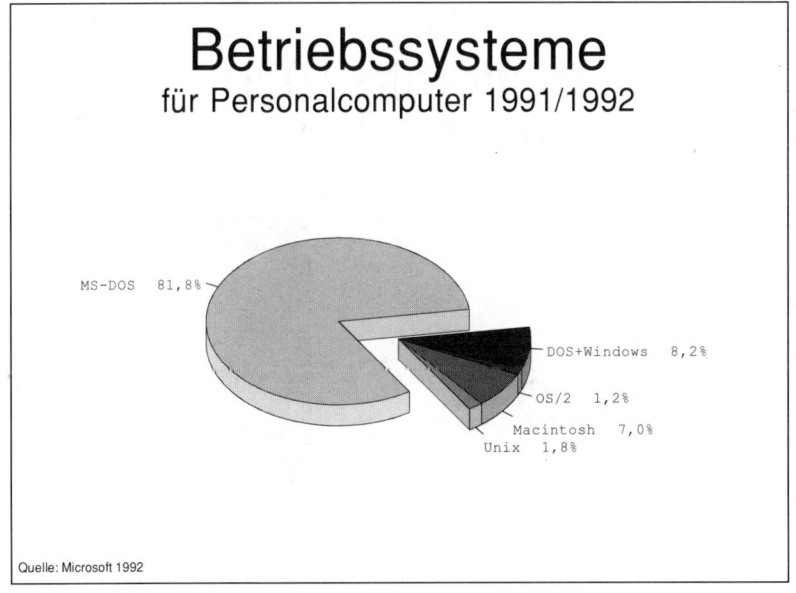

Abb. 17.8: Ein typisches Kreisdiagramm

Die Darstellung eines Kreis-/ Säulendiagramms ist nur durch Kombination eines Balken- und Liniendiagramms realisierbar.

Weitaus häufiger ist allerdings die Kombination eines separierten Segments mit einem als Säule bezeichneten Balken. Abbildung 17.9 zeigt den Anteil verschiedener Erzeugnisse an der Welternte 1990. Wie Sie sehen, eignen sich die Anteile Nüsse, Pflan-zenfasern, Hülsen-früchte und Ölfrüchte nicht für eine direkte Berücksichtigung im Hauptdiagramm (Kreis), weil sie kaum sichtbare Seg- mente bilden würden. Die Zusammenfassung in das Segment "Verschiedenes" und dessen anschließende genaue Erläuterung in der Säule ermöglicht eine übersichtliche Aufteilung, lenkt aber den Schwerpunkt unweigerlich auf die Daten der Säule. Soll z.B. die Aussage getroffen werden, daß Getreide den größten Anteil an der Welt-ernte hat, sollten Sie die Säule besser weglassen und stattdessen nur das Segment "Verschiedenes" zeigen.

Ein Kreisdiagramm eignet sich hervorragend dazu, Daten darzustellen, die sich auf einen konkreten Zeitpunkt/Zeitraum beziehen. Andererseits ist ein Kreisdiagramm nicht dazu geeignet, Entwicklungen darzustellen, die sich über einen längeren Zeitraum erstrecken. Ein derartiges Kreisdiagramm würde seinen Zweck verfehlen. Sie können jedoch jeweils eine Zeitperiode (eine Minute, einen Tag oder ein ganzes Jahr) durch ein Kreisdiagramm repräsentieren.

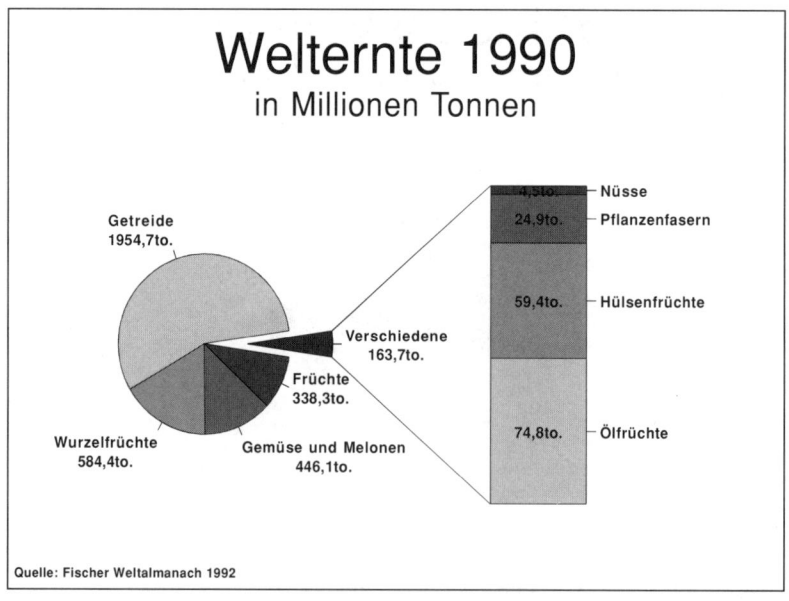

Abb. 17.9: Kreis-/Säulendiagramm

Liniendiagramme

Im Gegensatz zu einem Kreisdiagramm veranschaulicht ein Liniendiagramm Trends und Änderungen über einen gewissen Zeitraum
hinweg. Ein Liniendiagramm wird im allgemeinen dazu verwendet,
Häufigkeiten, Trends und kontinuierliche Verläufe darzustellen. Das
Liniendiagramm ist in der technisch-wissenschaftlichen Darstellung
das am häufigsten verwendete Diagramm. Statistische Auswertungen,
Plots von Funktionen, zusammengesetzte Gebilde aus Linien (Potentialgebirge) und die Darstellung von Feldstärkeverläufen stellen nur
einige Beispiele dar. Abbildung 17.10 zeigt ein Liniendiagramm, das
den Verlauf des Primärenergieverbrauches von 1975 bis 1990 darstellt.
Für eine solche grafische Darstellung benötigen Sie Zahlenmaterial
darüber, wie hoch der Gesamtverbrauch für ein bestimmtes Zeit-
intervall ist. Möchten Sie, wie in unserem Beispiel, den Trend des
Primärenergieverbrauchs darstellen, empfiehlt sich als Grafiktyp das
Liniendiagramm. An der dargestellten Linie können Sie ablesen, wie
groß der Maximal- und Minimalwert des Energieverbrauchs war und
welche Entwicklung zu erwarten ist. So ist z.B. eine deutliche Trend-
wende im Jahr 1980 erkennbar; ab 1982 steigt des Energieverbrauch
allerdings wieder an.

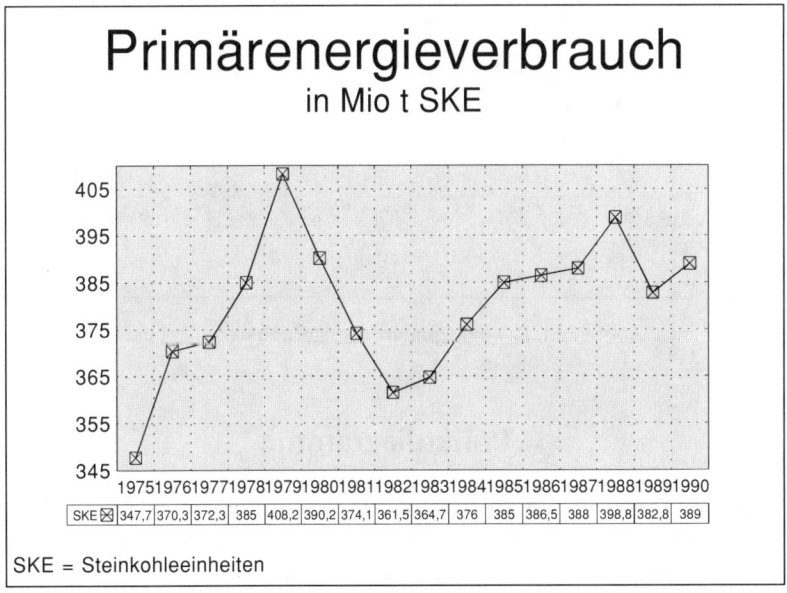

Abb. 17.10: Liniendiagramm - Darstellung eines Werteverlaufes

Beachten Sie, daß die Linie in Abbildung 17.10 aus geraden Linienstücken besteht. Die deutliche Absetzung der einzelnen Linienstücke voneinander betont die unterschiedlichen Zunahmen und Abnahmen im Verlauf der Jahre und läßt deutliche Schlüsse über Energiesparmaßnahmen oder besondere Ereignisse zu. Im Gegensatz dazu weist das Liniendiagramm in Abbildung 17.11 eine ruhige, kontinuierliche Linienführung auf, die sich eher dazu eignet, einen Trend aufzuzeigen. Berücksichtigen Sie also bei der Wahl einer Liniengrafik, was die Linie aussagen soll. Möchten Sie einen anhaltenden Trend verdeutlichen, wählen Sie Kurven. Möchten Sie dagegen deutliche Unterschiede in den Daten aufzeigen, wählen Sie Linienstücke.

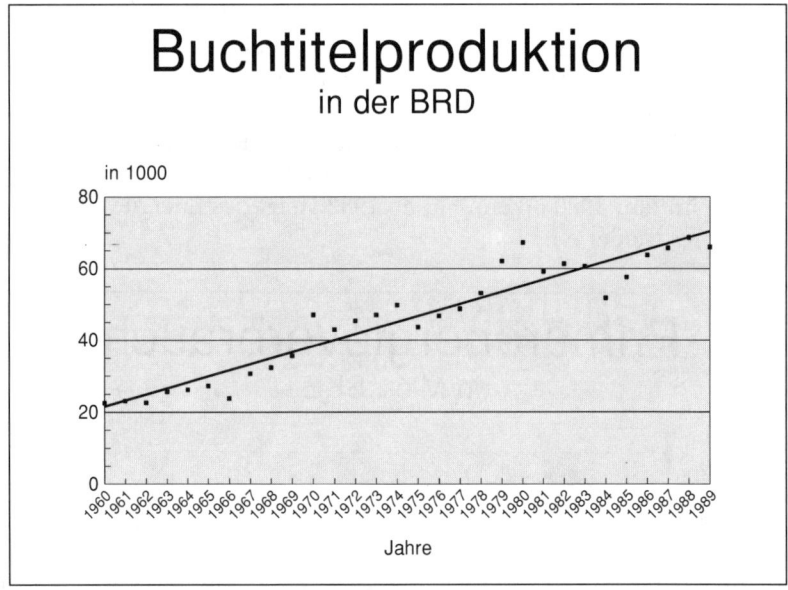

Abb. 17.11: Liniendiagramm - Darstellung eines Trends

Punktdiagramme

Punktdiagramme dienen sowohl zur deterministischen Darstellung einzelner Werte, aber weitaus häufiger zur Darstellung statistischer Bewertungen in Verbindung mit Liniendiagrammen, die aus den einzelnen Punkten abgeleitet werden.

Die Anhäufung von Punkten in einem eng begrenzten Bereich nennt man Punktwolke. Unter Zuhilfenahme von Punktwolken sind Aussagen mit großer Wahrscheinlichkeit machbar, daß ein bestimmtes Ereignis an einer bestimmten Stelle stattfindet. Peilen Sie zum Beispiel einen Sender mit Peilempfängern, ergeben sich durch physikalische Effekte voneinander abweichende Werte. Bringen Sie die Peilwerte einzelner Peilstellen zum Schnittpunkt und tragen in ein Punktediagramme nur diese Punkte ein, ergeben sich Häufungen. In dem Bereich, in den die meisten Punkte fallen, liegt mit großer Wahrscheinlichkeit der gesuchte Sender.

Statistische Berechnungen präjudizieren ein bestimmtes Ergebnis, das bei Anwendung verschiedener Verfahren auch unterschiedliche Ergebnisse bringt. Die Darstellung einzelner Meßpunkte ohne Einfügen einer berechneten Kurve ermöglicht es dem Betrachter manchmal eher, bestimmte Muster zu erkennen und daraus die richtigen Schlüsse zu ziehen. Punktdiagramme werden überwiegend zur Darstellung von Meßwerten im technisch-wissenschaftlichen Bereich eingesetzt.

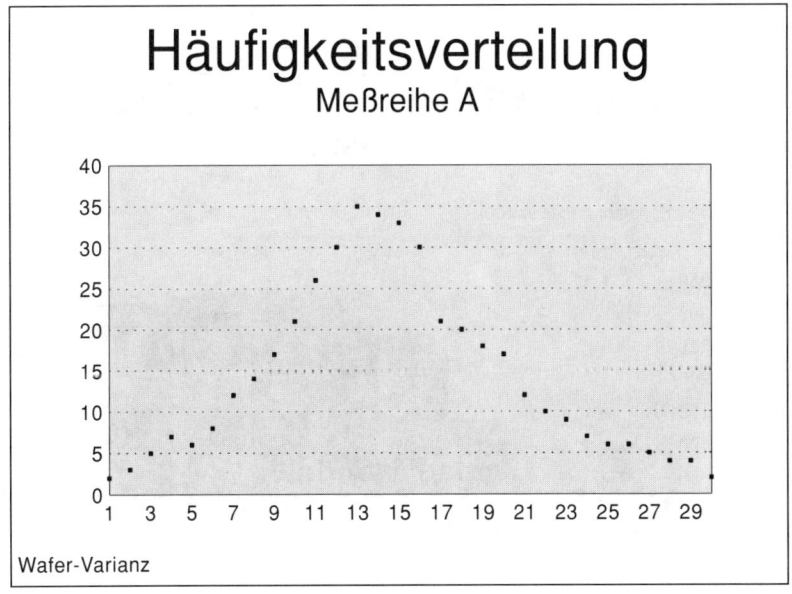

Abb. 17.12: Ein Punktdiagramm

Balkendiagramme

Wie ein Liniendiagramm, zeigt ein Standard-Balkendiagramm Veränderungen über einen gewissen Zeitraum hinweg an. Verwenden Sie das Balkendiagramm, wenn Sie sowohl ein zeitbezogenes Wachstum von Werten als auch Unterschiede im Umfang oder in der Größe hervorheben wollen (Abbildung 17.13). Wie bei jeder anderen Grafik sollten Sie darauf achten, daß das Balkendiagramm nicht unübersichtlich wird und daher maximal 16 Balken in einem Diagramm darstellen.

Ein "kumulatives" Balkendiagramm ist ein Balkendiagramm mit fortlaufenden Summierungen. Kumulative Balkendiagramme eignen sich ausgezeichnet für den Vergleich angestrebter und tatsächlicher Ergebnisse. Daher werden sie vor allem für Grafiken verwendet, die Börsenaktivitäten und Verkaufsziele darstellen sollen.

Auch saisonal bedingte Verkaufsimpulse lassen sich mit Kombinationen aus kumulativen Balken- und Liniendiagrammen leicht ablesen. Abbildung 17.14 zeigt dies am Beispiel der Umsatzsteigerung von Personal-Computern.

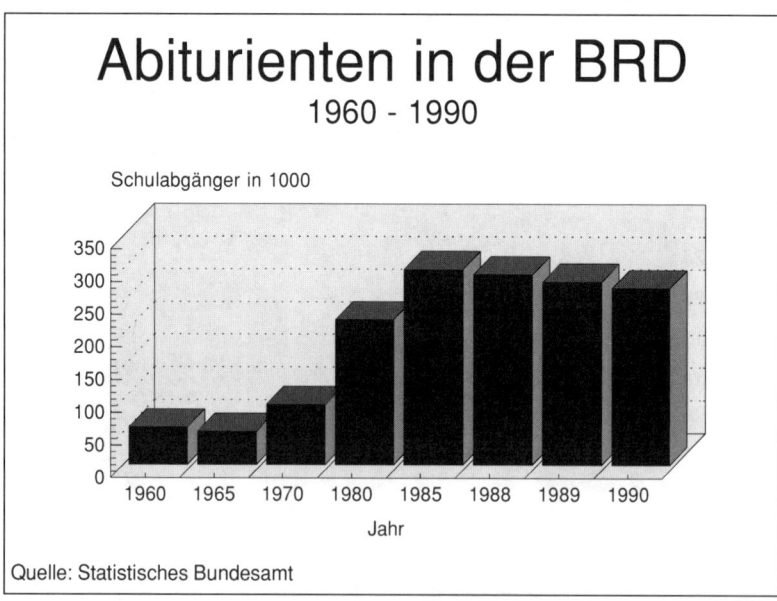

Abb. 17.13: Balkendiagramm

Pünktlich zum Weihnachtsgeschäft und nach der CeBit steigen die Verkaufszahlen an. Dies zeigt sich an den deutlich größeren Stufen von Balken zu Balken. Durch die Überlagerung einer Linie wird die Zunahme anhand der größeren Steigung noch deutlicher.

Aussagen, wie oft ein Wert einer Wertereihe in einem bestimmten Intervall liegt, erhalten Sie durch die Verwendung von Histogrammen. Ein Histogramm ist ein Spezialfall eines Balkendiagramms. Auf der X-Achse werden die Intervallgrenzen aufgetragen, auf der Y-Achse der Zähler. Nehmen Sie Tabelle 7.2 als Beispiel.

Mit einer Histogramm-Darstellung erhalten Sie sofort eine Aussage über die Werteverteilung. So liegt je ein Wert zwischen 1000 und 2000, 3000 und 4000 sowie 5000 und 6000. Vier Werte liegen im Bereich von 2000 bis 3000 und fünf Werte zwischen 4000 und 5000. Mit dieser Darstellungsart werden statistische Bewertungen durchgeführt, bei denen Werte bestimmten Intervallen zugeordnet werden müssen. So ist z.B. auch die Notenverteilung einer Klassenarbeit oder die Bewertung der Waldschäden in definierten Schadensklassen sehr anschaulich darstellbar.

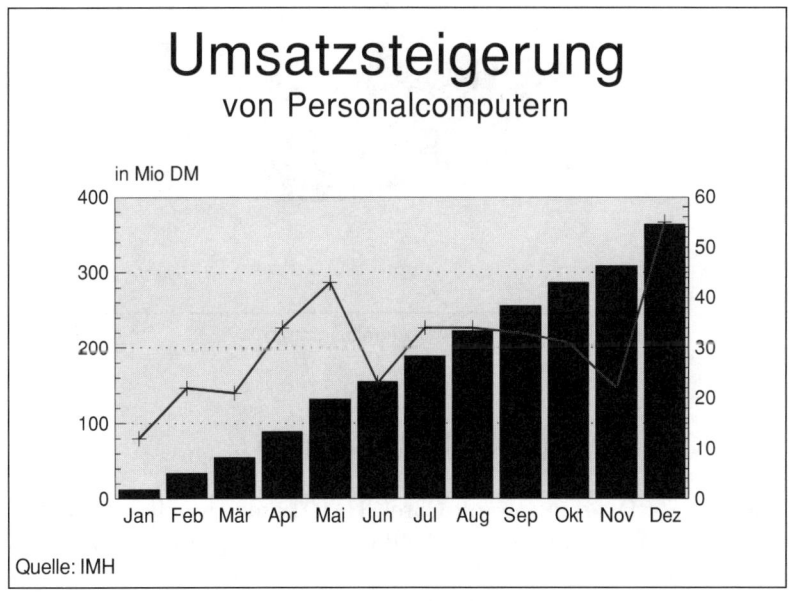

Abb. 17.14: Balken-/Liniendiagramm

Spektraldiagramme

Spektraldiagramme werden überwiegend im technischen Bereich eingesetzt. Sie sind Bereichsgrafiken sehr ähnlich, bei denen Werte matrixartig angeordnet werden. Die Zuweisung der Werte zu bestimmten Werteintervallen erfolgt durch die Farbkennzeichnung. Die Spektraldarstellung unterscheidet sich von Bereichsgrafiken durch die Datenmenge und durch den Anwendungsbereich. Mit Spektralgrafiken können Sie jede Art eines Werteverlaufs grafisch darstellen. Denken Sie dabei z.B. an ein Wärmebild einer Fensterscheibe oder an den auftretenden Windwiderstand an einer Fläche. Sie tragen in der X- und Y-Richtung die Koordinaten und im Datenbereich den Temperatur- oder Luftwiderstandswert ein. Anschließend erhalten Sie eine farblich abgestufte Darstellung der Werte, so daß Sie die kritischen Bereiche schnell erkennen.

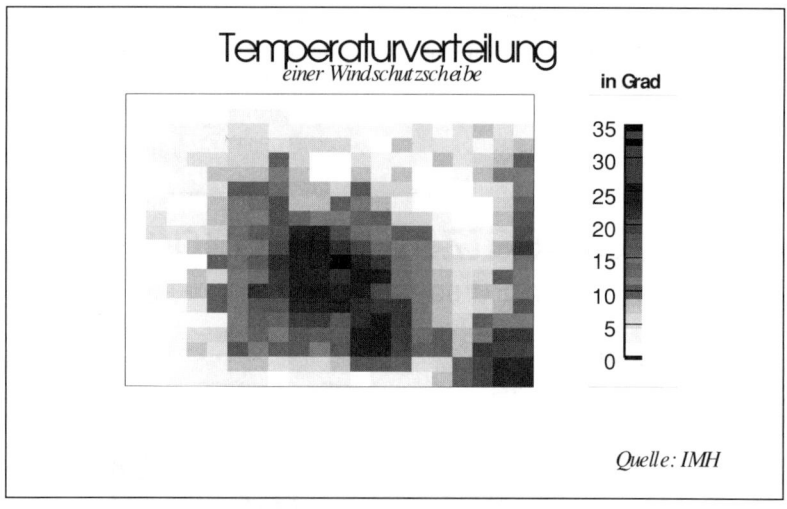

Abb. 17.15: Spektraldiagramm

CorelCHART! starten

Möchten Sie Diagramme mit CorelCHART! anlegen, klicken Sie im Programm-Manager innerhalb der Programmgruppe CorelDRAW! 3.0 auf das Sinnbild für CorelCHART!. Nach kurzer Zeit erscheint die Bedieneroberfläche von CorelCHART!.

Die Bedieneroberfläche

Die Bedieneroberfläche entspricht in ihrem Aussehen größtenteils der Oberfläche von CorelDRAW!, so daß Sie sich schnell zurechtfinden werden. Die Bedieneroberfläche ist in Abbildung 17.16 dargestellt. Neben der Menüleiste ist am linken Rand wieder die Schaltflächenreihe vorhanden, deren Hilfsmittel von oben nach unten folgende Bedeutung haben:

– Umschaltung zwischen Dateneingabe und Diagrammdarstellung

– Pfeil-Hilfsmittel zur Markierung, Skalierung und Verschiebung von Elementen

– Pop-Up Menü-Tool zur elementspezifischen Auswahl von Diagrammoptionen

– Zoom-Hilfsmittel zur Vergrößerung von Bildschirmausschnitten

– Linien-Hilfsmittel zur Eingabe von Linien, Polygonen, Freihandlinien und Pfeilen

– Rechteck-Hilfsmittel zur Eingabe von Rechtecken und Quadraten

– Ellipsen-Hilfsmittel zur Eingabe von Ellipsen und Kreisen

– Text-Hilfsmittel

– Linienattribute-Hilfsmittel zur Einstellung von Linienbreiten und -farben

– Füll-Hilfsmittel zur Eingabe von Füllfarben und Mustern

Die Hilfsmittel werden im wesentlichen wie in CorelDRAW! bedient. Abweichungen hiervon betreffen das Zoom- und das Linien-Hilfsmittel. Mit dem Linien-Hilfsmittel geben Sie Linien, Polygone, Freihandlinien und Pfeile ein. Es wird in Kapitel 21 eingehender beschrieben.

Vergrößern und Verkleinern

Das Zoom-Hilfsmittel enthält eine Reihe vorgegebener Vergrößerungs- und Verkleinerungsstufen. Durch Klicken auf eine dieser Schaltflächen wird die Darstellung angepaßt. Klicken Sie auf die Schaltfläche Seite, wird das Diagramm in die maximal verfügbare Arbeitsfläche eingepaßt.

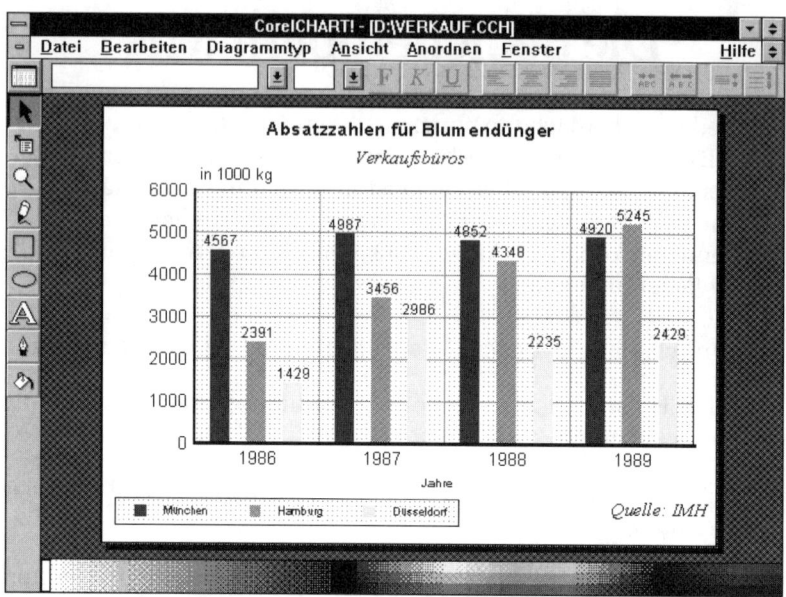

Abb. 17.16: Die Bedieneroberfläche von CorelCHART!

Unter der Menüleiste ist eine Funktions- und Schaltflächenreihe an-
geordnet, die aktiv wird, wenn Sie einen Text markieren oder das
Text-Hilfsmittel aktivieren. Mit den Funktionen dieser Reihe führen
Sie alle Funktionen zur Textmanipulation aus.

Den größten Bereich nimmt die Arbeitsfläche ein, in der in mehreren Fenstern Diagramme und zugehörige Dateneingabe-Bildschirme
eingeblendet werden können.

Unter der Arbeitsfläche wird die Farbpalette dargestellt. Zur Farben-
zuordnung markieren Sie das Objekt und klicken in der Palette mit
der linken Maustaste, um die Füllfarbe zuzuweisen. Mit der rechten
Maustaste wählen Sie die Umrißfarbe aus.

Das Hilfesystem Das Hilfesystem von CorelCHART! ist über den Menüpunkt HILFE
aktivierbar. Es entspricht im Aufbau dem Hilfesystem von
CorelDRAW!. Eine kontextsensitive Hilfe existiert nicht.

Ein neues Diagramm anlegen

Wenn Sie CorelCHART! gestartet haben, sind zunächst alle Funktionen inaktiv. Sie müssen daher eine neue Datei anlegen oder eine bestehende laden. Wenn Sie im Menü DATEI auf die Option NEU klicken, blendet CorelCHART! die Dialogbox NEU ein (Abbildung 17.17).

In der Auswahlliste DIAGRAMMTYP bestimmen Sie zunächst, welchen Typ das Diagramm haben soll. Orientieren Sie sich dabei an den theoretischen Ausführungen dieses Kapitels, damit Sie die richtige Wahl treffen. Markieren Sie den Diagrammtyp durch Klicken auf die entsprechende Option.

Anschließend wählen Sie im Feld BEISPIEL ein Musterdiagramm aus. CorelCHART! verfügt bereits über einige komplett gestaltete Diagramme für jeden Diagrammtyp. Sie können so sehr schnell ansprechende Diagramme anfertigen. Sie markieren ein Musterdiagramm durch Klicken auf die Darstellung. Das markierte Diagramm wird daraufhin rot umrandet. Unter den Musterdiagrammen wird eine Kurzbeschreibung des ausgewählten Diagramms angezeigt.

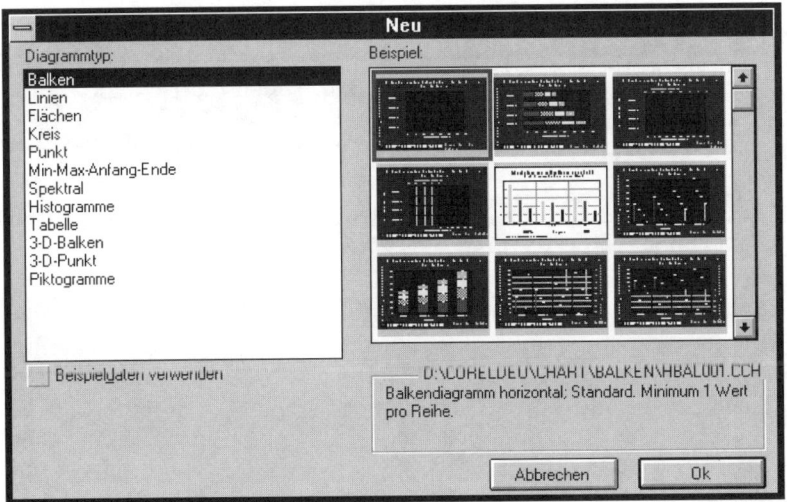

Abb. 17.17: Ein neues Diagramm anlegen

Anfänger sollten sich zuerst mit den Diagrammen vertraut machen und die Option BEISPIELDATEN VERWENDEN aktivieren. CorelCHART! fügt so Beispieldaten ein, um Ihnen die Zuordnung der Daten zu erleichtern. Im Dateneingabebildschirm können Sie diese Daten jederzeit überschreiben oder löschen.

Anhand des Beispiels aus Tabelle 17.2 werden Sie in den folgenden Abschnitten ein Balkendiagramm schrittweise aufbauen. Wählen Sie daher nun den Diagrammtyp Balken und das rechte Beispieldiagramm der zweiten Reihe. Sobald Sie das Diagramm ausgewählt haben, klicken Sie auf OK. CorelCHART! stellt jetzt den Dateneingabe-Bildschirm dar.

Der Dateneingabebildschirm

Der Dateneingabe-Bildschirm erinnert an das Formular einer Tabellenkalkulation (Abbildung 17.18). Die Arbeitsfläche ist matrixartig angeordnet, wobei jedes Feld der Matrix durch ein Koordinatenpaar bestimmt wird. Jede Spalte der Matrix wird durch einen Buchstaben, jede Zeile durch eine Zahl definiert.

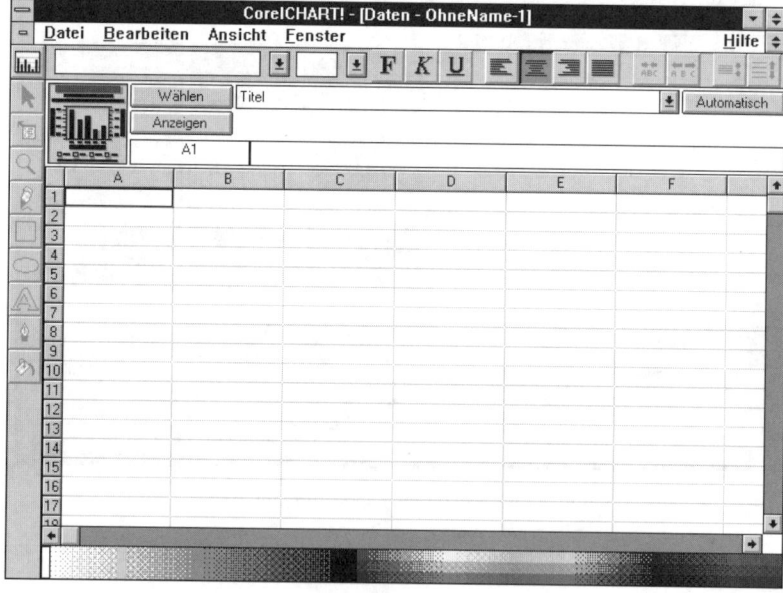

Abb. 17.18: Eine neue Grafik anlegen

Daten eingeben

In diese Matrix geben Sie nun die Daten aus Tabelle 17.2 ein. Orientieren Sie sich dabei an Abbildung 17.18. Die Anordnung der Daten ist frei wählbar, nur der Zahlenbereich mit den Spalten- und Zeilenbeschriftungen muß zusammenhängend sein. Trotzdem sollten Sie eine bestimmte Reihenfolge einhalten, um das Arbeitsblatt übersichtlich zu gestalten. Tragen Sie untereinander - jeweils durch eine Leerzeile getrennt - folgende Elemente ein:

– Titel

– Untertitel

– Fußnote

– X-Achsentitel

– Y1-Achsentitel

– Y2-Achsentitel (sofern erforderlich)

– Datenbereich mit Spalten- und Zeilenbeschriftungen

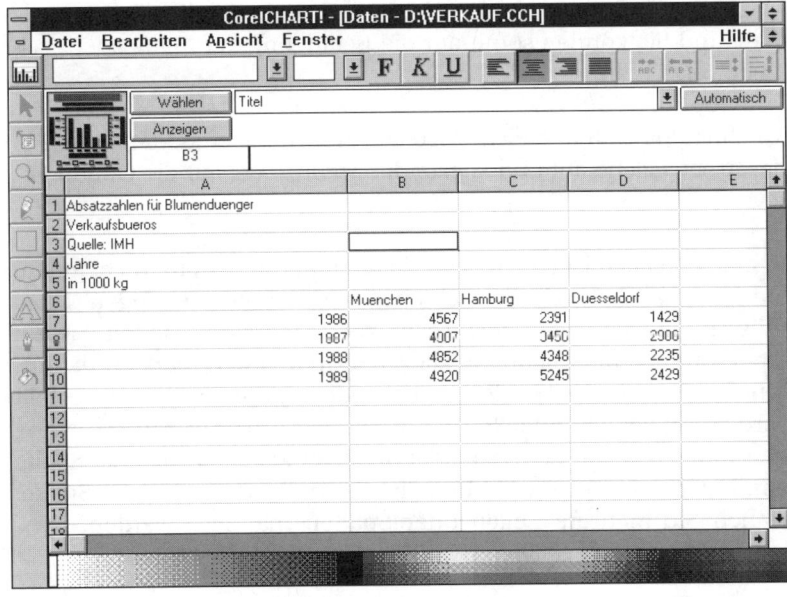

Abb. 17.19: Daten eingeben

*Geben Sie
Dezimaldaten
mit Punkt als
Dezimalzeichen
ein.*

In Abbildung 17.18 ist diese Aufteilung an unserem Beispiel dargestellt. Bevor Sie Daten eintragen, müssen Sie das Feld markieren, in
das Sie die Daten eingeben wollen. Sie markieren ein Feld, indem Sie
darauf klicken. Die Eingabezeile befindet sich unmittelbar über dem
Matrixbereich und ist zweigeteilt. Im linken Teil werden die Koordinaten der markierten Zelle angezeigt, im rechten Teil der Inhalt der
Zelle. Geben Sie nun Daten ein und drücken ⏎, wird der Inhalt dieser Zeile überschrieben. Möchten Sie Daten einfügen, klicken Sie in
der Eingabezeile an der Stelle, an der Sie die Daten eingeben möchten.

Daten bearbeiten

Wollen Sie Daten löschen oder korrigieren, markieren Sie die betref-
fenden Passagen durch Ziehen mit der Maus und Drücken von Entf.
Alternativ dazu klicken Sie in der Eingabezeile. Drücken Sie Entf, lö-
schen Sie das Zeichen rechts vom Cursor, drücken Sie ⇦, wird das
Zeichen links vom Cursor gelöscht. Durch Drücken von ⏎ oder
Klicken auf ein anderes Feld werden die Daten übernommen.

Um mehrere Zellen zu beschreiben, markieren Sie diese mit der
Maus. Durch Betätigen der ⏎-Taste wird die jeweils nächste Zelle
aktiv und Sie können somit auf die Betätigung der Maus oder ⇥-
Taste verzichten.

Möchten Sie Datenbereiche löschen, ziehen Sie eine Markierung in
der Arbeitsfläche auf und klicken im Menü DATEI auf die Option LÖ-
SCHEN.

*Spalten und
Zeilen einfügen
oder löschen*

In einigen Fällen ist eine globale Datenänderung erforderlich, indem
Sie Spalten oder Zeilen verschieben, löschen oder einfügen. Dazu
müssen Sie die Spalten oder Zeilen zuerst markieren, indem Sie auf
die Koordinatenbezeichnung klicken. CorelCHART! markiert daraufhin die gesamte Zeile oder Spalte, indem sie invertiert dargestellt
wird. Anschließend rufen Sie das Menü BEARBEITEN auf. Mit ZELLEN EIN-
FÜGEN fügen Sie vor der Zeile oder Spalte eine neue Zeile oder Spalte
ein. Mit ZELLEN LÖSCHEN löschen Sie die markierte Zeile oder Spalte.
Haben Sie mehrere Zeilen oder Spalten markiert, werden dementsprechend viele Spalten oder Zeile eingefügt oder gelöscht.

Möchten Sie eine Zeile verschieben, müssen Sie zuerst eine neue einfügen. Anschließend markieren Sie die zu verschiebende Zeile, übertragen sie mit BEARBEITEN AUSSCHNEIDEN in die Zwischenablage, markieren die neue Zeile und fügen den Inhalt der Zwischenablage mit dem Befehl BEARBEITEN EINFÜGEN wieder ein. Der Austausch von zwei Zeilen ist über die Option WECHSELN (im Menü ANSICHT) möglich. Klicken Sie dazu in der Dialogbox WECHSELN auf die Option ZEILEN und geben im Feld ERSTE ZEILE und ZWEITE ZEILE die Zeilennummern der Zeilen an, die ausgetauscht werden sollen. Mit Spalten verfahren Sie analog.

Möchten Sie in umfangreichen Tabellen zu einer bestimmten Zelle springen, klicken Sie im Menü ANSICHT auf die Option GEHE ZU ZELLE und geben die Koordinaten der Zelle ein. Sobald Sie auf OK klicken, markiert CorelCHART! diese Zelle.

Daten sortieren

Haben Sie Daten in unsortierter Form eingegeben und möchten diese sortieren, um beispielsweise eine leichtere Zuordnung treffen zu können, markieren Sie die Daten und klicken im Menü ANSICHT auf die Option SORTIEREN. In der Dialogbox SORTIEREN wählen Sie im Feld SORTIERMETHODE, ob Sie NACH ZEILEN oder NACH SPALTEN sortieren wollen. Im Feld SORTIERFOLGE bestimmen Sie die Reihenfolge der Sortierung. Wählen Sie STEIGEND, werden die Daten vom kleinsten zum größten Wert oder in alphabetischer Reihenfolge sortiert. Wählen Sie FALLEND, werden die Daten vom größten zum kleinsten Wert oder in umgekehrter alphabetischer Reihenfolge sortiert. Im Feld SORTIERSCHLÜSSEL geben Sie die Koordinate der Zeile oder Spalte ein, nach der Sie sortieren wollen. Haben Sie die Sortiermethode NACH ZEILEN gewählt, müssen Sie eine Spaltenkoordinate eingeben. Ist die Sortiermethode NACH SPALTEN aktiviert, tragen Sie eine Zeilenkoordinate ein.

Die Spaltenbreite ändern

Möchten Sie die Spaltenbreite ändern, um etwa den Titel vollständig lesen zu können, bewegen Sie den Cursor auf die Koordinatenleiste für Spalten. Stellen Sie den Cursor nun hinter der Spalte, deren Breite Sie ändern wollen, in den Bereich zwischen den Spal-

ten. Der Cursor nimmt die Form eines Doppelpfeils an. Bei gedrück-
ter linker Maustaste verschieben Sie nun eine Linie, die die neue
Spaltenbreite anzeigt. Sobald Sie die Maustaste loslassen, wird die
Spaltenbreite angepaßt. Ein Beispiel: Normalerweise befindet sich der
Diagrammtitel in Zelle A1 und ist so lang, daß er nicht vollständig dar-
gestellt werden kann. Sie möchten nun die Breite dieser Spalte ver-
größern. Stellen Sie dazu den Cursor auf den Bereich zwischen der
Koordinate A und B und verschieben die Linie nach rechts. Die
Spaltenbreite wird daraufhin vergrößert.

Daten importieren

Daten importieren

Neben der direkten Dateneingabe können Sie Daten natürlich auch
übernehmen. Sie haben dazu zwei Möglichkeiten: Sie können Daten
aus einem Programm in die Zwischenablage einfügen und in
CorelCHART! übernehmen. Dabei ist selbstverständlich auch eine
dynamische Datenverbindung möglich.

Eine weitere Möglichkeit haben Sie, indem Sie im Menü DATEI auf den
Menüpunkt DATEN IMPORTIEREN klicken. In der Dialogbox DATEI IMPOR-
TIEREN legen Sie im Feld DATEIFORMAT fest, welche Datei Sie einlesen
wollen, wählen die Datei aus und übertragen sie mit OK in den
Dateneingabe-Bildschirm.

Die Importoptionen des Feldes DATEIFORMAT beziehen sich auf die
Tabellendaten der Programme

- Lotus, *.WK?

- CSV Daten, *.CSV

- SSV Daten, *.TXT

- TSV Daten, *.TXT

- dBase, *.DBF

- DIF, *DIF

- Harvard Graphics bis 3.x (DOS-Version), *.CH?

- Excel in der Version 3.x, *.XLS

und dazu kompatiblen Formaten.

Daten formatieren

Die Formatierung der Daten im Eingabebildschirm erleichtert die Übersichtlichkeit innerhalb der Tabelle. Die Formatierung nehmen Sie über die Textattributzeile vor, die unter der Menüleiste angeordnet ist. So können Sie z.B. die Schriftart, die Schriftgröße oder den Schriftschnitt einstellen.

Diese Einstellungen beziehen sich unabhängig von der Markierung immer auf die gesamte Tabelle. Alle Formateinstellungen werden nicht in das Diagramm übernommen.

Die Textausrichtung ist dagegen auf die einzelne Zelle bezogen und kann über die Schaltflächen der Textattributzeile oder über die Menüoption AUSRICHTEN (im Menü ANSICHT) erfolgen. Die Ausrichtung ist linksbündig, rechtsbündig oder zentriert möglich. Die Schaltfläche für Blockausrichtung der Textattributzeile hat keine Funktion. Standardmäßig werden Texte linksbündig und Zahlen rechtsbündig ausgerichtet.

Das Zahlenformat stellen Sie ein, indem Sie im Menü ANSICHT auf die Option ZAHLENFORMAT klicken. In der eingeblendeten Dialogbox wählen Sie das Zahlenformat aus und klicken auf OK. Die Daten werden daraufhin in diesem Format dargestellt.

Diagrammelemente und Daten verknüpfen

Nachdem Sie die Daten eingegeben haben, müssen Sie die Felder den Diagrammelementen zuweisen. Sie markieren dazu das Feld, wählen in der Auswahlliste das Diagrammelement aus und klicken auf die Schaltfläche WÄHLEN. So kombinieren Sie nacheinander die einzelnen Felder mit den Diagrammelementen. Neben der Schaltfläche WÄHLEN ist ein stilisiertes Diagramm mit allen Diagrammelementen abgebildet. Wählen Sie ein Diagrammelement aus, wird es in diesem Diagramm rot markiert, um Ihnen die Auswahl zu erleichtern.

Bei manchen Diagrammelementen, wie bei Spalten- und Zeilenbeschriftungen sowie beim Datenbereich, ist es erforderlich, mehrere Felder zu markieren, bevor das Element zugewiesen wird. Ziehen Sie dazu die Markierung mit der Maus bei gedrückter linker Maustaste über mehrere Felder.

Die Zuweisung des Datenbereichs verdient besondere Beachtung. In der Dialogbox DEFINITION legen Sie nämlich fest, welche Felder zu einer Datenserie gehören. Sie rufen diese Dialogbox auf, indem Sie im Menü ANSICHT auf DEFINITION klicken. Anschließend bestimmen Sie, ob Datenserien durch Spalten oder Zeilen gebildet werden.

Zuordnung von Elementen überprüfen

Sobald Sie den Elementen die Felder zugewiesen haben, sollten Sie die Zuordnung noch einmal überprüfen. Wählen Sie dazu das Element in der Auswahlliste aus und klicken Sie auf die Schaltfläche ANZEIGEN. Haben Sie ein Feld zugewiesen, wird dieses Feld bzw. dieser Bereich markiert.

Die automatische Zuordnung von Diagrammelementen und Daten erleichtert die Arbeit erheblich. Haben Sie die Daten in der Form eingegeben, die einem der vorherigen Abschnitte beschrieben wurde, müssen Sie nun nur noch auf die Schaltfläche AUTOMATISCH klicken, um die Zuordnung auszuführen. Dabei werden alle Elemente mit Ausnahme der Achsenbeschriftungen automatisch zugeordnet. Die Achsenbeschriftungen müssen Sie manuell zuordnen.

Für unser Beispiel reicht es ebenfalls, auf AUTOMATISCH zu klicken. Anschließend weisen Sie der Bezeichung "Jahre" das Diagrammelement ACHSENBESCHRIFTUNG #1 (für die X-Achse) und der Bezeichnung "in 1000 kg" das Diagrammelement ACHSENBESCHRIFTUNG #2 (für die Y1-Achse) zu.

Die Datenorientierung stimmt aber noch nicht mit unseren Anforderungen überein. Die X-Achse soll durch die Jahreszahlen bestimmt werden, während die Verkaufsbüros als Legende angezeigt werden sollen. Was bedeutet dies diagrammtechnisch? Bei der jetzigen Darstellung werden die Jahreszahlen in Blöcken für ein Verkaufsbüro zusammengefaßt. Sie können so die Entwicklung der Absatzzahlen für jedes Büro getrennt erfassen. Unsere Darstellung soll primär Jahresvergleiche zwischen den Verkaufsbüros ermöglichen. Sie müssen dazu die Spalten und Zeilen für die Diagrammerzeugung anders ausrichten. Klicken Sie dazu im Menü ANSICHT auf die Option DEFINITION. In der Dialogbox wählen Sie die Optionen SPALTEN ALS DATENREIHEN und DATENWERTE SPALTENWEISE ANGEORDNET (VERTIKAL). Probieren Sie beide Ausrichtungsmöglichkeiten aus und schauen sich die verschiedenen Diagramm-Darstellungen an. Sie erreichen gänzlich unterschiedliche Aussagen.

Die Daten einer Tabelle sollten Sie zu Kontrollzwecken ausdrucken, besonders dann, wenn die Tabelle sehr umfangreich ist und die Gefahr besteht, daß Sie den Überblick verlieren. Sie müssen dazu einen Trick verwenden: Markieren Sie die Daten und übertragen diese in die Zwischenablage. Öffnen Sie anschließend Ihre Textverarbeitung, formatieren die Daten und drucken diese dann aus.

Sind die Zuweisungen korrekt, klicken Sie auf die Schaltfläche zur Diagrammdarstellung am oberen linken Rand unter der Menüleiste. CorelCHART! berechnet das Diagramm und stellt es im Diagrammeditor dar (Abbildung 17.20).

Der Diagrammeditor

Die Bedieneroberfläche des Diagrammeditors haben Sie zu Beginn dieses Kapitels schon kennengelernt. In den folgenden Abschnitten lernen Sie, wie Sie die Hilfsmittel und Funktionen verwenden, um Diagramme ansprechend und effektiv zu gestalten. Das Balkendiagramm, das aus den Daten von Tabelle 17.2 erstellt wurde, ist in Abbildung 17.20 dargestellt.

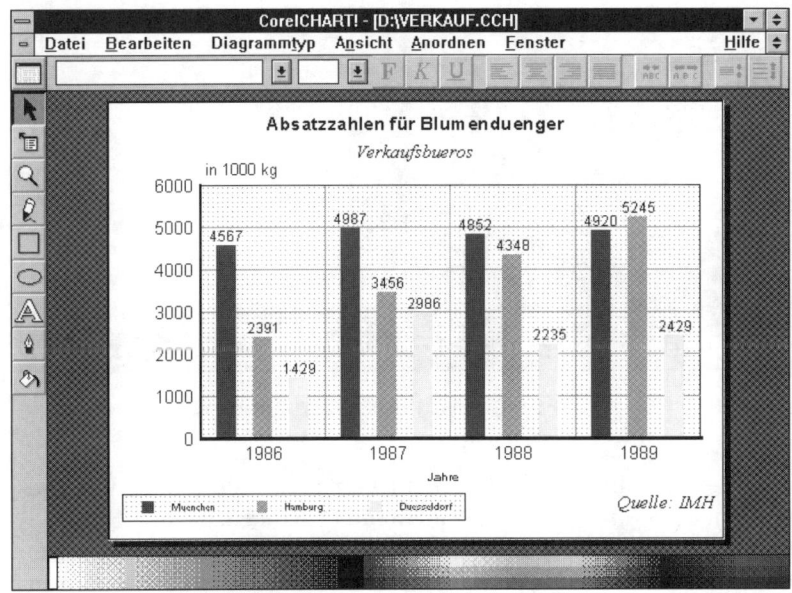

Abb. 17.20: Ein fertiges Diagramm im Diagrammeditor

In CorelCHART! können Sie auch mehrere Diagramme laden und gleichzeitig bearbeiten. So können Sie z.B. Daten oder Objekte zwischen den Diagrammen austauschen, indem Sie die Zwischenablage verwenden. Möchten Sie mehrere Diagramme bearbeiten, laden Sie diese zunächst. Anschließend klicken Sie im Menü FENSTER auf die Optionen ÜBERLAPPEND, NEBENEINANDER oder UNTEREINANDER, um die Diagramme und Dateneingabebildschirme gleichzeitig in der Arbeitsfläche darzustellen.

Sehr effektiv arbeiten Sie bei der Erstellung eines Diagramms, wenn Sie die Diagramm- und die Datendarstellung gleichzeitig anzeigen. So können Sie die Auswirkungen bei Datenveränderungen direkt im Diagramm verfolgen (Abbildung 17.21). Die Aktualisierung erfolgt allerdings erst mit Aktivierung des betreffenden Fensters.

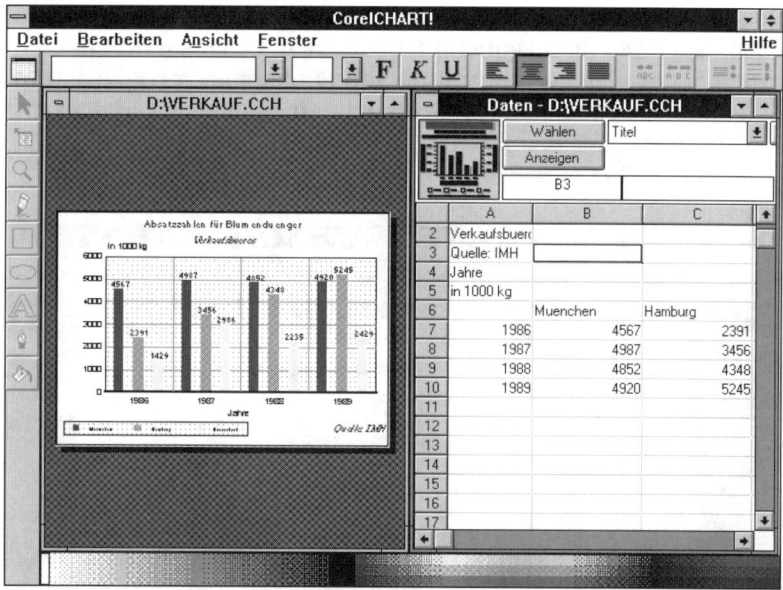

Abb. 17.21: Geteilter CorelCHART!-Bildschirm

Möchten Sie die Arbeit an einem von mehreren geladenen Diagrammen beenden, klicken Sie im Menü DATEI auf SCHLIEßEN. Entscheiden Sie nun, ob Sie die Änderungen übernehmen oder verwerfen wollen. Sobald Sie eine Auswahl getroffen haben, wird die Diagrammdatei geschlossen.

Die Seiteneinstellung

Die Seiteneinstellung ist für den nachfolgenden Ausdruck sehr wichtig. Klicken Sie im Menü DATEI auf die Option SEITENEINSTELLUNGEN. Sie können nun die AUSRICHTUNG und die SEITENGRÖSSE einstellen. Im Feld MASSE stellen Sie die Maßeinheit ein. Diese Option ist besonders dann sinnvoll, wenn Sie im Feld FREIES FORMAT eine eigene Seitengröße einstellen.

Sollte die Seitengrößen-Einstellung für die Standardformate Probleme bereiten, weil z.B. nicht die korrekte Seitengröße eingestellt wird, verwenden Sie die Option FREIES FORMAT.

Bildschirm neu aufbauen

Nach Verwendung mancher Bearbeitungsfunktionen wird das Diagramm nicht mehr vollständig dargestellt. Sie beheben dieses Problem, indem Sie im Menü FENSTER auf die Option FENSTER NEU ZEICHNEN klicken.

Bildschirmdarstellung auffrischen

Weiterhin wird das Diagramm nach jeder Änderung automatisch neu aufgebaut. Dieser Vorgang ist sehr rechenintensiv und erweist sich insbesondere bei langsamen Rechnern als zeitraubend. Durch Klicken auf die Option AUTOMATISCH AKTUALISIEREN deaktivieren (bzw. aktivieren bei erneutem Klicken) Sie den automatischen Neuaufbau des Diagramms.

Grafiken laden, speichern und exportieren

Nach Abschluß der Dateneingabe und Anfertigen des ersten Rohdiagramms sollten Sie das Diagramm speichern. Dies ist nur möglich, wenn der Diagrammeditor aktiv ist. Sie speichern das Diagramm, indem Sie im Menü DATEI auf die Option SPEICHERN klicken. In der Dialogbox DIAGRAMM SPEICHERN wählen Sie das Laufwerk und Verzeichnis aus und geben den Dateinamen ein. Im Feld NOTIZEN tragen Sie erläuternde Informationen ein.

Für unser Beispiel verwenden Sie den Dateinamen "Verkauf". Im Feld NOTIZEN geben Sie folgende Informationen ein:

```
Verkaufszahlen der Verkaufsbüros München, Hamburg und
Düsseldorf für die Jahre 86-89
```

Ist das Diagramm fertig gestaltet, können Sie CorelCHART! verlassen, indem Sie im Menü DATEI auf BEENDEN klicken. Eventuell nicht gespeicherte Änderungen können Sie jetzt noch sichern, indem Sie den entsprechenden Aufforderungen folgen.

Möchten Sie ein Diagramm noch einmal ausdrucken oder aktualisieren, müssen Sie die Datei laden. Klicken Sie dazu im Menü DATEI auf die Option ÖFFNEN, und wählen Sie in der Dialogbox den Pfad und den Dateinamen (Abbildung 17.22). Sobald Sie einen Dateinamen markiert haben, wird das Diagramm mit den Notizen im Vorschau-Fenster dargestellt.

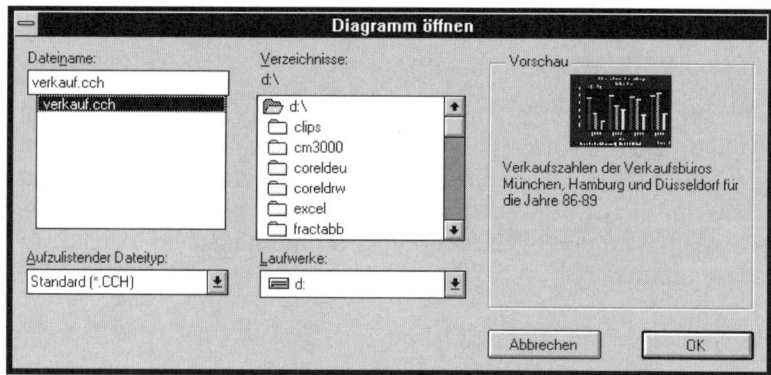

Abb. 17.22: Die Dialogbox DIAGRAMM ÖFFNEN

Sie laden das Diagramm nun, indem Sie auf OK klicken.

Grafiken exportieren

Diagramme finden in vielen Bereichen und Programmen Verwendung. Es ist daher verständlich, daß Sie die CorelCHART!-Diagramme in viele Formate konvertieren können. Klicken Sie dazu im Menü DATEI auf die Option EXPORTIEREN und wählen zunächst das Dateiformat aus.

Öffnen Sie dazu die Liste AUFZULISTENDER DATEITYP und wählen einen Eintrag aus. Anschließend definieren Sie den Pfad und tragen den Dateinamen ein. Mit OK starten Sie die Konvertierung.

Die Konvertierungsfilter von CorelCHART! und CorelDRAW! sind identisch. Sie sind im Verzeichnis \CORELDRW\FILTERS gespeichert. Die während der Buchproduktion vorliegende Version von CorelCHART! ermöglichte jedoch nur die Konversion in das BMP- und das PCX-Format. Dies steht in Abweichung zum Handbuch und zum Hilfesystem. Die nächsten Versionen werden diesen Fehler sicherlich nicht enthalten. Da das Exportieren prinzipiell wie in CorelDRAW! funktioniert, lesen Sie bitte die entsprechenden Abschnitte in Kapitel 14. Bis zu diesem Zeitpunkt kopieren Sie das Diagramm in die Zwischenablage, fügen es in CorelDRAW! ein und konvertieren es von dort aus. Verwenden Sie die Option DIAGRAMM KOPIEREN (im Menü BEARBEITEN), um das Diagramm in die Zwischenablage zu übertragen.

Diagramme bearbeiten

Sie haben bis zu diesem Zeitpunkt bereits Diagramme angelegt, gespeichert und anschließend CorelCHART! verlassen. Nun möchten Sie ein Diagramm an aktuelle Gegebenheiten anpassen und starten dazu CorelCHART!. Anschließend laden Sie das Diagramm, indem Sie im Menü DATEI auf ÖFFNEN klicken und in der Dialogbox die betreffende Datei auswählen.

Die nachfolgenden Beschreibungen beziehen sich auf die Gestaltung eines Balkendiagramms, sind aber so allgemeingültig gehalten, daß der Übergang zu anderen Diagrammtypen problemlos erfolgen kann.

Nach der Dateneingabe erzeugt CorelCHART! anhand der Einstellungen des ausgewählten Musterdiagramms ein Diagramm und stellt es im Diagrammeditor dar. Entspricht das Diagramm nicht Ihren Wünschen, können Sie es jetzt überarbeiten.

Die meisten Überarbeitungsfunktionen sind im Menü ANSICHT angeordnet. Dieses Menü ist diagrammspezifisch ausgeführt und enthält somit je nach Diagrammtyp andere Funktionen.

Den Diagrammtyp ändern

Diagrammtyp ändern

Den Diagrammtyp ändern Sie recht einfach, indem Sie im Menü DIAGRAMMTYP einen neuen Diagrammtyp auswählen. Diese Auswahl ist visuell möglich. Klicken Sie auf den Menüpunkt DIAGRAMMTYP, und halten Sie die Maustaste gedrückt. Sobald sich das Menü öffnet, ziehen Sie den Cursor auf einen Diagrammtyp. CorelCHART! öffnet ein Flyout-Menü mit mehreren Auswahlmöglichkeiten. Der aktuelle Diagrammtyp wird durch ein Häkchen gekennzeichnet. Ziehen Sie den Cursor in diesen Bereich und bewegen ihn über die Optionen. Über der Liste wird daraufhin ein stilisiertes Diagramm angezeigt, das die wesentlichen Optionen darstellt (Abbildung 17.23). Sobald Sie die Maustaste loslassen, wird das Diagramm entsprechend geändert.

Probieren Sie dies jetzt einmal aus: Laden Sie das Diagramm VERKAUF.CCH und klicken auf DIAGRAMMTYP. Ziehen Sie den Cursor auf LINIEN VERTIKAL und im Flyout-Menü auf STANDARD. Lassen Sie die Maustaste los und beachten die Änderung im Diagrammeditor. Sie sehen nun ein Liniendiagramm, das für die Beurteilung der Absatzzahlen noch viel besser geeignet ist als das Balkendiagramm. Schauen Sie sich Abbildung 17.24 an und überzeugen Sie sich davon.

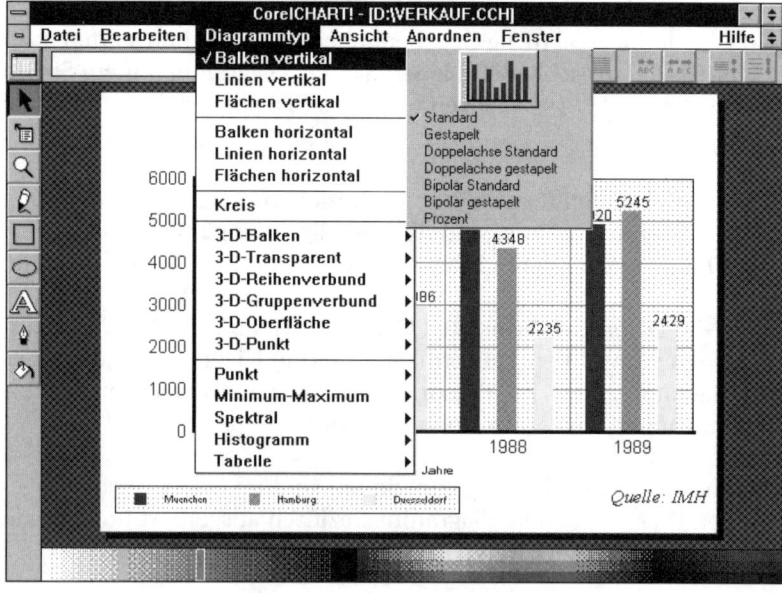

Abb. 17.23: Das Menü DIAGRAMMTYP

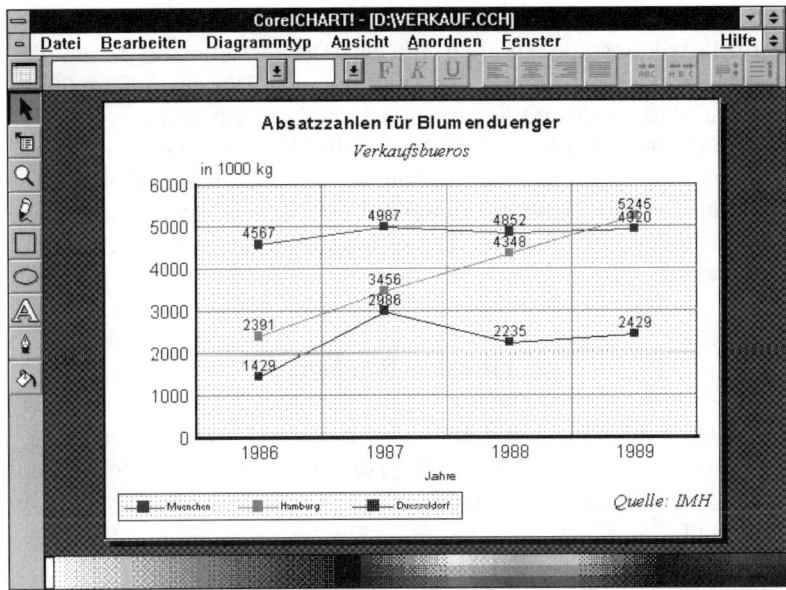

Abb. 17.24: Ein Liniendiagramm

Objekte markieren, verschieben und skalieren

Ein Diagramm ist in mehrere Bereiche aufgeteilt: den Datenbereich einschließlich der Achsenbeschriftung, die Legende, die Achsentitel sowie die Titel und die Fußnoten. Jeder dieser Bereiche ist getrennt einstell- und verschiebbar.

Sie markieren einen Bereich oder ein Element, indem Sie auf das Hilfsmittel Pfeil und dann auf das betreffende Element klicken. Möchten Sie ein Element verschieben, stellen Sie den Cursor auf dieses Element und verschieben es durch Bewegen des Cursors, während Sie die linke Maustaste gedrückt halten.

Größenänderungen sind nur an markierten Diagrammelementen möglich. Die Markierung wird durch die bereits bekannten acht kleinen Rechtecke gebildet. Durch Ziehen an einem der Rechtecke vergrößern oder verkleinern Sie ein Element. Unterschiedlich ist aber die Funktion der Flankenrechtecke für den Datenbereich.

Mit diesen Rechtecken können Sie Diagrammelemente des Datenbereichs weder stauchen noch strecken. Durch Ziehen an diesen Elementen verkleinern Sie z.B. den Datenbereich. Der eigentliche Effekt
aber ist, daß die Abstände zwischen den Beschriftungen vergrößert
oder verkleinert werden. Überschreitet die Skalierung eine bestimmte
Grenze, werden die Beschriftungen natürlich auch verkleinert. Dies
gilt allerdings nur dann, wenn Sie die Option TEXT AUTOMATISCH ANPAS-
SEN für die X- und Y-Achsen-Beschriftungen (im Menü ANSICHT) aktiviert haben.

Objekte löschen

Sie löschen ein Objekt, indem Sie es markieren und im Menü BEAR-
BEITEN auf LÖSCHEN klicken oder (Entf) drücken. Die Elemente sind allerdings nur temporär entfernt, denn sie werden lediglich nicht
angezeigt.

Wenn Sie die Beschriftungen allerdings wieder darstellen möchten,
verwenden Sie die Option ANZEIGESTATUS im Menü ANSICHT.

Texte zur Beschriftung verwenden

Titel, Untertitel und Fußnoten sind im Diagrammeditor jederzeit über
das Text-Hilfsmittel veränderbar. Klicken Sie dazu bei aktiviertem
Text-Hilfsmittel auf diese Elemente und ändern den Text oder stellen über die Textattributzeile andere Attribute ein.

Abbildung 17.25 zeigt diesen Sachverhalt. Alle anderen Elemente sind
in den Attributen, nicht aber im Textinhalt veränderbar.

Text eingeben

Möchten Sie einen Text eingeben, aktivieren Sie das Text-Hilfsmittel
und klicken in der Arbeitsfläche. Sie können nun Text eingeben.
Möchten Sie weitere Zeilen eingeben, drücken Sie (←). CorelCHART!
fügt daraufhin eine weitere Zeile ein.

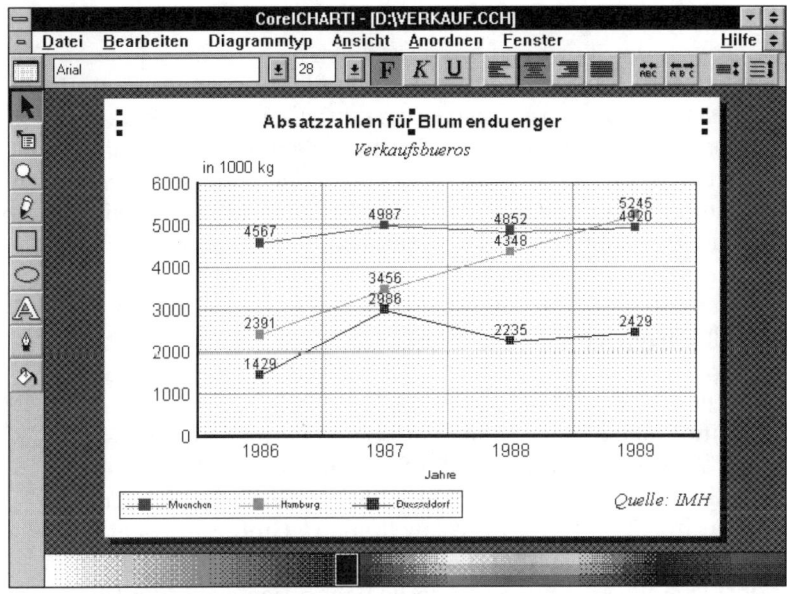

Abb. 17.25: Die Textattributzeile

Text überarbeiten

Während der Texteingabe können Sie den Text bereits überarbeiten. Der blinkende senkrechte Strich stellt die Texteingabepositon dar. Diesen Cursor können Sie mit den Pfeiltasten verschieben oder Sie klicken mit der Maus auf eine andere Stelle des Textes. Sie können nun Text einfügen oder löschen, indem Sie auf (Entf) oder (◁─) drükken.

Die nachträgliche Bearbeitung eines Textes entspricht diesem Vorgang. Sie aktivieren das Text-Hilfsmittel und klicken auf den Text. Mit der Maus können Sie jetzt aber mehrere Buchstaben markieren und löschen. Haben Sie mehrere Buchstaben markiert und geben dann einen Buchstaben ein, werden die markierten Buchstaben gelöscht. Darüber hinaus können Sie markierten Buchstaben Schriftattribute zuweisen.

Schriftattribute zuweisen

Die Textattributzeile ist unter der Menüleiste angeordnet und wird immer dann aktiv, wenn Sie einen editierbaren Text markieren. Sie können nun die Schriftart, die Schriftgröße und die Attribute einstellen. Haben Sie die Attribute Fett, Kursiv und Unterstrichen verwendet und möchten diese Zuweisung rückgängig machen, klicken Sie erneut auf die entsprechenden Schaltflächen.

Überarbeiten Sie nun das Diagramm VERKAUF.CCH, da die Textgestaltung noch nicht optimal ist:

- Titel: Schrift "Arial", Größe 58, Fettdruck
- Untertitel: Schrift "Arial", Größe 32, Fettdruck und Kursiv
- Y-Achsenbeschriftung: Schrift "Arial", Größe 18
- X-Achsenbeschriftung: Schrift 2Arial", Größe 24, Fettdruck
- Fußzeile: Schrift "Times New Roman", Größe 20, Kursiv

Sobald Sie alle Attribute zugewiesen haben, richten Sie die Texte noch aus. Das Diagramm sollte nun Abbildung 17.26 entsprechen.

 Vielleicht ist es Ihnen schon aufgefallen: Wenn Sie einen Text über die Schriftgröße-Auswahlliste sehr stark vergrößern, paßt dieser nicht mehr in den Textrahmen. In einem solchen Fall wird der Text zweizeilig dargestellt. Sie können nun noch versuchen, den Textrahmen durch Ziehen am linken und rechten Flankenrechteck zu vergrößern, um wieder eine einzeilige Darstellung zu erhalten.

Texte ausrichten

Möchten Sie Texte ausrichten, können Sie zwischen linksbündiger, zentrierter, rechtsbündiger oder Blocksatz-Ausrichtung auswählen. Markieren Sie dazu den Text und klicken auf die Schaltflächen der Textattributleiste. CorelCHART! richtet den Text daraufhin entsprechend aus.

Neben diesen Optionen können Sie Texte auch auf der Seite zentrieren. Sie markieren erst den Text und klicken dann im Menü ANORDNEN auf die Option AUF SEITE ZENTRIEREN. Anschließend wählen Sie aus, ob Sie den Text horizontal, vertikal oder in beiden Richtungen ausrichten wollen.

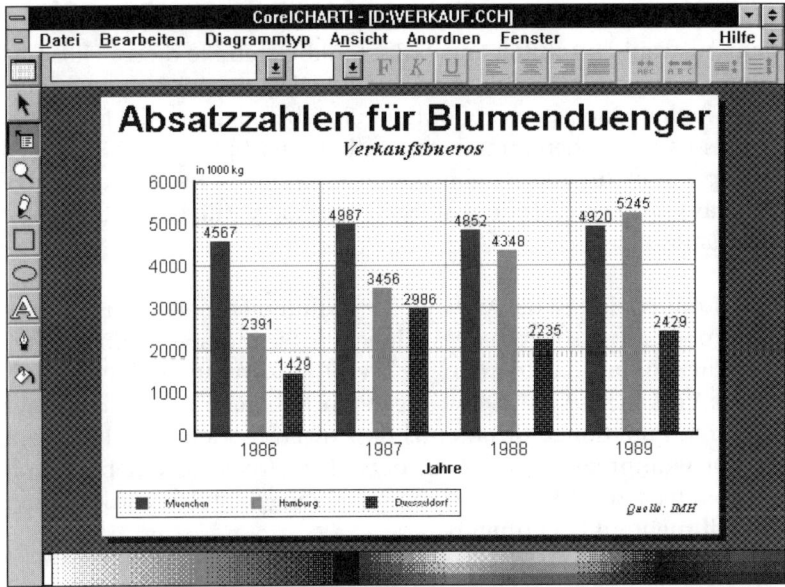

Abb. 17.26: Das Balkendiagramm nach der Textbearbeitung

Abstände ändern

Rechts neben den Ausrichtungsfunktionen sind zwei Schaltflächen angeordnet, mit denen Sie die Buchstabenabstände verkleinern oder vergrößern. Markieren Sie dazu den Text und klicken Sie auf die linke Schaltfläche, um den Abstand zu verkleinern, oder auf die rechte Schaltfläche, um ihn zu vergrößern. Schließlich sind auch die Zeilenabstände bei mehrzeiligen Texten veränderbar. Verwenden Sie dazu die beiden rechts plazierten Schaltflächen. Mit der rechten Schaltfläche vergrößern Sie die Zeilenabstände, mit der linken Schaltfläche werden die Abstände verkleinert.

Abstände ändern

Die kontextsensitiven Menüs

Wie Sie bereits wissen, enthält das Menü ANSICHT die diagramm-spezifischen Optionen zur Bearbeitung des Datenbereiches. Doch auch CorelCHART! verfügt über ein Bedienungselement, das Ihnen die Gestaltung von Diagrammen wesentlich vereinfacht. Dieses Element

Mit der rechten Maustaste rufen Sie das Pop-Up-Menü auf.

wird Hilfsmittel Popup-Menü genannt und ist als Schaltfläche unter dem Auswahl-Hilfsmittel angeordnet. Aktivieren Sie dieses Hilfsmittel und klicken Sie anschließend auf ein Diagrammelement, wird innerhalb der Arbeitsfläche ein Menü eingeblendet, das die für dieses Element spezifischen Funktionen enthält. In Abbildung 17.27 ist das Popup-Menü für die Balken dargestellt. Durch Klicken auf jedes Diagrammelement können Sie sich nun die verfügbaren Optionen anschauen.

Etwas kompliziert ist die Auswahl der Rasterlinien, sofern Sie das Diagramm nicht vergrößert dargestellt haben. Sie müssen schon sehr genau klicken, um das betreffende Menü aufzurufen. Sollten Sie mit dieser Vorgehensweise Schwierigkeiten haben, können Sie immer noch die Funktionen des Menüs Ansicht anwenden. Sobald Sie auf den Diagrammbereich innerhalb der Achsen (nicht auf einen Balken!) klicken, wird das Menü Balkendiagramm eingeblendet. Dieses Menü enthält mehrere Untermenüs.

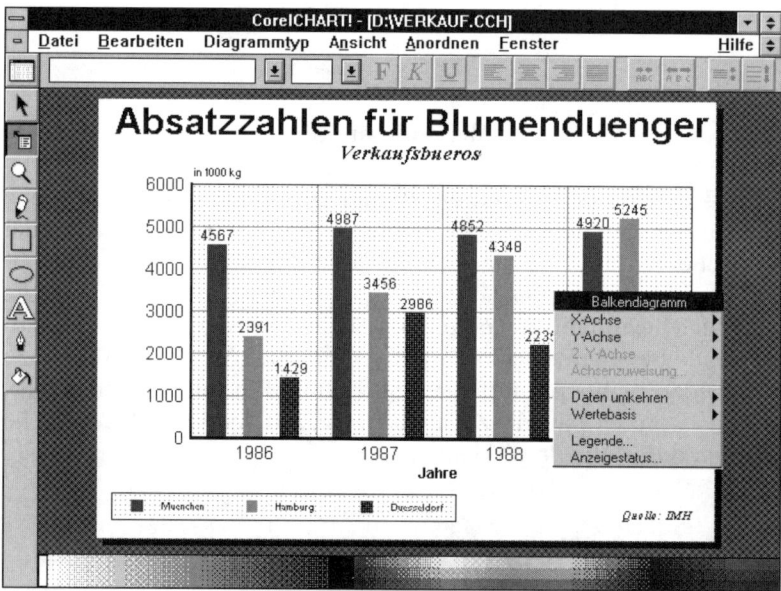

Abb. 17.27: Das Hilfsmittel Popup-Menü

Der Anzeigestatus

Obwohl Sie im Dateneingabebildschirm normalerweise alle Diagrammelemente eintragen, müssen Sie diese nicht unbedingt anzeigen. In der Dialogbox ANZEIGESTATUS (Abbildung 17.28), die Sie im Menü ANSICHT über ANZEIGESTATUS aufrufen, legen Sie fest, welche Elemente angezeigt werden sollen.

Globale Änderungen nehmen Sie über die Schaltflächen GESAMTER TEXT und OHNE TEXT vor. Klicken Sie auf die Schaltfläche GESAMTER TEXT, wird jeder Text angezeigt, klicken Sie auf OHNE TEXT, wird die Textdarstellung unterdrückt. Durch Klicken auf die entsprechenden Optionen aktivieren oder unterdrücken Sie die entsprechenden Textdarstellung.

Abb. 17.28: Das Dialogfeld ANZEIGESTATUS

Besonderes Augenmerk sollten Sie der Option DATENBESCHRIFTUNG schenken. Möchten Sie die Datenwerte, aufgrund derer die Balken berechnet werden, zusätzlich darstellen, aktivieren Sie diese Option. Legen Sie nun noch die POSITION der Beschriftungen in Bezug auf die Balken und das FORMAT der Datenwerte fest. Durch Klicken auf OK bestätigen Sie die Einstellungen.

Diagramme drucken

Sie drucken ein Diagramm aus, indem Sie im Menü DATEI auf die Option DRUCKEN klicken. Anschließend stellen Sie bei Bedarf den Drucker ein (Schaltfläche EINRICHTEN).

Die Optionen MARKIERUNG und SEITEN sind nicht aktiv.

Sie können nun noch die Anzahl der auszudruckenden Kopien einstellen. Mit der Option KOPIEN SORTIEREN könnten Sie Diagramme sortieren. Dies ist allerdings nicht nötig, weil immer nur dasselbe Diagramm ausgedruckt wird.

PostScript-Drucker drucken immer in höchster Qualität.

Die Druckqualität ist ebenfalls änderbar, um z.B. einen Entwurfs-Ausdruck anfertigen zu können. Eine geringere Druckqualität vermindert die Zeit für einen Ausdruck erheblich. Die Beurteilung eines Diagramms ist allerdings auch bei geringerer Druckqualität möglich.

Möchten Sie das Diagramm zu einem späteren Zeitpunkt oder auf einem anderen System ausdrucken, aktivieren Sie die Option IN DATEI AUSGEBEN. Die Druckdaten des Diagramms werden daraufhin in eine Datei geschrieben, deren Dateinamen Sie eingeben müssen, sobald Sie auf OK geklickt haben. Druckdateien haben die Dateinamenerweiterung .PRN.

Schablonen verwenden

Während Sie im Menü DIAGRAMMTYP einzelne Diagrammtypen auswählen, können Sie, wenn Sie im Menü DATEI auf NEU klicken, ein Musterdiagramm auswählen, das bereits alle notwendigen Formatierungen enthält. Sie können die Formatierung von Diagrammen aber auch nachträglich auf bereits eingegebene Daten anwenden. Sie klicken dazu einfach im Menü DATEI auf die Option VORLAGE VERWENDEN und wählen ein Diagramm aus. Dabei werden nur die Formatierungen auf das bestehende Diagramm angewendet, nicht aber die Daten der Schablone.

Sie erhalten auf diese Weise ähnliche Diagramme, die beim Betrachter den Eindruck auslösen, als stammten sie aus einer Serie. Der
Gewöhnungsprozeß an eine Formatierung findet daher nur einmal
statt, so daß nachfolgende Auswertungen oder Beurteilungen von Diagrammen meist wesentlich schneller und wirkungsvoller erfolgen.

Die Musterdiagramm-Galerie erweitern

Die Musterdiagramm-Galerie ist sehr leicht erweiterbar. Haben Sie
eigene Diagramme erzeugt und möchten diese als Musterdiagramme
häufiger einsetzen, können Sie die Diagramme so speichern, daß sie
beim Anlegen eines neuen Diagramms in der Diagrammübersicht
angezeigt werden. Im Verzeichnis \CORELDRW\CHART existieren mehrere Unterverzeichnisse, die auf die entsprechenden Grafiktypen verweisen. Speichern Sie ein Kreisdiagramm also beispielsweise in dem
Verzeichnis ab, das alle Muster-Kreisdiagramme enthält, wird es beim
nächsten Aufruf der Option NEU in der Diagramm-Übersicht angezeigt. Abbildung 17.29 zeigt das Diagramm VERKAUF.CCH in der Ga-
lerie, das als Musterdiagramm im Verzeichnis \CORELDRW\CHART\BALKEN
abgespeichert wurde.

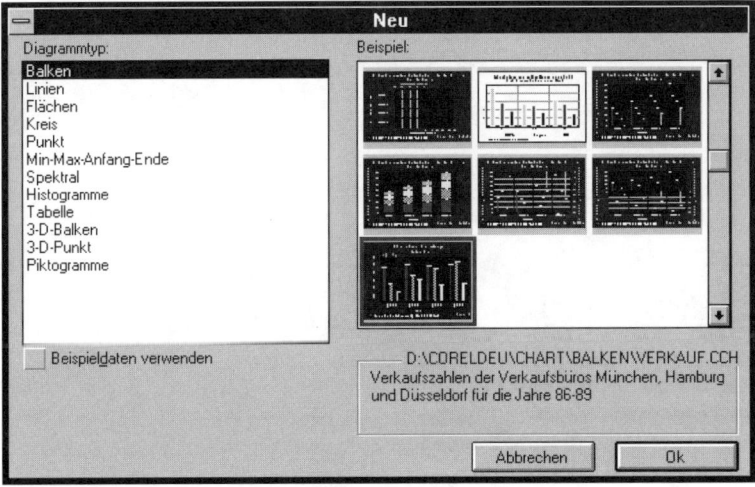

Abb. 17.29: Die erweiterte Musterdiagramm-Galerie

Zusammenfassung

Nachdem Sie dieses Kapitel durchgearbeitet haben, können Sie bereits einfache Diagramme anfertigen und durch Texte variabel gestalten. Sie kennen die Bedieneroberfläche von CorelCHART! und einige Spezialfunktionen.

Das nächste Kapitel beschäftigt sich mit der Anwendung von Tabellengrafiken und Kreisdiagrammen. Neben der notwendigen Theorie werden alle Optionen zur Gestaltung von Tabellen sowie Kreis- und Ringdiagrammen beschrieben.

18

Tabellengrafiken und Kreisdiagramme anfertigen

Wie Sie in Kapitel 17 feststellen konnten, ist die Auswahl des passenden Grafiktyps für die Veranschaulichung der Hauptaussage einer Grafik bzw. Präsentation von großer Bedeutung. Mit Hilfe von Textgrafiken können Sie die wichtigsten Aussagen Ihrer Präsentation zusammenfassen, die Abfolge von Diagrammen auflockern und eine Erwartungshaltung bei Ihren Zuhörern aufbauen. Denken Sie daran, daß Textgrafiken grundsätzlich ohne zusätzliche Erläuterungen zu verstehen sein müssen.

Kreisdiagramme eignen sich gut zur Darstellung von Werten als Teilen eines Ganzen. Betrachten Sie zum Beispiel die Verkaufszahlen einer Firma, bezogen auf ein Jahr. Läßt sich die Gesamtsumme der Verkaufszahlen auf verschiedene Abteilungen der Firma verteilen, so repräsentiert jedes Segment des Kreisdiagramms den jeweiligen Anteil einer Abteilung an der Gesamtsumme. Beachten Sie, daß jedes Kreissegment ein einzelnes Datenelement der Wertereihe abbildet, der Kreis als Ganzes somit die gesamte Wertereihe repräsentiert.

Anwendungsbereiche für Textgrafiken

Wenn Sie Informationen geschickt präsentieren, indem Sie Ihre Textgrafiken aufeinander aufbauen, können Sie leicht die Aufmerksamkeit Ihres Publikums steigern. Diese Methode bietet sich zum Beispiel für die Vermittlung der Hauptthemen einer Präsentation an. Verwenden Sie in einer Präsentation nach dem Titeldiagramm eine Grafik, die zunächst nur ein Themengebiet der Präsentation nennt.

Präsentieren Sie nun die Unterpunkte zu diesem Hauptthema. Nach der stichwortartigen Besprechung dieser Unterthemen präsentieren Sie eine zweite Grafik, die zusätzlich zu dem ersten Thema ein zweites aufführt. Verfahren Sie bei der Präsentation der übrigen Haupt- und Unterthemen in der gleichen Art und Weise, indem Sie jede nachfolgende Grafik um ein Thema erweitern. So wartet das Publikum mit Spannung darauf, welches Thema Sie als nächstes anführen.

Die verschiedenen Textgrafiktypen

Prinzipiell existieren drei Textgrafiktypen:

– Titeldiagramm
– Liste
– Tabelle

Für jeden Textgrafiktyp sollten Sie eine begrenzte Zahl von Eingabe-
zeilen verwenden. Ein Titeldiagramm sollte maximal 4 Textzeilen,
eine Stichwortliste 8 Zeilen und eine Tabelle 10 Zeilen und maximal
4 Spalten umfassen. Ein Titeldiagramm ist hervorragend zur Einleitung bzw. Zusammenfassung einer Präsentation geeignet.

Stichwortlisten

Das Zeichen, mit dem ein Listenpunkt eingeleitet wird (z. B. • oder -),
unterstreicht die Wichtigkeit eines jeden einzelnen Aspekts. Mit Hilfe
von Einleitungszeichen können Sie auch zusammengehörige Teil-
aspekte unter einem Punkt der Stichwortliste zusammenfassen. Benutzen Sie jedoch nicht allzu viele Listenpunkte, da Ihre Textgrafik und
Ihre Präsentation sonst monoton wirkt.

Tabellen

Zwei- und dreispaltige Tabellengrafiken eignen sich hervorragend zur
Darstellung von kurzem Text, Zahlen oder Kombinationen aus Text
und Zahlen, wie z.B. bei Finanzdaten. Überlegen Sie auch, ob bei numerischen Daten ein anderer Grafiktyp besser paßt. Häufig bietet es
sich an, anhand einer Tabellengrafik alphanumerische Daten aufzu-
listen, die Relationen zwischen den einzelnen Werten einer Serie jedoch zusätzlich mit einem Diagramm zu verdeutlichen.

Bereichsgrafiken

Weisen Sie Werten eines Wertebereiches eine genau definierte Farbe zu, unterstreichen Sie deren Zusammengehörigkeit. Zahlen aus
einem Wertebereich sind damit durch eine Farbe gekennzeichnet.

Durch den Indikator Farbe werden Zahlenkolonnen leichter lesbar und verständlicher. Dies gilt insbesondere bei statistischen Auswertungen in Verbindung mit regionaler Aufschlüsselung, bei denen Werte farbig gekennzeichnet werden, um sie in eine bestimmte Gruppe einzuordnen und Verbindungen oder Zusammenhänge aufzeigen zu können.

Aussagekräftige Textgrafiken gestalten

Neben der Wahl eines geeigneten Textgrafiktyps spielt die Gestaltung der Grafik durch weitere Elemente wie Rahmen und Textattribute eine wichtige Rolle. Das Erscheinungsbild einer Grafik bestimmt nämlich den Eindruck, den Ihr Publikum von Ihnen und Ihrem Unternehmen gewinnt. Wenn Ihre Grafiken effektvoll, übersichtlich und leicht zu verstehen sind, ist das Publikum auch geneigt, Sie und Ihr Unternehmen positiv einzuschätzen.

Einheitliche Darstellungsformate sind übrigens der wichtigste Aspekt bei der Gestaltung von Grafiken. Benutzen Sie bei einer Grafik einen Rahmen, sollten Sie auch die anderen Grafiken Ihrer Präsentation mit einem Rahmen versehen. Wählen Sie ebenso für alle Grafiken einer Präsentation die gleiche Schriftart. Ihre Präsentation, besonders das Logo und das Erscheinungsbild der Grafiken, sollte im Stil zu den anderen Präsentationen Ihres Unternehmens passen. Ständige Änderungen verursachen den Eindruck eines schlecht organisierten und wenig konsequenten Unternehmens.

Tabellengrafiken anlegen

Tabellengrafiken legen Sie wie jedes andere Diagramm über die Option NEU im Menü DATEI an. In der Dialogbox NEU wählen Sie den Menüpunkt TABELLE und anschließend eines der Musterdiagramme. Anschließend tragen Sie die Daten im Dateneingabebildschirm ein. Unser Beispieldiagramm aus Kapitel 17 ist jedoch durchaus zur Tabellendarstellung geeignet. Laden Sie daher das Diagramm VERKAUF.CCH von der Beispieldiskette, und klicken Sie im Menü DIAGRAMMTYP auf die Option TABELLE und dann auf STANDARD. CorelCHART! verwandelt das Balkendiagramm daraufhin in eine Tabellengrafik (Abbildung 18.1).

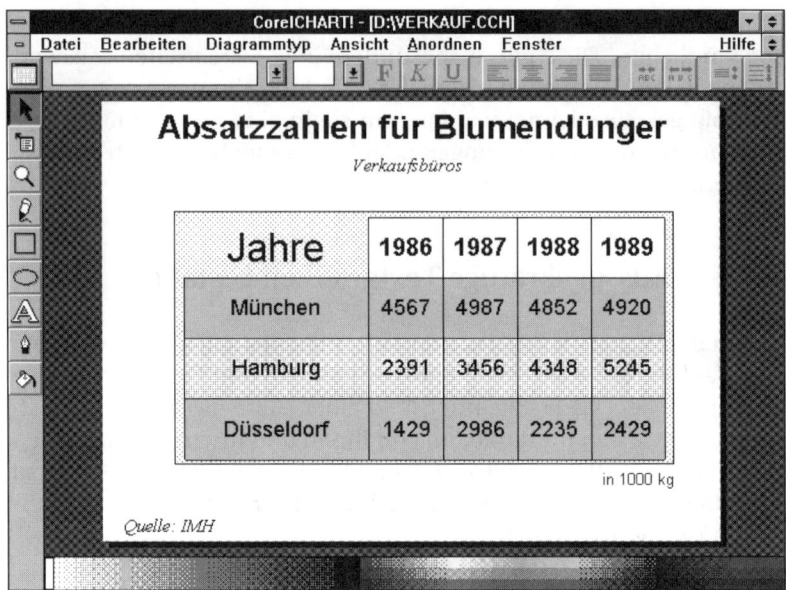

Abb. 18.1: Eine Tabellengrafik

Wie Sie sehen, werden die Achsenbeschriftungen noch dargestellt. Sie müssen diese Beschriftungen im Dateneingabebildschirm löschen.

Tabellengrafiken gestalten

Die Gestaltung von Tabellengrafiken ist über die Optionen des Menüs ANSICHT oder das Popup-Menü möglich. In Abbildung 18.1 sehen Sie verschiedene Optionen. Die Tabellengrafik enthält verschiedene Rasterlinien zwischen den Spalten und Zeilen. Weiterhin sind die Zeilen farblich voneinander abgehoben. Möchten Sie diese farbliche Zuordnung ändern, klicken Sie im Menü ANSICHT auf die Option EINSTELLUNGEN. CorelCHART! blendet daraufhin die Dialogbox EINSTELLUNGEN FÜR TABELLENDIAGRAMME ein (Abbildung 18.2). Mit den Optionen dieser Dialogbox stellen Sie die Farbgebung ein. Im Feld ZEILEN-/ SPALTENFARBE AUSWÄHLEN bestimmen Sie, ob die Tabelle farblich unterschieden werden soll oder nicht (Option KEINE FARBUNTERSCHEIDUNG). Die beiden anderen Optionen ermöglichen Ihnen, die Spalten oder die Zeilen einer Tabelle farblich voneinander abzusetzen. Möchten Sie die Überschriften ebenfalls farbig darstellen, klicken Sie auf die Option ÜBERSCHRIFTEN EINBEZIEHEN.

Abb. 18.2: Die Dialogbox EINSTELLUNGEN FÜR TABELLENDIAGRAMME

Das Feld ZEILEN-SPALTENFARBE FESTLEGEN ist für die Häufigkeit des Farbwechsels verantwortlich. Mit der Option ANZAHL DER ZEILEN (SPALTEN) ZWISCHEN HILFSLINIEN bestimmen Sie, wieviele Zeilen oder Spalten sich zwischen zwei Hilfslinien befinden. Zusammenhängende Farbbereiche, die über mehrere Zeilen hinausgehen, erhalten Sie, wenn Sie den Wert bei der Option ANZAHL DER ZEILEN PRO FARBE erhöhen. Geben Sie z.B. 2 ein, werden immer zwei untereinanderliegende Zeilen in der selben Farbe dargestellt. Der Farbumfang wird mit der Option ANZAHL DER GEWÄHLTEN FARBEN definiert.

Möchten Sie für jede Zeile oder Spalte eine eigene Farbe verwenden, geben Sie hier einen Wert ein, der der Anzahl der Zeilen oder Spalten entspricht. Sobald Sie auf OK klicken, wird jede Tabellenzeile oder -spalte in einer anderen Farbe dargestellt. Über die Farbpalette können Sie die Farbe jederzeit ändern, indem Sie eine Zelle der Spalte oder Zeile markieren und anschließend eine andere Farbe wählen.

Die beste Darstellung mit der größten Lesbarkeit erhalten Sie bei einem zeilenweisen Farbwechsel mit zwei Farben.

Die Darstellung von Rasterlinien können Sie im Menü ANSICHT über die Option HILFSLINIEN & UMRAHMUNG vornehmen. In der gleichnamigen Dialogbox sind die Rasterlinien und Umrahmungen einer Tabelle in Schaltflächenform angeordnet. Klicken Sie auf eine Schaltfläche, wird die Darstellung von Rasterlinien unterdrückt oder aktiviert. Aktivierte Rasterlinien und Umrahmungen werden dunkelgrau dargestellt, deaktivierte hellgrau. Mit der Option ALLE AUSWÄHLEN stellen Sie alle Rasterlinien dar, mit ALLE AUSBLENDEN unterdrücken Sie die Darstellung der Linien.

Die Rasterlinien sind nicht einzeln auswählbar. Sie können entweder alle Spalten-Rasterlinien oder alle Zeilen-Rasterlinien aktivieren bzw. deaktivieren. Dies gilt analog für Spalten- und Zeilenbeschriftungen.

Im Menü ANSICHT sind weitere Optionen angeordnet. Mit den Optionen EINHEITLICHE ZELLENBREITE und EINHEITLICHE ZELLENHÖHE veranlassen Sie CorelCHART!, die Tabelle mit identischen Spaltenbreiten oder Zeilenhöhen aufzubauen.

Die Option TABELLE AUTOMATISCH ANPASSEN sollten Sie unbedingt aktivieren. CorelCHART! paßt die Tabelle daraufhin nämlich an die maximal verfügbare Diagrammfläche an, vergrößert sie also maximal. Der ANZEIGESTATUS ermöglicht die Darstellung oder Unterdrückung von Titel, Untertitel und Fußzeile.

Anwendungsbereiche für Kreisdiagramme

Wenn Sie Daten als Prozentangaben darstellen wollen, sollten Sie zunächst eine Darstellung als Kreisdiagramm in Betracht ziehen. Da sich Kreisdiagramme gut dazu eignen, Teile eines Ganzen darzustellen, können Sie verschiedene Datentypen, wie zum Beispiel

- Verkaufszahlen
- Ausgaben- und Budgetzahlen
- Marktanteile
- Bevölkerungsstrukturen
- Verteilungen

in Form von Kreisdiagrammen oder Ringdiagrammen veranschaulichen. Bei Ringdiagrammen handelt es sich um eine spezielle Darstellung eines Kreisdiagramms.

Haben Sie sich für den DIAGRAMMTYP KREIS entschieden, überlegen Sie,
ob Sie Ihre Daten gegebenenfalls durch mehrere Kreisdiagramme
darstellen müssen. Denken Sie daran, daß ein Kreis nur eine Wertereihe darstellen kann. Veranschaulichen Sie die Finanzdaten zweier
Jahre dementsprechend durch zwei Kreisdiagramme. Nur so sind Sie
in der Lage, prozentuale Veränderungen der Datenelemente gegenüber dem Vorjahr klar und deutlich zu erkennen.

Obwohl Sie - wie Sie noch sehen werden - grundsätzlich beliebig viele
Kreisdiagramme in einer Grafik darstellen können, wirkt eine Grafik
um so mehr, je schlichter sie ist.

Haben Sie also überlegt, wieviele Kreisdiagramme Sie für die Präsentation Ihrer Daten benötigen, müssen Sie sich als nächstes für eine
Variante des Kreisdiagramms entscheiden. Sie haben hier mehrere
Auswahlmöglichkeiten. Sie können zwischen einem Kreisdiagramm
mit herausgeschnittenen Segmenten, proportionalen Kreisdiagrammen, Ringdiagrammen und Kreisdiagrammen mit 3D-Effekt
wählen. Einige Varianten des Kreisdiagramms wollen wir in den folgenden Abschnitten etwas genauer betrachten.

Kreissegmente hervorheben

Sie können ein Datenelement Ihres Kreisdiagramms leicht hervorheben, indem Sie das Segment aus dem Kreisdiagramm "herausschneiden". Bei der Darstellung der Verkaufszahlen einer Firma bietet es
sich z.B. an, das Segment, das die Abteilung mit dem größten
Verkaufsanteil darstellt, besonders hervorzuheben. Beschränken Sie
sich jedoch auf die Hervorhebung von einem oder zwei Segmenten,
da zuviele herausgeschnittene Segmente den Vergleich der Datenelemente erschweren und die Grafik unübersichtlich machen.

Kreis- und Säulendiagramm verknüpfen

Manchmal möchten Sie zwar ein Kreisdiagramm für die Darstellung Ihrer Daten verwenden, haben aber zugleich den Eindruck, daß die Zahl der Datenelemente zu groß ist. Die einzelnen Segmente sind in solch einem Fall nur schwer zu vergleichen. Auch lassen sich die Bezeichnungen nicht unmittelbar den jeweiligen Segmenten zuordnen. Sie umgehen dieses Problem jedoch, wenn Sie mehrere Werte in einem Segment zusammenfassen. Mit einem zweiten Kreis- oder Säulendiagramm schlüsseln Sie dann das Segment weiter auf.

Grundsätzlich haben Sie nicht die Möglichkeit, kombinierte Kreis-/Säulendiagramme anzufertigen. In Kapitel 20 lernen Sie jedoch, wie Sie das Problem durch Verwendung von CorelCHART! und Corel-DRAW! lösen.

Bei proportionalen Kreisdiagrammen aufpassen

Obwohl Sie zwei oder mehr Kreisdiagramme innerhalb einer Grafik verwenden können, um Relationen zwischen diesen darzustellen, kann es vorkommen, daß Sie Ihr Publikum - wenn auch unbeabsichtigt - optisch täuschen. Abbildung 18.3 zeigt zwei proportionale Kreisdiagramme, die die Verkaufszahlen zweier Produkte einer Firma darstellen. Den Verkaufszahlen nach wird Produkt A doppelt so oft verkauft wie Produkt B. Folglich müßte Kreisdiagramm 1 doppelt so groß sein wie Kreisdiagramm 2. Stimmt das?

Wenn Sie mit "Nein" antworten, haben Sie sich - wie sicherlich auch andere - täuschen lassen.

Dieses Beispiel verdeutlicht, wie schwer es ist, proportionale Beziehungen zwischen Kreisdiagrammen richtig einzuschätzen. Mathematisch berechnet ist Kreisdiagramm 1 nämlich tatsächlich doppelt so groß wie Kreisdiagramm 2. Unter Berücksichtigung des Aspekts, daß Ihre Grafiken immer so anschaulich wie möglich sein sollen, vermeiden Sie am besten proportionale Kreisdiagramme.

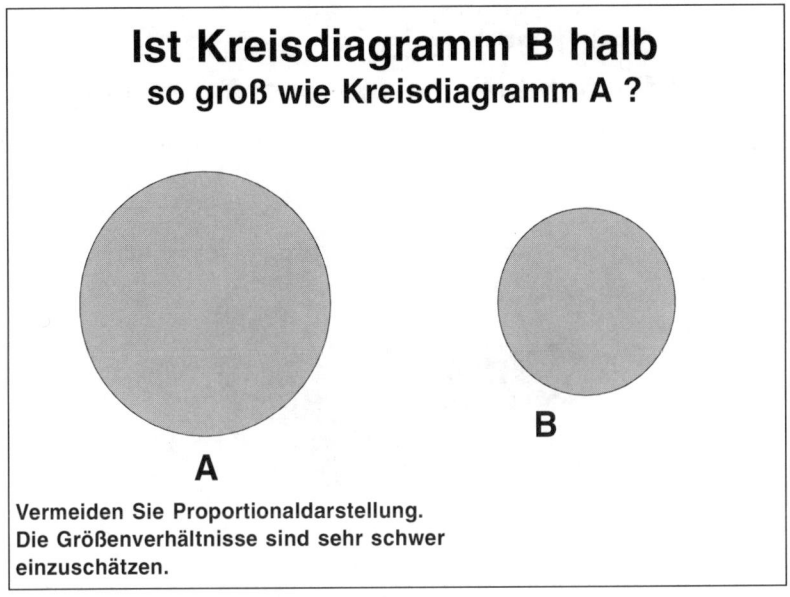

Ist Kreisdiagramm B halb
so groß wie Kreisdiagramm A ?

A

B

Vermeiden Sie Proportionaldarstellung.
Die Größenverhältnisse sind sehr schwer
einzuschätzen.

Abb. 18.3: Proportionale Kreisdiagramme

Kreisdiagramme mit 3D-Effekt darstellen

Wie bei proportionalen Kreisdiagrammen kann es auch bei 3D-Kreisdiagrammen passieren, daß Ihr Publikum optisch getäuscht wird, und zwar in diesem Fall aufgrund der Dreidimensionalität. Abbildung 18.4 zeigt ein Kreisdiagramm, das genau in zwei Hälften geteilt ist. Da die dem Betrachter nähere Hälfte heller ist als die andere, wirkt sie größer.

Da Sie bei Verwendung des 3D-Effekts Relationen schlecht erkennen können, sollten Sie diesen Effekt möglichst sparsam verwenden. Andernfalls ist es leicht möglich, daß Ihr Publikum an der Glaubwürdigkeit Ihrer Darstellung zweifelt. Achten Sie auch darauf, daß die Aussage Ihrer Grafik nicht durch zu viele Effekte überdeckt wird. Die wichtigste Funktion einer Grafik besteht darin, zu informieren. Der Stil ist zweitrangig.

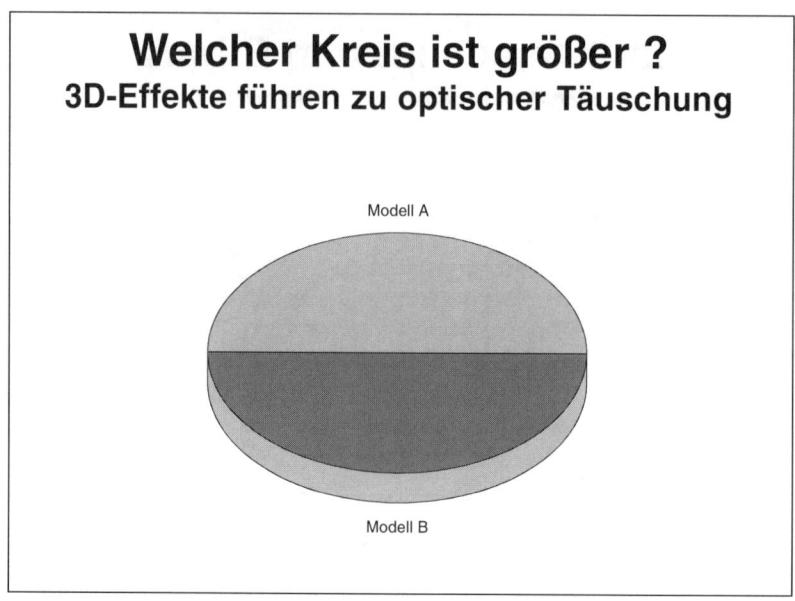

Abb. 18.4: Ein Kreisdiagramm mit 3D-Effekt

Kreisdiagramme anfertigen

Benutzen Sie immer Prozentangaben in Ihren Kreisdiagrammen. Hinzugefügte DM-Beträge sind eher optional.

Ein Kreisdiagramm oder Ringdiagramm erzeugen Sie, indem Sie im Menü DATEI auf die Option NEU klicken und in der gleichnamigen Dialogbox den Diagrammtyp KREIS auswählen. Nachdem Sie im Feld BEISPIEL ein Musterdiagramm ausgewählt und auf OK geklickt haben, erscheint der Dateneingabebildschirm.

Elementzuweisung im Dateneingabebildschirm

Das Vorschaufenster mit den Diagrammelementen zeigt nun ein stilisiertes Kreisdiagramm. Da Sie mit einem Kreisdiagramm auch nur eine Datenreihe darstellen können, ändern sich natürlich auch die Diagrammelemente. Schauen Sie sich einmal Abbildung 18.5 an, in dem die erste Datenreihe unseres Balkendiagramms als Kreisdiagramm dargestellt wird.

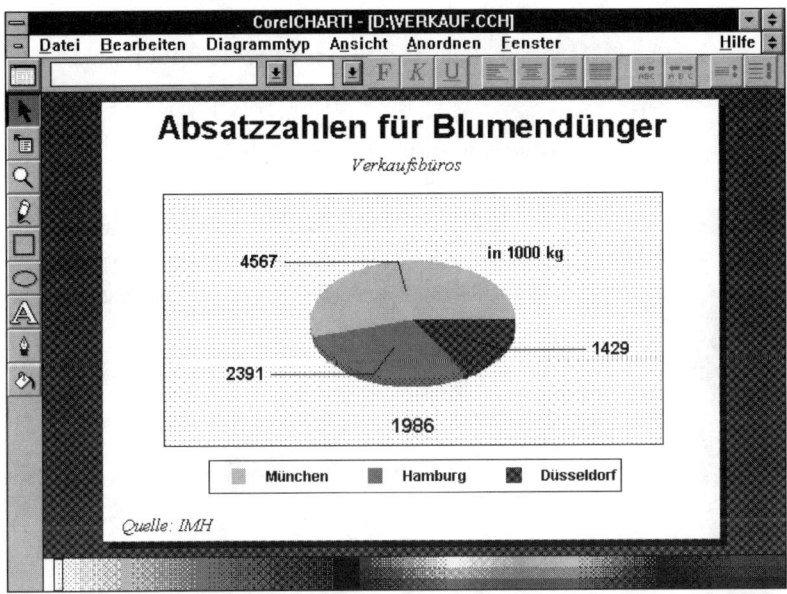

Abb. 18.5: Das Balkendiagramm als Kreisdiagramm

Die Diagrammelemente Titel, Untertitel und Fußzeile haben die gleiche Funktion wie bei Balkendiagrammen. Der Datenbereich umfaßt bei einem Kreisdiagramm nur eine Datenreihe, aus der die Kreissegmente gebildet werden. Die Spaltenüberschriften München, Hamburg und Düsseldorf bilden die Segmentbezeichnungen, die optional auch als Legende angezeigt werden können. Die Zeilenüberschrift ist unter dem Kreisdiagramm als Kreistitel angeordnet und wird in unserem Beispiel durch die Jahreszahl 1986 gebildet. Darüber hinaus ist der Kreistitel als Diagrammelement separat einstellbar.

Die Funktion eines Kreistitels ist bei einfachen Kreisdiagrammen von untergeordneter Bedeutung, weil nur eine Datenreihe definiert ist. Sobald Sie aber ein Diagramm mit mehreren Kreisen anfertigen, benötigen Sie eine eindeutige Zuordnung von Datenreihen zu Kreisen. Diese Zuordnung wird durch die Verwendung von Kreistiteln realisiert. Probieren Sie beide Anwendungsfälle einmal aus. Laden Sie das Diagramm VERKAUF.CCH und ändern den Diagrammtyp, indem Sie im Menü DIAGRAMMTYP KREIS und anschließend im Flyout-Menü auf die Option KREIS klicken. CorelCHART! stellt die erste Datenreihe des Balkendiagramms als Kreisdiagramm dar (Abbildung 18.5).

Die Bedeutung von Kreistiteln wird in Abbildung 18.6 deutlich. Hier wurde im Flyout-Menü anstelle der Option KREIS die Option MEHRFACH-KREISE gewählt. Sie erkennen, daß die vier definierten Datenreihen durch vier Kreise dargestellt werden, wobei die Jahreszahlen als Kreistitel eine eindeutige Identifikation ermöglichen.

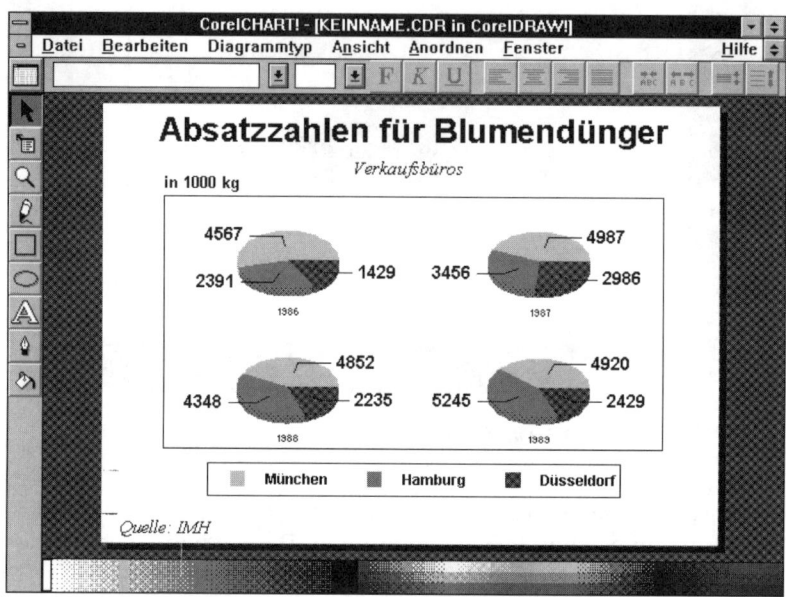

Abb. 18.6: Kreisdiagramm mit mehreren Kreisen

Kreis- und Ringdiagramme formatieren

Die Optionen für Kreisdiagramme sind so voreingestellt, daß ein dreidimensionales Kreisdiagramm erstellt wird. Die Datenwerte werden als Segmentbeschriftungen dargestellt, während die Spalten-überschriften als Legende angeordnet sind. Möchten Sie dieses Standard-Diagramm in anderer Form gestalten, verwenden Sie die Optionen des Menüs ANSICHT (im Diagrammbearbeitungsmodus).

Kreise drehen und sortieren

Die wichtigsten Datenelemente sollten bei der 3 Uhr-Stellung des Kreisdiagramms beginnen und gegen den Uhrzeigersinn angeordnet sein, wobei jedes nachfolgende Segment eine etwas hellere Farbe haben sollte. Da CorelCHART! die Farben normalerweise automatisch auswählt, müssen Sie sich nur dann selbst Gedanken darüber machen, wenn Sie die Kreise mit der Option ANSICHT KREIS DREHEN neu anordnen.

Sortieren Sie die Segmente in der Regel nach ihrer Größe, beginnend mit dem größten Segment in 12 Uhr-Stellung. Verwenden Sie dazu die Sortierfunktion im Dateneingabebildschirm. Etwas anderes ist es, wenn Sie ein bestimmtes Element besonders hervorheben wollen.

Kreisoptionen

Die Kreisoptionen werden zur Gestaltung der Kreise verwendet, beeinflußen die Aussagekraft einer Grafik aber nur in der bereits angesprochenen Form, sofern Sie 3D-Effekte verwenden oder den Kreis drehen. Die Optionen sind ausnahmslos im Menü ANSICHT in den beiden oberen Bereichen angeordnet. Über die Menüoptionen, die am rechten Rand des Menüs ein Dreieck enthalten, öffnen Sie Flyout-Menüs, die verschiedene Optionen und ein Vorschaufenster zur Beurteilung der Effekte enthalten.

Die Besonderheit dieser Menüs ist, daß Sie die Gestaltungsoptionen nicht kontinuierlich einstellen können, sondern je fünf Optionen zur Auswahl haben. Mit einer dieser fünf Optionen unterdrücken Sie dabei den jeweiligen Effekt. In Abbildung 18.7 sind die Auswirkungen der verschiedenen Optionen exemplarisch dargestellt.

Durch Ziehen und Festhalten an der entsprechenden Option mit der Maus werden die Effekte im Vorschaufenster dargestellt.

Gehen wir zunächst von einem Kreisdiagramm in dreidimensionaler Darstellung aus. Der Neigungswinkel des Kreises ist über die Option KREIS NEIGEN einstellbar. Je stärker Sie den Kreis neigen, desto flacher wird die Kreisdarstellung. Die Dicke eines Kreises steht in unmittelbarem Zusammenhang mit der 3D-Darstellung. Klicken Sie im Menü ANSICHT auf die Option KREIS VERSTÄRKEN, wird der 3D-Effekt geändert. Wählen Sie die Option GERING, wird die Kreisscheibe flacher, wählen Sie MAXIMUM, nähert sich die Darstellung einem Zylinder.

Abb. 18.7: Optionen zur Kreisdarstellung

Mit der Option Kreis drehen können Sie den Kreis um vier verschiedene Winkel entgegen des Uhrzeigersinns drehen. Die Option Kreisgröße bestimmt, mit welchen Ausmaßen die Kreise in der Diagrammfläche angezeigt werden.

Eine echte zweidimensionale Darstellung eines Kreises ist nur durch Änderung von zwei Optionen möglich. Zunächst stellen Sie die Option Kreis neigen auf Nicht neigen. Der Kreis wird daraufhin in frontaler Ansicht dargestellt, enthält am unteren Rand aber noch die 3D-Kontur. Diese Kontur sollten Sie nun über den Befehl Ansicht Kreis verstärken entfernen, indem Sie in diesem Flyout-Menü die Option Nicht verstärken aktivieren. Anschließend erhalten Sie eine perfekte zweidimensionale Darstellung.

Sektor ausrücken und löschen

Die Hervorhebung eines bestimmten Sektors zur Verdeutlichung eines bestimmten Sachverhalts ist, wie Sie bereits wissen, durch Herausschneiden eines Kreissegmentes möglich.

Diese Funktion heißt in CorelCHART! Sektor ausrücken und ermöglicht das Herausschneiden beliebiger Sektoren in vier verschiedenen Stufen. Bevor Sie ein Kreissegment herausrücken, müssen Sie es markieren, indem Sie darauf klicken. Anschließend klicken Sie im Menü Ansicht auf die Option Sektor ausrücken und wählen im Flyout-Menü eine Option aus.

In gleicher Weise können Sie die Darstellung von Kreissegmenten unterdrücken. Markieren Sie dazu das Segment und klicken im Menü Ansicht auf die Option Sektor löschen. Das Segment wird daraufhin gelöscht. Möchten Sie die Segmente wieder anzeigen, klicken Sie auf dic Option Alle Sektoren wiederherstellen.

Legenden und Beschriftungen

Obwohl die Verwendung von Legenden in Kreisdiagrammen eher ungewöhnlich ist, kann sie die Übersichtlichkeit beträchtlich vergrößern. Stellen Sie als Segmentbeschriftung nämlich sowohl die Sektorenwerte als auch die Sektorennamen dar, wird der verfügbare Platz bereits sehr knapp. Bei Mehrfachdiagrammen führt dies in den allermeisten Fällen zu einer Überlappung der Beschriftungen. Möchten Sie aus diesem Grund eine Legende darstellen, klicken Sie im Menü ANSICHT zuerst auf die Option ANZEIGESTATUS. In der Dialogbox ANZEIGESTATUS KREISDIAGRAMM wählen Sie nun, welche Diagrammbeschriftungen angezeigt und welche unterdrückt werden. Für die Darstellung einer Legende aktivieren Sie die Option LEGENDE und deaktivieren die Option SEKTORENNAMEN.

Anschließend wird die Legende innerhalb der Diagrammfläche dargestellt. Die Formatierung und Plazierung der Legende nehmen Sie nun über die Option LEGENDE (im Menü ANSICHT) vor (Abbildung 18.8).

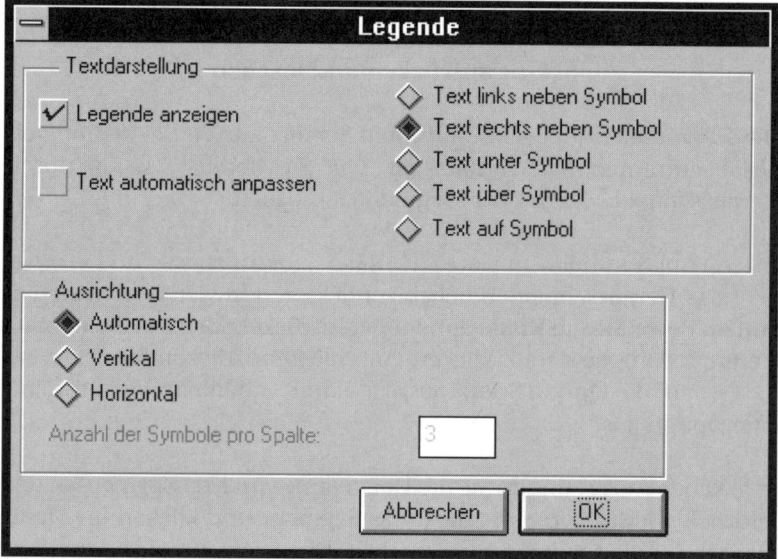

Abb. 18.8: Die Dialogbox LEGENDE

Die Dialogbox ist in zwei Bereiche unterteilt: Im Feld TEXTDARSTELLUNG bestimmen Sie die Textausrichtung in Bezug auf das Legendensymbol. Die Legendensymbole sind als Quadrat ausgeführt und korrespondieren in der Farbe mit dem jeweiligen Segment. Über die Optionen im rechten Bereich des Feldes wählen Sie, auf welcher Seite des Legendensymbols der Text erscheint. Die Option TEXT AUTOMATISCH ANPASSEN sollten Sie immer aktiviert lassen, da die Textgröße so automatisch eingestellt wird.

Der zweite Bereich ist durch das Feld AUSRICHTUNG begrenzt und betrifft die Anordnung der Legendenelemente zueinander. Klicken Sie auf die Option AUTOMATISCH, paßt CorelCHART! die Legende anhand voreingestellter Werte automatisch an. Mit der Option VERTIKAL stellen Sie die Legendenelemente untereinander in Spaltenform dar. Klicken Sie auf die Option HORIZONTAL, werden die Elemente in Zeilenform nebeneinander angeordnet. Im Feld ANZAHL DER SYMBOLE PRO SPALTE (bzw. ZEILE) bestimmen Sie, wieviele Elemente maximal in einer Spalte oder Zeile angeordnet werden.

Die Segmentzeiger verbinden die Kreissegmente mit den zugehörigen Beschriftungen. Die Änderung der Segmentzeiger ist immer erforderlich, wenn sich Beschriftungen überlappen. Enthält ein Kreisdiagramm viele Segmente, kommt es vor, das sich die Beschriftungen eines Segments überlappen. In diesem Fall verlängern Sie die Segmentzeiger, um die Abstände zu vergrößern. Überlappen sich aber die Beschriftungen zweier Kreise in einem Mehrfachdiagramm, müssen Sie die Segmentzeiger kürzen.

Die Segmentzeiger sind im Menü ANSICHT über die Option BESCHRIFTUNGSLINIEN in ihrer Länge einstellbar. In der folgenden Dialogbox BESCHRIFTUNGSLINIEN (Abbildung 18.9) sehen Sie ein herausgeschnittenes Kreissegment mit einer Beschriftungslinie. Diese Linie weist einen Knick auf und wird durch drei Knoten gebildet. Durch Ziehen an diesen Knoten können Sie nun die verschiedensten Beschriftungslinien erzeugen. Die Auswirkungen werden in den Feldern Horizontal, Länge der Beschriftungslinie und Abstand vom Mittelpunkt mit prozentualen Werten angegeben. Diese Felder dienen nur zur Kontrolle. Die grafische Darstellung ist zur Beurteilung der Beschriftunglinien wesentlich besser geeignet.

Mit den Optionen LEGENDE und BESCHRIFTUNGSLINIEN haben Sie die Plazierung von Beschriftungen festgelegt. Die Gestaltung der Beschriftungen ist über die Textattributzeile möglich. Die Sektorenwerte können über die Option ZAHLENFORMAT (im Menü ANSICHT) gestaltet werden. Sie sollten die Grundstruktur eines Kreisdiagramms aber nicht außer Acht lassen und Werte deswegen im Prozent-Format anzeigen, sofern dies möglich ist.

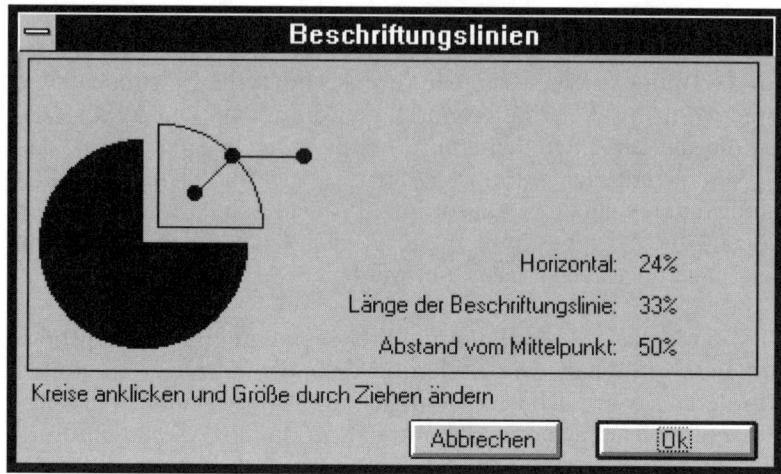

Abb. 18.9: Die Dialogbox BESCHRIFTUNGSLINIEN

In Abbildung 18.10 sind verschiedene Darstellungsmöglichkeiten für Legenden und Beschriftungslinien exemplarisch aufgeführt. Die Darstellungsreihenfolge der Werte einer Datenreihe ist umkehrbar. Klicken Sie dazu im Menü ANSICHT auf die Option DATEN UMKEHREN und anschließend auf REIHEN UMKEHREN. Ein Beispiel: Die erste Datenreihe unseres Beispiels enthält die Daten in der Reihenfolge 4567, 2391 und 1429. Die Segmente werden genau in dieser Reihenfolge angezeigt. Haben Sie die Option REIHEN UMKEHREN gewählt, werden die Segmente in der Reihenfolge 1429, 2391 und 4567 dargestellt. Auch die Reihenfolge der Datenreihen ist umkehrbar. Klicken Sie dazu im Menü ANSICHT erneut auf die Option DATEN UMKEHREN und wählen anschließend die Option GRUPPEN UMKEHREN.

Mehrfachdiagramme generieren und formatieren

In Abbildung 18.6 wird bereits ein Mehrfach-Kreisdiagramm dargestellt. Mehrfachdiagramme können Sie für Kreise und Ringe anlegen, indem Sie im Menü DIAGRAMMTYP die Optionen des Flyout-Menüs KREIS verwenden. Die Darstellung mehrerer Kreise oder Ringe in einem Diagramm wird sehr schnell unübersichtlich. Sie sollten daher maximal zwei Kreise in einem Diagramm verwenden. Müssen Sie mehr als zwei Datenreihen grafisch darstellen, überlegen Sie, ob die Verwendung eines anderen Diagrammtyps nicht sinnvoller ist.

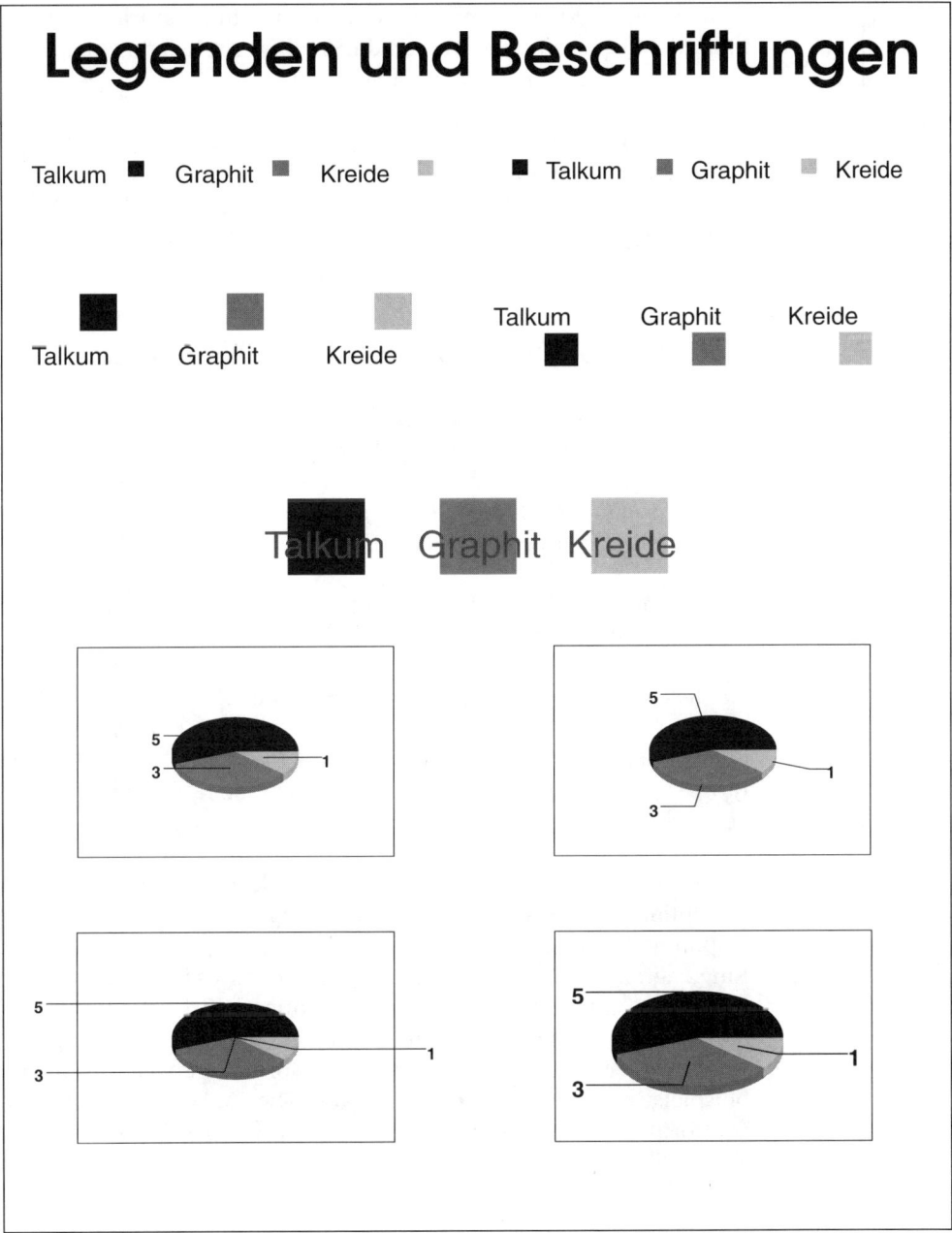

Abb. 18.10: Legenden und Beschriftungen

Proportionale Kreis- oder Ringdiagramme sind natürlich nur als Mehrfachdiagramm verwendbar, da Sie ohne ein Referenzdiagramm keine geänderte Proportion feststellen können.

Die Anordnung der Diagramme ist im Menü ANSICHT über die Option ANZAHL PRO ZEILE definierbar. Klicken Sie auf diese Option, bestimmen Sie in der Dialogbox, wieviele Kreise in einer Zeile dargestellt werden. Sobald Sie auf OK klicken, ändert CorelCHART! das Diagramm anhand des eingestellten Wertes.

Zusätzliche Optionen bei Ringdiagrammen

Ringdiagramme sind spezielle Darstellungsformen von Kreis-diagrammen. Sie vermitteln die gleiche Aussage und teilen ebenfalls Werte einer Datenreihe als Teil eines Ganzen auf. Der Unterschied ist, daß der Innenbereich des Kreises nicht ausgefüllt ist, so daß dadurch eine ringförmige Darstellung entsteht.

In Abbildung 18.11 ist das Kreisdiagramm aus Abbildung 18.5 als Ringdiagramm dargestellt.

Sie stellen ein Ringdiagramm dar, indem Sie den Diagrammtyp ändern. Klicken Sie im Menü DIAGRAMMTYP auf die Option KREIS und dann im Flyout-Menü auf die Option RING. CorelCHART! stellt daraufhin ein Ringdiagramm dar, das mit zusätzlichen Optionen im Menü ANSICHT gestaltet werden kann.

Die zusätzlichen Optionen betreffen die Stärke des Rings, die Sie über die Option INNENKREISGRÖßE einstellen. Die Option INNENKREISFORMAT korrespondiert mit einer weiteren Beschriftungsmöglichkeit, die nur für Ringdiagramme gilt. In der Dialogbox ANZEIGESTATUS ist nun die Option KREISSUMME aktiv. Markieren Sie diese Option, wird automatisch die Summe aller Werte einer Datenreihe im Innenbereich des Rings angezeigt. Über die Option INNENKREISFORMAT formatieren Sie diesen Wert beispielsweise für eine Absolutangabe. Die Zuweisung eines Prozentformates ist nicht sinnvoll, weil die Summe aller Werte einer Datenreihe immer 100% sein muß.

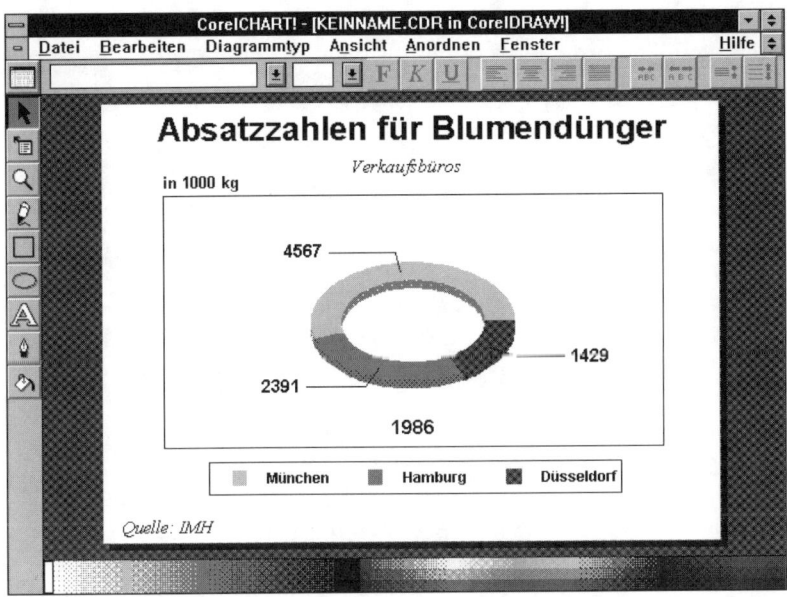

Abb. 18.11: Ein Ringdiagramm

Zusammenfassung

In diesem Kapitel haben Sie sich ausführlich mit der Verwendung von Kreis- und Ringdiagrammen beschäftigt. Sie haben gelernt, wie Sie wichtige Elemente hervorheben und mit welcher Variante des Kreisdiagramms Sie Ihre Daten so optimal wie möglich darstellen. Dabei haben Sie die Grundsätze der Erstellung effektvoller Grafiken kennengelernt. Darüber hinaus haben Sie in diesem Kapitel die verschiedenen Formatierungsmöglichkeiten bei Kreis- und Ringdiagrammen kennengelernt.

Im nächsten Kapitel werden Sie lernen, wie Sie Grafiken anfertigen, die auf mehreren Wertereihen aufbauen.

19

XY-Diagramme anfertigen

In Kapitel 17 haben Sie bereits die grundlegenden Elemente von Balken- und Liniendiagrammen kennengelernt. In diesem Kapitel werden wir uns mit den zahlreichen Varianten der XY-Diagramme und hier speziell mit Balken- und Liniendiagrammen beschäftigen.

Allein beim Stil des Balkendiagramms bietet CorelCHART! Ihnen vier verschiedene Balkenarten an, wie z.B. in Gruppen dargestellte Balken (Voreinstellung), gestapelte Balken, Prozent(100%)-Balken, sowie eine bipolare Darstellung.

Hinzu kommen weitere Diagrammtypen bei den 3D-Diagrammen, unterschiedliche Füllmuster usw. Wie immer müssen Sie Ihre Daten und Darstellungsziele sorgfältig berücksichtigen, wenn Sie eine bestimmte Variante des Balken- oder Liniendiagramms auswählen.

Grafiktyp auswählen

Wenn Sie den Grafiktyp für ein Balken- oder Liniendiagramm wählen, müssen Sie sich entscheiden, in welcher Form Sie Ihre Daten präsentieren wollen. Abbildung 19.1 zeigt, wie unterschiedlich die selben Daten dargestellt werden können. Die verschiedenen Grafiktypen lauten:

- Balken
- Gestapelte Balken
- Doppelachse Standard
- Doppelachse gestapelt
- Bipolar Standard
- Bipolar gestapelt
- Prozent

Wie Sie aus Kapitel 17 wissen, wählen Sie einen Diagrammtyp über den Befehl DATEI NEU oder das Menü DIAGRAMMTYP aus. Haben Sie auf DIAGRAMMTYP geklickt, stellt CorelCHART! ein Menü dar, in dem Sie verschiedene grundlegende Grafiktypen auswählen können. Möchten Sie ein Balkendiagramm erstellen, markieren Sie entweder die Option BALKEN VERTIKAL, BALKEN HORIZONTAL oder 3-D-BALKEN. Anschließend wählen Sie in den Flyout-Menüs einen spezielleren Diagrammtyp aus.

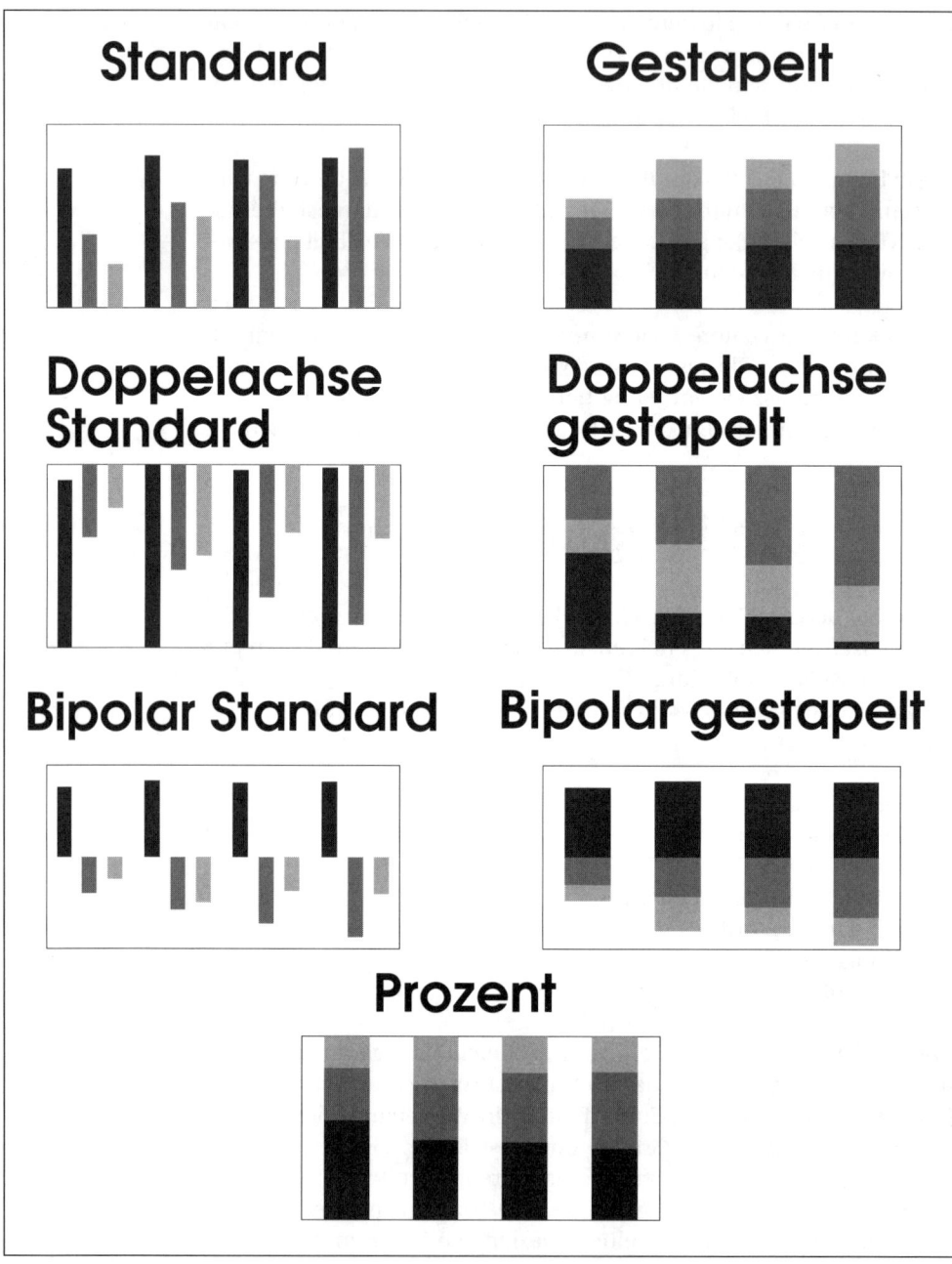

Abb. 19.1: Möglichkeiten, einen Grafiktyp auszuwählen

Anwendungsbereiche für Balkendiagramme

Das Balkendiagramm stellt den sicherlich leichtverständlichsten Grafiktyp dar. Verwenden Sie diesen Grafiktyp also, um Mengen oder Zeiträume zu vergleichen. Die Balkendiagramme in Abbildung 19.1, die auf zwei Wertereihen basieren, zeigen beispielsweise vier Gruppen von Balken, wobei jede Gruppe die jeweils zu einem X-Wert gehörenden beiden Y-Werte darstellt. Beachten Sie, daß ein einzelnes Diagramm nicht mehr als 12 oder 15 Balken umfassen sollte. Das heißt, daß Sie bei fünf Werte-reihen höchstens drei Gruppen mit jeweils fünf Balken in einem Diagramm darstellen.

Grenzen der Darstellungsmöglichkeiten des Balkendiagramms

Obwohl Sie mit einem Balken-/Liniendiagramm sehr viele Werte-reihen darstellen können, empfiehlt es sich jedoch, weniger als vier Wertereihen darzustellen, um den Eindruck einer Überhäufung möglichst zu vermeiden. Ist die Datenmenge jedoch sehr groß, überlegen Sie, ob Sie diese nicht besser anhand mehrerer Diagramme darstellen sollen.

Verschiedene Grafiktypen mischen

Sie können auch verschiedene Grafiktypen innerhalb einer Grafik mischen, um so eine Wertereihe deutlich von einer anderen abzuheben. Ein Beispiel: Sie benutzen für Verkaufszahlen Balken, für Einkaufszahlen dagegen eine Linie als Grafiktyp. Das hilft Ihnen, innerhalb einer Grafik unterschiedliche Wertereihen problemlos zu unterscheiden.

Wie schon in Kapitel 17 erwähnt, können Sie eine Trendlinie gut mit anderen Grafiktypen kombinieren, um das Muster oder den dargestellten Trend mit Nachdruck zu verdeutlichen. So können Sie beispielsweise die Verkaufszahlen einer Firma über einen Zeitraum von 12 Monaten zunächst als Balken darstellen, dann kopieren und die zweite Wertereihe als Trendlinie darstellen. Während die Balken die Unterschiede zwischen den einzelnen Verkaufszahlen (von Monat zu Monat) widerspiegeln, zeigt die Trendlinie, ob die Verkaufszahlen steigen oder fallen.

Einen Grafiktyp individuell anpassen

Sobald Sie über den Befehl DATEI NEU einen Diagrammtyp und ein Musterdiagramm ausgewählt haben, beginnen Sie mit der Eingabe der Werte. Anschließend oder auch schon währenddessen überlegen Sie, wie Sie das Diagramm ansprechend gestalten. CorelCHART! verfügt dazu über eine große Anzahl verschiedener Funktionen zur Verbesserung des Erscheinungsbildes eines Diagramms. In den nun folgenden Abschnitten werden Sie zunächst die wichtigsten Funktion und Methoden kennenlernen. Anschließend werden die vermittelten Kenntnisse vertieft, indem wir uns mit Themen wie Legenden, Skalierungen und speziellen Darstellungsformen befassen.

Zentrales Element zur Einstellung der verschiedenen Optionen ist das Menü ANSICHT, das Sie im Diagrammeditor aufrufen. CorelCHART! blendet daraufhin das in Abbildung 19.2 dargestellte Menü ein, das Sie in abgewandelter Form schon bei der Erstellung von Tabellen und Kreisdiagrammen kennengelernt haben.

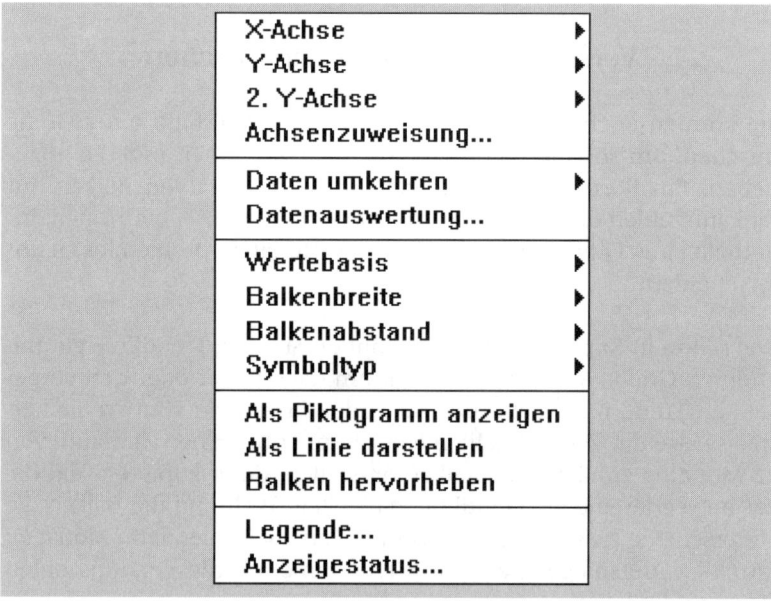

Abb. 19.2: Das Menü ANSICHT

Varianten des Balkendiagramms wählen

Sobald Sie sich für den Diagrammtyp BALKENDIAGRAMM entschieden haben, müssen Sie sich weiterhin Gedanken über die zu wählende Variante der Balkengrafik machen. Sie entscheiden sich für eine Variante eines Grafiktyps, indem Sie eine Balkenart, eventuell kombiniert mit einer Hervorhebung (und einer weiteren Variationsmöglichkeit) auswählen. Sie verwenden dazu einerseits das Menü DIAGRAMMTYP, in dem Sie den grundlegenden Grafiktyp festlegen, und das Menü ANSICHT für die Feinarbeit.

Gemäß Standardeinstellung faßt CorelCHART! zusammengehörende Balken für jeden X-Wert in Gruppen zusammen. Bevorzugen Sie für eine Grafik eine andere Darstellung, wählen Sie im Menü DIAGRAMMTYP bei BALKEN VERTIKAL oder BALKEN HORIZONTAL eine andere Einstellung. Abbildung 19.1 zeigt die verschiedenen Varianten des Balkendiagramms.

In Gruppen dargestellte Balken

Mit dem Balkentyp STANDARD können Sie mehrere Wertereihen in "einem" Balkendiagramm vergleichen. Durch die Zusammenfassung der Balken in Gruppen bietet sich der Vergleich der Daten geradezu von selbst an.

Gestapelte Balken

Das Ergebnis der Darstellungsart GESTAPELT ist dem Ergebnis eines Kreisdiagramms vergleichbar, da Sie hiermit ebenfalls Teile eines Ganzen darstellen können. Mit Hilfe der gestapelten Darstellung von Balken können Sie praktisch die Daten von sechs oder sieben Kreisdiagrammen in "einem" Balkendiagramm zusammenfassen.

Ordnen Sie die Wertereihen nach der Größe der Werte, d.h., geben Sie die Wertereihe mit den größten Werten hier als Serie 1 ein. So bilden die größten Elemente das Fundament der Balkengrafik. Darüber hinaus betonen Sie die Elemente der ersten Wertereihe noch zusätzlich, wenn Sie für Serie 1 die dunkelste Farbe wählen und die Farben nach oben hin heller werden lassen.

Prozentbalken

Wenn Sie 100%-Balken als Spezialform der gestapelten Balken benutzen, hat jeder Stapelbalken die gleiche Größe, stellt also insgesamt 100
Prozent dar, während die einzelnen Stapel den jeweiligen prozentualen Anteil am Ganzen darstellen. Diese Darstellung betont die prozentualen Unterschiede zwischen den einzelnen Teilbalken.

Vergleichende Balkendiagramme

Wählen Sie die Darstellung eines vergleichenden (bipolaren) Balkendiagramms, wenn Sie Zusammenhänge zwischen verschiedenen
Datentypen in einer Grafik darstellen wollen. Ein Beispiel: In der linken Hälfte stellen Sie die Zahl der Mitarbeiter einer Abteilung dar, in
der rechten Hälfte die Umsätze pro Mitarbeiter. Sie benötigen dafür
zwei Y-Achsen. In Abbildung 19.3 ist ein bipolares Diagramm dargestellt.

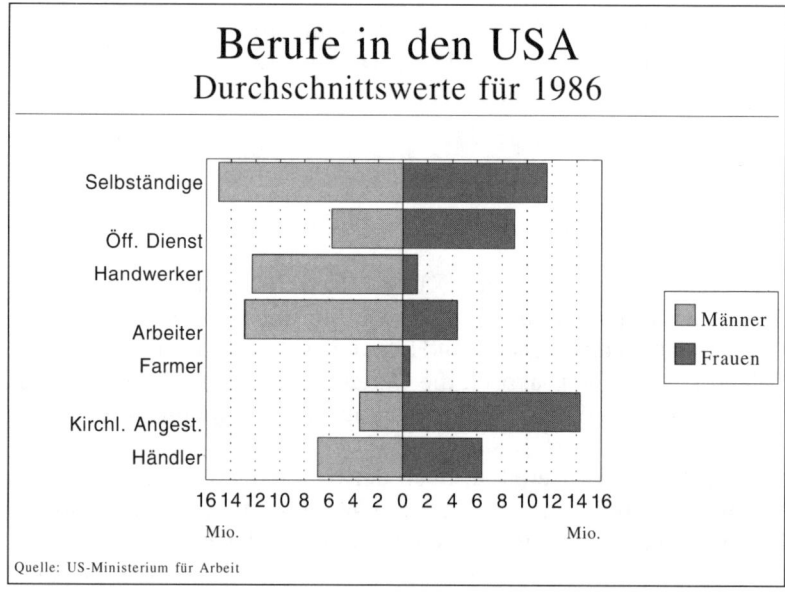

Abb. 19.3: Ein bipolares Diagramm

Horizontale Grafiken

Horizontale Grafiken eignen sich hervorragend dafür, einzelne Wertereihen mit maximal 16 Balken darzustellen; insbesondere, wenn die X-Werte aus langen Namen bestehen.

Bei einer horizontalen Grafik überschneiden sich die Namen nicht wie bei einer vertikalen Grafik.

Falls möglich, sortieren Sie die numerischen Werte bei einer horizontalen Grafik ihrer Größe nach. Sind die Balken der Größe nach geordnet (vom größten zum kleinsten oder umgekehrt), lassen sie sich leichter vergleichen (Abbildung 19.4).

Eine horizontale Liniengrafik ist nur schwer verständlich und kann den Betrachter leicht irritieren. Daher sollten Sie die Darstellungsart HORIZONTAL nur für Balkendiagramme benutzen, und in anderen Fällen auf andere Darstellungsalternativen zurückgreifen.

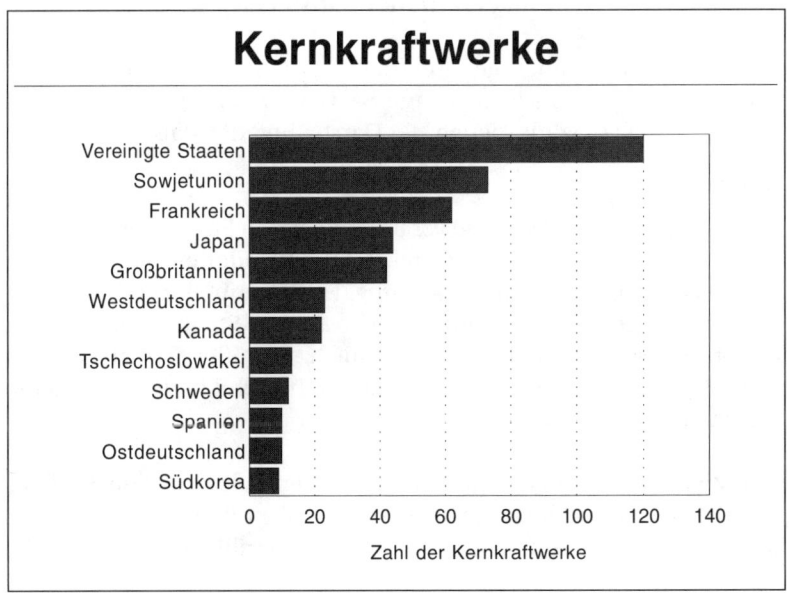

Abb. 19.4: Horizontale Diagramme

Das Erscheinungsbild von Balkendiagrammen verändern

Obwohl die eingebauten Programmfunktionen den Prozeß der Diagrammgestaltung bereits weitgehend automatisieren, sind an jedem Diagramm noch Feinarbeiten erforderlich. Diese Arbeiten sind nicht ausschließlich kosmetischer Natur, betreffen also nicht nur die Änderung von Balkenbreiten oder Schriftgrößen, sondern können zu einer völlig neuen Diagrammgestaltung führen, die die Aussage eines Diagramms stark beeinflußt.

In den folgenden Abschnitten werden die verschiedenen Optionen zur Gestaltung von vertikalen und horizontalen Balkendiagrammen vorgestellt. Im Anschluß daran werden die anderen XY-Diagrammtypen besprochen, deren Diagrammoptionen teilweise mit den Balkendiagramm-Optionen identisch sind, so daß nur die Unterschiede angesprochen werden.

Balkenoptionen einstellen

Zu den Balkenoptionen gehören die Optionen BALKENBREITE, BALKENABSTAND, SYMBOLTYP, ALS PIKTOGRAMM DARSTELLEN, ALS LINIE DARSTELLEN und BALKEN HERVORHEBEN, mit denen die Darstellung der Balken verändert wird.

Möchten Sie die Balkenbreite verändern, klicken Sie im Menü ANSICHT auf die Option BALKENBREITE. CorelCHART! blendet ein Flyout-Menü ein, das fünf Optionen zur Einstellung der Balkenbreite enthält. Wählen Sie eine geringe Balkenbreite, wird für ein Standard-Diagramm die Gruppierung der Balken offensichtlich. Je größer die Balkenbreite wird, desto weniger tritt dieser Effekt auf. In Abbildung 19.5 sind die verschiedenen Optionen dargestellt.

Den Zwischenraum zwischen den einzelnen Balken stellen Sie über das Menü ANSICHT BALKENABSTAND ein. Auch hier öffnet sich ein Flyout-Menü, in dem Sie fünf Möglichkeiten zur Auswahl haben.

Die Option SYMBOLTYP korrespondiert mit der Option ALS LINIE DARSTELLEN. Die Aussagekraft kombinierter Balken-/Liniendiagramme wurde bereits im vorletzten Kapitel angesprochen.

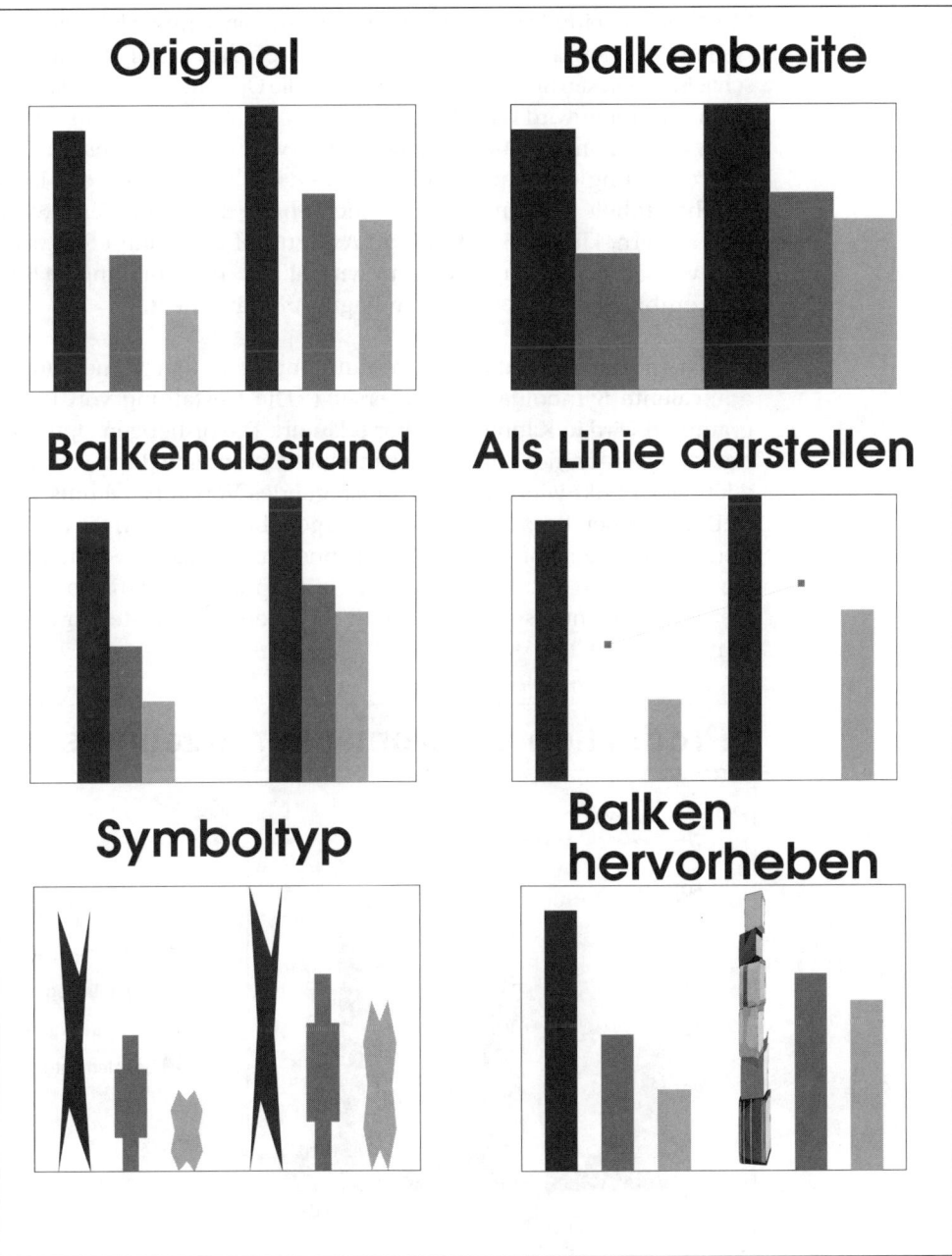

Abb. 19.5: Die Balkenoptionen

Möchten Sie eine Datenreihe eines Balkendiagramms als Linie darstellen, markieren Sie zunächst einen Balken dieser Datenreihe. Anschließend klicken Sie im Menü ANSICHT auf die Option ALS LINIE DARSTELLEN.
Die Datenreihe wird daraufhin als Linie im Balkendiagramm dargestellt. Nun kommt auch die Option SYMBOLTYP zum Einsatz. Zur
Hervorhebung der Datenpunkte werden die Stützstellen der Linie
durch Symbole gekennzeichnet. Möchten Sie die Form dieser Symbole ändern, klicken Sie im Menü ANSICHT auf die Option SYMBOLTYP
und wählen im Flyout-Menü ein Symbol aus. In Abbildung 19.6 ist
ein kombiniertes Balken-/Liniendiagramm dargestellt.

In Piktogrammen wird der Balken durch eine in den Abmessungen
äquivalente Symboldarstellung ersetzt. Die Gestaltung von Piktogrammen wird in Kapitel 21 näher erläutert. Die bisherigen Optionen
bezogen sich immer auf die Balken einer Datenreihe. Ein besonders
wichtiger Punkt wie z.B. ein herausragendes Verkaufsergebnis wird
in Diagrammen besonders gern hervorgehoben. Möchten Sie also einen Datenbalken von allen anderen abheben, markieren Sie den Balken und klicken im Menü ANSICHT auf die Option BALKEN HERVORHEBEN.
Der Balken ist nun separiert, so daß Sie eigene Füllmuster zuweisen
können.

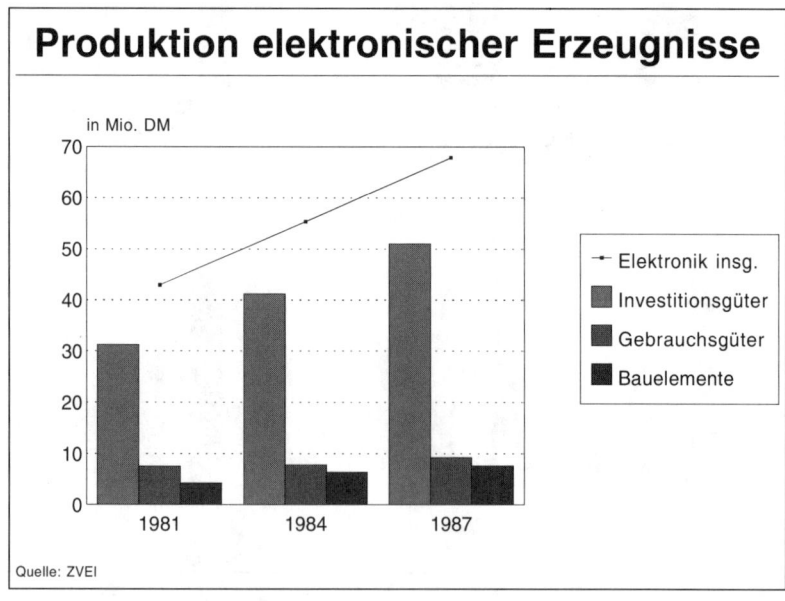

Abb. 19.6: Kombiniertes Balken-/Liniendiagramm

Normalerweise beginnt das Wertintervall der Y-Achse beim Wert Null. Enthält Ihr Diagramm negative Werte, können Sie nun entscheiden, ob negative Werte von der Nullinie aus als Balken dargestellt werden oder ob der größte negative Wert die Basislinie bildet, von der aus jeder Balken nach oben gezeichnet wird. Diese Einstellung ist im Menü ANSICHT über die Option WERTEBASIS änderbar. Haben Sie die Option aufgerufen, erscheint ein Untermenü, in dem Sie wählen, ob die Balken bei Null (NULLWERT) oder beim kleinsten Wert des Diagramms (TIEFSTWERT) beginnen sollen.

Achsen und Skalierung ändern

Bei der Erzeugung des Diagramms hat CorelCHART! anhand der vorgegebenen Werte die Balkenhöhe berechnet und das Werteintervall als Y-Achse aufgetragen. Darüber hinaus hat das Programm die Datenwerte plaziert und Hilfslinien zur Unterteilung der Skala eingefügt.

Logarithmische Grafiken

Der logarithmische Maßstab veranschaulicht relative Änderungen oder große Wertunterschiede. Dennoch sollten Sie in Geschäftsgrafiken auf eine logarithmische Einteilung verzichten, da die meisten Personen damit nicht vertraut sind. Ändern Sie die vorgegebene lineare Einteilung der Y-Achse nur dann, wenn die Daten ausdrücklich eine logarithmische Einteilung erfordern.

Meistens finden Sie logarithmische Grafiken in wissenschaftlichen und technischen Darstellungen. Erscheint Ihnen die logarithmische Darstellung angemessen, klicken Sie im Menü ANSICHT auf die Option Y-ACHSE und wählen im Flyout-Menü die Option LOGARITHMISCHE SKALIERUNG.

Die Skalierung von Diagrammachsen

Wie Sie wissen, tragen der Maßstab und der gewählte Wertebereich entscheidend zum Informationsgehalt Ihrer Grafiken bei. Die Optionen in der Dialogbox SKALENBEREICH (Abbildung 19.7) und im Untermenü WERTEBASIS wirken sich alle auf den Maßstab der Achsen aus.

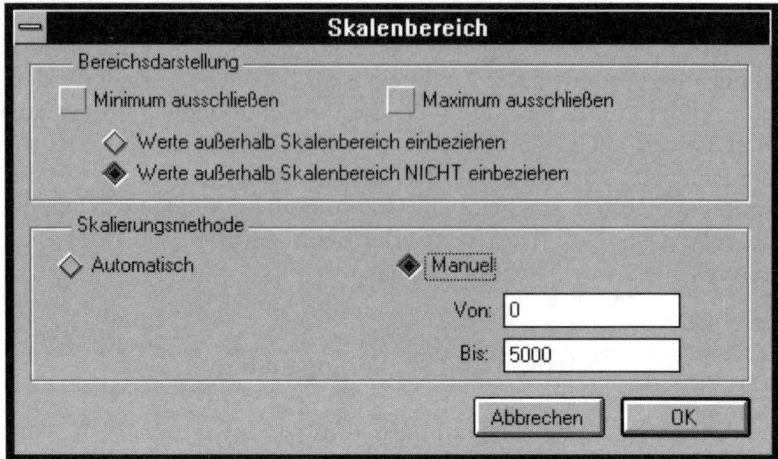

Abb. 19.7: Die Dialogbox SKALENBEREICH

Wenn Sie die Y-Achse nicht bei Null beginnen lassen, sondern bei VON einen größeren Wert als Null eingeben, verändern Sie die Aussage Ihrer Grafik. Sie können so geringe Wertunterschiede wie in der unteren Grafik von Abbildung 19.8 besser verdeutlichen. Umgekehrt kann es auch passieren, daß Sie durch Festlegung eines großen Wertes bei BIS den Maßstab der Grafik so verändern, daß die vorhandenen Wertunterschiede kaum noch zu erkennen sind.

Im allgemeinen sollte die Y1-Achse (und die Y2-Achse) daher bei Null beginnen. Überlegen Sie sorgfältig, bevor Sie bei den Optionen VON und BIS selbst gewählte Werte eingeben, da Maßstabsänderungen irritierend sein können. Haben Sie jedoch einen guten Grund für die Änderung des Maßstabs, machen Sie in einer Fußnote oder bei der Präsentation darauf aufmerksam. Dazu müssen Sie allerdings in der Dialogbox SKALENBEREICH die SKALIERUNGSMETHODE von AUTOMATISCH auf MANUELL umstellen.

Das Feld BEREICHSDARSTELLUNG ermöglicht es Ihnen, die Extremwerte darzustellen oder zu unterdrücken. Bei großen Wertunterschieden wird die Grafik dadurch viel besser lesbar. Sie müssen das Publikum allerdings darauf hinweisen, daß diese Werte fehlen. Möchten Sie den kleinsten Wert unterdrücken, klicken Sie auf die Option MINIMUM AUSSCHLIESSEN, möchten Sie den größten Wert unterdrücken, klicken Sie auf MAXIMUM AUSSCHLIESSEN.

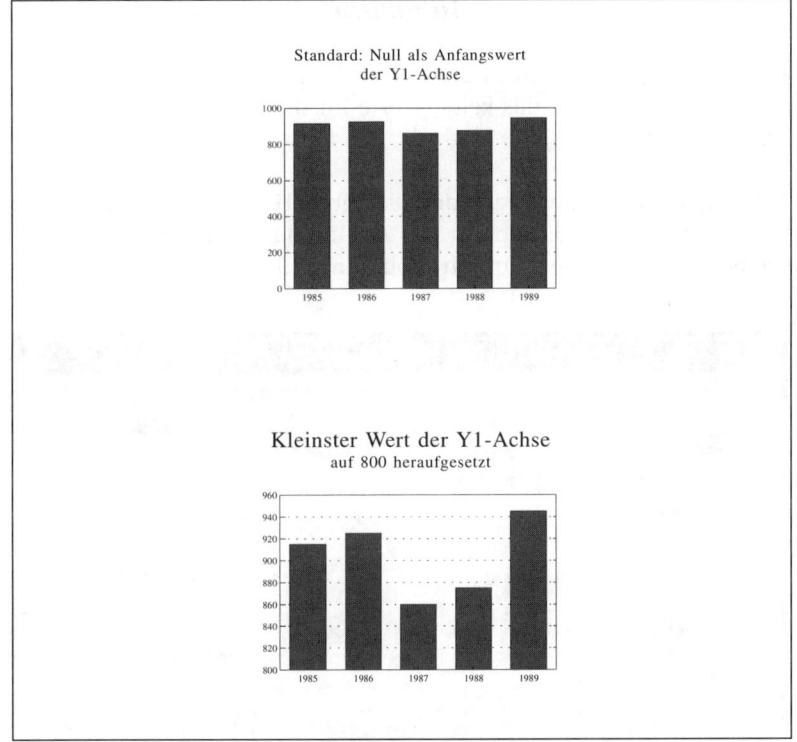

Abb. 19.8: Die Wertebereiche verändern

Ein anderer Aspekt ergibt sich, wenn Sie den Skalenbereich so ein-
gestellt haben, daß Werte aus diesem Bereich herausfallen. Möchten
Sie die Darstellung dieser Werte unterdrücken, aktivieren Sie die
Option WERTE AUSSERHALB SKALENBEREICH NICHT EINBEZIEHEN. Sollen die Werte
dargestellt werden, klicken Sie auf WERTE AUSSERHALB SKALENBEREICH EIN-
BEZIEHEN.

Im Untermenü Y-ACHSE sind zwei weitere Optionen zur Skalen-
darstellung und -anpassung angeordnet. Haben Sie die Option
SKALENWERTE STEIGEND aktiviert, verläuft die Skala von unten nach oben.
Ist die Option deaktiviert, wird die Skala von oben nach unten erzeugt. Normalerweise ist die Option SKALA AUTOMATISCH ANPASSEN (im
Untermenü Y-ACHSE) aktiviert. Der Skalenbereich wird so entsprechend des verfügbaren Platzes in der Diagrammfläche eingefügt. Sie
sollten diese Option auf jeden Fall aktiviert lassen.

Hilfslinien

Unterteilungen erleichtern dem Betrachter das Ablesen von Werten in einem Diagramm, das keine Werte für die einzelnen Balken oder Linien anzeigt.

Unterteilungen stellen Sie in der Dialogbox HILFSLINIEN ein, die Sie im Menü ANSICHT über die Option Y-ACHSE und dann im Untermenü über die Option HILFSLINIEN aufrufen (Abbildung 19.9).

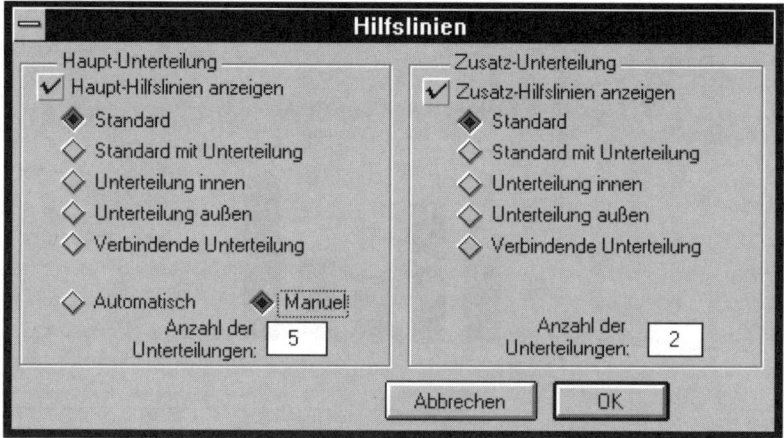

Abb. 19.9: Die Dialogbox HILFSLINIEN

Hilfslinien und Unterteilungen der X- und Y-Achsen erleichtern es Ihrem Publikum, die genauen Werte der Datenelemente zu erkennen. Sie ändern die Hilfslinien, indem Sie die Dialogbox HILFSLINIEN aufrufen und die vorgegebenen Einstellungen entsprechend ändern.

Sie können mit CorelCHART! zwar Hilfslinien für die X-, Y1- und Y2-Achse zeichnen, sollten dies jedoch nur dann tun, wenn diese zur Bestimmung der X- und/oder Y-Werte notwendig sind. Beachten Sie in diesem Zusammenhang Abbildung 19.10, die die Unterschiede für verschiedene Einstellungen der Optionen darstellt.

Überlegen Sie bei der Verwendung von Hilfslinien, ob Sie nicht vielleicht hellgraue Hilfslinien anstelle der normalen Linien benutzen, da diese weniger irritierend wirken.

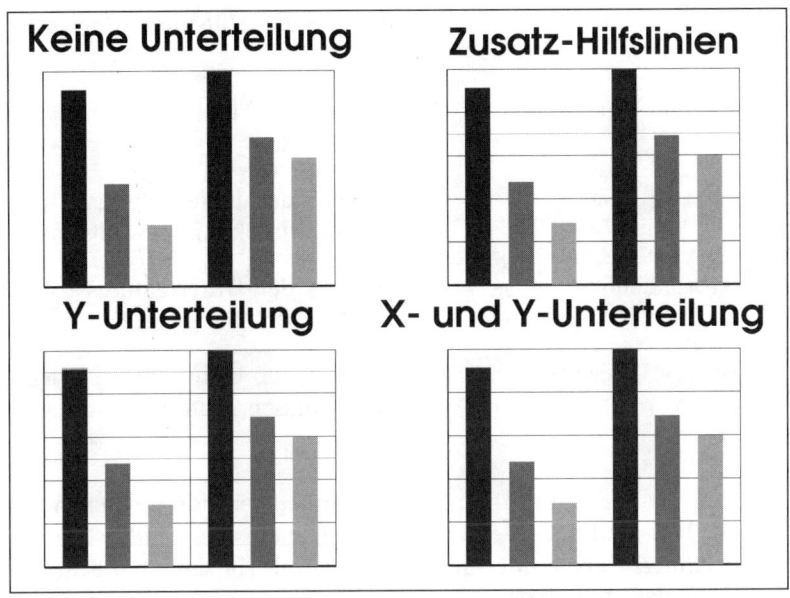

Abb. 19.10: Variationsmöglichkeiten bei Hilfslinien

Verwenden Sie für die Y-Achse Hilfslinien, wenn Sie bei den einzelnen Datenelementen keine Werte hinzufügen möchten. Abbildung 19.10 veranschaulicht, wie Y-Hilfslinien das Ablesen der Balkenwerte erleichtern, wenn die Skala der Y-Achse einen großen Wertebereich abdeckt. Verwenden Sie sowohl X- als auch Y-Hilfslinien, wenn beide Achsen große Wertebereiche umfassen; die zweifachen Hilfslinien in der unteren linken Grafik von Abbildung 19.10 stellen eine sinnvolle Hilfestellung beim Ablesen der Werte dar. X-Hilfslinien, wie in der unteren rechten Grafik dargestellt, sind dagegen normalerweise überflüssig.

Möchten Sie Y-Rasterlinien darstellen, aktivieren Sie die entsprechenden Optionen in der Dialogbox HILFSLINIEN. Möchten Sie X-Rasterlinien darstellen, klicken Sie im Menü ANSICHT auf die Option X-ACHSE und dann auf HILFSLINIEN ANZEIGEN. Die aktivierte Option ist durch ein Häkchen markiert.Unterteilungen (Haupt-Hilfslinien) sind kurze, dicke Teilstriche auf der Innen- und/oder der Außenseite der Achsen. Weitere Unter-teilungen (Zusatz-Hilfslinien) erleichtern das Ablesen von Werten zwischen zwei Linien der Haupt-Unterteilung. Die Optionen im Dialogfeld HILFSLINIEN (Menü ANSICHT Y-ACHSE HILFSLINIEN) haben folgende Bedeutung:

STANDARD	Darstellung von Hilfslinien ohne Unterteilung
STANDARD MIT UNTERTEILUNG	Darstellung von Hilfslinien mit Unterteilung außen
UNTERTEILUNG INNEN	Darstellung der Unterteilungsstriche innen, Unterdrückung von Hilfslinien
UNTERTEILUNG AUßEN	Darstellung der Unterteilungsstriche außen, Unterdrückung von Hilfslinien
VERBINDENDE UNTERTEILUNG	Darstellung der Unterteilungsstriche innen und außen, Unterdrückung von Hilfslinien

Möchten Sie die Hauptunterteilung manuell verändern, klicken Sie auf MANUELL und geben einen neuen Wert ein. Verwenden Sie die Unterteilungen allein oder in Verbindung mit Hilfslinien, um Ihrem Publikum das Ablesen der Werte zu erleichtern. Abbildung 19.11 zeigt die verschiedenen Varianten von Unterteilungen.

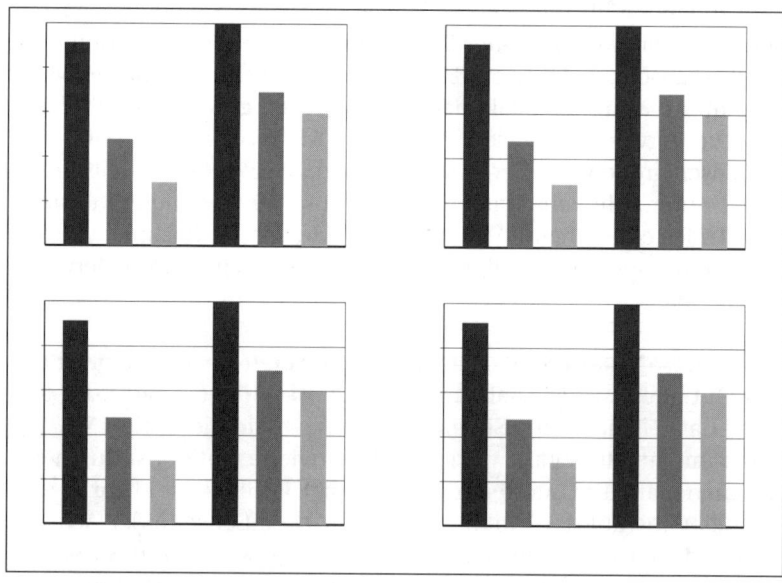

Abb. 19.11: Grob- und Feinunterteilung der Achsen

Umfaßt Ihre Grafik eine Vielzahl von X- und Y-Werten, wählen Sie bei der Haupt-Unterteilung die Option UNTERTEILUNG AUßEN. Markierungen auf der Außenseite der Achsen helfen Ihnen, die dargestellten Werte besser zu verdeutlichen. Auf jeden Fall sollten Sie eine einmal gewählte Variante der Achsenunterteilung konsequent beibehalten. Der Abstand der Teilstriche zueinander und die Zahl der weiteren Unterteilungsstriche ist ebenfalls von großer Bedeutung. Wählen Sie eine zu grobe Unterteilung, sind Zwischenwerte nur sehr schwer ablesbar. Bei zu feiner Unterteilung kann die Ablesbarkeit ebenfalls erschwert werden, weil der Abstand der Teilstriche zu gering ist.

Achten Sie bei der Einstellung der Abstände auf das Verhältnis zwischen Hauptunterteilung und weiterer Unterteilung. Während die Haupt-Hilfslinien beschriftet sind, muß der Betrachter den Teilstrichen der weiteren Unterteilung Zwischenwerte gedanklich zuweisen. Diese Zuweisung ist nur dann problemlos, wenn Sie eine dekadische Einteilung wie auf einem Lineal wählen, oder die Strecke zwischen zwei Hauptstrichen durch eine zusätzliche Linie aufteilen. Vermeiden Sie auf jeden Fall, daß der Betrachter langwierige Überlegungen anstellen muß, welchen Wert ein Teilstrich der Feinunterteilung hat.

Die Abstände für die Teilstriche werden automatisch von Corel-CHART! erzeugt. Die Unterteilungen pro Teilstrich definieren Sie ebenfalls in der Dialogbox HILFSLINIEN. In dieser Dialogbox klicken Sie dann auf die Option ZUSATZ-HILFSLINIEN ANZEIGEN, wählen eine Option aus und geben im Feld ANZAHL DER UNTERTEILUNGEN einen Wert ein.

Diagramme mit zwei Y-Achsen

Im Menü DIAGRAMMTYP finden Sie bei den XY-Diagrammen einen oder mehrere spezielle Diagrammtypen mit der Bezeichnung DOPPELACHSE. Sie haben hier die Möglichkeit, Wertereihen auf die Y1-Achse (linke Achse) oder auf die Y2-Achse (rechte Achse) zu beziehen. Beschränken Sie eine Grafik mit zwei Achsen auf zwei Datenreihen, so daß sich jede Datenreihe auf eine Y-Achse bezieht. Wenn Sie einen Diagrammtyp mit Doppelachse auswählen, werden im Menü ANSICHT die Optionen 2.Y-ACHSE und ACHSENZUWEISUNG aktiv. Klicken Sie auf die Option 2.Y-ACHSE, erscheint ein Untermenü, das die gleichen Optionen enthält wie das Untermenü Y-Achse, sich aber ausschließlich auf die 2. Y-Achse bezieht.

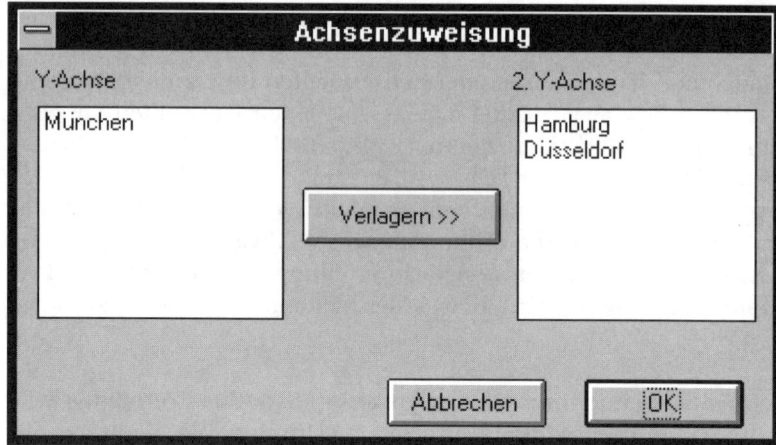

Abb. 19.12: Die Dialogbox ACHSENZUWEISUNG

Über die Option ACHSENZUWEISUNG bestimmen Sie nun, welche Datenreihe welcher Y-Achse zugeordnet werden soll. Klicken Sie dazu im
Menü ANSICHT auf die Option ACHSENZUWEISUNG (Abbildung 19.12). In
dieser Dialogbox sind alle Datenreihen des Diagramms namentlich
aufgeführt. Möchten Sie nun eine Datenreihe der Y-Achse zuweisen,
markieren Sie einen Namen im Feld 2.Y-ACHSE und klicken auf VERLA-
GERN. Sie gehen analog vor, wenn Sie Datenreihen von der Y-Achse
zur 2. Y-Achse verlagern wollen.

Legenden plazieren

Die Legendenoptionen erreichen Sie, indem Sie im Menü ANSICHT auf
die Option LEGENDE klicken. CorelCHART! blendet daraufhin die Dialogbox LEGENDE ein, deren Funktionen bereits ausführlich in Kapitel
18 beschrieben wurden.

In dieser Dialogbox legen Sie fest, ob die Legende dargestellt oder unterdrückt werden soll. Weiterhin bestimmen Sie, auf welcher Seite der
Serienmarkierung die Legendenbeschriftung plaziert wird. Auch die
Orientierung der Legende ist einstellbar. So können Sie zum Beispiel
festlegen, wie viele Markierungselemente maximal in einer Zeile angeordnet werden dürfen.

Die Diagrammbeschriftungen formatieren

Achsentitel sind für eine vollständige Grafik wichtig, weil sie die Achsenwerte näher erläutern und so unter anderem Informationen über den verwendeten Maßstab und die Maßeinheit geben. Im Dateneingabebildschirm können Sie Achsentitel für die X-Achse sowie für beide Y-Achsen getrennt eingeben.

Im Diagrammeditor können Sie darüber hinaus die Position der X- und Y-Achsenbeschriftung einstellen. Möchten Sie die Position der X-Achsenbeschriftung einstellen, klicken Sie im Menü ANSICHT auf die Option X-ACHSE. Wählen Sie nun, ob Sie die X-Achse über (OBEN DARSTELLEN) oder unter dem Diagramm (UNTEN DARSTELLEN) darstellen wollen. Die Y-Achse kann links oder rechts vom Diagramm angezeigt werden. Wählen Sie die entsprechende Option im Untermenü Y-ACHSE.

Die Texte der X-Achse bei vertikalen Balkendiagrammen werden in horizontaler Form angezeigt. Dies kann dazu führen, daß sich die Texte überschneiden. Wenn die Option TEXT AUTOMATISCH ANPASSEN (im Untermenü X-ACHSE) aktiviert ist, wird der Text so verkleinert, daß dieser Störeffekt nicht eintritt. Bei langen Beschriftungen wird der Text dadurch aber sehr klein. Sie können den Text daher versetzt in zwei Zeilen darstellen. Dabei wird jede zweite Beschriftung in einer weiteren Zeile angeordnet. Diese Option ist auch im Untermenü Y-ACHSE für die Y-Achse verfügbar, um die Beschriftungen lesbarer zu gestalten.

Für horizontale Diagramme gelten die gleichen Aussagen. Hier sind allerdings die Einstellungen bezüglich der Beschriftungen für die Y- und X-Achse vertauscht.

Der Anzeigestatus für Balkendiagramme wurde bereits in Kapitel 17 besprochen.

Datenauswertung

Mittels der Datenanalyse sind statistische Aussagen über die markierte Datenserie möglich. Im Menü ANSICHT klicken Sie dazu auf die Option DATENAUSWERTUNG und aktivieren die entsprechenden Optionen (Abbildung 19.13).

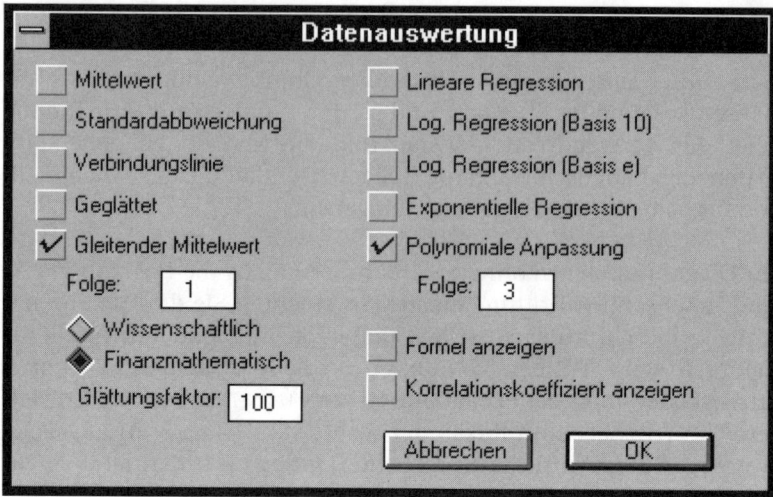

Abb. 19.13: Die Datenanalyse

CorelCHART! berechnet die Werte und stellt sie grafisch als Linie dar. Zu den rechts angeordneten Optionen können Sie zusätzlich die errechnete Formel und den Korrelationskoeffizienten einblenden. Auch die Berechnung mehrerer statistischer Werte ist möglich.

Allerdings wird die Darstellung im Diagrammbereich so sehr schnell unübersichtlich.

Histogramme

Die Histogrammdarstellung ist auf den ersten Blick nicht von einem Balkendiagramm zu unterscheiden. Betrachtet man das Histogramm aber näher, werden die Abweichungen und die Hauptaussage einer Histogrammdarstellung deutlich. In Abbildung 19.14 ist ein Histogramm dargestellt.

Der Histogrammdarstellung liegt folgendes Prinzip zugrunde: Die Werte des Dateneingabebildschirms werden in Werteintervalle eingeteilt. Anschließend zählt CorelCHART!, wieviele Werte in ein bestimmtes Werteintervall fallen, und stellt diese Anzahl als Balken dar.

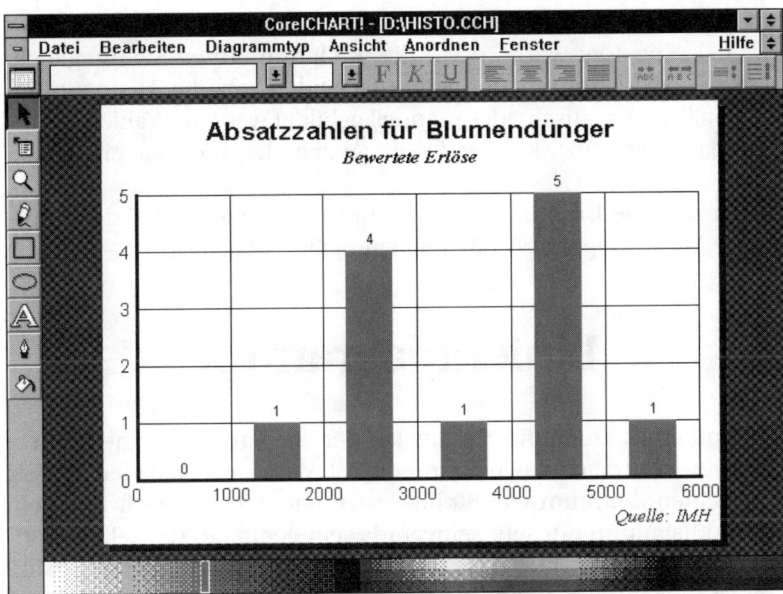

Abb. 19.14: Ein Histogramm

Die Anwendungsbereiche für Histogramme sind vielfältig und entstammen meist dem technisch-wissenschaftlichen Bereich. Dem Zeitungsleser sind vielleicht Diagramme aus dem Bereich Umweltschutz geläufig, in denen versucht wird, die Umweltbelastungen in verschiedene Kategorien einzuteilen.

Ein Beispiel: Gemessen werden die Schwermetallkonzentrationen in den wichtigsten Flüssen der Bundesrepublik Deutschland und an verschiedenen Stellen. Tragen Sie die Werte als Histogramm auf, ermitteln Sie die Gesamtbelastung der Flüsse der Bundesrepublik Deutschland.

Die Optionen für Histogramme entsprechen in vielen Bereichen den Optionen für Balkendiagramme. Der Unterschied betrifft einerseits die X-Achse, die nun Intervallachse heißt. Für die Intervallachse ist eine lineare oder logarithmische Skalierung einstellbar. Ein weiterer Unterschied betrifft die Balkenoptionen, die für Histogramme nicht wählbar sind.

Im Menü ANSICHT ist eine zusätzliche Option namens HISTOGRAMM-IN-
TERVALLE eingefügt worden. Mit dieser Option öffnen Sie die gleich-
namige Dialogbox, in der Sie entscheiden, ob die Histogramm-
Intervalle automatisch oder manuell gebildet werden. Wählen Sie die
Einstellung MANUELL, können Sie die Anzahl der Intervalle eingeben.

 Leider sind die Intervallgrenzen nicht frei wählbar, sodaß die individuelle Festlegung von Zählbereichen nicht möglich ist.

Liniendiagramme

Anhand eines Liniendiagramms können Sie vor allem eine größere
Zahl von Werten darstellen. Ein Beispiel: Werte, die sich gleichmäßig
über einen Zeitraum von 50 Jahren verteilen, lassen sich in einem
Balkendiagramm nur sehr schwer (da sehr gedrängt) darstellen, während das Liniendiagramm für die gleichen Daten der optimale Grafiktyp ist. Beachten Sie aber bitte folgendes: Zwar kann eine einzelne
durch eine Linie dargestellte Datenreihe sehr viele Elemente (maximal 1024) enthalten, die Zahl der Datenreihen für ein Liniendiagramm sollten Sie dagegen möglichst beschränken. Eine Grafik,
die auf mehr als fünf Datenreihen aufgebaut ist, wirkt unübersichtlich.

Sowohl eine Zickzacklinie als auch eine Kurve zeigen den Grad einer
Änderung von Datenpunkt zu Datenpunkt an. Obwohl Sie die Wertunterschiede leicht an der Höhe und der Steigung der Zickzacklinie
ablesen können, sollten Sie dennoch die Kurve verwenden, wenn Sie
eine allmähliche Änderung oder, wie bei Häufigkeitsanalysen, einen
generellen Trend verdeutlichen wollen.

Eine Flächengrafik veranschaulicht ebenfalls Wertunterschiede, betont jedoch insbesondere mengenmäßige Unterschiede.

Den Trend einer Entwicklung aufzeigen

Mit einer Trendlinie haben Sie die Möglichkeit, den Trend einer Entwicklung über einen gewissen Zeitraum zu veranschaulichen. Sie verwenden diesen Grafiktyp, wenn Sie stark schwankende oder gestreute
Werte darzustellen haben. Wählen Sie nämlich diesen Grafiktyp, be-

rechnet CorelCHART! anhand der gegebenen Werte Durchschnitts-
werte, um eine gerade Linie darstellen zu können. Bei Trendlinien
bestehen übrigens genau die gleichen Vorteile und Einschränkungen
wie bei Kurven. Darüber hinaus verwendet das Programm verschiedene Regressionsmethoden, die für jede Datenreihe individuell berechnet werden können.

Die Diagrammoptionen

Die Diagrammoptionen für Liniendiagramme sind weitgehend mit
den Optionen für Balkendiagramme identisch. Die Änderungen betreffen die Darstellungsoptionen. Möchten Sie zum Beispiel die Darstellung der Datenpunkte einer Linie unterdrücken, markieren Sie die
betreffende Linie und klicken im Menü ANSICHT auf die Option
DATENPUNKTE ANZEIGEN. Der Option SYMBOLFORM kommt bei Liniendiagrammen eine völlig andere Bedeutung zu, weil hier primär Linien
dargestellt und unterschieden werden müssen. Deswegen ist auch die
Größe des Symbols änderbar, indem Sie im Menü ANSICHT auf die
Option SYMBOLGRÖßE klicken und im Flyout-Menü einen Parameter
auswählen.

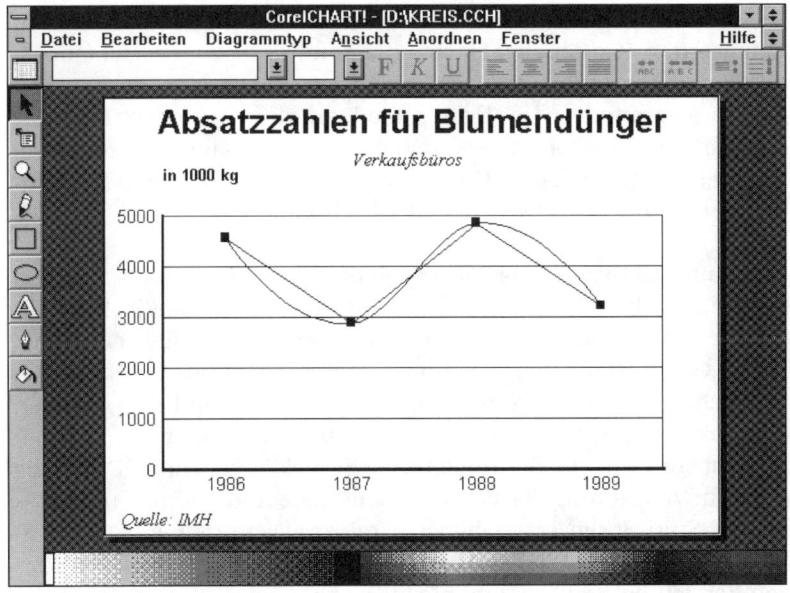

Abb. 19.15: Liniendiagramm mit Trendlinie

Die Balkendarstellung einer Datenreihe innerhalb eines Liniendiagramms ist eher ungewöhnlich, aber dennoch möglich. Markieren Sie die Linie, die Sie in Balkenform anzeigen wollen, und klicken Sie im Menü ANSICHT auf die Option ALS BALKEN DARSTELLEN.

Kurvenverläufe sind über die Standard-Diagrammtypen nicht darstellbar. Sie müssen daher einen Trick anwenden: Wählen Sie als Diagrammtyp ein Liniendiagramm aus und geben die Daten ein. Erzeugen Sie das Diagramm und markieren die Linie im Diagrammeditor. Klicken Sie im Menü ANSICHT auf die Option DATENAUSWERTUNG und wählen z.B. die Option GEGLÄTTET. CorelCHART! berechnet die geglättete Linie, die nichts anderes als eine Trendkurve ist. Die Originallinie wird allerdings weiterhin dargestellt (Abbildung 19.15).

Flächendiagramme

Flächendiagramme bestehen aus einer Kombination von geschlossenen Linienzügen, die durch Füllmuster oder Farben hervorgehoben werden. Gestapelte Flächendiagramme zeigen verschiedene, aufeinandergestapelte Wertebereiche an und ähneln den Stapelbalkendiagrammen. Im Unterschied zu diesen stellen Flächendiagramme einen kontinuierlichen Werteverlauf dar und gestatten so genauere Trendaussagen. Die obere Linie eines gestapelten Flächendiagramms zeigt den Gesamtwert aller Datenreihen.

Abbildung 19.16 zeigt das Beispiel eines Flächendiagramms, bei dem Sie die einzelnen Wertebereiche als Streifen unterschiedlicher Füllmuster und die obere Linie als Gesamtwert aller Bereiche erkennen. Diese Grafik stellt den Alkoholverbrauch in der Bundesrepublik Deutschland, den insgesamt steigenden Konsum und die einzelnen Alkoholarten dar. Wie an der Grafik abzulesen ist, stieg der Konsum bei Bier stark an, ehe die Tendenz leicht rückläufig wurde. Durch die grafische Anordnung der Wertebereiche scheint der Konsum der Kategorie Spirituosen ebenfalls anzusteigen. Wenn Sie jedoch genau hinsehen, erkennen Sie, daß der Wert dieser Kategorie über den ganzen Bereich nahezu konstant bleibt.

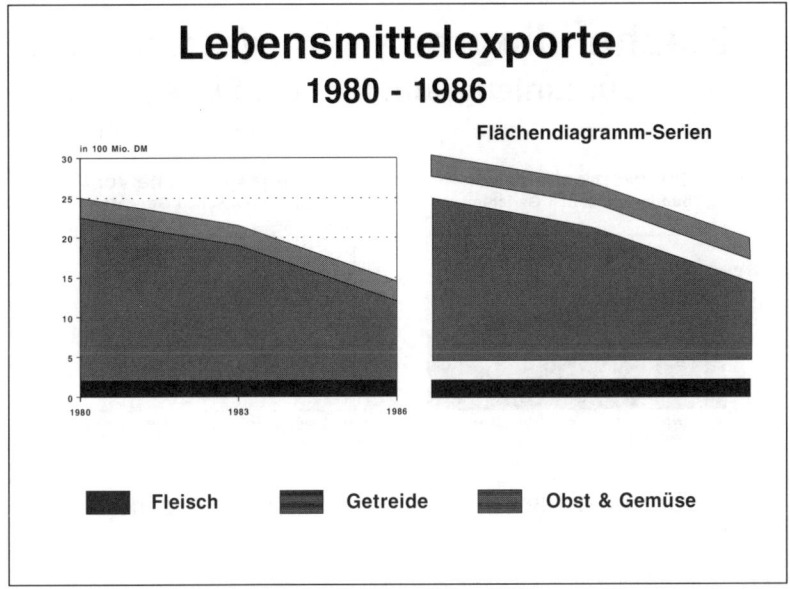

Abb. 19.16: Anzeige tendenzieller Wertereihen mit Flächendiagrammen

Vermeiden Sie solche irreführenden optischen Effekte, indem Sie den Wertebereich mit der größten Schwankung oben plazieren.

Möchten Sie Änderungen eines einzelnen Wertebereiches besonders hervorheben, sollten Sie ebenfalls Flächendiagramme benutzen. Im Gegensatz zu Liniendiagrammen betonen Flächendiagramme Größenverhältnisse durch ausgefüllte, farbige Flächen. Andererseits können Sie in Liniendiagrammen Werte besser ablesen.

Abbildung 19.17 vergleicht die Darstellung von Daten als Flächendiagramm mit der Darstellung als Liniengrafik.

Achten Sie beim Erstellen eines gestapelten Flächendiagramms vor allem darauf, daß Sie die dunkleren Füllmuster unten anordnen und nach oben hin immer hellere verwenden. Beachten Sie dies nicht, wirkt Ihre Grafik kopflastig.

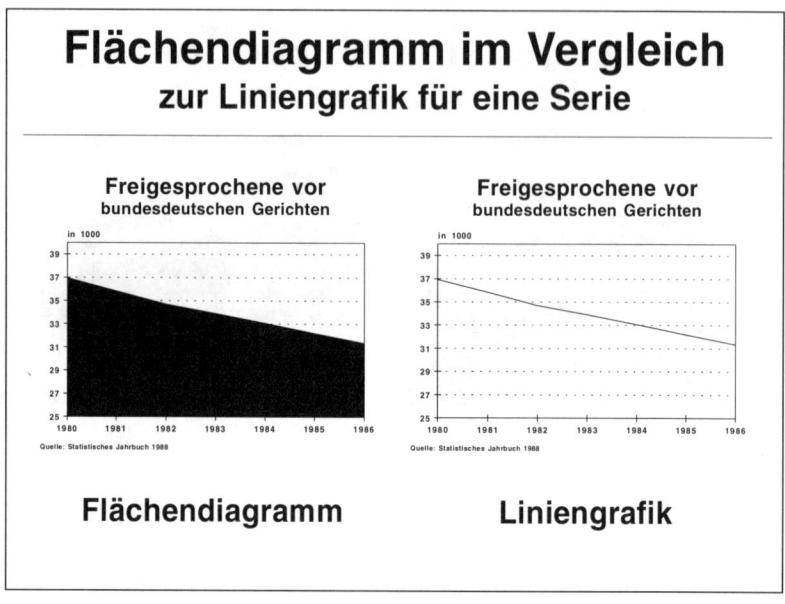

Abb. 19.17: Vergleich zwischen Flächendiagramm und Liniendiagramm

Die bisherigen Ausführungen bezogen sich primär auf ein gestapeltes Flächendiagramm. Überlappte Flächendiagramme stellen die Datenserien hintereinander in Form einzelner Flächen dar.

Diese Darstellungsart unterscheidet sich für einen Betrachter überhaupt nicht von einem gestapelten Flächendiagramm. Sie müssen den Betrachter also konkret darauf hinweisen, welche Art des Flächendiagramms er gerade anschaut.

Weiterhin werden kleine Datenserien bei ungeschickter Anordnung vollständig verdeckt. Geben Sie daher bei diesem Grafiktyp die Datenserien nach Größen gestaffelt ein, beginnend bei der Serie mit den kleinsten Werten. Generell sollten Sie überlappte Flächendiagramme nur dreidimensional darstellen. Bei dieser Darstellungsart wird sofort augenfällig, daß es sich um ein überlapptes Flächendiagramm handelt. Abbildung 19.18 zeigt die unterschiedlichen Grafiktypen bei Flächendiagrammen.

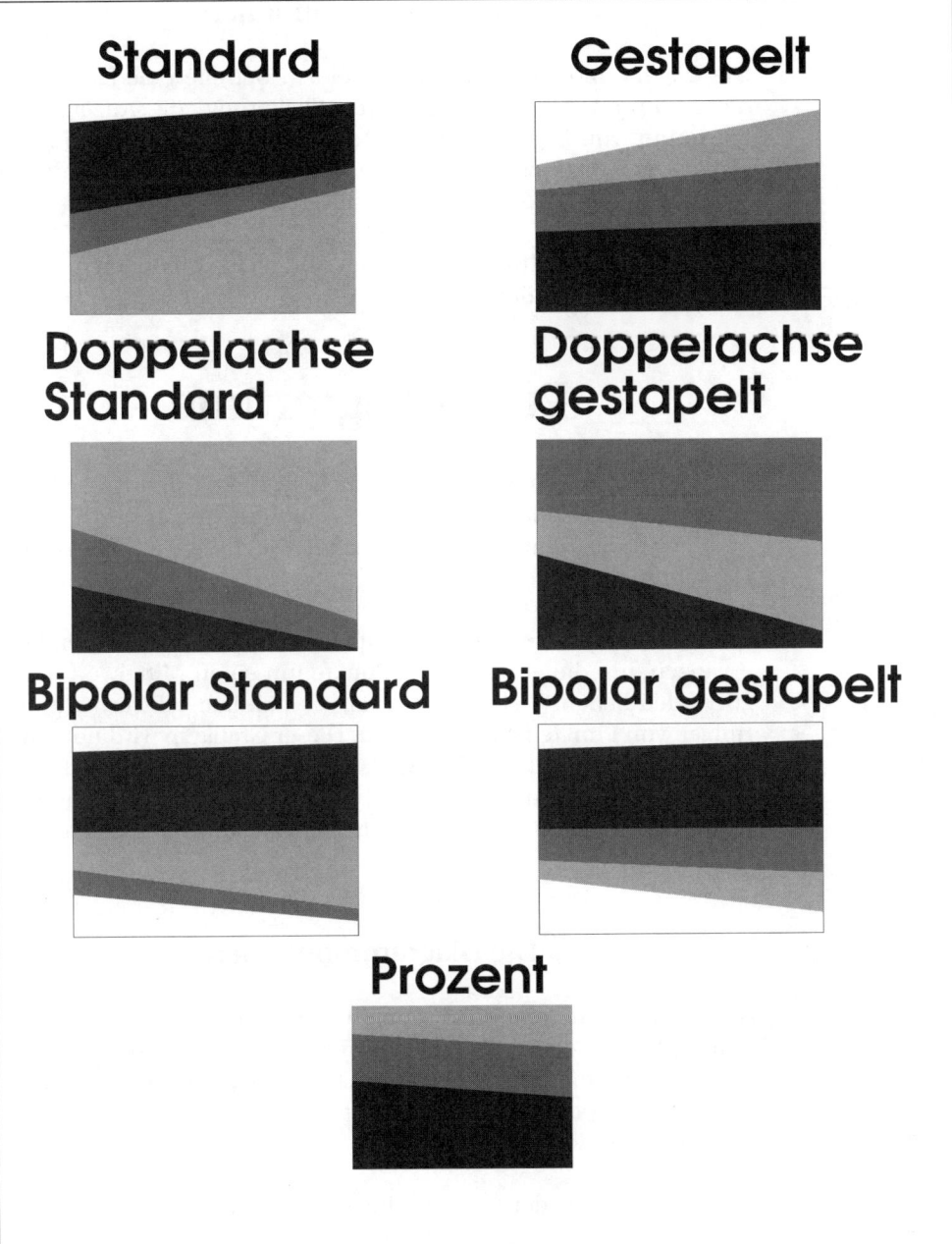

Abb. 19.18: Variation der Diagrammoptionen für Flächendiagramme

Die Diagrammoptionen

Die Diagrammoptionen im Menü ANSICHT betreffen die Darstellung der X- und Y-Achsen sowie deren Skalierung, die Anzeige und Plazierung von Legenden, die Datenauswertung und den Anzeigestatus. Die Funktionsweise dieser Optionen wurde bereits bei der Beschreibung der Balkenoptionen besprochen.

Optionen zur Gestaltung von Flächen sind nicht vorhanden und werden auch nicht benötigt.

Punktdiagramme

Wollen Sie Zusammenhänge zwischen zwei oder drei Datenreihen aufzeigen, verwenden Sie am besten eine Punktegrafik. Wie bei einem Liniendiagramm darf jede einzelne Datenreihe aus bis zu 1000 Datenpunkten bestehen.

Erwägen Sie, ob Sie eine solche Grafik eventuell durch eine Trendlinie ergänzen, um die Streuung der Punkte um einen Mittelwert besser zu verdeutlichen. Vielen Leuten fällt es nämlich schwer, Gruppierungen von Punkten zu vergleichen. Dieser Grafiktyp wird normalerweise für die Analyse von Statistiken verwendet. Falls Sie sich dennoch für diesen Darstellungstyp entscheiden, stellen Sie bitte rechtzeitig sicher, daß Ihr Publikum mit solchen Darstellungen vertraut ist.

Die Diagrammoptionen

Auch bei Punktdiagrammen entsprechen viele Diagrammoptionen den Optionen des Balkendiagramms. Zusätzlich können Sie bei Punktdiagrammen die X-Achse linear oder logarithmisch skalieren und den Skalenbereich einstellen. Weiterhin sind der Symboltyp und die Symbolgröße änderbar.

Die Darstellung der Daten eines Punktediagramms erfolgt in Wertepaaren. In Abbildung 19.19 können Sie sich davon überzeugen.

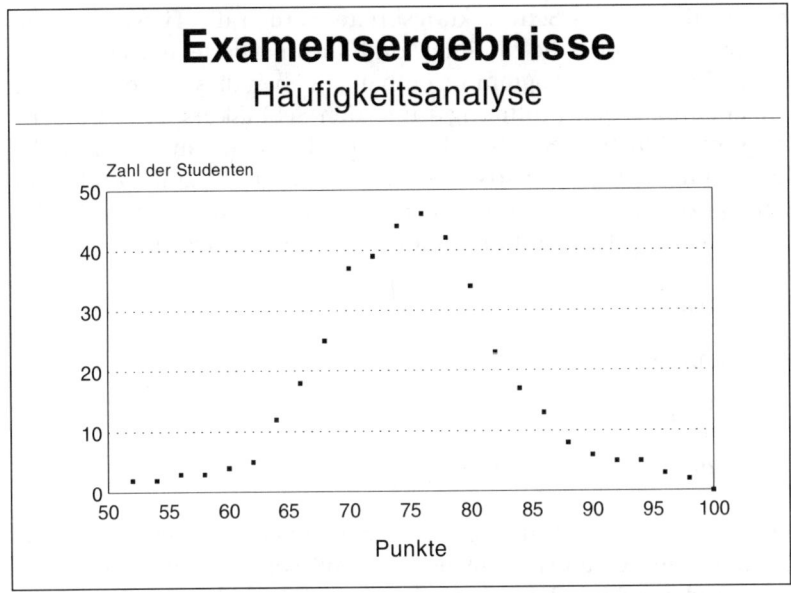

Abb. 19.19: Ein Punktdiagramm

Minimum-Maximum-Diagramme

Normalerweise werden Minimum-Maximum-Diagramme als Aktiendiagramme im Börsenbereich genutzt, um z.B. Kursschwankungen,
die sich über mehrere Monate erstrecken, grafisch festzuhalten. Sie
können diese Diagramme aber auch überall dort einsetzen, wo Daten Schwankungen unterliegen und Mittelwerte gebildet werden
müssen. Abbildung 19.20 zeigt z.B. die Temperaturschwankungen in
Köln mit den monatlichen Höchst- und Tiefsttemperaturen und dem
jeweiligen Mittelwert.

Im Gegensatz zu Linien- und Balkengrafiken beginnen Daten, die in
Minimum-Maximum-Diagrammen dargestellt werden, gewöhnlich
nicht beim Wert Null. Das bedeutet, daß Sie den kleinsten Wert für
die X-Achse ändern können, ohne befürchten zu müssen, die Grafik
zu verfälschen.

Zur Ermittlung der Schwankungsbreite werden die Tiefst- und die Höchststände, also die Minimal- und Maximalwerte, der Daten benötigt. Echte Aktiendiagramme enthalten neben diesen Werten noch Angaben über den Eröffnungs- und den Schlußkurs einer Börsennotierung. Möchten Sie ein echtes Aktiendiagramm anfertigen, wählen Sie im Menü DIAGRAMMTYP die Option MINIMUM-MAXIMUM und dann den speziellen Diagrammtyp MAX-MIN-ANFANG-ENDE. Geben Sie die Daten im Eingabebildschirm in folgender Reihenfolge ein:

- Maximum

- Minimum

- Anfang

- Ende

Bei der Eingabe von Daten sind folgende Punkte zu beachten: Geben Sie die Datenreihen spaltenweise ein, müssen die Balkendaten untereinander stehen. Bei zeilenweiser Eingabe von Datenreihen müssen die Balkendaten untereinander stehen.

Die Eingabe von Daten für dieses Diagramm ist extrem kritisch. Dazu ein Beispiel: Geben Sie z.B. die Datenfolge

8 2 3 4 8 1 3 5

in einer Spalte ein und klicken im Eingabemodus im Menü ANSICHT auf die Option DEFINITION. Aktivieren Sie die Optionen SPALTEN ALS DATEN-REIHEN und DATENWERTE SPALTENWEISE ANGEORDNET (VERTIKAL). Wählen Sie nun DIAGRAMMTYP MAXIMUM-MINIMUM MAX-MIN, werden vier Balken dargestellt.

Haben Sie aber den Diagrammtyp MAXIMUM-MINIMUM MAX-MIN-ANFANG-ENDE ausgewählt, werden nur zwei Balken mit Angabe des Eröffnungs- und Schlußkurses angezeigt (Abbildung 19.21)

Wägen Sie also vor der Dateneingabe genau ab, welches Maximum-Minimum-Diagramm Sie anfertigen möchten.

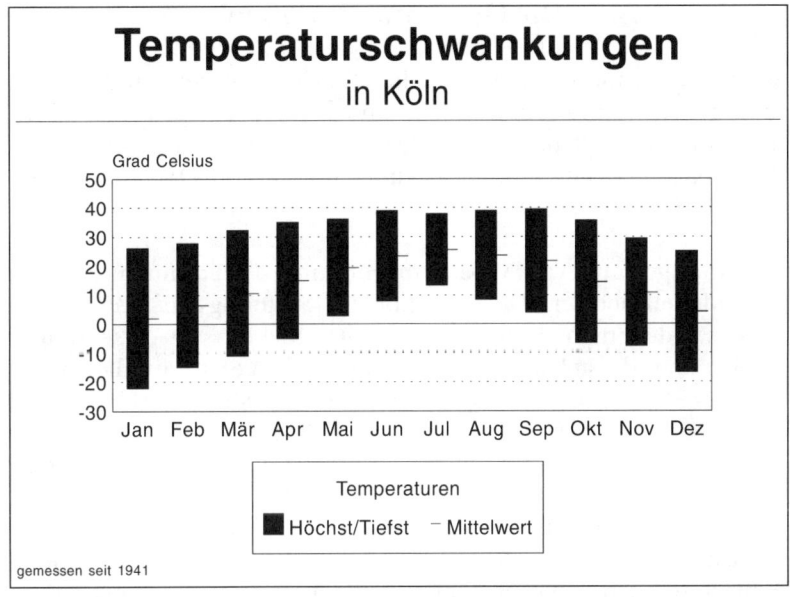

Abb. 19.20: Darstellung von Temperaturschwankungen anhand des Grafiktyps Aktiendiagramm

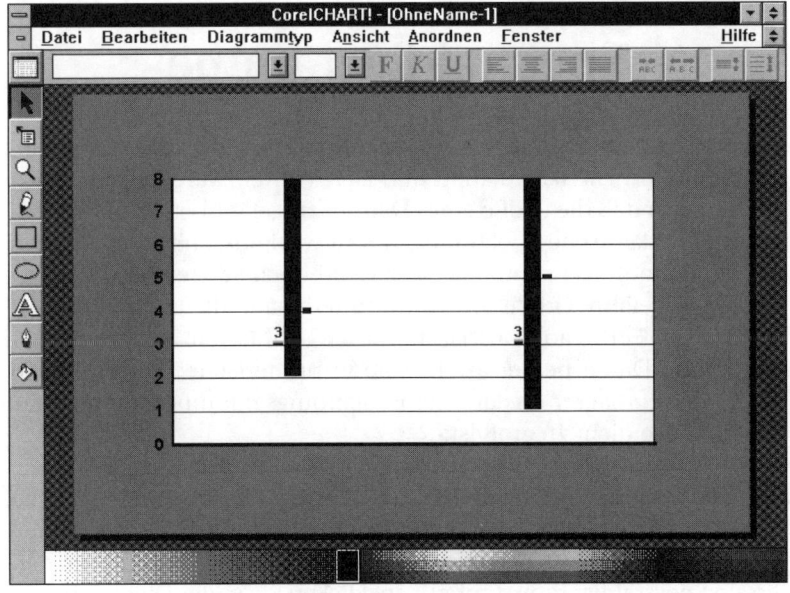

Abb. 19.21: Bei der Eingabe der Daten aufpassen

Die Diagrammoptionen

Die Diagrammoptionen entsprechen für die Skalierung und Darstellung der Achsen den Balkendiagramm-Optionen. Zusätzlich ist die Breite der Balken (Option BALKENBREITE) in fünf Stufen einstellbar. Auch die Breite der Datenpunkte ist über die Option DATENPUNKTBREITE veränderbar.

Der Anzeigestatus von Maximum-Minimum-Diagrammen verdient besondere Beachtung. Die Datenpunkte (Eröffnungskurs und Schlußkurs) werden nicht immer dargestellt. Möchten Sie diese Datenpunkte aber darstellen, klicken Sie im Menü ANSICHT auf die Option ANZEIGESTATUS. Anschließend aktivieren Sie die Optionen UNTERTEILUNG ÖFFNEN und UNTERTEILUNG SCHLIEßEN, indem Sie darauf klicken. Wenn Sie möchten, können Sie nun noch die Datenwerte einer Serie anzeigen. Klicken Sie dazu auf das Feld DATENBESCHRIFTUNG und entscheiden Sie, ob der Maximalwert, der Minimalwert, der Anfangswert oder der Endwert dargestellt werden soll, indem Sie die entsprechende Option aktivieren. Nach Festlegen der Position der Datenbeschriftung klicken Sie auf OK. Die Datenpunkte werden jetzt angezeigt. Zusätzlich ist eine Datenreihe beschriftet.

Spektraldiagramme

Spektraldiagramme stellen Werte in Matrixform wie in einem Arbeitsblatt einer Tabellenkalkulation dar. Den Werten werden Farben zugeordnet, so daß die Größe eines Datums ungefähr bestimmt werden kann. Das klassische Spektraldiagramm wird ausschließlich zur Beurteilung eines Werteverlaufes in zwei Ebenen verwendet. Dabei ist nur die ungefähre Größe des Wertes interessant, die anhand der zugewiesenen Farbe ablesbar ist. Kommt es auf exakte Werte an, stellen Sie die Daten besser als Tabelle in numerischer Form oder in einem Balkendiagramm dar. Dies ist allerdings nur möglich, wenn die Datenmenge nicht zu groß ist.

Enthält das Spektraldiagramm nur wenige Werte, sollten Sie die Datenwerte darstellen. Sie erhalten so eine Bereichsgrafik, bei der die Bereichszuweisung automatisch erfolgt (Abbildung 19.23). Möchten Sie ein Spektraldiagramm anfertigen, klicken Sie in der Dialogbox NEU im Feld DIAGRAMMTYP auf die Option SPEKTRAL.

Regionale Absatzzahlen 1992
Grobklassifizierung des Verkaufsziels

Großstädte	CD	Videos
Hamburg	150000	70000
Hannover	120000	170000
Berlin	300000	280000
Dortmund	90000	110000
Düsseldorf	110000	175000
Köln	120000	167000
Leipzig	60000	85000
Frankfurt	150000	177000
Stuttgart	180000	110000
München	250000	235000

Quelle: Geschäftsführung

Abb. 19.22: Spezialfall eines Spektraldiagramms - die Bereichsgrafik

Die Diagrammoptionen

Die matrixartige Anordnung der Werte bedingt, daß weder die X-Achse noch die Y-Achse skaliert werden dürfen. Daher sind im Menü ANSICHT bei den Optionen X-ACHSE und Y-ACHSE nur die Optionen zur Plazierung der Achsenwerte, zur Darstellung der Hilfslinien und zur Anpassung der Beschriftung auswählbar. Die Skalierung eines Spektraldiagramms bezieht sich immer auf das gesamte Diagramm und wirkt sich daher auf die Zuweisung von Werten zu Farben aus. Im Menü ANSICHT öffnen Sie über die Option SPEKTRUM ein weiteres Untermenü, das Ihnen die Skalierung in der bereits bekannten Art und Weise ermöglicht.

Eine Option dieses Untermenüs ist allerdings für die Farbgebung wichtig. Klicken Sie auf die Option FARBBEREICH, blendet CorelCHART! die gleichnamige Dialogbox ein. Sie können nun die ANZAHL DER UNTERTEILUNGEN eingeben, also die Anzahl der Intervalle, denen eine Farbe zugewiesen wird. Weiterhin können Sie die Anfangs- und Endfarbe des Spektralintervalls ändern, indem Sie auf die entsprechenden Optionen klicken.

Über die Option SYMBOLTYP können Sie eine andere Symbolform auswählen. Sie sollten aber auf jeden Fall die Standard-Option RECHTECK
eingestellt lassen, weil sonst der Gesamteindruck eines Spektraldiagramms verloren geht.

Zusammenfassung

Die XY-Diagramme waren Thema dieses Kapitels. Sie kennen nun die
wichtigsten Diagrammtypen und können fast jede Gestaltungs-
aufgabe aus dem Bereich Geschäftsgrafiken lösen.

Das nächste Kapitel befaßt sich zunächst mit dreidimensionalen Diagrammen, die zwar auch zu den Geschäftsgrafiken gehören, aber aufgrund ihrer Gestaltung besser Präsentationsgrafiken genannt werden.
Zweiter Schwerpunkt des nächsten Kapitels sind die kombinierten
Diagramme. Sie erfahren, wie Sie Mehrfachdiagramme anfertigen
und einen wichtigen Grafiktyp, das Kreis-/Säulendiagramm, nachbilden.

20

3-D-Effekte und kombinierte Diagramme

Der Umfang der 3-D-Optionen von CorelCHART! ist beeindruckend und verspricht, bei der Darstellung von Potentialgebirgen oder Diagrammen, bei denen eine dritte Achse zur Trendbeurteilung herangezogen werden muß, geeignete Einsatzmöglichkeiten. Alle anderen Darstellungen sind zwar optisch sehr ansprechend, wirkungsvoll und erzeugen Begeisterung, können aber zur ernsthaften Arbeit mit Diagrammen, also zur Auswertung, nicht verwendet werden.

Daher sollten Sie auch in Präsentationen nur sehr sparsam solche 3-D-Diagramme einsetzen, weil diese das Ablesen von Werten doch sehr erschweren. Abbildung 20.1 zeigt ein Diagramm, das extremen Gebrauch von den 3-D-Optionen macht, aber das Ablesen von Werten nicht mehr zuläßt.

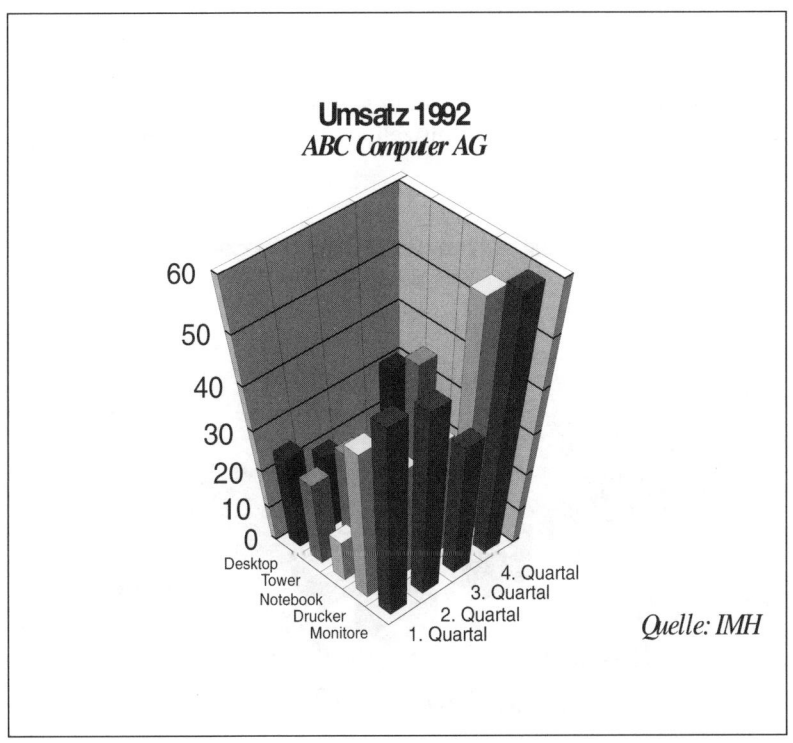

Abb. 20.1: Eine schöne, aber nicht sehr aussagekräftige 3-D-Grafik

Anwendungsbereiche dreidimensionaler Darstellung

Der 3-D-Effekt vermag zwar Wertunterschiede nachdrücklich verdeutlichen, verfälscht aber oft gleichzeitig die Darstellung der Werte. Betrachten Sie in diesem Zusammenhang die dreidimensionalen Balkendiagramme in Abbildung 20.2. Aufgrund der dreidimensionalen Darstellung fällt es Ihnen schwer, die einzelnen Werte abzulesen, da zwei gleiche Datenelemente unterschiedliche Werte zu haben scheinen, weil das eine Datenelement Ihrem Auge näher liegt als das andere. Darüber hinaus ist es nicht allgemein bekannt, daß man den tatsächlichen Wert eines Datenelements an der hinteren Balkenbegrenzung ablesen kann.

Benutzen Sie den 3-D-Effekt, wenn allgemeine Zusammenhänge von Interesse sind. Benutzen Sie den 3-D-Effekt dagegen nicht, wenn das Publikum Werte ablesen soll. Am besten verwenden Sie den 3-D-Effekt nur dann, wenn Sie eine einzelne Datenreihe hervorheben wollen.

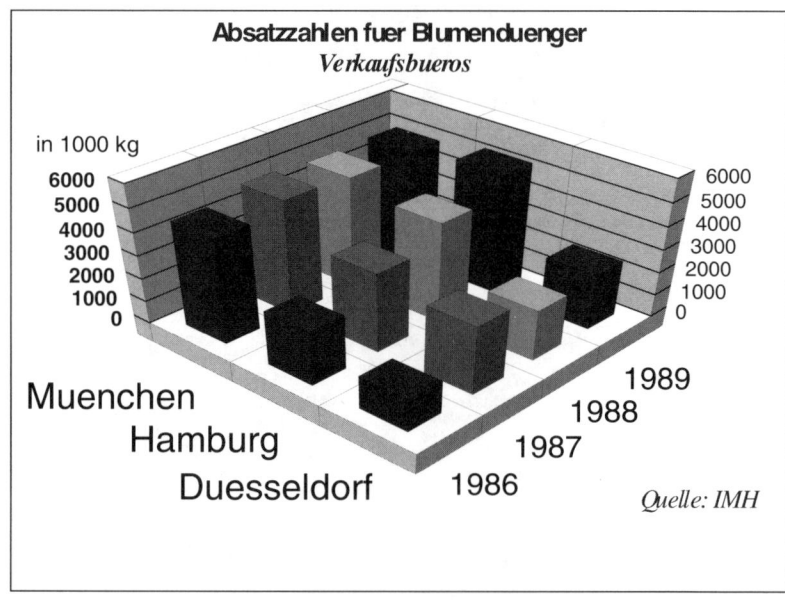

Abb. 20.2: Balkendiagramm mit 3-D-Effekt

3-D-Diagramme verstehen

Ein zweidimensionales Balkendiagramm stellt die Daten in Balkenform dar. Auf der X-Achse werden die Basiswerte einer Datenreihe
dargestellt, die entweder den Zeilen- oder den Spaltenüberschriften
entsprechen (je nach Definition). Dabei handelt es sich um numerische Daten oder meistens Zeitangaben. Die Y-Achse enthält die Intervallgrenzen der Werte. An der Y-Achse sind die Größen der Werte
ablesbar, indem Sie einen waagerechten Strich von der Balkenober-
kante zur Y-Achse ziehen und den Wert am Schnittpunkt ablesen.
Durch die Darstellung von Werten über zwei Achsen heißt der Ober-
begriff dieser Diagramme auch XY-Diagramm. Mehrere Datenreihen
werden so dargestellt, daß die korrespondierenden Werte eines
Basiswertes (und verschiedener Datenreihen) in einer der bekannten Formen gruppiert werden. Die Differenzierung der einzelnen
Datenreihen erfolgt über eine Legende, die zusätzlich dargestellt wird.

Bei einem dreidimensionalen Diagramm wird die Legende auf die Z-
Achse abgebildet. Demnach enthält ein 3-D-Diagramm eine zusätz-
liche Achse und wird daher auch XYZ-Diagramm genannt. In
Abbildung 20.3 sind die Koordinatensysteme schematisch dargestellt.

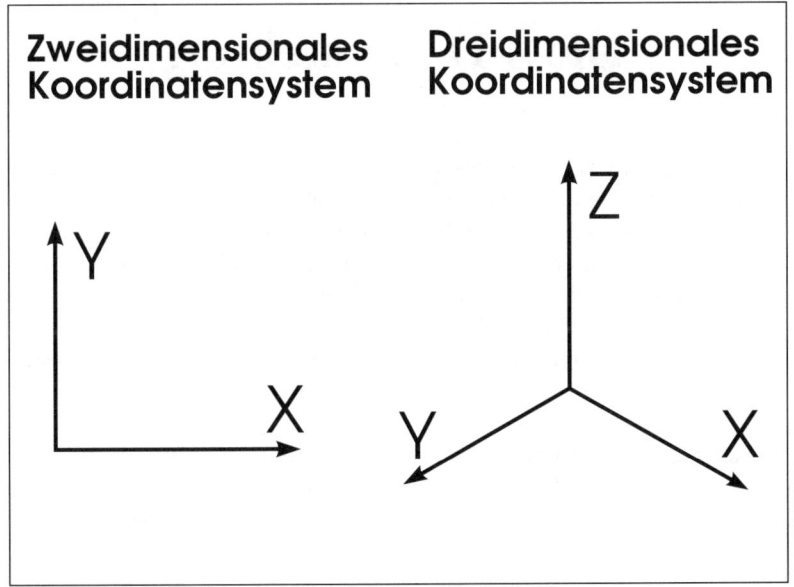

Abb. 20.3: Koordinatensystem mit X-,Y- und Z-Achse

3-D-Grafiktypen

Möchten Sie Werte dreidimensional darstellen, wählen Sie in der Dialogbox NEU die Diagrammtypen 3-D-BALKEN und 3-D-PUNKT aus. Im Menü DIAGRAMMTYP können Sie bestehende Diagramme ebenfalls in einen dreidimensionalen Diagrammtyp überführen. Neben den Diagrammtypen 3-D-BALKEN und 3-D-PUNKT kommen hier noch die Diagrammtypen 3-D-TRANSPARENT, 3-D-REIHENVERBUND, 3-D-GRUPPENVERBUND und 3-D-OBERFLÄCHE hinzu.

Die Anwendungsbereiche der 3-D-Diagrammtypen entsprechen den jeweils artverwandten 2-D-Diagrammtypen. Hervorzuheben ist der Diagrammtyp 3-D-OBERFLÄCHE, der in den Bereich technisch-wissenschaftlicher Diagramme zu kategorisieren ist. Mit diesem Diagrammtyp wird die zweidimensionale Darstellung des Spektraldiagramms durch das Hinzufügen der dritten Dimension wesentlich plastischer, so daß Verläufe eindeutig bewertbar werden.

In den Abbildungen 20.4 - 20.6 sind die verschiedenen Grafiktypen dargestellt.

Die 3-D-Darstellung

Sobald Sie einen 3-D-Diagrammtyp ausgewählt haben, wird das Diagramm berechnet und dargestellt. Die Orientierung des Diagramms in der Arbeitsfläche, also die perspektivische und räumliche Darstellung, kann in weiten Bereichen und praktisch jedem verfügbaren Parameter verändert werden. Sie können das Objekt im Raum drehen, horizontal und vertikal verschieben oder auch die Perspektive so ändern, daß das in Abbildung 20.1 dargestellte Diagramm entsteht. Abbildung 20.8 zeigt verschiedene Optionen der räumlichen Darstellung.

Zusätzlich zu den Optionen zur räumlichen Anordnung von Diagrammen sind die Standardoptionen, die sich auf die Elemente eines Diagramms beziehen, in Form, Farbe und anderen Attributen einstellbar.

3-D-Balken

Standard

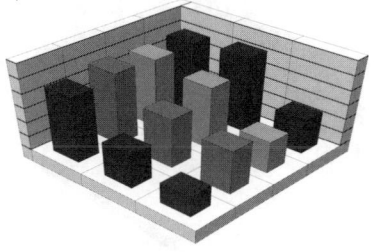

Pyramiden

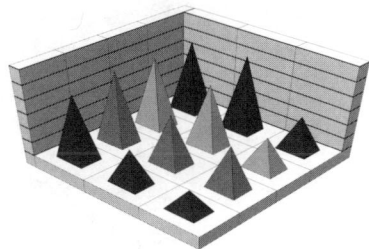

Oktagone

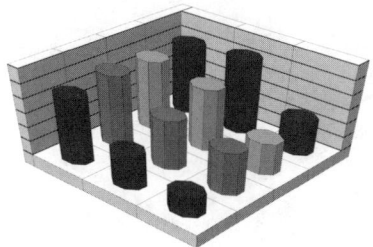

Geschnittene Balken

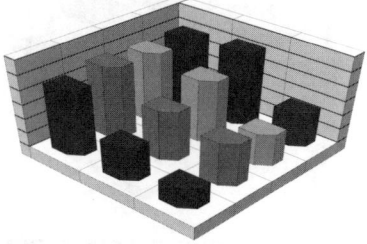

3-D-Transparent

Würfel

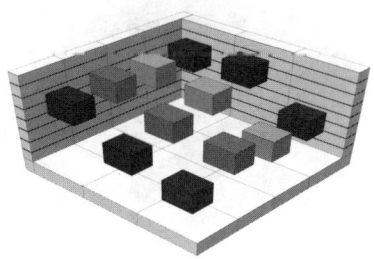

Kugeln

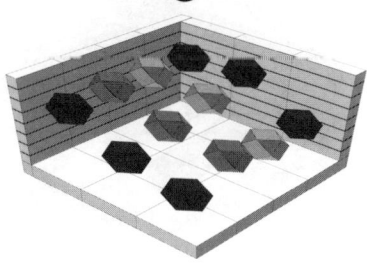

Abb. 20.4: 3-D-Balken und 3-D-Transparent

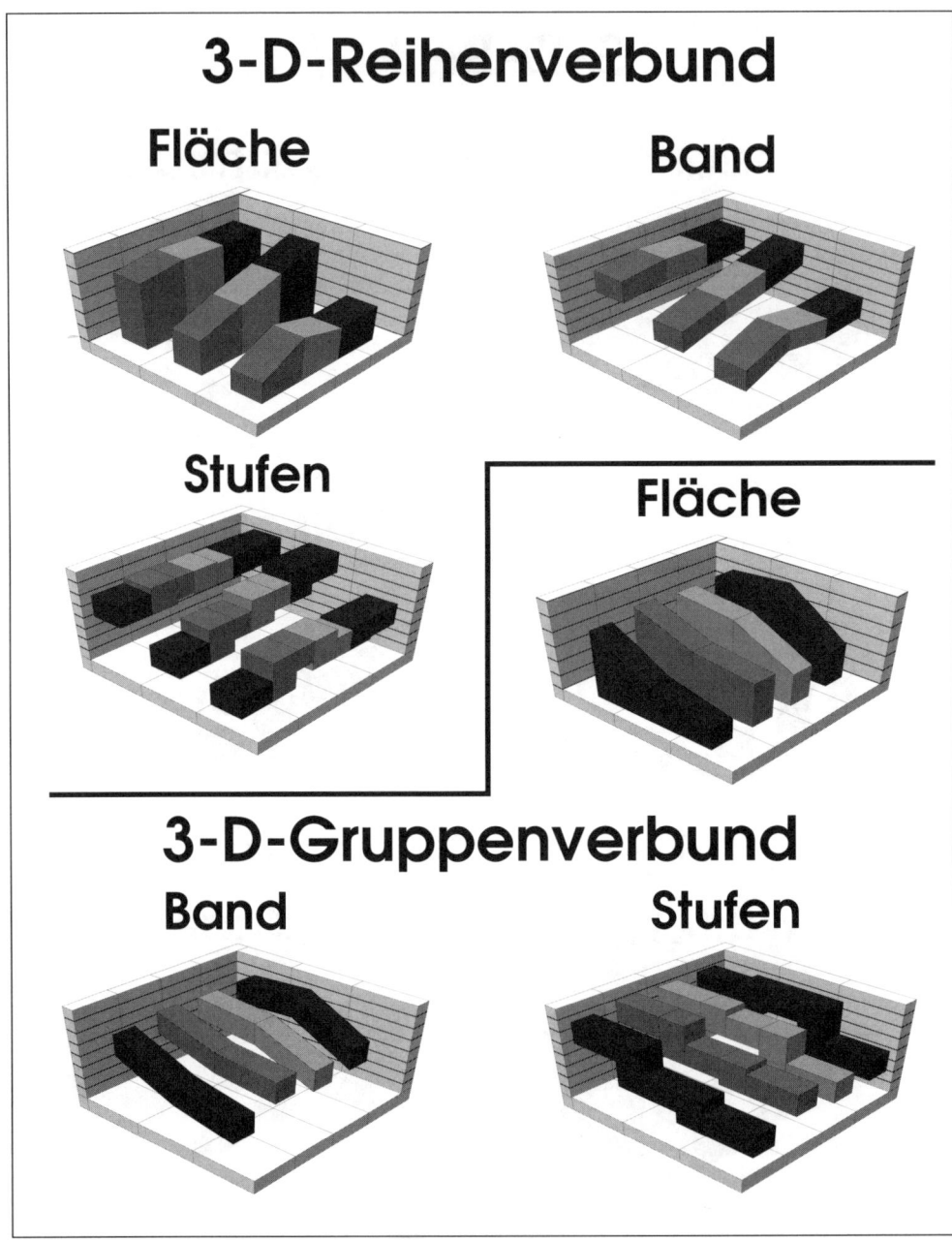

Abb. 20.5: 3-D-Reihenverbund und 3-D-Gruppenverbund

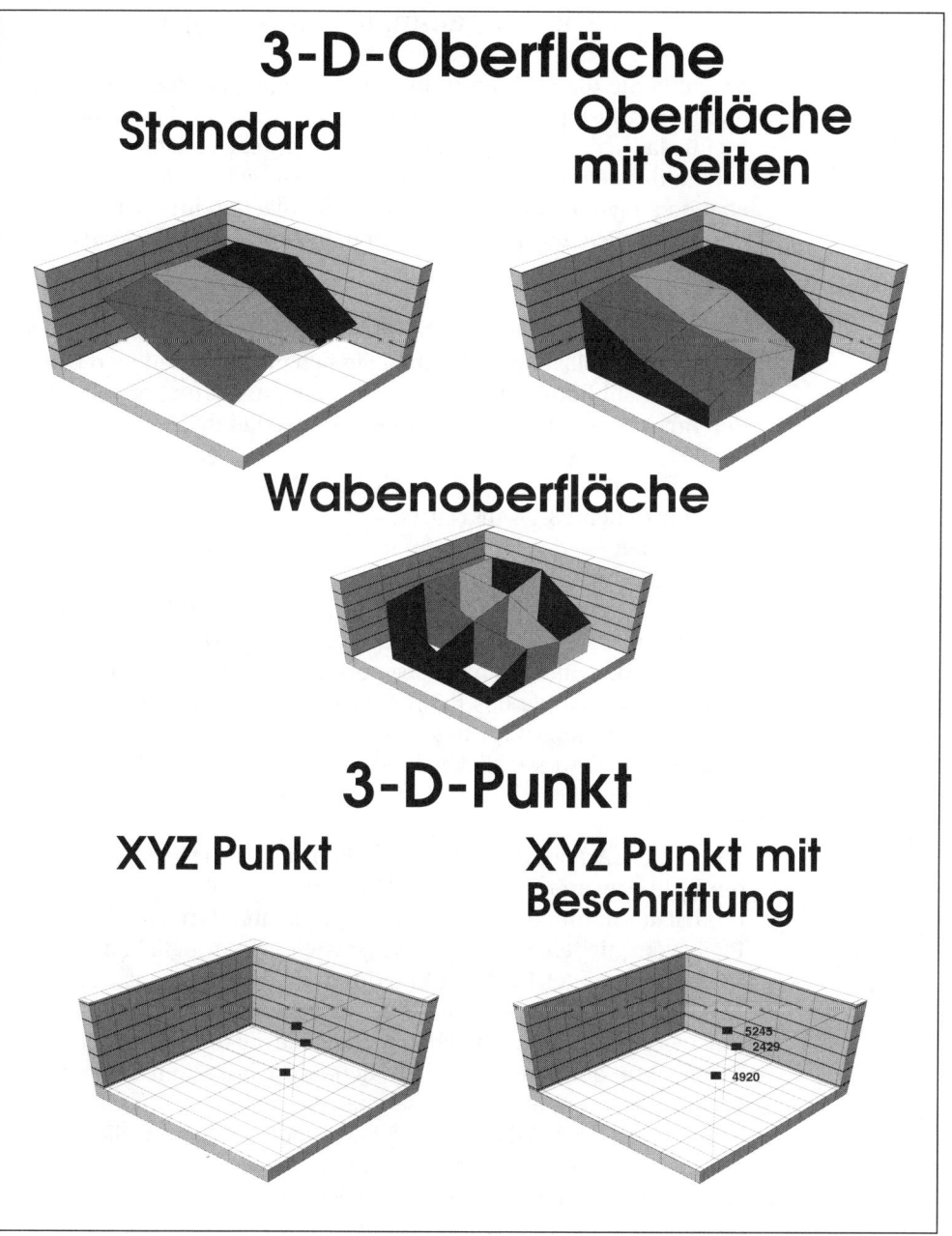

Abb. 20.6: 3-D-Oberfläche und 3-D-Punkt

Die Diagrammposition festlegen

*Das Diagramm
ist nur über das
3-D-Werkzeug
frei verschiebbar.* Möchten Sie die Diagrammposition festlegen, klicken Sie im Menü
ANSICHT auf die Option 3-D-WERKZEUG ANZEIGEN. CorelCHART! öffnet ein
Menü, das in der Darstellung einem Rollup-Fenster sehr nahekommt.
Die Funktionen des Fensters sind auf vier verschiedene Funktions-
ebenen aufgeteilt, die über die vier Schaltflächen im oberen Bereich
des Rollup-Fensters aktiviert werden. In Abbildung 20.7 sind die vier
Ebenen des Fensters dargestellt.

Die Auswirkungen einiger Optionen sind auf den ersten Blick recht
schwer nachvollziehbar. Schauen Sie sich die verschiedenen Darstellungen in Abbildung 20.8 an, um sich eine ungefähre Vorstellung von
den Auswirkungen der Funktionen zu verschaffen.

Kommen wir zur einfachsten und standardmäßig eingestellten
Funktionsebene 3-D-AUSRICHTUNG. Mit den Funktionen dieser Ebene
verschieben Sie das Diagramm in X-, Y- oder in Z-Richtung. Klicken
Sie auf die roten Pfeile innerhalb des Fensters, wird das Diagramm
schrittweise verschoben. Klicken Sie auf die Schaltfläche und halten
die Maustaste gedrückt, wird das Diagramm kontinuierlich bis zum
Erreichen der Effektgrenze verschoben. Während der Verschiebung
wird nur eine Kopie des Rahmens verschoben, während das Originalobjekt an der Ursprungsposition verbleibt. Sobald Sie auf die
Schaltfläche ZUWEISEN klicken, wird das Diagramm an der neuen Position fixiert.

Eine andere Art der Darstellung erhalten Sie, wenn Sie die Option VOR-
SCHAU deaktivieren. CorelCHART! blendet daraufhin nur ein Draht-
modell des Rahmens ein, dessen Kopie Sie nun durch Klicken auf die
Pfeile verschieben können. Diese Darstellung ermöglicht eine besse-
re Beurteilung der Effekte, ohne durch das Originaldiagramm abge-
lenkt zu sein. Möchten Sie eine Verschiebung oder eine andere
Einstellung rückgängig machen, klicken Sie auf die Schaltfläche RÜCK-
GÄNGIG. Mit der zweiten Schaltfläche von links aktivieren Sie im
Rollup-Fenster eine Funktionsebene, die mehrere Funktion enthält.
Mit der Option 3-D-ZOOM vergrößern oder verkleinern Sie das Dia-
gramm. Klicken Sie auf den nach vorne weisenden Pfeil, kommt das
Diagramm auf den Betrachter zu. Klicken Sie auf den nach hinten
weisenden Pfeil, entsteht der Eindruck, daß das Diagramm langsam
im Hintergrund verschwindet.

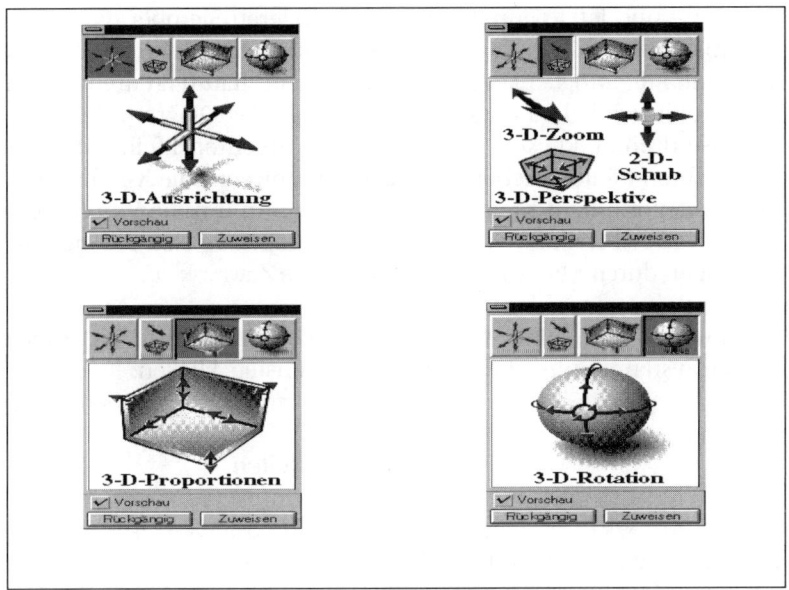

Abb. 20.7: Das 3-D-Werkzeug in den verschiedenen Modi

Bei der Veränderung der verschiedenen Optionen kann es vorkommen, daß das Diagramm auf dem Arbeitsblatt nicht mehr zentriert angeordnet ist. Mit der Option 2-D-SCHUB beseitigen Sie diesen Effekt, indem Sie das Diagramm in horizontaler und vertikaler Richtung verschieben.

Über die Option 3-D-PERSPEKTIVE ändern Sie die Tiefe des Diagramms. Diese Darstellung ist recht schwer zu beschreiben, so daß Sie den Effekt am besten ausprobieren.

Die dritte Funktionsebene 3-D-PROPORTIONEN ermöglicht Ihnen die variable Einstellung der Seitenteile eines 3-D-Diagramms. Ein Diagramm besteht aus den Symbolen (z.B. Balken), die die Werte repräsentieren, und dem Diagrammkörper, der in die linke und rechte Seitenfläche und die Grundfläche aufgeteilt ist. Mit den Pfeilen, die an den Kanten dieser Flächen plaziert sind, vermindern oder erhöhen Sie die Dicke der Flächen. Mit den anderen Pfeilen stellen Sie die Ausmaße der Flächen ein.

Die vierte und letzte Funktionsebene aktivieren Sie über die rechte Schaltfläche im Rollup-Fenster. Diese Ebene heißt 3-D-ROTATION und gibt Ihnen die Möglichkeit, das Diagramm im Raum zu drehen und so den Blickwinkel zu ändern. Möchten Sie das Diagramm um die Z-Achse drehen, klicken Sie auf die waagerechten Pfeile. Mit den senkrechten Pfeilen drehen Sie das Diagramm um die X-Achse, mit den Pfeilen auf dem Kreis wird das Diagramm um die Y-Achse gedreht. Nach Abschluß der Positionsänderungen weisen Sie die Einstellungen durch Klicken auf die Schaltfäche ZUWEISEN zu.

Sie entfernen das Rollup-Fenster wieder vom Bildschirm, indem Sie auf die Systemmenü-Schaltfläche dieses Fensters klicken.

Den Blickwinkel einstellen

Das Menü ANSICHT enthält neben der Option 3-D-WERKZEUG ANZEIGEN unter anderem auch die Funktion BLICKWINKEL EINSTELLEN. Klicken Sie auf diesen Menüpunkt, öffnet CorelCHART! ein Flyout-Menü, das verschiedene voreingestellte Blickwinkel zur Auswahl anbietet. Die verschiedenen Blickwinkel schauen Sie sich im Vorschau-Fenster des Flyout-Menüs an, indem Sie die Maustaste festhalten und den Cursor über die verschiedenen Optionen ziehen.

Weitere Diagrammoptionen

Bei allen Diagrammtypen haben Sie die Möglichkeit, die Seitenflächen und die Grundfläche automatisch zu schattieren, um einen Beleuchtungseffekt zu simulieren. Das Diagramm wirkt dadurch plastischer. Wählen Sie im Menü ANSICHT die Option BEGRENZUNG AUTOMATISCH SCHATTIEREN, um diesen Effekt einzufügen. Manche Diagrammtypen ermöglichen Ihnen zusätzlich die Schattierung von Datenpunkten, indem Sie im Menü ANSICHT die Option DATENPUNKTE AUTOMATISCH SCHATTIEREN aktivieren.

Die Gestaltung der einzelnen Flächen kann aber durchaus reizvoll sein. Sie können so auf den Seitenflächen z.B. ein Muster oder ein Bild darstellen, das die Aussage des Diagramms noch verstärkt. Dazu müssen Sie allerdings die Option BEGRENZUNG AUTOMATISCH SCHATTIEREN deaktivieren, die Fläche markieren und das Muster zuweisen.

Original

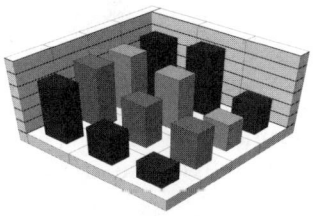

Zoom

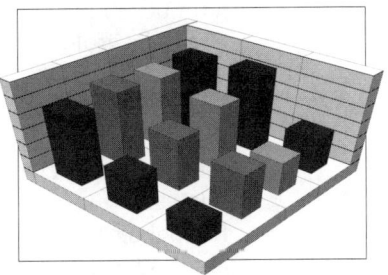

Perspektive

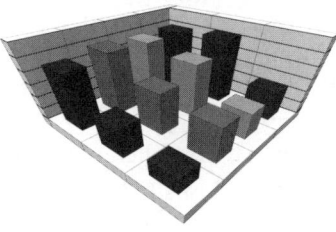

Proportionen

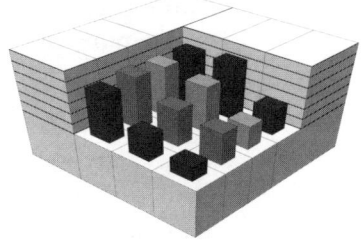

Proportionen

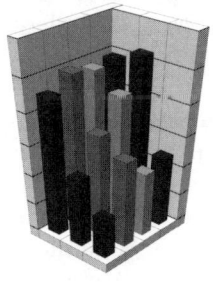

Rotation

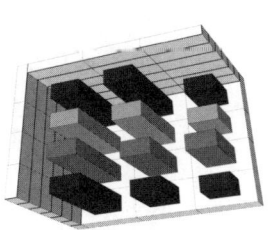

Abb. 20.8: Auswirkung der 3-D-Darstellung

Die Beschriftung des Diagramms ist ebenfalls einstellbar. Über den Menüpunkt 3-D-TEXTOPTIONEN (im Menü ANSICHT) bestimmen Sie, ob die Beschriftungen in der Größe automatisch angepaßt werden sollen und ob die Überschriften bei einer Veränderung der Perspektive ebenfalls größengerecht dargestellt werden.

 Sie sollten die Optionen TEXT AUTOMATISCH ANPASSEN und ÜBERSCHRIFTEN DER PERSPEKTIVE ANPASSEN auf jeden Fall aktivieren, um Überschneidungen zwischen Diagramm und Beschriftungen zu vermeiden, falls Sie das Diagramm anders positionieren. Bevor Sie die Dialogbox 3-D-TEXTOPTIONEN aufrufen können, müssen Sie ein Element einer Achsenbeschriftung markieren.

Skalierung und Hilfslinien

Die Optionen WERTEBASIS und DATEN UMKEHREN im ANSICHT-Menü entprechen in ihrer Funktionsweise den Optionen für Balkendiagramme. Die Option WERTEBASIS ist in Kapitel 19, die Option DATEN UMKEHREN in Kapitel 18 beschrieben. Die Skalierung einer Achse ist aber bei 2-D-Balkendiagrammen nur für die Y-Achse möglich. Stellen Sie sich ein solches Diagramm vor: Die Y-Achse ist in senkrechter Richtung angeordnet, so daß eine Skalierung dem menschlichen Empfinden (und dem erlernten Diagramm-Sehen) entgegenkommt. Bei dreidimensionalen Diagrammen ist die Z-Achse senkrecht angeordnet. Deswegen ist nun auch die Z-Achse mit den gleichen Funktionen skalierbar, die bei 2-D-Diagrammen für die Y-Achse galten. Möchten Sie die Z-Achse skalieren, klicken Sie im Menü ANSICHT auf die Option Z-ACHSE. Im Flyout-Menü wählen Sie nun, ob Sie die Achse linear oder logarithmisch skalieren wollen. Weiterhin können Sie den SKALENBEREICH über die Option SKALENBEREICH verändern oder das ZAHLENFORMAT über die gleichnamige Option einstellen.

Hilfslinien sind bei einer dreidimensionalen Darstellung äußerst wichtig, um die Wertezuordnung überhaupt möglich zu machen. Sie stellen die Hilfslinien ein, indem Sie im Menü ANSICHT auf die Option 3-D-HILFSLINIEN klicken. Hilfslinien sind für die Seitenflächen und für die Symbole der Datenreihen einstellbar. Die Seitenflächen-Hilfslinien stellen Sie im Feld OBERE & UNTERE BEGRENZUNG ein.

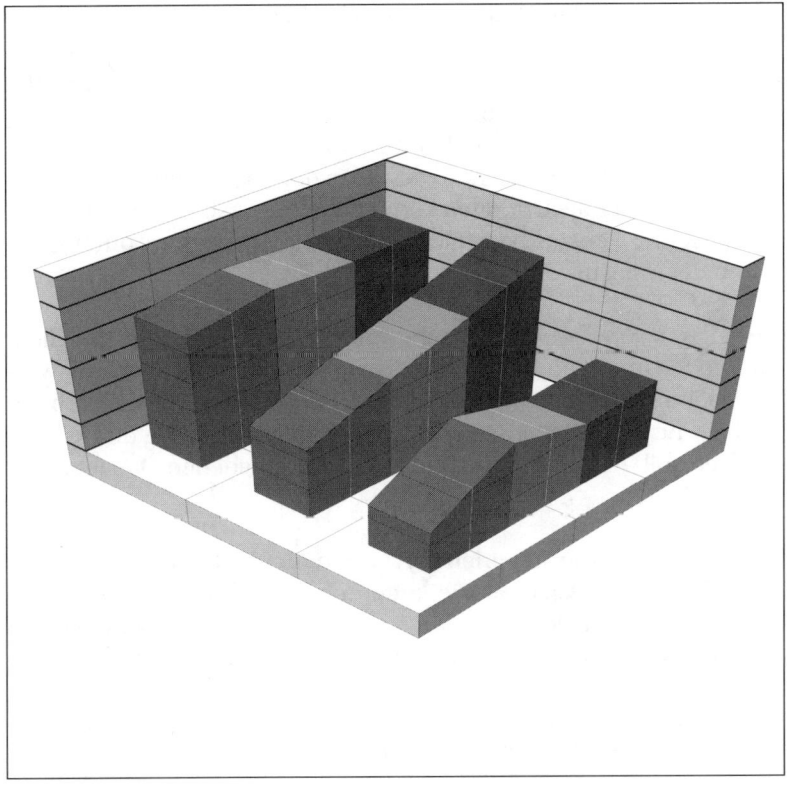

Abb. 20.9: Darstellung von Hilfslinien

Diese Hilfslinien sollten immer dargestellt werden. Bei Balken- und Flächendiagrammen bieten die Hilfslinien, die Sie über das Feld DATENPUNKTE aktivieren können, eine wertvolle Erleichterung beim Ablesen von Werten. Aktivieren Sie diese Option, werden die Balken oder Flächen nämlich mit Linien in gleichmäßigen Abständen überzogen, die in der Position den Seitenflächen-Hilfslinien entsprechen. Abbildung 20.9 zeigt dies an einem Beispiel.

Die Unterteilung für die Z-Achse wird ebenfalls über die Dialogbox HILFSLINIEN eingestellt. Möchten Sie die Unterteilung manuell bestimmen, klicken Sie im Feld Z-ACHSE auf die Option MANUELL und geben bei ANZAHL DER UNTERTEILUNGEN einen anderen Wert ein.

Die Symboloptionen einstellen

Die Symbole, die die Datenwerte repräsentieren, sind in ihrer Größe einstellbar. Klicken Sie im Menü Ansicht auf die Option DATENPUNKTGRÖßE, öffnet sich ein Flyout-Menü mit verschiedenen Datenpunktgrößen. Durch Ziehen des Cursors (bei gedrückter linker Maustaste) über die Optionen können Sie die verschiedenen Größen im Vorschau-Fenster beurteilen, bevor Sie einen Wert durch Loslassen der Maustaste zuweisen.

Die DATENPUNKTFÄRBUNG ist nach verschiedenen Kriterien möglich. Klicken Sie im Menü Ansicht auf die Option DATENPUNKTFÄRBUNG, wird ein Flyout-Menü eingeblendet, in dem Sie auswählen, ob die Färbung nach vorne, nach Reihen oder Gruppen oder nach Höhe und Winkel erfolgen soll. Abbildung 20.10 zeigt die verschiedenen Darstellungsmöglichkeiten.

Trendaussagen werden erleichert, wenn Sie die Option NACH HÖHE auswählen. Interessiert Sie die Änderung von einem Datenwert zum nächsten, wählen Sie die Option NACH WINKEL. Die unterschiedlichen Steigungen werden daraufhin andersfarbig dargestellt. Über die Option FARBBEREICH stellen Sie die Anfangs- und Endfarbe des Verlaufs ein. Einfarbige Symbole erhalten Sie, indem Sie für die Anfangs- und Endfarbe die gleiche Farbe auswählen.

Der Diagrammtyp 3-D-OBERFLÄCHE wirkt besonders, wenn Sie die Option NACH HÖHE einstellen und einen Farbverlauf von gelb nach rot einstellen.

Optionen der Verbunddiagramme

Die Diagrammtypen 3-D-REIHENVERBUND und 3-D-GRUPPENVERBUND stellen die Datenwerte standardmäßig als 3-D-Flächen dar. Diese Darstellung können Sie ändern, indem Sie das Datenelement markieren und im Menü Ansicht auf die Option DATENPUNKTTYP klicken. Im Flyout-Menü wählen Sie nun eine andere Darstellung aus.

Abbildung 20.11 zeigt verschiedene Möglichkeiten zur Darstellung von Datenpunkten.

Nach Vorderseite

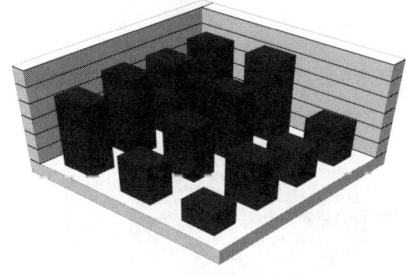

Nach Reihen

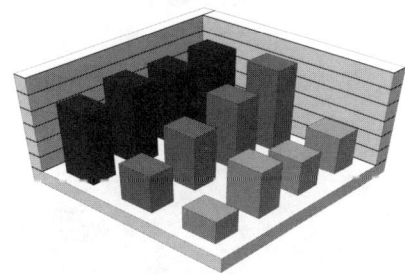

Nach Gruppen

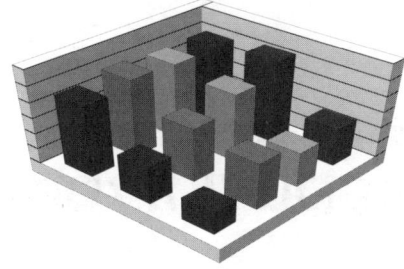

Nach Höhe

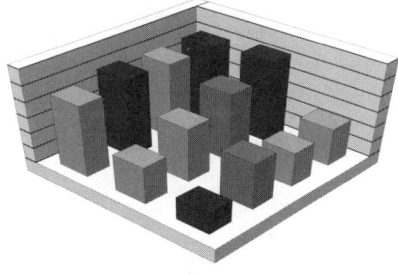

Nach Winkel

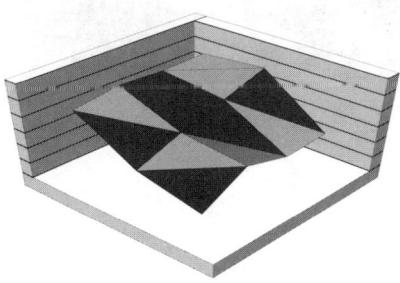

Abb. 20.10: Die Datenpunktfärbung

Verbundene Stufen

Schwebende Flächen

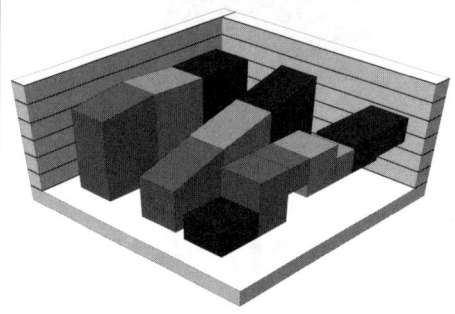
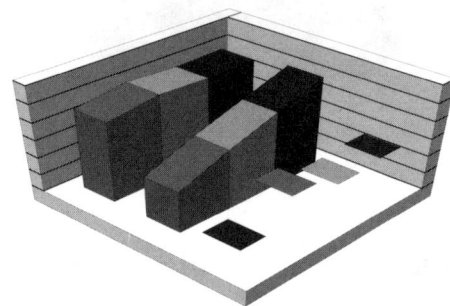

Oktogone

Verschiedene Datenpunkttypen

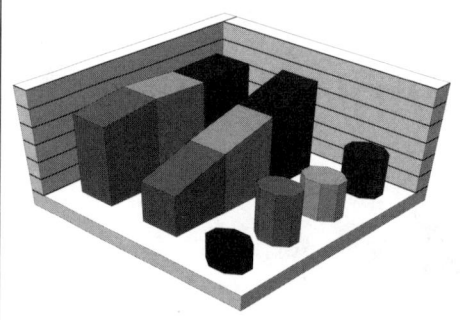
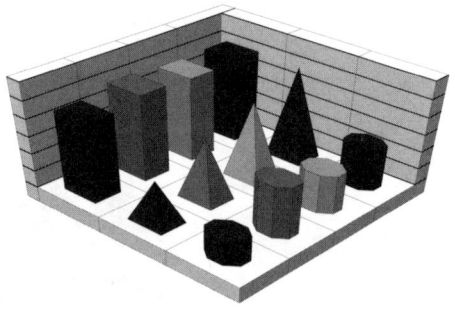

Abb. 20.11: Verschiedene Datenpunkttypen

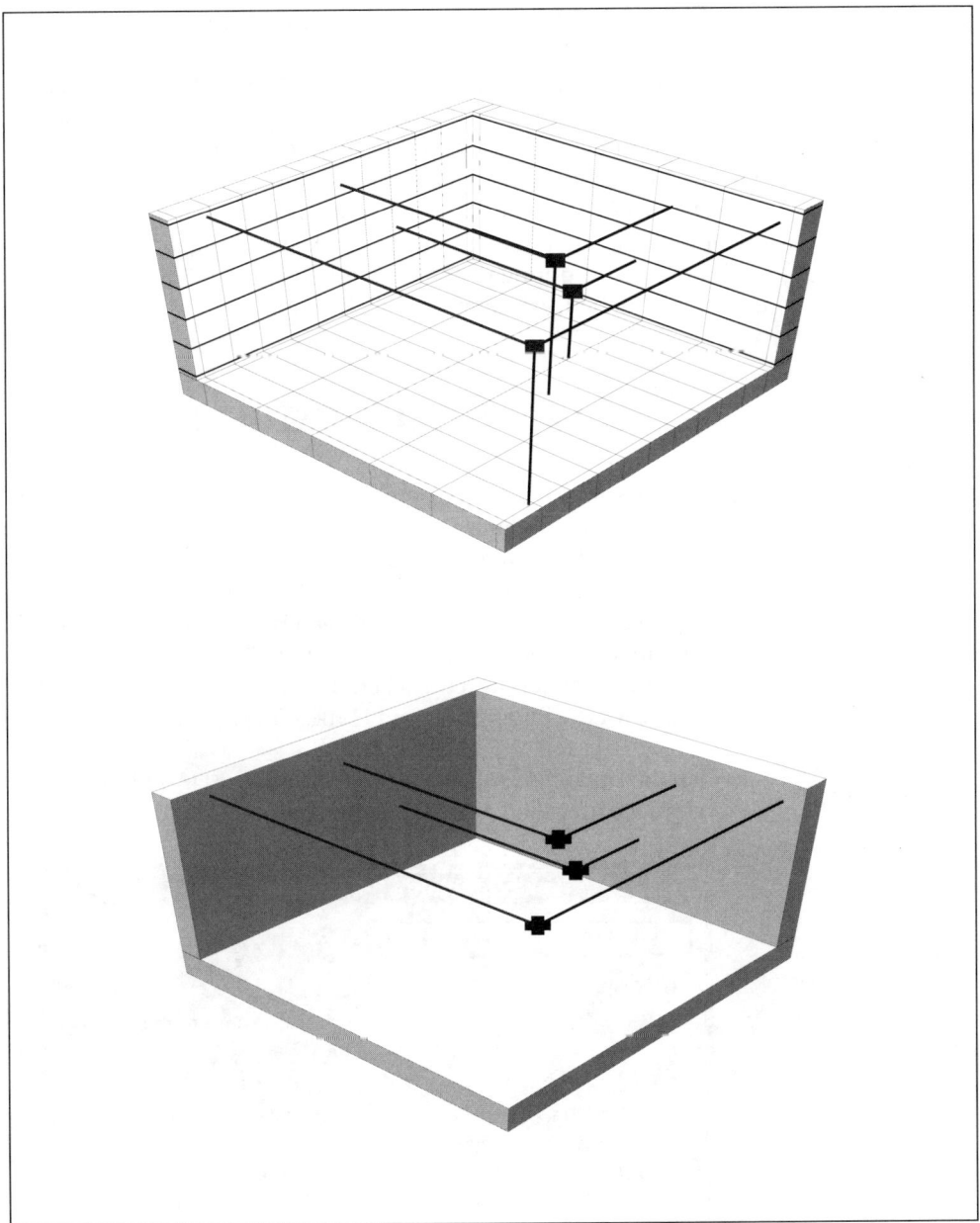

Abb. 20.12: Orientierungslinien

Optionen des Punktdiagramms

Haben Sie den Diagrammtyp 3-D-PUNKT eingestellt, können Sie die SYMBOLGRÖSSE, SYMBOLFORM und SYMBOLFÄRBUNG der Datenpunkte über das Menü ANSICHT einstellen. Der Menüpunkt ORIENTIERUNGSLINIEN gibt Ihnen die Möglichkeit, verschiedene Linien darzustellen, die lotrecht vom Datenpunkt auf die Flächen weisen. Darüber hinaus können Sie die Punkte miteinander verbinden. Die Darstellung dieser Linien erleichtert die Zuordnung von Werten erheblich. Abbildung 20.12 zeigt unterschiedliche Darstellungsmöglichkeiten.

Der Anzeigestatus

Den Anzeigestatus haben Sie bereits verwendet, als Sie die Beschriftungen zweidimensionaler Diagramme dargestellt oder unterdrückt haben. Für dreidimensionale Diagramme gelten prinzipiell die gleichen Definitionen, so daß Sie nur darauf achten müssen, daß eine dritte Achse einschließlich der zugehörigen Beschriftungen dargestellt wird. Darüber hinaus können Sie die Darstellung der Seitenflächen und der Grundflächen unterdrücken, indem Sie die Optionen LINKE BEGRENZUNG, RECHTE BEGRENZUNG und UNTERE BEGRENZUNG deaktivieren.

Sie rufen die Dialogbox ANZEIGESTATUS 3-D-DIAGRAMM (Abbildung 20.13) auf, indem Sie im Menü ANSICHT auf die Option ANZEIGESTATUS klicken.

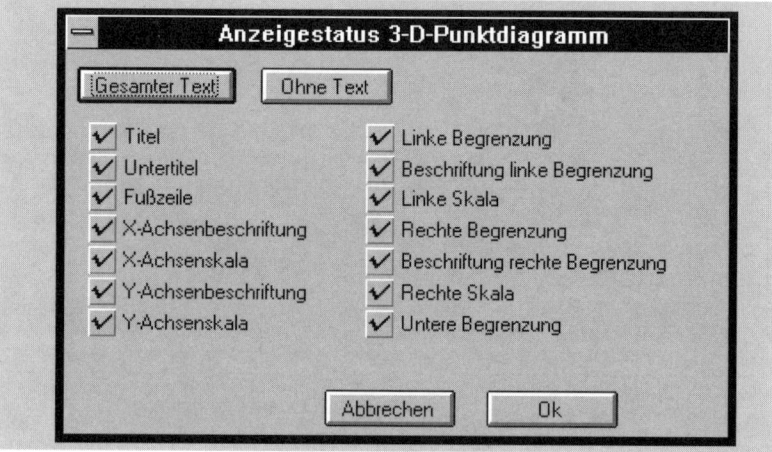

Abb. 20.13: Der Anzeigestatus

Diese Einstellung ist besonders wirkungsvoll, wenn Sie mit dem Diagrammtyp 3-D-Oberfläche ein Potentialgebirge darstellen, das ohne Seitenflächen und Grundfläche zu schweben scheint. Die Darstellung eignet sich ausschließlich zur optischen Gestaltung und ist als seriöses Diagramm hoher Aussagekraft nicht einsetzbar!

Anwendungsbeispiele mit kombinierten Diagrammen

Kombinierte Diagramme verknüpfen die Vorteile verschiedener Diagrammtypen miteinander. Ein Balken-/Linien-Diagramm z.B. stellt die Werte für einen bestimmten Zeitpunkt in exakter Form als Balken dar. Stellen Sie die Datenreihe gleichzeitig als Linie dar, ist die Beurteilung eines Trends sehr leicht möglich.

Neben der Darstellung von kombinierten Diagrammen wird auch das Mehrfach-Diagramm häufig eingesetzt, um verwandte Sachverhalte in verschiedenen Diagrammen darstellen zu können. So können Sie zum Beispiel im oberen Diagramm einer Mehrfachgrafik die einzelnen Werte als Balkendiagramm darstellen, während Sie im unteren Diagramm die Werte von X-Achsenpunkt zu X-Achsenpunkt aufsummieren und so ein kumulatives Balkendiagramm erhalten.

Die Aussagekraft eines solchen Mehrfachdiagramms ist erstaunlich. Im oberen Bereich ist die Beurteilung der Ergebnisse einzelner Kategorien zu bestimmten Zeitpunkt möglich, während im unteren Diagramm das Gesamtergebnis jederzeit abgelesen werden kann.

Das Kreis-/Säulendiagramm

Das Kreis-/Säulendiagramm ist in CorelCHART! leider nicht als Diagrammtyp definiert. Sie können das Problem allerdings lösen, indem Sie das Diagramm unter Verwendung von CorelCHART! und CorelDRAW! anfertigen:

1. Zunächst erstellen Sie in CorelCHART! ein Kreisdiagramm und rücken den nach rechts weisenden Sektor heraus.

2. Übertragen Sie das Diagramm in die Zwischenablage, indem Sie im Menü BEARBEITEN auf DIAGRAMM KOPIEREN klicken.

3. Starten Sie CorelDRAW!, und fügen Sie das Diagramm als Bild ein. Klicken Sie dazu im Menü BEARBEITEN auf die Option INHALTE EINFÜGEN und dann auf die Option BILD. Durch Klicken auf EINFÜGEN übertragen Sie das Diagramm als Bild in CorelDRAW!

4. Lösen Sie die Objektgruppe auf und löschen die überflüssigen Beschriftungen. Konnten Sie den Sektor nicht exakt nach rechts herausrücken, drehen Sie den Kreis einschließlich der zugehörigen Beschriftungen in die korrekte Position (Abbildung 20.14).

5. Erzeugen Sie nun das Balkendiagramm mit einem gestapelten Balken. Wechseln Sie zu CorelCHART!, wählen Sie den Diagrammtyp "Balken vertikal gestapelt", und geben Sie eine Datenreihe ein. Übertragen Sie das Diagramm in die Zwischenablage.

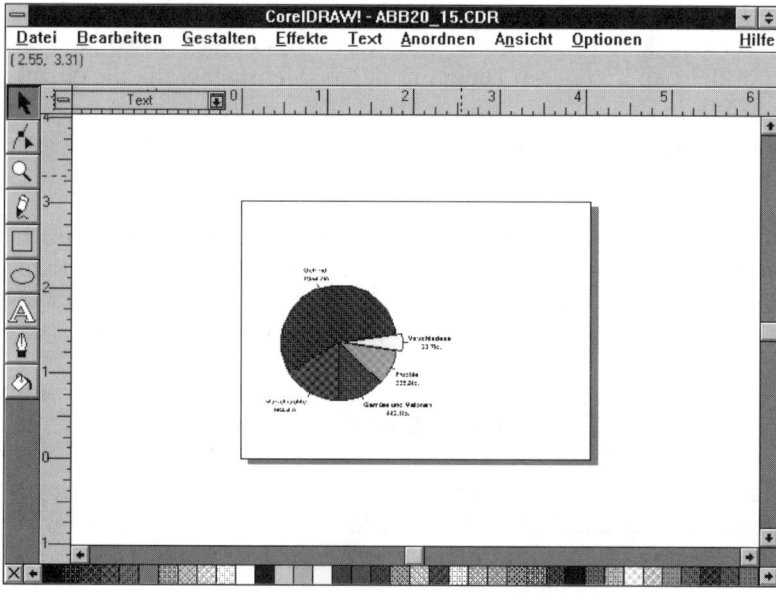

Abb. 20.14: Der Kreisanteil des Diagramms in CorelDRAW!

6. Fügen Sie das Diagramm wieder in CorelDRAW! als Bild ein. Lösen Sie die Gruppe auf und löschen alle Elemente außer dem Balken und dessen Beschriftung.

7. Ordnen Sie den Balken rechts von dem herausgerückten Sektor an und zentrieren den Balken vertikal in Bezug auf den Sektor.

8. Verbinden Sie die obere Ecke des Sektors mit der oberen Kante des Balkens, indem Sie eine gestrichelte Linie zeichnen. Wiederholen Sie diesen Schritt für die untere Ecke und Kante.

9. Geben Sie abschließend die Überschrift und weitere Beschriftungen ein.

In Abbildung 20.15 ist das vollständige Kreis-/Säulendiagramm dargestellt.

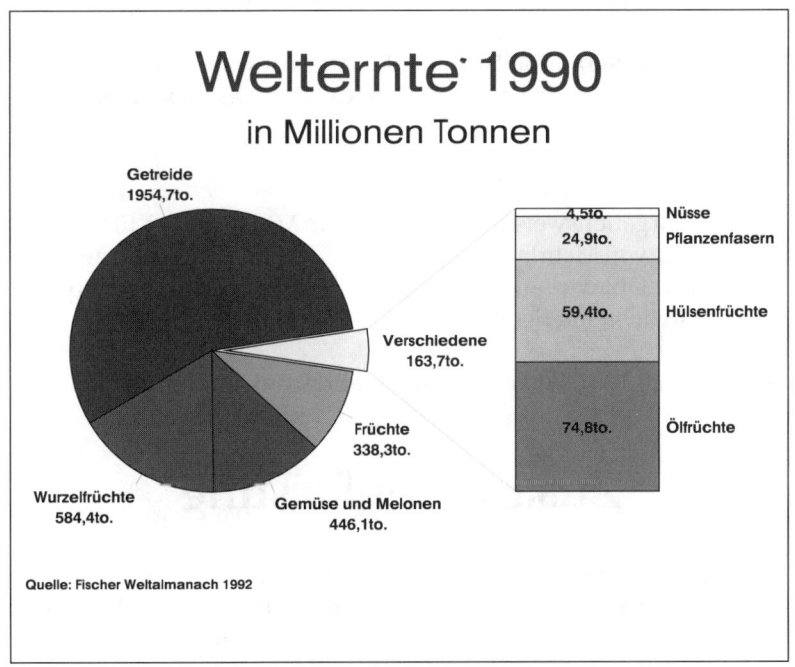

Abb. 20.15: Das Kreis-/Säulendiagramm

Diagramme als Grafik einfügen

Mehrfachdiagramme können Sie auf drei verschiedene Weisen erzeugt werden:

1. ÜberCorelCHART!
    Erstellen Sie ein Diagramm und kopieren Sie es in die Zwischenablage, indem Sie im Menü BEARBEITEN auf die Option DIAGRAMM KOPIEREN klicken. Anschließend erstellen Sie das zweite Diagramm und fügen das erste Diagramm wieder als Bild in CorelCHART! ein. Das erste Diagramm kann leider nicht mehr bearbeitet werden.

2. Über CorelDRAW!
    Starten Sie CorelDRAW! und klicken im Menü DATEI auf die Option OBJEKTE EINFÜGEN. Wählen Sie den Objekttyp CorelCHART 3.0, und fertigen Sie ein Diagramm an. Verlassen Sie CorelCHART! wieder. Das Diagramm wird daraufhin in CorelDRAW! angezeigt. Wiederholen Sie diese Schritte für jedes weitere Diagramm und ordnen Sie die Diagramme in der Arbeitsfläche von CorelDRAW! an. Durch Doppelklicken auf ein CorelCHART!-Objekt können Sie ein Diagramm nachträglich verändern.

3. Über CorelSHOW!
    Die Vorgehensweise entspricht dem Arbeitsablauf für die Erstellung von Mehrfachdiagrammen mit CorelDRAW!. Anstelle der Option Objekte einfügen klicken Sie in CorelSHOW! auf die Schaltfläche mit dem stilisierten Balkendiagramm.

Abbildung 20.16 stellt ein typisches Mehrfachdiagramm dar.

Zusammenfassung

In diesem Kapitel haben Sie die Optionen zur Gestaltung von 3-D-Diagrammen kennengelernt. 3-D-Diagramme sind optisch ansprechend und eignen sich bei vorsichtiger und gekonnter Anwendung der Diagrammoptionen eventuell sogar zur Abschätzung von Werten. Generell gilt aber, das 3-D-Diagramme nur Trendaussagen und Beurteilungen von Werteverläufen zulassen.

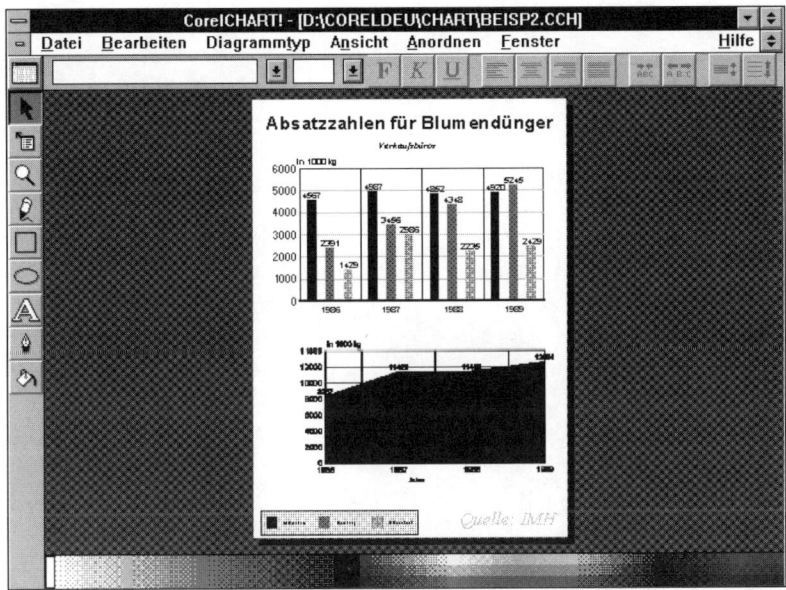

Abb. 20.16: Ein Mehrfachdiagramm in CorelCHART!

Bis zu diesem Zeitpunkt haben Sie die wichtigsten Diagramme von CorelCHART! kennengelernt und wissen, wie Sie Diagramme ansprechend gestalten und zielgerichtet einsetzen. Im nächsten Kapitel lernen Sie die Illustrationsfunktionen von CorelCHART! kennen, mit denen Sie spezielle Diagramm-Gestaltungen bewältigen können.

21

Diagramme illustrieren

CorelCHART! verfügt als klassisches Geschäftsgrafik-Programm über eine Vielzahl an Funktionen zur Gestaltung von Diagrammen. Diese Standardfunktionen sind für die üblichen Standard-Diagramme mehr als geeignet, reichen aber zur Gestaltung von speziellen Diagrammen nicht aus. Die Illustration von Diagrammen mit Beispielgrafiken oder die klare Abgrenzung von Bereichen durch Linien und andere Objekte wird immer häufiger eingesetzt, um den Informationsgehalt zu erhöhen und gleichzeitig die Übersichtlichkeit zu verbessern.

Das Programm CorelCHART! verfügt daher über einige einfache Zeichenfunktionen zur Gestaltung. Darüber hinaus sind Farben, Füllmuster und Verläufe einstellbar. Reichen diese grafischen Elemente nicht aus, können Sie die Grafiken in CorelDRAW! gestalten und in CorelCHART! übernehmen.

Grafische Elemente zeichnen

Die grafischen Elemente in CorelCHART! zeichnen Sie, indem Sie die entsprechenden Hilfsmittel aktivieren und das Objekt in der Arbeitsfläche erzeugen. Die Arbeitstechniken zur Eingabe dieser Objekte entsprechen im wesentlichen den Vereinbarungen und Bedienabläufen von CorelDRAW!. In den nachfolgenden Abschnitten werden daher nur die Unterschiede zu CorelDRAW! angesprochen.

Linien, Polygone und Pfeile

Klicken Sie auf die Schaltfläche für das Stift-Hilfsmittel (ein stilisierter Stift), erscheint ein Flyout-Menü mit vier weiteren Schaltflächen (Abbildung 21.1).

Das Stift-Hilfsmittel

Abb. 21.1: Flyout-Menü zur Eingabe von Linien

Die Schaltflächen haben von links nach rechts folgende Funktion:

- Linien zeichnen

- Polygone erstellen

- Freihandlinien eingeben

- Pfeile erzeugen

Möchten Sie eine Linie zeichnen, klicken Sie zunächst auf das Stift-Hilfsmittel und dann auf die linke Schaltfläche. Anschließend stellen Sie den Cursor auf die Stelle, an der die Linie beginnen soll. Klicken Sie, und ziehen Sie die Linie bei gedrückter linker Maustaste auf. Sobald Sie die Maustaste loslassen, wird die Linie fixiert. Exakt senkrechte oder waagerechte Linien geben Sie ein, indem Sie während des Zeichenvorgangs die Strg-Taste drücken.

Die Eingabetechnik von Polygonen ist unterschiedlich. Haben Sie den Polygon-Eingabemodus durch Klicken auf das Stift-Hilfsmittel und die zweite Schaltfläche von rechts aktiviert, stellen Sie den Cursor auf die Position, an der die erste Ecke des Polygons plaziert sein soll. Klicken Sie und bewegen Sie den Cursor zu der Position der nächste Ecke des Polygons. Klicken Sie erneut. Haben Sie alle Ecken definiert, bewegen Sie den Cursor entweder auf die erste Ecke oder ein kleines Stück in Richtung der zuvor eingegebenen Ecke.

Vergewissern Sie sich, daß der Cursor nun in der Mitte einen kleinen weißen Kreis enthält. Wenn Sie nun klicken, werden die letzte und erste Ecke miteinander verbunden. Das Polygon ist damit vollständig definiert.

Freihandlinien zeichnen Sie, indem Sie auf die dritte Schaltfläche klicken und anschließend eine Kurve bei gedrückter linker Maustaste zeichnen. Sobald Sie die Maustaste loslassen, wird die Freihandlinie fixiert.

Pfeile geben Sie über die rechte Schaltfläche ein. Gehen Sie dabei genauso vor wie bei der Eingabe von Linien. Im Gegensatz zu Linien wird das Linienende hier durch einen Pfeil abgeschlossen.

Rechtecke, Quadrate, Ellipsen und Kreise

Rechtecke und Ellipsen zeichnen Sie, wie Sie es in CorelDRAW! gewöhnt sind. Möchten Sie ein Rechteck zeichnen, aktivieren Sie das
Rechteck-Hilfsmittel und zeichnen ein Rechteck, indem Sie einen
Eckpunkt durch Klicken fixieren und das Rechteck bei gedrückter linker Maustaste aufziehen. Quadrate geben Sie ein, indem Sie während
des Zeichenvorgangs die [Strg]-Taste drücken. Möchten Sie ein Rechteck vom Objekt-Mittelpunkt aus zeichnen, drücken Sie gleichzeitig
[⇧].

Möchten Sie eine Ellipse oder einen Kreis zeichnen, aktivieren Sie das
Ellipsen-Hilfsmittel und zeichnen die Ellipse. Drücken Sie gleichzeitig die Taste [Strg], erzeugen Sie einen Kreis; drücken Sie die Taste [⇧],
zeichnen Sie den Kreis oder die Ellipse vom Objekt-Mittelpunkt aus.

Umrisse und Füllmuster
verändern

Umrisse und Füllmuster werden wie in CorelDRAW! über Flyout-Menüs eingestellt. Umrisse und Füllmuster können Sie jedem Objekt und
jedem Diagrammelement eines Diagramms zuweisen. Beachten Sie,
daß Sie das Objekt zuerst markieren müssen, bevor Sie neue Attribute
zuweisen.

Die Linienattribute einstellen

In CorelCHART! sind die Linienstärken mit fest vorgegebenen oder
freien Werten änderbar. Diese Einstellmöglichkeiten sind im Flyout-
Menü UMRIß zusammengefaßt, das in Abbildung 21.2 dargestellt ist.

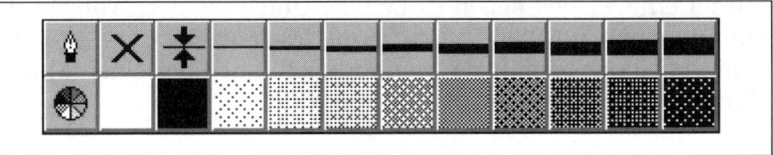

Abb. 21.2: Das Flyout-Menü UMRIß

Gehen wir die Schaltflächenfunktionen der Reihe nach durch. Über die linke Schaltfläche der oberen Reihe aktivieren Sie ein Dialogfeld, in dem Sie die Linienbreite in der Maßeinheit "Punkt" definieren können. Neben dieser Schaltfläche erkennen Sie ein schräges Kreuz. Klicken Sie auf diese Schaltfläche, wird die Umrißdicke auf Null gestellt, so daß keine Umrißdarstellung mehr erfolgt. Mit den weiteren Schaltflächen der oberen Reihe stellen Sie die Linienstärke anhand fest vorgegebener Werte ein.

Die untere Reihe faßt die Optionen für die Zuweisung von Farben zusammen. Durch Klicken auf die linke Schaltfläche öffnen Sie die Dialogbox FARBE, in der Sie eigene Farben definieren können. Mit den anderen Schaltflächen dieser Reihe stellen Sie verschiedene Grauwerte ein.

Farben für Umriß und Füllung auswählen

Die Farbpalette wird am unteren Rand des CorelCHART!-Fensters dargestellt und kann nicht entfernt werden. Die Farbpalette ist in zwei Bereiche aufgeteilt: Der linke Bereich enthält die Graustufen von weiß nach schwarz. Im rechten Bereich sind drei Paletten untereinander angeordnet, die sich nur durch unterschiedliche Helligkeiten voneinander unterscheiden.

Möchten Sie nun die Farbe eines Objekts ändern, gehen Sie wie in CorelDRAW! vor. Sie markieren das Objekt, wählen in der Farbpalette eine Farbe aus und stellen den Cursor darauf. Klicken Sie nun mit der linken Maustaste, weisen Sie der Füllung eine neue Farbe zu. Durch Klicken mit der rechten Maustaste verändern Sie die Farbe des Umrisses.

Muster zuweisen

Muster ermöglichen neben Farben die Unterscheidung von Objekten. In manchen Fällen haben Sie mit Mustern sogar die einzigen Unterscheidungsmerkmale, wenn Sie z.B. nur über einen Monochrom-Drucker verfügen.

Die Optionen zur Zuweisung und Veränderung von Mustern, Füllfarben und Farbverläufen sind im Flyout-Menü FÜLLEN zusammengefaßt. Sie aktivieren dieses Menü, indem Sie auf die Schaltfläche für
das Hilfsmittel Füllen klicken (Abbildung 21.3).

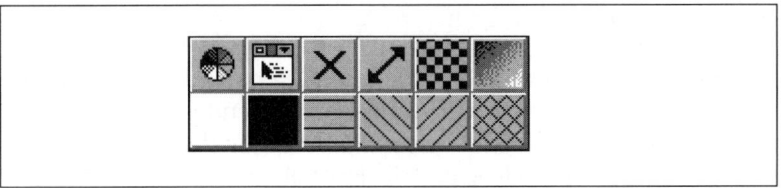

Abb. 21.3: Das Flyout-Menü FÜLLEN

In der unteren Reihe stellen Sie über die linke Schaltfläche eine weiße Füllung und über die rechts daneben angeordnete Schaltfläche
eine schwarze Füllung ein. Mit den weiteren Optionen weisen Sie verschiedene Schraffuren zu.

Hinter den Schaltflächen der oberen Reihe verbergen sich folgende
Funktionen: Klicken Sie auf die linke Schaltfläche, öffnen Sie die Dialogbox FARBE zur Definition eigener Farben. Die zweite Schaltfläche
von links aktiviert das Rollup-Fenster SCHNELLAUSWAHL, das in einem
der nachfolgenden Abschnitte beschrieben ist. Die effektive Zuweisung von Mustern und Verläufen ist nur über dieses Rollup-Fenster möglich.

Möchten Sie die Darstellung einer Füllung unterdrücken und das Objekt transparent erscheinen lassen, klicken Sie auf die Schaltfläche mit
dem schrägen Kreuz. Mit den weiteren Schaltflächen weisen Sie
Vektormuster, Bitmapmuster und Verläufe zu.

Farben definieren

Die Definition eigener Farben ist nur in der Dialogbox FARBE möglich.
Sie aktivieren diese Dialogbox enweder über das Flyout-Menü UMRISS
oder STIFT. In beiden Menüs klicken Sie dazu auf die Schaltfläche mit
dem Farbkreis. Die Dialogbox FARBE enthält unter der Farbpalette
GRUNDFARBEN den Bereich SELBSTDEFINIERTE FARBEN, über den Sie 16 eigene Farben definieren können.

Möchten Sie eine Farbe definieren, klicken Sie auf ein Rechteck im Feld SELBSTDEFINIERTE FARBEN. Anschließend wählen Sie eine Grundfarbe durch Klicken aus. Die Grundfarbe wird daraufhin im Feld FARBE|BASIS angezeigt. Verändern Sie nun die Farbe, wird diese im Teilfeld FARBE dargestellt, während die jeweilige Grundfarbe im Teilfeld BASIS eingeblendet wird.

Möchten Sie die Farbe ändern, können Sie dazu die beiden Farbfelder im rechten Bereich der Dialogbox verwenden oder die Farbwerte im HSB-Farbmodell oder im RGB-Farbmodell eintragen. Die verschiedenen Farbmodelle und die Einstellung von Farben ist in Kapitel 9 ausführlich beschrieben.

Die Schnellauswahl

Die Schnellauswahl Als Schnellauswahl wird ein Funktionsbereich bezeichnet, der als Rollup-Fenster ausgeführt ist und mit dem sämtliche Muster und Verläufe zugeordnet werden. Sie aktivieren das Rollup-Menü SCHNELLAUS-WAHL, indem Sie in der linken Schaltflächenreihe auf das Hilfsmittel FÜLLEN und dann auf die zweite Schaltfläche von links in der oberen Reihe klicken. In Abbildung 21.4 ist das Rollup-Fenster SCHNELLAUSWAHL dargestellt.

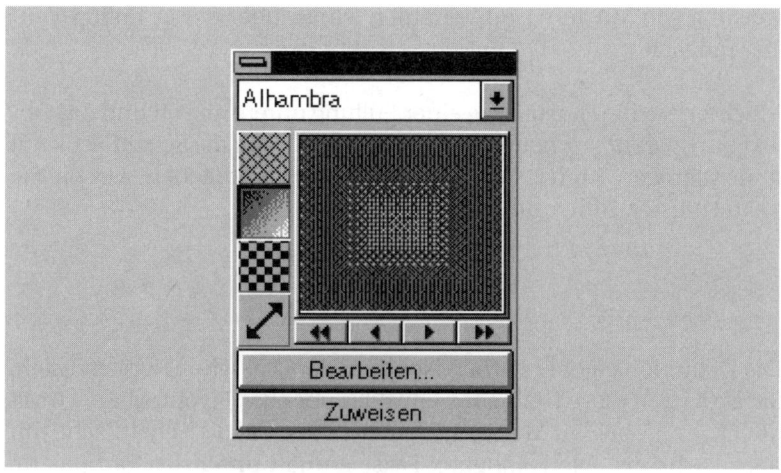

Abb. 21.4: Das Rollup-Fenster SCHNELLAUSWAHL

Möchten Sie nun einem Element ein Muster zuweisen, markieren Sie es und wählen einen Verlauf oder ein Muster aus. Auch der Hintergrund ist auf diese Weise einstellbar. Im Rollup-Menü SCHNELLAUSWAHL haben Sie folgende Möglichkeiten: Mit der Schaltflächenreihe aktivieren Sie von oben nach unten, ob Sie eine Schraffur (oder eine Füllfarbe), einen Verlauf, ein Bitmapmuster oder ein Vektormuster einfügen wollen. Das aktuelle Muster wird im Vorschaufeld angezeigt. Unter diesem Vorschaufeld sind vier Schaltflächen angeordnet. Klicken Sie auf eine der Schaltflächen mit den Doppelpfeilen, werden die verschiedenen Muster der Reihe nach für einige Sekunden angezeigt. Mit den Schaltflächen, die nur einen Pfeil enthalten, gehen Sie die Möglichkeiten schrittweise durch. Über dem Vorschaufeld können Sie das Muster alternativ dazu in einer Auswahlliste selektieren.

Muster zuweisen

Die verschiedenen Muster und Verläufe sind änderbar und die Auswahl der verfügbaren Muster ist erweiterbar. Aktivieren Sie dazu in der Schnellauswahl das Muster und klicken auf die Schaltfläche BEARBEITEN. In den nachfolgenden Abschnitten werden die verschiedenen Optionen vorgestellt.

Schraffuren

Die Palette der Schraffuren ist nicht änderbar. Über die Schaltfläche BEARBEITEN des Rollup-Fensters SCHNELLAUSWAHL können Sie lediglich eine andere Farbe einstellen. Allerdings umfaßt die Schnellauswahl eine wesentliche größere Schraffurliste als das Flyout-Menü FÜLLEN.

Die Schaltfläche Schraffuren

In Abbildung 21.5 sind die Seitenwände eines 3D-Diagramms mit Schraffuren versehen worden.

Verläufe bearbeiten

In CorelCHART! sind bereits verschiedene Verläufe definiert, die Sie im Rollup-Fenster SCHNELLAUSWAHL auswählen und dem markierten Objekt zuweisen können. Die Anfertigung neuer Verläufe ist möglich, wenn Sie auf die Schaltfläche BEARBEITEN klicken. CorelCHART! blendet daraufhin die Dialogbox FARBVERLAUFSEFFEKT ein (Abbildung 21.6).

Die Schaltfläche Verläufe

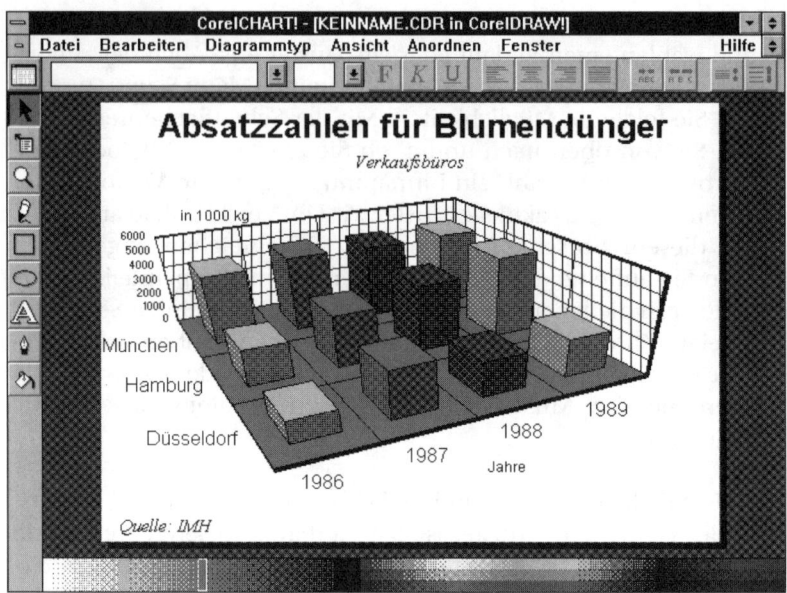

Abb. 21.5: 3-D-Diagramm mit Schraffuren

In dieser Dialogbox können Sie sich bestehende Farbverläufe anschauen und diese ändern oder neue Verläufe anlegen. Im VORSCHAU-
Fenster wird der aktuelle Verlauf dargestellt.

Möchten Sie einen neuen Verlauf einfügen, klicken Sie auf die Schaltfläche NEU und geben im Eingabefeld EFFEKT SPEICHERN UNTER einen Namen ein. Anschließend bearbeiten Sie den Verlauf.

Wie Sie bereits wissen, ist ein Verlauf durch eine Anfangsfarbe und
eine Endfarbe definiert. Die Anfangsfarbe bestimmen Sie, indem Sie
auf die Schaltfläche ANFANG klicken und in der Dialogbox FARBE eine
farbe auswählen. Für die Definition der Endfarbe verfahren Sie analog, indem Sie die Schaltfläche ENDE verwenden.

Der FÜLLUNGSTYP umfaßt zwei Optionen. Mit dem Eintrag A-B STAN-
DARD verläuft die Farbe linear von der Anfangsfarbe zur Endfarbe. Mit
dem Eintrag A-B-A STANDARD verläuft die Anfangsfarbe vom linken
Rand bis zur Endfarbe in der Mitte des Verlaufs und dann wieder zur
Anfangsfarbe am rechten Rand.

Abb. 21.6: Die Dialogbox FARBVERLAUFSEFFEKT

Die FÜLLRICHTUNG gibt die Art des Verlaufs an. Der Verlauf kann zum Beispiel linear, rechteckig oder zirkulär sein. Wählen Sie eine Verlaufsart aus, indem Sie in der Auswahlliste FÜLLRICHTUNG einen Eintrag auswählen.

Wenn Sie einen Verlauf bearbeitet haben, klicken Sie auf SPEICHERN, um die Änderungen zu sichern. Haben Sie einen bestehenden Verlauf als Grundlage verwendet und möchten die Änderungen nun als eigenständigen Verlauf verwenden, klicken Sie auf SPEICHERN UNTER und geben einen Dateinamen ein.

Möchten Sie einen bestehenden Verlauf bearbeiten, wählen Sie ihn in der Auswahlliste VORLAGEN aus, bearbeiten den Verlauf und speichern ihn wieder ab. Möchten Sie einen bestehenden Verlauf löschen, klicken Sie auf die Schaltfläche LÖSCHEN.

Pixelgrafiken bearbeiten

Die Schaltfläche
Bitmap-Muster

Die Bitmap-Muster von CorelCHART! sind im BMP-Format gespeichert, so daß Sie die Liste leicht erweitern können. Wie fügen Sie nun
ein Muster hinzu? Zunächst rufen Sie die Dialogbox BITMAP-EFFEKT über
das Flyout-Menü UMRISS oder über die Schnellauswahl auf. In der
Schnellauswahl klicken Sie auf die Schaltfläche für den Bitmap-Effekt
und dann auf BEARBEITEN. Abbildung 21.7 zeigt die Dialogbox BITMAP-
EFFEKT.

Klicken Sie nun auf die Schaltfläche NEU und geben Sie einen Namen
ein. Anschließend wählen Sie in der Auswahlliste BILDNAME eine BMP-
Datei aus. Auch diese Liste ist erweiterbar, in dem Sie neue Bilder im
Verzeichnis \CORELDRW\CHART\BITMAPS speichern. Sobald Sie ein Bild
ausgewählt haben, stellen Sie noch weitere Option ein. So können Sie
im Feld BILDDREHUNG eine Spiegelung des Bildes in horizontaler, vertikaler oder in beiden Richtungen vornehmen, indem Sie die entsprechenden Optionen wählen.

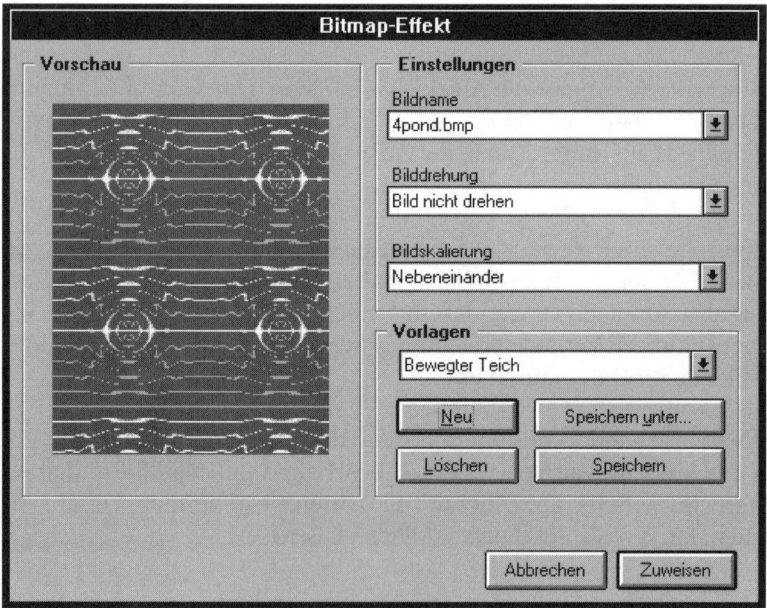

Abb. 21.7: Die Dialogbox BITMAP-EFFEKT

Die BILDSKALIERUNG entspricht in etwa der Funktion KACHEL in Corel-DRAW!. Wählen Sie den Listeneintrag OHNE BILDSKALIERUNG, wird das Bitmap-Bild in seiner Originalgröße dargestellt. Dies kann dazu führen, daß das Objekt nicht vollständig gefüllt wird. Wählen Sie den Eintrag SKALA DEM OBJEKT ANPASSEN, wird das Bitmap-Muster so vergrößert, daß es vollständig in das markierte Objekt paßt. Mit dem Eintrag NEBENEINANDER wird das Bitmap-Muster kachelartig aneinander- gereiht.

Die Schaltflächen LÖSCHEN, SPEICHERN und SPEICHERN UNTER haben die gleiche Funktion wie bei den Verlaufseffekten.

Vektorgrafiken hinzufügen

Auch Vektorgrafiken können nicht verändert werden. Sie können die Anzahl der Vektorgrafiken aber jederzeit vergrößern, indem Sie Vektor-Dateien des Formats .WMF im entsprechenden Verzeichnis \CORELDRW\CHART\VEKTOR speichern. Gestalten Sie dazu mit Corel-DARW! eine Vektorgrafik und exportieren Sie in das WMF-Format. Anschließend speichern Sie die Grafik im oben angegebenen Verzeichnis ab. Über die Schaltfläche AUSWÄHLEN (im Fenster SCHNELLAUSWAHL) können Sie das Verzeichnis wechseln, in dem die Vektor- Dateien gespeichert sind.

Die Schaltfläche Vektor-Muster

Im Lieferumfang des Programms Word für Windows 2.0 sind einige WMF-Dateien enthalten. Sie können auch diese Grafik als Muster verwenden, indem Sie das Verzeichnis wechseln und eine Datei auswählen.

Piktogramme

Piktogramme sind Balkendiagramme, bei denen die Rechteckdarstellung durch Symbole ersetzt wird. Mit Piktogrammen werden die einzelnen Serien so illustriert, daß die Darstellung einer Legende weitgehend überflüssig ist. Sie erzeugen ein Piktogramm, indem Sie die Balken einer Datenreihe markieren und im Menü ANSICHT auf die Option ALS PIKTOGRAMM ANZEIGEN klicken. Anschließend wählen Sie in der SCHNELLAUSWAHL ein Vektorformat aus und weisen es dem Balken mit ZUWEISEN zu. Abbildung 21.8 zeigt ein Balkendiagramm in Piktogramm-Darstellung.

Abb. 21.8: Ein Piktogramm

Elemente anordnen und ausrichten

Mit dem Menü ANORDNEN kann die Position von Texten und Objekten, die Sie im Diagrammeditor eingegeben haben, verändert werden.

Die Optionen NACH VORN SETZEN, NACH HINTEN SETZEN, EINS NACH VORN SETZEN und EINS NACH HINTEN SETZEN werden zur Veränderung der Darstellungsreihenfolge verwendet. Sie kennen diese Optionen bereits aus CorelDRAW!, so daß an dieser Stelle nährere Erläuterungen nicht mehr notwendig sind.

CorelCHART! enthält verschiedene Ausrichtungsoptionen zur Anordnung von Objekten. Der Arbeitsablauf ist für alle Optionen mit Ausnahme von AUF SEITE ZENTRIEREN und BILDGRÖSSE VERWENDEN gleich: Sie markieren zwei oder mehrere Objekte. Basisobjekt für die Ausrichtung ist das erste Objekt. Möchten Sie Objekte ausrichten, markieren Sie die Objekte mit der ⇧-Taste und klicken im Menü ANORDNEN auf den Menüpunkt AUSRICHTEN. Wählen Sie anschließend eine Ausrichtungsoption aus.

Mit der Option AUSRICHTEN können Sie Objekte am linken, rechten, oberen und unteren Rand eines Objekts sowie horizontal oder vertikal zentriert ausrichten. Bezugsobjekt ist das zuerst markierte Objekt.

Zwei weitere Ausrichtungsoptionen wirken in ähnlicher Weise wie die CorelDRAW!-Funktion AN OBJEKT AUSRICHTEN. Mit der Option AN RAHMEN AUSRICHTEN werden die Objekte mit ihrem Rahmen an der nächstgelegenen Seite des Referenzobjekts ausgerichtet. So werden Objekte z.B. an einer der Rahmenecken ausgerichtet, wenn Sie die Option BEIDES wählen.

Die Option VERBINDEN richtet die Objektrahmen in Bezug auf den Rahmen aus. Der Unterschied ist, daß sich die Rahmen auf der gesamten Länge berühren. Wenn Sie mehrere Objekte ausgewählt haben, werden alle Objekte mit der Option HORIZONTAL nebeneinander in Bezug auf das Referenzobjekt gesetzt. Die Objekte stoßen mit ihre senkrechten Kanten aneinander. Die Objekthöhe wird so angepaßt, daß die oberen und unteren Kanten mit dem Referenzobjekt übereinstimmen. Wählen Sie die Option VERTIKAL, werden die Objekte untereinander angeordnet. Dabei wird die Objektbreite an das Referenzobjekt angepaßt.

Mit der Option AUF SEITE ZENTRIEREN zentrieren Sie ein oder mehrere Objekte in Bezug auf die Seite.

Die Option GRÖßE ANGLEICHEN ermöglicht Ihnen die Anpassung der Objektgröße an das Referenzobjekt. Klicken Sie auf BREITE, wird die Objektbreite angeglichen, klicken Sie auf HÖHE, wird die Objekthöhe angeglichen.

Mit der Option BILDGRÖßE VERWENDEN wird ein Objekt mit einem Füllmuster als Hintergrund für das gesamte Bild definiert.

Grafiken importieren

Reichen die Gestaltungselemente von CorelCHART! nicht aus, um ein Diagramm in der geforderten Art und Weise zu illustrieren, können Sie Grafiken aus CorelDRAW! oder anderen Programmen einlesen. Handelt es sich bei diesen Programmen um Windows-Applikationen, verwenden Sie am besten die Zwischenablage zum Datenaustausch.

Grafiken, die sich nicht über die Zwischenablage einlesen lassen, können Sie über die Option GRAFIK IMPORTIEREN (im Menü DATEI) einfügen. Sie wählen dazu das Grafikformat im Feld AUFZULISTENDER DATEITYP, stellen anschließend das Laufwerk und das Verzeichnis ein und wählen dann die Datei aus. Sobald Sie auf OK klicken, wird die Grafik in CorelCHART! importiert.

 Das Programmpaket CorelDRAW! bietet für solche Spezialfälle von Grafiken aber noch eine andere Lösung. Sie nutzen die Fähigkeit von Windows und CorelDRAW!, Objekte einfügen zu können. Müssen Sie also ein recht spezielles Diagramm mit einem hohen Illustrationsanteil entwerfen, starten Sie CorelDRAW! und klicken im Menü DATEI auf OBJEKT EINFÜGEN. Anschließend wählen Sie die Option Corel-CHART! 3.0 aus und definieren das Diagramm in CorelCHART!. Danach kehren Sie wieder zu CorelDRAW! zurück und fügen die Illustrationen ein. Klicken Sie im Menü Datei auf die Option Anmerkung kopieren, wird ein im Diagrammeditor eingefügtes und markiertes Objekt dupliziert.

Zusammenfassung

Nachdem Sie dieses Kapitel durchgearbeitet haben, können Sie Diagramme mit CorelCHART! nicht nur anlegen und gestalten, sondern haben auch das Rüstzeug, um den richtigen Diagrammtyp für die jeweilige Aufgabe auszuwählen.

Die beiden nächsten Kapitel befassen sich mit der Bildgestaltung und Bildverarbeitung. Sie lernen die Funktionen und Arbeitstechniken von CorelPHOTO-PAINT! kennen, mit denen Sie gescannte Bilder bearbeiten oder neue Grafiken zeichnen können.

22

Bildgestaltung mit CorelPHOTO-PAINT!

Das Programm Paintbrush, das im Lieferumfang von Windows 3.1 enthalten ist, haben die meisten Anwender bereits angewendet. CorelPHOTO-PAINT! gehört zu der gleichen Programmklasse: den pixelorientiert arbeitenden Grafikprogrammen. Die Zielgruppe beider Programme ist allerdings unterschiedlich. Paintbrush wird höchstens zur Gestaltung einfacher Bilder verwendet, während Ihnen CorelPHOTO-PAINT! professionelle Funktionen für die Bildgestaltung und Bildbearbeitung zur Verfügung stellt.

CorelPHOTO-PAINT! ist die ideale Ergänzung zu CorelDRAW!. Stehen Ihnen mit CorelDRAW! leistungsfähige Funktionen zur Gestaltung und Bearbeitung von Vektorgrafiken zur Verfügung, trifft dies hinsichtlich Pixelgrafiken auf CorelPHOTO-PAINT! zu.

Beschäftigt sich die Bildbearbeitung mit der Verbesserung eines bereits vorhandenen und meist gescannten Bildes, so bieten sich mit der Bildgestaltung weitaus kreativere Möglichkeiten. Dazu gehören unter anderem die Änderung von Bildinhalten, das Einfügen neuer Elemente sowie die Gestaltung neuer Grafiken. CorelPHOTO-PAINT! stellt dazu eine Vielzahl von Gestaltungsfunktionen zur Verfügung, die in diesem Kapitel erläutert werden.

Bildformate und Farbtiefe

Der Unterschied zwischen Pixel- und Vektorgrafiken wurde bereits in Kapitel 1 ausführlich beschrieben. Deswegen werden an dieser Stelle nicht noch einmal die Besonderheiten der pixelorientierten Zeichenweise erläutert. Wie Sie später in diesem Kapitel noch lernen werden, können Sie Grafiken mit unterschiedlichen Größen eingeben.

CorelPHOTO-PAINT! arbeitet mit vier verschiedenen Farbtiefen-Modi, die sich durch die Anzahl der maximal verwendbaren Farben oder Graustufen unterscheiden:

– Schwarzweiß
– 256 Graustufen
– 256 Farben
– 24 Bit Farbtiefe (16,7 Millionen Farben)

Die gewählte Farbtiefe bestimmt dabei in erster Linie die Größe der Grafikdatei. Sie müssen daher immer darauf achten, daß die Datei nicht so groß wird, daß die Festplattenkapazität erschöpft ist.

Tabelle 22.1 gibt Ihnen einen Anhaltspunkt über die Dateigrößen bei verschiedenen Bildgrößen und Farbtiefen.

Größe (Pixel)	Schwarzweiß	256 Graustufen	256 Farben	24 Bit
640 x 480	124 KB	746 KB	746 KB	2238 KB
800 x 600	124 KB	936 KB	936 KB	2808 KB
1024 x 768	250 KB	1550 KB	1550 KB	4650 KB
10,3 x 7,7 cm	310 KB	2226 KB	2226 KB	6678 KB

Tab. 22.1: Dateigrößen bei verschiedenen Bildgrößen und Farbtiefen

Die Farbtiefe beeinflußt nicht nur die Dateigröße, sondern auch einige der Bearbeitungsfunktionen. Daher können Sie nicht bei jeder Farbtiefe alle Funktionen aktivieren. In den nachfolgenden Listen erfahren Sie, welche Unterschiede bestehen:

Schwarzweiß-Bilder

– Nur der Filter BILDPUNKTE ENTFERNEN ist verwendbar.

– Die Hilfsmittel PIPETTE, FARBRADIERER, SPRITZPISTOLE, FREIHANDPINSEL, VERSCHMIEREN, FREIHAND-ÜBERBLENDEN, FREIHAND-VERSCHÄRFEN, FREIHAND-AUFHELLEN, FREIHAND-TÖNEN und FREIHANDKONTRAST stehen nicht zur Verfügung.

– Die Formate BMP, GIF, MSP, PCX, TARGA und TIFF können geladen werden.

– In den Formaten BMP, EPS, GIF, PCX und TIFF können Sie speichern.

256-Graustufen-Bilder

– Alle Hilfsmittel sind verfügbar.

– Graustufen, die auf dem Bildschirm nicht dargestellt werden können, werden durch Rasterung nachgebildet.

– Die Formate BMP, GIF, PCX, TARGA und TIFF können geladen werden.

– In den Formaten BMP, EPS, GIF, PCX, TARGA und TIFF können Sie speichern.

256-Farben-Bilder

– Folgende Filter stehen nicht zur Verfügung: RAUSCHEN, ÜBERBLENDEN, KONZENTRIEREN, ÜBERZEICHNEN, RELIEF, BEWEGUNG UND SCHÄRFE.

– Folgende Hilfsmittel sind nicht aktivierbar: FREIHANDPINSEL, SPRITZPISTOLE, FREIHANDPINSEL, VERSCHMIEREN, FREIHAND-ÜBER-BLENDEN UND FREIHAND-VERSCHÄRFEN.

– Graustufen, die auf dem Bildschirm nicht dargestellt werden können, werden durch Rasterung nachgebildet.

– Die Formate BMP, GIF, PCX, TARGA und TIFF können geladen werden.

– In den Formaten BMP, EPS, GIF, PCX, TARGA und TIFF können Sie speichern.

Bilder mit 24 Bit Farbtiefe

– Alle Hilfsmittel sind verfügbar.

– Farben, die nicht dargestellt werden können, werden durch Rasterung nachgebildet.

– Die Formate BMP, PCX, TARGA und TIFF können geladen werden.

– In den Formaten BMP, EPS, PCX, TARGA und TIFF können Sie speichern. In Abbildung 22.1 ist eine typische Pixelgrafik dargestellt.

Abb. 22.1: Eine Pixelgrafik

Die Bedieneroberfläche

Nachdem Sie CorelPHOTO-PAINT! im Programm-Manager durch Klicken auf das entsprechende Sinnbild gestartet haben, erscheint die in Abbildung 22.2 dargestellte Bedieneroberfläche.

 CorelPHOTO-PAINT! ist zwar ein auf Windows zugeschnittenes Programm, wurde aber von CorelSystems zugekauft und besitzt daher nicht die Oberfläche der anderen Programme von CorelDRAW!. Wie bei jedem anderen Windows-Programm besteht auch die Bedieneroberfläche von CorelPHOTO-PAINT! aus einer Titelzeile, einer Menüleiste sowie einer Arbeitsfläche und einer Informationszeile am unteren Fensterrand. Darüber hinaus sind drei ständig sichtbare und frei auf der Arbeitsfläche positionierbare Dialogboxen angeordnet: die HILFSMITTEL-Funktionsleiste, die PALETTE und die Dialogbox zur Einstellung von Pinselform und -breite (BREITE). Über die HILFSMITTEL-Funktionsleiste rufen Sie alle Gestaltungs- und die meisten Bearbeitungsfunktionen von CorelPHOTO-PAINT! auf.

Die PALETTE ist als Regler ausgelegt und ermöglicht Ihnen nicht nur die Farbauswahl, sondern bei speziellen Funktionen auch die Einstellung von Kontrasten und anderen Bildparametern. In der Dialogbox BREITE stellen Sie die Linienbreite und die Pinselform ein.

Die Darstellung der Dialogboxen kann jederzeit individuell unterdrückt werden. Klicken Sie dazu auf das Systemmenü der entsprechenden Dialogbox und anschließend auf den Menüpunkt AUSBLENDEN. Möchten Sie die Dialogboxen wieder darstellen, rufen Sie das Menü ANSICHT auf und klicken auf den Menüpunkt FUNKTIONSLEISTEN. Ein Flyout-Menü wird aufgerufen, in dem Sie auswählen können, welche Dialogbox angezeigt oder nicht angezeigt werden soll.

Auch die Titelzeile und die Menüleiste können temporär unterdrückt werden, um einen möglichst großen Bereich für die Beurteilung von Grafiken verfügbar zu haben. Sie unterdrücken diese Zeilen, indem Sie in der Informationszeile am unteren Fensterrand auf die Schaltfläche mit den in verschiedene Richtungen weisenden Dreiekken klicken. Durch erneutes Klicken auf diese Schaltfläche werden die Zeilen wieder dargestellt.

Diese Vorgehensweise korrespondiert mit dem Befehl ANSICHT VOLLBILD.

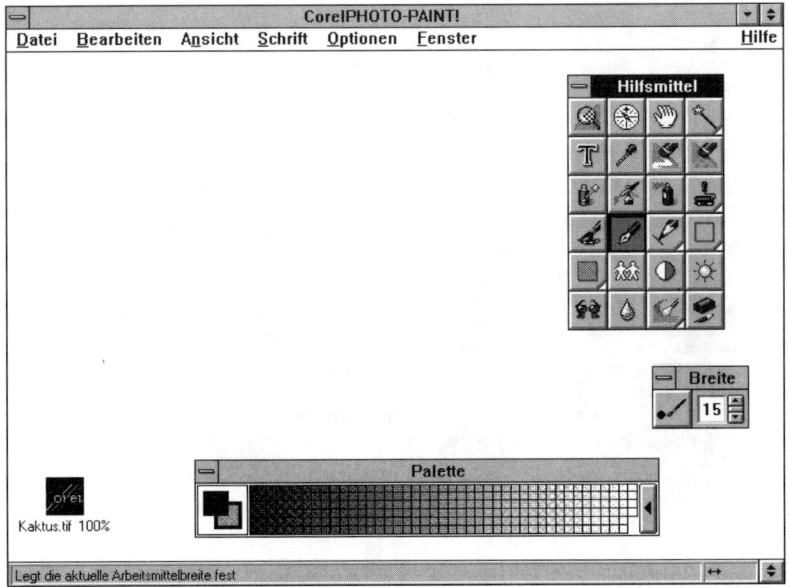

Abb. 22.2: Die Bedieneroberfläche von CorelPHOTO-PAINT!

Im Feld neben der Farbpalette werden die aktuellen Systemfarben dargestellt. Die Sekundärfarbe ist dabei mit einem Rahmen in der Primärfarbe umgeben, damit Sie die Darstellung gefüllter Objekte direkt beurteilen können.

Die Hilfsmittel-Funktionsleiste

Über die Hilfsmittel-Funktionsleiste rufen Sie alle Gestaltungs- und die meisten Bearbeitungsfunktionen von CorelPHOTO-PAINT! auf. In Abbildung 22.3 werden die Funktionsschaltflächen der Hilfsmittel-Funktionsleiste näher erläutert. Die Hilfsmittel-Funktionsleiste kann in der Arbeitsfläche frei verschoben werden, indem Sie den Cursor in der Funktionsleiste auf die Titelzeile HILFSMITTEL stellen und die Dialogbox bei gedrückter linker Maustaste verschieben. Durch Klicken auf die weiße Ecke einiger Hilfsmittel erscheint eine weitere Hilfsmittelauswahl.

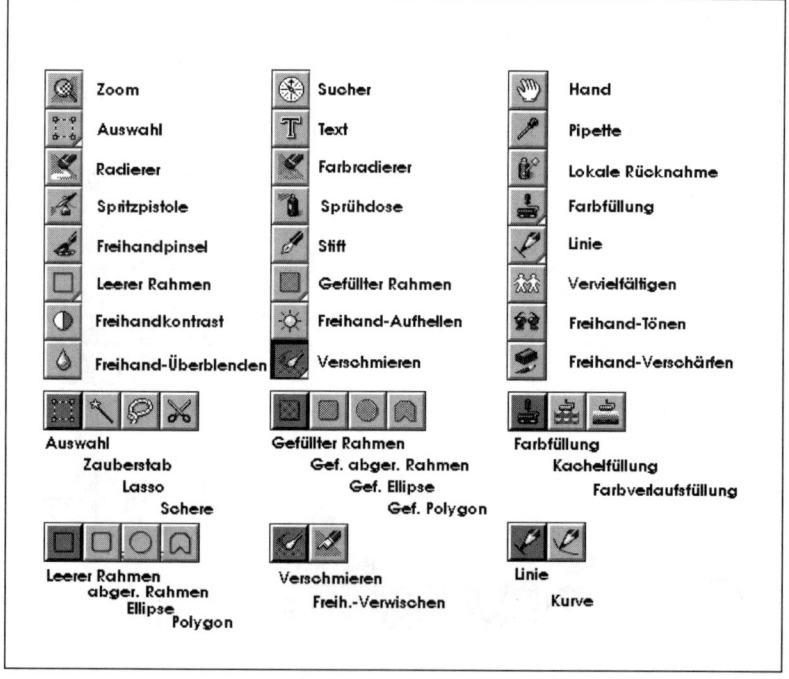

Abb. 22.3: Die Hilfsmittel

Das Layout der Funktionsleiste einstellen

Das Hilfsmittel-Schaltflächen der Funktionsleiste werden standardmäßig in drei nebeneinander angeordneten Spalten dargestellt. Möchten Sie diese Anordnung verändern, klicken Sie im Systemmenü der Hilfsmittel-Funktionsleiste auf die Option LAYOUT. Wählen Sie anschließend, in welcher Darstellung die Funktionsleiste erscheinen soll. Sobald Sie eine Option durch Klicken ausgewählt haben, wird das neue Layout angezeigt.

Die Farbpalette

Die PALETTE ist als Regler ausgelegt und ermöglicht Ihnen nicht nur die Farbauswahl, sondern bei speziellen Funktionen auch die Einstellung von Kontrasten und anderen Bildparametern. Die Palette kann durch Klicken auf die rechte Schaltfläche vorübergehend verkleinert werden. Im Standardmodus zeigt die Dialogbox PALETTE alle Farben der aktuellen Farbpalette an.

Nach einer Neuinstallation ist die PALETTE verkleinert.

Im Feld neben der Palette werden die aktuellen Systemfarben dargestellt. Die Sekundärfarbe ist dabei mit einem Rahmen in der Primärfarbe umgeben, damit Sie die Darstellung gefüllter Objekte direkt beurteilen können. Abbildung 22.4 zeigt die Farbpalette.

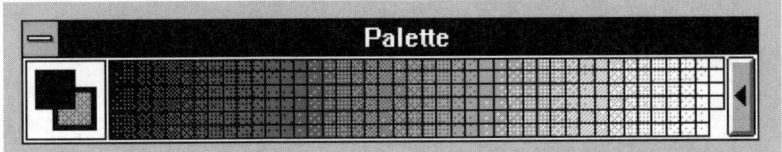

Abb. 22.4: Die Farbpalette

Linienattribute und -stärke

In der Dialogbox BREITE stellen Sie die Strichstärke in der Maßeinheit Pixel durch Eingabe eines neuen Wertes oder durch Klicken auf die Pfeilschaltflächen ein. Die Pinselform ändern Sie, indem Sie auf die Schaltfläche mit dem stilisierten Pinsel klicken. CorelPHOTO-PAINT! blendet die Dialogbox PINSELTYP FESTLEGEN ein, in der Sie eine entsprechende Pinselform auswählen können.

Sie können die Werte auch intuitiv eingeben, indem Sie auf den Bereich zwischen den Pfeilschaltern klicken und den Wert durch Ziehen verändern.

Klicken Sie auf die Schaltfläche GRÖßE FESTLEGEN, können Sie die Strichstärke in der Dialogbox ZEICHENBREITE EINSTELLEN anhand verschiedener Maßeinheiten eingeben. Im Feld EINHEIT wählen Sie die Maßeinheit, während Sie im Feld ZEICHENBREITE einen Wert eintragen. Im Vorschau-Fenster wird die eingestellte Breite angezeigt.

Sollte die Dialogbox BREITE nicht dargestellt sein, erreichen Sie die Dialogbox PINSELTYP FESTLEGEN über die Option PINSELTYP im Menü OPTIONEN. Abbildung 22.5 zeigt die Dialogboxen PINSELTYP FESTLEGEN, ZEICHENBREITE EINSTELLEN und BREITE.

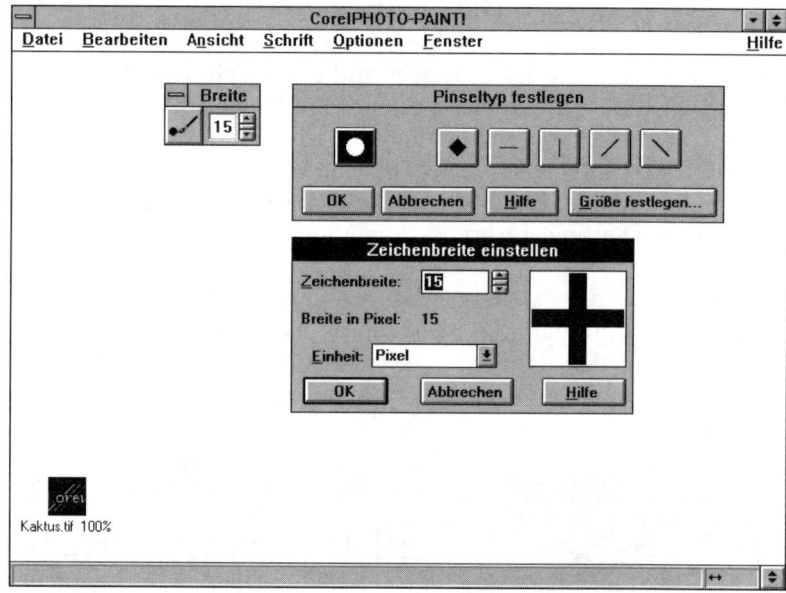

Abb. 22.5: Pinseltyp und Zeichenbreite einstellen

Aktive Grafiken verwalten

Innerhalb der Arbeitsfläche werden die einzelnen Grafiken entsprechend ihrer Auflösung und Größe in Fenstern dargestellt. Sie können mehrere Fenster gleichzeitig öffnen. Über das Menü FENSTER bestimmen Sie, ob die Grafiken nebeneinander (NEBENEINANDER) oder in gestapelter Form (ÜBERLAPPEND) in der Arbeitsfläche dargestellt werden.

Haben Sie die geladenen Grafiken auf Symbolgröße verkleinert, indem Sie im Grafikfenster auf die Schaltfläche mit dem nach unten weisenden Pfeil geklickt haben, können Sie die Symbole mit der Option SYMBOLE ANORDNEN (im Menü FENSTER) am unteren Bildschirmrand ausrichten.

Das Hilfesystem

Das Hilfesystem entspricht im Aufbau und der Funktionsweise dem Hilfesystem von CorelDRAW!, das Sie bereits kennengelernt haben. Sie rufen das Hilfesystem auf, indem Sie auf den Menüpunkt HILFE klicken und im oberen Bereich des Menüs eine Hilfekategorie auswählen. CorelPHOTO-PAINT! blendet daraufhin das Hilfesystem ein.

Kontextsensitive Hilfe für die Hilfsmittel erhalten Sie, indem Sie darauf mit der rechten Maustaste klicken.

Die Systeminformation

Neben den Hilfe-Informationen rufen Sie über das Menü HILFE ein Dialogfeld auf, daß Ihnen Informationen über das aktive Bild und die verfügbaren Systemressourcen gibt. Sie können so beurteilen, ob Sie einen Bearbeitungsvorgang noch sinnvoll ausführen können oder besser vorher einige Dateien schließen sollten. Abbildung 22.6 zeigt eine typische Systeminformation. Klicken Sie auf OK, um die Dialogbox zu verlassen.

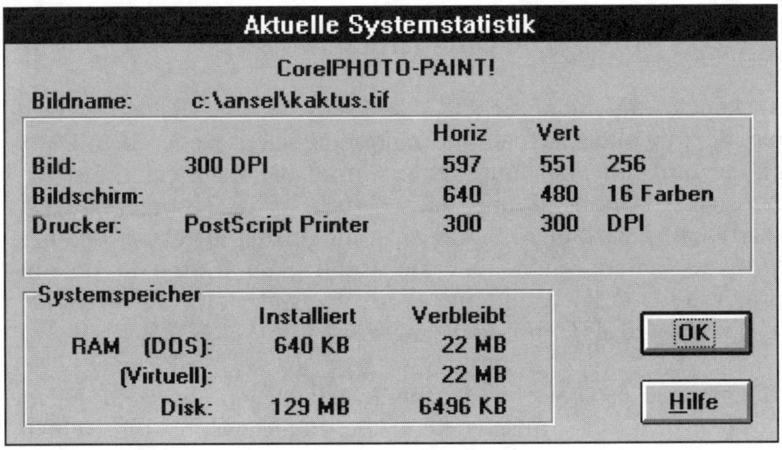

Abb. 22.6: Die Systeminformation

Grafiken anlegen und speichern

Da in diesem Kapitel davon ausgegangen wird, daß Sie ein bereits bestehendes, gescanntes Bild bearbeiten wollen, werden die Optionen auch in einer sinnvollen Reihenfolge vorgestellt.

Grafiken laden

Laden Sie 16-Farben-Pixelgrafiken, werden diese automatisch in das 256-Farben-Format konvertiert.

Wenn Sie eine Grafik bearbeiten wollen, laden Sie sie in CorelPHOTO-PAINT!, indem Sie im Menü DATEI auf ÖFFNEN klicken. In der Dialogbox BILD ÖFFNEN bestimmen Sie im Feld AUFZULISTENDER DATEITYP, welches Dateiformat verwendet werden soll. Sind Sie nicht sicher, in welchem Format die einzulesende Grafik abgespeichert ist, wählen Sie die Option ALLE BILDER. Sobald Sie eine Grafik ausgewählt haben, wird die Schaltfläche INFO aktiv. Sie dürfen maximal acht Dateien laden. Diese acht Dateien können Sie in bis zu 20 verschiedenen Fenster darstellen. Bei manchen Bearbeitungsfunktionen können Sie eine Originalgrafik laden und ein Duplikat in einem eigenen Fenster ablegen, in dem das Duplikat anschließend bearbeitet werden kann. Sie können so die originäre Grafik mit der bearbeiteten jederzeit vergleichen. Möchten Sie eine Grafik in ein anderes Bild einfügen, klicken Sie im Menü BEARBEITEN auf die Option BILD EINFÜGEN und wählen eine Grafikdatei aus.

Die Datei-Information

Klicken Sie nun auf die Schaltfläche INFO, wird eine Dialogbox eingeblendet, die bildbezogene Informationen liefert. Neben dem Dateinamen und dem Erstellungsdatum werden die BREITE, HÖHE, FARBTIEFE, BILDGRÖßE, DATEIGRÖßE und das FORMAT der Datei angezeigt. Das UNTERFORMAT wird nicht bei jedem Dateiformat angezeigt. Manche Formate bieten Ihnen aber die Möglichkeit, Daten in unkomprimierter oder komprimierter Form abzuspeichern. Die verwendete Option wird als UNTERFORMAT angezeigt.

Möchten Sie die Grafik im Vorschaufeld darstellen, klicken Sie auf die Option SKIZZE ZEIGEN. Anschließend klicken Sie zweimal hintereinander jeweils auf OK, um die Grafik zu laden.

Abb. 22.7: Die Datei-Information

Die Datei-Information ist auch nachträglich für jede geladene Grafik abrufbar. Sie müssen dazu das Systemmenü des betreffenden Grafikfensters aktivieren, indem Sie auf die Schaltfläche in der linken, oberen Ecke des aktiven Fensters klicken. Im Menü wählen Sie nun die Option BILD-INFO durch Klicken aus. CorelPHOTO-PAINT! blendet daraufhin die zugehörige Datei-Information ohne Vorschau-Fenster ein. Gleichzeitig erfahren Sie, ob das Bild noch im Originalzustand ist oder geändert wurde.

Die Pixelauflösung ändern

Über das Systemmenü läßt sich auch die Auflösung des Bildes einstellen, die für den Ausdruck von Bedeutung ist. Klicken Sie im Systemmenü auf die Option BILDAUFLÖSUNG, erscheint die Dialogbox BILDAUFLÖSUNG EINSTELLEN, in der Sie die Auflösung für die horizontale und vertikale Richtung getrennt eingeben können. Stellen Sie einen kleineren Wert als die Voreinstellung von 300 dpi ein, wird die Anzahl der Bildpunkte pro Zoll vermindert.

Datei speichern und exportieren

Möchten Sie eine Grafik nach der Bearbeitung speichern, klicken Sie im Menü DATEI auf die Option SPEICHERN. In diesem Fall speichern Sie die Grafik unter dem angegebenen Dateinamen ab. Doch auch die Konvertierung in ein anderes Grafikformat ist möglich. Speichern Sie die Grafik dazu über die Option SPEICHERN UNTER ab. Geben Sie einen Dateinamen ein, und wählen Sie im Feld AUFZULISTENDER DATEITYP das gewünschte Grafikformat aus. Enthält ein Grafikformat mehrere Optionen, wählen Sie diese im Feld DATEI-UNTERFORMAT aus. Bei den Formaten "Targa" und "TIFF" können Sie wählen, ob Sie Grafiken komprimiert oder unkomprimiert abspeichern wollen. Sie schließen eine Datei, indem Sie im Menü DATEI auf SCHLIESSEN klicken.

Eine neue Grafik anlegen

Eine neue Grafik erstellen Sie, wenn Sie im Menü DATEI auf die Option NEU klicken. In der Dialogbox NEUES BILD ANLEGEN bestimmen Sie nun die Höhe und Breite der neuen Grafik in einer auswählbaren Maßeinheit (Abbildung 22.8). Im Feld MODUS legen Sie die Farbtiefe fest. Sie können monochrome Grafiken erzeugen, aber auch solche mit GRAUSTUFEN, 256 FARBEN oder 16,7 Millionen Farben (24-BIT-FARBE). Je nach Einstellung der Parameter ändert sich die Größe des benötigten Speichers, die unter den Auswahlfeldern angezeigt wird. Durch Klicken auf OK bestätigen Sie die Einstellungen und legen eine neue Grafik an.

Abb. 22.8: Ein neues Bild anlegen

Grafische Elemente zeichnen

Neben Linien können Sie auch Objekte wie Rechtecke, Quadrate, Ellipsen, Kreise, Polygone sowie abgerundete Rechtecke zeichnen. Dabei wird zwischen reinen Strichobjekten und gefüllten Formen unterschieden.

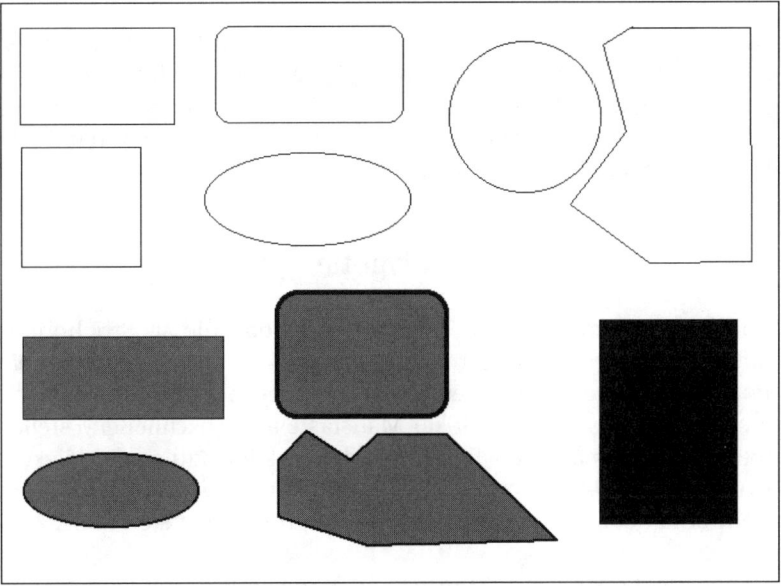

Abb. 22.9: Objekte zeichnen

Das Objekt-Hilfsmittel für gefüllte Objekte und für Strichobjekte ist jeweils viergeteilt und enthält alle Funktionen zur Eingabe von Objekten.

Rechtecke und Quadrate zeichnen

Möchten Sie ein Rechteck eingeben, entscheiden Sie, ob es als Strichobjekt oder gefüllt dargestellt werden soll und wählen die entsprechende Option. Anschließend bewegen Sie den Cursor auf das Bild und ziehen das Rechteck bei gedrückter linker Maustaste auf. Sobald Sie die Maustaste loslassen, wird das Rechteck fixiert.

Gleichzeitiges Drücken von ⇧ bewirkt die Eingabe eines Quadrates. Bei gefüllten Rechtecken wird die Primärfarbe für den Rand und die Sekundärfarbe für die Füllung verwendet. Die Randstärke bestimmen Sie durch die Eingabe eines entsprechenden Wertes in der Dialogbox BREITE.

Ellipsen und Kreise

Bei der Eingabe von Ellipsen und abgerundeten Rechtecken gehen Sie analog vor. Durch Drücken von ⇧ zeichnen Sie Kreise oder abgerundete Quadrate. Konzentrische Kreise geben Sie ein, indem Sie zunächst einen Kreis zeichnen und die weiteren Kreise durch Drücken der rechten Maustaste eingeben.

Polygone

Polygone stellen geschlossene Linienzüge dar, die als Strichobjekt oder als gefülltes Objekt gezeichnet werden können. Möchten Sie ein Polygon zeichnen, definieren Sie den Anfangspunkt und ziehen die erste Linie bei gedrückter linker Maustaste auf. Anschließend stellen Sie den Cursor auf den Endpunkt der zweiten Linie und klicken. CorelPHOTO-PAINT! zeichnet daraufhin eine weitere Linie vom Endpunkt der zweiten Linie bis zum Endpunkt der ersten Linie.

Halten Sie die Maustaste gedrückt, wird die Linie eingeblendet, kann aber in Länge und Lage verschoben werden. Durch Drücken der ⇧-Taste zeichnen Sie exakt horizontale, vertikale oder 45 Grad-Linien. Durch doppeltes Klicken fixieren Sie das Polygon im Bild.

Linien und Kurven zeichnen

Mit dem Linien-Hilfsmittel von CorelPHOTO-PAINT! können Sie Linien, Linienzüge, Strahlen, Kurven sowie Kurvenzüge zeichnen. Das Linien-Hilfsmittel ist zweiteilig ausgelegt und ermöglicht einerseits die Eingabe von Linien, andererseits die Gestaltung von Kurven.

Linien zeichnen

Möchten Sie eine Linie zeichnen, klicken Sie auf das Linie-Hilfsmittel und stellen die Strichstärke und die Pinselform ein. Anschließend stellen Sie den Cursor auf den Anfangspunkt der Linie. Bei gedrückter linker Maustaste ziehen Sie eine Linie auf. Sobald Sie die Maustaste loslassen, wird die Linie fixiert. Drücken Sie während des Zeichenvorgangs die ⇧-Taste, zeichnen Sie exakt horizontale, vertikale oder 45 Grad-Linien. Möchten Sie eine noch fixierte Linie doch nicht zeichnen, drücken Sie Esc. Während des Zeichenvorganges wird in der Statuszeile der Startpunkt der Linie sowie deren Länge und Winkelwert eingeblendet.

Linienzüge eingeben

Linienzüge gestalten Sie, indem Sie den Cursor nach Eingabe der ersten Linie auf den Endpunkt der zweiten Linie stellen und die rechte Maustaste drücken. CorelPHOTO-PAINT! zeichnet eine Hilfslinie vom Endpunkt der ersten Linie bis zum Endpunkt der zweiten Linie. Sobald Sie die Maustaste loslassen, wird die Linie fixiert. Weitere Linien zur Vervollständigung des Linienzuges fügen Sie in der gleichen Weise ein.

Strahlen zeichnen

Von einem gemeinsamen Punkt ausgehende Linien werden Strahlen genannt. Sie können solche Strahlen sehr einfach gestalten, indem Sie wie bei der Eingabe von Linienzügen vorgehen, zusätzlich zur rechten Maustaste aber noch Strg drücken. Jede weitere Linie beginnt somit am Anfangspunkt der ersten Linie.

Kurven zeichnen

Kurven kennen Sie bereits in Form von Bezierkurven, die Sie in CorelDRAW! gezeichnet und bearbeitet haben. Kurven in CorelPHOTO-PAINT! zeichnen Sie, indem Sie das Kurven-Hilfsmittel aktivieren und eine Linie in der gewohnten Vorgehensweise zeichnen. Sobald Sie die Maustaste loslassen, wird eine Linie dargestellt, die am

Anfangs- und am Endpunkt je einen Knoten sowie zwei Kontrollpunkte aufweist. Möchten Sie die Kurvenform jetzt bearbeiten, stellen Sie den Cursor auf einen Knoten oder auf einen Kontrollpunkt,
drücken die linke Maustaste und verschieben den Knoten oder
Kontrollpunkt. Die Kurve wird daraufhin mehr oder weniger stark gekrümmt. Sobald Sie die Kurvenform festgelegt haben, klicken Sie auf
ein anderes Hilfsmittel oder außerhalb der Kurve, um diese zu fixieren. Kurvenzüge und Strahlen werden wie Linien eingefügt.

Freihandlinien

Freihandlinien gestalten Sie mit dem FREIHANDPINSEL. Aktivieren Sie
dieses Hilfsmittel, und bewegen Sie den Cursor auf den Startpunkt
der Freihandlinie. Bei gedrückter linker Maustaste bewegen Sie den
Cursor und zeichnen die Linie. Sobald Sie die Linie loslassen, wird
der Zeichenvorgang unterbrochen.

 Eine weitere Funktion ermöglicht Ihnen die Eingabe von "weichen"
Freihandlinien, die so wirken, als wären sie mit einem Pinsel gemalt.
Ziehen Sie jedoch nicht zu schnell, weil sonst kein zusammenhän-
gender Linienzug entsteht.

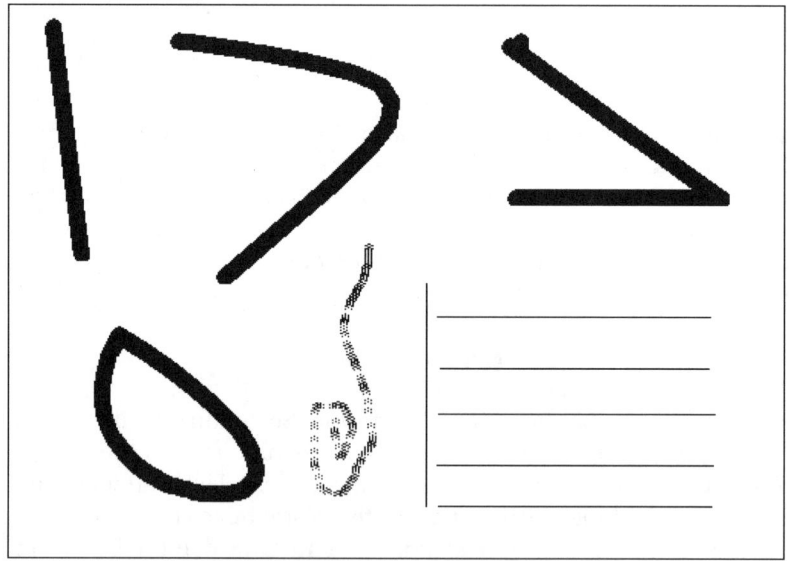

Abb. 22.10: Linien und Kurven zeichnen

Die Sprühdosen

Mit dem SPRITZPISTOLE-Hilfsmittel sprühen Sie Flächen in der Primärfarbe wie mit einer Sprühdose. Aktivieren Sie dazu das Hilfsmittel und
sprühen Sie bei gedrückter linker Maustaste. Die Einstellung der
SPRITZPISTOLE erfolgt im Menü OPTIONEN über die Funktion WEICHES HILFS-
MITTEL.

Mit dem SPRÜHDOSE-Hilfsmittel sprühen Sie im Gegensatz dazu ein
Pixelmuster.

Sprühoptionen einstellen

Die Sprühoptionen für das Hilfsmittel SPRITZPISTOLE stellen Sie ein, indem Sie das Hilfsmittel markieren und doppelt darauf klicken oder
im Menü OPTIONEN auf den Menüpunkt WEICHES HILFSMITTEL klicken.
CorelPHOTO-PAINT! blendet daraufhin die in Abbildung 22.11 dargestellte Dialogbox SPRITZPISTOLEN-EINSTELLUNGEN ein, deren Optionen
folgende Bedeutung haben:

RÄNDER: Mit den Optionen "Hart", "Mittel" und "Weich"
stellen Sie ein, ob die Ränder scharf abgegrenzt
sind oder weich ineinanderfließen.

DICHTE: Wählen Sie eine kleine Zahl, wird der Strich oder
Farbauftrag dünner, so daß unscharfe Linien oder
Kurven entstehen. Je höher der eingegebene Wert
wird, desto satter wird die Farbe aufgetragen.
Damit wird die Linie deutlicher sichtbar.

TRANSPARENZ: Einstellung der Durchsichtigkeit einer Farbe.
Größere Werte ergeben Farben, die fast undurch-
sichtig (deckend) sind.

AUSBLENDEN: Geschwindigkeit, mit der der Pinselstrich verschwindet.

DURCHFLUSSRATE: Bestimmt, wieviel Farbe innerhalb eines Zeit-
raums zur Verfügung steht. Je schneller Sie ziehen, desto dünner wird der Farbauftrag.

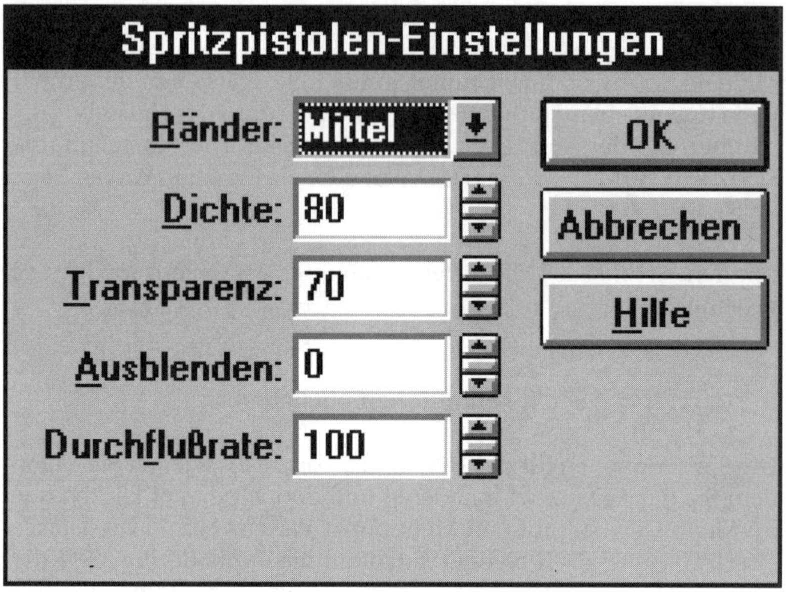

Abb. 22.11: Die Sprühoptionen einstellen

Für das Hilfsmittel FREIHAND-PINSEL gelten die gleichen Optionen mit Ausnahme der letzten Option. Diese heißt beim Hilfsmittel FREIHAND-PINSEL ABSTAND und bestimmt den Abstand zwischen den einzelnen Pinselstrichen. Wählen Sie eine kleine Zahl, können Sie die Striche sehr fein aneinandersetzen und Schraffuren manuell erzeugen.

Text eingeben

Die Eingabe von Text erfolgt nicht direkt innerhalb des Bildes, sondern zunächst in einer Dialogbox. Klicken Sie dazu auf das TEXT-Hilfsmittel und tragen Sie in der Dialogbox TEXTEINGABE den Text ein. Sobald Sie auf OK klicken, wird der Text temporär in die Arbeitsfläche eingefügt. Wie Sie sehen, ist der Text aber von einem Markierungsrahmen umgeben. Ziehen Sie an einem der Markierungsrechtecke, wird nur der Rahmen, nicht aber der Text vergrößert. Durch die Größenänderung des Rahmens definieren Sie, ob ein Text ein- oder mehrzeilig dargestellt wird. Innerhalb des Rahmens ändert der Cursor seine Form in eine Hand. Bei gedrückter linker Maustaste verschieben Sie nun den Text innerhalb des Bildes. Abbildung 22.12 zeigt verschiedene Schriftarten.

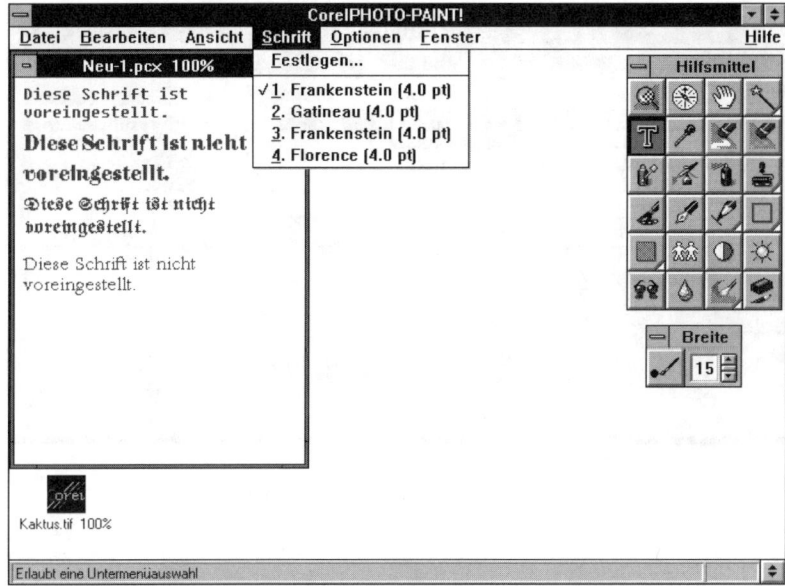

Abb. 22.12: Verschiedene Schriftarten verwenden

Schriftart einstellen

Bevor Sie den Text im Bild fixieren, können Sie noch die Schriftart einstellen. Öffnen Sie dazu durch Klicken das Menü SCHRIFT. Wie Sie sehen, enthält dieses Menü einen Menüpunkt sowie vier freie Einträge.

Über den Menüpunkt FESTLEGEN definieren Sie nun eine Schriftart. Diese Schriftart wird anschließend in einen der vier freien Menüpunkte als Definition eingetragen. Enthält das Menü bereits vier Schriftarten, und möchten Sie eine neue definieren, müssen Sie einen Menüpunkt durch Klicken aktivieren, der durch die neue Definition ersetzt werden soll. Sie fixieren den Text im Bild, indem Sie außerhalb des Rahmens klicken. Abbildung 22.13 stellt die Dialogbox SCHRIFT FESTLEGEN dar.

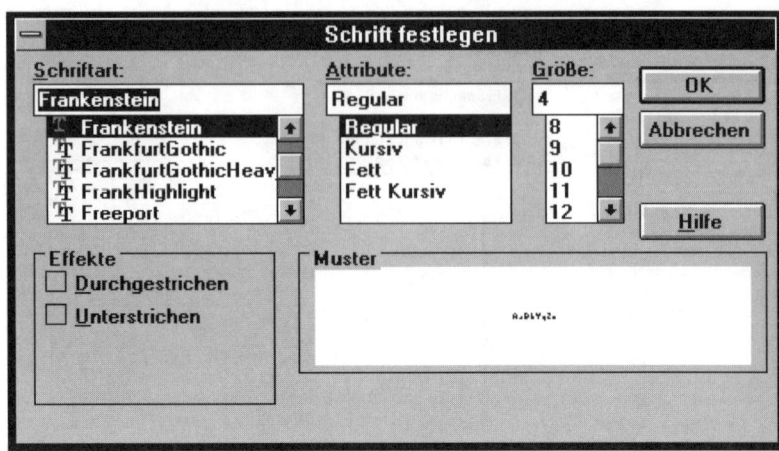

Abb. 22.13: Die Schriftarten einstellen

Grafiken ausdrucken

Möchten Sie die Grafiken nach Abschluß der Bearbeitung und nach dem Speichern drucken, klicken Sie im Menü DATEI auf die Option DRUCKEN. Stellen Sie nun die Größe ein. Möchten Sie die Grafik in Originalgröße ausdrucken, wählen Sie die Option 1 ZU 1. Die Option TATSÄCHLICHE GRÖßE bewirkt, daß die Datei in der augenblicklich eingestellten Größe ausdruckt wird. Mit SKALIEREN und dem numerischen Feld können Sie Grafiken verkleinern oder vergrößern. Vergrößern Sie Grafiken, können Sie sie mit POSTER auf mehrere Seiten verteilen. Mit GLÄTTEN vermindern Sie störende Grobraster, die bei Vergrößerungen immer auftreten. Mit AUF SEITE EINPASSEN passen Sie die Grafik an die Größe der Druckseite an.

Darüber hinaus bestimmen Sie, ob Sie die PHOTO-PAINT-AUFLÖSUNG oder die DRUCKERAUFLÖSUNG verwenden wollen, und geben die Anzahl der auszudruckenden Kopien ein. Mit OK starten Sie den Ausdruck.

Möchten Sie den Drucker vorher wechseln, um die Grafik z.B. auf einem Farbdrucker statt auf einem Laserdrucker auszugeben, klicken Sie im Menü DATEI auf die Option DRUCKER EINRICHTEN und wählen einen neuen Drucker aus.

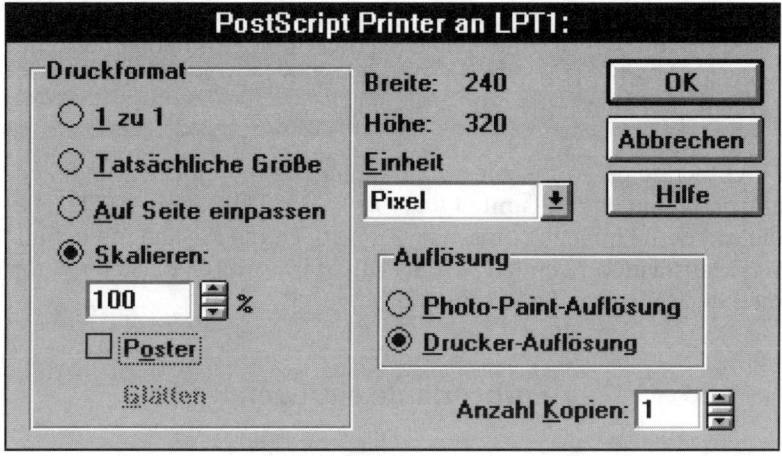

Abb. 22.14: Bilder ausdrucken

Verläufe und Muster

Farben, Füllmuster und Verläufe beleben eine Grafik. Durch sie sind erst Kontrasteffekte und die Steigerung der Aufmerksamkeit möglich.

Farben auswählen

In CorelPHOTO-PAINT! legen Sie eine Primär-, eine Sekundär- und eine Hintergrundfarbe fest. Sie verwenden dazu die Dialogbox PALETTE. Im Feld neben der Farbpalette werden die aktuellen Systemfarben dargestellt. Die Sekundärfarbe ist dabei mit einem Rahmen in der Primärfarbe umgeben, damit Sie die Darstellung gefüllter Objekte dirckt bcurteilen können.

Durch Klicken auf eine Farbe der angezeigten Palette stellen Sie diese Farben ein. Klicken Sie mit der linken Maustaste, legen Sie die Primärfarbe fest, klicken Sie mit der rechten Maustaste, definieren Sie die Sekundärfarbe. Die Hintergrundfarbe bestimmen Sie durch Klicken mit der linken Maustaste, während Sie die ⇧-Taste gedrückt halten.

Auch die Übernahme einer Farbe aus einem Bild ist möglich. Aktivieren Sie die PIPETTE, und stellen Sie den Cursor im Bild auf eine gewünschte Farbe. Die Systemfarben werden nun durch Klicken mit den entsprechenden Tasten eingestellt.

Möchten Sie einen geschlossenen Linienzug mit einer Farbe füllen, aktivieren Sie das Hilfsmittel FARBFÜLLUNG und klicken in der Fläche, die von dem Linienzug umschlossen wird. Durch Klicken mit der linken Maustaste verwenden Sie die Primärfarbe, durch Klicken mit der rechten Maustaste die Sekundärfarbe.

Farbverläufe einfügen

Einen Farbverlauf geben Sie ein, indem Sie das FARBVERLAUFSFÜLLUNG-Hilfsmittel aktivieren. Möchten Sie den Verlauf noch definieren, klicken Sie im Menü OPTIONEN auf den Menüpunkt FARBVERLAUFSTYP und wählen in der Dialogbox einen Verlauf aus. Der Verlauf beginnt bei der Sekundärfarbe und endet bei der Hintergrundfarbe. Ein hoher Wert im Feld HELLIGKEIT verstärkt den Verlaufseffekt. Sobald Sie den Verlauf ausgewählt haben, bewegen Sie den Cursor auf einen geschlossenen Bereich und klicken. Der Verlauf wird daraufhin gezeichnet.

Muster zuweisen

Ein Kachelmuster fügen Sie direkt bei der Objekteingabe über das GEFÜLLTE RAHMEN-Hilfsmittel ein. Zuvor müssen Sie im Menü OPTIONEN über die Option KACHELMUSTER noch ein Bitmapmuster auswählen. In der Dialogbox KACHELMUSTER ÖFFNEN wählen Sie dazu eine Pixelgrafik aus, als ob Sie eine Grafikdatei laden wollten.

Möchten Sie das Kachelmuster nachträglich hinzufügen, aktivieren Sie das Hilfsmittel KACHELFÜLLUNG und wählen ein Kachelmuster aus. Anschließend klicken Sie in einem geschlossenen Bereich und fügen so das Muster ein.

Bilder bearbeiten

Ein Bild entsteht niemals in einem Arbeitsgang, sondern wird schrittweise erstellt. Dabei werden Bereiche durch andere Farben und Objekte verdeckt und somit gelöscht, verschoben oder auch verändert. In den nachfolgenden Abschnitten werden Bearbeitungsoptionen beschrieben, die dafür notwendig sind.

Bildbereiche vergrößert darstellen

Die Darstellung einer Grafik erfolgt immer in einem eigenen Fenster mit dem Größenfaktor 100%. Dies führt insbesondere bei gescannten Bildern zu sehr großen Darstellungen, die nicht mehr auf der verfügbaren Arbeitsfläche angezeigt werden können. Über die Rollbalken verschieben Sie den sichtbaren Bildschirmausschnitt. Eine weitere Möglichkeit besteht darin, die Grafikdarstellung zu verkleinern. Dazu klicken Sie im Menü ANSICHT auf die Option AUF ARBEITSFLÄCHE ZOOMEN. Die Grafik wird so angepaßt, daß sie vollständig auf dem Bildschirm zu sehen ist.

Diese Darstellung empfiehlt sich immer dann, wenn Sie Filterfunktionen auf das gesamte Bild anwenden und das Ergebnis beurteilen möchten. Eine zweite Möglichkeit haben Sie über das ZOOM-Hilfsmittel. Aktivieren Sie dieses Hilfsmittel und klicken Sie innerhalb der Grafik mit der linken Maustaste, vergrößern Sie die Grafikdarstellung. Durch Klicken auf die rechte Maustaste verkleinern Sie die Darstellung. Die Vergrößerung der Grafikdarstellung ist ebenfalls über die Option ZOOM im Menü ANSICHT möglich. Abbildung 22.15 zeigt einen vergrößerten Bildschirmausschnitt.

Bildbereiche markieren

Die meisten Überarbeitungsfunktionen und Filter sind sowohl auf das gesamte Bild als auch auf Teilbereiche anwendbar. Die Bearbeitung von Teilen ist immer dann sinnvoll, wenn nur bestimmte Bereiche einer Grafik z.B. im Kontrast verstärkt werden müssen. Sie markieren Bereiche einer Grafik, indem Sie das Markierungs-Hilfsmittel aktivieren.

Abb. 22.15: Vergrößert dargestellter Bereich eines Bildes

 Die Markierung kann auf vier verschiedene Arten erfolgen. Durch Klicken auf die Schaltfläche aktivieren Sie das eingestellte Hilfsmittel. Klicken Sie aber in der rechten unteren Ecke der Schaltfläche und halten die linke Maustaste gedrückt, erscheinen vier Schaltflächen, aus der Sie eine Option durch Ziehen auswählen. Diese Schaltfläche wird nun in der Hilfsmittel-Funktionsleiste dargestellt.

Die Markierungsoptionen

Das AUSWAHL-Hilfsmittel ermöglicht es Ihnen, einen rechteckförmigen Bildschirmausschnitt zu markieren. Mit der SCHERE erreichen Sie eine größere Flexibilität, weil Sie Bereiche durch Polygone markieren können. Die größtmögliche Flexibilität ermöglicht Ihnen das LASSO. Hierbei zeichnen Sie eine beliebige Freihand-Markierungskurve. Mit dem ZAUBERSTAB markieren Sie Bereiche gleicher Farbe oder Graustufe. Durch doppeltes Klicken auf bestimmte Hilfsmittel rufen Sie die zugrundeliegenden Parameter-Dialogboxen auf. Markierte Bereiche können Sie über die Option BILDBEREICH SPEICHERN (im Menü BEARBEITEN) als Datei sichern.

Abb. 22.16: Markierter und verschobener Bildausschnitt

Sobald Sie ein Markierungs-Hilfsmittel ausgewählt haben, bewegen Sie den Cursor auf die Grafik und ziehen die Markierung auf. Bei dem ZAUBERSTAB markieren Sie den Bereich durch einfaches Klicken. Die Markierung wird durch eine gestrichelte, umlaufende Markierungs-linie angezeigt.

Sie können diesen Bereich nun bearbeiten, indem Sie ihn beispiels-weise verschieben, kopieren oder die Helligkeit ändern (Abbildung 22.16).

Die Farbtoleranz

In Bildern mit 24-Bit-Farbtiefe, aber auch mit 256 Farben, sind die Farben sehr scharf voneinander abgegrenzt, so daß Sie durch das Mar-kieren mit dem Zauberstab nur relativ kleine Flächen erfassen kön-nen. Dies gilt auch, wenn Sie z.B. Farben ersetzen wollen. Die Option FARBTOLERANZ bietet in diesen Fällen eine Lösung an. Sie ermöglicht Ihnen die Eingabe von Toleranzbereichen für die drei Grundfarben Rot, Grün und Blau. Die Schwankungsbreite ist in den einzelnen Feldern einzugeben. Möchten Sie immer denselben Wert verwenden, aktivieren Sie die Option GLEICHE WERTE. Möchten Sie sicherstellen, daß nur eine Farbe ausgewählt wird, stellen Sie alle Werte auf Null. CorelPHOTO-PAINT! läßt so keine Toleranzschwankung mehr zu. In Abbildung 22.17 ist die Dialogbox FARBTOLERANZ dargestellt.

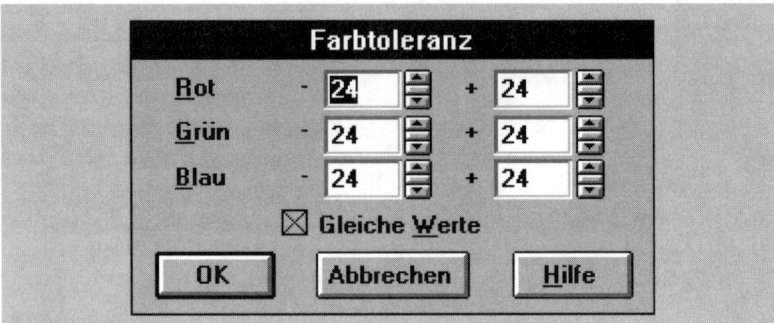

Abb. 22.17: Die Farbtoleranz

Sie aktivieren dieses Menü, indem Sie im Menü OPTIONEN auf den Menüpunkt FARBTOLERANZ klicken. Auch über das Hilfsmittel ZAUBERSTAB sowie die Füllungs-Hilfsmittel erreichen Sie dieses Menü, indem Sie auf die betreffenden Schaltflächen doppelt klicken.

Verschieben

Möchten Sie einen Bereich verschieben, markieren Sie diesen und stellen den Cursor in den Markierungsbereich. Sobald die Form des Cursors zu einer Hand wird, drücken Sie die linke Maustaste und verschieben den Bereich. Mit dem Verschiebe-Hilfsmittel verschieben Sie den sichtbaren Bildschirmausschnitt.

Kopieren und Vervielfältigen

Möchten Sie einen Bereich kopieren, markieren Sie diesen und verwenden die Funktionen der Zwischenablage. Eine weitere Kopierfunktion bietet Ihnen das VERVIELFÄLTIGEN-Hilfsmittel. Aktivieren Sie dieses Hilfsmittel, erscheint ein Cursor mit einem Fadenkreuz und einem Kreis, dessen Größe abhängig von der Einstellung der Strichstärke ist. Bewegen Sie den Cursor nun auf den Bereich, den Sie vervielfältigen wollen, und klicken Sie. Der Fadenkreuz-Cursor bleibt auf diesem Bereich stehen, während Sie den Kreis von diesem Cursor entfernen können. Stellen Sie den Kreis jetzt auf den Bereich, in dem die geklonte Kopie erscheinen soll. Drücken Sie die Maustaste und fahren Sie den Bereich bei gedrückter Taste ab. Der Fadenkreuzbereich wird im Kreisbereich geklont.

Die Vervielfältigungsoptionen einstellen

Klicken Sie doppelt auf das Hilfsmittel VERVIELFÄLTIGEN, wird die Dialogbox VERVIELFÄLTIGEN-EINSTELLUNGEN eingeblendet. Die Funktionen dieser Dialogbox entsprechen den Funktionen für den FREIHAND-PINSEL.

Das Hilfsmittel VERVIELFÄLTIGEN enthält aber zusätzlich die Option GUMMISTEMPEL. Aktivieren Sie diese Option, ist der Abstand zwischen dem ausgewählten Originalbereich und dem Klone-Bereich wieder einstellbar, sobald Sie die Maustaste loslassen.

Löschen

Mit dem RADIERER-Hilfsmittel löschen Sie Bereiche wie mit einem Radiergummi. Aktivieren Sie dazu das Hilfsmittel, halten Sie die linke Maustaste gedrückt und löschen Sie die Bereiche. Die Löschbreite ist abhängig von der Einstellung der Strichstärke. Mit dem FARB-RADIERER-Hilfsmittel gehen Sie analog vor, ersetzen aber hierbei die Primärfarbe durch die Sekundärfarbe.

Bearbeitung zurücknehmen

Das LOKALE RÜCKNAHME-Hilfsmittel ermöglicht Ihnen die örtlich begrenzte Zurücknahme der zuvor ausgeführten Funktion. Sie aktivieren das Hilfsmittel durch Klicken und bewegen es bei gedrückter linker Maustaste über den Bildbereich. Wie Sie sehen, werden die Auswirkungen der zuvor ausgeführten Option an der Stelle, an der sich der Cursor befindet, rückgängig gemacht.

Zusammenfassung

In diesem Kapitel haben Sie die wichtigsten Funktionen von Corel-PHOTO-PAINT! kennengelernt. Die verschiedenen Funktionen sind an das Zeichnen mit Stift und Pinsel angelehnt und daher sehr einfach zu verstehen und zu handhaben.

Das nächste Kapitel befaßt sich mit den Optionen zur Bildbearbeitung. Zunächst erfahren Sie, wie Sie Bilder transformieren und anschließend durch Filter aufbereiten oder sogar verfremden, um bestimmte optische Effekte zu erzielen. Im Anschluß daran lernen Sie, wie Sie Farben und Farbpaletten anlegen und verändern.

23

Bildbearbeitung mit CorelPHOTO-PAINT!

Sind eingescannte Bilder zu dunkel, unscharf, kontrastarm oder -reich, ist die Farbgebung nicht korrekt, oder ist die Anzahl der Farben oder Graustufen zu groß, können diese mit CorelPHOTO-PAINT! nachbearbeitet werden. Durch Anwendung der verfügbaren Funktionen kann das Bild so weit optimiert werden, daß es anschließend den Vorstellungen des Anwenders entspricht. In diesem Kapitel werden die wesentlichen Funktionen zur Bildbearbeitung vorgestellt.

Bilder transformieren

Transformationen wie das Spiegeln und Drehen von Bildern führen Sie aus, indem Sie im Menü BEARBEITEN auf den Menüpunkt VERÄNDERN klicken und eine Option auswählen. Sie können Grafiken oder Bereiche horizontal und vertikal spiegeln, um 90 Grad drehen, invertieren oder in Umrisse verwandeln.

Über die Option BEREICH BEARBEITEN können Sie markierte Bereiche ebenfalls spiegeln, zusätzlich aber numerisch skalieren und drehen.

Die Invertierung eines Bildes erinnert bereits an einen Verfremdungsfilter, weil die Darstellung nach der Umkehrung der Farben oder Graustufen stark verfremdet wirkt. Sie invertieren ein Bild, indem Sie im Menü BEARBEITEN auf die Option VERÄNDERN klicken und anschließend im Flyout-Menü die Option INVERTIEREN wählen. Abbildung 23.1 zeigt die Originalgrafik KAKTUS.TIF nach der Invertierung. Diese Grafik ist auf der Beispieldiskette enthalten, so daß Sie die nachfolgenden Darstellungen in CorelPHOTO-PAINT! nachvollziehen können.

Über die Option KONTUREN HERVORHEBEN, die ebenfalls im Flyout-Menü VERÄNDERN (im Menü BEARBEITEN) angeordnet ist, können Sie die Umrisse in einem Bild deutlich darstellen. Dabei werden die Umrisse als Linie dargestellt, während die übrigen Bereiche in der Hintergrundfarbe eingefärbt werden. In Abbildung 23.2 können Sie sich davon überzeugen. Zunächst wurde der etwas schwache Kontrast deutlich angehoben und anschließend die Funktion KONTUREN HERVORHEBEN ausgeführt.

Abb. 23.1: Bilder invertieren

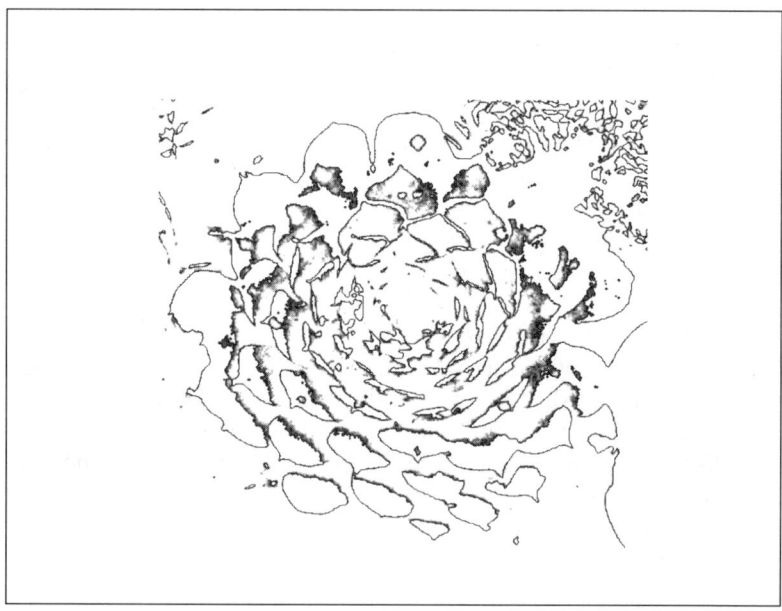

Abb. 23.2: Konturen hervorheben

Bildbereiche transformieren

Die Optionen zur Bildtransformation funktionieren auch, wenn Sie einen Bildbereich markiert haben. Sie können aber in einem Arbeitsgang nur eine Funktion aktivieren. Möchten Sie mehrere Schritte gleichzeitig ausführen, klicken Sie im Flyout-Menü VERÄNDERN auf die Option BEREICH BEARBEITEN. Das Programm blendet daraufhin die gleichnamige Dialogbox ein, die in Abbildung 23.3 dargestellt ist. Über diese Dialogbox können Sie den markierten Bereich (oder das gesamte Bild) in horizontaler und vertikaler Richtung spiegeln oder in 90 Grad-Schritten drehen. Möchten Sie die Größe des Bereichs ändern, geben Sie die Größenänderung in prozentualen Werten in der Feldern BREITE und HÖHE ein. Aktivieren Sie die Option GRÖßE PROPORTIONAL ÄNDERN, falls Sie das Kantenverhältnis beibehalten wollen. In diesem Fall genügt es, eine Größe zu verändern, weil der andere Wert automatisch angepaßt wird.

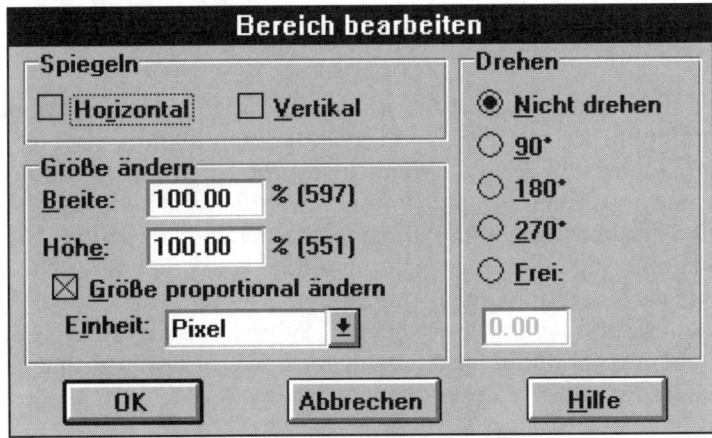

Abb. 23.3: Die Dialogbox BEREICH BEARBEITEN

Bilder aufbereiten

Die Aufbereitung von Bildern ist erforderlich, um Fehler und systembedingte Schwächen, die während des Scannens aufgetreten sind, abzumildern oder vollständig zu beseitigen. Dabei muß nicht einmal der Scanner das schwache Glied der Kette sein.

Es ist durchaus nicht selten, daß die Vorlage (das Bild) unscharf ist und über keinen ausreichenden Kontrast verfügt. In solchen Fällen kann die digitale Bildbearbeitung die Darstellung eines Bildes sogar verbessern.

Neben den Funktionen zur optimalen Darstellung eines Bildes existieren weitere Funktionen, die zur Verfremdung von Bildinhalten verwendet werden, um optische Spezialeffekte möglich zu machen. Auch diese Funktionen sind in CorelPHOTO-PAINT! enthalten.

Grafiken konvertieren

Bestimmte Filter und Überarbeitungsfunktionen wie Überblenden oder Verschmieren sind nur dann aktivierbar, wenn die Datei als Graustufengrafik oder als 24-Bit-Farbgrafik zur Verfügung steht. Möchten Sie diese Funktionen aber auch auf monochrome Grafiken und solche mit 256 Farben anwenden, konvertieren Sie diese in das Graustufen- oder das 24-Bit-Farben-Format.

Rufen Sie dazu das Menü BEARBEITEN auf und klicken dort auf den Menüpunkt FARBFORMAT ÄNDERN. Das Programm blendet ein Flyout-Menü ein, in dem Sie die bereits angesprochenen Konvertierungsoptionen auswählen. Sobald Sie eine Option gewählt haben, wird die Grafik in das beschriebene Format konvertiert. So können Sie Graustufengrafiken auch in monochrome Bilder konvertieren. Dabei haben Sie die Auswahl zwischen drei Optionen. Bei STRICHZEICHNUNG wird ein hoher Kontrast erzielt, weil keine Halbtöne erzeugt werden. Die beiden Halbtonoptionen erzeugen gerasterte "Grauwerte" und sind für Bildschirm oder Druckausgabe optimiert.

Die Filterfunktionen

Gescannte Bilder müssen vor der Ausgabe oft hinsichtlich Farbspektrum, Helligkeit, Kontrast und Schärfe überprüft und bearbeitet werden. Für diese Aufgaben besitzt CorelPHOTO-PAINT! sogenannte Filter, die Sie über das Menü BEARBEITEN und den Menüpunkt FILTERN aufrufen.

Über die GANZSEITENVORSCHAU im Menü ANSICHT können Sie das Bild ohne Bedieneroberfläche darstellen. Mit [Esc] kehren Sie zur Bedieneroberfläche zurück.

Bei der Aktivierung eines Filters gehen Sie nach folgendem Prinzip vor: Markieren Sie den zu bearbeitenden Bereich oder bearbeiten Sie die gesamte Grafik. Wählen Sie die Filterfunktion aus, und stellen Sie in der jeweiligen Dialogbox die Parameter ein. Mit VORSCHAU überprüfen Sie anschließend das Aussehen der Grafik nach Anwendung der Filterfunktion. Entspricht es Ihren Vorstellungen, übernehmen Sie die Parametereinstellung durch Klicken auf OK. Die Grafik wird nun gefiltert. Durch Klicken auf RÜCKGÄNGIG (im Menü BEARBEITEN) haben Sie jetzt noch einmal die Möglichkeit, die Umrechnung rückgängig zu machen.

Die einzelnen Filterfunktionen werden in den nachfolgenden Abschnitten vorgestellt. Nach einer kurzen Beschreibung des Effekts werden die Optionen beschrieben. Anschließend wird die zugehörige Dialogbox dargestellt. Unter der Dialogbox ist links die Originalgrafik und rechts die Grafik nach der Bearbeitung angeordnet. Sie können so die Effekte der jeweiligen Funktionen sehr gut nachvollziehen. Die Parameter mancher Funktionen wurden mit Absicht sehr extrem gewählt, um den erzielbaren Effekt deutlich zu machen.

RAUSCHEN

Erzeugt einen Granulareffekt ähnlich einem verrauschten Fernsehbild. Die Optionen haben folgende Bedeutung:

STREUUNG: Geben Sie den Streuwert ein. Je größer der Streuwert ist, desto stärker wird das Rauschen.

VERTEILUNG: Wählen Sie zwischen einer linearen Verteilung und einer Glockenkurve. Bei einer linearen Verteilung ist der Effekt ausgeprägter.

KANAL: Bestimmt, auf welche Grundfarben das Rauschen wirken soll. Mit Ausnahme der Grundfarben sind so alle Farben betroffen. Bei Graustufen-Bildern ist nur die Option EINFARBIG wählbar.

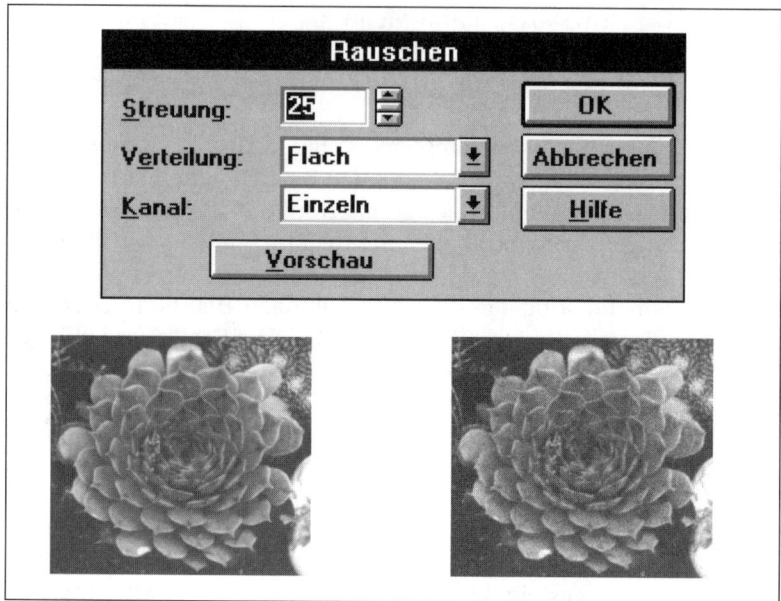

Abb. 23.4: Möglicher Effekt des Filters RAUSCHEN

ÜBERBLENDEN

Macht eine Grafik weicher. Starke Kontraste werden beseitigt, indem Farben überblendet werden. Für die Darstellung wurde der Kontrast der Originalgrafik etwas angehoben. Der ÜBERBLENDUNGSFAKTOR gibt an, wie stark die Konturen überblendet werden sollen. Mit der Option WEITE BLENDE wirkt der Effekt harmonischer, weil die Überblendung ausgedehnt wird.

HELLIGKEIT & KONTRAST

Ändert die Helligkeit und den Kontrast über die entsprechenden Regler. Die Einstellungen müssen äußerst präzsie erfolgen, da die Optionen sehr sensitiv sind.

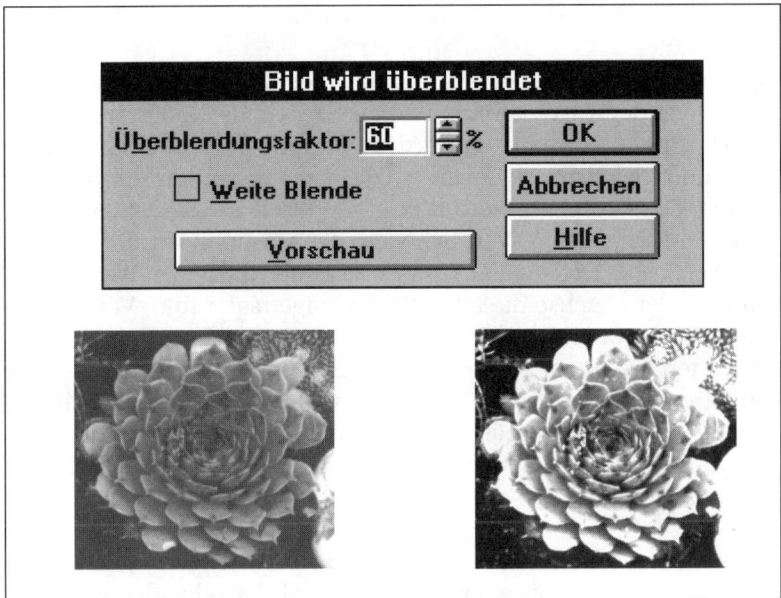

Abb. 23.5: Möglicher Effekt des Filters ÜBERBLENDEN

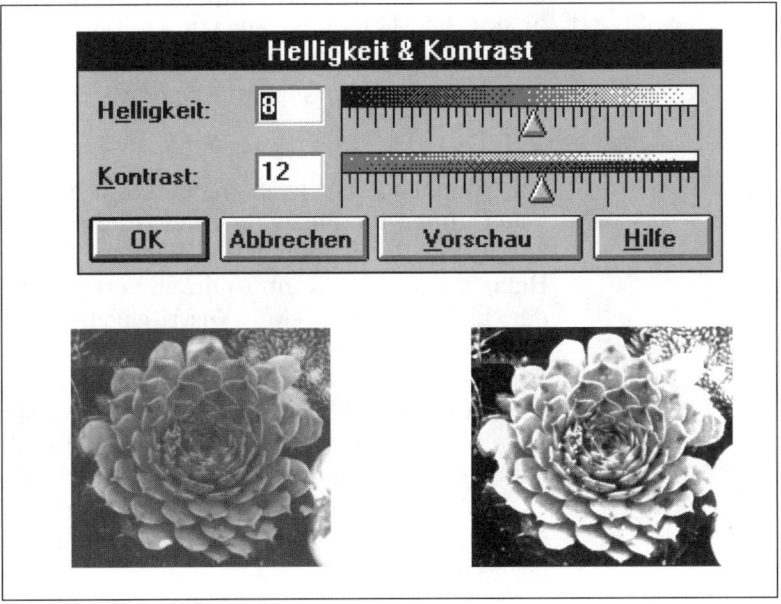

Abb. 23.6: Möglicher Effekt des Filters HELLIGKEIT & KONTRAST

GRADUATIONSKURVE

Einstellung einer individuellen Farb- oder Graustufenkurve. Durch Anpassung der Kurve können Farben oder Graustufen in der Helligkeit verstärkt oder reduziert werden. Sie können Graduationskurven laden und speichern, indem Sie auf die entsprechenden Schaltflächen klicken. Das Vorschau-Fenster zeigt die Kurve an. Der Nullwert der Y-Achse definiert den Wert Schwarz, der Maximalwert der Y-Achse den Wert Weiß. Entlang der Y-Achse verlaufen die neuen Werte, während auf der X-Achse die alten Werte aufgetragen sind. Verläuft die Kurve linear von links unten nach rechts oben, entsprechen die neuen Werten den alten. Ist die Kurve nach oben gekrümmt, werden die Mitteltöne in Richtung Weiß verändert. Das Bild wird dadurch aufgehellt. Umgekehrt verhält es sich bei nach unten gekrümmten Kurven, durch die das Bild abgedunkelt wird. Die Optionen haben folgende Bedeutung:

VOREINSTELLUNG: Wählen Sie aus den vier Listeneinträgen aus, ob Sie ein Bild aufhellen, abdunkeln oder die Schatten erweitern wollen.

KANAL: Bestimmt, auf welche Grundfarben die Graduationskurve wirken soll. Mit Ausnahme der Grundfarben sind so alle Farben betroffen. Bei Graustufen-Bildern ist nur die Option ALLE wählbar.

FORMAT: Die Optionen KURVE, FREIHAND und LINEAR ermöglichen Ihnen die Einstellung der Graduationskurve. Mit der Option LINEAR können Sie die Helligkeit und den Kontrast durch Verschieben der Linien ändern. Mit KURVE gleichen Sie Farbtondifferenzen aus und können Farbtöne aufhellen oder abdunkeln. Sie stellen die Kurve dazu ein, indem Sie an den Knoten ziehen. Mit FREIHAND erreichen Sie die größtmögliche Flexibilität und können Spezialeffekte wie in Abbildung 23.7 erreichen. Stellen Sie den Cursor auf die Linie und definieren die Kurve durch Ziehen mit der Maus.

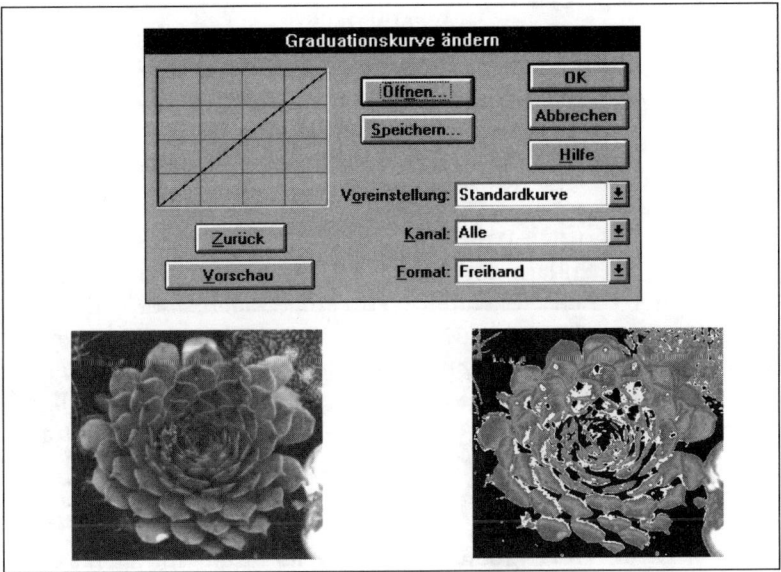

Abb. 23.7: Möglicher Effekt des Filters GRADUATIONSKURVE

KONZENTRIEREN

Farben oder Graustufen werden zusammengefaßt, so daß das Bild gerastert erscheint. In den Feldern BREITE und HÖHE geben Sie den Pixelbereich für die Rasterung ein. Aktivieren Sie die Option GLEICHE WERTE, sind die Werte für Breite und Höhe identisch.

ÜBERZEICHNEN

Bildung eines Umrißeffektes; es werden nur noch Kanten angezeigt.

EMPFINDLICHKEIT: Je größer der Wert ist, desto mehr Kanten werden erzeugt. Wählen Sie den Wert 1, werden nur sehr ausgeprägte Umrißlinien in Kanten umgesetzt.

FARBE: Wahl der Farbe für die nicht umrissenen Flächen.

MODUS: Wählen Sie hier, ob die Umrißlinien weiß oder schwarz dargestellt werden sollen. Bei Farbbildern entscheiden Sie, ob die Kanten mit hellen oder mit dunklen Farben dargestellt werden.

Abb. 23.8: Möglicher Effekt des Filters KONZENTRIEREN

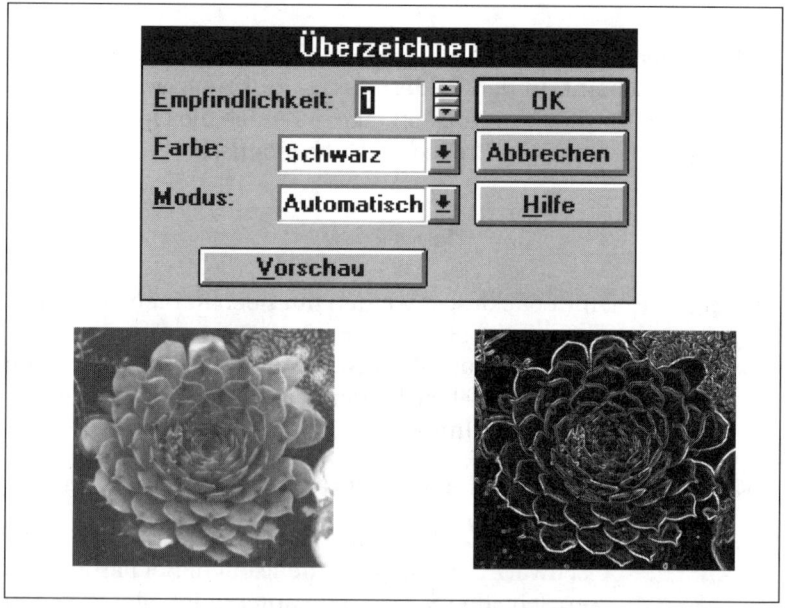

Abb. 23.9: Möglicher Effekt des Filters ÜBERZEICHNEN

RELIEF

Erzeugen einer Reliefstruktur. Mit der Option RICHTUNG stellen Sie die Richtung des Reliefeffekts ein, indem Sie auf eine Schaltfläche klicken. Über die RELIEFFARBE bestimmen Sie die Farbe des Reliefs.

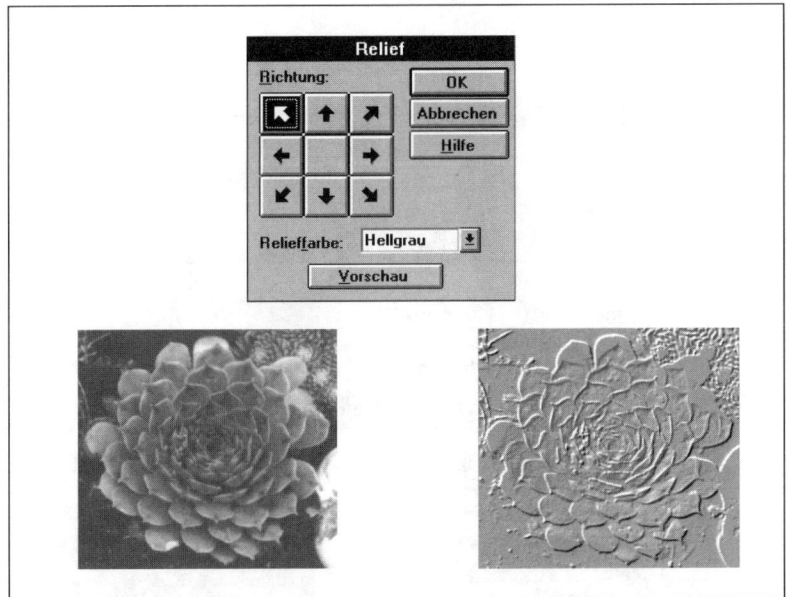

Abb. 23.10: Möglicher Effekt des Filters RELIEF

SCHATTIERUNG

Anpassung der Farben oder Grauwerte über eine Spektraldarstellung. Dunkle Grauwerte oder Farben werden in Schwarz und helle Grauwerte oder Farben in Weiß verwandelt. Die restlichen Farben oder Grauwerte werden gestreckt und so neu über den Spektralbereich verteilt. Dieser Filter empfiehlt sich immer dann, wenn ein Bild einen deutlichen Grauschleier aufweist und verwaschen aussieht. In der Spektraldarstellung wird die Häufigkeit der einzelnen Tönungen oder Grauwerte in Histogrammform dargestellt. Unter dem Diagramm sind drei Pfeile angeordnet. Diese Pfeile sind frei verschiebbar. Werte links vom linken Pfeil werden in Schwarz verwandelt, Werte rechts vom rechten Pfeil werden in Weiß konvertiert. Mit dem Mittelpfeil stellen Sie den neuen Verlauf der übriggebliebenen Werte ein. Der Wert am Mittelpfeil entspricht einer 50%-Tönung. Verschieben Sie den Pfeil nach links, wirkt das Bild heller, weil ein größerer Bereich nach Weiß überblendet wird. Umgekehrt verhält es sich, wenn Sie den Pfeil nach rechts verschieben. Das Bild wirkt dunkler, weil die Schwarzanteile überwiegen.

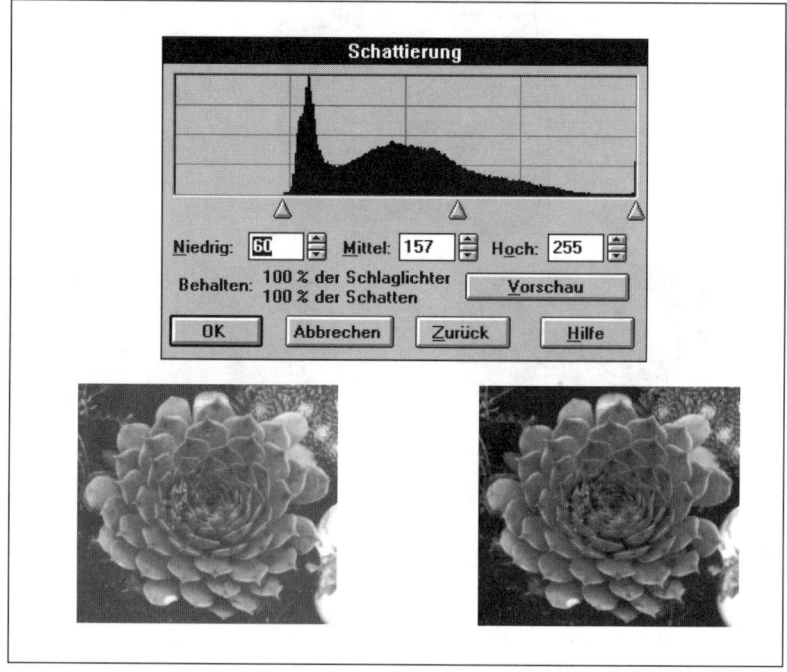

Abb. 23.11: Möglicher Effekt des Filters SCHATTIERUNG

MOSAIK

Umwandlung der Grafik in grobe Rasterpunkte. In den Feldern BREITE und HÖHE geben Sie den Pixelbereich für die Rasterung ein. Aktivieren Sie die Option GLEICHE WERTE, sind die Werte für die BREITE und HÖHE identisch, sobald Sie einen Wert ändern.

Abb. 23.12: Möglicher Effekt des Filters MOSAIK

BEWEGUNG

Verwischt die Grafik zur Erzeugung eines Bewegungseffektes. Mit der Option RICHTUNG stellen Sie die Richtung des Bewegungseffektes ein, indem Sie auf eine Schaltfläche klicken. Die Option GESCHWINDIGKEIT bestimmt die Ausprägung der Geschwindigkeitsdarstellung. Je größer der Wert ist, desto stärker wird der Wischeffekt.

BILDPUNKTE ENTFERNEN

Entfernt kleine Bildpunkte aus der Grafik, die durch Partikel oder schlechte Vorlagen beim Scannen entstehen können. Über die Option PUNKTGRÖSSE legen Sie die Größe der "Dropouts" fest, die gerade noch entfernt werden.

Abb. 23.13: Möglicher Effekt des Filters BEWEGUNG

Abb. 23.14: Möglicher Effekt des Filters BILDPUNKTE ENTFERNEN

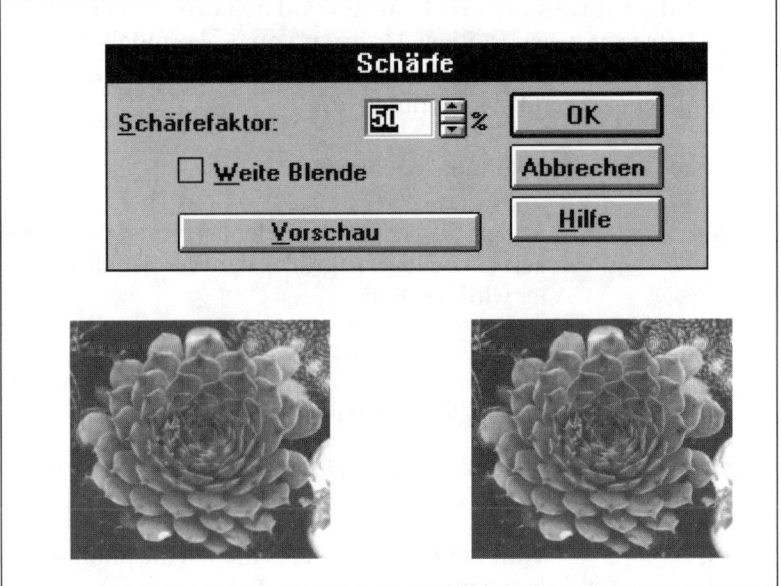

Abb. 23.15: Möglicher Effekt des Filters Schärfe

Schärfe

Schärferstellen der grafischen Darstellung. Mit dem Schärfefaktor stellen Sie den Grad der Scharfstellung ein. Extreme Werte führen zur einer Rasterung des Bildes, die im Bereich der Kanten besonders auffällig wird. Die Option Weite Blende soll die Schärfe vergrößern, kann aber die Rasterung noch verstärken.

Besondere Bearbeitungsfunktionen

Den speziellen Methoden der Bildbearbeitung ist eines gemeinsam: Sie wirken ähnlich den Filterfunktionen, sind aber individuell und gezielt auf bestimmte Bereiche als Freihand-Hilfsmittel anwendbar. Auch die Bedienung entspricht den Freihand-Hilfsmittel. Sie wählen das Hilfsmittel aus und überarbeiten die gewünschten Bereiche, in-

dem Sie die Maustaste gedrückt halten und den Cursor über die Bereiche bewegen. Gleichzeitiges Drücken von ⇧ ermöglicht exakt
horizontales oder vertikales Ziehen. Mit ⬚ schalten Sie zwischen
horizontaler und vertikaler Richtung um.

Folgende Funktionen können Sie ausführen:

HELLIGKEIT: Ändert die Helligkeit. In der PALETTE ist die Helligkeit einstellbar. Je größer der Wert ist, desto hel-
ler wird das Bild.

KONTRAST: Änderung des Kontrastes; in der Dialogbox PALET-
TE können Sie den Kontrast durch Verschieben
des Reglers einstellen.

SCHÄRFE: Stellt Bereiche schärfer dar. Größere Werte in der
PALETTE ergeben größere Schärfe

TÖNEN: Tönt Bereiche, als ob Sie durch eine Sonnenbril-
le schauen.

ÜBERBLENDEN: Überblendet zwei benachbarte Farben. In der
PALETTE stellen Sie das Ausmaß des Effekts dar.
Größere Werte verstärken den Effekt.

VERSCHMIEREN: Verschmiert Farben, als ob Sie mit einem Tuch
über die noch feuchte Farbe wischen. Klicken Sie
doppelt auf das Hilfsmittel, wird eine Options-
Dialogbox eingeblendet. Die Verschmieren-
Optionen entsprechen den Optionen des Hilfsmittels FREIHAND-PINSEL.

VERWISCHEN: Verwürfelt Pixel zwischen benachbarten Farben
nach dem Zufallsprinzip.

Bilder einfügen

Das Einfügen von Bildern ermöglicht Ihnen die Kombination mehrerer Einzelgrafiken zu einem Gesamtbild. Meistens wird diese Funktion verwendet, um ein gescanntes Bild in eine Grafik einzufügen.
Mögen Sie eine Grafik einfügen, klicken Sie im Menü BEARBEITEN auf
die Option DATEI EINFÜGEN und wählen eine Datei aus.

Natürlich können Sie nicht nur Bilder zur Ergänzung einfügen, sondern auch Teilbereiche einer Grafik als Datei speichern. Möchten Sie einen markierten Ausschnitt speichern, klicken Sie im Menü BEARBEITEN auf die Option BILDBEREICH SPEICHERN und geben einen Dateinamen ein.

Farben und Paletten definieren

In CorelPHOTO-PAINT! existieren verschiedene Möglichkeiten zur Einstellung von Farben. Die entsprechenden Funktionen sind im Menü OPTIONEN unter dem Menüpunkt PALETTE zusammengefaßt.

Für Graustufenbilder ist keine Paletteneinstellung möglich.

Paletten laden und speichern

Über das Flyout-Menü öffnen Sie andere Farbpaletten oder speichern eine neue oder überarbeitete Palette wieder ab. Möchten Sie eine Palette speichern, klicken Sie auf den Menüpunkt PALETTE SPEICHERN UNTER, stellen den Pfad ein und geben einen Dateinamen ein. Das Programm speichert die Palettendateien mit der Dateinamenerweiterung PAL ab. Sie laden eine Palette, indem Sie im Flyout-Menü auf die Option PALETTE ÖFFNEN klicken und eine Datei auswählen.

Farbpaletten ändern

Im oberen Bereich des Flyout-Menüs sind die verschiedenen Optionen zur Definition und Einstellung von Farben und Paletten zusammengefaßt. Möchten Sie die Farbpalette global ändern, klicken Sie im Flyout-Menü auf die Option ALLE FARBEN und stellen die Palette über die Regler HELLIGKEIT, KONTRAST, FARBTON und ANTEIL ein. Die Regler HELLIGKEIT und KONTRAST sind standardmäßig auf Null eingestellt. Je größer der Wert wird, desto ausgeprägter wird der Effekt in der Palette. Über den Regler FARBTON stellen Sie die Farbe ein und mit dem Regler ANTEIL mischen Sie diese Farbe prozentual ein. Abbildung 23.16 stellt die Dialogbox GESAMTE PALETTE EINSTELLEN dar. Haben Sie alle eingestellt, klicken Sie auf die Schaltfläche VORSCHAU, um sich die Farbpalette in der Dialogbox PALETTE anzuschauen. Über die Schaltfläche ZURÜCK stellen Sie wieder die Standardwerte ein.

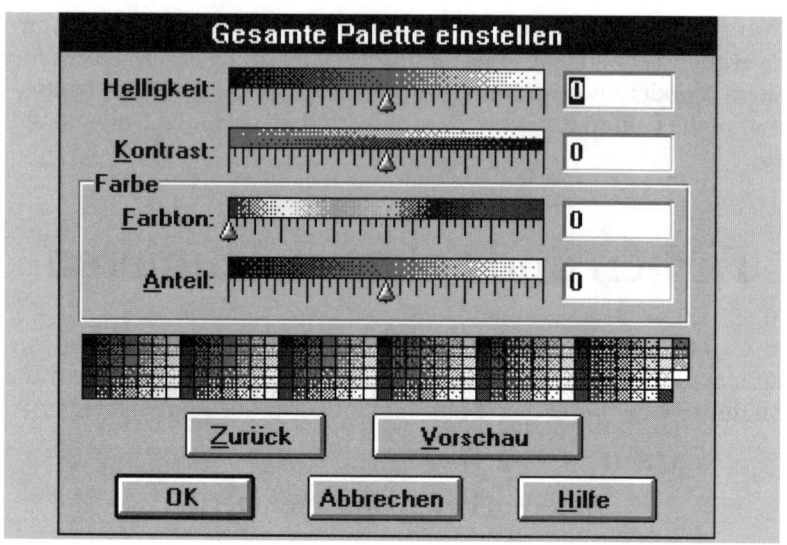

Abb. 23.16: Die gesamte Palette ändern

Eine variablere Einstellmöglichkeit der Farbpalette haben Sie, wenn
Sie im Flyout-Menü auf die Option FARBENBEREICH klicken. Sie können
nun Teilbereiche der Palette verändern (Abbildung 23.17). In der
Dialogbox FARBPALETTENBEREICH EINSTELLEN wählen Sie in der Palette nun
eine Anfangsfarbe und eine Endfarbe durch Klicken aus und stellen
in den Feldern ANFANG und ENDE andere Farben ein. Klicken Sie auf
ALLES, werden die Farben der Palette von der Anfangs- zur Endfarbe
hin überblendet. Über die Schaltfläche VORSCHAU können Sie sich die
neuen Farbbereiche in der Dialogbox PALETTE anschauen.

Einzelfarben einstellen

*Durch
Doppelklicken
auf eine Farbe in
der Dialogbox
PALETTE rufen Sie
die Dialogbox
ebenfalls auf.*
Rufen Sie die Dialogbox PALETTENFARBBEREICH EINSTELLEN über OPTIONEN
EINZELFARBEN auf, können Sie die in der Palette markierte Farbe durch
Einstellen der Farbwerte oder durch Klicken in den Farbfeldern defi-
nieren. In der Auswahlliste FARBMODELL legen Sie das zugrundeliegende
Farbmodell fest. In Abbildung 23.18 ist die Dialogbox dargestellt.

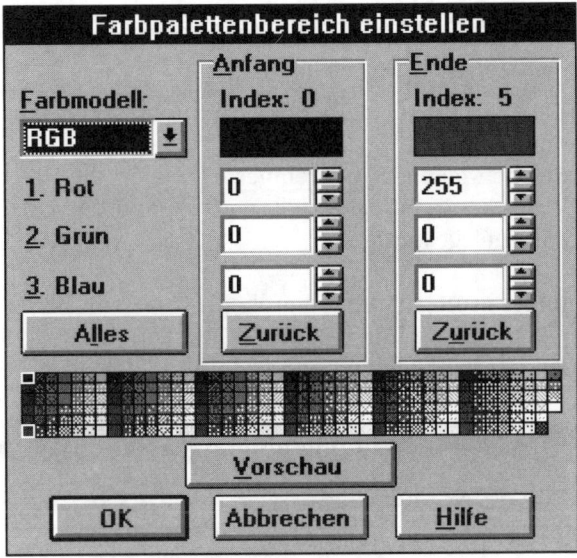

Abb. 23.17: Den Farbbereich einstellen

Eine weitere Möglichkeit, einzelne Farben einzustellen, haben Sie über OPTIONEN FARBAUSWAHL. In der Dialogbox FARBAUSWAHL definieren Sie die Farbe, indem Sie den Farbcursor auf eine Farbe stellen oder numerische Werte eingeben. Diese Dialogbox kennen Sie bereits aus CorelDRAW!.

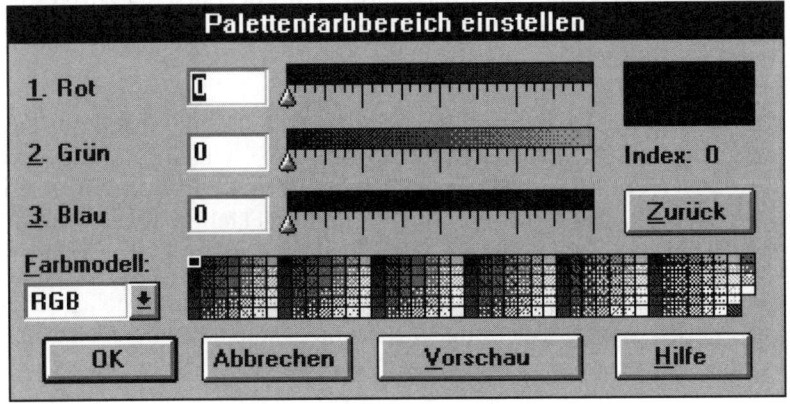

Abb. 23.18: Einzelfarben einstellen

Die Voreinstellung

Im Menü OPTIONEN rufen Sie über den Menüpunkt EINSTELLUNGEN eine Dialogbox auf, in der Sie festlegen, wie CorelPHOTO-PAINT! gestartet wird, welche Maßeinheit voreingestellt ist, ob die Hilfezeile (unterste Zeile des Fensters) dargestellt wird und ob Vorschaubilder zu den Bildern angelegt werden.

Vorschaubilder ermöglichen die grobe Anzeige von Bildern in Vorschau-Fenstern. Diese Vorschaubilder werden unter den gleichen Dateinamen mit der Dateinamenerweiterung THB abgespeichert.

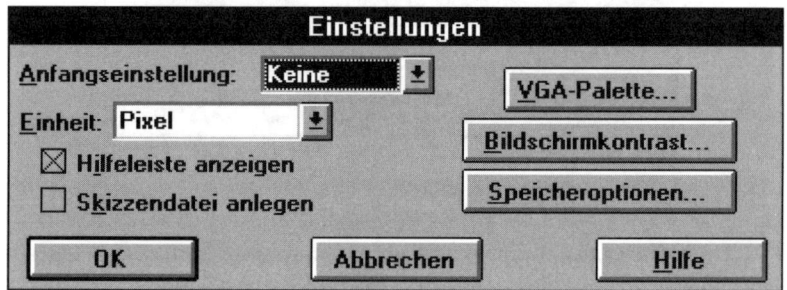

Abb. 23.19: Die Dialogbox EINSTELLUNGEN

Über die Schaltfläche SPEICHEROPTIONEN aktivieren Sie virtuellen Speicher auf der Festplatte, wenn Windows zuwenig Speicher zur Verfügung hat. Diese Option dürfen Sie nicht im erweiterten Modus von Windows einsetzen.

Mit BILDSCHIRMKONTRAST optimieren Sie die Bild-schirmdarstellung. Laden Sie dazu die Datei GAMMA.PCX, die im Lieferumfang von CorelPHOTO-PAINT! enthalten ist. Verändern Sie nun den Wert im Feld KONTRAST, bis zwölf nahezu homogene Flächen auf dem Bildschirm dargestellt werden. Ihr Bildschirm ist nun optimal eingestellt.

Bildschirmfotos mit CCapture

Mit dem Programm CCapture übertragen Sie Bildschirme oder Bildschirmbereiche in die Zwischenablage. Von dort aus können Sie sie z.B. in CorelPHOTO-PAINT! einlesen, um sie anschließend weiterzubearbeiten. Sie aktivieren CCapture, indem Sie in der Programmgruppe CorelDRAW! 3.0 auf das entsprechende Sinnbild klicken. Anschließend klicken Sie erneut auf das Fenster, um es von der Bediener- oberfläche zu entfernen. Rufen Sie CCapture erneut auf, entfernen Sie es aus dem Speicher.

Mit [Druck] kopieren Sie die Arbeitsfläche in die Zwischenablage, mit [Alt][Druck] das aktuelle Fenster. Die Inhalte des aktuellen Fensters ohne Fensterrahmen kopieren Sie mit [Alt][Pause] in die Zwischenablage.

Tips für das Scannen und Drucken

Die folgenden Tips sollen dem weniger geübten Anwender die Möglichkeit geben, gute Ergebnisse zu erzielen, wenn es um das Scannen und Drucken von Bildern geht.

1. Scannen Sie ein Bild, beachten Sie die maximale Auflösung des Druckers. Es macht keinen Sinn, ein Bild mit 400 dpi zu scannen, wenn Sie anschließend nur mit 300 dpi ausgeben können. Für die Bildverfremdung sollten Sie eine möglichst hohe Auflösung wählen, weil dort immer Bildinhalte (beabsichtigt) verloren gehen.

2. Experimentieren Sie mit Ihrem Scanner und probieren Sie verschiedene Kontrasteinstellungen aus. Wählen Sie das beste Bild aus. Das kontrastreichste Bild muß nicht unbedingt das beste Bild sein!

3. Versuchen Sie, einen Handscanner möglichst genau zu führen. Gelingt Ihnen dies nicht, erhalten Sie Verzerrungen. Bei geraden Kanten fällt dies besonders auf. Kleinere Abweichungen machen sich normalerweise nur am Bildrand bemerkbar. Schneiden Sie das Bild zurecht, um die Bildkanten zu begradigen.

4. Verschwenden Sie nicht unnötig Speicherplatz. Scannen Sie Strichvorlagen und schwarzweiße Grafiken nur im Monochrom-Modus.

5. Beachten Sie die Farbe des Scannerlichtes. Im Bereich dieser Farbe ist der Kontrast gleichfarbiger Anteil stark vermindert. Wählen Sie, wenn möglich, eine andere Grafik oder einen anderen Scanner.

6. Verwenden Sie die Halbtonraster von CorelPHOTO-PAINT!, falls Sie Grafiken auf einem Monochrom-Drucker ausgeben wollen. Besitzen Sie einen PostScript-Drucker, verwenden Sie die Halbtonraster von PostScript.

Zusammenfassung

Die Bildbearbeitung und Filterung von gescannten Bildern ist eine der Stärken von CorelPHOTO-PAINT!. In diesem Kapitel haben Sie anhand vieler Beispielabbildungen die Effekte der verschiedenen Filter und Transformationsfunktionen kennengelernt. Anschließend lernten Sie die Optionen zur Definition von Farben und Farbpaletten kennen. Die Voreinstellung von CorelPHOTO-PAINT! wurde im hinteren Bereich des Kapitels beschrieben.

Im nächsten Kapitel geht es um die Präsentation von Grafiken, Bildern und Diagrammen. Sie erfahren, wie man Präsentationen geschickt aufbaut, und lernen alle Optionen von CorelSHOW! kennen.

24

Präsentationen mit
CorelSHOW!

Die schönsten Grafiken und aussagekräftigsten Diagramme nützen wenig, wenn sie nicht "an den Mann gebracht" werden können. Ausdrucke sind meist monochrom und zeigen zwar die Grafiken, aber es fehlen die Atmosphäre und die erläuternden Worte des Moderators. Eine geschickte Präsentation dagegen kann sogar manches Problem in ein positiveres Licht rücken.

In letzter Zeit nimmt die Zahl der Bildschirmpräsentationen stark zu. Bessere Hardware und leistungsfähigere Programme ermöglichen wirkungsvolle Präsentationen mit Trickeffekten und bewegten Bildern. Auch CorelDRAW! verfügt in der neuen Version über ein Präsentationsprogramm, dessen Funktionsumfang in diesem Kapitel vorgestellt wird.

Sie lernen, wie Sie Ihre in den vorhergehenden Kapiteln erstellte "Bildersammlung" in eine effektvolle Präsentation verwandeln. Sie strukturieren Ihre Präsentation in der Folienübersicht und bestimmen wie bei einer Diaschau die Reihenfolge der Bilder. Der Unterschied zu einer Diaschau besteht jedoch darin, daß Sie in diesem Fall mit CorelDRAW! erstellte Grafiken, eingebundene Windows-Objekte, Grafiken aus anderen Programmen und Animationen verwenden.

Vorüberlegungen

Bevor Sie eine Präsentation anlegen, sollten Sie sich ein Konzept zurechtlegen und die wichtigsten Aspekte beachten. Versuchen Sie, die nachfolgenden Fragen möglichst genau zu beantworten:

–   Welches Thema wollen Sie präsentieren?

    Aus welcher Personenschicht besteht das Publikum? Welche Vorbildung besitzt es? Sind Vorkenntnisse vorhanden?

–   Welche Motivation hat Ihr Publikum? Müssen Sie es überzeugen oder handelt es sich um eine Informationsveranstaltung?

–   Welchen Zeitraum haben Sie zur Verfügung? Wie groß darf die Informationsmenge sein?

Nachdem Sie diese Fragen beantwortet haben, sollten Sie in der Lage sein, die für die Präsentation erforderlichen Diagramme und Grafiken auswählen zu können. Die grundlegende Struktur einer Präsentation gliedert sich in:

Einführung
Hauptpunkte
    Punkt 1
    Punkt 2

    .
    .

    Punkt n
Zusammenfassung der Hauptpunkte
Sonstiges
Schlußbetrachtung

Beachten Sie diese Reihenfolge, haben Sie eine korrekte Präsentation aufgebaut. Präsentationen leben aber nicht nur von der Struktur, sondern auch von der Aussagekraft und Originalität der Grafiken und Diagramme, Ihrer Sprechweise und Ihrem Auftreten und der Motivation und Spannung. Nicht zuletzt sollten Sie der Wirkung von Vortragsräumen und -sälen erhöhte Aufmerksamkeit schenken, um das Publikum nicht von vorne herein skeptisch einzustimmen. Präsentieren Sie z.B. neue Produkte einer Kosmetikfirma, sollte der Raum in den Farben der Kosmetikfirma und mit den neuen Produkten dekoriert sein.

Motivation und Spannung

Mit der Einführung steht und fällt Ihre Präsentation. Ein träger und wenig interessanter Beginn stimmt den Betrachter auf eine genauso langweilige Präsentation ein, so daß er gedanklich abschaltet. Übertreiben Sie den Einführungseffekt aber auch nicht, um Ihr Publikum nicht direkt abzuschrecken. Die Erfahrung einiger Präsentationen gibt Ihnen schon bald ein Gespür für die "richtige" Einleitung.

Während der Präsentation können Sie immer wieder gewisse Effekte einfließen lassen, um das Publikum neu zu motivieren. Auch hier gilt aber: Vermeiden Sie Übertreibungen und den allzu auffälligen Einsatz von Spezialeffekten.

Ein probates Mittel zur Erzeugung einer gespannten Erwartung stellt die Ergänzungsgrafik dar. Schritt für Schritt bauen Sie das Diagramm auf, so daß der Betrachter schon mit Spannung den nächsten Punkt erwartet. Sie fixieren das Publikum damit auf die nächste Information, ohne daß die bereits dargestellten Informationen in Vergessenheit geraten. Präsentieren Sie die vollständige Grafik mit allen Aspekten, ist der Betrachter für wenige Augenblicke desorientiert, weil er zunächst das Gesamtbild aufnehmen muß. Trotzdem sollten Sie auch das gestalterische Mittel der Ergänzungsgrafik mit Bedacht einsetzen, damit sich deren Wirkung bei einer Präsentation nicht abnutzt.

Während einer Präsentation können Sie solche Grafiken recht einfach benutzen. Leider gehört die Erzeugung von Ergänzungsgrafiken nicht zum Funktionsumfang. Über einen Trick ist die Darstellung von Diagrammen als Ergänzungsgrafik aber trotzdem möglich. Erzeugen Sie einfach Kopien des vollständigen Diagramms. Präsentieren Sie nun als erste Grafik ein Diagramm, das beispielsweise nur eine Textzeile, einen Balken oder ein Kreissegment enthält. Alle anderen Datenelemente sind zunächst unsichtbar. Rufen Sie dann das nächste Diagramm auf, das bereits ein weiteres Datenelement zeigt. Vervollständigen Sie so das Diagramm Schritt für Schritt, und wiederholen Sie die einzelnen Punkte kurz und knapp, wenn das Diagramm komplett dargestellt wird. Sie erreichen so beim Betrachter einen nachhaltigeren Eindruck.

Auch der Einsatz von Gestaltungsmitteln muß gut überlegt sein und vor dem Anfertigen der eigentlichen Präsentation in Grundzügen vorliegen. Am besten schreiben Sie sich eine Art Drehbuch, das die Präsentationsreihenfolge der Diagramme, deren Anzeigedauer und die verwendeten Gestaltungsmittel enthält.

Präsentationen anlegen

Präsentationen erstellen Sie über das Programm CorelSHOW!. Sie rufen dieses Programm auf, indem Sie im Programm-Manager in der Programmgruppe CorelDRAW! 3.0 auf das Sinnbild für CorelSHOW! klicken.

Abb. 24.1: Präsentationen anlegen oder öffnen

Sobald Sie das Programm geladen haben, müssen Sie in der Dialogbox WILLKOMMEN IN CorelSHOW! entscheiden, ob Sie eine bestehende Präsentation auswählen oder eine neue Präsentation anlegen wollen (Abbildung 24.1).

Möchten Sie eine neue Präsentation anlegen, klicken Sie auf die Option NEUE PRÄSENTATION ERSTELLEN. Im Bereich OPTIONEN FÜR NEUE PRÄSENTATIONEN sind verschiedene Optionen einstellbar.

Darüber hinaus wird das aktuelle SEITENFORMAT und der momentan aktive Drucker angezeigt. Möchten Sie die Seitengröße neu definieren, klicken Sie auf die Schaltfläche SEITENEINSTELLUNGEN. In der gleichnamigen Dialogbox stellen Sie nun das FORMAT und die SEITENGRÖßE ein. Für eine Bildschirmpräsentation sollten Sie die Seitengröße BILDSCHIRM verwenden. Das Seitenformat können Sie auch später noch festlegen, wenn Sie im Menü DATEI auf die Option SEITENEINSTELLUNGEN klicken.

Im Feld BEGINNEN MIT XX DIAS legen Sie fest, wie viele Präsentationsdias zunächst eingefügt werden. Möchten Sie jetzt schon einen Drucker einrichten, klicken Sie auf die Schaltfläche DRUCKER EINRICHTEN und stellen einen anderen Drucker ein.

Die Bedieneroberfläche von CorelSHOW!

Klicken Sie auf OK, erscheint die in Abbildung 24.2 gezeigte Bedieneroberfläche, die Ähnlichkeit mit den Oberflächen von CorelDRAW! und
CorelCHART! hat. Unter der Menüleiste sehen Sie einen Funktionsbereich mit fünf Schaltflächen zum Aufruf verschiedener Sichten,
zwei Auswahllisten zur Definition von Überblendeffekten und Anzeigedauer. Die Schaltflächen haben von links nach rechts folgende
Bedeutung:

– ScreenShow starten
– Hintergrund-Modus
– Dia-Gestaltungsmodus
– Dia-Sortiermodus (Übersicht)
– Numerierungsmodus

Die unterschiedlichen Modi werden in den themenbezogenen Abschnitten beschrieben. Zur Gestaltung von Seiten aktivieren Sie den
Dia-Gestaltungsmodus.

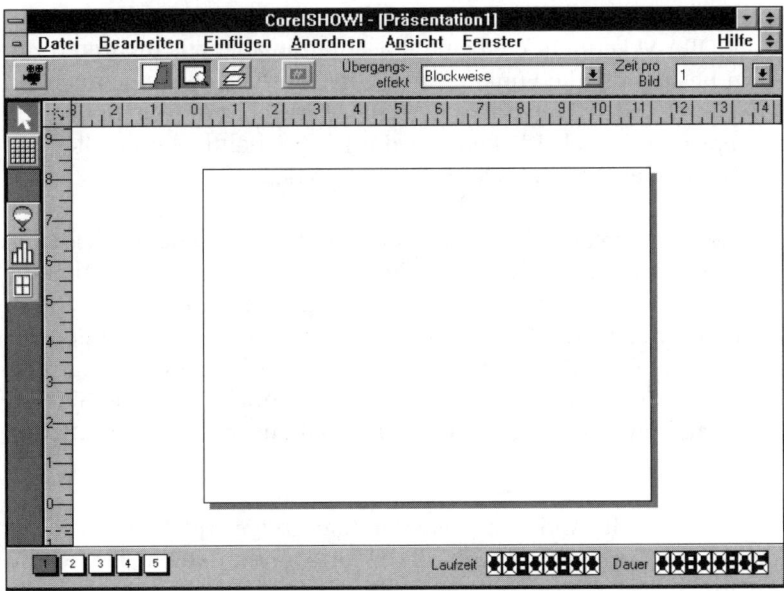

Abb. 24.2: Die Bedieneroberfläche von CorelSHOW!

Darunter ist die Arbeitsfläche angeordnet, in der die Präsentationen dargestellt werden. Die Schaltflächen am linken Rand der Arbeitsfläche benötigen Sie, um Objekte und Hintergründe einzufügen. Die oberste Schaltfläche stellt das bereits bekannte Auswahl-Hilfsmittel dar.

Unter der Arbeitsfläche ist ein weiterer Bereich angeordnet. In diesem Bereich sind alle Dias einer Präsentation als kleine numerierte Kästchen dargestellt, um eine gezielte Auswahl zu erleichtern. Möchten Sie beispielsweise ein bestimmtes Dias aufrufen, klicken Sie auf das entsprechende betreffende Kästchen. Daraufhin wird das aktuell dargestellte Dia grau unterlegt. Die Elemente im rechten Bereich informieren Sie über die Präsentationszeiten.

Präsentationen öffnen, anlegen und speichern

Mit Strg O
*öffnen Sie eine
Präsentation.*

Möchten Sie Präsentationen öffnen, klicken Sie im Menü DATEI auf die Option ÖFFNEN und wählen anschließend eine Datei aus. Die Dialogbox PRÄSENTATION ÖFFNEN entspricht in ihrem Aufbau und ihren Funktionen der Dialogbox ZEICHNUNG ÖFFNEN, die Sie bereits aus CorelDRAW! kennen. Weil eine Präsentation aber aus mehreren Bildern besteht, ist die Funktion des Vorschau-Fensters entsprechend erweitert worden. Unter dem Vorschau-Fenster ist nun ein Rollbalken angeordnet. Durch Klicken auf die Pfeil-Schaltflächen stellen Sie nacheinander jedes Bild der Präsentation dar.

Wählen Sie nun eine Datei aus. CorelSHOW! unterscheidet zwischen Präsentationen und Hintergrunddateien. Präsentationen haben die Dateinamenerweiterung .SHW, Hintergrund-Dateien die Dateinamenerweiterung .SHB. Im Feld AUFZULISTENDER DATEITYP wählen Sie, welche Datei Sie öffnen wollen. Die Bearbeitung von Hintergrund-Grafiken wird später in diesem Kapitel beschrieben. Sobald Sie eine Datei ausgewählt und auf OK geklickt haben, wird die Präsentation geladen.

Beachten Sie die Änderungen in der Zeitanzeige und der Darstellung der Seiten. CorelSHOW! paßt diese Werte an die aktuelle Präsentation an.

Während der Erstellung und Bearbeitung einer Präsentation speichern Sie häufiger und verlassen manchmal auch das Programm CorelSHOW!. Wenn Sie nun weiterarbeiten wollen, starten Sie CorelSHOW! erneut. Anschließend öffnen Sie die Datei wieder. Dieser Vorgang wird dadurch vereinfacht, daß CorelSHOW! die vier zuletzt gespeicherten Dateien als Menüpunkt im Menü DATEI anzeigt. Das Öffnen einer Datei reduziert sich daher auf das Klicken auf einen dieser Menüpunkte.

Neue Präsentationen legen Sie an, indem Sie im Menü DATEI auf die Option NEU klicken. CorelSHOW! fügt ein weiteres Präsentationsfenster mit den Standardeinstellungen ein.

Präsentationen speichern

Haben Sie eine Präsentation neu angelegt, speichern Sie sie über die Option SPEICHERN UNTER (im Menü DATEI). Auch die Dialogbox PRÄSENTATION SPEICHERN UNTER kennen Sie bereits in ähnlicher Form.

Wichtig und neu ist nur die Option NUR FÜR BILDSCHIRMABLAUF. Speichern Sie eine Präsentation und haben diese Option aktiviert, ist die Datei nicht änderbar und wird nur für die Präsentation verändert. Vergewissern Sie sich daher vorher, daß die Präsentation nicht mehr verändert werden muß.

Änderungen an einer Präsentation speichern Sie, indem Sie im Menü DATEI auf die Option SPEICHERN klicken.

Mit [Strg][S] *speichern Sie Dateien.*

Möchten Sie CorelSHOW! verlassen, klicken Sie im Menü DATEI auf die Option BEENDEN.

Mit [Strg][X] *verlassen Sie CorelSHOW!.*

Präsentationen gleichzeitig anzeigen

Die Präsentationen werden als Fenster in der Arbeitsfläche entweder gestapelt oder nebeneinander angeordnet. Über das Menü FENSTER stellen Sie die einzelnen Präsentationen mit der Option NEBENEINANDER nebeneinander, mit der Option ÜBERLAPPEND in gestapelter Form dar. In Abbildung 24.3 sehen Sie die gleichzeitige Darstellung von zwei Präsentationen.

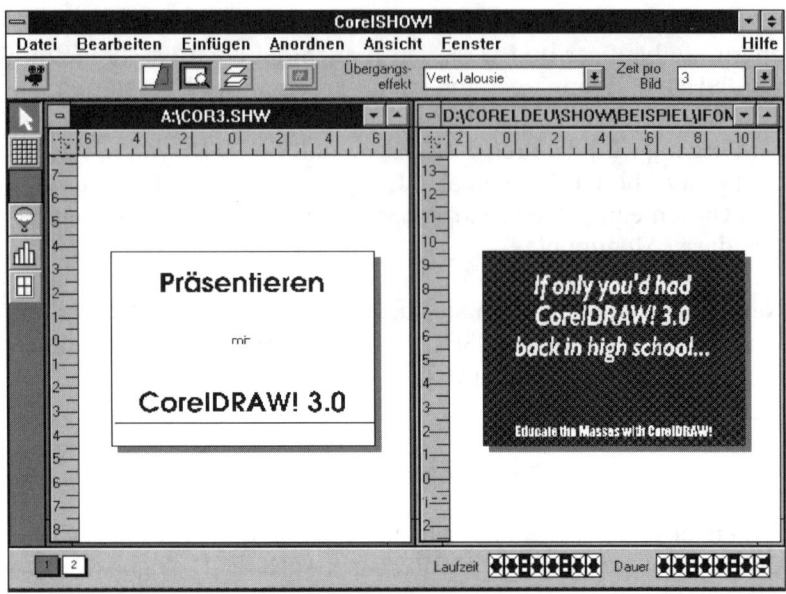

Abb. 24.3: Gleichzeitige Darstellung von zwei Präsentationen

Sie aktivieren eine Präsentation, indem Sie darauf klicken. Wie Sie in Abbildung 24.3 sehen, wird die Arbeitsfläche genau zwischen beiden Präsentationen geteilt. Über die Fensterrahmen können Sie die Darstellungsverhältnisse aber leicht verschieben. Ziehen Sie dazu mit der Maus an den Rahmenkanten des jeweiligen Fensters.

Möchten Sie eine Präsentation wieder schließen, klicken Sie im Menü DATEI auf die Option SCHLIEẞEN. Alternativ dazu können Sie auch das Systemmenü des Präsentationsfensters verwenden und dort auf die Option SCHLIEẞEN klicken. Haben Sie Änderungen vorgenommen und noch nicht gespeichert, werden Sie nun noch aufgefordert, dies zu tun. Anschließend wird die Präsentation geschlossen.

Das Hilfesystem

Mit F1 *rufen Sie das Hilfesystem auf.*

Das Hilfesystem von CorelSHOW! wird über den Menüpunkt HILFE aktiviert. Es entspricht in seiner Funktion dem Hilfesystem von CorelDRAW!. Auch eine kontextsensitive Hilfe ist implementiert. So können Sie zu jedem aktuellen Dialogfenster oder Menü Hilfe anfordern, indem Sie ⇧ F1 drücken.

Präsentationen gestalten

Die Gestaltung einer Präsentation beginnt mit den Vorüberlegungen und führt im weiteren Verlauf zur Gestaltung einer Präsentationsseite (Dia). Im Gegensatz zu anderen Präsentationsprogrammen bauen Sie eine Präsentationsseite in CorelSHOW! aus einzelnen Elementen auf. Sie können natürlich auch nur ein Element in der entsprechenden Größe einfügen. Der Vorteil ist, daß Sie auf diese Weise sehr einfach multimediale Präsentationen, Mehrfachdiagramme und einfache Schulungen anfertigen können.

Ein Dia ist zu Beginn ein leeres Blatt, auf dem Sie verschiedene Objekte wie CorelDRAW!-Grafiken, CorelCHART!-Diagramme oder auch Windows-Objekte oder Pakete plazieren können und so eine Präsentationsgrafik gestalten.

Sie gehen nun wie beim Einfügen von Objekten vor. Zuerst klicken Sie auf eine Schaltfläche der linken Schaltflächenreihe. Die Schaltflächen haben von oben nach unten folgende Bedeutung:

–   Auswahl-Hilfsmittel
–   Hilfsmittel zum Einfügen von Hintergründen
–   Einfügen von CorelDRAW!-Grafiken
–   Einfügen von CorelCHART!-Diagrammen
–   Einfügen von Windows-Objekten

Anschließend fügen Sie Objekte, Grafiken und andere Elemente ein. Die Lineale und die Hilfslinien helfen Ihnen in diesem Zuammenhang bei der Plazierung der Elemente. Sobald Sie ein Dia gestaltet haben, wechseln Sie zum nächsten Dia. Unter der Arbeitsfläche werden die Dias der aktiven Präsentation durch kleine Kästchen mit Nummern repräsentiert. Durch Klicken auf ein Kästchen schalten Sie das Dia um. Enthält Ihre Präsentation mehr als 10 Dias, erscheinen rechts und links von dieser Darstellung Pfeil-Schaltflächen zur Darstellung eines anderen Dia-Intervalls. Klicken Sie mit der linken Maustaste auf diese Flächen, verschieben Sie den Bereich um ein Kästchen. Klicken Sie mit der rechten Maustaste auf die linke Fläche, wird der Bereich um zehn Dias in Richtung erstes Dia verschoben. Klicken Sie mit dieser Maustaste auf die rechte Fläche, wird der Bereich in Richtung letztes Dia verschoben.

Grafiken laden

Möchten Sie z.B. eine CorelDRAW!-Grafik als Objekt einfügen, klicken Sie auf das entsprechende Hilfsmittel und ziehen auf der Seite einen Rahmen auf. Anschließend wird CorelDRAW! geladen, damit Sie eine Grafik gestalten oder importieren können. Sobald die Grafik festgelegt ist, übertragen Sie sie, indem Sie im Menü DATEI auf AKTUALISIEREN oder auf BEENDEN & ZURÜCK ZU CORELSHOW!xxx klicken. Im ersten Fall wird die Grafik auf der CorelSHOW!-Seite plaziert, im zweiten Fall wird CorelDRAW! zusätzlich wieder beendet. Probieren Sie dies einmal aus:

1.   Legen Sie eine neue Präsentation mit 5 Dias an. Klicken Sie auf die Schaltfläche mit dem CorelDRAW!-Ballon.

2.   Ziehen Sie auf dem Dia einen Rahmen auf, der die gesamte Fläche mit Ausnahme eines kleinen Randes umfaßt.

3.   CorelDRAW! wird daraufhin geladen. Geben Sie nun den Text

```
Präsentieren
mit
CorelDRAW! 3.0
```

ein. Wählen Sie die Schrift "Avalon" und orientieren sich bei der Auswahl der Schriftgröße an der Darstellung in Abbildung 24.4.

4.   Sobald Sie die Grafik eingegeben haben, klicken Sie im Menü DATEI auf BEENDEN & ZURÜCK ZU CORELSHOW!000 und bestätigen die Dialogbox mit JA.

5.   Das Eingangsdia ist damit fertig. Speichern Sie Ihre Präsentation nun unter dem Namen COR3 ab.

Möchten Sie bestehende Grafiken verwenden, fügen Sie sie entweder als Datei ein (s.u.), oder importieren sie in CorelDRAW! als CDR-Datei.

In gleicher Weise gehen Sie vor, wenn Sie Diagramme und andere Objekte einfügen wollen. Möchten Sie ein Diagramm einfügen, klicken Sie auf die Schaltfläche mit dem stilisierten Balkendiagramm und ziehen einen Rahmen auf.

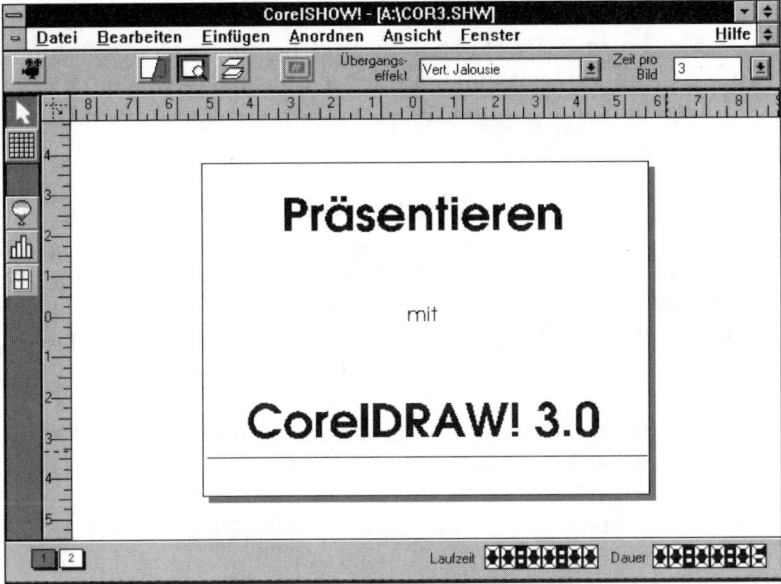

Abb. 24.4: Das Eingangsdia einer Präsentation

Das Einfügen von Objekten ist über die unterste Schaltfläche (am linken Rand) oder auch über die Option OBJEKT im Menü EINFÜGEN möglich. Klicken Sie auf die Schaltfläche, erscheint ein Flyout-Menü, in dem Sie das betreffende Objekt als Sinnbild aussuchen.

Sind Sie mit diesen Darstellungen nicht so vertraut, verwenden Sie besser die Option OBJEKT im Menü EINFÜGEN. In der Dialogbox NEUES OBJEKT EINFÜGEN wählen Sie den Objekttyp aus und klicken anschließend auf die Schaltfläche EINFÜGEN. Anschließend ziehen Sie den Rahmen auf. Die Server-Anwendung wird daraufhin gestartet.

Grafiken über die Zwischenablage einfügen

Neben der Einbettung von Objekten stehen Ihnen weitere Möglichkeiten zum Einfügen von Grafiken zur Verfügung. So können Sie Grafiken über die Zwischenablage einfügen. Verwenden Sie die Option EINFÜGEN (im Menü BEARBEITEN), wird die Grafik eingefügt, klicken Sie auf INHALTE EINFÜGEN, wird zusätzlich eine Aktualisierungs-Verbindung zur Originaldatei hergestellt, wenn Sie in der eingeblendeten Dialogbox auf VERKNÜPFUNG EINFÜGEN klicken. Die Einlagerung von Objekten und die Herstellung und Bearbeitung von Aktualisierungs-Verbindungen funktioniert wie in CorelDRAW! und wurde bereits ausführlich in Kapitel 14 beschrieben.

Grafiken einfügen

Eine weitere Möglichkeit ist, Dateien direkt über die Option DATEI (im Menü EINFÜGEN) zu laden. In der Dialogbox DATEI EINFÜGEN wählen Sie einen Dateityp und anschließend eine Datei aus und bestimmen über das Feld OPTIONEN, ob Sie die Datei mit Aktualisierungs-Verbindung (Option VERKNÜPFEN MIT DATEI) oder als Objekt einfügen (Option DATEI EINFÜGEN) wollen. Weiterhin bestimmen Sie, ob die Datei auf einer neuen Seite (NEUE SEITE ERSTELLEN), in voller Größe (GESAMTGRÖSSE) oder auf der aktuellen Seite (ZUR AKTUELLEN SEITE HINZUFÜGEN) eingefügt werden soll. Möchten Sie die Datei nicht in voller Größe einfügen, ziehen Sie auf der Seite einen Rahmen auf. Anschließend wird die Datei geladen.

Präsentations-Objekte bearbeiten

Die Bearbeitung der eingefügten grafischen Elemente beschränkt sich auf die Skalierung und Anordnung. Sie skalieren ein Element, indem Sie es markieren und anschließend durch Ziehen an den Markierungsquadraten verkleinern, vergrößern, dehnen oder stauchen. Soll ein Objekt exakt die gesamte Fläche einnehmen, klicken Sie im Menü ANORDNEN auf die Option OBJEKT IN SEITE EINPASSEN.

Die Anordnung sich überlappender Objekte und Grafiken kann über die Funktionen NACH VORN SETZEN, NACH HINTEN SETZEN, EINS NACH VORN SETZEN oder EINS NACH HINTEN SETZEN verändert werden. Auch diese Funktionen kennen Sie bereits. Sie sind im Menü ANORDNEN zusammengefaßt und wurden bereits in Kapitel 6 im Abschnitt "Die Objektreihenfolge ändern" besprochen. BeimEinfügen oder bei der Bearbeitung von Objekten und Präsentationen kann es passieren, daß der Bildschirm nicht vollständig geändert wird, so daß Fragmente der letzten Darstellung erhalten bleiben. Mit der Option FENSTER NEU AUFBAUEN (im Menü FENSTER) erzwingen Sie einen vollständigen Neuaufbau des Fensters, bei dem sämtliche Störeffekte gelöscht werden.

Hilfslinien und Raster

Grafiken und Objekte richten Sie mittels Hilfslinien aus. Wie Sie Hilfslinien und Lineale verwenden, haben Sie bereits ausführlich in Kapitel 15 gelernt. Die verschiedenen Optionen werden über das Menü ANSICHT eingestellt.

Animationen einfügen

Sie haben die Möglichkeit, neben Objekten und Grafiken auch bewegte Animationen aus dem AUTODESK ANIMATOR PRO und dem AUTODESK 3D-STUDIO einzufügen. Sie erreichen so eine Art Filmwirkung und können Ihr Publikum damit überraschen. Animationen können entweder als reiner Effekt zur Auflockerung oder aber auch zur Veranschaulichung komplizierter Sachverhalte wie einem ungewöhnlichen Bewegungsablauf eingesetzt werden. Klicken Sie dazu im Menü EINFÜGEN auf die Option ANIMATION. In der folgenden Dialogbox ANIMATION EINFÜGEN wählen Sie jetzt eine Animationsdatei aus (Abbildung 24.5).

Mit Strg A fügen Sie Animationen ein.

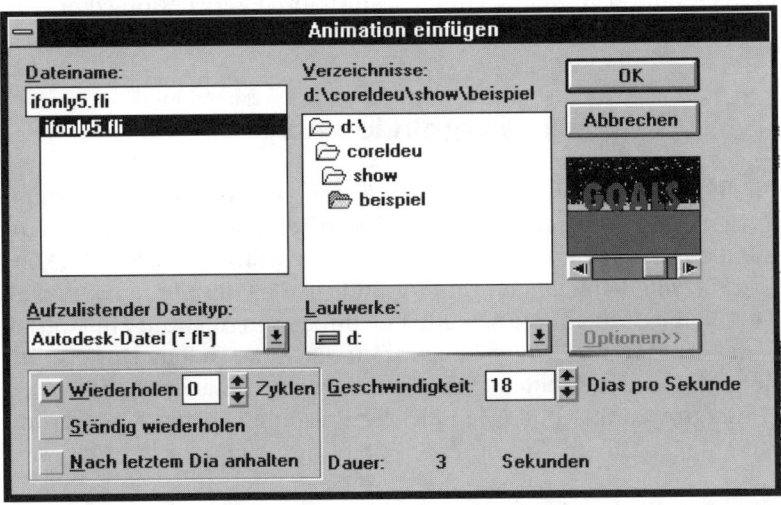

Abb. 24.5: Die Dialogbox ANIMATION EINFÜGEN

Nachdem Sie eine Animationsdatei ausgewählt haben, können Sie
sich die Animation im Vorschau-Fenster Bild für Bild anschauen. Anschließend legen Sie die Darstellungsoptionen fest. Klicken Sie dazu
auf die Schaltfläche OPTIONEN. Eine Animation kann relativ kurz sein.
Im Feld GESCHWINDIGKEIT legen Sie die Dauer der Animation in der Maßeinheit DIAS PRO SEKUNDE fest. CorelSHOW! ermittelt daraufhin die
Gesamtdauer der Animation und blendet diesen Wert im Feld DAUER
ein.

Möchten Sie eine Animation mehrfach hintereinander ablaufen lassen, klicken Sie auf die Option WIEDERHOLEN X ZYKLEN und geben die
Anzahl der Wiederholungen ein. Die Anzeigedauer wird dadurch beeinflußt und entsprechend geändert. Soll die Animation ständig ablaufen, klicken Sie auf die Option STÄNDIG WIEDERHOLEN. Aktivieren Sie
die Option NACH LETZTEM DIA ANHALTEN, wird die Animation nach dem
letzten Bild so lange gestoppt, bis Sie mit der Maus doppelt klicken
oder eine Taste betätigen. Mit (Esc) beenden Sie den "Animationsfilm".

Die Animationsdarstellung funktioniert nicht mit jeder Grafikkarte.
Starten Sie eine Präsentation, kann es passieren, daß die Animation
nicht dargestellt wird, aber die anderen Dias in korrekter Form angezeigt werden. Abhilfe schaffen Sie nur durch Verwendung einer anderen Grafikkarte.

Hintergründe einfügen

Ein einheitliches Erscheinungsbild der Grafiken kann bei einer
Präsentation entscheidend sein, weil sich beim Betrachter ein Zusam-
menhang-Effekt bezüglich der Grafiken einstellt. In CorelSHOW! können Sie daher einheitliche Hintergründe in die Präsentation einfügen.
Klicken Sie dazu auf die Schaltfläche unter dem Auswahl-Hilfsmittel.
CorelSHOW! öffnet eine Dialogbox, in der verschiedene Hintergründe grafisch dargestellt werden. Durch Klicken markieren Sie einen
Hintergrund, mit OK weisen Sie der Präsentation den Hintergrund
zu.

Hintergründe werden in einer Archivdatei zusammengefaßt. Unterschiedliche Anwendungsbereiche erfordern unterschiedliche Hintergründe. So ist es also durchaus denkbar, daß Sie mehrere Hinter-
grund-Archivdateien angelegt haben. Möchten Sie nun einen Hintergrund aus einer anderen Archivdatei einfügen, klicken Sie auf die

Schaltfläche ARCHIV WECHSELN und wählen dann eine neue Datei aus. Sobald Sie auf OK klicken, werden die Hintergründe dieser Datei zur Auswahl dargestellt.

Möchten Sie den Hintergrund für eine Seite unterdrücken, markieren Sie die Seite und klicken im Menü BEARBEITEN auf die Option OHNE HINTERGRUND.

Hintergründe gestalten

Möchten Sie einen spezifischen Hintergrund kreieren, klicken Sie auf die Schaltfläche HINTERGRUND (rechts neben der Kamera-Schaltfläche). CorelSHOW! wechselt daraufhin in den Hintergrund-Modus. Sie erzeugen nun einen Hintergrund durch Einfügen von Grafiken. Möchten Sie den Hintergrund mehrfach verwenden, speichern Sie ihn über die Option HINTERGRUND SPEICHERN im Menü DATEI. Aktivieren Sie die Option IN ARCHIV AUFNEHMEN, legen Sie eine Archivdatei mit mehreren Hintergründen an.

Präsentationen strukturieren

Sobald Sie Ihre Präsentation aufgebaut und gedanklich strukturiert haben, können Sie die Darstellungsreihenfolge der Seiten ändern und mit der Definition der Effekte beginnen.

Im Dia-Sortiermodus stellen Sie alle Seiten einer Präsentation dar. Diese Darstellung eignet sich besonders für das Sortieren, Löschen und Einfügen von Seiten (Abbildung 24.6). Sie aktivieren den Dia-Sortiermodus durch Klicken auf die Schaltfläche mit den drei stilisierten Seiten. CorelSHOW! stellt daraufhin alle Seiten der Präsentation wie auf einem Sortiertisch dar. Im Dia-Sortiermodus markieren Sie dannh die Seiten, indem Sie darauf klicken. Gleichzeitiges Drücken von ⇧ ermöglicht das Markieren zusammenhängender Seiten. Mehrere einzelne Seiten markieren Sie, indem Sie gleichzeitig Strg drücken, während Sie auf die Seiten klicken. Möchten Sie alle Seiten markieren, klicken Sie im Menü BEARBEITEN auf die Option ALLES AUSWÄHLEN. Klicken Sie doppelt auf eine Seite, rufen Sie den Dia-Gestaltungsmodus mit dieser Seite auf.

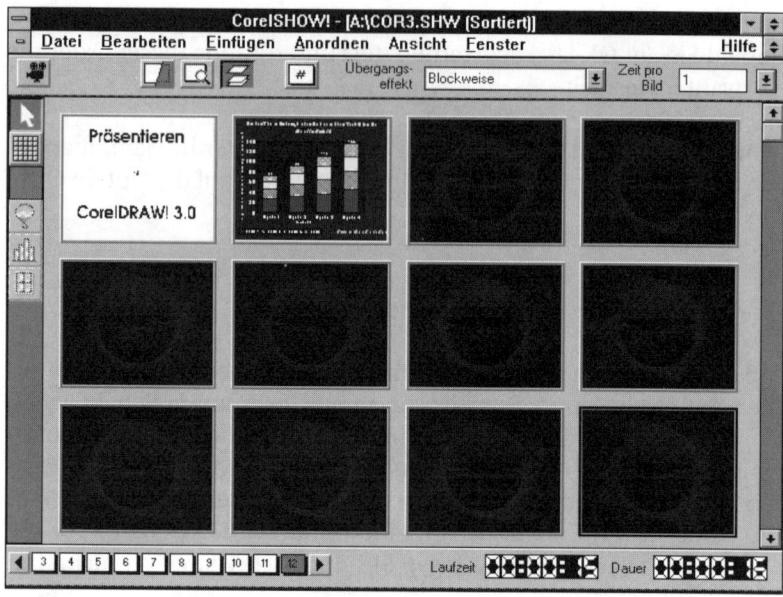

Abb. 24.6: Die Übersichtsdarstellung

Mit [Strg][H] fügen Sie neue Seiten ein. Möchten Sie Seiten löschen, markieren Sie diese und drücken [Entf]. Sie fügen Seiten ein, indem Sie eine Seite markieren, im Menü EINFÜGEN auf NEUE SEITE klicken und in der Dialogbox NEUE SEITE EINFÜGEN die Anzahl der einzufügenden Seiten eintragen. Mit den Optionen NACH DER AKTUELLEN oder VOR DER AKTUELLEN bestimmen Sie, ob die neuen Seiten vor oder hinter der markierten Seite eingefügt werden sollen.

Die Reihenfolge von Seiten ändern Sie, indem Sie den Cursor auf eine Seite stellen und diese Seite bei gedrückter linker Maustaste an eine neue Position zwischen zwei Seiten ziehen.

Klicken Sie auf die Schaltfläche mit dem Doppelkreuz, eröffnet sich eine weitere Sortiermöglichkeit (Abbildung 24.7).

Die Seiten werden nun mit einem Numerierungsschriftzug untertitelt. Falls Sie jetzt die Präsentation neu sortieren möchten, klicken Sie einfach nacheinander die Seiten in der gewünschten Reihenfolge an.

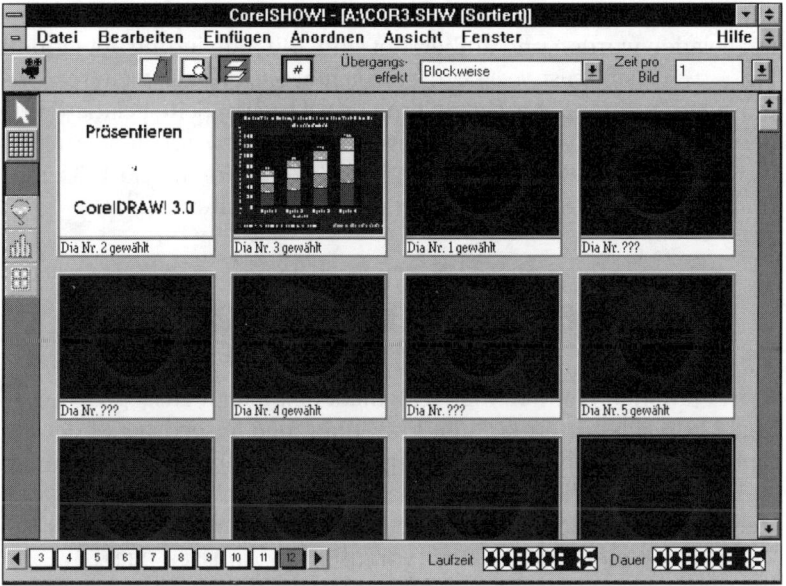

Abb. 24.7: Die Klick-Sortierung

Daraufhin ändert sich der Schriftzug für das zuerst gewählte Dia von

```
Dia Nr. ???
in
Dia Nr. 1 gewählt.
```

Sobald Sie auf alle Seiten geklickt haben, werden die Seiten in der neuen Reihenfolge angeordnet.

Die Präsentationsoptionen

Im Menü ANSICHT rufen Sie über den Menüpunkt PRÄSENTATIONSOPTIONEN die gleichnamige Dialogbox auf, in der Sie festlegen, ob die Dias automatisch oder manuell gewechselt werden sollen. Weiterhin bestimmen Sie, ob die Show kontinuierlich läuft. Klicken Sie dazu auf die Option AUSFÜHRUNG UNTERBRECHEN NUR MIT ESC. Soll der Cursor ständig angezeigt werden, aktivieren Sie die Option ZEIGER WÄHREND DER AUS-FÜHRUNG ANZEIGEN.

Die Darstellung eines Dias kann erst erfolgen, wenn sämtliche Daten geladen wurden und aufbereitet sind. Mit Aktivierung der Option PRÄSENTATION ZUNÄCHST VORBEREITEN erreichen Sie, daß die weiteren Seiten schon während der Darstellung der aktuellen Seite geladen werden. Während mit der Option EINSTELLUNGEN SPEICHERN (im Menü ANSICHT) werden die Einstellungen für die Lineale, Hilfslinien und Präsentationsoptionen als Standardeinstellungen gespeichert.

Präsentationen ausgeben

Präsentationen können über verschiedene Medien ausgegeben werden. Grob klassifiziert können Präsentationen ausgedruckt oder auf einem visuellen Anzeigegerät ausgegeben werden. In den folgenden Abschnitten beschäftigen wir uns mit den verschiedenen Ausgabemöglichkeiten. Haben Sie zum Beispiel eine Präsentation angefertigt, um sie vor einem Publikum vorzuführen, müssen Sie jetzt ein Medium wählen, das Ihre Grafiken darstellt. Abhängig von der Größe des Publikums können Sie prinzipiell zwischen drei weiteren Ausgabemedien wählen. Besteht Ihr Publikum aus 10 - 20 Personen, können Sie Ihre Präsentation noch über einen 19"- oder 20"-Monitor oder über LCD-Aufsatzbildschirme für Tageslichtprojektoren ausgeben. Bei einem größeren Publikum sollten Sie stattdessen mindestens einen 33"-37"-Monitor oder besser noch Videoprojektoren einsetzen.

Mit LCD-Aufsatzbildschirmen arbeiten

LCD-Aufsatzbildschirme haben die gleiche Funktion wie Folien, besitzen aber den Vorteil, daß Sie Diaschau-Effekte einsetzen können. Mit Hilfe dieser Bildschirme vergrößern Sie die Grafik und projizieren sie auf eine Leinwand. Ein LCD-Aufsatzbildschirm ist als Bildschirm an Ihren Rechner anzuschließen. Wählen Sie die Option VORFÜHRUNG STARTEN, stellt CorelSHOW! die Grafik auf dem LCD-Bildschirm dar. Der Tageslichtprojektor projiziert das Bild dann auf eine Leinwand. LCD-Aufsatzbildschirme sind mit CGA-, EGA- und VGA-Auflösung erhältlich. Die Farbwiedergabe bei LCD-Bildschirmen zur Overheadprojektion ist allerdings nicht so kontrastreich wie z.B. bei der Darstellung auf einem Bildschirm. Viele Geräte wandeln die Farben in Graustufen um und erzielen auch nicht den Kontrast normaler Bildschirme.

Mit großen Monitoren arbeiten

Große 33"-37"-Monitore eignen sich für ein größeres Publikum, sind aber sehr teuer. Einige Monitore verfügen über Eingabe- und Ausgabeanschlüsse, so daß Sie Ihre Präsentation auch auf einem Videorecorder aufzeichnen können. Schließen Sie jedoch kein Fernsehgerät an Ihren Rechner an, da solche Geräte nicht über die erforderliche Auflösung (Pixelzahl) verfügen und so ein unscharfes, schlecht lesbares Bild erzeugen.

Mit Videoprojektoren arbeiten

Video-Projektoren projizieren ein farbiges Bild auf eine Leinwand. Obwohl die Auflösung solcher Projektoren nicht an die Auflösung eines Dias (4000 Zeilen) heranreicht, können Sie diese für die meisten Präsentationen verwenden.

Präsentationen drucken

Sie drucken eine Präsentation aus, indem Sie im Menü DATEI auf die Option DRUCKEN klicken (Abbildung 24.8).

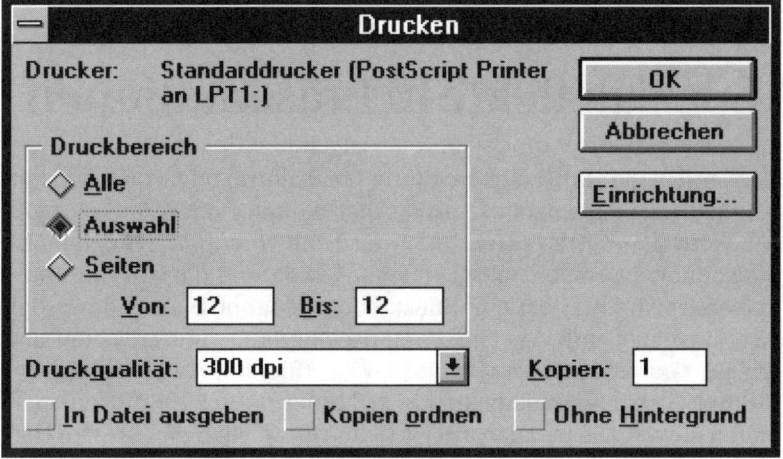

Abb. 24.8: Die Dialogbox DRUCKEN

Anschließend stellen Sie bei Bedarf den Drucker ein und wählen, ob Sie die gesamte Präsentation (Option ALLE), die markierten Seiten (Option AUSWAHL) oder einen Bereich (Option SEITEN) ausdrucken wollen. Sie sollten in der Regel auf den Ausdruck komplexer Hintergründe mit Bitmaps oder Verläufen verzichten (Option OHNE HINTERGRUND aktivieren), weil diese Darstellung auf dem Ausdruck unnötig ablenkt und sehr zeitintensiv ist.

Neben diesen Optionen können Sie noch die Anzahl der auszudruckenden Kopien einstellen. Mit der Option KOPIEN ORDNEN werden sortierte Sätze der Präsentation ausgedruckt. Dieser Ausdruck dauert länger, weil die Kopierfunktion des Druckers nicht verwendet werden kann.

PostScript-Drucker drucken immer in höchster Qualität.

Die Druckqualität ist ebenfalls änderbar, um z.B. einen Entwurfs-Ausdruck anfertigen zu können. Eine geringere Druckqualität vermindert die Zeit für einen Ausdruck erheblich. Die Beurteilung einer Präsentation ist allerdings auch bei geringerer Druckqualität möglich.

Möchten Sie die Präsentation zu einem späteren Zeitpunkt oder auf einem anderen System ausdrucken, aktivieren Sie die Option IN DATEI AUSGEBEN. Die Druckdaten der Präsentation werden daraufhin in eine Datei geschrieben, deren Dateinamen Sie eingeben müssen, sobald Sie auf OK geklickt haben. Druckdateien haben die Dateinamenerweiterung .PRN.

Spezialeffekte in Präsentationen

Verwenden Sie zur Darstellung Ihrer Grafiken ein Bildausgabesystem wie den LCD-Aufsatzbildschirm, einen Monitor oder Video-Projektor, werten Sie Ihre Präsentation mit Hilfe von Spezialeffekten auf. Sie können z.B. eine Grafik einblenden, während die vorherige ausgeblendet wird. Ein weiterer Effekt, Zoom genannt, besteht darin, daß sich die neue Grafik wie eine Fotolinse oder Augeniris aufweitet und die alte Grafik verdrängt. CorelSHOW! verfügt über eine ausreichende Zahl solcher Spezialeffekte. Wenn Sie Spezialeffekte einfügen, markieren Sie das Dia im Diasortier-Modus oder stellen die Seite im Dia-Gestaltungsmodus dar. Anschließend wählen Sie den Spezialeffekt in der Liste ÜBERGANGSEFFEKT aus. Der Übergang von einer Seite zur anderen sowie die Anzeigedauer ist für jede Seite getrennt einstellbar.

Möchten Sie gleichzeitig mehreren Dias einen Übergangseffekt zuweisen, aktivieren Sie den Dia-Sortiermodus und markieren die betreffenden Dias. Anschließend weisen Sie den Effekt zu.

Bestimmen Sie, wo immer möglich, Standardwerte für Effekte und
Richtungen. Sie brauchen dann nur die Effekte der Grafiken ändern,
die mit anderen Spezialeffekten erscheinen sollen. Markieren Sie dazu
alle Dias und weisen einen Standardeffekt zu.

Effekt	Richtung	Funktion
Blockweise	----------------------	erzeugt eine Grafik blockweise, indem verschiedene Blöcke aneinandergesetzt werden
Öffnen	Oben, unten, links, rechts	blendet eine Grafik aus der angegebenen Richtung ein.
Vorhang öffnen	Horizontal, vertikal	öffnet den Bildschirm für eine Grafik langsam von der Mitte aus.
Vorhang schließen	Horizontal, vertikal	zeichnet die Grafik vom Bildschirmrand aus zur Mitte hin.
Jalousie (schnell)	Horizontal, vertikal	baut die Grafik auf, indem sich langsam eine "Jalousie" öffnet.
Geteilt	----------------------	baut eine Grafik in mehreren Schritten auf.
Zoom	normal, negativ	öffnet den Bildschirm wie eine Fotolinse.
Zoom geteilt	normal, negativ	öffnet den Bildschirm wie eine Fotolinse in mehreren Schritten.

Tab. 24.1: Übergangseffekte für Bildschirm-Präsentationen

Der optische Eindruck von Effekten ist sehr schwer zu beschreiben. Schauen Sie sich am besten alle Spezialeffekte an, um eine Vorstellung davon zu gewinnen.

Bei den verschiedenen Effekten existieren einige Ausgabe/Lösch-Kombinationen, die besonders gut zusammenpassen. Löschen Sie eine Grafik beispielsweise mit dem Effekt ÖFFNEN in einer bestimmten Richtung, wählen Sie für die Ausgabe der neuen Grafik den gleichen Effekt mit der entgegengesetzten Richtung. Eine andere Kombination ist das Löschen mit ZOOM NEGATIV und die Ausgabe mit VORHANG ÖFFNEN VERTIKAL. Probieren Sie verschiedene Kombinationen aus und entscheiden Sie dann, welche Kombination sich jeweils am besten eignen.

Die Anzeigedauer bestimmen

Die ständige und automatische Wiederholung einer Präsentation ist gerade an Messeständen oder bei Kongressen von Vorteil. Möchten Sie Ihre Präsentation automatisch ablaufen lassen, geben Sie Zeitwerte in der Liste ZEIT PRO BILD ein. Messen Sie dazu die Dauer des Vortrags für jedes Bild und tragen Sie die entsprechende Zeit ein.

Vermeiden Sie die automatische Präsentation bei einem Live-Vortrag, da Sie die Sprechzeit pro Bild nie genau einhalten können. Stellen Sie deswegen in der Dialogbox PRÄSENTATIONSOPTIONEN im Feld ZEITEINTEILUNG die Option MANUELLER DIAWECHSEL ein. Bewegen Sie dazu den Cursor in das Feld ZEIT PRO BILD, und geben Sie für jede Grafik die Zeit in Sekunden ein. Geben Sie z.B. 30 für 30 Sekunden oder 90 für eine Minute und 30 Sekunden ein.

Variieren Sie die Anzeigedauer für einzelne Grafiken einer Präsentation, lenken Sie so die Aufmerksamkeit Ihres Publikums auf bestimmte Sachverhalte. Lesen Sie für sich selbst die Inhalte einer Grafik langsam und laut vor, damit Sie ungefähr wissen, wieviel Zeit Ihr Publikum zum Lesen der Grafik benötigt.

Im Bereich unter der Arbeitsfläche werden zwei Zeitangaben eingeblendet: Im Feld LAUFZEIT wird die Darstellungszeit der vorherigen Seiten bis zur aktuellen Seite angezeigt, im Feld DAUER die gesamte Dauer der Präsentation. Sie können so sehr leicht kontrollieren, welche Dauer die Präsentation hat.

Die Präsentation starten

Sie haben die Präsentation nun gestaltet und geordnet, so daß einer
Darstellung nichts mehr im Wege steht. Durch Klicken auf die Option
VORFÜHRUNG STARTEN oder auf die Schaltfläche mit der Kamera starten
Sie die Präsentation. Haben Sie die Präsentationsoption PRÄSENTATION
ZUNÄCHST VORBEREITEN aktiviert, werden die Bilder vor dem ersten
Durchlauf zunächst generiert. Anschließend starten Sie die Präsen-
tation durch Klicken auf OK.

*Mit [Strg][R]
starten Sie die
Präsentation.*

Präsentationen ohne CorelSHOW! starten

Das Problem bei der Ausführung einer Präsentation ist lizenzrecht-
licher Art. Das Programm CorelSHOW!, mit dem Sie die Präsentation angefertigt haben, wird auch zur Vorführung verwendet. Dieses
Programm darf jedoch nicht beliebig weitergegeben werden. Soll eine
Präsentation aber auf verschiedenen Rechnern gleichzeitig ablaufen,
müssen Sie das Runtime-Modul von CorelSHOW! verwenden. Dieses Modul darf für Präsentationszwecke weitergegeben werden.

Das Programm heißt SHOWRUN.EXE und muß mit der Präsentation
auf das Zielsystem kopiert werden. Auf diesem System muß Windows
3.0 oder eine höhere Version installiert sein. Sie starten das Programm, indem Sie im Programm-Manager im Menü DATEI auf die
Option AUSFÜHREN klicken und die Befehlszeile SHOWRUN.EXE einschließlich des vollständigen Pfades eingeben. Nachdem Sie das Programm gestartet haben, erkennen Sie die Bedieneroberfläche von
CorelSHOW! wieder. Sie können nun eine Präsentation öffnen und
die Ausgabeoptionen, Spezialeffekte und Anzeigedauern einstellen,
aber nicht abspeichern. Anschließend starten Sie die Präsentation.

Präsentationen steuern

Präsentationen können automatisch oder manuell ablaufen. Unabhängig von der Art der Präsentation sind Funktionstasten implementiert, mit denen sich die Präsentation steuern läßt. Die beiden
nachfolgenden Tabellen listen diese Tasten auf:

Funktionstaste	Funktion
Maus-Doppelklick linke Taste, ↓, →, Bild↓, ↵ oder ⬚	Nächstes Dia
Maus-Doppelklick rechte Taste, ↑, ←, Bild↑, F5	Vorheriges Dia
Pos1, F9	Erstes Dia
Ende, F10	Letztes Dia
Esc	Zurück zu CorelSHOW!

Tab. 24.2: Manuelle Präsentation

Funktionstaste	Funktion
F2	Anhalten, erneutes Betätigen setzt die Vorführung fort
F3	Vorführung rückwärts
F4	Vorführung vorwärts
Pos1, F9	Erstes Dia
Ende, F10	Letztes Dia
Esc	Zurück zu CorelSHOW!

Tab. 24.3: Automatische Präsentation

Zusammenfassung

Nachdem Sie dieses Kapitel durchgearbeitet haben, sind Sie in der Lage, Ihre Grafiken und Diagramme auf dem Bildschirm zu präsentieren.

Im nächsten Kapitel befassen wir uns mit dem Programm Corel-TRACE!, mit dem Sie Pixelgrafiken automatisch in Vektorgrafiken verwandeln können.

25

Konvertierung mit CorelTRACE!

Pixelgrafiken und Vektorgrafiken sind in ihrem Aufbau völlig unterschiedlich. Pixelgrafiken werden aus Punkten zusammengesetzt, Vektorgrafiken aus Kurvenzügen und Füllungen.

Angenommen, Sie betrachten zwei gleiche Grafiken, eine Pixelgrafik und eine Vektorgrafik. Wird die Pixelgrafik im Maßstab 1:1 dargestellt, sind bei gegebener Bildschirmauflösung keine Unterschiede erkennbar. Sobald Sie beide Grafiken aber vergrößern, wird der Unterschied deutlich.

Pixelgrafiken bestehen ausschließlich aus voneinander unabhängigen Punkten. Wird nun ein Teil der Grafik vergrößert, werden die Punkte zunächst auseinandergezogen. Dies hätte zur Folge, daß die Grafik gerastert wirken würde. Man behilft sich so, daß Punkte ergänzt werden. So wird die Anzahl der Punkte bei einer doppelten Vergrößerung viermal so groß. Ein Pixelgrafikpunkt wird dann durch vier Punkte repräsentiert. Damit ist auch klar, daß eine stark vergrößerte Pixelgrafik gerade bei schrägen Linien unübersehbare Treppenstufen enthält.

Vektorgrafiken werden nicht als Bildpunkte, sondern in Form von Vektoren gespeichert, die die Länge und den Verlauf der Kurve sowie alle zusätzlichen Attribute wie Liniendicke und Farbe angeben. Erst bei der Darstellung der Grafik werden diese Vektoren umgesetzt. Die Genauigkeit der Linien ist dabei nur von der Auflösung des Ausgabegerätes abhängig.

Die Konvertierung von Vektorgrafiken in Pixelgrafiken ist relativ unkompliziert. Die Vektoren werden einfach durch eine entsprechende Anzahl von Punkten ersetzt. Die Auflösung bei der Konvertierung kann beinahe beliebig gewählt werden, da Vektorgrafiken unabhängig von der Auflösung sind. Mit steigender Auflösung nimmt die Größe der Pixeldatei aber drastisch zu.

Die Konvertierung von Pixelgrafiken in Vektorgrafiken wird immer dann durchgeführt, wenn bestimmte Bildelemente bearbeitet werden sollen. Pixelgrafiken können nur punktweise bearbeitet werden, während Vektorgrafiken kurven- oder objektweise änderbar sind.

Beispiele dafür gibt es genug: Die Übermittlung von Grafiken geschieht in den meisten Fällen über den Druckträger Papier. Die Grafik gefällt Ihnen, aber Sie möchten sie verändern oder nur bestimmte

Bildelemente verwenden. Wie bekommen Sie die Grafik jetzt in den Computer? Sie könnten die Grafik natürlich als Vorlage nehmen und mit einem Grafikprogramm nachzeichnen. Im Zeitalter der elektronischen Datenverarbeitung existieren aber auch andere Möglichkeiten, die immer dann sinnvoll werden, wenn Sie kein begnadeter Zeichenkünstler. Besitzen Sie einen Scanner, lesen Sie die Grafik damit in den Computer ein. Durch die Abtastung des Bildes liefert der Scanner - vereinfacht gesprochen - die Information, daß ein Bereich gefärbt ist oder nicht. Diese logische Entscheidung wird direkt in Bildpunkte umgesetzt. Sie erhalten eine Pixelgrafik.

Möchten Sie einzelne Elemente dieser Grafik nun beispielsweise in CorelDRAW! bearbeiten, müssen Sie die Punkte erst in Vektoren verwandeln. Dies ist ein sehr komplizierter Vorgang, da von Fall zu Fall entschieden werden muß, wann eine Gerade in eine Kurve übergeht, wann die Kurve beendet ist und vieles mehr.

Der Konvertierungsvorgang ist sehr rechenintensiv und wird niemals ein perfektes Ergebnis liefern. Was ist damit gemeint? Probieren Sie einmal folgendes aus: Zeichnen Sie mit CorelDRAW! einen Kreis und exportieren diesen im PCX-Format. Importieren Sie diesen Kreis wieder und verwandeln Sie den Kreis mit der AutoTrace-Funktion wieder in ein Objekt. Aus dem Kreis wird durch die Konvertierung niemals wieder ein Kreis. Das bedeutet, daß alle Grafiken nach der Konversion noch mit CorelDRAW! bearbeitet werden müssen.

CorelTRACE! nimmt Ihnen nun die Konvertierungsarbeit ab. Es verwandelt Pixelgrafiken in Vektorgrafiken. Dies hört sich sehr einfach an, ist aber, wie bereits oben erwähnt, sehr kompliziert. Damit die Konvertierung nun das bestmögliche Ergebnis liefert, bietet Corel-TRACE! eine Reihe von Einstellmöglichkeiten an, die die Konvertierung und die Qualität der erzeugten Vektorgrafik nachhaltig beeinflussen.

Dieses Kapitel beschreibt, wie Sie Pixelgrafiken mit CorelTRACE! konvertieren und welche Einstellmöglichkeiten Sie haben, um die Konvertierung zu beeinflussen.

Unterschiedliche Grafikformate

CorelTRACE! kann Grafiken in den Formaten BMP, GIF, PCX, PCC, TGA und TIFF in Vektorgrafiken verwandeln. Die Vektorgrafik wird im CorelTRACE!-EPS-Format ohne Bildkennsatz abgespeichert. Welche Unterschiede gibt es zwischen den wichtigsten Pixelformaten?

TIFF-Dateien stellen ein Standardformat für gescannte Bilder dar. Fast jeder Scannertreiber speichert die Bildinformation im TIFF-Format ab. Der Vorteil des TIFF-Formats ist, daß keinerlei Beschränkungen hinsichtlich der Auflösung und der Anzahl der vorhandenen Farben bestehen. Je größer die Auflösung und die Farbenanzahl ist, je größer wird aber auch die Datei.

PCX- und PCC-Dateien sind ebenfalls ein Standardformat und werden hauptsächlich in pixelorientierten Grafikprogrammen verwendet. Dies gilt auch für das Programm Paintbrush, das Bestandteil des Windows-Programmpakets ist. Das PCX-Format läßt auch unterschiedliche Auflösungen und Farben zu.

BMP-Dateien wurden mit Windows eingeführt und sind von fast jedem Programm unter Windows verarbeitbar. Im BMP-Format können je nach Einstellung monochrome oder farbige Grafiken gespeichert werden.

Grafiken laden und vektorisieren

Möchten Sie CorelTRACE! starten, um eine Pixelgrafik zu konvertieren, klicken Sie im Programm-Manager von Windows doppelt auf das Sinnbild für CorelTRACE!. Das Programm meldet sich mit folgendem Bildschirm (Abbildung 25.1).

Die Bedieneroberfläche besteht wiederum aus einer Menüleiste und einem Arbeitsbereich, in dem Sie die Pixelgrafiken zur Konvertierung auswählen und die Konvertierung starten.

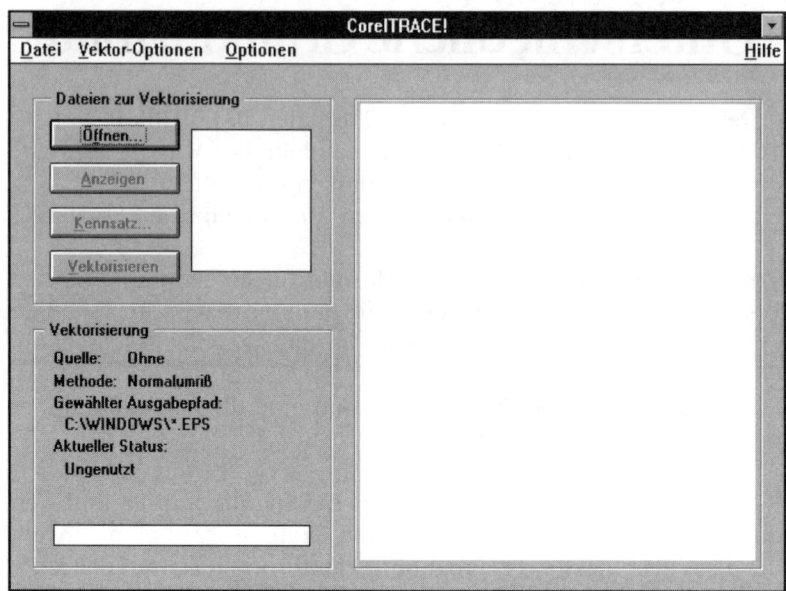

Abb. 25.1: Die Bedieneroberfläche von CorelTRACE!

Zunächst müssen Sie eine Pixelgrafik laden. Klicken Sie dazu im Menü DATEI auf die Option ÖFFNEN. Alternativ dazu können Sie auch im Feld DATEIEN ZUR VEKTORISIERUNG auf die Schaltfläche ÖFFNEN klicken. In der Dialogbox DATEI(EN) FÜR VEKTORISIERUNG ÖFFNEN wählen Sie nun die Datei aus (Abbildung 25.2). In der Liste AUFZULISTENDER DATEITYP wird das Dateiformat ausgewählt. In der linken Liste DATEINAME sind die im aktuellen Verzeichnis vorhandenen Pixelgrafiken aufgelistet. In der Liste DATEINAME wird der Dateiname der markierten Datei angezeigt. Die Liste VERZEICHNISSE stellt die vorhandenen Verzeichnisse, die Liste LAUFWERKE die vorhandenen Laufwerke dar. Möchten Sie die gewählte Datei in der Vorschau sehen, aktivieren Sie die Option VORSCHAU. Über die Schaltfläche KENNSATZ rufen Sie dateispezifische Informationen auf. Über ANZEIGEN stellen Sie die Grafik im Vorschau-Fenster dar, sofern die Option VORSCHAU nicht bereits aktiviert wurde.

Möchten Sie nun eine Datei konvertieren, markieren Sie diese in der Datei-Liste und klicken anschließend auf OK. Der Dateiname wird in der Liste im Feld DATEIEN FÜR VEKTORISIERUNG eingefügt. Möchten Sie alle Dateien eines Verzeichnisses konvertieren, markieren Sie in der Dialogbox DATEI(EN) FÜR VEKTORISIERUNG ÖFFNEN einfach alle Dateien.

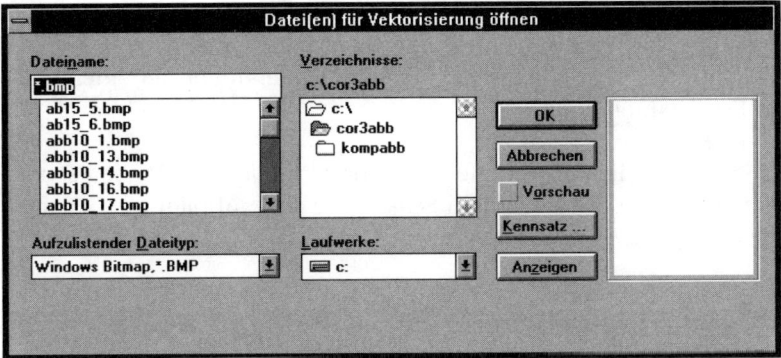

Abb. 25.2: Dateien öffnen

Falls Sie eine ausgewählte Datei doch nicht konvertieren möchten, entfernen Sie sie, indem Sie den Namen in der Liste durch Klicken markieren und [Entf] drücken.

Sobald Sie eine Datei in der Liste markiert haben, werden die Schaltflächen ANZEIGEN, KENNSATZ und VEKTORISIEREN aktiv. Klicken Sie auf die Schaltfläche VEKTORISIEREN, beginnt CorelTRACE! mit der Konvertierung. Im Feld VEKTORISIERUNG wird der Name der Original-datei, die Vektorisierungsmethode, der Pfad und der Status angezeigt. Nach Abschluß der Konvertierung werden in diesem Feld unter AKTUELLER STATUS zusätzlich die Grafikgröße und die Zahl der Knoten und Objekte eingebelendet

Die Ausgabeoptionen

CorelTRACE! speichert die konvertierten Dateien automatisch ab. Der Dateiname der Pixelgrafik wird dabei standardmäßig verwendet. Die Ausgabeoptionen stellen Sie ein, indem Sie im Menü DATEI auf die Option AUSGABEOPTIONEN klicken. In der Dialogbox AUSGABEOPTIONEN bestimmen Sie vor der Konvertierung, in welchem Verzeichnis die Datei gespeichert wird. Möchten Sie existierende Dateien automatisch überschreiben, aktivieren Sie die Option IMMER ERSETZEN durch Klicken. Soll eine existierende Datei nicht überschrieben werden, weil Sie z.B. die Ergebnisse verschiedener Einstellungen vergleichen wollen, aktivieren Sie die Option IMMER RÜCKFRAGEN.

Existiert bereits eine Datei mit diesem Namen, fragt CorelTRACE! nach der Konvertierung, ob es die Datei überschreiben soll. Klicken Sie dann auf NEIN, können Sie in einem weiteren Fenster einen neuen Dateinamen eingeben.

Möchten Sie die konvertierte Datei vor irrtümlichem Löschen schützen, aktivieren Sie die Option SCHREIBGESCHÜTZT. Abbildung 25.3 zeigt die Dialogbox AUSGABEOPTIONEN.

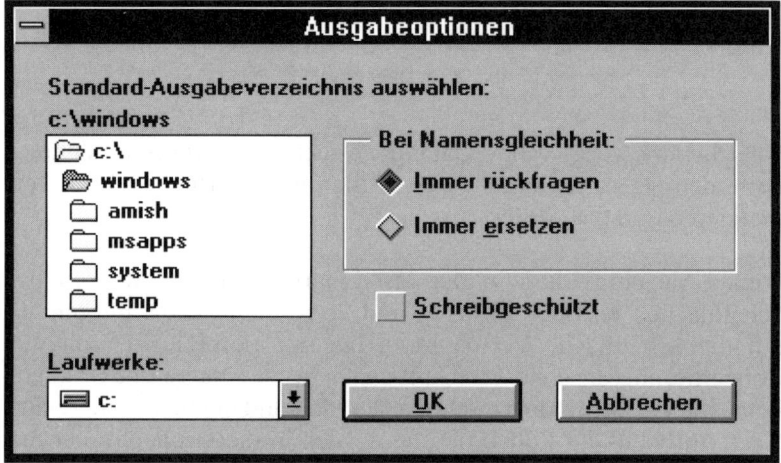

Abb. 25.3: Die Dialogbox AUSGABEOPTIONEN

Auf dem Weg zu besseren Ergebnissen - Die Menüoptionen

Pixelgrafiken liegen oft in unterschiedlicher Qualität vor. Gerade gescannte Bilder enthalten oft störende Pixel, die durch Staub oder verschmutzte Vorlagen in das gescannte Bild geraten sind. Das nennt man "Pixelrauschen".

Komplexe Pixelgrafiken können zwar konvertiert werden, werden aber bei schlecht angepassten Konvertierungsoptionen sehr komplex und sind eventuell nicht mehr mit CorelDRAW! bearbeitbar.

CorelTRACE! kann nun so konfiguriert werden, daß ein Pixelrauschen vermieden wird und komplexe Pixelgrafiken mit einer reduzierten Anzahl von Knoten umgesetzt werden.

Die notwendigen Einstellungen nehmen Sie im Menü VEKTOR-OPTIONEN über den Befehl OPTIONEN BEARBEITEN vor. Klicken Sie in der Menüleiste auf den Menüpunkt VEKTOR-OPTIONEN, wird das in Abbildung 25.4 gezeigte Menü geöffnet.

Hinter dem Menüpunkt OPTIONEN BEARBEITEN verbirgt sich die Dialogbox VEKTOR-OPTIONEN, in der Sie die Konvertierungsoptionen einstellen.

Sie haben die Möglichkeit, verschiedene Konvertierungsoptionen als Standard-Parametersatz abzuspeichern. Sie stellen dazu in der Dialogbox VEKTOR-OPTIONEN verschiedene Werte ein und geben dieser Einstellung im Feld OPTIONSNAME einen Namen. Dieser Name erscheint daraufhin anstelle einer gestrichelten Linie im Pulldown-Menü VEKTOR-OPTIONEN. Möchten Sie dann eine Grafik zu einem späteren Zeitpunkt mit diesen Einstellungen konvertieren, brauchen Sie nur noch auf die entsprechende Option zu klicken. Wie Sie in Abbildung 25.4 sehen, sind bereits zwei Standard-Einstellungen definiert.

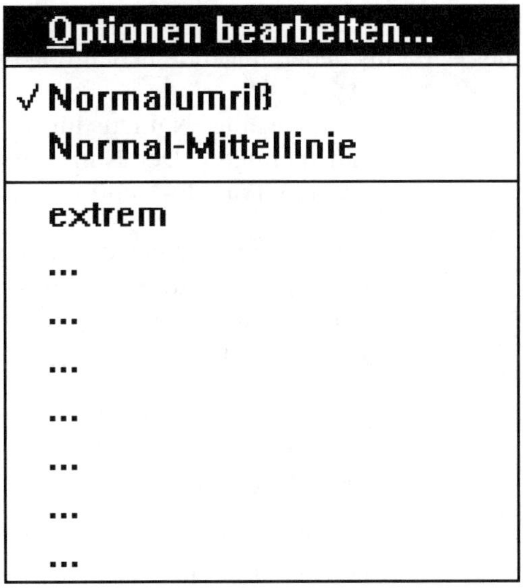

Abb. 25.4: Das Menü VEKTOR-OPTIONEN

Vektor-Methoden

Klicken Sie im Menü VEKTOR-OPTIONEN den Menüpunkt OPTIONEN BEAR-
BEITEN an, öffnet CorelTRACE! die Dialogbox VEKTOR-OPTIONEN (Abbildung 25.5).

Abb. 25.5: Einstellung von Vektor-Optionen

Die Optionen dieses Menüs haben folgende Bedeutung:

OPTIONSNAME	Eingabe eines Namens für die gewählten Einstellungen. Der Name erscheint da-nach im Pop-Up-Menü VEKTOROPTIONEN.
UMRISS	Die Option UMRISS erzeugt bei der Konver-tierung von Grafiken überwiegend Flä-chen. Breite Pixellinien werden als Flächen interpretiert.
MITTELLINIE	Linien werden als Linien konvertiert. Ent-hält die Grafik Flächen, wird automatisch die Umriß-Methode aktiviert.
MAXIMALE BREITE	Nur aktiv bei der Mittellinien-Methode. Sie geben damit die maximale Linienbreite in Pixeln an, die CorelTRACE! noch als Linie erkennen soll.

EINHEITLICHE LINIEN	Verwendet für alle Linien unabhängig von der Breite der Pixellinie die gleiche Linienbreite.
EINHEITLICHE BREITE	Breite der einheitlichen Linie.
BITMAP UMKEHREN	Invertiert schwarz/weiße Pixelgrafiken.
RAUSCHEN UNTERDRÜCKEN	Unterdrückt die Bildung von Objekten, wenn die Pixelfläche aus weniger Punkten als angegeben besteht. Sehr zweckmäßig bei gescannten Bildern, die Pixelrauschen enthalten, oder bei komplexen Grafiken zur Unterdrückung feiner Details.
KURVENLÄNGE	Bestimmt die maximale Länge einer Kurve. SEHR KURZ bedeutet, daß auch feinste Details einer Grafik wiedergegeben werden. Die Anzahl der Knoten und die Komplexität der Vektorgrafik steigt. Die Einstellung der Option SEHR LANG hat zur Folge, daß die Kurventreue der getraceten Grafik abnimmt, die Anzahl der Knoten aber reduziert wird. Für die meisten Grafiken ist die Option SEHR LANG die richtige Wahl. Die Optionen KURZ, MITTEL und LANG stellen Zwischenwerte zwischen beiden Extremas ein.
LINIEN UMWANDELN	Mit der Option KURVEN werden alle Pixelgruppen in Kurven verwandelt, also auch absolut gerade Stücke. ZUMEIST KURVEN verwendet überwiegend Kurven, erzeugt aber auch Linien. Bei der Option MITTEL ist der Anteil zwischen Linien und Kurven ungefähr gleich. Bei ZUMEIST LINIEN werden überwiegend Linienstücke erzeugt, bei LINIEN ausschließlich Linien und keine Kurven. Die höchste Kurventreue erhalten Sie mit der Option KURVEN, aber leider auch die komplexeste Grafik. Bei aktiver Option LINIEN werden alle Kurvenverläufe der Pixelgrafik durch Linienstücke angenähert. Für die meisten Grafiken stellt die Option MITTEL einen brauchbaren Wert dar.

711

KURVE EINPASSEN

Die Option SEHR GENAU paßt die Kurve nahezu hundertprozentig an den Verlauf der Pixelvorlage an. Die Option SEHR LOSE nähert die Kurve nur an. Die anderen Optionen stellen Zwischenwerte ein. Die Option SEHR GENAU gibt den Kurvenverlauf zwar sehr gut wieder, die Kurven können jedoch sehr gezackt erscheinen und enthalten meistens sehr viele Knoten. Die Grafik wird dadurch wieder sehr komplex. Der goldene Mittelweg für den Großteil der Grafiken ist auch hier wieder die Option MITTEL.

RANDFILTER

Ohne Randfilter werden die Umrisse von Pixelgrafiken sehr genau wiedergegeben, erscheinen aber in den meisten Fällen sehr gezackt und müssen anschließend in CorelDRAW nachbearbeitet werden. Mit der Option ABMILDERND werden die gröbsten Zacken entfernt, mit GLÄTTEND erhalten Sie eine überwiegend harmonische Kurve.

ABTASTRATE

Stellt das Abtastintervall ein. CorelTRACE! bestimmt in immer gleichen Abständen den Kurvenverlauf der Pixelgrafik neu und interpretiert daraus die zu erzeugenden Vektoren. Bei feiner Abtastrate erhalten Sie eine hohe Kurventreue, aber auch eine umfangreiche Vektordatei. Bei GROB ist dies genau umgekehrt. Die Option MITTEL ist für die meisten Grafiken ausreichend.

Die Kurventreue

Unter dem Begriff Kurventreue versteht man die Genauigkeit, mit der eine Vektorlinie dem Verlauf einer Pixellinie folgt. Man könnte nun annehmen, daß die Einstellungen zur Erzeugung einer Grafik mit hoher Kurventreue auch immer das beste Ergebnis liefern. Dies muß aber nicht so sein und ist es in den meisten Fällen auch nicht. Bei hoher Kurventreue wird eine Pixelgrafik so genau konvertiert, daß fast keine harmonisch und glatt verlaufende Linie erzeugt wird. Diese Linien sind aber gerade das, was eine Vektorgrafik einer Pixelgrafik voraus hat - treppenfrei verlaufende Linien, angepaßt an die Auflösung.

Bei der Konvertierung von Pixelgrafiken gilt es daher, einen Kompromiß zwischen Kurventreue und harmonisch verlaufenden Kurven zu finden. In den meisten Fällen sind die beiden Standardeinstellungen des Menüs VEKTOR-OPTIONEN ausreichend. Führen diese Einstellungen zu keinem befriedigenden Ergebnis, hilft nur noch eines: Ausprobieren, d.h. Variieren der Einstellungen und anschließendes Konvertieren.

Bilder und Datei-Informationen

Im Feld DATEIEN ZUR VEKTORISIERUNG und in der Dialogbox DATEIEN ZUR VEKTORISIERUNG ÖFFNEN sind zwei nützliche Schaltflächen plaziert, mit denen Sie vor der Konvertierung einer Pixelgrafik Informationen zu der gewählten Grafik anzeigen bzw. die Pixelgrafik darstellen können. Möchten Sie z.B. von einer Pixelgrafik im PCX-Format wissen, ob sie Farben enthält und wenn, wieviele Farben verwendet wurden, klicken Sie auf die Schaltfläche KENNSATZ (Abbildung 25.6).

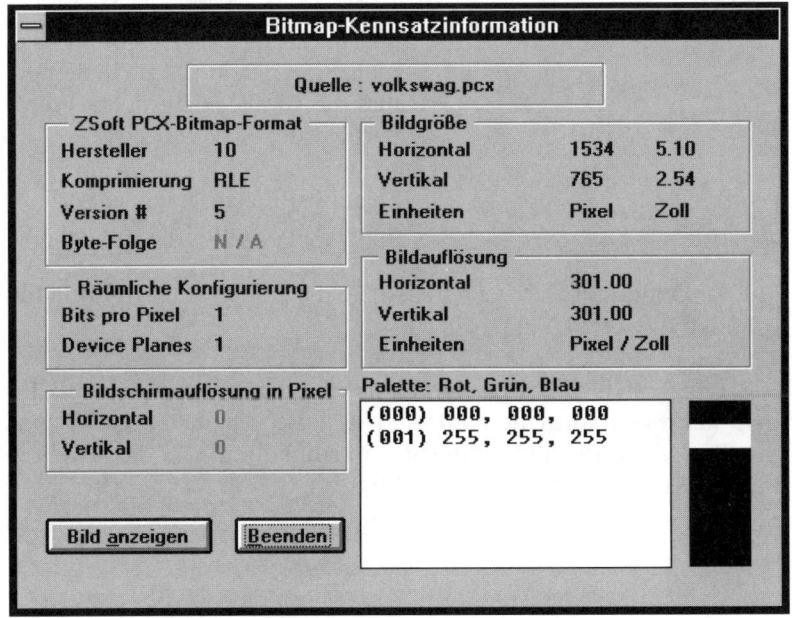

Abb. 25.6: Die Dialogbox BITMAP-KENNSATZINFORMATION

Die Dialogbox BITMAP-KENNSATZINFORMATIONEN zeigt folgende Informationen an:

DATEIFORMAT	Format der Datei mit Angabe des Herstellers und der Kodierung (unterschiedliche Bezeichnung in der Dialogbox).
RÄUMLICHE KONFIGURIERUNG	Anzahl der Bits pro Pixel. Korrespondiert mit der Anzahl der Farbebenen.
DEVICE PLANES	Abhängig von der Zahl der verwendeten Farben wird hier die Zahl der Farbebenen angezeigt, die zur Erzeugung der Farben notwendig sind.
BILDGRÖßE	Größe des Bildes in Pixeln.
BILDAUFLÖSUNG	Auflösung, bezogen auf das Bild in Pixeln. Gleiche Angaben unter BILDGRÖßE und BILDAUFLÖSUNG bedeuten, daß die Grafik noch nicht vergrößert wurde.
PALETTE	Zeigt die Prozentwerte der vorhandenen Farben im RBG-Modell an.

Mit der Option BILD ANZEIGEN stellen Sie die zu der Datei-Information gehörige Pixelgrafik dar.

Sie können sich so die Pixelgrafik anschauen, ohne immer die Bitmap-Kennsatzinformation aufrufen zu müssen. Abbildung 25.7 zeigt die Pixelgrafik, die sich hinter der in Abbildung 25.6 dargestellten Bitmap-Kennsatzinformation verbirgt.

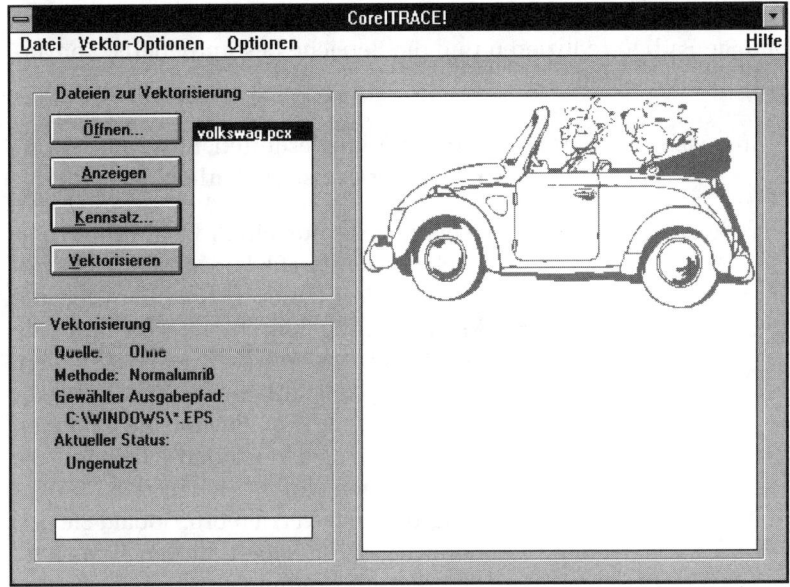

Abb. 25.7: Die Pixelgrafik VOLKSWAG.PCX

Das Menü OPTIONEN

Nicht nur die Einstellungen zur Definition der Kurventreue bestimmen den Umfang der späteren Vektorgrafik, sondern auch Zusatzparameter wie Farbe und Größe der Pixelgrafik. So müssen Sie nicht unbedingt eine komplette Pixelgrafik konvertieren, wenn Sie nur einen bestimmten Bereich davon verwenden wollen. Auch die Farben einer Pixelgrafik sind oft nicht ausschlaggebend, da Sie diese im allgemeinen in CorelDRAW! nach Bearbeitung der Grafik neu zuweisen.

Abb. 25.8: Das Menü OPTIONEN

Das Menü OPTIONEN enthält die Menüpunkte und Funktionen, mit denen Sie Farben reduzieren und die Bereiche bestimmen, die konvertiert werden sollen.

RASTERFARBEN ANZEIGEN	Stellt die konvertierten Rasterfarben als reine oder gerasterte Farben dar.
TEILBEREICH VERKTORISIEREN	Möchten Sie nur einen bestimmten Bereich der Pixelgrafik konvertieren, aktivieren Sie diese Option. Nachdem Sie die Konvertierung durch Klicken auf die Schaltfläche VEKTORISIEREN gestartet haben, wird die Pixelgrafik im Vorschau-Fenster dargestellt. Sie wählen nun den Bereich aus, der vektorisiert werden soll, indem Sie den Rahmen durch Ziehen der Markierungsquadrate verkleinern. Sobald Sie den Bereich gewählt haben, klicken Sie auf OK. Erst danach beginnt CorelTRACE! mit der Konvertierung. In Abbildung 25.9 wurde die Markierung so verkleinert, das nur noch der Schriftzug 1984 konvertiert wird.

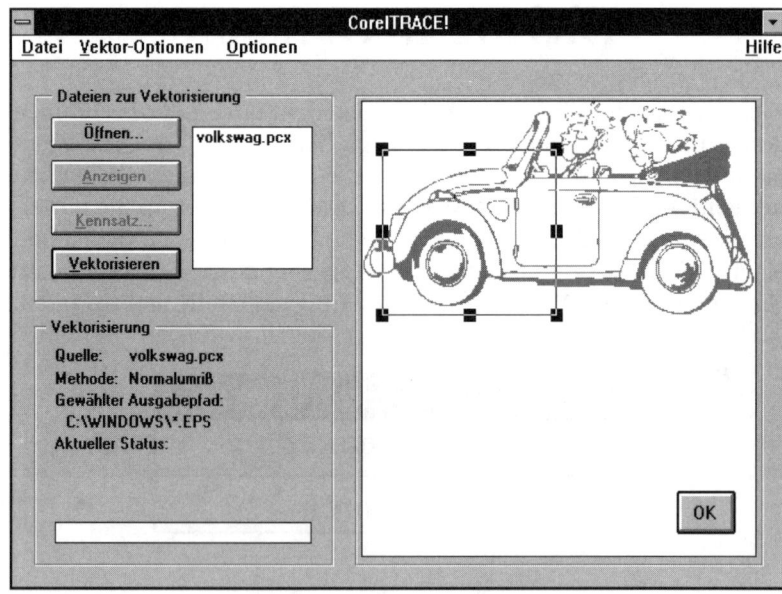

Abb. 25.9: Auswählen des zu konvertierenden Bereichs

FARBEN REDUZIEREN

Mit dieser Option reduzieren Sie die in der Pixelgrafik verwendeten Farbtöne auf 8, 16, 64 oder 256 Farben. Die Grauwerte reduzieren Sie auf 4, 8, 16, 64 oder 256 Grauwerte. Mit der Option IN MONOCHROM UMWANDELN verwandeln Sie farbige Pixelgrafiken in schwarz/weiße Vektor-grafiken (Abbildung 25.10).

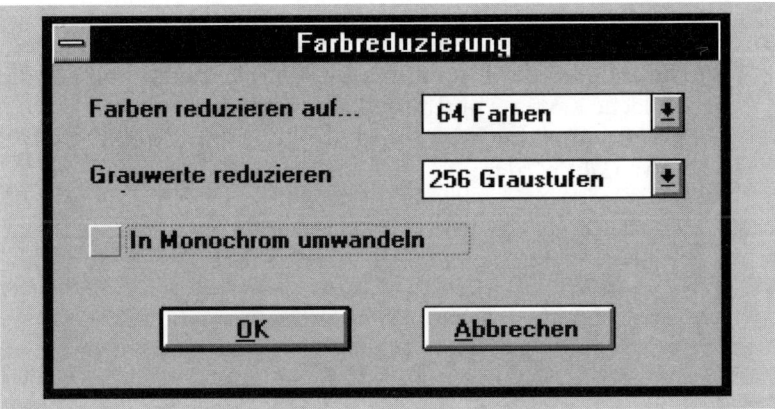

Abb. 25.10: Die Farb- und Grauwertreduktion

Anwendungsbeispiel: Das VW-Cabrio

In diesem Anwendungsbeispiel werden Sie die Konvertierung von Pixelgrafiken anhand der Datei VOLKSWAG.PCX üben. Dabei wird der komplette Entstehungsgang einer Vektorgrafik beschrieben. Zur Veranschaulichung der Effekte durch Einstellung von Konvertierungsparametern werden Sie die Pixelgrafik einmal mit normalen Einstellungen konvertieren und das Ergebnis im Vergleich zu einer extremen Vektorisierung betrachten. Wie Sie feststellen werden, führen extreme Einstellungen manchmal zu Ergebnissen, die völlig unbrauchbar sind.

Eine Grafik laden

1. Starten Sie CorelTRACE!.

2. Wählen Sie die Datei VOLKSWAG.PCX aus, indem Sie auf die Schaltfläche ÖFFNEN klicken, das Laufwerk und das Verzeichnis einstellen, die Datei markieren und auf OK klicken. CorelTRACE! überträgt den Dateinamen in die Liste des Feldes DATEIEN ZUR VEKTORISIERUNG.

3. Schauen Sie sich die Datei-Information und das Bild an, indem Sie die Datei in der Liste durch Klicken markieren und auf die Schaltfläche KENNSATZ und anschließend auf die Option BILD ANZEIGEN klicken. Abbildung 25.11 stellt die Pixelgrafik VOLKSWAG.PCX - ein VW-Cabrio - dar.

Abb. 25.11: Das VW-Cabrio

Konvertierungsoptionen einstellen

4. Wählen Sie nun die Konvertierungsoptionen aus. Zunächst definieren Sie einen neuen Parametersatz. Klicken Sie im Menü VEKTOR-OPTIONEN auf einen der Menüpunkte "...". CorelTRACE! öffnet daraufhin die Dialogbox VEKTOR-OPTIONEN. Geben Sie bei Optionsname "EXTREM" ein.

5. Stellen Sie nun folgende Parameter ein: Vektor-Methode: Umriß, Kurvenlänge: Lang, Linien umwandeln: Mittel, Kurve einpassen: Lose, Abtastrate: Grob, Randfilter: Glättend.

Abbildung 25.12 zeigt die Dialogbox nach Einstellung der Parameter.

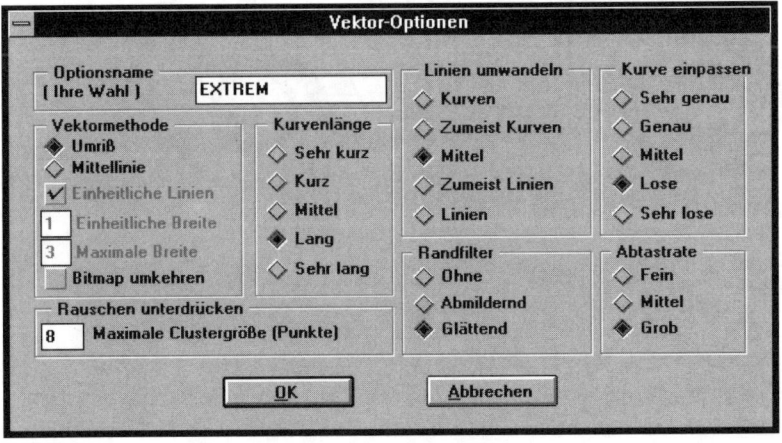

Abb. 25.12: Der Parametersatz "Extrem"

6. Im Eingabefeld OPTIONSNAME schreiben Sie

    Extrem

    und bestätigen die Eingabe mit OK. Klicken Sie anschließend im Menü VEKTOR-OPTIONEN auf NORMAL-MITTELLINIE.

Konvertierung der Grafik starten

7. Starten Sie die Konvertierung nun mit der Vektormethode Nor-
    mal-Mittellinie. In Abbildung 25.13 und 25.14 sind die Ergebnisse
    der Konvertierung dargestellt.

Abb. 25.13: Konvertierung mit Normal-Mittellinie

Durch die Konvertierung mit der Option Normal-Mittellinie entsteht
eine Vektordatei mit 1439!! Knoten und 287 Objekten. Der Vektori-
sierungsvorgang benötigte 28 Sekunden auf einem 80486 mit 8 MB
Arbeitsspeicher und sehr schnellen Festplatten.

Die mit der Option Extrem konvertierte Datei ist auch verwendbar,
wie Sie in Abbildung 25.14 leicht sehen können. Obwohl Parameter
verwendet wurden, die keine absolute Kurventreue verlangen, hat die
Datei immer noch einen Umfang von 990 Knoten. Die Konvertie-
rungszeit ist in etwa halbiert worden. Die Zahl der Objekte ist allerdings wesentlicher geringer geworden.

Abb. 25.14: Konvertierung mit EXTREM

Grafik speichern und in CorelDRAW! übernehmen

Die Grafik wird automatisch nach der Konvertierung gespeichert. Möchten Sie die Grafik nun in CorelDRAW! weiter bearbeiten, starten Sie CorelDRAW! und importieren die Grafik mit der Option CORELTRACE!,*.EPS. Wählen Sie dazu im DATEI-Menü die Option IMPORTIEREN und in der Liste AUFZULISTENDER DATEITYP den Eintrag "Corel-TRACE!, *.EPS". Anschließend können Sie die Grafik bearbeiten und ergänzen.

Zusammenfassung

Das Programm CorelTRACE! ist ein leistungsfähiges Vektorisierungsprogramm. Durch zahlreiche Einstellungsmöglichkeiten lassen sich für jede Pixelgrafik die bestmöglichen Ergebnisse erzielen. In dem zurückliegenden Abschnitt wurden die Möglichkeiten beschrieben, die Sie mit diesem Programm haben. Sie haben alle Optionen kennengelernt und in einem Anwendungsbeispiel die Konvertierung einer komplexen Pixelgrafik geübt.

A

Die Installation

Ältere Programme wurden auf der DOS-Betriebssystemebene für die Verwendung unter Windows installiert. Moderne Programme wie CorelDRAW! 3.0 werden unter Windows installiert, Programmgruppen werden automatisch eingerichtet und Programmsymbole zugeordnet. In den meisten Fällen ist auch eine individuelle Installation bestimmter Programm-Module möglich. Um das Programmpaket von CorelDRAW! 3.0 zu installieren, bedarf es aber einige Mindestvoraussetzungen bezüglich der Hard- und Software:

❏ IBM-kompatibler Rechner auf 80386- oder 80486-Basis (80286 aus Geschwindigkeitsgründen aber nicht zu empfehlen)

❏ mindestens 2 MByte Arbeitsspeicher, besser 4 bis 8 MByte

❏ Farbgrafikkarte mit VGA-Auflösung oder höher

❏ Farbmonitor

❏ Maus

❏ Festplatte mit mindestens 34 MByte freiem Speicherplatz

❏ Windows 3.0 oder höher

❏ CorelDRAW! 3.0

❏ Grafikdrucker zur Ausgabe der Grafiken. Empfehlenswert ist ein PostScript-fähiger Drucker, damit Sie die PostScript-Optionen von CorelDRAW! 3.0 auch nutzen können.

Die in dieser Liste aufgezählten Komponenten müssen ohne Ausnahme für die Verwendung unter Windows geeignet sein. Bevor Sie also neue Hardware erwerben, vergewissern Sie sich, daß die entsprechenden Treiber mitgeliefert werden, sofern diese nicht bereits im Programmpaket Windows 3.0 oder höher enthalten sind. Erfüllt Ihre Rechnerkonfiguration die erwähnten Mindestvoraussetzungen, müssen Sie zunächst Windows installieren und an Ihre Hardware anpassen, bevor Sie mit der Installation von CorelDRAW! beginnen können. Wie Sie dabei vorgehen, entnehmen Sie bitte dem Benutzerhandbuch zu Windows. Eine Anmerkung zur Windows-Version: CorelDRAW! 3.0 ist für Windows 3.1 optimiert und unterstützt so die TrueType-Fonts und die OLE-Fähigkeiten. Alternativ dazu können Sie CorelDRAW! 3.0 auch unter Windows 3.0 einsetzen. In diesem Fall benötigen Sie zusätzlich den Adobe Type Manager, um die mit CorelDRAW! 3.0 gelieferten Schriften verwenden zu können.

CorelDRAW! 3.0 installieren

Nachdem Sie sich im vorherigen Abschnitt davon überzeugt haben, daß Ihr Rechner die Mindestvoraussetzungen überfüllt und Windows korrekt eingerichtet ist, können Sie nun CorelDRAW! 3.0 installieren.

Wie in der vorherigen Programmversion ist CorelDRAW! 3.0 eigentlich ein Programmpaket, das aus sechs voneinander unabhängig verwendbaren Programmen zur Erstellung, Bearbeitung und Darstellung von Grafiken besteht. Die einzelnen Programme haben folgende Bezeichnung und Funktion:

Programm	Funktion
CorelDRAW! 3.0	Erstellung und Bearbeitung von Grafiken
CorelDRAW! 3.0	Lernprogramm Strukturierte Einführung in CorelDRAW! 3.0
CorelCHART! 3.0	Erstellung und Bearbeitung von Diagrammen
CorelPHOTO-PAINT! 3.0	Bearbeitung und Gestaltung von Pixelgrafiken (z.B. gescannte Bilder)
CorelSHOW! 3.0	Bildschirm-Präsentation von Grafiken und Diagrammen mit Präsentations-Editor
CorelSHOW! 3.0 Runtime	Bildschirm-Präsentation (nur Darstellung, keine Änderungsmöglichkeiten!)
CorelTRACE! 3.0	Umwandlung von Pixelgrafiken in Vektorgrafiken
CorelMOSAIC! 3.0	Visueller Dateimanager für Grafikdateien
CCapture	Übertragung von "Bildschirmfotos" in die Zwischenablage

Bei der Installation von CorelDRAW! 3.0 können Sie auswählen, ob Sie alle oder nur bestimmte Programme installieren wollen. Die Beschreibungen in diesem Buch gehen davon aus, daß alle Dateien des Programmpakets installiert wurden.

Es ist möglich, daß Sie das Installationsprogramm nicht starten können, weil die Speicherkapazität des Laufwerks nicht ausreicht, welches das Verzeichnis \Temp (für die CorelDRAW!-Installation) enthält. Tritt dieser Effekt ein, müssen Sie entweder freien Speicherplatz schaffen, indem Sie Programme löschen, oder ein anderes Laufwerk auswählen. Anschließend müssen Sie das Installationsprogramm erneut starten. Das Laufwerk, das das Verzeichnis \Temp enthält, muß mindestens 750 KByte freien Speicherplatz zur Verfügung stellen können.

CorelDRAW! 3.0 von Disketten installieren

Sie installieren CorelDRAW! 3.0, indem Sie nach folgenden Schritten vorgehen:

1. Starten Sie Windows und rufen Sie die Dialogbox AUSFÜHREN auf, indem Sie im Menü DATEI auf den Menüpunkt AUSFÜHREN klicken.

2. Legen Sie die erste Diskette des CorelDRAW! 3.0-Programmpakets in Laufwerk A (B), und geben Sie in der Befehlszeile A:SETUP oder B:SETUP ein. Starten Sie die Installation mit ⏎.

3. Das Installationsprogramm wird gestartet und weist Sie darauf hin, einen Moment zu warten. Anschließend blendet das Programm die in Abbildung A.1 dargestellte Dialogbox ein, in der Sie auswählen können, ob Sie CorelDRAW! 3.0 vollständig oder in einer Minimalkonfiguration installieren wollen. Neben diesen Möglichkeiten können Sie CorelDRAW! auch individuell installieren. Die individuelle Installation ermöglicht es Ihnen, nur bestimmte Programme, wie z.B. CorelDRAW! und CorelMOSAIC!, zu installieren. Die Installation weiterer Programme ist nachträglich jederzeit möglich.

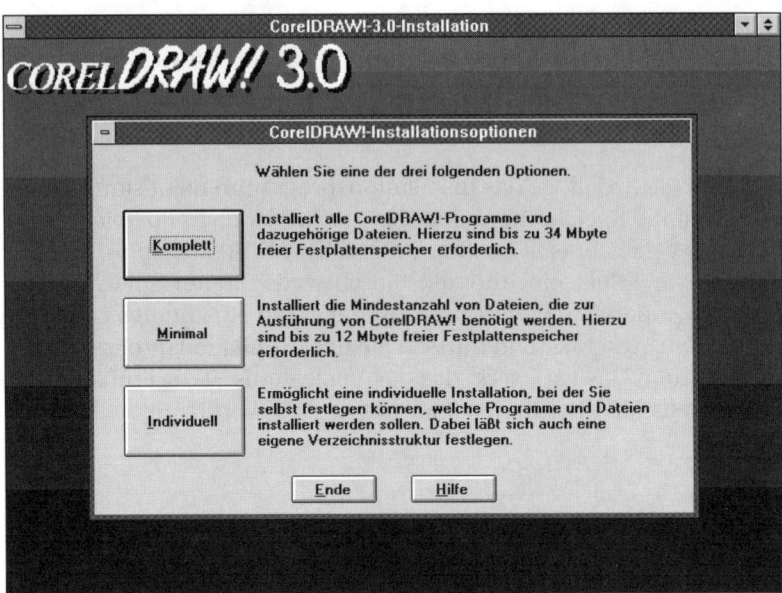

Abb. A.1: CorelDRAW! installieren

4. Nachdem Sie eine Installationsmöglichkeit ausgewählt haben, werden Sie aufgefordert, das Verzeichnis zu definieren. Das Programm schlägt Ihnen vor, das Programmpaket im Laufwerk C: unter dem Verzeichnis \CORELDRW abzuspeichern. Sie können aber auch ein anderes Verzeichnis definieren.

5. Sobald Sie den vollständigen Pfad eingegeben haben, klicken Sie auf WEITER. Das Installationsprogramm ermittelt anschließend den verfügbaren Speicherplatz des definierten Laufwerks und fordert Sie bei mangelnder Kapazität auf, ein anderes Laufwerk auszuwählen. Anschließend beginnt die Installation. Haben Sie die individuelle Installation gewählt, erscheint eine weitere Dialogbox (Abbildung A.2):

Individuelle Installation

6. In dieser Dialogbox legen Sie fest, welche Programme Sie installieren möchten. Darüber hinaus können Sie den Umfang der zu installierenden Programme bestimmen. So enthalten die meisten Programme Beispiele, Hilfedateien und programmspezifische Zusatzdateien. Sie festlegen, ob CorelDRAW!, dessen Hilfedateien, Beispiele, Filter oder das Lernprogramm installiert werden sollen.

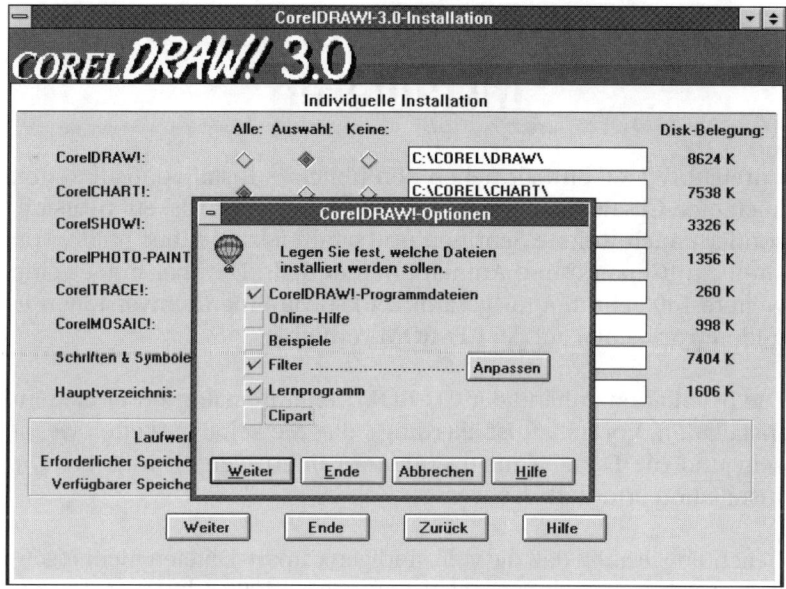

Abb. A.2: Die individuelle Installation

Klicken Sie einfach auf den entsprechenden Schalter. Ist dieser durch ein Häkchen markiert, wird die Option installiert.

7. Sobald Sie alle Optionen eingestellt haben, starten Sie die Installation. CorelDRAW! wird den Speicherbedarf für die Gesamtinstallation und die einzelnen Komponenten anzeigen. Durch Klicken auf INSTALLIEREN starten Sie den Installationsvorgang.

8. An dieser Stelle ist die Vorgehensweise für die drei Installationsmöglichkeiten wieder identisch. Das Installationsprogramm legt die Verzeichnisstruktur an, lädt die Dateien von der Diskette, entkomprimiert diese und speichert sie ab. Sie werden nun aufgefordert, nacheinander die Installationsdisketten einzulegen. Nachdem das Installationsprogramm alle Dateien auf die Festplatte übertragen hat, legt es unter Windows die Programmgruppe "CorelDRAW! 3.0" an und fügt hier die Programm-Sinnbilder ein.

Programmgruppe CorelDRAW!

Die Installation ist damit beendet. Sie können die einzelnen Programme des Programmpaketes CorelDRAW! 3.0 nun durch Doppelklicken auf ein Sinnbild starten.

CorelDRAW! 3.0 von CD-ROM installieren

CorelDRAW! 3.0 enthält neben den üblichen Installationsdisketten auch eine CD-ROM, die nicht nur die Dateien der Diskettenversion, sondern auch weitere Schriften und eine Vielzahl (über 14000) von Grafiken (Cliparts) und Animationen enthält. Darüber hinaus sind weitere 100 Schriften (insgesamt 250) sowie Programmversionen in anderen Sprachen auf der CD-ROM verfügbar.

Die Installation anhand der CD-ROM verläuft analog zur Disketteninstallation. Vorteilhaft ist allerdings, daß Sie keine Disketten wechseln und die Dateien nicht entkomprimiert werden müssen. Die Installation erfordert also weniger Zeit.

Beachten Sie aber, daß die vollständigen Clipart-Dateien nicht installiert werden. Bei einer Anzahl von circa 14000 Cliparts wäre die Speicherkapazität einer Fest-platte auch schnell erschöpft.

Installieren Sie CorelDRAW! 3.0 von der CD-ROM, müssen Sie die Adobe-Type-1-Schriften nach der Installation im Adobe-Type-Manager hinzufügen. Bei der Installation von CorelDRAW! werden die TrueType- und Adobe-Type-1-Schriften in das Verzeichnis \WINDOWS\SYSTEM kopiert.

Sie haben nun prinzipiell zwei Möglichkeiten, auf Cliparts zuzugreifen. Verwenden Sie bestimmte Cliparts häufiger, erstellen Sie ein Verzeichnis auf Ihrer Festplatte, wählen die Grafiken aus und kopieren die entsprechenden Dateien von der CD-ROM. Benötigen Sie nur selten Cliparts, können Sie den relativ langsamen Zugriff auf die CD-ROM verwenden und die Grafiken nur im Bedarfsfall laden.

Minimalinstallation von der CD-ROM

Eine weitere Installationsmöglichkeit haben Sie, indem Sie Corel-DRAW! so einrichten, daß die überwiegenden Programmteile von der CD-ROM geladen werden. Wenn Sie diese Installationsart vorziehen, geben Sie im Menü DATEI AUSFÜHREN des Windows Programm-Managers anstelle von SETUP den Befehl SETUP2 ein.

Sie sollten diese Art der Installation aber nur wählen, wenn Sie große Probleme mit der Verfügbarkeit von Speicherplatz haben. Die Programmausführung von CD-ROM kann wegen der geringen Datenübertragungsrate nämlich nicht so schnell erfolgen wie von einer Festplatte.

Beachten Sie, daß die Font-Dateien nicht auf die Festplatte kopiert werden. Die Schriften sind daher nur verfügbar, wenn die CD-ROM im Laufwerk ist. Sie sollten deswegen die wichtigsten Schriften über das Installationsprogramm SETUP (von CorelDRAW!) und die Option INDIVIDUELL auf der Festplatte installieren.

Empfehlungen zur Systemkonfiguration

Die Hardwareanforderungen an ein System steigen mit den Anforderungen an die Software, dem Grad der Professionalität und der täglichen Arbeitszeit am System. Die folgenden Abschnitte behandeln in einer Art Kurzübersicht die wichtigsten Hardwarekomponenten, die für das Arbeiten mit CorelDRAW! 3.0 benötigt werden. Es werden keine Kaufempfehlungen bezüglich konkreter Hardwareprodukte gegeben, sondern anhand wesentlicher Merkmale die Vor- und Nachteile verschiedener Technologien besprochen.

Wachsende Bedürfnisse vergrößern nicht nur die Hardwareanforderungen, sondern erhöhen auch den Einsatz verschiedenster Software. Im Anschluß an die Beschreibung der Hardware wird daher eine Systemumgebung entwickelt, welche die wichtigsten Programme enthält, die bei der Erstellung von Präsentationen Verwendung finden. Die Darstellung von Schriften in Form eines echten "WYSIWYG" (What You See Is What You Get, *zu deutsch*: die Bildschirmanzeige ist mit dem Ausdruck identisch) ist von überragender Bedeutung. Der Darstellung von Schriften und der Installation des Adobe Type Managers ist daher ein eigener Anhang gewidmet.

Maßstab für die Auswahl eines Systems muß die Verträglichkeit mit Windows ab Version 3.0 sein. Vergewissern Sie sich deshalb, daß die neue Hardware und Software unter Windows auch einsetzbar ist.

Rechner und Speicher

Rechner im IBM-kompatiblen Bereich werden in ihrer Leistungsfähigkeit generell durch den Prozessortyp und die Taktfrequenz sowie das Vorhandensein eines Cache-Speichers und Coprozessors unterschieden.

Durch die Einführung von Windows 3.0 ist der Einsatz älterer Prozessortypen, wie 8088, 8086 und auch 80286, nicht mehr sinnvoll. Die moderne Prozessorgeneration ab 80386 gestattet unter Windows die gleichzeitige Aktivierung mehrerer Programme. Intelligente Speichertechniken lagern Daten auf die Festplatte aus und vergrößern so indirekt den verfügbaren Arbeitsspeicher.

Der Einstiegsprozessor 80386SX ist mit Taktfrequenzen von 16 - 25 MHz verfügbar und gestattet bereits den Start von Windows im erweiterten Modus, in dem Multitasking möglich ist. Die Datenbusbreite ist aus Kostengründen auf 16 Bit reduziert, der Adressbus ist 24 Bit breit. Ein 80386SX kann damit max. 16 MByte Arbeitsspeicher adressieren. Der Zugriff auf Daten mit 32 Bit Breite erfolgt im Gegensatz zu "echten" 80386-Prozessoren nacheinander durch zwei Zugriffe auf den Arbeitsspeicher. Die Ausführungsgeschwindigkeit von Programmen ist deshalb im Vergleich zu 80386DX-Prozessoren mit gleicher Taktfrequenz geringer.

Der 80386DX hat 32 Bit Datenbusbreite und 32 Bit Adressbusbreite. Er kann 4096 Mbyte Arbeitsspeicher adressieren. Der Geschwindigkeitsvorteil gegenüber dem 80386SX ist durch verschiedene Technologien gegeben: Die Prozessoren sind mit Taktfrequenzen von 16 MHz bis 40 MHz verfügbar. Durch einen sehr schnellen Zwischenspeicher (Cache) auf der Rechnerplatine können bestimmte Datenblöcke dem Prozessor ohne nennenswerte Zeitverzögerung zugänglich gemacht werden. Der Zugriff auf 32-Bit Daten erfolgt während eines Zugriffszyklus. Im Handel werden derzeit Platinen mit und ohne Cachespeicher angeboten. Die gängigen Systeme sind 80386DX mit 33 MHz und 40 MHz und Cachespeicher. Rechnerplatinen mit 80386DX-Prozessoren sind aufgrund ihrer Geschwindigkeitsvorteile den 80386SX-Systemen vorzuziehen. Im Preis liegen 80386DX-Systeme abhängig von der Taktfrequenz und dem Vorhandensein eines Cachespeichers deutlich über den 80386SX-Systemen. Für ein professionelles Arbeiten sind schnelle 80386DX-Systeme zwingende Voraussetzung.

Der Einsatz von Coprozessoren zur wesentlich beschleunigten Verarbeitung mathematischer Funktion ist nur bei Programmen sinnvoll, die diese Coprozessoren unterstützen. Für die Arbeit mit CorelDRAW! ist nicht unbedingt ein Coprozessor erforderlich. 80486-Prozessoren sind etwa 2-3 mal so schnell wie vergleichbare 80386-Systeme. Im 80486-Prozessor ist bereits ein Cachespeicher und ein Coprozessor integriert. Die Busbreiten entsprechen dem 80386DX. Zur Zeit sind Prozessoren mit 25, 33, 50 und 66 MHz Taktfrequenz erhältlich. Für Systeme, bei denen es auf höchste Rechenleistung ankommt, sind 80486-Prozessoren die richtige Wahl.

80486SX-Prozessoren unterscheiden sich von 80486-Prozessoren nur durch den fehlenden Coprozessor und sind deshalb in der Leistungsfähigkeit bei Programmen, die auf den mathematischen Coprozessor zurückgreifen, stark vermindert. Über einen von INTEL bezeichneten Performance Upgrade Socket ist allerdings die Nachrüstung eines Coprozessors (80487SX) möglich, der leider nicht auf den internen Cache des 80486SX zugreifen kann und deshalb auch nicht die Rechenleistung eines 80486DX erreicht. 80486SX-Prozessoren sind mit Taktfrequenzen von 20 und 25 MHz erhältlich. Die Verarbeitungsgeschwindigkeit eines 80486SX liegt geringfügig unter der eines 80386DX mit 33 MHz und Cachespeicher.

Rechnerplatinen mit 80386 und 80486-Prozessoren bieten die Möglichkeit, den Inhalt der System- und Grafikkarten-BIOS-ROMs in einen geschützten Teil des Arbeitsspeichers zu kopieren. Die Zugriffszeiten auf BIOS-ROMs sind im Vergleich zum Zugriff auf die BIOS-Kopie im Speicher wesentlich größer. Durch die Verlagerung des BIOS in den Speicher (sogenanntes Shadow-RAM) wird die Ausführungsgeschwindigkeit von Programmen erheblich gesteigert. Diese Option sollte immer aktiviert sein.

Die Leistungsfähigkeit eines Rechnersystems hängt nicht nur von dem eingesetzten Prozessor ab, sondern auch von der verwendeten Bus-Technologie und der Geschwindigkeit der Steckkarten. Die Geschwindigkeit, mit der Daten zwischen Steckkarten wie Festplatten-Controllern oder Grafikkarten und dem Prozessor ausgetauscht werden, nennt man Datenübertragungsrate. Als Systembus bezeichnet man die Herausführung bestimmter elektrischer Leitungen auf Stecker (Slots) und das Zeitverhalten der Leitungen zueinander. Der Systembus ist - vereinfacht gesprochen - für die maximal mögliche Datenübertragungsrate verantwortlich.

Der heutige Standardbus ist der ISA-Bus. Neuere Technologien wie der EISA-Bus und der Microchannel von IBM ermöglichen höhere Übertragungsraten. Die Zugriffszeit auf Daten wird dadurch verkürzt. Allerdings sind EISA-Bus-Systeme nach aktuellem Stand noch sehr teuer und erfordern zur Nutzung der EISA-Vorteile spezielle Steckkarten, die leicht den Preis des Grundsystems erreichen. Die Preise für solche Systeme werden aber über kurz oder lang fallen. Für extreme Leistungs-anforderungen sind EISA-Systeme zu empfehlen. Eine weitere Technologie, die höchste Datenübertragungsraten gewährleistet, ist der Local-Bus. Hier werden prinzipiell die Daten-, Adress- und Steuerleitungen des Prozessors direkt als Schnittstelle verwendet. Der große Vorteil dieser Technologie ist der hohe Bustakt, der durch den verwendeten Prozessortakt bestimmt wird, sowie der Datenzugriff, der mit voller Datenbreite erfolgt. Darüber hinaus sind Local-Bus-Systeme durch den geringen Hardwareaufwand bei der Busverwaltung relativ preisgünstig. Nachteilig ist aus heutiger Sicht die fehlende Standardisierung, wobei der VESA-Entwurf die besten Erfolgsaussichten hat.

Der Arbeitsspeicher bei MS-DOS-Systemen ist auf 640 KByte begrenzt. Programme wie Windows 3.1 machen aber zusätzlichen Speicher (Extended oder Expanded) durch eine intelligente Speicherverwaltung nutzbar. Ein sinnvoller Einsatz von Windows ist daher ab mindestens 4 Mbyte Arbeitsspeicher möglich. Für eine optimale Nutzung werden 8 - 16 MByte empfohlen.

Festplatten und Streamer

Moderne und leistungsfähige Programme wie Windows und Corel-DRAW! belegen auf einer Festplatte einen vergleichsweise großen Bereich. So erfordert die komplette Installation von CorelDRAW! 3.0 ca. 30 MByte Speicher. Bei der Auswahl der Festplatte sollten deshalb alle zu installierenden Anwendungen in ihrer Größe bestimmt werden. Die Summe dieser Anwendungen plus 50% bestimmt die minimale Festplattengröße. So ist genügend Speicherplatz für temporäre Dateien und Anwenderdateien vorhanden. Je intensiver Sie mit einem Programm wie CorelDRAW! arbeiten, desto größer ist auch der Speicherbedarf für erstellte Grafiken. Eine genaue Abschätzung der Speicherkapazität bei der Systemplanung ist deshalb unbedingt erforderlich.

Das Laden und Speichern von Daten wird vom Betriebssystem verwaltet und über den Festplatten-Controller ausgeführt. Die Geschwindigkeit dieses Controllers sowie die verwendete Schnittstelle bestimmen in Verbindung mit der Festplatte und dem Rechner die effektive Datenübertragungsrate. Im folgenden werden die unterschiedlichen Schnittstellen anhand ihrer Vor- und Nachteile vorgestellt. Die ST506-Schnittstelle ist die einfachste Festplattenschnittstelle. Es gibt zewi Aufzeichnungsverfahren: MFM und RLL. RLL-Platten sind speziell selektierte Platten, deren Kapazität durch das RLL-Verfahren um bis zu 50% gesteigert wird. Diese beiden Verfahren werden in dieser Form heute kaum noch verwendet.

AT-Bus (IDE)-Festplatten integrieren den Controller auf der Festplatte. Vorteil: Geringer Preis, deutliche Geschwindigkeits-steigerung gegenüber MFM und RLL, Kapazitäten bis über 400 MByte. Nachteil: Es sind nur zwei Festplatten pro System einsetzbar. Spezielle Controller, meist mit eigenem Prozessor und Cachespeicher, ermöglichen den Anschluß von bis zu vier AT-Bus-Platten. Dabei sind die Festplatten, die im Slave-Betrieb arbeiten, meist nur über den Controller ansteuerbar und verwenden ein Controller-spezifisches Format. Vorteilhaft ist hier, daß Speichergrößen von bis zu 4 GByte erreicht werden und Festplatten unterschiedlichen Typs anschließbar sind.

ESDI-Platten verfügen über eine hohe Kapazität und erreichen hohe Datenübertragungsraten (bis 15 MByte/s) durch Verwendung spezieller Statusinformationen. Nachteilig ist der hohe Preis solcher Platten und der zurückgehende Marktanteil.

Die SCSI-Schnittstelle stellt ein eigenständiges Bussystem dar. An eine SCSI-Schnittstelle lassen sich bis zu sieben Peripheriegeräte anschließen. Dies können sowohl Festplatten als auch Streamer und CD-ROM, WORM und MO-Laufwerke sein. Auch hier sind hohe Daten übertragungsraten erreichbar. Für die Verwaltung von mehr als zwei Peripherieeinheiten sind spezielle Softwaretreiber erforderlich. Die SCSI-Schnittstelle erfordert intelligente Peripheriegeräte. Dies bedingt einen hohen Schaltungsaufwand und den damit verbundenen höheren Preis. Der SCSI-II-Standard ist nochmals optimiert und bietet auf dem Bus nahezu die doppelte Übertragungsgeschwindigkeit für Daten. Wichtig: Die effektive Datenübertragungsrate wird damit erhöht, aber nicht verdoppelt.

Für normale Anwendungen reichen leistungsfähige AT-Busplatten im Bereich von 120-250 MByte aus. Professionelle Anwendungen erfordern Festplatten mit ESDI- oder SCSI-Schnittstellen und Kapazitäten von über 300 MByte. Bei Verwendung von CD-ROM-Laufwerken und anderen Peripherieeinheiten ist der SCSI-Standard zu empfehlen.

Neben dem Festplattencontroller bestimmt die Festplatte und der Interleavefaktor die durchschnittliche Datenübertragungsrate. Die mittlere Zugriffszeit bestimmt, in welcher Zeit auf einen Datenbereich (Sektor) zugegriffen werden kann. MFM-Platten liegen im Bereich von 28 ms, moderne SCSI-Platten erreichen Werte unter 15 ms. Der Interleavefaktor gibt an, wieviel Umdrehungen die Festplatte ausführen muß, bis der Controller eine komplette Spur (bestehend aus mehreren Sektoren) einlesen kann. Die meisten Controller (speziell in 80386- oder 80486-Systemen) arbeiten mit einem Interleave von 1:1. Die komplette Spur wird also direkt während einer Umdrehung eingelesen. Ein Faktor von 1:1 stellt die höchstmögliche Einlesegeschwindigkeit dar. Für ein zügiges Arbeiten mit Windows sind Festplatten mit 19 ms (und schneller) mittlerer Zugriffszeit und Festplatten-Controller mit einem Interleavefaktor von 1:1 unbedingte Voraussetzung. Weitere Möglichkeiten zur Steigerung der Datenübertragungsrate und zur Erhöhung der Datensicherheit bieten Cache-Controller, die über eigene Prozessoren und eigene Cache-Speicher verfügen. Die Verwendung separater Prozessoren ermöglicht Eigenintelligenz, wie das Zwischenspeichern von Daten beim Schreib- oder Lesezugriff, Festplattenspiegelung oder die Vergößerung der Anzahl der maximal anschließbaren Festplatten. Die Spiegelung von Festplatten erhöht die Datensicherheit, weil der Dateninhalt einer Festplatte durch den Controller automatisch auf eine zweite Festplatte gespeichert wird. Bei Ausfall der ersten Festplatte sind auf der zweiten sämtliche Daten gespeichert.

Wechselplattenlaufwerke bestehen aus einer Laufwerkseinheit und einem austauschbaren Speichermedium. Gegenüber Festplatten weisen Wechselplatten geringere Datenübertragungsraten wegen einer höheren Zugriffszeit auf. Wechselplatten sind z.B. in Größen von 44, 88 und 150 MByte erhältlich. Über die eingebaute Laufwerkseinheit ist der Zugriff auf unbegrenzte Datenmengen möglich, indem das Speichermedium gegen ein anderes ausgetauscht wird. Der Anwendungsbereich für Wechselplatten ist primär die Daten-sicherung, bei der trotzdem ein schneller Zugriff auf die archivierten Daten sichergestellt sein muß (Beispiel: Clipart-Sammlungen).

Die Speicherung verschiedener Systemumgebungen auf unterschiedlichen Speichermedien ist ebenfalls möglich, so daß unterschiedliche Anwendungsbereiche, wie z.B. CAD, Grafikdesign oder Bildverarbeitung, auf einem Rechner optimal konfiguriert werden können.

Streamer sind Magnetbandlaufwerke und werden zur Datensicherung eingesetzt. Dabei werden die Daten einer Festplatte (oder nur bestimmte Bereiche) auf ein Magnetband übertragen. Bei einem Verlust der Festplattendaten durch Formatierung, Löschen oder durch Zerstörung der Platte können die Daten sehr schnell wieder restauriert werden. Die Speicherkapazität von Streamern ist unterschiedlich. Empfohlen werden Streamer mit Kapazitäten von 40 MB bis 250 MB. Durch entsprechende Software lassen sich größere Festplatten nacheinander auf mehrere Magnetbänder sichern.

Symbol- und Clipart-Dateien werden neuerdings auf CD-Datenträgern angeboten. Auch dem CorelDRAW! 3.0-Programmpaket liegt eine CD-ROM bei. Der Vorteil von CD-ROM-Laufwerken ist die hohe Speicherkapazität (ca. 540 MByte) und die leichte Auswechselbarkeit der Datenträger wie bei einem CD-Spieler. CD-ROM-Laufwerke sind Nur-Lese-Speicher; es können also keine Daten zusätzlich gespeichert werden. Die WORM-Technologie ermöglicht das einmalige Speichern von Dateien auf einer optischen Platte (CD), mit der MO (Magneto-Optical)-Technologie sind beliebig viele Speicher- und Löschvorgänge durchführbar.

Der hohen Speicherkapazität und leichten Aus-wechselbarkeit der Datenträger stehen als Nachteil eine hohe Zugriffszeit auf die Daten und ein hoher Preis gegenüber. WORM- und MO-Laufwerke eignen sich daher nur zur Archivierung riesiger Datenbestände. Der Einsatz von CD-ROM-Laufwerken ist bei Verwendung großer Clipart-Bibliotheken sehr zu empfehlen.

Mäuse und Digitizer

Die Bedienung von Windows und CorelDRAW! erfolgt im wesentlichen durch Klicken auf Schalter und Sinnbilder. Bestimmte Funktionen sind zusätzlich auch über die Tastatur aufzurufen.

Die Grundkomponenten einer Maus sind eine Rollkugel und eine Sensorelektronik, die die Bewegung der Kugel in elektrische Impulse umsetzt. Die Zahl der Impulse bestimmt, um wieviel Schritte der Cursor auf dem Bildschirm bewegt wird. Die Geschwindigkeit, mit der die Maus bewegt wird, ist proportional zur Geschwindigkeit, mit der der Cursor auf dem Bildschirm bewegt wird.

Im Handel sind verschiedene Maustypen erhältlich:

Mäuse mit zwei oder drei Tasten zur Eingabe, Trackballs, bei denen anstelle des Mausgehäuses nur eine Kugel bewegt, wird und kabellose Mäuse. Der Vorteil von Trackballs liegt darin, daß nur die Standfläche des Trackballs zur Verfügung stehen muß, da ausschließlich die Rollkugel bewegt wird. Bei einer Maus ist eine größere Arbeitsfläche erforderlich. Im allgemeinen lassen sich Bewegungen mit einer Maus exakter ausführen. Kabellose Mäuse übertragen die Impulse per Infrarot- oder Funksignal. Vorteilhaft ist hier, daß kein störendes Kabel vorhanden ist.

Beim Kauf einer Maus oder eines Trackballs ist unbedingt darauf zu achten, daß der Typ von Windows unterstützt wird oder ein entsprechender Treiber mitgeliefert wird.

Digitizer nehmen sehr viel Platz im Arbeitsbereich ein und werden normalerweise nur für CAD-Programme verwendet. Die meisten Digitizer lassen sich jedoch auch in einen Mausmodus umschalten und können wie eine Maus benutzt werden. Die Cursorposition auf dem Bildschirm entspricht dabei der Position des Eingabegeräts auf der Digitizerfläche. Für die Arbeit mit Windows und CorelDRAW! sind auf jeden Fall Mäuse oder Trackballs vorzuziehen.

Scanner

Scanner tasten eine Vorlage wie z.B. ein Bild oder eine Zeichnung zeilenweise ab und setzen sie in pixelorientierte, digitale Bildinformationen um. Dabei wird bei Farb- und Grauwertscannern jedem abgetasteten Punkt der während des Scanvorganges ermittelte Farb- oder Grauwert in digitalem Format zugeordnet. Die Informationsmenge ist bei Farbabtastung daher um ein Vielfaches höher. Die Datenmenge bei Abtastung mit 256 Graustufen ist im Vergleich zu einer monochromen Abtastung um das Achtfache größer.

Gescannte Bilder werden in Präsentation zur Anschauung verwendet. Gescannte Zeichnungen können in Vektordaten transformiert und anschließend weiter verarbeitet werden.

Im wesentlichen sind zwei Scanner-Technologien gebräuchlich. Flachbettscanner sind prinzipiell wie Kopiergeräte aufgebaut. Eine eingelegte Vorlage wird durch einen Schlitten mit einem CCD-Element zeilenweise abgetastet. Flachbettscanner können Vorlagen in digitale Bildinformationen mit bis zu 1200 dpi und 16,7 Millionen Farben umwandeln und bieten meist ausgezeichnete Scanergebnisse. Die Preisskala für Flachbettscanner beginnt bei etwa 1500,- DM, für professionelle Geräte bei etwa 4000,- DM.

Handscanner werden vom Anwender über die Vorlage bewegt und tasten diese ebenfalls zeilenweise ab. Nur mit sehr viel Geschick und Übung ist es möglich, Vorlagen gerade einzuscannen und dabei die Ziehgeschwindigkeit nicht zu überschreiten. Handscanner eignen sind allenfalls für kleinere Vorlagen und für den Heimgebrauch. Erreichbare Auflösungen liegen im Bereich von 300-800dpi bei maximal 262.000 Farben. Einfache Handscanner sind bereits ab 160,- DM erhältlich.

Grafikkarten und Monitore

Die Grafikkarte bestimmt wesentlich die Schnelligkeit eines Rechnersystems, bei dem grafische Oberflächen wie Windows eingesetzt werden. Die Auflösung in Bildpunkten bestimmt, wie detailgetreu und genau die Grafik dargestellt werden kann.

Man unterscheidet verschiedene Arten von Grafikkarten. Normale Grafikkarten erhalten vom Hauptprozessor bereits die berechneten Bilddaten und stellen diese auf einem Monitor dar. Der Hauptprozessor muß damit das Bild selber berechnen.

Beschleunigerkarten sind für bestimmte Anwendungen wie z.B. Windows konzeptioniert und erhöhen deren Verarbeitungsgeschwindigkeiten. Der Grundgedanke bei Beschleunigerkarten ist, rechenintensive Funktionen und Prodezuren vom Hauptprozessor in die Grafikkarte zu verlagern und diesen damit zu entlasten. Durch die Optimierung auf wenige Grafikfunktionen und speziell angepaßte Treiber ist die Verarbeitungsgeschwindigkeit grafikorientierter Programme im Vergleich zu echten Grafikprozessorkarten in vielen Fällen höher. Vorteilhaft sind die geringen Anschaffungskosten ab 350,- DM; nachteilig ist die Abhängigkeit von speziellen Treibern sowie die Verbesserung der Leistungsfähigkeit nur für die angepaßten Programme. Bei überwiegender Verwendung von Windows sind spezielle Windows-Beschleunigerkarten allerdings erste Wahl.

Grafikprozessorkarten enthalten spezielle Prozessoren, die nach Übergabe von Vektordaten das Bild eigenständig berechnen. Diese Karten erhalten nur Koordinaten und kurze Befehle vom Hauptprozessor, der damit entlastet wird und nur Vektordaten übertragen muß. Der Bildaufbau bei Grafikprozessorkarten ist im Vergleich zu den anderen Karten deutlich schneller. Der Preis solcher Karten überschreitet aber genauso deutlich die 1000,- DM-Grenze.

Die Auswahl einer Grafikkarte wird durch die Anforderungen bestimmt. Je nach gewähltem Standard ist auch nur eine bestimmte Auflösung möglich.

Der VGA-Standard kann maximal 640x480 Bildpunkte bei 16 gleichzeitig darstellbaren Farben auf einem Monitor anzeigen und sollte als minimale Konfiguration angesehen werden. SuperVGA-Karten können bis zu 1024x768 Bildpunkte in jeweils 256 Farben darstellen. Dabei ist allerdings zu beachten, daß der Hauptprozessor umso stärker belastet wird, je mehr Bildpunkte er zur Darstellung eines Bildes berechnen muß. Höhere Auflösungen gehen damit zu Lasten der Bildaufbau-Geschwindigkeit.

Neben der Auflösung entscheidet die verwendete Hardware auf der Grafikkarte über die Darstellungsgeschwindigkeit. Eine Grafikkarte enthält bestimmte Konstruktionsdetails wie 16 Bit-Bus, 16-Bit-ROM, Video-RAM und Chipsatz, die die Geschwindigkeit nachhaltig beeinflussen.

Die Bildwiederholfrequenz ist ein Maß dafür, wie oft das Bild pro Sekunde auf dem Monitor dargestellt wird. Je größer die Frequenz ist, desto ruhiger und flimmerfreier ist das Bild.

Hinsichtlich Bildwiederholfrequenz, Schnelligkeit, Auflösung und Anzahl der darstellbaren Farben sind heute Grafikkarten beispielsweise mit dem ET4000-Chipsatz und 1 MByte Bildspeicher zu empfehlen (speziell für Local-Bus). Dabei ist der Kauf einer Markenkarte auf jeden Fall sinnvoll, weil so regelmäßige Aktualisierungen der Software-Treiber gewährleistet sind. Beim Kauf einer Karte ist darauf zu achten, daß Windows diese Karte unterstützt oder ein entsprechender Treiber mitgeliefert wird. Der Preis von SuperVGA-Karten liegt im allgemeinen unterhalb der 600,-DM-Grenze.

Speziell für Windows optimierte Beschleunigerkarten enthalten meistens den S3-Chip und sind ab circa 350,- erhältlich. Grafikkarten mit diesem Chip und Video-RAM können bis zu 1280x1024 Bildpunkte in 16 Farben darstellen. Gängige Auflösungen sind 1024x768 Bildpunkte in 256 Farben oder 800x600 Bildpunkte in bis zu 32768 Farben.

Der 8514/A-Standard ist von IBM geschaffen worden. Hinter Grafikkarten mit diesem Standard verbergen sich einfache Grafikprozessoren, die den Hauptprozessor bei der Berechnung der Bilddaten entlasten. Die Auflösung beträgt 1024x768 Bildpunkte bei 256 gleichzeitg darstellbaren Farben. Die Original-IBM-Karte stellt das Bild im Zeilensprungverfahren (Interlaced-Modus) dar. Das bedeutet, daß ein Bild nacheinander aus zwei um eine Bildzeile versetzten Halbbildern zusammengesetzt wird. Der Vorteil ist, daß die Anforderungen an den Monitor hinsichtlich der Frequenz geringer sind. Nachteilig ist, daß das Bild stark flimmert. Kompatible Karten umgehen nicht nur das Zeilensprungverfahren, sondern sind so optimiert, daß sie die derzeit schnellsten Grafikkarten für den Einsatz mit Windows sind. Allerdings sind qualitativ hochwertigere Monitore erforderlich, die hohe Bildfrequenzen verarbeiten können. Windows unterstützt diesen Modus standardmäßig. Der Preis solcher Karten liegt bei etwa 1000 - 2000 DM.

Grafikkarten im TIGA-Standard sind mit Grafikprozessoren von Texas Instruments ausgerüstet und erlauben derzeit Bildschirmauflösungen von bis zu 1280x1024 Bildpunkten bei 256 bis 16,7 Millionen gleichzeitig darstellbaren Farben. Durch den Einsatz dieser Karten läßt sich die Geschwindigkeit von Windows und damit auch von CorelDRAW! um ein Mehrfaches steigern. Mit der Einführung von Windows 3.1 existiert ein spezieller TIGA-Treiber, der rechenintensive Aufgaben wie das Öffnen von Fenstern und das Zeichnen von Rahmen auf den Grafikprozessor überträgt. Zu diesem Zweck muß die TIGA-Grafikkarte aber neben dem Bildspeicher von mindestens 1 MByte VRAM auch noch mit Programmspeicher ausgerüstet sein. Nachteilig ist der Preis solcher Karten im Bereich ab 1000,- DM aufwärts und die sehr hohen Anforderungen an den Monitor.

Die Konfigurationsbeispiele dieses Kapitels berücksichtigen die Leistungsanforderungen des Systems auch hinsichtlich die Grafikkarten und der verwendeten Monitore.

Für die Arbeit mit CorelDRAW! ist ein Farbmonitor erforderlich. Die darstellbare Größe des Bildes auf dem Monitor wird in Zoll angegeben und definiert die Bildschirmdiagonale. Die Bildschirmdiagonale und die maximal verwendbare Auflösung hängen stark voneinander ab. Dabei werden an dieser Stelle nicht die elektrischen Parameter wie Grenzfrequenz und Lochmaskengröße betrachtet, sondern die dargestellte Größe der Windows-Oberfläche auf dem Monitor. Es ist leicht einzusehen, daß die Bedienelemente von Windows auf größeren Monitoren leichter zu erkennen sind als auf kleineren Geräten. Mit steigender Auflösung nimmt die Größe der Bedienelemente wie Schalter, Rollpfeile und Menüzeilen ab. Die Darstellung der Windows-Oberfläche auf einem 14"-Monitor mit 1024x768 Bildpunkten ist daher nicht zu empfehlen. Aufgrund der Bildschirmgröße ergeben sich folgende Obergrenzen:

14"-Monitor 800x600 Bildpunkte, ab 900,- DM

16"-Monitor 1024x768 Bildpunkte, ab 1600,- DM

19"- oder 20"-Monitor   1280x1024 Bildpunkte, ab 4000,- DM

Hinsichtlich der physikalischen Parameter wie Pixelfrequenz, Zeilenfrequenz und Bildwiederholfrequenz müssen Grafikkarte und Monitor zueinanderpassen, da das Bild ansonsten unscharf und blaß werden kann bzw. kein Bild mehr darstellbar ist. Bei Beachtung der oben angeführten Empfehlung und Kauf eines sogenannten Multisync-Monitors ist normalerweise eine gute Darstellung gewährleistet. Hochleistungsgrafikkarten werden meist im Paket mit einem speziell dafür geeigneten Monitor angeboten. Für sehr hohe Anforderungen ist dies die beste Wahl. Die Preise für solche Konfigurationen übersteigen leicht die 8000,- DM-Grenze.

Die Schnittstelle Grafikkarte und Monitor stellt den wichtigsten Bereich dar. Beim Kauf dieser Komponenten ist ein besonderes Augenmerk auf Qualität zu legen, da nur so ein längeres und ermüdungsfreies Arbeiten möglich ist. Die angegebenen Schätzpreise gelten für Markenartikel.

PostScript-Drucker

Die Ausgabe der Grafikdaten von CorelDRAW! ist in erster Linie auf die Seitenbeschreibungssprache PostScript zugeschnitten. Durch Verwendung PostScript-fähiger Drucker ist die Ausgabe von speziellen Schriften möglich. Durch die Verwendung der TrueType-Technologie in Windows 3.1 können auf jedem Drucker spezielle Schriften ausgegeben werden. Auch spezielle TrueType-Drucker werden zukünftig erhältlich sein. Trotz dieser neuen Technologie wird PostScript seine marktführende Stellung behalten. Der Geschwindigkeitsvorteil von TrueType ist durch die Veröffentlichung von PostScript-Level 2 nicht mehr vorhanden. Diese verbesserte Version von PostScript ist nicht nur schneller, sondern auch wesentlich leistungsfähiger. Verwendet werden PostScript-Drucker zur Kontrolle von Grafiken vor der Übergabe der Datei an ein Belichtungsstudio. Gelegentlich werden Grafiken auch direkt auf diesen Druckern ausgedruckt und anschließend weiter verwendet. Durch die im Vergleich zu Belichtern geringe Auflösung von 300-600 dpi sind hochqualitative Ausdrucke, wie sie für das druckgrafische Gewerbe benötigt werden, aber nicht möglich.

In der Regel werden Laserdrucker mit PostScript-Interpretern eingesetzt. Solche Drucker enthalten spezielle Mikroprozessorkarten, die die PostScript-Daten in Druckpunkte umsetzen. Aber auch Laserdrucker wie der HP LaserJet lassen sich durch zusätzliche Kassetten auf PostScript umrüsten. Die verwendete Technologie bestimmt auch hier die Geschwindigkeit der Druckausgabe. Für normale Anwendungen reicht ein PostScript-Drucker mit 8 Seiten Durchsatz pro Minute aus, für professionelle Anwendungen sind leistungsfähigere Systeme vorzuziehen. Je nach Leistung müssen für PostScript-Laserdrucker 3000,- bis über 20000,- DM veranschlagt werden. Auf dem Markt werden PostScript-fähige Farbdrucker angeboten. Mit diesen Druckern lassen sich einfach und schnell farbige Grafiken ausdrucken. Die Auflösung ist auch hier auf 300 - 600 dpi beschränkt, so daß komplizierte Grafiken mit Farbverläufen nur annähernd genau wiedergegeben werden können. Die Ausgabe hochwertiger Grafiken ist nur über Belichter möglich. PostScript-fähige Farbdrucker sind ab etwa 14000,- bis 50000,- DM erhältlich. PostScript-Emulationsprogramme setzen die PostScript-Daten im Rechner in Druckpunkte um und übertragen diese dann an den nicht PostScript-fähigen Drucker. Dazu werden die Grafiken in einer Druckdatei gespeichert und anschließend berechnet. Dieses Verfahren nimmt sehr viel Zeit in Anspruch und ist allenfalls für gelegentliche Ausdrucke praktikabel.

Andere Drucker

Die Ausgabe von Grafiken auf nicht PostScript-fähigen Druckern ist nur für gelegentliche Ausdrucke und den Heimanwender zu empfehlen. Die Umsetzung der Grafikdaten in Druckpunkte wird durch CorelDRAW! mit Unterstützung der Windows-Ressourcen vorgenommen, ist sehr rechenintensiv und erfordert deshalb sehr viel Zeit. Die Ausgabe von PostScript-Rastern und -Füllmustern ist nicht möglich.

Bei Verwendung von gefüllten Flächen (z.B. schwarz gefüllte Flächen) entstehen beim Ausdruck auf Matrixdruckern inhomogene Bereiche mit unterschiedlicher Schwärzung. Darüber hinaus ist der zeilenweise Ausdruck der Grafik deutlich zu erkennen. Matrixdrucker sollten deshalb nur dann verwendet werden, wenn lediglich Umrisse oder kleine Flächen ausgedruckt werden müssen.

Tintenstrahldrucker und Laserdrucker liefern wesentlich bessere Ergebnisse. Die Ausdruckzeiten bei Laserdruckern sind bei Einsatz eines schnellen Rechners akzeptabel, und die Ausgabequalität entspricht - mit Ausnahme der PostScript-spezifischen Optionen - den PostScript-Laserdruckern.

Für den Heimanwender werden Tintenstrahldrucker empfohlen. Tintenstrahldrucker spritzen winzige Tintentröpfchen zeilenweise auf das Papier und erzeugen so Buchstaben und Grafiken. Die Ausgabequalität liegt etwas unter der eines Laserdruckers, allerdings sind große Flächen im allgemeinen homogener. Durch die zeilenweise Generierung des Druckbildes liegt die Druckzeit für eine Seite im Bereich eines Matrixdruckers. In letzter Zeit sind vermehrt Farb-Tintenstrahldrucker erhältlich, die sehr preisgünstig sind (ab ca. 1000,- DM). Mit diesen Druckern sind preiswerte und farbige Drucke auf Papier und Overheadfolie möglich; die Druckzeiten liegen je nach eingestellter Druckqualität (Auflösung) bei bis 20 Minuten für eine vollständige Grafik. Der Preis von Tintenstrahldruckern liegt im Bereich von 900,- bis 2500,- DM.

Einfache Laserdrucker sind ab circa 1500,- erhältlich. Es ist jedoch darauf zu achten, daß ein Speicher von min. 1 MByte zur Verfügung steht.

Beispielkonfigurationen

Der Bedarf nach leistungsfähigeren Rechnern und Peripheriegeräten steigt mit wachsender Professionalität in der Bedienung von Corel-DRAW! und den steigenden Anforderungen an Geschwindigkeit, Speicherbedarf und Darstellungsqualität.

Im folgenden werden Beispielkonfigurationen für drei Anwendungsbereiche gegeben: Den Heimanwender, der das Programm gelegentlich verwendet, den Fortgeschrittenen, der auch im Büro häufiger Grafiken erstellt, und den professionellen Anwender, dessen Umgang mit CorelDRAW! praktisch den ganzen Arbeitstag ausfüllt.

Konfiguration 1: Der Heimanwender

Rechner: 80386 DX, 33 MHz mit 4 MB Arbeitsspeicher

Speichermedium: 125 MB Festplatte AT-Bus

Grafiksystem: SuperVGA-Karte mit 14"- oder 16"-Multi-Sync-Farbmonitor

Drucker: Tintenstrahldrucker (eventuell Postscript-Emulationssoftware

Eingabegeräte: Maus

Konfiguration 2: Der Fortgeschrittene

Rechner: 80486 DX, 33 MHz, min. 8 MB Arbeitsspeicher

Speichermedium: 250 MB Festplatte AT-Bus oder SCSI

Grafiksystem: SuperVGA-Karte oder S3-Karte mit 800x600 Bildpunkten Auflösung, 16"-Monitor

Drucker: Laserdrucker (eventuell postscriptfähig)

Eingabegeräte: Maus

Konfiguration 3: Der Profi

Rechner:	80486, 33 - 66 MHz, 16 MB Arbeitsspeicher, EISA oder Local-Bus optional
Speichermedium:	500 MB Festplatte SCSI oder AT-Bus, CD-ROM für Clipart-Dateien, 250 MB Streamer zur Datensicherung, Wechselplatte zur Sicherung von einzelnen Projekten
Grafiksystem:	VGA-Karte und 8514/A-kompatible Prozessorkarte mit 1024x768 oder 1280x1024 Bildpunkten oder Grafikprozessor-Karte (z.B. TIGA), 16" - 20"-Monitor
Drucker:	Postscript-Laserdrucker zur Kontrolle der Grafiken (eventuell Farbdrucker zur schnellen Herstellung einer Grafik)
Eingabegeräte:	Maus
Sonstiges:	Ausgabe der Grafiken in Dateien zur Belichtung in Belichtungsstudios, Scanner incl. Software zum Einlesen von Grafiken und Texten

Empfehlungen zur Softwareumgebung

Zwingende Voraussetzung für das Betreiben von CorelDRAW! ist die Installation von MS-DOS und Windows ab Version 3.0. Empfohlen wird an dieser Stelle die Kombination MS-DOS 5 mit Windows 3.1, die auch Grundlage für alle Arbeiten an diesem Buch war.

Neben dieser Minimalkonfiguration kommen je nach Aufgabenstellung und dem Grad der Professionalität weitere Programme zum Einsatz. Im Vordergrund bei der Verwendung weiterer Programme steht, Diagramme und Grafiken in eine CorelDRAW!-Präsentation einzubauen, Daten in das Datenformular von CorelCHART! zu übernehmen oder eine Datenverbindung zu anderen Programmen herzustellen. Im einzelnen sind hier folgende Programmtypen denkbar:

– Tabellenkalkulationsprogramme
– Grafikformat-Konvertierungsprogramme
– Fontskalierungsprogramme

Allen Programmen sollte ein Merkmal gemeinsam sein: Sie sollten die Nutzung aller Funktionen und Ressourcen von Windows erlauben, also für Windows programmiert sein. Der Austausch von Daten wird dadurch erheblich vereinfacht.

Tabellenkalkulationsprogramme

Obwohl CorelCHART! bereits einige Funktionen zur Berechnung von statistischen Daten enthält, sind finanztechnische und aufwendigere statistische Berechnungen nur mit Tabellenkalkulationsprogrammen möglich. Die Ergebnisse solcher Berechnungen sind zwar meist auch innerhalb von Kalkulationsprogrammen grafisch darstellbar, aber CorelCHART! verfügt über wesentlich mehr Diagrammoptionen und ist im Bereich der Präsentation von Diagrammen mit CorelSHOW! mindestens ebenbürtig. Die Übernahme von Daten in die einzelnen Programme von CorelDRAW! (auch mit dynamischer Datenverbindung) ermöglicht eine flexible Gestaltung. Als geeignetes Programm ist hier nur Microsoft Excel zu nennen. Zukünftig dürfte mit Borland Quattro Pro für Windows ein weiteres Programm zur Verfügung stehen.

Grafikkonvertierungsprogramme

Windows-Programme ermöglichen den Datenaustausch über die Zwischenablage. Somit sind Formatprobleme ausgeschlossen. Dateien anderer Programme sind entweder von CorelDRAW! direkt einlesbar oder müssen mit einem geeigneten Programm in ein lesbares Format konvertiert werden. Die meisten Programme sind im DOS-Bereich angesiedelt, wie z.B. die Programme Hotshot Graphics, HiJaak oder Graphic Workshop. Windows-spezifische Programme entstammen dem Shareware-Bereich: Pixfolio, Paintshop Pro und Graphics Workshop for Windows.

Fontskalierungsprogramme

Für Windows 3.0 sind solche Programme unerläßlich, um eine korrekte Darstellung verschieden großer Schriften und unterschiedlicher Schriftarten am Bildschirm zu gewährleisten. Präsentationen wirken wesentlich professioneller und harmonischer, wenn Fontskalierungsprogramme die Darstellung von Schriften übernehmen. Windows 3.1 verfügt mit TrueType über eine eigene Skalierungstechnologie, so daß zusätzliche Skalierungsprogramme nicht benötigt werden. Zur Erhaltung der absoluten Kompatibilität zu PostScript und im Hinblick auf die Vielzahl der zur Verfügung stehenden Schriften kann auf den Adobe Type Manager jedoch nicht verzichtet werden.

Prinzipiell ist für ein professionelles Arbeiten mit CorelDRAW! ein Programm jeder Kategorie erforderlich. Je nach Anwendungsfall kann aber auf das ein oder andere Programm verzichtet werden. Neben diesen Programmen sind Clipart-Sammlungen deutscher Abstammung wichtig, die themenbezogene Sammlungen von Symbolen und Grafiken enthalten.

Eine Konfiguration mit allen Programmtypen und umfangreichen Clipart-Sammlungen erfordert Festplattenkapazitäten von über 200 MByte. Die Tendenz bei Verwendung neuer Programmversionen ist allerdings steigend.

B

Verzeichnisse der Schriftarten

Im Lieferumfang von CorelDRAW! 3.0 sind bereits ca. 250 Schriften (einschließlich der verschiedenen Schriftschnitte) auf CD-ROM enthalten. Diese Schriften sind auch als Dateien auf der Beispieldiskette gespeichert, so daß Sie sich eine eigene Liste anfertigen können, die Ihnen die Auswahl einer Schrift erleichern wird.

Die Überschrift zu einer Schrift enthält zuerst den CorelDRAW!-Namen, gefolgt von der Angabe der verfügbaren Attribute und dem international üblichen Schriftnamen. CorelDRAW! verwendet für die Schriften-Bezeichnung nicht die international üblichen Namen.

Sämtliche Schriften sind in der Größe 24 Punkt eingegeben. Sie haben so eine Vergleichsmöglichkeit hinsichtlich der Größe und Breite der jeweiligen Schriften.

Die Klassifizierung der Schriften in Gruppen wird hier nicht vorgenommen. Gemäß DIN 16518 wird eine Einteilung der Schriften in elf verschiedene Schriftgruppen vorgenommen, die die Zuordnung erleichtern sollen. Für die Auswahl einer Schrift sollten Sie sich jedoch primär an die dargestellten Beispieltexte halten. Professionelle Anwender wählen die Schrift nach dem international üblichen Namen aus. Der interessierte Anwender sei auf die DIN 16518 verwiesen.

Beachten Sie bitte folgendes: Nicht alle Schriften von CorelDRAW! eignen sich für die Verwendung als Überschrift. Dies gilt insbesondere bei der Verwendung von Zahlen. So kann es durchaus vorkommen, daß Zahlen Großbuchstaben an der oberen Kante überragen.

Diese Darstellung ist bei der Eingabe von Überschriften normalerweise nicht gewollt. Kontrollieren Sie eine Überschrift also sicherheitshalber durch Anlegen einer Hilfslinie. Überragen die Zahlen die Großbuchstaben, verkleinern Sie entweder die Zahlen oder verwenden Sie eine andere Schrift.

Die Darstellung und Verwaltung zusätzlicher Schriften

Die Verwendung verschiedener Schriftarten und Schrifttypen erfordert ein großes Maß an Erfahrung und Praxis, um Dokumente sorgfältig gestalten zu können. Die Verwaltung von Schriften in Windows ist darüber hinaus noch etwas schwieriger. Dieser Abschnitt behandelt daher, auf welche Weise Windows Schriften verwaltet.

Die Schrift - Begriffsdefinitionen

Bevor Sie Schriften einsetzen, sollten Sie einige grundlegende Begriffe kennenlernen:

Schrift: Spezielle Schrift mit definierten Attributen und einer Schriftgröße, z.B. "18 Punkt Helvetica Fett".

Schriftart: Schriftfamilie mit speziellem Stil, z. B. "Helvetica Fett".

Schriftfamilie: Grundlegende Definition einer Schrift, bezieht sich auf das Erscheinungsbild, z.B. "Helvetica".

"18 Punkt Times normal" ist eine Schrift, ebenso wie "13 Punkt Arial kursiv" und "52 Punkt Zapf Dingbats". "Times Roman" ist eine Schriftart. "Times fett" ist eine weitere Schriftart. "Times" stellt eine Schriftfamilie dar.

In einem PostScript-Drucker sind elf Schriftfamilien installiert:

- Avant Garde   - Bookman

- Century Schoolbook   - Courier

- Helvetica   - Helvetica Narrow

- Palatino   - Times

- Symbol   - Zapf Chancery

- Zapf Dingbats

In vielen Anzeigen und Werbeschriften werden im Zusammenhang mit PostScript-Druckern allerdings meistens 35 verfügbare und druckerresidente Schriftarten erwähnt. Diese Angabe ist ebenfalls korrekt, sind doch einige Schriftfamilien mit mehreren Schriftschnitten definiert. Abbildung B.1 stellt alle Standardschriftarten eines PostScript-Drucker dar.

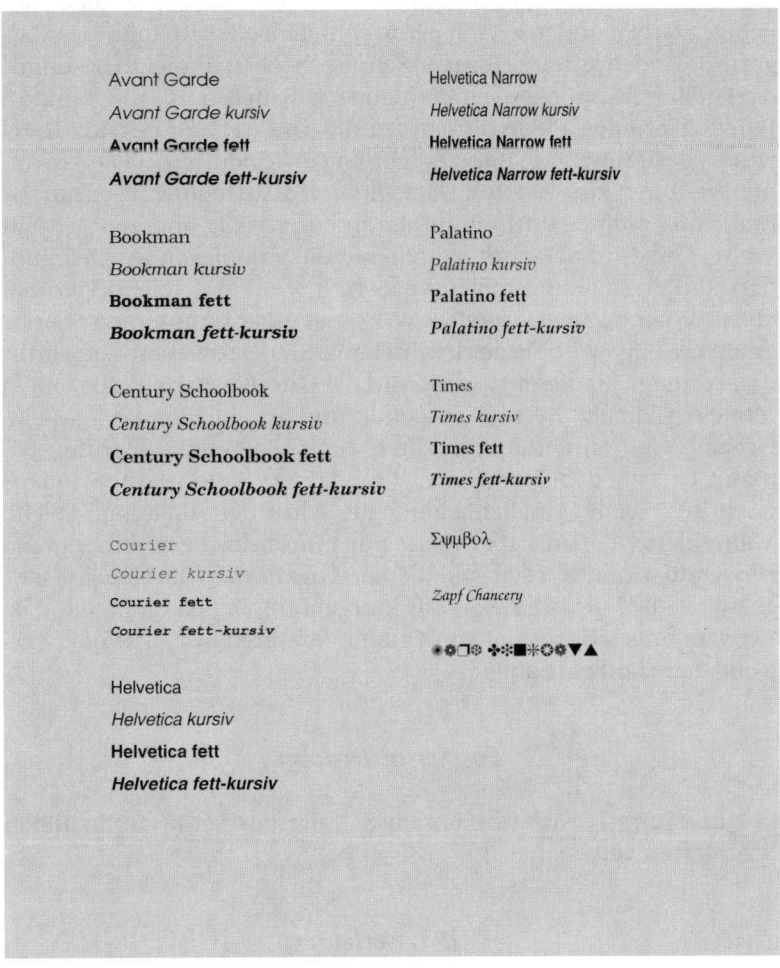

Abb. B.1: Die PostScript-Schriften

Durch die Variationsmöglichkeit der Schriftgröße in Halbpunkt-Schritten haben Sie bei PostScript-Druckern 17850 verschiedene Schriften zur Verfügung.

Die beiden Schriftkategorien

Schriften werden in zwei Kategorien unterteilt: Bitmapped (pixel-orientierte) und vektororientierte (outline) Schriften. Wie bei Grafiken unterscheiden sich diese beiden Kategorien dadurch, daß pixel-orientierte Schriften aus einer bestimmten Anzahl von Punkten zusammengesetzt sind, vektororientierte Schriften dagegen in jeder beliebigen Größe und immer in der maximal möglichen Auflösung dargestellt werden können. Bitmap-Schriften stehen immer in bestimmten Größenabstufungen zur Verfügung, z. B. in 6, 8, 10, 12, 14 und 18 Punkt "Helvetica". Jede Bitmap-Schrift wird in einer eigenen Datei gespeichert. Sobald Sie Bitmap-Schriften in Windows installieren, stehen sie Ihnen zur weiteren Darstellung zur Verfügung. Die Darstellung von Outline-Schriften erfolgt in einer völlig anderen Art und Weise. Eine Outline-Schrift enthält nur die grundlegenden Definitionen zum Erscheinungsbild dieser Schrift. Wird eine solche Schrift in einem Programm wie CorelDRAW! 3.0 in einer bestimmten Schriftgröße benötigt, wird sie automatisch mittels der Angaben der Schriftdatei erzeugt. Zu diesem Zweck wird der Umriß generiert, über einen schnellen Füllalgorithmus ausgefüllt und anschließend dargestellt. Deshalb werden Outline-Schriften auch skalierbare Schriften genannt. Grafische Programme wie CorelDRAW! bieten darüber hinaus noch sehr viele Möglichkeiten zur Schriftmanipulation. Solche Mainpulationen sind aber meist nur innerhalb dieser Programme verwendbar und werden in anderen Programmen als Grafiken eingefügt, stellen also keine Schrift im herkömmlichen Sinne dar. Die Verwendungsmöglichkeit von Outline-Schriften hängt von der verwendeten Hardware ab:

PostScript-Drucker

Mit PostScript-Druckern können Sie alle PostScript-kompatiblen Schriftarten verwenden.

HP LaserJet II

Sie benötigen ein Programm zur Verwaltung, Erzeugung und Übertragung von Schriften wie den Adobe Type Manager oder Bitstream Facelift. Andernfalls müssen Sie Programme wie Adobe Font Foundry oder Bitstream Fontware verwenden, um pixelorientierte Schriften in verschiedenen Größen zu erzeugen und zu speichern.

HP LaserJet III

Die skalierbaren Schriften "Times" und "Univers" sind bereits im Drucker installiert, die den PostScript-Schriften "Times" und "Helvetica" ähnlich sind. Weitere skalierbare Schriften sind im Fachhandel erhältlich. Weiterhin gelten die gleichen Angaben wie für den HP LaserLet II.

HP LaserJet IV

Ermöglicht die Verwendung von TrueType-Fonts.

Speicherung von Schriften

Schriften und Schriftarten können in drei verschiedenen Medien abgespeichert werden:

– innerhalb des Druckers in einem Festwertspeicher,

– in Zusatzkarten (Cartridges), die in den Drucker eingesteckt werden,

– auf der Festplatte Ihres Rechners.

Ideal ist die Verwendung eines Druckers, der bereits verschiedene Schriftarten eingebaut hat, wie z.B. ein PostScript-Drucker oder der HP LaserJet III. Die eingebauten Schriften sind von fast jedem Programm aus problemlos ansprechbar.

Cartridges können normalerweise ebenfalls problemlos angewendet werden, weil sie auf den Drucker abgestimmte Schriften enthalten. Die meisten Cartridges enthalten pixelorientierte Schriften in verschiedenen Größen. Für den HP LaserJet III sind Cartridges mit skalierbaren Schriften verfügbar. Für die PostScript-Emulations-Cartridges von Pacific (Pacific Page) ist eine zusätzliche Cartridge erhältlich, die 40 weitere PostScript-Schriften enthält

Auf der Festplatte gespeicherte Schriften, sogenannte Softfonts, sind für professionelle Anwender unverzichtbar. Softfonts werden immer dann in den Drucker geladen, wenn Sie sie benötigen. Sie haben so zwar eine sehr flexible Schriftauswahl, aber nach dem Ausschalten des

Druckers sind die geladenen Schriften gelöscht und müssen vor dem
nächsten Ausdruck erneut in den Drucker geladen werden. Softfonts
sind sowohl als Bitmap- als auch als Outline-Schriften verfügbar.
Marktführer bei den Bitmap-Schriften ist Bitstream, bei PostScript-
Schriften gilt dies für Adobe.

Druckerschriften installieren

Residente (eingebaute) Schriften oder Schriften aus Cartridges können von Windows leicht verwaltet werden. Wenn Sie eine Cartridge
installiert haben, verwenden Sie die Druckerkonfiguration der
Systemsteuerung, um den Typ der Schriften oder Cartridges einzustellen. Sie teilen Windows so die zusätzlichen verfügbaren Schriftarten oder Schriften mit.

Die Installation von Softfonts ist etwas komplizierter und erfordert
Geduld und Planung. Dies gilt besonders dann, wenn Sie Schriften
aus verschiedenen Quellen installieren wollen.

Bildschirmschriften

Der Begriff WYSIWYG wurde vor sechs Jahren eingeführt und steht
für " What You See Is What You Get". Mit dieser Technologie soll erreicht werden, daß die Bildschirmdarstellung genau der Drucker-
ausgabe entspricht.

Damit ist auch klar, daß WYSIWYG nur mit grafischen Oberflächen
realisiert werden kann. Windows 3.0 verfügt zwar über begrenzte
Möglichkeiten des WYSIWYG, aber für ein professionelles DTP reicht
dies nicht aus. Der Einsatz zusätzlicher Software wie des Adobe Type
Managers (ATM) ist also erforderlich. Windows 3.1 geht einen Schritt
weiter und erreicht mit seiner TrueType-Technologie echtes
WYSIWYG, wenn die TrueType-Schriftfamilien auch für den Ausdruck
verwendet werden. Allerdings sind derzeit nur wenige TrueType-
Schriftarten erhältlich, die im wesentlichen den Standardsatz der
PostScript-Schriftarten abdecken. Möchten Sie aber weiterhin die
volle Kompatibilität mit PostScript erhalten, verwenden Sie auch hier
den Adobe-Type-Manager.

Der Adobe Type Manager stellt ein Programm dar, das

- Schriften für PostScript-Drucker,
- Schriften für Nicht-PostScript-Drucker und
- Bildschirmschriften

verwaltet.

Darüber hinaus verwendet ATM die Adobe-Schriften Typ 1, die lange Zeit als die perfektesten Schriften galten. Zur Darstellung von Drucker- und Bildschirmschriften werden also nur Outline-Schrifttypen verwendet. Wenn Sie zum Beispiel einen Absatz in der Schrift "17 Punkt Palatino" darstellen wollen, führt ATM folgende Schritte aus:

- Es erzeugt die Schrift "17 Punkt Palatino" und stellt sie auf dem Bildschirm dar.

- Es wählt die entsprechende Schriftart im PostScript-Drucker aus.

- Bei Verwendung eines Nicht-PostScript-Druckers erzeugt es die Bitmap-Schrift "17 Punkt Palatino" und lädt diese als Softfont in den Drucker.

Sie brauchen sich nun keine Gedanken mehr darüber zu machen, ob Sie die verwendete Schrift bereits erzeugt haben. Wenn Sie die Schriftart installiert haben, werden alle weiteren Schritte durch den Adobe Type Manager ausgeführt.

Der Adobe Type Manager wird mit vier Schriftfamilien ausgeliefert: "Times", "Helvetica", "Symbol" und "Courier". Sie können zwar die elf Schriftfamilien eines PostScript-Druckers ausdrucken, aber nur vier auf dem Bildschirm darstellen. Möchten Sie die übrigen sieben Schriften auch darstellen, benötigen Sie das sogenannte "Plus Package".

Den Adobe Type-Manager installieren

Bei der Installation des Adobe Type Managers wird Windows mitgeteilt, daß die sieben neuen Schriftfamilien nicht in den PostScript-Drucker eingebaut sind, obwohl diese bei 95 Prozent aller PostScript-Drucker vorhanden sind.

Dieser Fehler verhindert, daß die Schriftarten korrekt dargestellt werden. Darüber hinaus treten Probleme auf, wenn in der Datei WIN.INI Referenzeinträge für Bitmap-Schriften stehen. Sie müssen deshalb die nachfolgend beschriebenen Schritte ausführen, wenn Sie das Plus Package installieren.

Bevor Sie den ATM installieren, müssen Sie alle Einträge bezüglich der Bildschirmschriften löschen, die mit Fontware, Font Foundry oder einem anderen Schriftenprogramm definiert wurden.

Sie haben zwei verschiedene Möglichkeiten: Entweder löschen Sie die Schriften über die Systemsteuerung von Windows, oder Sie entfernen die Einträge in der Datei WIN.INI. Vergewissern Sie sich, daß Sie die folgenden sieben Schriften nicht löschen:

–   Courier
–   Helv
–   Modern
–   Roman
–   Symbol
–   Tms Rmn
–   Script

Diese Schriften sind systemspezifisch für Windows. Sie können nun die betreffenden FON-Dateien löschen, die sich im Verzeichnis \WINDOWS\SYSTEM befinden. Windows 3.1 enthält neben diesen Schriften zusätzlich die TrueType-Schriften "Arial", "Courier New", "Symbol", "Times New Roman" und "Wingdings". Auch diese Schriften sollten Sie nicht löschen.

Sollten Sie nicht sicher sein, welche der Dateien Sie löschen können, übergehen Sie diesen Schritt. Besitzer von PostScript-Druckern mit elf Schriftfamilien müssen nun die Datei WIN.INI ändern:

1. Installieren Sie den ATM und dann das Plus Package.

2. Laden Sie die Datei WIN.INI in einen Texteditor, und suchen Sie die folgenden Zeilen:

```
softfonts=22
softfont1=d:\psfonts\pfm\agw_____.pfm
softfont2=d:\psfonts\pfm\agd_____.pfm
softfont3=d:\psfonts\pfm\agdo_____.pfm
softfont4=d:\psfonts\pfm\agwo_____.pfm
softfont5=d:\psfonts\pfm\bkl_____.pfm
softfont6=d:\psfonts\pfm\bkli_____.pfm
softfont7=d:\psfonts\pfm\bkd_____.pfm
softfont8=d:\psfonts\pfm\bkdi_____.pfm
softfont9=d:\psfonts\pfm\hvn_____.pfm
softfont10=d:\psfonts\pfm\hvnb_____.pfm
softfont11=d:\psfonts\pfm\hvnbo____.pfm
softfont12=d:\psfonts\pfm\hvno_____.pfm
softfont13=d:\psfonts\pfm\ncr_____.pfm
softfont14=d:\psfonts\pfm\nci_____.pfm
softfont15=d:\psfonts\pfm\ncb_____.pfm
softfont16=d:\psfonts\pfm\ncbi_____.pfm
softfont17=d:\psfonts\pfm\por_____.pfm
softfont18=d:\psfonts\pfm\poi_____.pfm
softfont19=d:\psfonts\pfm\pob_____.pfm
softfont20=d:\psfonts\pfm\pobi_____.pfm
softfont21=d:\psfonts\pfm\zcmi_____.pfm
softfont22=d:\psfonts\pfm\zd_____.pfm
```

Das Unterverzeichnis muß nicht unbedingt übereinstimmen und es müssen auch nicht alle Schriftarten installiert sein. Sobald Sie diese Zeilen gefunden haben, löschen Sie sie. Andere Einträge von Softfonts müssen nicht gelöscht werden, aber Sie müssen die Zahl der installierten Softfonts korrigieren. Haben Sie mehrere PostScript-Treiber installiert, erscheinen diese Zeilen mehrfach für jeden Eintrag.

3.   Speichern Sie die Datei WIN.INI, und verlassen Sie Windows.

4.   Starten Sie Windows erneut.

Druckerfonts und Buchstabenspeicher

Der Adobe Type Manager enthält zwei weitere nützliche Optionen: Verwendung von Software- und Druckerfonts und Fontcache (Abbildung B.2). Wie Sie bereits wissen, erzeugt ATM sowohl Bildschirm- als auch Druckerschriften. Im Drucker eingebaute Schriften oder geladene Softfonts werden zunächst nicht verwendet; es sei denn, Sie aktivieren die Funktion VERWENDEN VON SOFTWARE- UND DRUCKERFONTS. Verwenden Sie nun eine im Drucker eingebaute oder geladene Schrift, wird die zeitaufwendige Erzeugung von Druckerschriften vermieden.

Die Erzeugung von Bildschirmschriften erfolgt folgendermaßen: Zunächst wird der Umriß gezeichnet und anschließend mit einem schnellen Algorithmus gefüllt. Dieser Vorgang muß für jeden Buchstaben in jeder Schriftart und für jede Schriftgröße ausgeführt werden und ist relativ zeitaufwendig. Der Adobe Type Manager bietet deshalb die Möglichkeit, die bereits errechneten Bildschirmschriften in einem Zwischenspeicher abzulegen und bei Bedarf darauf zuzugreifen. Dies hat verschiedene Vorteile:

–   Der Bildschirmaufbau erfolgt schneller, weil die Berechnung nicht mehr erforderlich ist.

–   Der Fontcache ist temporär, damit wird kein Speicherplatz auf der Festplatte benötigt.

Der Fontcache ist von 96 - 8192 KByte einstellbar und sollte bei einem Arbeitsspeicherausbau von 8 MByte mindestens 1024 KBytes betragen. Der unter Windows verfügbare Arbeitsspeicher wird damit um ungefähr 512 KByte vermindert. Dieser Nachteil wird durch den wesentlich schnelleren Bildaufbau mehr als kompensiert.

Nicht-PostScript-Drucker verwenden

Möchten Sie den Adobe Type Manager mit einem Nicht-PostScript-Drucker verwenden, müssen Sie nur die Einträge für die Bildschirmschriften löschen. Der Einsatz des ATM ist unabhängig vom verwendeten Drucker.

Sobald eine Schrift gedruckt werden soll, erzeugt ATM die entsprechende Bitmap-Schrift und sendet diese zum Drucker. Die Schriftqualität reicht fast an PostScript-Qualität heran.

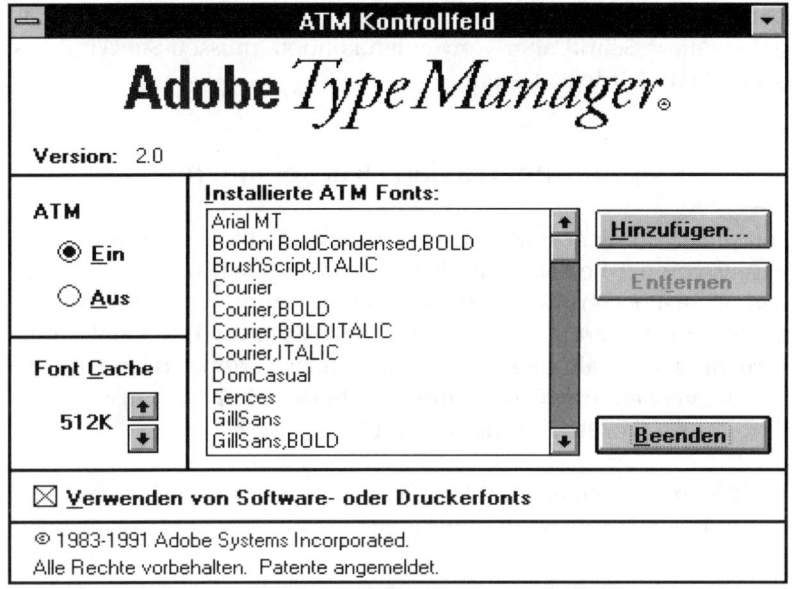

Abb. B.2: Das ATM-Kontrollfeld

Softfonts installieren

Der Adobe Type Manager arbeitet mit jeder Typ-1-Schriftart zusammen. Kompatible Schriftformate anderer Hersteller können verwendet werden, wenn folgende Dateien vorhanden sind:

–   PFM-Datei: Printer Font Metric. Diese Datei wird zur Berechnung der Zeichenbreiten verwendet.

–   PFB-Datei: Printer Font Binary. Diese Datei wird für das Drucken benötigt.

Enthält die Schriftart diese Dateien, klicken Sie doppelt auf das ATM-Sinnbild und wählen die Schaltfläche HINZUFÜGEN. Wählen Sie anschließend das richtige Verzeichnis, markieren Sie die Schrift, die Sie hinzufügen wollen, und klicken Sie anschließend auf die Schaltfläche HINZUFÜGEN.

Der Adobe Type Manager installiert nun die zusätzliche Schrift. Bevor Sie diese Schrift aber verwenden können, müssen Sie Windows beenden und erneut starten.

Softfonts in den Drucker laden

Softfonts sind nicht ständig im Drucker verfügbar, sondern müssen jeweils von der Festplatte in den Drucker geladen werden. Besitzer von Nicht-PostScript-Druckern kommen um die Verwendung von Softfonts nicht herum. Dies gilt auch für Besitzer von PostScript-Druckern, die andere als die elf eingebauten Schriftarten verwenden wollen. Bei Verwendung von Softfonts ergibt sich ein Problem, wenn Sie EPS-Dateien zur Belichtung weitergeben:

–   Wenn Sie Testausdrucke auf Ihrem PostScript-Drucker erstellen, müssen Sie den Softfont geladen haben.

–   Wenn Sie die EPS-Datei erzeugen, sollten Sie die Schrift nicht laden, weil die meisten Belichtungsstudios diese Schrift bereits besitzen.

Prinzipiell existieren zwei Möglichkeiten, Schriftarten in den Drucker zu laden:

1.   Sie übertragen die Softfonts bei Bedarf,

     oder

2.   Sie weisen Windows an, diesen Vorgang automatisch auszuführen.

Die erste Methode ist meistens besser, weil sie flexibler ist.

Softfonts automatisch laden

Windows speichert alle Einträge zu Schriften in der Datei WIN.INI. Durch kleine Änderungen an diesen Einträgen teilen Sie Windows mit, ob es eine Schrift zum Drucker übertragen soll oder nicht. Gehen Sie dazu folgendermaßen vor:

Laden Sie die Datei WIN.INI in einen Texteditor und suchen bei jedem [PostScript]-Abschnitt die Einträge für die Softfonts. Diese Einträge haben typischerweise folgendes Aussehen:

```
softfont1=d:\psfonts\pfm\hvl_____.pfm
softfont2=d:\psfonts\pfm\hvbl____.pfm
softfont3=d:\psfonts\pfm\hvblo___.pfm
softfont4=d:\psfonts\pfm\hvlo____.pfm
```

Diese Einträge verweisen auf die Dateien, die Windows für die Einstellung der verschiedenen Zeichenbreiten benötigt. Soll Windows diese Schriften nun automatisch in den Drucker laden, ändern Sie diese Einträge wie folgt:

```
softfont1=d:\psfonts\pfm\lhv_____.pfm,d:\psfonts\hvl_____.pfb
softfont2=d:\psfonts\pfm\lhvbl___.pfm,d:\psfonts\hvbl____.pfb
softfont3=d:\psfonts\pfm\hvblo___.pfm,d:\psfonts\hvblo___.pfb
softfont4=d:\psfonts\pfm\hvlo____.pfm,d:\psfonts\hvlo____.pfb
```

Das Unterverzeichnis ist zwar installationsabhängig, aber die Syntax des Eintrags muß eingehalten werden. Der zweite Teil des Eintrags nach dem Komma bezieht sich auf die aktuellen Schriftdateien für den Drucker.

Softfonts manuell in den Drucker laden

Die zweite Methode, Softfonts zu laden, ist wesentlich flexibler. Falls Ihr PostScript-Drucker an einer parallelen Schnittstelle angeschlossen ist, können Sie eine Batchdatei erzeugen, die das Ladeprogramm PCSEND aufruft.

Wenn Sie dieser Batchdatei dann noch ein Symbol zuweisen, übertragen Sie einen Softfont durch doppeltes Klicken auf das Symbol. Gehen Sie dazu folgendermaßen vor:

1. Erzeugen Sie auf der Betriebssystem-Ebene eine Batchdatei namens SOFTFONT.BAT. Dazu laden Sie den Microsoft-Editor, indem Sie EDIT eintippen und die Taste ⏎ drücken. Geben Sie folgende Befehlen ein:

```
echo off

d:

cd\psfonts

pcsend -1 -v %1
```

und speichern Sie die Datei unter dem Namen SOFTFONT.BAT. Die Laufwerks - und Verzeichnisangabe darf variieren. Der Parameter %1 ist ein variabler Parameter, der mit dem Aufruf der Batchdatei übertragen wird und den Namen des Softfonts enthält. Der Parameter -1 steht für LPT1.

2. Legen Sie in Windows eine neue Gruppe namens SCHRIFTEN an, indem Sie im Programm-Manager den Befehl DATEI NEU wählen.

3. Öffnen Sie den Datei-Manager, und stellen Sie das Unterverzeichnis PSFONTS dar. Verkleinern Sie das Fenster des Datei-Managers so, daß Sie die neue Programmgruppe erkennen können.

4. Wählen Sie die gewünschten PFB-Dateien aus, halten Sie Maustaste gedrückt und ziehen den Mausszeiger in die Gruppe SCHRIFTEN. Haben Sie auf diese Weise alle benötigten Schriftarten in die Programmgruppe "gezogen", schließen Sie den Datei-Manager wieder.

5. Klicken Sie in der Gruppe SCHRIFTEN auf eine PFB-Datei, und wählen Sie die Option EIGENSCHAFTEN im Menü DATEI aus.

6. Tragen Sie nun den Namen der Schriftart ein.

7. Im Eingabefeld BEFEHLSZEILE geben Sie SOFTFONT.BAT und dann den Namen der PFB-Datei ein. Beide Einträge sind durch ein Leerzeichen voneinander zu trennen.

8. Bestätigen Sie die Einstellungen. Wiederholen Sie diese Schritte für alle PFB-Dateien in dieser Gruppe.

Möchten Sie nun eine bestimmte Schriftart verwenden, klicken Sie doppelt auf das entsprechende Sinnbild und übertragen so diese Schriftart in den Drucker.

Solange PCSEND die Daten zum Drucker überträgt, wird der Bildschirm dunkelgeschaltet. Sie können die Schrift nun in Windows verwenden und problemlos EPS-Dateien erzeugen.

Darstellung und Ausdruck mit TrueType-Schriften

Die TrueType-Technologie von Windows 3.1 ermöglicht erstmals WYSIWYG unter Windows ohne die Verwendung zusätzlicher Fontskalierungsprogramme. Dabei wurde Wert auf die größtmögliche Kompatibilität zu PostScript gelegt. Dies äußert sich unter anderem darin, daß TrueType-Schriften im Adobe-Type 1-Format in den Drucker geladen werden können und eine Ersetzungstabelle existiert, die festlegt, durch welche Druckerschriften die installierten TrueType-Schriften ersetzt werden sollen.

Der Vorteil der TrueType-Technologie ist, daß der Bildaufbau und das Ausdrucken schneller erfolgen als bei Verwendung des ATM. Darüber hinaus werden keine Systemressourcen belegt. Demgegenüber besteht die Nachteile, daß nur wenige Schriften verfügbar sind und diese Technologie noch unausgereift ist, so daß in Verbindung mit einigen Programmen unvorhersehbare Darstellungseffekte auftreten.

Die folgenden Abschnitte beschreiben, wie zusätzliche Schriften installiert werden, die Ersetzungstabelle geändert wird und andere Drucker verwendet werden.

Installation zusätzlicher Schriften

Möchten Sie weitere TrueType-Schriften installieren, gehen Sie folgendermaßen vor:

1. Rufen Sie vom Programm-Manager aus die SYSTEMSTEUERUNG auf. Klicken Sie dort auf das Icon SCHRIFTARTEN.

2. Im Fenster SCHRIFTARTEN sehen Sie eine Liste der bereits installierten Schriften. Durch Klicken auf eine Schriftbezeichnung in der Liste wird ein Schriftbeispiel eingeblendet. Sie installieren weitere Schriftarten, indem Sie nun auf die Schaltfläche HINZUFÜGEN klicken.

3. Spezifizieren Sie jetzt das Verzeichnis, das die hinzuzufügenden Schriftarten enthält. Windows zeigt eine Liste der verfügbaren Schriftarten an.

4. Markieren Sie die zu installierenden Schriftarten und klicken Sie auf OK. Die Schriftarten werden daraufhin installiert und erscheinen in der Schriftarten-Liste.

    Über die Schaltfläche TRUETYPE öffnen Sie eine Dialogbox, in der Sie definieren, ob Sie TrueType-Schriften verwenden wollen. Mit der zweiten Option bestimmen Sie, ob Sie nur TrueType-Schriften verwenden und die Bitmapschriften unterdrücken wollen.

Die Ersetzungstabelle

Die Ersetzungstabelle im PostScript-Druckertreiber definiert, welche TrueType-Schriften im Drucker durch residente Schriften ersetzt und welche Schriften im Adobe Typ 1-Format als Softfont in den Drucker geladen werden. Möchten Sie die Ersetzungstabelle überarbeiten, gehen Sie folgendermaßen vor:

1. Rufen Sie die SYSTEMSTEUERUNG auf und klicken Sie auf das Icon DRUCKER.

2. Wählen Sie den PostScript-Druckertreiber und klicken auf EINRICHTEN. Klicken Sie anschließend auf die Schaltfläche OPTIONEN und dann auf WEITERE OPTIONEN. Windows blendet daraufhin das in Abbildung B.3 dargestellte Fenster ein.

3. Klicken Sie nun auf DRUCKERSCHRIFTARTEN VERWENDEN, werden die TrueType-Schriften durch möglichst ähnliche Druckerschriftarten ersetzt. Klicken Sie auf die Option ERSETZUNGSTABELLE VERWENDEN, können Sie zusätzlich bestimmen, in welchem Format die TrueType-Schriftarten zum Drucker übertragen werden. Klicken Sie auf die Schaltfläche ERSETZUNGSTABELLE, wird eine weitere Dialogbox eingeblendet, in der Sie die Zuordnung der TrueType-Schriften zu Druckerschriften vornehmen.

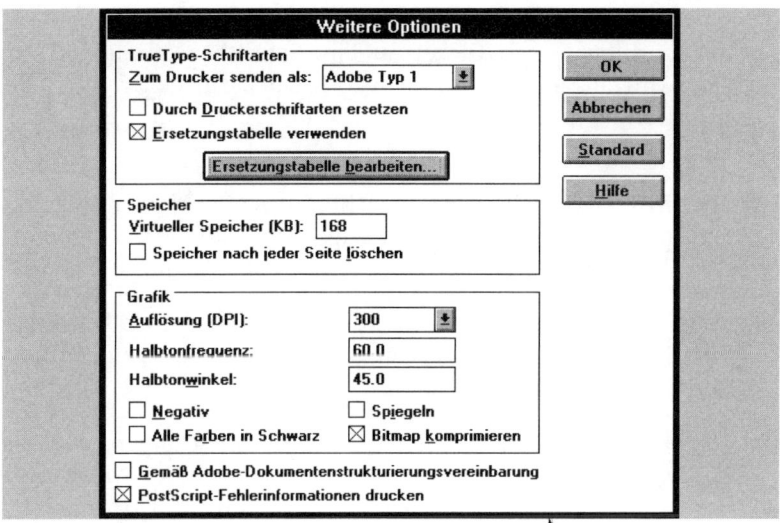

Abb. B.3: Einstellen der Ersetzungstabelle

4. Klicken Sie dazu auf den Namen einer TrueType-Schriftart und wählen in der rechten Liste die zugehörige Druckerschriftart. Existiert keine passende Druckerschriftart, klicken Sie auf ALS LADBARE SCHRIFTART LADEN. Windows lädt die TrueType-Schriftart dann als Softfont in den Drucker.

C

Die Symbolzeichensätze

Neben den verschiedenen Schriften enthält die Schrift-Auswahlliste des Textmenüs vier Symbolzeichensätze, die durch die Eingabe des entsprechenden ASCII-Codes aufgerufen werden.

Zur Eingabe eines Symbolszeichens drücken Sie die linke (Alt)-Taste und geben den betreffenden ASCII-Code auf dem numerischen Tastenblock ein.

Vor jedem ASCII-Code müssen Sie unbedingt die führende "0" eingeben!!

Eine elegante Möglichkeit, Sonderzeichen in einer Übersicht darzustellen und dann auszuwählen, ist bereits in Windows 3.1 vorhanden. Das Programm "Zeichentabelle" (CHARMAP.EXE) gehört zum Lieferumfang von Windows 3.1. Möchten Sie ein Sonderzeichen auswählen, gehen Sie wie folgt vor:

1. Starten Sie CorelDRAW! und die Zeichentabelle.

2. Aktivieren Sie die Zeichentabelle über den Task-Manager, indem Sie so oft (Alt)(⇆) drücken, bis das Fenster ZEICHENTABELLE erscheint.

3. Stellen Sie die Schrift ein und wählen ein Zeichen aus.

4. Klicken Sie auf AUSWÄHLEN und anschließend auf KOPIEREN. Sie haben das Zeichen damit in die Zwischenablage übertragen.

5. Aktivieren Sie CorelDRAW!.

6. Aktivieren Sie das Text-Hilfsmittel, klicken Sie in der Arbeitsfläche und stellen Sie die Schrift ein, in der auch das Sonderzeichen in der Zwischenablage formatiert ist.

7. Klicken Sie nun im Menü BEARBEITEN auf die Option EINFÜGEN. Das Zeichen wird daraufhin in die Arbeitsfläche übertragen.

ASCII	CorelDRAW	Dixieland	Greek/Math	Musical	Geographic
033	!	✄	!	3	○
034	"	✂	∀	//	⬡
035	#	✁	#	♯	△
036	$	✄	∃	♬	◇
037	%	☎	%	♯	⬡
038	&	✆	&	𝄞	✸
039	'	✈	Э	.	⬡
040	(	✈	(	(	❘
041	)	✉	)	)	❘
042	*	☛	*	✻	★
043	+	☞	+	+	∴
044	,	✌	,	,	▱
045	-	✍	-	–	⚲
046	.	✎	.	.	⚔
047	/	✏	/	‖	⊕
048	0	✐	0	0	0
049	1	✇	1	1	1
050	2	➤	2	2	2
051	3	✓	3	3	3
052	4	✔	4	4	4
053	5	✕	5	5	5
054	6	✖	6	6	6
055	7	✗	7	7	7
056	8	✘	8	8	8
057	9	✜	9	9	9
058	:	✚	:	♩	⊡
059	;	✛	;	♪	⊙
060	<	✤	<	.	⬭
061	=	†	=	≡	⊢
062	>	✟	>	>	✕
063	?	✝	?	𝄢	◪
064	@	✠	≅	5	□
065	A	✡	A	♩	✳
066	B	✢	B	𝄡	⚘
067	C	✣	X	¢	⛰

ASCII	CorelDRAW	Dixieland	Greek/Math	Musical	Geographic
068	D	❖	Δ	D.C.	▲
069	E	✛	E	𝄐	☆
070	F	◆	Φ	mf	⚐
071	G	✧	Γ		⚓
072	H	★	H		≋
073	I	☆	I	♯	⬠
074	J	✪	ϑ	♪	⚥
075	K	☆	K	♩	)
076	L	✬	Λ		▢
077	M	✩	M		⚒
078	N	✩	N	.	☢
079	O	✪	O		◯
080	P	✩	Π	mp	▽
081	Q	✹	Θ		▥
082	R	✻	P		✪
083	S	✳	Σ	sf	➤
084	T	✳	T	∾	◎
085	U	✺	Y	⌢	⬡
086	V	✦	ς	8ᵛᵇ	❗
087	W	✸	Ω	‖O‖	❦
088	X	✹	Ξ		♿
089	Y	✺	Ψ		⚜
090	Z	❉	Z	fz	(
091	[	✼	[		⬈
092	\	✼	∴		⊕
093	]	✼	]	𝄂	⬈
094	^	❀	⊥	∧	✩
095	_	❁	—	—	⚙
096	'	❊		tr	⛷
097	a	❂	α	♩	⛷
098	b	✿	β	♭	⚰
099	c	✻	χ	𝄴	⊕
100	d	❄	δ	D.S.	▲
101	e	❄	ε	♪	★
102	f	❅	φ	f	⚏

ASCII	CorelDRAW	Dixieland	Greek/Math	Musical	Geographic
0103	g	✳	γ		
0104	h	✳	η		
0105	i	✳	ι		
0106	j	✳	φ		
0107	k	✳	κ		
0108	l	●	λ		
0109	m	○	μ		
0110	n	■	ν		
0111	o	❑	ο		
0112	p	❐	π	p	
0113	q	❑	θ		
0114	r	❐	ρ		
0115	s	▲	σ	s	
0116	t	▼	τ		
0117	u	◆	υ		
0118	v	❖	ϖ	v	
0119	w	◗	ω		
0120	x		ξ		
0121	y		ψ		
0122	z		ζ	z	i
0123	{	‘	{		
0124			’				
0125	}	“	}		
0126	~	”	~	~	
0127	.	○	∫	.	
0128	`	✎	.	.	N
0129	^	✎	.		
0130	~	✎	.		
0131	1	✎	.		
0132	ƒ	✎	.		
0133	“	✎	.		•
0134	”	✎	.	.	
0135	‹	✎	.	.	
0136	›	✎	.	.	
0137	fi	✎	.	.	

ASCII	CorelDRAW	Dixieland	Greek/Math	Musical	Geographic
0138	fl	✎	·	·	⚔
0139	†	✎	·		⚔
0140	‡	✎	·	♪	⚔
0141	–	✎	·		⚔
0142	·	✎	·	·	⚔
0143	ˇ	✎	·	·	⚔
0144	„	✎	·	·	⚔
0145	…	✎	·	·	⚔
0146	‰	✎	·	·	⚔
0147	™	✎	·	·	⚔
0148 – 0159 werden nicht verwendet					
0160	·	✎	·	🎚	⚔
0161	¡	♪	♈	ℛ.	♥
0162	¢	⁞	′	4	♦
0163	£	❦	≤	3	▲
0164	¤	♥	⁄	6	🛥
0165	¥	♣	∞	8	🚢
0166	¦	🎵	ƒ	7	🚢
0167	§	♠	♣	(	🐟
0168	¨	♣	♦	⅞	✪
0169	©	♦	♥	♩	⚓
0170	ª	♥	♠	2	■
0171	«	♠	↔	·	★
0172	¬	①	←	Λ	⬓
0173		②	↑	□	♜
0174	®	③	→	‚	+
0175	¯	④	↓		⬠
0176	°	⑤	○	♪ 5	●
0177	±	⑥	±	Δ	⊠
0178	²	⑦	″	V	🏰
0179	³	⑧	≥	♫	✕
0180	´	⑨	×	♪	⬡
0181	µ	⑩	∝	∿	♣
0182	¶	❶	∂	·	⚜
0183	·	❷	●	–	✳

ASCII	CorelDRAW	Dixieland	Greek/Math	Musical	Geographic
0184	˛	❸	÷	*ppp*	⊕
0185	.	❹	≠	*pp*	▷
0186	º	❺	≡	♭♭	⌖
0187	»	❻	≈	9	⚔
0188	.	❼	...	0	⚰
0189	.	❽	|	m	⊠
0190	.	❾	—	♯	×
0191	¿	❿	⌐	♭	○
0192	À	①	ℵ	×	☼
0193	Á	②	ℑ	1	●
0194	Â	③	ℜ	✔	□
0195	Ã	④	℘	8ᵃ	⚜
0196	Ä	⑤	⊗	*ff*	🚲
0197	Å	⑥	⊕	⅞	♟
0198	Æ	⑦	∅	♪	✈
0199	Ç	⑧	∩	⌐	↘
0200	È	⑨	∪	'	→
0201	É	⑩	⊃	'	△
0202	Ê	❶	⊇	.	◆
0203	Ë	❷	⊄	.	▰
0204	Ì	❸	⊂	.	■
0205	Í	❹	⊆	.	●
0206	Î	❺	∈	♩	▥
0207	Ï	❻	∉	•	♨
0208	.	❼	∠	■	✂
0209	Ñ	❽	∇	▲	⊥
0210	Ò	❾	®	▌	↙
0211	Ó	❿	©	▐	←
0212	Ô	→	™	⅝	↓
0213	Õ	→	∏	⅛	↑
0214	Ö	↔	√	▯	↚
0215	Œ	↕	·	8ᵇ	✠
0216	Ø	↘	¬	.	●
0217	Ù	→	∧	*tr*	✿
0218	Ú	↗	∨	♪	●

ASCII	CorelDRAW	Dixieland	Greek/Math	Musical	Geographic
0219	Û		⇔		
0220	Ü		⇐		
0221	.		⇑		
0222	.		⇒		
0223	ß		⇓		
0224	à		◊		
0225	á		⟨		
0226	â		®		
0227	ã		©		
0228	ä		™		
0229	å		Σ		
0230	æ		.		
0231	ç		.		
0232	è		.		
0233	é		.		
0234	ê		.		
0235	ë		.		
0236	ì		.		
0237	í		.		
0238	î		.		
0239	ï		.		
0240	.		.		
0241	ñ		.		
0242	ò		.		
0243	ó		.		
0244	ô		.		
0245	õ		.		
0246	ö		.		
0247	œ				
0248	ø		.		
0249	ù		.		
0250	ú		.		
0251	û		.		
0252	ü		.		
0253	.		.		
0254	.		.		
0255	ÿ		.		

Schrift "CommonBullets"

033	●	056	◆	079	
034	•	057	◇	080	
035	○	058	◆	081	
036	◉	059		082	
037	◎	060	→	083	
038	◖	061	→	084	◇
039	⬮	062	►	085	
040	⊗	063	⯈	086	
041	⊕	064	►	087	
042		065	►	088	
043	■	066	►	089	
044	▪	067	✚	090	◣
045	▣	068	+		
046	■	069	✳		
047		070	✳		
048	☐	071	✺		
049	☐	072	✺		
050	✎	073	✷		
051	☑	074	✻		
052	✓	075	⚲		
053	☒	076	♀		
054	★	077	⚥		
055	❧	078	†		

D

PostScript-Füllmuster in CorelDRAW!

CorelDRAW! enthält über 100 verschiedene Muster zum Füllen von Objektflächen. Drei Kategorien werden unterschieden: Bitmap-Füllmuster, Vektor-Füllmuster und PostScript-Füllmuster.

Die Bitmap- und Vektor-Füllmuster-Bibliotheken können durch eigene Muster in CorelDRAW! ergänzt werden. PostScript-Füllmuster sind nur auf PostScript-fähigen Ausgabeeinheiten ausgebbar. Für nicht PostScript-fähige Drucker können PostScript-Emulationsprogramme die Interpretation der PostScript-Datei und die Umsetzung in Druckpunkte übernehmen.

Die Bitmap- und Vektor-Füllmuster sind im wesentlichen nur in ihrer Größe und Farbgebung änderbar. Die PostScript-Füllmuster enthalten jedoch zwischen vier und sechs Parameter, die das Füllmuster je nach Einstellung abwandeln. Zur jedem PostScript-Füllmuster werden deshalb drei Beispiele gegeben. Die Parametereinstellung sowie der Name des Füllmusters ist unter dem jeweiligen Beispiel angeordnet.

Achtecke (Octagons)			
Frequenz	8	10	4
Linienbreite	5	15	25
Vordergrund-Grau	100	100	0
Hintergrund-Grau	0	0	50

Archimedes (Archimedes)			
Frequenz	8	20	4
Linienbreite	5	5	25
Vordergrund-Grau	100	100	0
Hintergrund-Grau	0	0	70

Aufprall (Impact)			
Linienbreite	5	10	20
Schrittlänge	15	150	50
Max. Winkel	40	50	40
Min. Winkel	10	15	10
Zufallszahl	0	0	1

Baumringe (Treerings)			
Max. Distanz	150	30	75
Min. Distanz	0	0	5
Linienbreite	5	5	10
Hintergrund-Grau	0	0	25
Zufallszahl	0	0	0

Blasen (Bubbles)			
Anzahl pro Zoll²	25	200	20
Max. Größe	300	75	300
Min. Größe	10	2	100
Linienbreite	10	10	15
Zufallszahl	0	0	0

Blätter (Leaves)			
Anzahl pro Zoll	50	150	50
Maxi. Grau	100	50	100
Mini. Grau	0	0	99
Maxi. Größe	100	150	100
Mini.Größe	10	0	10

Davidstern **(StarOfDavid)**			
Frequenz	8	10	4
Linienbreite	5	15	25
Vordergrund-Grau	100	100	0
Hintergrund-Grau	0	0	50

DNS (DNA)			
Frequenz	4	4	15
Linienbreite	1	2	1
Vordergrund-Grau	100	0	100
Hintergrund-Grau	0	75	0
Abstand (%)	100	100	33

Dreiecke **(Triangle)**			
Frequenz	8	10	4
Linienbreite	5	15	25
Vordergrund-Grau	100	100	0
Hintergrund-Grau	0	0	50

Fischschuppen (FishScale)			
Frequenz	8	10	4
Linienbreite	5	15	25
Vordergrund-Grau	100	100	0
Hintergrund-Grau	0	0	50

Gras (Grass)			
Anzahl	100	50	100
Maxi.Größe	35	100	40
Mini.Größe	7	25	5
Grau	0	0	100
Zufallszahl	0	0	0

Jeans (Denim)			
Frequenz	72	72	10
Max. Grau	100	100	100
Min. Grau	0	60	0
Raster	60	60	60
Zufallszahl	0	0	0

Kacheln (Tiles)			
Frequenz	8	10	4
Linienbreite	5	15	25
Vordergrund-Grau	100	100	0
Hintergrund-Grau	0	0	50

Konstruktion (Construction)			
Frequenz	8	10	4
Linienbreite	5	15	25
Vordergrund-Grau	100	100	0
Hintergrund-Grau	0	0	50

Korbgeflecht (Basketweave)			
Frequenz	6	20	3
Linienbreite	10	5	12
Vordergrund-Grau	100	100	50
Flechtenbreite (%)	100	100	160

Krater (Craters)

Anzahl	15	20	10
Maxi.Größe	300	100	500
Mini.Größe	75	10	400
Hintergrund-Grau	0	0	0
Zufallszahl	0	1	0

Kreisgitter
(CircleGrid)

Frequenz	6	15	10
Linienbreite 1	6	5	5
Linienbreite 2	6	5	5
Grau 1	40	0	0
Grau 2	40	0	100

Kristallgitter
(CrystalLattice)

Frequenz	4	4	15
Grau hinten	100	0	100
Grau vorne	0	100	0
Skalierung (%)	75	60	80

Landschaft (Landscape)			
Tiefe	6	7	4
Maxi. Grau	100	50	100
Mini. Grau	0	100	50
Zufallszahl	0	1	0

Linien			
Max. Distanz	75	150	25
Min. Distanz	0	40	0
Linienbreite	5	6	15
Winkellage	45	60	45
Zufallszahl	0	0	0

Maschen (Mesh)			
Frequenz	6	4	6
Quadr. Größe (%)	80	95	40
Schatten l.unten	3	30	3
Schatten r. oben	15	8	15
Vordergrund-Grau	100	80	100

Motive (Motifs)			
Motiv	1	4	7
Frequenz	2	2	2
Abstand (%)	100	100	100
Vordergrund-Grau	100	100	100

Quadrate (Squares)			
Frequenz	8	10	4
Linienbreite	5	15	25
Vordergrund-Grau	100	100	0
Hintergrund-Grau	0	0	50

Rechtecke (Rectangles)			
Fläche	100	40	50
Anzahl	50	10	50
Linienbreite	5	10	50
Grau	0	50	100
Zufallszahl	0	0	0

Reptilien (Reptils)			
Frequenz	4	10	4
Grau 1	60	100	0
Grau 2	30	50	50
Grau 3	0	0	100
Linienbreite	8	3	3

Risse (Cracks)			
Anzahl	20	5	5
Max. Länge	125	40	125
Min. Länge	75	25	25
Schrittlänge	14	40	100
Linienbreite	5	25	5

Schraffierung (Hatching)			
Max.Distanz	75	75	150
Min.Distanz	0	0	100
Linienbreite	5	10	10
Winkellage	45	0	60
Zufallszahl	0	0	0

Sechsecke (Hexagons)			
Frequenz	8	10	4
Linienbreite	5	15	25
Vordergrund-Grau	100	100	0
Hintergrund-Grau	0	0	50

Spinnweben (Spiderweb)			
Linienbreite	5	3	5
Trennung	300	50	100
Max.Winkel	40	45	85
Min.Winkel	10	5	20
Zufallszahl	0	0	0

Spiralen (Spirals)			
Frequenz	150	100	50
Linienbreite	5	15	5
Vordergrund-Grau	100	0	100
Hintergrund-Grau	0	100	20

Stangen (Bars)			
Breite	10	10	5
Abstand (%)	100	25	100
Maxi. Grau	100	25	10
Mini. Grau	10	50	100

Steinmauer (StoneWall)			
Frequenz	15	5	25
Maxi. Grau	100	100	60
Mini. Grau	0	0	30
Linienbreite	5	20	4

Sterne (Stars)			
Anzahl	100	40	200
Maxi. Größe	300	300	100
Mini. Größe	3	50	90
Zufallszahl	0	0	0

Sternformen (Starshapes)			
Punkte	5	4	9
Frequenz	2	2	2
Abstand	100	100	100
Winkellage	36	36	36
Grau	100	100	100

Strahlen (Spokes)			
Anzahl	120	120	50
Linienbreite	5	1	10
Horizontal	0	30	20
Vertikal	0	60	20
Vordergrund-Grau	100	70	100

Teppich (Carpet)			
Frequenz (dpi)	72	72	35
Grau	100	100	50
Gamma (Kastengröße)	50	50	100
ModFaktor	3	2	2
Alpha	10	10	10

Text (Text)			
Schrift	1	35	26
Buchstabe	67	43	75
Frequenz	4	15	10
Abstand	100	40	60
Hintergrund-Grau	0	0	0

Veranda (Patio)			
Frequenz	8	10	4
Linienbreite	5	15	25
Vordergrund-Grau	100	100	0
Hintergrund-Grau	0	0	50

Vögel (Birds)			
Frequenz	8	10	4
Linienbreite	4	15	25
Vordergrund-Grau	100	100	0
Hintergrund-Grau	0	0	50

Wabe
(Honeycomb)

Frequenz	4	4	12
Grau hinten	100	0	100
Grau vorn	0	100	0
Skalierung (%)	75	15	75
Linienbreite	5	5	3

Wellen
(Waves)

Frequenz	6	20	3
Linienbreite	5	5	15
Vordergrund-Grau	100	100	0
Hintergrund-Grau	0	0	100
Abstand (%)	100	100	50

Ziegel
(Bricks)

Frequenz	8	10	4
Linienbreite	5	15	25
Vordergrund-Grau	100	100	0
Hintergrund-Grau	0	0	50

Bitmap-Füllmuster, 1

E

Die Beispieldiskette

Die beiliegende Diskette enthält alle Beispieldateien, die Sie für die jeweiligen Anwendungsbeispiele benötigen. Der Umfang der Dateien ist so groß, daß die meisten Dateien in komprimierter Form in zwei Dateien abgespeichert wurden. Da bei der Komprimierung von Bitmap-Dateien manchmal Schwierigkeiten auftreten, die zur Zerstörung der Datei führen können, wurde das 256-Graustufen-Bild KAKTUS.TIF nicht komprimiert. Beachten Sie die Datei README.TXT auf der Diskette, in der aktuelle Änderungen beschrieben werden. Schauen Sie sich diese Datei vor der Installation im Notizblock von Windows an.

Installation der Dateien

Erstellen Sie ein Verzeichnis namens COR3LERN und kopieren Sie die Dateien der Beispieldiskette in dieses Verzeichnis. Entkomprimieren Sie anschließend die Dateien COR3L1.EXE und COR3L2.EXE, indem Sie diese Dateien ausführen. Anschließend können Sie die verschiedenen Dateien mit den Programmen des Programmpaketes CorelDRAW!verwenden. Nach der Entkomprimierung können Sie die EXE-Dateien wieder löschen.

Dateitypen

Das neu erstellte Verzeichnis enthält nun alle notwendigen Dateien zur Ausführung der im Buch vorhandenen Beispiele. Darüber hinaus finden Sie einige der Dateien, die den verschiedenen Abbildungen des Buches zugrundeliegen.

Die Dateinamenerweiterungen geben Aufschluß über die Verwendung:

CDR	CorelDRAW!-Dateien
TIF	Datei für die Bildbearbeitung mit CorelPHOTO-PAINT!
PCX	Dateien zur Anwendung von CorelTRACE und CorelPHOTO-PAINT! sowie zur Ausführung der CorelDRAW!-Funktionen AutoTrace und Importieren.
SHW	CorelSHOW!-Präsentation
CCH	CorelCHART!-Dateien
TXT	Textdateien für das Importieren oder den Mischdruck mit CorelDRAW!

Stichwortverzeichnis

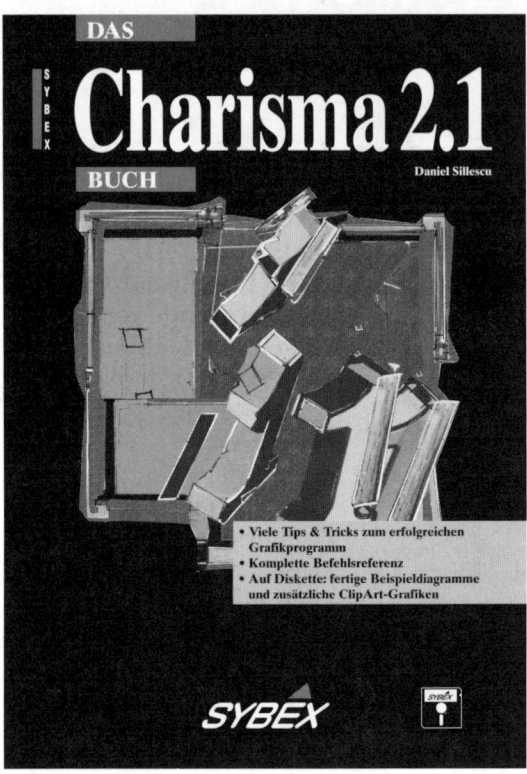

 **Fordern Sie ein Gesamtverzeichnis**
unserer Verlagsproduktion an:

SYBEX-Verlag GmbH
Erkrather Str. 345-349
D-4000 Düsseldorf 1
Tel.: (02 11) 97 39-0
Fax: (02 11) 97 39-1 99